U0141412

彭真

毛澤東的「親密戰友」
(1941-1966)

鍾延麟 著

謹以此書，紀念我親愛的父親
鍾瑞光先生
（1932-2021）
感謝 您對我的養育與教導之恩
敬獻給 您從江西瑞金到台灣桃園的不凡一生

序

2013年香港中文大學出版社出版了鍾延麟的鄧小平傳。雖然同時也出版了美國資深學者傅高義的中譯鄧小平傳,但這本鄧小平傳仍然得到不少讀者青睞。忝為其博士論文指導老師,與有榮焉。今年2024年,十年磨刀,他又撰寫了一本巨大的彭真傳。

彭真的歷史重要性,明顯不及鄧小平,但他也是值得深入研究的前國家領導人之一。1966年文化大革命前夕,他被毛澤東以「彭、羅、陸、楊反黨集團」的莫須有罪名鬥倒鬥臭。突然蒙難之前,他是中央書記處地位僅次於鄧小平的書記兼北平市委書記。不僅是毛澤東深為信賴的政治紅人,也是不久後被打倒的所謂頭號和二號「走資本主義路線當權派」劉少奇和鄧小平所倚界的對象。反黨集團的其他三位頭頭,分別為公安部部長出身的中央軍委總參謀長羅瑞卿、中央宣傳部的老部長陸定一,以及甫解任的中央辦公廳主任楊尚昆。奇怪的是,劉少奇主持和參與對彭真的批鬥,卻在日後被美國學者馬若德在其研究文化大革命起源的經典著作中宣稱,他是劉少奇的親密戰友及派系大將。更奇怪的是,1978年鄧小平東山再起,彭真成為鄧小平揚棄毛澤東不斷革命理論的重要幫手,主持全國政法事務,領導民、刑法和民、刑訴訟法等各種法律的制定,因此被譽為中國大陸社會主義法制的頭號推手和奠基人。

這裡不說法治,是因為法制與法治諧音,卻意思大不相同。無論社會主義法制或是社會主義法治,均大量制定法律,規範法律的審判程序,但是社會主義法制,還表示黨大於法,黨領導制定法律和審判程序,社會主義法治則強調法大於黨。一旦法律制定好,黨便不可以介入其執行過程,強調法律和審判制度的獨立性,不容黨凌駕其上。

鍾延麟這本新書,耗費他極大心力。改革開放後,中國大陸出版了大量關於中共黨史的著作和資料集。以彭真而論,僅僅一個人,就出版了四大本傳

記、五大本年譜，以及一本文選。延麟遍閱這些可能經過編輯、篩選和修改的二手資料，卻始終無緣其據以成書的原始檔案和文獻，他數度前往中國大陸訪學，卻無緣拜訪各中央級檔案館，對其收藏的豐富原始檔案，只能心嚮望焉。雖然仍能絞盡腦汁，找到關係，訪問幾個參與二手資料編輯和寫作的黨史專家，或訪問幾位曾經在彭真身邊幫忙的秘書，卻收獲有限。只能廣泛閱讀各種相關的二手資料和解禁的官方文件集，以極大心力詳細考定史實，終於廓清了兩個關於彭真傳記的流行觀點：彭真是劉少奇派，又是中共現代法制奠立人。他呈現一個不同於官方看法的彭真。如果文革前彭真有法律觀，則他秉持的是辯證和實用主義法律觀，法律為階級鬥爭、為政治鬥爭服務；如果中共中央有所謂派系，與其說他是劉少奇派，不如說他是毛澤東派，而且是百分之百的毛澤東派，為毛澤東最信賴的中共領導人之一。

其實，中共從建黨開始就不容許任何真實或潛在次級組織的團體和明顯派系存在。所以有成為第二黨聲勢的社會主義青年團，被明令解散，也看不到明顯派系或任何其他次級組織性團體，強調對黨組織絕對忠誠。1938年底以後，毛澤東是中共最高領袖，彭真原先連起碼的中央委員都不是，因為毛澤東的青睞、調教和提拔，卻成為毛澤東在延安中央黨校的代理人，領導地級和旅團級以上高級幹部的黨性訓練和教育，成為路線黨史學習、整頓不良三風和審查幹部三場戰役的最重要大將。在毛澤東解散劉少奇擔任主任委員的中央組織委員會後，進而出任全面恢復原有職能的中央組織部部長，負責中共第七次全國代表大會的召開和開會，當選為得票第十八高的中央委員；後來居上，更成為排名第九的政治局委員，地位僅次於中共五大書記毛澤東、朱德、劉少奇、周恩來、任弼時，以及陳雲、康生和高崗，軍頭林彪卻連政治局委員都不是。如此受到毛澤東倚重，怎麼可能是劉少奇「派」的大將，何況劉少奇本人並沒有什麼派系和次級團體？

毛澤東反覆閱讀《資治通鑑》和中國歷史，倒是很清楚，歷史上的權臣和督撫都不能久任。因為可能形成山頭或宗派，而終致尾大不掉。只是他相信彭真有季米特洛夫所說的對黨絕對忠誠：忠誠於他所領導的中國共產革命與以實現共產主義大業為使命的中國共產黨，以及領導共產黨走向不斷勝利的偉大領袖毛澤東。然而，在文化大革命前夕，他發現彭真及其下屬抗拒和抵制江青、陳伯達、康生這些執行其意旨的毛左分子，甚至以所謂〈二月提綱〉挑戰和約

束自己行動，加上發動文化大革命，需要與彭真積不相能的老帥林彪出任唯一
黨副主席，維持最低國家秩序，所以發動黨員群眾將彭、羅、陸、楊四人羅織
為大黨閥、野心家和叛徒內奸，並在其接受集體批鬥以後，逮送國務院總理周
恩來領導的任務型專案小組，繼續審訊和審查。此後，彭真淪為反革命集團首
腦，繫獄將近十載。

　　延麟這本大作，實事求實、追求歷史真相，充分證明：彭真其實跟毛澤東
一樣，對法律條文和思想懷持同樣的辯證和實用觀點。他們都信奉馬列主義宗
教，相信階級社會（指社會主義革命徹底消滅有產階級前的社會）中，中國不
可能有超階級的法律存在，更相信法律，像國家、文化、制度和政府一樣，都
是馬克思所謂上層建築的構成部分，為下層的經濟基礎所決定。在資產階級或
封建地主階級社會，法律代表其主導階級的利益，以維護社會（階級關係）秩
序為名，限制階級鬥爭的自然展開。中共代表工農無產階級，所以無論在兩次
國共內戰，還是抗日戰爭期間，都拒絕承認其階級敵人國民政府（代表封建地
主階級和各類資產階級）制定的任何法律，尤其不承認其法律具有超階級的正
義性格。但是為了在國民黨地區動員工農無產階級進行階級鬥爭，中共也耳提
面命其地下黨員，尤其是情報和統戰人員，務必精熟國民黨政權的憲法、約法
和《六法全書》，理由不是承認其具有法律正義性，而是要利用其中條文和內
容推動階級鬥爭，爭取「合法」活動的空間，以及保護自己非法的存在。

　　但是在自己控制和割據的地盤，也就是所謂根據地，中共則頒發比約法三
章稍微複雜一點的簡單法令條例和指示命令（譬如有階級性格的減租減息增資
法條），目的在推動階級鬥爭，並保障和鞏固階級革命的勝利及其成果。然而
深怕妨礙進一步階級鬥爭（譬如建國以後的全國土地革命和社會主義革命）的
展開，拒絕像所謂資產或封建地主社會一樣，頒定詳細而有系統的法律。所以
1949年中共取得政權後，立即廢除國民黨政府制定的全部法律，即《六法全
書》，否認其法律及法律程序具有任何正義性，只頒布有助於開展階級鬥爭和
政治運動的簡單法律，譬如土地改革法、新婚姻法和懲治反革命法，以及相關
政策和指示。

　　即便日後學習史達林制定國家憲法，也絕不容許憲法成為其實現共產革命
所作階級鬥爭的絆腳石。所以美國學者Niel Diaman譏諷中共1954年制定的憲
法為「有用的屁話」，無視其條文規定，繼續推行各種帶有階級鬥爭性格的政

治運動和群眾運動，也始終拒絕制定民、刑法和民、刑訴訟法等詳細法律，而
堅持主管法律事務的公（安）、檢（察）和（司）法機構和幹部必須根據黨的
法令和政策辦事。雖然，在完成社會主義革命、理論上改造和消滅有形階級
後，一度受到恩格斯國家消亡論的影響，認為法律的上層建築也將隨之予以拆
毀，但是很快回到現實，認為有形的階級固然消亡，無形的階級卻仍然存在，
所以階級鬥爭必須繼續，而中共的無產階級專政（或共產黨專政）更必須堅
持。即便毛澤東偶而強調法制建設，卻在更多的時間強調無產階級專政，並以
階級鬥爭為名繼續各種政治運動。

　　另外，毛澤東知道中共的公（安部）、檢（察院）、法（院）的政法系
統，像行政系統一樣，也分為地方省縣區各級，每一個系統內部的幹部都各自
有其專業性，如果強調垂直領導（條條），很容易成為各級黨組織無法控制的
獨立自主體，而不利於各級黨委推動階級鬥爭。這些階級鬥爭，不論是政治運
動或是群眾運動，表面上雖然都是由下到上，實際因為毛澤東強調一元化黨領
導，同級黨委領導可以橫向領導；垂直領導形成條條，橫向領導形成塊塊，是
為雙線領導。黨的垂直領導，與軍、政、群和公安的垂直領導是平行的，兩個
平行系統之間，經常維持平衡。只是在毛澤東時代，為了發動政治運動和群眾
行動，雙線領導總是變成黨委的單線領導，失掉平衡。

　　在這一點上，毛澤東不同於史達林。毛澤東迷信群眾運動和政治運動萬
能，相信如果沒有一元化黨領導的垂直領導，各專業的系統可能鬧獨立，不受
黨組織的控制。史達林則相信公、檢、法系統需要專業和穩定，並另以特務系
統來進行監控分工的公、檢、法機構，而不願意將各公、檢、法機構交由同級
黨委書記掌握和節制。當然史達林不容許公、檢、法的上級領導脫出自己掌
握。在法政方面，毛澤東除牢牢控制其上層以外，既反對法律審判有其獨立
性，也反對公、檢、法機關有其自主性，僅接受自己系統的單線領導。

　　中共建國以後，毛澤東便要彭真以地位次於中央書記處五大書記的候補書
記身分，主管全國政法事務，包括國務院的公、檢、法機關，同時兼任北京市
委書記，掌理首都的黨、政、學組織。彭真是兩美俱，既是中央大員，也是比
順天府尹權力更大的地方父母官。為了推動毛澤東的各項政治運動，包括1950
年的鎮壓反革命運動，1951-52年的三反和五反運動，1954年的肅清反革命運
動，1957年的反右運動，1959年的反右傾機會主義運動和1964年的四清運動，

彭真總是鼓勵所謂階級群眾，據以清理和肅清定義含混的各種各類地（主）富（農）反（革命）壞（分子）右（派人士）等黑五類，尤其是其中的反革命分子和思想右派，既不講究其是否證據確鑿，也不注意法律程序，只是訴諸群眾民粹，由基層官員以群眾名義逮捕和嚴懲，甚至殺害。

彭真沒有想到，毛澤東為了推動文化大革命，竟然人為製造了「黨內走資本主義路線」的階級敵人，掀動所謂群眾，予以批鬥，甚至取消公、檢、法內部的制衡，逕以各種抽象而難以精確定義的罪名，將大批高幹，尤其是自己，逮捕審訊，然後交由軍隊軍官組成的任務型專案組審訊和囚禁。

文化大革命後，鄧小平東山再起，變成像毛澤東一樣的政治強人。因為親身經歷批鬥、審訊和下放的折磨，決心不再容許任意假借群眾之名，由之指控、批鬥、逮捕和刑訊，因而要求制定詳細法律，以便幹部和群眾有所遵循。彭真因為過去主管政法，成為鄧小平這個新政策的落實人。然而是否可以因此而進一步得出結論：彭真已經完全揚棄與毛澤東相同的馬列主義法律觀？

其實，自從鄧小平恢復公、檢、法，廣修法律，甚至允許律師執業以來，中共已經有了法制，是否就意謂同時也有了法治，黨治與法治之間的矛盾是否從此便完全消失不見，恐未必然。其實，彭真仍然相信毛澤東黨管人事、黨管一切的信條，所以法不可能大於黨，儘管黨要求每一個黨和幹部依法治國，但是仍然保留黨為了政治目的干預司法的最後權力。然而，出任政法部門的掌門人後，彭真的確為法制建設，耗盡心力。他甚至為了維護其後來中共法制奠基人的全新形象，或明或暗更指示大量改寫其文革前大量有關階級鬥爭觀法律的文件。我的朋友陳重方研究中國的法制史，就發現重刊的文革前文件，和他看到原始文件之間存有巨大差距。延麟也注意到這一點，但並未特別指出。

延麟並不研究抗戰以前中共的司法，對之如何運作，不十分清楚。但是彭真在延安期間，主持整風審幹工作，早已知道政治運動和群眾運動如何衝擊法制。1950年彭真主持政法工作後，曾經批鬥過一些司法領導官員，譬如李木庵和王懷安。這兩個人在延安整風審幹期間都曾經遭到批鬥，其罪名之一是學習清末民初的司法正規化，更有把法院變成不受黨控制的獨立王國傾向。王懷安在四川大學就讀法律系時，曾在國民黨的法庭上，為自己是否中共黨員一點辯護，由於辯才無礙，審案法官以起訴證據不足，當庭無罪開釋。但在延安整風審幹過程中，被有罪推定，認定是國民黨特務，保衛人員更在沒有搜捕令的情

形下即將其帶走。因為審訊期間逼供信壓力太大，終於承認是國民黨特務，為此曾經遭受一段時間的拘禁。李木庵年高德劭，可能是秘密黨員，沒有直接受到嚴重迫害；但他所倚重的法界高幹都遭到批鬥。當時，彭真並不直接主管政法，閱讀延麟新書，卻發現其建國以後主管政法工作，任由其領導各個政治運動對政法界衝擊，因此不得不懷疑他的政法觀以及思想鬥爭手法都有延安整風和審幹的淵源。正是因為他前此在主持延安中央黨校時累積政治運動的經驗，故主持公、檢、法系統的政治運動，有駕輕就熟、游刃有餘的感覺。

1956年中共中央改組書記處為培養接班人的機構，毛澤東要彭真出任新設立的總書記鄧小平的第二把手，並繼續兼任黨、政、學權力一把抓的現代順天府尹，像在延安一樣，總是為毛澤東的運動進行試點，打先鋒，做模範。後來，毛澤東為了培養彭真，更要彭真主持北京的工農業大躍進，督戰大煉鋼鐵，和推行農業的大型人民公社，把北京由文化政治中心變成工農業生產城市，由消費服務型城市變成煙囪密布的工業性生產城市，成為毛澤東大躍進和人民公社運動的最得力大員。在毛澤東大躍進失敗後，也成為毛澤東反對單幹風、黑暗風和包產到戶的堅定戰友。隨著毛澤東對社會主義建設的推進，彭真更在毛澤東的支持下，處理毛澤東認為已經趕不上革命形勢的統戰部門，批鬥李維漢妄想把民主黨派建設為有社會主義核心領導的另一個類似革命政黨的想法，忘記民主黨派中仍有資產階級的右派分子。同時為了培養彭真為接班人，毛澤東也讓他涉足攸關黨與黨的外交，尤其參與毛澤東爭取國際共產運動龍頭地位的中蘇論爭和相關外交，痛斥蘇共總書記赫魯雪夫及打倒赫氏的蘇共新領導為投降美英帝國主義的修正主義叛徒。

毛澤東相信彭真的絕對忠誠，但他可能知道彭真有難以澄清的「黑資料」。他不可能忘記，在延安大談特談階級立場的整風審幹時期，他曾為彭真的一些過去歷史遮掩。他一方面聽康生公開指控彭真夫人張潔清的叔叔張璧是第七號大漢奸，另一方面則容許張潔清的小姑張秀岩偽稱農民家庭出身，在其公開自傳中，避談其長兄張律生曾在北洋軍閥時期三度擔任縣長，而且可能因為弟弟張璧擔任北平公用總局局長的關係，繼續擔任北平動物園和農場主，住在中南海附近，吃偽政府公家飯。這個惡名昭彰的張璧，曾經是馮玉祥北京政變後任命的北京警察總監，後來在西北軍軍閥宋哲元時代再次擔任北平市警察局局長。失意時，則像民初不少過氣的北洋軍閥一樣，迷信道教科儀，沉迷鴉

片吸食，並利用青幫大老身分，周旋於國民黨上層和親日派的北洋軍閥之間。抗戰期間與冀中、冀南的反共大將張蔭梧有深厚關係，所以日本投降時，國民黨曾經委任他擔任先遣司令。如果知道中共在早期的鐵路和礦冶工人運動中，經常取得青幫頭子的幫助，就很難不進一步懷疑，彭真曾經與青幫密切來往，所以被軍閥逮捕後，能夠提前兩年獲釋，而且住在張壁用以接待道上兄弟的大義會館。我也懷疑，張潔清在1933年被國民黨逮捕後，僅坐了兩個月的南京監獄，便被迅速釋放，其中有張壁自己或央人關說的因素在背面。這些事實，雖然不能否證彭真對中共和毛澤東的忠誠度，但是想到1940年代延安審幹期間所有中共高幹的知識青年夫人都要遭到詳細的歷史審查，連軍頭林彪和賀龍的新婚夫人葉群和薛明、甚至毛澤東的夫人江青都不能例外，便不難不感覺到毛澤東避口不提，是對彭真夫婦的強力保護了。

毛澤東相信彭真絕對忠誠，其實只要彭真永遠願意接受毛澤東驅策，為其衝鋒陷陣，毛澤東何必在乎彭真會以中央大員長期兼任北京市書記的緣故，而在無意中形成一個小山頭呢？須知，毛澤東像史達林一樣，雖然嚴禁黨內有組織的派系活動，卻總是容忍恩庇待從（patron-client）關係形成的各種黨內小山頭。然而，毛澤東一旦認為，某個小山頭已經形成，而且已經異化成為連他本人都針插不進的獨立王國時，他勢必另外考慮了。尤其發動文化大革命，需要有另有山頭的老帥林彪控制軍隊，所以毛澤東不惜犧牲彭真，以之為替罪羔羊，而冠以莫須有的大黨閥罪名，加以批鬥批臭，隨後又長期接受專案組的法西斯主義凌虐。而一旦毛澤東決定 棄彭真，彭真當年主持各項政治運動和政策執行製造出來的仇恨和不滿，不需要催促，就迅速爆發和蔓衍開來，把彭真批鬥得像十惡不赦，沒有一點好處的反黨、反革命分子，坐牢九年。

彭真被囚禁在秦城監獄期間，應該不斷反省，書寫交代和檢討，我不禁聯想到前新疆黨委書記王恩茂在延安中央黨校受訓時的經驗，他在彭真整風的壓力下不斷撰寫歷史和反省自傳，最後竟然批評自己是左傾經驗主義。一般說來，經驗主義都是右傾，但王恩茂這個經驗主義不同，是上級右傾他右傾，上級左傾他左傾，因為他的上級被欽定為左傾機會主義路線，所以他左思右想以後，批評自己是左傾經驗主義。彭真在牢裡寫交代，不知道會不會像王恩茂一樣，把自己批評成毛澤東時代的左傾經驗主義？

鄧小平改革開放後，起用重新回到政壇的老戰友彭真。為了穩定國家秩

序，廣修法律，甚至允許律師執業，要求有法治國，依法治國。但是彭真畢竟是辨證法律觀的忠實信徒，知道黨控制政治的決心。所以在制定法律方面，儘管有很大成績，但我們不能不提醒自已，法治並不是彭真追逐的終極目標，他只是要求法制，國家有法可依，依法治國。內心卻仍然相信黨大於法，法律用以維持秩序，法律本身不是不可以凌駕。如果黨認為法律不能維護黨的利益，仍然可以介入。他也仍然維持毛澤東的辨證實用法律觀。毛澤東以階級為上位，現在中共諱言階級鬥爭，但是如果法律束手束腳，黨依舊可以選擇不依法治國，並破壞法律程序和條文。所以有人問彭真，黨大還是法大時，他避免二選一的答案，他只是強調法律是黨領導制定的。實際上卻仍然相信黨意為重，相信共產黨專政，共產黨利益是最高利益。毛澤東相信黨管人事、黨管一切的政策，凡是關係中國革命的一切事情都要黨管，彭真也一樣，不容法律審判和法律系統有百分之百的獨立性，自成系統或成為獨立王國。

　　以上是我閱讀延麟新書的一些感想，不成系統，也十分粗疏，寫在這裡，或許有助於讀者閱讀他這本冗長、也稍嫌蕪雜細瑣的五十萬字鉅作。無論能否起這個作用，我必須強調，這本新書，值得耐心閱讀。雖然無法兩三口氣卒讀，讀完以後，卻一定可以對中共所謂政法的基本觀念及其落實的情況有很好的理解，尤其可以發現一個與中共官方歷史很不一樣的彭真。請注意，我這裡說政法，而不說法政，是因為對中共而言，是政大於法，而不是法大於政，也是政治領導的階級鬥爭決定政法的上層建築，並不承認法律的獨立性。我們千萬不可以用西方的法治一詞，或是日本人喜歡用的法政一詞，來瞭解中共獨特的政法觀。不論是階級鬥爭天天談的毛澤東時代或是諱言階級鬥爭的鄧小平時代，中共的的政法觀都不能隨便等同於法治或法政。是為序。

陳永發

2024年9月24日

目次

圖片目錄

緒　論

一、「文革」前叱吒風雲到猛然跌落雲端

　　1966年5月4日至26日，中共在北京舉行中央政治局擴大會議。5月11日下午的第一次全體會議上，如同既往的做法，坐在會場主席台上的是中共實際最高決策機關中央政治局常務委員會的成員。然而，定睛一看，會議主持人是黨的第一副主席劉少奇，黨主席毛澤東並沒有到會。即便如此，會議依舊籠罩在毛澤東龐大的政治身影之下。劉少奇和其他並肩坐在主席台上的是副主席周恩來、林彪，以及中央總書記鄧小平，他們的政治任務就是按照毛澤東的政治意圖領導會議走向。

　　毛澤東對這次中央政治局擴大會議設定的主要議程是：進一步地揭發和解決所謂「彭（真）、羅（瑞卿）、陸（定一）、楊（尚昆）」的政治問題，也為「文化大革命」的正式發起鳴鑼開道。這麼重要的會議，毛澤東卻沒有現身，可能原因之一是他心意已決，選擇離棄自身長年的政治親信和重臣——彭真。

　　彭真自1945年中共七屆一中全會起，擔任中央政治局委員已超過20年，他既是中共「七大」中央書記處的候補書記，也是1956年中共「八大」政治局常委會開會的固定成員，直接參與中央最高決策。「八大」新設中央書記處職司具體執行中央重要決策並處理其日常工作，彭真協助鄧小平「負總責」，實際上經常分擔甚或代行其職，另外還分管政法和統戰工作；1958年中央書記處擴權，將國務院及其工作「管起來」後，使之也得以涉足政府和經濟工作。

　　此外，彭真還是中共「兩會」全國人民代表大會常務委員會和中國人民政治協商會議全國委員會的實際負責人，並且一直兼任首都北京市的負責人，跨

足中央與地方政治。1964年9月13日，中共中央機關報《人民日報》的新聞報導中，彭真列在劉少奇、周恩來、鄧小平之後，同樣被標明是毛澤東「最親密的戰友」、「毛主席的親密戰友」。[1]著眼彭真的身負重任，在北京市的幹部之間還出現「彭真是毛主席的接班人了」的議論。[2]

彭真在中國政壇的位高權重、權傾一時，雖然隔著厚重的「竹幕」，「自由民主陣營」的外交、情治官員和中國研究學界，也有所矚目並看好其未來前程。1964年底，日本駐香港人員上報日本外務大臣的一份資料指出：「毛、劉、周三人之外，黨的實際上的負責人就是鄧小平和彭真」，彭真是「中共第五位有實權的人」；「彭真是黨內國際共產主義運動的鬥士，是忠實實踐史達林、毛澤東思想的人。各國共產黨和中共會談時，彭無役不與」。[3]

美國的中央情報局在1965年研判：彭真與劉少奇、鄧小平同是「強硬的國內政策的倡導者，有力地推動了北平與莫斯科的爭吵」。[4]1966年初也評價彭真：「他在國際共產主義會議上是黨重要的發言人，因此在中蘇爭端中扮演著關鍵性角色」。鑑於彭真身兼中共多項要職和在對外關係中的重要角色，中情局進而估判彭真在「毛之後，他將是黨領導權的主要競爭者」。[5]約在此時，西方的中國政治觀察家馬若德（Roderick MacFarquhar，中國大陸常用音譯是麥克法夸爾），在香港也耳聞彭真是毛澤東的接班人選的風聲，因而對彭真的動向甚是關注。[6]豈料彭真當紅的政治仕途，不久即出現天翻地覆的變化，跌破眾人眼鏡。

彭真作為1966年5月中央政治局擴大會議鎖定的首要批判標靶，坐在面對主席台的第一排的左側，他身旁左手邊由近到遠坐的是中央書記處書記、華北

1　〈毛澤東劉少奇周恩來鄧小平彭真同志當選為第三屆全國人民代表大會代表，北京市五屆人代會首次會議選出全國人大代表一百零一人〉，《人民日報》，1964年9月13日，版1。〈選咱們最好的引路人〉，《人民日報》，1964年9月13日，版2。
2　聶元梓，《聶元梓回憶錄》（香港：時代國際出版有限公司，2005），頁113。
3　〈某記者の語る中共彭真一行訪日の背景に付報告〉（1964年12月2日），日本外務省外交史料館，檔號2013-3285-SA122，頁4。
4　沈志華、楊奎松主編，《美國對華情報解密檔案（1948-1976）》（上海：東方出版中心，2009），第貳卷，頁95。
5　同上註，第參卷，頁538。
6　馬若德提供的資訊（Cambridge, Massachusetts，2017年12月13日）。

局第一書記李雪峰和中國人民解放軍元帥聶榮臻。[7]李雪峰是1930年代中期彭真任職中共北方局組織部長的部下，聶榮臻則是彭真在1930年代後期一起經營中共晉察冀邊區的軍事夥伴。彭真早年領導華北「白區」工作和經營晉察冀根據地的功勞，現在對他已經無法起到任何政治保護效用。他當年馳騁北方的部下，有的甚至開始對之反目，想要藉此立功。

　　彭真的政治境遇處於前所未有的低潮之際，他仍努力控制心緒。彭真的北京市委書記一職，也就是俗稱的「京官」，黨中央在幾天以前已決定改由李雪峰擔任，彭真站著俯身向身邊的李雪峰交代到職後應注意事項，算是盡職到最後一刻。然而，彭真的話才剛開頭「你去了之後」，後方就出現對彭真的批評之聲。原來是出身晉察冀的軍方人士手持歷史文件，一邊唸內容、一邊指控彭真在歷史上緊隨王明及其錯誤政治路線，而對毛澤東的正確領導置之不理。[8]

　　批判的聲音顯然干擾、進而壓過彭真對李雪峰說話的音量，也壓垮彭真對自身脾氣的最後一道控制。彭真情緒急轉激昂，轉身大聲回罵：「誰是第一個喊叫萬歲的！」現場目睹此景的李雪峰，很快就意會到彭真此言用意是「證明歷史上是他先喊主席萬歲的」。[9]會議主席劉少奇見狀立即出聲制止，彭真與其過去晉察冀舊部之間的叫罵，才剛開場便叫停了。

　　彭真怒火中燒、大聲回擊，乃因自認對毛澤東的忠心斷不容質疑。彭真自豪的是：1939年初他在晉察冀與關向應提出「毛澤東同志萬歲」口號，[10]在中共黨內就算不是首例，恐怕也是開了風氣之先，至少時間上早於1945年中共「七大」前後同一口號滿天飛以前。突襲攻擊彭真的軍方人士出身晉察冀，豈會不知道彭真此一「光榮」歷史？論歷史淵源和組織關係，彭真在中央政治局擴大會議的會場上，竟然遭到老部下的公開叫板和公然羞辱，豈不難堪、怎不惱火？「虎落平陽被犬欺」，恐怕就是彭真當下內心寫照。不過話說回來，彭

7　李雪峰，〈我所知道的「文革」發動內情〉，張化、蘇采青主編，《回首「文革」》（北京：中共黨史出版社，2003），下冊，頁603。

8　中國大陸中共黨史研究者（A君）提供的資訊（北京，2011年8月）。

9　李雪峰，〈我所知道的「文革」發動內情〉，張化、蘇采青主編，《回首「文革」》，下冊，頁603。

10　劉政、張春生，〈從歷史的幾個重大關節看彭真和毛澤東的關係〉，《領導者》，總第51期（2013年4月），頁137。

真當年大力抬轎、高呼萬歲的毛澤東，對之已不念舊情、棄如敝屣，彭真再拿自己首先喊出「萬歲」來自我標榜忠貞和功業，豈不悲哀，也無人理睬和買帳。

　　彭真將各項要職交出之後，私下難免嘀咕幾句，這也是他唯一能做的。根據「文革」揭發資料，5月14日，彭真的妻子張潔清對保健醫生表示：「彭真他平時說話比較隨便，所以容易傷人，他的事情對全黨來說也有好處，他是從反面做出了貢獻，也好嘛！」在旁的彭真沒好氣地說：「是啊！發生這種事，自己心情很不好，忙而不愉快，我自己有錯，事實上就是包庇資產階級」。彭真還對護士表示：「我這次犯錯誤有人還看笑話，哼！等兩年以後再看吧！」[11]

　　彭真長期位極人臣，對於以毛澤東為中樞的中共「宮廷政治」瞭若指掌，當「偉大領袖」起心動念罷黜個別黨政大員之時，他也往往參與其事甚至負責動手。現在彭真自己淪作絀臣的命運已是底定，除了仗著黨內老資格對晉察冀老部下乾吼之外，只能先安分承受在中央政治局會議上「破鼓亂人捶」的待遇，再徐圖來日了。

　　5月16日，劉少奇主持的中央政治局擴大會議第二次全體會議，包括彭真在內的所有出席者，都無異議地舉手同意通過文中直接點名批判彭真的〈中國共產黨中央委員會通知〉。這份通稱的「五一六通知」，乃經過毛澤東多次審定並加寫「全面發動『文化大革命』帶指針性的話」。[12]

　　彭真在「文革」後回憶：「『五一六通知』就是整我的，但我還是舉了手的。我那時覺得主席還是對的」。[13]彭真講這番話時，如果除去當下有維護毛澤東這面「政治旗幟」的用意，在一定程度上也真實反映他在1966年5月16日

11　〈鬥臭彭賊這個不齒於人類的狗屎堆〉，北京醫藥衛生界大聯合革命委員會、首都醫務界紅色造反派聯合總部、首都醫工革命造反團總部、北京中醫藥革命造反聯合總部、衛生部井岡山聯合戰鬥兵團、健康報社紅色造反聯隊，《紅醫戰報、衛生戰報》，第45期，1967年9月9日，版3。

12　薄一波，《若干重大決策與事件的回顧》（修訂本）（北京：人民出版社，1997），下卷，頁1280。

13　李海文、王燕玲編著，《世紀對話——憶新中國法制奠基人彭真》（北京：群眾出版社，2002），頁312。

的內心所想,可以想見其甘於束手就擒而為「文革」獻祭,既有顧全大局的被動考量,也有真心信從毛澤東的主動省悟。彭真當初首喊毛澤東萬歲,到對之欽佩的與日俱增,以及經年累月向之的伏首稱臣,當毛澤東轉身棄己而去時,不禁反過來責問自己何以如此駑鈍和不才而跟隨不上。

1966年5月的中央政治局擴大會議最後做出決定:「彭、羅、陸、楊」被正式罷官。彭真的中央書記處書記職務被停止,北京市委第一書記和市長職務也被撤銷。中央政治局常委會接著決定成立中央審查委員會,對彭真四人進行專案審查。

6月27日,劉少奇、鄧小平代表中共中央召集所謂「高級民主人士」座談,通報「彭、羅、陸、楊」錯誤和「文革」發展問題。劉少奇針對彭真問題表示:

> 彭真是中共中央政治局委員、書記處書記,鄧小平同志不在的時候,實際上他又是副總書記,他還是北京市的市長、市委第一書記,人大、政協他也都有負責的位子,並且也參加了不少國際活動,經常參加黨和國家的核心領導,他雖然不是中央政治局常委,卻經常參加常委會議。公安、政法,書記處分工由他管,人大常委、公安、政法方面的事務,都歸他分管或是插手管的。

陪同接見的中共中央統戰部部長徐冰(兩、三年前還是彭真出力批鬥原統戰部部長李維漢,徐冰方可獲任此職),插話表示歸彭真所管的「還有統戰部」。

劉少奇在講話中批貶彭真、指責其種種錯誤之時,也坦承「彭真有些工作能力」,並說:「對彭真,我們批評過他,毛主席也曾多次地批評過他,我們是要把他培養成為黨和國家的領導人,對他基本上也是信任的」。[14]此時彭真已經徹底垮台、軟禁在家,劉少奇談及彭真政治崩盤前的「行情」,自然不是溢美之詞,也無為之過譽的需要,倒是真能反映一定的歷史事實。

---

14 〈劉少奇在中共中央召集的民主人士座談會上的講話〉(1966年6月27日),宋永毅等編,《中國文化大革命文庫》(香港:香港中文大學中國研究服務中心,2002)。

二、研究設想和規劃

　　彭真在「文革」前中國政治中究竟扮演什麼政治角色，又發揮什麼政治作用？主要的具體問題有：

　　第一、彭真在中共早期發展至「文革」以前的這段時間內，他如何推進對毛澤東的個人崇拜，促成並維護其黨內至高地位，從而是一名符其實的「毛主席的親密戰友」？

　　第二、中共建政初始，毛澤東在治國理政上曾游移、猶豫在重施群眾運動故技，以及新立正規法律與制度之間。彭真如何協助毛澤東初探試建法制，到擇定運動治國、抑制法制發展，最終固化形成「以言代法」的政治生態和局面？

　　第三、毛澤東按其個人意志推行極富爭議的群眾運動，以及愈趨激進的內外政策，彭真如何戮力貫徹並推促事態發展？相較其他重要黨人又有何區別和特色？

　　第四、彭真長年緊從毛澤東不遺餘力，並為之建功無數，又為何從朝之重臣突然淪為絀臣，而為「文革」的發動祭旗？

　　第五、彭真在「文革」前對毛澤東盡忠效勞及其之意外出局，如何影響他在「改革開放」後的政治職位和任務重心？

　　關於彭真在毛澤東時代的政治角色、活動和影響問題，中國大陸出版品中最具分量和代表性者，即屬彭真官方傳記。[15]其動員人力之眾、花費資源之多、查找資料之繁，絕非其他彭真為題的書文所能相比。

　　1996年中共中央同意編寫彭真傳記，彭真表示：「講我的歷史也是講群眾的歷史，我們的歷史是群眾歷史的一部分」，「歷史是合力集」，「歷史是大家創造的」，「思想是集體的，人也是集體的」，「黨的歷史每個人都是創造者，是非都有份」。[16]對其政治生涯涉有爭論的歷史事件，應當如何處理問題，他表示：「歷史不要回頭寫」，「不能用現在的話去說過去的事」，「缺點錯誤不隱瞞，沒有的事情不要吹」，「對於我，按我的實踐、言行、表現，

15　《彭真傳》編寫組編，《彭真傳》（北京：中央文獻出版社，2012）。

16　傅彥，〈我的父親彭真和我參與創作的電視劇《彭真》〉，《彭真生平思想研究》編輯組編，《彭真生平思想研究》（北京：中央文獻出版社，2008），頁89。

我怎麼說、我怎麼想、我怎麼做，寫個真實的歷史，不要給我粉飾，實實在在地一個字不要增」，「不要由你們給我做結論，不要在我的東西裡去批評別人」。[17]彭真長年部屬王漢斌參與主持編寫彭真官方傳記，也提出「秉筆直書」要求。[18]

彭真官方傳記是否有做到其傳主所提的立傳原則如「缺點錯誤不隱瞞」、「寫個真實的歷史，不要給我粉飾」？恐怕未盡人意，其主要還是頌揚宏大功績、迴避敏感歷史。例如：大講彭真在延安整風運動中如何成功促進「黨的建設」，卻對他深涉「搶救」、審幹爭議的一面輕描淡寫；細描他如何費心經營東北，卻諱言其間和之後長年不止的人事鬥爭、較勁糾纏。

中共建政初期和社會主義建設時期爭議性高的群眾運動，包括：興於1950年而在1951年殺聲震天的鎮壓反革命運動（「鎮反」）、1957年整風和「反右派」、1958年至1960年的「大躍進」運動和1959年的「反右傾」運動。彭真官方傳記傾向強調彭真在貫徹執行中較為穩健、節制的一面，至於其激化情勢發展、經手迫害具體個案方面，通常簡略帶過或忽略不提。彭真在1955年肅清暗藏的反革命分子運動（「肅反」）的舉措，更是未提。

另外，負面影響甚大的政治事件，彭真官方傳記皆置若罔聞。舉如：彭真坐鎮指揮1957年政法領域「反右派」、1958年政法機關整風，並對元老董必武的法律思想、政法主張大加批判；「大躍進」後的經濟調整問題上，彭真與毛澤東立場最為貼近，同樣堅定反對包產到戶，參與指控批鬥習仲勳不但為高崗翻案，更是其反黨同夥；1963、1964年彭真操控批鬥李維漢及其統戰主張與政策。

中共官方相當肯定彭真的歷史地位，可言是「四合一」集於一身：早年獻身共黨創業的功臣人物、據理力爭而落難的「文革」首波受害者、國家「社會主義法制的主要奠基人」，以及晚年守護共黨執政的黨國元老。對彭真重要而敏感的歷史問題作「為尊者諱」的處理，也就不足為奇。

西方的中共政治、歷史研究對彭真的關注度頗高，甚至有一本英文傳記。西方學者沒有維護彭真的政治形象與歷史聲譽的考量，寫作時不受政治框架規

---

17 同上註，頁89-90。
18 中國大陸中共黨史研究者（B君）提供的資訊（北京，2014年8月）。

限，但是卻陷入一種失之簡化，而與實際存在嚴重距離的刻板認識。

2019年去世的哈佛大學學者馬若德，所撰《文化大革命的起源》三卷在西方中國研究是影響甚大的重量級名著。在其描述和分析以毛澤東為首的中共「領導集體」如何從圓桌武士般的精誠團結到後來分崩離析的歷史論述中，彭真佔有重要位置，對之也不吝筆墨。

馬若德將彭真定位成劉少奇最重要的政治人馬，彭真的顯赫地位和權力，主要源自和依託在劉少奇的庇護下，政治命運也隨之浮沉：兩人早年在華北共事，奠定牢不可破的派系關係和同志情誼。中共入主中原後，彭真作為劉少奇最重要的親信和助手。在政策主張上，彭真以劉少奇的態度為是非。針對毛澤東發起的1957年整風運動，劉少奇有所保留，彭真也因此消極以對、甚至暗中抵制；對於毛澤東發動的「大躍進」運動，劉少奇、彭真一開始雖也響應，但看到問題浮現後，即以恢復穩定和秩序為號召；在檢討「大躍進」得失之時，劉少奇對毛澤東的看法出言不遜，彭真更直接向毛澤東發難、直言其有責任。在毛澤東覺得劉少奇與自己漸行漸遠，必須要予以剷除之時，為了翦除劉少奇的羽翼，就先設計構陷彭真，以斷之左臂右膀。劉少奇在彭真不保之後，失去外層保護，不久也黯然下台。[19]

由於馬若德及其著作的重要地位，他對彭真和相關中共政治史的看法，多為其他學者引用或發揮。黃靖（Jing Huang）研究中共政治「山頭」發展的專著，談及彭真，基本就按照馬若德的思路。[20]彭德（Pitman B. Potter）撰寫的彭真政治傳記，同樣秉持著彭真以劉少奇為首是瞻、也與之榮損與共的論點，進而強調彭真重視程序、規章，迥然不同於毛澤東偏好動員群眾和不按規章行事，彭真試圖在黨內建立規範以限制權力運作，更是為毛澤東所不容而遭禍。[21]魏

19　Roderick MacFarquhar, *The Origins of the Cultural Revolution: Contradictions Among the People, 1956-1957* (New York: Columbia University Press, 1974), pp. 145-146. Roderick MacFarquhar, *The Origins of the Cultural Revolution: The Great Leap Forward, 1958-1960* (New York: Columbia University Press, 1983), pp. 175, 178-179. Roderick MacFarquhar, *The Origins of the Cultural Revolution: The Coming of the Cataclysm, 1961-1966* (New York: Columbia University Press, 1997), pp. 443-445, 456.

20　Jing Huang, *Factionalism in Chinese Communist Politics* (Cambridge: Cambridge University Press, 2000), pp. 86, 129, 150, 274-275.

21　Pitman B. Potter, *From Leninist Discipline to Socialist Legalism: Peng Zhen on Law and Political*

昂德（Andrew G. Walder）關於毛澤東時代中國的專書，以及史宗瀚（Victor C. Shih）強調中共政治採行「弱者聯盟」的著作，涉及到彭真以至於演變至「文革」爆發的上層政治描述，也是對馬若德觀點的照單全收。[22]

　　馬若德、彭德等人對彭真的看法和解析，主要基於一個想當然耳的設想：彭真曾是劉少奇的直屬下級，兩人因而關係堅若磐石、信任歷時彌堅，更一致地與毛澤東或明或暗的不對盤，甚而亟思與之抗衡，因此也同遭滅頂之災。這種奠基於派系理論的論證和論斷，可能源於彭真、劉少奇先後落馬的時序、「文革」大批判予人的深刻印象，當然也受制成書時的資料有限。事實上，彭真在政治上屬於劉少奇的人的看法，並非僅在西方學者中流行，在中國大陸也非少見。[23]其雖有簡明易懂的優點，卻一筆抹煞中共高層關係演變和中共歷史發展的複雜性。

　　西方學人對彭真在「文革」前中共高層政治和黨內人際關係問題，存在偏誤、約化的認識，針對其當時具體分管的工作事項和重要角色，包括：政法、統戰、首都管理和對外事務，也皆欠缺深入而充分的專門研究。彭德的彭真專書主線——觀察彭真在不同時期對法律的主張和作為，但他囿於將彭真和毛澤東視作截然不同之對立面的「成見」，反而令之完全失察：「文革」前17年中共對法律設定角色和作用問題上，彭真對毛澤東緊跟不已的政治軌跡。

　　本書的目的是：避免中國大陸出版書籍向來對彭真偏重說功道好的傾向，改變西方學術著作對之刻板描繪、淺薄認識的不足，對於彭真從政以來的重要經歷與活動（主要到「文革」以前），試以持平呈現和深度刻劃，期以盡可能地還原彭真在中共歷史和政治中的原貌，並突顯他相對同一時期其他中共要人的政治性格與特質。

　　由於彭真長年致身中共革命，又長期身居高位、經管多方，本書細節重

Authority in the P.R.C (Palo Alto, CA: Stanford University Press, 2003), pp. 86, 89, 104.

22　魏昂德（Andrew G. Walder），閻宇譯，《脫軌的革命：毛澤東時代的中國》（香港：香港中文大學出版社，2019），頁193、205。Victor C. Shih, *Coalitions of the Weak: Elite Politics in China from Mao's Stratagem to the Rise of Xi* (New York: Cambridge University Press, 2022), pp. 36, 40, 45, 50, 88-91.

23　孟紅、任遠、王燕萍，〈彭真：一生實事求是與堅持真理——黨史專家田酉如訪談錄〉，《黨史文匯》，2012年第11期，頁22。

建、細緻研究其個人相關歷史，亦有益於重新檢視與認識他置身其中、擔任要角的中共重大事件、重要決策、高層人事、內外政策和群眾運動，以及他直接分管的事務，包括：中共中央書記處的日常工作、政法、統戰和首都的領導工作。

另外，確切詳悉彭真在「文革」前高居中共中央政治局超過20年的政治經歷、經驗與實踐，既可助於了解他在「文革」後官場上所居權力職位和工作重點的原因，也可為知曉斯時盛行的「元老政治」（他為其中一員）提供一個重要基點，同時能對中共治下法制之路、政法作為的察昔知今，供予宏觀視野和厚實底蘊。

本書採取「歷史研究途徑」，以彭真個人及其所在的中共領導群體、以至更大的中共歷史為研究對象，選取相關各類史料作為分析資料；在研究過程中努力提煉、細心確證與挖掘發現史實，並對之賦予意義與解釋。本書使用的研究方法，主要是文獻資料分析與歷史研究分析，並輔以口述訪談。

本書使用的文獻資料方面：

彭真在「文革」前長期作為北京市的黨政首長，北京市檔案館是作者造訪次數最多、收穫豐碩之處；作者也有幸於在中華人民共和國外交部檔案館對外較為開放期間，查閱抄錄其中關於彭真的檔案紀錄。另外，本書也使用作者撰寫博士論文期間拜訪廣東省檔案館的所得。海內外各地學術友人知道作者從事彭真研究以後，慷慨分享其收藏的相關原始檔案或資料。

旨在暴露彭真「反動」面目和「反黨」錯誤的「文革」批判材料，經過仔細辨別和比對，也有不少有用的歷史資訊。美國、英國、台灣、前蘇聯、日本的外交或情報檔案中涉及彭真的部分，也可用來反映中國大陸以外時人對之的觀察和估判。

本書利用近年問世的大量中共歷史資料，包括：中共領導人的年譜、文選、回憶錄、傳記、日記。由中共官方編訂或審定的資料，無疑有其政治傾向和選擇，但仍內含大量重要資訊可供豐富描述、自建論述。非受中國大陸官方出版限制者，也謹慎參考運用。此外，本書也使用中共新華社編的《內部參考》、重要報刊、中西研究專著與論文、網路資料等。

本書亦注意使用訪談所得資料，作為重要補充，有時甚至可起到畫龍點睛

和關鍵拼圖作用。[24]訪談對象有：一、少數的彭真下屬，包括任職「文革」前的北京市與全國人大常委會者。二、彭真早期不同階段的身邊工作人員，知悉其工作方法、習性、作息，也目睹或聽聞他與其他高幹的互動情況。三、與彭真有過直接接觸或近身觀察者，例如：在延安時期、1959年盧山會議期間與彭真有過互動的李銳，張聞天擔任外交部副部長時的助手、在盧山會議後的「反右傾」中曾見聞彭真相關言行的何方。四、與彭真工作關係緊密之部屬的子女，他們既曾聽聞父輩談論彭真，也曾親炙後者風采並與之交談。五、中國大陸的中共黨史與當代中國史的專家、學者。六、西方的中共政治、歷史研究者，其中包括本書進行學術對話的《文化大革命的起源》作者馬若德。

　　最後，對本書的內容安排進行簡要說明。本書的時間斷限，主要從彭真發跡華北、活躍延安，直至其淪為「文革」首批批鬥對象。然而，本書並無打算鉅細靡遺地探討彭真在「文革」前的所有政治作為和活動。

　　彭真官方傳記津津樂道、不惜篇幅正面記述的業績，本書不予贅述，而集中探究：彭真擔負要角、但官方卻諱莫如深的事蹟，以及其曾任要職和要務，卻未有專門討論者。包括：彭真如何在延安整風厲行審幹和「搶救」；戰後東北與人深結梁子並日後爭鬥不休；中共「進城」後在「鎮反」、「肅反」上陣衝鋒；整風期間布下羅網、大抓「右派」；在政法體系剷除重法之聲、大樹黨的領導；「大躍進」中追逐煉鋼宏圖、高產奇蹟和公社綺夢；「反右傾」時登盧山猛拳出擊、下盧山如虎出閘；經濟調整期間與毛澤東同聲合拍，大整「黑暗風」、「單幹風」、「翻案風」；多涉外事大出風頭，「反修」鬥爭火力四射；執掌統戰、力擒李維漢；領政京畿、遊刃有餘。

　　本書並非意在談論彭真官方傳記之不能言、不便言，而是認為唯有上列敏感議題、爭議歷史獲得適當回答，方能較準確地掌握彭真在中共早期政治發展的顯要角色和吃重份量（甚至一度躋身毛澤東接班人之列），以及更適切地理解與之相關的中共重大歷史事件和過程（如走向「文革」的源起和歷程）。

24　由於中共黨史研究的特殊性，關於訪談資料來源的說明問題，目前學界尚無一個統一的規定與範例，甚至在同一著作中，針對訪談對象背景和意願的不同，猶有說明程度不一的情況，本書也有這種情形。為了不造成中國大陸的訪談對象的不便，並能將之予以適度的區別，本書對多數的中國大陸受訪者分別冠以A、B、C、D……等代號，另外再註明訪談地點與概略時間。

　　作者從2014年起陸續發表以彭真為題的學術期刊論文。[25]然而，本書不是相關期刊文章的簡單合集，而是以之為基礎，在作者思索新定的研究主軸和問題意識之下，重組修改、擴增議題、新寫內容、充實討論和強化論證，並加入使用之後蒐集取得的各類重要資料，終而形成此一內容前後貫穿、各章交緊扣連的專書。[26]

　　本書的章節架構，除此〈緒論〉外，第一章探討彭真參加中共革命、進而政治發跡的過程。彭真早期先後在順直省委、國民政府牢獄、北方局和晉察冀的情況為何？他如何結識中共第一代主要領導人劉少奇、周恩來、鄧小平等，特別是在政治上如何進入毛澤東的眼簾？

　　第二章探討彭真在延安整風運動的角色與活動。毛澤東在中共中央所在地延安發起整風運動，以及其間的審幹運動和出現嚴重偏差的「搶救」，彭真所

25　與本書直接相關者有13篇，按發表時間順序有：鍾延麟，〈彭真在1959年中共「反右傾」運動中的角色和作為〉，《中國大陸研究》，第57卷第1期，2014年3月，頁97-125。鍾延麟，〈彭真在1957年整風、「反右派」運動中的角色與作為〉，《人文及社會科學集刊》，第26卷第2期，2014年6月，頁247-292。鍾延麟，〈周恩來與彭真關係之研究（1928-1976）〉，《國立政治大學歷史學報》，第42期，2014年11月，頁261-302。Yen-lin Chung, "The Unknown Standard-Bearer of the Three Red Banners: Peng Zhen's Roles in the Great Leap Forward," *The China Journal*, No. 74 (July 2015), pp. 129-143. 鍾延麟，〈「文革」前彭真對中共首都的管理：政治方針、領導方式和幹部政策〉，《中國大陸研究》，第58卷第3期，2015年9月，頁123-153。鍾延麟，〈彭真和中共東北局爭論——兼論其與高崗、林彪、陳雲之關係（1945-1997）〉，《中央研究院近代史研究所集刊》，第91期，2016年3月，頁99-151。鍾延麟，〈彭真在中共對外關係中的角色和活動（1949-1966）〉，《中國大陸研究》，第59卷第2期，2016年6月，頁67-101。鍾延麟，〈彭真和北京市的「大躍進」運動：工農生產及城市建設（1958-1960）〉，《中國大陸研究》，第60卷第3期，2017年9月，頁93-119。鍾延麟，〈彭真與劉少奇政治關係之研究（1928-1966）〉，《國立政治大學歷史學報》，第48期，2017年11月，頁135-188。鍾延麟，〈「改革開放」前彭真與鄧小平政治關係之研究（1938-1976）〉，《中國大陸研究》，第61卷第1期，2018年3月，頁1-29。鍾延麟，〈彭真在中共延安整風運動中的角色和活動（1941-1945）〉，《國立政治大學歷史學報》，第49期，2018年5月，頁39-91。鍾延麟，〈中共建政後統戰工作的歷史回顧：彭真的角色和活動〉，《中國大陸研究》，第64卷第3期，2021年9月，頁97-127。鍾延麟，〈彭真在1955年中共「肅反」運動中的角色與活動〉，《中國大陸研究》，第65卷第3期，2022年9月，頁1-32。

26　由於本書出版的字數限制，其中部分內容曾於期刊發表者，原附註釋（例如報紙、「文革」批判資料的引用）不得不予以精簡，特此說明。

為何事？他如何協助毛澤東進一步確立最高領袖地位，自己也進入中央最高決策圈？

　　第三章探討彭真在國共內戰初期的東北經營至中共建政初年的政治揚升。中日戰爭結束後，中共欲進佔東北，彭真何以獲命負責領導此事？其政策主張為何？又為何與同在「關外」的陳雲、林彪、高崗陷入政治分歧和對立？彭真離開東北到中共革命成功初期所任職務為何？圍繞在東北爭論的人事紛爭如何繼續糾纏彭真，特別高崗政治得勢時如何對之造成壓迫？他又在哪種機遇下再次獲得更大的中央參政機會？

　　第四章探討彭真在中共建政初年參與領導政法工作的情況。彭真的相關職務居於董必武之下，但何以受到毛澤東更多的信任？旨在武力清除新生共黨政權安全威脅的「鎮反」運動，以及意在整頓政法隊伍的司法改革運動，彭真的意向和角色為何？

　　第五章探討彭真在中共徘徊於法制建設和群眾運動之間的角色與作為。1954年中共完成並頒布首部憲法和重要組織法，1955年就發起全國群眾性「肅反」運動，1956年中共「八大」又高聲要發展、健全法制。已從董必武手上逐步實際接掌政法的彭真，如何因應和自處？從中又反映出他有什麼樣的法律觀念和政法主張？

　　第六章討論彭真同時跨足中央政治和地方治理的雙重角色。「文革」前，彭真兼是身具實權的中央領導人和首都北京市的黨政負責人，地位特殊。彭真在中共「八大」何以未進政治局常委會、名落鄧小平之後？他在新建立的中央書記處出任「二把手」，如何與中央總書記鄧小平配合，又獲致多大的揮灑空間？彭真何以長期受命管理首都，其經營「首善之區」的政治理念和目標為何、所用何人？他在中央愈益權重、工作也愈加繁重之下，如何繼續有效兼管首都？其在適度結合、運用央地兩棲角色上，如何表現得爐火純青，為己加分的同時又埋下隱憂？

　　第七章討論彭真在1957年整風、「反右派」運動之角色和活動。這場政治運動原是鼓勵黨外提出批評意見以助中共澄清吏治，中間卻出現轉折而另加「反右派」議程，進而形成大規模的政治批鬥與獵捕。這也實同宣告：毛澤東為首的中共中央幾經徘徊後，擇定以群眾運動為中心的治國方式。這章將探討彭真如何在中央（「八大」中央書記處擔任副職後的第一樁重大政治任務）和

地方（主要是北京市）兩個層級，執行運動各個階段政策和其造成影響。

第八章探討彭真在1957年指揮劍指政法領域的「反右派」鬥爭。中共先前曾短暫嘗試結合群眾運動與執行法制，到此時乾脆以運動代替法制，甚至直接衝擊法制本身。彭真主導批判哪些政法領域的非共人士和「右派」言論，及其造成什麼影響？在中共政法系統內，彭真為何、如何在黨員幹部中狠抓與嚴批「右派」？他認定黨內離經叛道的法律主張和政法政策，主要是什麼？其在法院、檢察和監察各部鎖定的「右派」代表人物又是誰？

第九章探討彭真在1958年主導中共政法機關的整風鬥爭和人事清洗，以及之後法制發展的積弱不振。「反右派」乘勝追擊和「大躍進」奔馳在即的氛圍下，彭真主持政法部門整風，促之檢查工作、總結經驗、挑鬥標靶、統一認識，以跟上中央確立的運動治理方向。黨內重視、主張法制的聲音和人士，如何被一一處理？稍具雛型的法制建設和立法工作，又為何停擺，致使中國本有發展法治的可能性付諸流水，而以毛澤東意志掛帥的「人治」更是恣意妄行。本章將聚焦於：後來被中共官方譽為「社會主義法制的主要奠基人」彭真，在前述中共重挫法制過程中的角色和作為。

第十章探討彭真在歷時三年的「大躍進」運動之角色和活動。始於1958年的「大躍進」運動，中共本欲藉此讓中國大陸有飛躍式的發展，不料竟造成人類史上前所未見的人造大饑饉。彭真對以「多、快、好、省」為訴求和職志的社會主義建設「總路線」的意向為何？如何置信與投入工業、農業「大躍進」？針對人民公社政策，又如何支持並別有創意？彭真在中央書記處擴權後如何參與運動的全局領導，又怎樣在北京市高揚「三面紅旗」，各自造成什麼後果與影響？

第十一章討論彭真在1959年「反右傾」運動之角色和活動。1959年夏廬山會議的情勢逆轉，以及由此而來的「反右傾」運動，不但驟然中斷1958年底以來對「大躍進」有限度的糾偏工作，更強力助長第二回合「大躍進」的勃然驟起。彭真這時代替鄧小平主持中央書記處，擔綱負責。他上廬山如何為毛澤東護駕、為其「三面紅旗」護法，參與批鬥彭德懷及其「從眾」？下廬山如何推行「反右傾」運動，使之席捲各部與各地？

第十二章討論彭真在「大躍進」後經濟調整中同毛澤東政治契合的情形。1960年代初期中共領導菁英感到棘手的經濟危局，以及責任歸屬問題，彭真的

態度和做法為何？1962年前半年，中共領導層內隱然出現的政策分歧，包括：對經濟情勢及其恢復前景的判斷，以及包產到戶應否採行。彭真的立場與傾向為何？相較其他中央要人，他與毛澤東有多麼相近和重合，有何政治動作？又如何涉入反「翻案風」、批鬥習仲勳？其此時協助中央再拾法制，為何不了了之？

　　第十三章探討彭真管理中共統戰工作之角色與活動。中共視統一戰線為其革命成功的「三大法寶」之一；中共主政後到「文革」前的統戰政策愈形激進，在中央書記處分工連繫統戰的彭真，如何監管各階段的統戰政策，以及對西藏的統戰工作？1962年毛澤東再次高舉階級鬥爭理論，彭真如何直接推促批鬥中央統戰部部長李維漢？

　　第十四章討論彭真在中共對外關係之角色。彭真在黨中央、全國人大常委會和北京市身兼多職，如何從多方面參與中共對外的決策、政策和活動？如何配合和服務於當時中共對外最重視的中蘇兩黨、兩國關係？在這一組越加激化和惡化的雙邊關係，他的個人作用為何？

　　第十五章探討彭真在政壇上盛極轉衰、突然被毛澤東政治離棄的情形。時至1960年代中期，彭真顯得勝任毛澤東的政治親信、股肱，他何以短時之內盛寵盡失、黯然去職，是本章討論重心。起因於毛澤東對文藝界不滿而啟動的文化革命，何以擴大為針對黨內上層「當權派」的「文化大革命」？彭真在中央負責領導文化革命，其在上述事態惡性發展中的動向、言行為何？彭真到底因為何事而觸怒毛澤東，並直接導致他的下臺？另外也關注毛澤東在「文革」中如何對待「階下囚」彭真，及其可能代表的含義。

　　最後在結論的部分，內容包括：一、扼要評述和概括彭真在「文革」前的主要政治角色與活動，特別是其如何支助毛澤東的個人崇拜和獨斷地位，並進而構建「以言代法」的政治局面。二、對彭真個人政治性格的形成、表現和特點，試以追溯、勾勒並簡括；簡述他突然倒台原因和之後重新復出政壇情況，也點出其政治性格因素的可能影響。

第一章

華北政治發跡
（1923-1940）

　　本章旨在介紹彭真的早期政治經歷：1923年加入中國共產黨的他，如何從一默默無名地方小幹部，一步步地在黨內發跡和崛起，以及在同一過程中，他與中共主要領導人毛澤東、劉少奇、周恩來、鄧小平等相遇結識、共事往來的過程。

　　下文依時序檢視：彭真早年在順直省委工作的情形，特別是如何擔任一名省級重要幹部（曾代理省委書記、主管省委日常工作並擔任組織部長），又為何陷入似無止境的政治糾紛，最後還被調離省委；接著介紹他苦蹲牢房6年遭遇，以及其間的抗爭和學習；接下來觀察其走出牢房後如何投入北方局工作，以及參與因北方「白區」工作評價問題引發爭論之白區工作會議情形；最後則是中日戰爭爆發後，他先後在北方局和晉察冀地區工作情況，尤其是面對國共統一戰線問題出現政策變化如何自處，以及如何開始積極宣揚毛澤東，使之進入後者的政治視線。

一、早年情況和順直省委糾紛（1923-1929）

（一）家庭背景和入黨之初

　　彭真本名傅懋恭，當時用名為傅茂公。有關「彭真」二字取名的由來，乃是他在1937年參加中共蘇區黨代表會議和白區工作會議時，應會議保密要

求——來自「白區」者必須另外起名與會，而開始使用。[1]他之所以取「彭」為姓，可能因为其外婆本姓為彭，至於單名「真」字的用意，或是他矢志追求真理、真實之意？[2]

　　根據作家蕭軍的妻子回憶：1942年，經過毛澤東引介，彭真首次與蕭軍見面，彭真對蕭軍作自我介紹時，解釋其名意在：決心「澎湃馬列主義和毛澤東所代表的革命真理」。[3]1937年彭真使用此名參加蘇區黨代表會議、白區工作會議時，才第一次見到毛澤東，彼此方由此結識，他當時自然不可能立即有毛澤東代表「革命真理」的政治認識。幾年之後，彭真在延安初見蕭軍之時，確實應已有毛澤東等同「革命真理」化身的認知與信念。不過，彭真若真的在毛澤東面前向蕭軍如此解釋其用名來歷，不禁讓人心想：他多少有藉此取悅毛澤東之意。

　　彭真後來高居中共黨國主要領導人，身邊工作人員每次問之此名由來和含意，他皆笑而不語。[4]

　　1902年10月12日，彭真出生於山西曲沃縣侯馬鎮的貧苦農家。彭真祖籍山東桓台，祖父母為逃荒而遷徙至山西，但他一直保有山東人的飲食習慣。彭真的早年家庭生活以及求學之路，祖母傅張氏扮演相當重要的角色。1997年彭真去世後，5月3日的《人民日報》頭版刊登〈彭真同志光輝戰鬥的一生〉介紹其生平，還提到：「彭真幼年時白天隨父母下田勞動，夜晚全家紡線，飽嘗生活艱辛之苦，曾隨祖母憤起反抗惡霸欺壓」。

　　根據彭真官方傳記描述，其祖母乃鏢師後代，習武術、懂醫術，「生性豪爽，愛打抱不平」。彭真祖父母落腳山西生活時，當地原本住民因天災或死或逃，而形成誰整修房地、就由誰擁有的「默契」。但是等新移民落腳安家、種植收成之後，卻冒出地主要求收租，產生激烈紛爭。彭真家遇此糾紛，往往由祖母領頭抗爭。[5]彭真對祖母的敬佩油然而生，對鄉間「土豪劣紳」的惡感，

1　《彭真傳》編寫組編（下略），《彭真傳》（北京：中央文獻出版社，2012），第1卷，頁90。
2　趙晉，〈走近彭真〉，《百年潮》，2002年第11期，頁34。
3　王德芬，〈彭真與蕭軍〉，《緬懷彭真》編輯組編，《緬懷彭真》（北京：中央文獻出版社，1998），頁404。
4　趙晉，〈走近彭真〉，《百年潮》，頁34。
5　《彭真傳》，第1卷，頁1、4。

或也由此萌芽。

彭真祖父去世後，家中事務由祖母主持，其下有二子，長子為彭真父親傅維山，彭真為其長孫。彭真父親和叔父傅維河各自娶妻生子後，仍一起合住，三代同堂倒也相安無事，直到因彭真升學問題而產生分歧。彭真父母重視彭真的學習問題，找人教導外，也將之送去私塾就讀。當他們進一步考慮送彭真就讀曲沃縣立第二高等國民小學（簡稱「二高」，約等同於現今小學的中、高年級教育），祖母也欣予贊成。但彭真叔父認為：彭真已成為家中一名重要勞動力，其上學既直接減損家中田間生產能量，也要花費一筆不小財力。彭真祖母為了培養長孫，毅然同意次子分家要求，家裡經濟狀況因此也受到影響，從所謂「富裕中農」退至「貧農」。彭真後來非常感激家中長輩、特別是祖母「死乞白賴堅持」，讓他有接受正式教育的機會。[6]彭真兒女回憶：彭真為此「特別懷念他的祖母和母親魏桂枝」。[7]

彭真從幼兒到青少年階段，祖母具有「大家長」的地位和權威，對他而言，「祖孫情」是一種對之照顧、讓之敬崇的愛，而母親則讓他享有慈母之愛。彭真與父親之間的關係互動，可能像中國傳統、典型的父子關係：父親望子成龍，力能所及之下加以培養（彭真晚年強調父親是「啟蒙老師」角色），[8]但有時也會予以責打。彭真後來多次對子女提到：兒時天色未亮即被要求出工，難免發睏瞌睡，因而被父親賞耳光。

彭真約16歲才正式入學，算是晚讀許多。他因受愛國運動鼓舞和傳播新思想刊物啟發，如同當時中國許多年輕之士擔憂民族、國家前景，立志鋤強扶弱、深信匹夫有責，同時又尋求個人出路、冀以發揮生命能量，因此高度關心政治，進而選擇投身其中。

1922年，彭真在祖母、雙親咬緊牙關、堅定予以支持之下，報考並成功錄取位在太原的山西省立第一中學。[9]1923年冬，彭真就讀「省立一中」期間，經高君宇、李毓棠介紹，加入中國共產黨，更是積極獻身學生和工人運動。

6　同上註，頁15。

7　〈精神血脈共傳承（中）〉（2016年8月31日），康達律師事務所：https://www.kangdalawyers.com/library/891.html（2023年1月15日登入），此文乃經彭真兒子改寫而定。

8　《彭真傳》，第1卷，頁10。

9　同上註，頁20、22。

　　彭真1961回顧他入黨之初，自認是「馬列主義」、「科學社會主義」，主張階級鬥爭、無產階級專政，而與當地「打著社會主義旗號而實際擁護無政府主義」者不同，經過激烈爭論後，成功促使對方分化，爭取「站到我們這一邊」。他也坦承自身所在的太原支部，還未明瞭組織農民運動、發展軍隊武裝的重要性。另外，其不無得意地表示：「山西的國民黨是我們一手組織起來的，直到1925年以後，國民黨右派才發展了幾十個人」。[10]

　　彭真參加中共革命的前6年，主要在山西、河北和天津從事工人運動，還陷入「順直省委糾紛」。

（二）順直省委初立及任職津、唐

　　1927年4月12日，在南方領導國民革命軍「北伐」的蔣中正，於上海發動「清共」。以張作霖為首的東北「奉系」，不久也在天津、北京逮捕、處死多名中共領導幹部，包括創黨人李大釗。面對北方組織重挫，5月19日，中共中央決定成立順直省委員會（簡稱「順直省委」），以統一領導黨在華北地區的工作。6月中旬，決定先成立順直臨時省委；8月1日，順直省委在天津成立，由彭述之擔任書記。彭真此時在順直省委下轄的中共天津市委，擔任宣傳部長。8月中旬，天津市委遭受破壞後，順直省委同意由彭真臨時負責天津黨組織工作，他不久擔任代理市委書記。[11]

　　8月7日，中共中央召開緊急會議（通稱「八七會議」），批判糾正陳獨秀的所謂「右傾錯誤」，確立實行土地革命與武裝起義的總方針。9日，中共中央決定成立中共中央北方政治分局（簡稱「北方局」，書記王荷波、秘書蔡和森），以加強對北方工作之領導；11日，決定任命劉柏莊為順直省委書記。9月下旬，在北方局擴大會議和順直省黨的活動分子會議上，蔡和森傳達「八七會議」精神，批評彭述之對暴動方針不予理睬。另外，根據中央要在黨組織主要領導中增加工人成分的意見，順直省委相應改組，由曾在安源工作的朱錦堂

10　〈彭真同志談山西黨史〉（王建富1961年12月訪問記錄，1985年4月18日重新整理），頁1-3。

11　《彭真傳》編寫組編（下略），《彭真年譜》（北京：中央文獻出版社，2012），第1卷，頁38-40。

擔任書記（彭述之仍留省委工作）。[12]此乃所謂「第一次改組」。[13]

10月，北方局為貫徹「八七會議」精神，決定在北方發動暴動。彭真被指派前往唐山，組織發動工人暴動；他抵達後組建中共唐山市委並擔任書記。[14]彭真原本對暴動計畫有心為之，但後來認為該地黨組織沒有形成核心、幹部和群眾未有充分準備、起事條件不成熟，而沒有履行任務。[15]

11月中旬，彭真結束唐山工作，返回天津。他在天津市委主要領導人遇難之後，臨時擔負領導天津組織任務並負責當地總工會事宜。之後，彭真擔任中共天津市委書記，並且開始參加順直省委，擔任職工部主任。[16]

（三）二次改組下出任要職

約此前後，順直省委出現重大組織變化。11月17日，中共中央決定撤銷北方局，由順直省委代行其職權，直接接受黨中央領導；12月下旬，中共中央指派蔡和森巡視北方黨，並且主持順直省委工作。[17]

1928年1月，蔡和森主持下，順直省委完成所謂「第二次改組」。[18]彭述之被嚴厲批判，對之甚至出現「必須永遠開除黨籍」的呼籲；朱錦堂被指控「不堅決地公開地與彭述之主義鬥爭，亦應予以警告」。[19]最後，由工人出身的王藻文出任省委書記，他與彭真、李德貴、王德振、王仲一、張金言（張明遠）、王宗泉組成省委常委，彭真並出任組織部長（張明遠則回憶：彭真擔任的是宣傳部長）。[20]

蔡和森認為順直省委的「第二次改組」，受到天津、唐山、京東等地方勢力的影響；而彭真可能得利於近期在天津、唐山的工作經歷和人脈關係，而在

12　同上註，頁39-40。

13　中共中央文獻研究室編，《劉少奇傳》（北京：中央文獻出版社，1998），上冊，頁110。

14　《彭真年譜》，第1卷，頁40。

15　《彭真傳》編寫組、田酉如，《彭真傳略》（北京：人民出版社，2007），頁57-58。

16　《彭真年譜》，第1卷，頁41。

17　同上註，頁41-42。

18　中共中央文獻研究室編，《劉少奇傳》，上冊，頁111。

19　李東方，〈蔡和森化解順直省委危機〉，《湘潮》，2016年第6期，頁27。

20　《彭真年譜》，第1卷，頁42。張明遠，《我的回憶》（北京：中共黨史出版社，2004），頁112。

新任省委獲得要職。

　　值得注意的是，中共中央在因應處理上述順直省委問題的過程中，曾兩度對彭真作出重要的工作任命，只是在人員往返津、滬且音訊傳遞拖延的情況下，最後都未能實現。一、1月6日，位在上海的中共中央聽取彭述之對其順直省委工作的陳述後，有感問題複雜，決定召集蔡和森、朱錦堂回中央報告，停止改組省委；另也決定：朱氏赴上海向中央彙報期間，由彭真暫時代理順直省委書記。二、1月24日，中共中央更決定由彭真直接擔任順直省委書記。[21]

　　然而，1月中旬，蔡和森開始主持召開順直省委會議、著手進行省委領導改組時，尚未收到黨中央在1月6日的指示；待蔡和森收到中共中央在1月24日的決定時，王藻文為書記的新省委領導已經選出，彭真的書記職務就未予公布。蔡和森為了遵照中央前述指示並完備組織程序，決定新舊順直省委書記王藻文、朱錦堂和彭真前去上海向中共中央彙報工作，而新的省委人事安排在2月中旬也獲得中央的批准。[22]值得一提的是，彭真向黨中央彙報的對象是中央政治局常務委員會委員周恩來、瞿秋白和羅亦農。[23]這或是彭真和周恩來的第一次會面和工作互動。

　　1928年初，在陰錯陽差之下，彭真雖然錯失代理甚或是真除順直省委書記職務的機會，但此事也適足反映他當時受到中央和上級的肯定與重視。何以致此呢？除了順直省委組織變動大、人員流動多，以及彭真可能在尖銳的人事衝突中幸而得利等因素外，彭真先前指導地方工作表現出來的能力，亦或也是重要原因之一。

　　在順直省委「第二次改組」中徹底出局的彭述之，他在1月5日向上海的中共中央陳述己見時，對彭真在唐山僅長月餘的經營成果，頗有好評：「後派一特派員傅茂公（智）去，比較好一點，他能群眾化，觀念亦好。硬幹，從礦工及下層路工開始工作，發展三十—四十〔個〕同志，支部亦發展新同志。都很好，但只知暴動，不願經濟爭鬥。」[24]

21　《彭真年譜》，第1卷，頁42。

22　《彭真傳》，第1卷，頁56。

23　中國中共黨史人物研究會編，《中共黨史人物傳》（北京：中共黨史出版社，2015），第89卷，頁13。

24　〈彭述之關於順直省委組織的談話〉（1928年1月5日），中央檔案館、河北省檔案館編，

　　另有資料指稱：彭述之提及彭真在唐山時還稱「唐山已有120名黨員」。[25]彭真在唐山短暫工作期間發展30至40名黨員，即是在他去之前當地原有黨員人數的近約半數，由此可見其工作成效不一般。中共中央或可能透過彭述之的描述，對彭真留有不錯印象，進而心生找之代理、甚而擔任順直省委書記的想法。

　　彭真在地方工作的能力和表現，也讓主持「第二次改組」的蔡和森留有印象。1928年9月，蔡和森口頭報告順直一年以來的情勢發展時，就提到初來北方局之時，「天津僅胡茂公（作者按：應是傅茂公）可以作一點工作」。蔡氏也注意到彭真自唐山回到天津、參與省委工作後，唐山的情況就大不如前：「改組後我到了唐山，當前茂公在時有一二百人組織，茂公到省委又塌台」。因而必須由他親自坐鎮當地，期以振衰起敝。[26]

　　彭真所具一定的工作才幹，已開始展露而為人注目。[27]有關著作評道：「由於彭真的工人運動經驗，後來歷屆省委領導相當器重他」。[28]可見彭真在順直省委所佔的一席之地和政治影響。惟隨其進入順直省委領導層，愈加被捲入政治糾紛漩渦，到後來直接成為順直局面治絲益棼的重要當事者，甚至成為主要「事主」之一。彭真政治性格中含有為人側目的一面，也在這一過程有所流露。

（四）劉少奇到來及續任要職

　　1928年3月24日，中共中央開會討論順直工作問題，決定派出劉少奇前赴天津，以中華全國總工會特派員身分，參加全國鐵路總工會的領導工作；同時以中央委員身分指導順直省委工作。[29]這即是彭真、劉少奇之間具有正式組織

　　《河北革命歷史文件匯集》（甲種本）（出版地不詳：河北省政府印刷廠，1991），第2冊，頁83。

25　《彭真傳》，第1卷，頁55。

26　李東方，〈蔡和森化解順直省委危機〉，《湘潮》，頁27。

27　《彭真年譜》，第1卷，頁43。

28　陳耀煌，《統合與分化：河北地區的共產革命，1921-1949》（以下簡稱《統合與分化》）（台北：中央研究院近代史研究所，2012），頁104。

29　中共中央文獻研究室編，《劉少奇年譜》（北京：中央文獻出版社，1996），上卷，頁76。

關係和工作互動的開端。

3月下旬，劉少奇抵達天津。他剛到順直不久，就批評省委書記王藻文妄議中央存在「機會主義派別」，[30]也對中央和順直省委之間關係有所挑撥。劉少奇對順直的政治指導，也不全符合地方實際情況，如曾主張發起暴動。雖然沒有真正付諸實行，但引起一些幹部、黨員不滿，如蔡和森批評之「盲動趨向」；[31]王藻文後來也指稱「少奇又主張燒殺」。[32]彭真對劉少奇暴動政策主張的態度為何，目前沒有資料可以說明。

5月15日，中共中央根據蔡和森的報告，認為順直省委當前工作緊張，領導力量薄弱，決定劉少奇參加順直省委常委，以加強對順直黨的領導。[33]彭真與劉少奇之間的工作接觸，自是只增不減，而且可能關係不錯。

彭真本來即是順直省委常委、組織部長，並根據中共中央關於「省委所在地之城市黨部，必須由省委兼」的指示精神，同時兼管原中共天津市委下屬的各區委和特殊支部。[34]當王藻文、王仲一等前去蘇聯參加中共第六次全國代表大會（簡稱「六大」，舉行日期是6月18日至7月11日，王藻文、王仲一分別獲任中央委員、中央候補委員），彭真更進一步地代理省委書記，主持省委日常工作。[35]有論者研判：「此與劉少奇和陳潭秋的重用當然不無關係」。[36]

由於順直省委在組織上負責「領導北平、河北、山西、山東、察哈爾、河南等省市黨的工作」，中共後來在〈彭真同志光輝戰鬥的一生〉譽之為「中國共產黨在北方地區的主要領導人之一」。

在彭真代理省委書記這一階段，他與劉少奇之間的正式工作往來，可見於：針對保定南部黨組織受農民運動黨員閻懷聘煽動，而在5月自行成立中共保南省委，公開向順直省委叫板一事，6月初，彭真聽取省委巡視員邢予洪的

---

30 同上註，頁76-77。
31 中共中央文獻研究室編，《劉少奇傳》，上冊，頁114。
32 〈王藻文的談話——順直黨的錯誤〉（1929年1月22日），中央檔案館、河北省檔案館編，《河北革命歷史文件匯集》（甲種本）（出版地不詳：河北省政府印刷廠，1999），第23冊，頁48。
33 中共中央文獻研究室編，《劉少奇年譜》，上卷，頁77。
34 《彭真年譜》，第1卷，頁43。
35 張明遠，《我的回憶》，頁112-113。
36 陳耀煌，《統合與分化》，頁104。

情況介紹後，向劉少奇進行彙報。[37]

　　令人玩味的是，彭真的官方傳記和年譜對於1928年初彭真未能真正實現的代理書記和獲任書記之事，皆有記載；對這時彭真真正代理省委書記的經歷，卻無任何紀錄。兩者之間的反差，是否可能前一事可以代表彭真被上海中央賞識、嶄露頭角而值得一說；後一事則意味彭真在方興未艾的順直省委糾紛中難脫干係，而不便多提？

　　彭真擔任代理省委書記期間，工作上也非平順。根據時任省委常委（身兼農民運動委員會書記）的張明遠回憶：1928年1月「第二次改組」以後的省委書記王藻文和大部分的常委，乃工農幹部出身，「大多數文化和政治素質不高」，領導能力不足以勝任，或者革命品質令人堪憂。張明遠強調：「省委自身組織不健康狀況，是當時在嚴重的白色恐怖下難以正常發揮領導作用的重要原因之一」。他進而表示：在這種政治背景下，彭真代理書記、主持省委日常工作，「以當時省委管轄範圍之廣、處境之險惡，這樣薄弱的領導力量，必然會出現許多困難和問題」。[38]

　　張明遠也道出彭真代理書記面臨的獨木難支困境和客觀現實困難：

　　　　4月以後，由於王藻文等去莫斯科參加中共六大，我經常到基層，很少在機關，負責工運的王德振體弱多病且能力較差，對工作抓不起來，只有傅茂公主持省委的日常工作。由於大革命失敗後黨內思想混亂，無組織無紀律現象滋生，以及叛徒告密和敵人搜捕破壞等，使得省委常常顧此失彼，苦於應付，難以正常發揮領導職能。有的人不顧這些事實，把當時的省委說得一無是處，是片面和有悖於歷史事實的。[39]

　　彭真代理省委書記期間就曾發生：省委候補委員黃金榮向省委索取金錢生活（即「經濟主義傾向」）不成，竟向敵叛變告密的險情。[40]

　　為因應6月上旬國民革命軍進佔平津的情勢發展，以及參考陳潭秋巡視順

37　《彭真年譜》，第1卷，頁44。

38　張明遠，《我的回憶》，頁112-113。

39　同上註，頁113。

40　同上註。

直提出的處理意見，6月底，中共中央決定成立「中央處理順直問題特派員機構」，由陳潭秋、劉少奇、韓連會組成，代號「潭少連」。7月下旬，在此三名中央特派員主導下，召開中共順直省委擴大會議，重新改組省委。在新成立的省委領導，鐵路工人出身的韓連會擔任書記，他與彭真、李德貴、郝清玉、郭宗鑒、楊繼錄、王廷璧組成省委常委會；彭真並繼續擔任組織部長。

　　「潭少連」主導改組的新任省委常委名單，半年前「第二次改組」的「贏家」王藻文失去書記職位，他與王仲一也離開省委常委，彭真反倒能續留常委、續任組織部長。由此可見彭真與陳潭秋、劉少奇等中央特派員可以配合，而與原在省委常委會共事的王藻文未能契合、有所嫌隙。

　　根據王藻文說法（1929年1月），他對彭真頗不以為然。不同於張明遠較強調彭真所處的不利現實環境，王藻文側重揭露彭真個人的政治言行修為和後果影響。

　　王藻文表示：在「第二次改組」後的順直省委內，彭真在政治上顯得「虛浮」；彭真和王仲一（常委兼宣傳部長）「有衝突」。王藻文被批評、遭質問的政治問題，例如：要求組織提供生活費、以僱傭關係看待的「鬧經濟主義」，以及造成工人和知識分子幹部之間關係緊張和對立的「工學界限」。王藻文強調彭真也都參與「有分」，在「工學界限」生成上，彭真的政治操縱負有更大責任。[41]王藻文也指控：7月中共順直省委擴大會議的主事者陳潭秋，「又受包圍，不知下情」，乃是彭真所為。[42]

　　王藻文對彭真的負面看法和評語，無疑是其個人主觀判斷，但多少也可視作當時對彭真的一種政治觀察。另外，以彭真能自「第二次改組」的順直省委領導中「全身而退」、完美切割，還得到「潭少連」的政治認可與重用，可以想見彭真具有一定的政治計算、能耐和手腕。

（五）劉氏停權省委下轉任天津

　　從7月的順直省委領導改組結果，可看出陳潭秋、劉少奇對彭真持有一定

41　〈王藻文的談話──順直黨的錯誤〉（1929年1月22日），中央檔案館、河北省檔案館編，《河北革命歷史文件匯集》，第23冊，頁48。

42　同上註，頁49。

信任和欣賞，但是為時不久就出現變動。

　　甫改組的順直省委，在入秋後即遭到部分地方黨委質疑和抗議。9月、10月，唐山、玉田、遵化、樂亭四縣黨組織組成「京東護黨請願團」，上訪天津，批評順直省委的7月改組，未事前通知各地準備，而逕將自行預擬名單宣讀通過，在國民黨掌控平津的新情勢下束手無策、對工作指導不力、經濟分配不當，要求赴上海狀告中央。彭真作為順直省委的一名領導要員，自難接受請願團立場，更何況這股京東反省委的浪潮中，不乏針對他個人的不善指控。例如：批評掌握省委組織大權的彭真破壞黨的紀律，輕率自行決定他人黨籍問題。[43]彭真針對來勢洶洶的請願團態度強硬，主張取消相關地方黨委，撤銷其領導職權。[44]

　　地方黨人如參與玉田暴動的農運領導人葉善枝，也挑撥別人與彭真之間的關係。葉善枝後來宣稱為讓郭宗鑒「看清」彭真「站在個人觀點上的種種錯誤」，[45]勸說郭氏「不要太蠢，不要傻幹」，不要受之利用。[46]葉善枝挑動省籍對立情結，提倡「直人治直」、「反對山西人指導直隸工作」，[47]可能也有針對彭真之意。[48]

　　彭真在順直省委與人關係緊張、風評不佳，還可見於1928年秋順直軍委負責人張兆豐向中共中央告狀一事。張兆豐原為馮玉祥部隊的一名師長，是中共早期少見的軍事人物，由李大釗親自聯繫，可見其地位特殊和重要。張兆豐參加中共「六大」後回國，即在順直軍委工作。

43　〈樂亭縣委關於改造順直黨的意見〉（1928年12月18日），中央檔案館、河北省檔案館編，《河北革命歷史文件匯集》（甲種本）（出版地不詳：河北省政府印刷廠，1998），第17冊，頁32-34。

44　〈與李芳啟談話──樂亭縣黨的各項工作情況〉（1928年12月20日），中央檔案館、河北省檔案館編，《河北革命歷史文件匯集》，第2冊，頁583。陳耀煌，《統合與分化》，頁105。

45　芝，〈一封覆信〉（1929年2月7日），中央檔案館、河北省檔案館編，《河北革命歷史文件匯集》（甲種本）（出版地不詳：河北省政府印刷廠，1992），第3冊，頁136。

46　昌偉，〈兩封公開的信──給善枝與希逸的〉（1928年12月31日），中央檔案館、河北省檔案館編，《河北革命歷史文件匯集》，第23冊，頁44。

47　〈張兆豐致中央的信──對順直工作的意見〉（1928年10月5日），中央檔案館、河北省檔案館編，《河北革命歷史文件匯集》，第2冊，頁515。

48　陳耀煌，《統合與分化》，頁104。

　　10月5日，張兆豐據其個人所見和綜合各方，以及基於他所在順直軍委和省委之間有所隔閡、未必愉快的互動經驗，他致信黨中央，直接點名批評彭真是「同志關係太壞的人」、「純粹用軟硬手段來應付工作和同志」，並表示由之「來負指導工作的責任，在實際上是要發生很多困難的」，「希望中央切實注意」。[49]

　　以張兆豐重要的軍政地位和影響，他將彭真的問題直接「捅到」中央，直陳由彭真「來負指導工作的責任」不妥，對彭真的政治傷害力恐不能小覷。

　　劉少奇在內的「潭少連」眼見順直省委陷入領導和信任危機，以及因其工作不彰導致舊怨未解、又添新仇（彭真難脫干係），10月28日，乾脆決定停止順直省委行使職權和停止京東黨部活動，改由「潭少連」直接行使和管理。

　　「京東護黨請願團」的主要人士李運昌，晚年憶及這種組織處置表示：「劉（少奇）來了之後是各打三十板，停止了省委工作，認為他們方法不對，也停止了我們的工作，給我們處分，將王藻文調走。順直的工作暫由劉負責。彭真原是省委常委，這時擔任組織部長。這種處理雙方都不服氣」。[50]

　　彭真未見得服氣，乃可理解。因為彭真參與領導、擔任要職的順直省委，已不得再發號施令，他直接領導的組織部被解散，而組織事務由劉少奇掌管，[51]等同他先前的堅持努力、政治行徑，以及深陷其中的明爭暗鬥，未獲劉少奇等人的認可支持，他藉以活動的政治平台也不復運作存在，而被安排轉任負責天津的黨職，即中共天津特區委書記。[52]

　　1988年，彭真在回憶這段涉及自身早期政治起伏的往事時表示：「劉少奇、陳潭秋以中央特派員身分讓省委停止工作，並調我去上海。」[53]

　　劉少奇對順直省委紛爭失之簡單、生硬的解決方案和方式，不久即遭中共

49 〈張兆豐致中央的信——對順直工作的意見〉（1928年10月5日），中央檔案館，河北省檔案館編，《河北革命歷史文件匯集》，第2冊，頁515。

50 中國大陸中共黨史研究者（A君）提供的資訊。（北京，2011年8月）

51 徐彬如，〈周恩來用六大精神武裝順直省委〉（2006年1月4日），新浪新聞：https://news.sina.cn/sa/2006-01-04/detail-ikkntiam6291966.d.html?from=wap（2023年1月20日登入）。

52 《彭真年譜》，第1卷，頁45。

53 中共山西省委黨史研究室，《彭真生平大事年表》（北京：中共黨史出版社，1992），頁83-84。

中央批評。11月27日，中共中央召開政治局會議，討論順直問題。此會認為陳
潭秋、劉少奇在處理順直問題上存有「取消主義」觀念，在工作方式上犯有
「命令主義」錯誤。會議對紛擾不休的順直問題作出決定：派出周恩來前去順
直巡視指導（周氏在中共六屆一中全會獲任中央政治局委員、常委，同時是常
委秘書長兼中央組織部長）；調派張金刃（張慕陶）參加其省委工作；7月省
委領導改組的新任書記韓連會，仍任省委書記，省委恢復職權，改組常委
會。[54]

　　同一會議還決定將彭真從順直調至上海，由中央另行分配工作。[55]中央針
對彭真的人事安排考慮，顯然認為彭真已不宜繼續待在順直省委和該一地區工
作，而其之離場「轉崗」，或甚至被視為有助平息、解決順直問題的必要舉
措。

　　十個月以前（1928年1月份），中共中央曾決定要彭真代理、進而出任省
委書記（雖未付諸實行）；王藻文出國參加中共「六大」後，彭真代理省委書
記，中央應是知情並至少不予反對。黨中央此時卻認為彭真不再適任於順直工
作。前後落差之大，不知是否同時受到「潭少連」對彭真不再力挺，張兆豐向
中央點名告狀，以及「京東護黨請願團」因之滿腹怨氣的影響？

　　中共中央對順直問題的最新裁示，直接推翻劉少奇等人先前的政治決定，
劉少奇陳述己見、有所保留，但最後服從上級撰文檢討，也自認不適而求
去。[56]劉少奇對於代表中央出面處理「順直糾紛」的周恩來，認真配合行事。
彭真與周恩來也繼2月彭真赴上海向黨中央彙報工作後，進行兩人再次的直接
互動。

（六）周恩來改組省委而幾被調離

　　12月11日，周恩來抵津。他與彭真談話並告知中央決定調之至上海另行分
配工作。周恩來13日主持召開中共順直省委常委會議，傳達黨中央關於解決順
直問題的指示。周恩來作為「欽差」銜命而來（實也是中央實際負責人），常

54　中共中央文獻研究室編，《劉少奇年譜》，上卷，頁85。

55　《彭真年譜》，第1卷，頁45。

56　中共中央文獻研究室編，《劉少奇傳》，上冊，頁123-126。

委會議自然接受其意見，通過恢復省委職權、改組常委的議案，並決定召開順直省委擴大會議。[57]

　　彭真出席並「在討論中闡述了自己的看法」。[58]彭真在會上遇到哪樣的討論，他又具體闡述什麼看法，其官方年譜皆無披露，但是可以推想他可能不是全無想法，心緒也恐非暢快，畢竟省委職權恢復以後，原先在省委有職有權的他，卻未獲許繼續在順直黨扮演角色。

　　周恩來肯定彭真在順直期間有能力、懂實際，但也有所批評：其組織紀律性不是無可挑剔，因為畢竟沒有按照上級指示發起唐山工人暴動；另外，也患有「狹隘的農民意識」、「幫派思想」和「個人英雄主義」。[59]

　　所謂「狹隘的農民意識」，通常指工作重心偏斜於鄉村、農民，或是在經濟分配上強求均分和主張燒殺，有時則指在性格行事上心胸狹隘、挾怨記仇。所謂「幫派思想」，可能指彭真藉由組織武術隊，發展與工人、農民關係，但後來卻形成對其個人效忠；更嚴重的指控是與人因私利而形成小團體，違反組織原則。所謂「個人英雄主義」，較常指不嚴格接受組織領導，而自以為是、自作主張。

　　周恩來的前述負評，對彭真先前擔任的順直省委領導和所負組織工作，應多少也有指摘之意。更重要的是，中共中央、周恩來認定：彭真已成為「順直糾紛」參與爭執的主要一方，並具有如周恩來指稱的政治缺失和問題，彭真若在重新恢復的省委常委中留任領導職務，無益徹底解決當地黨內膠著多時的人事紛爭。

　　周恩來在接續的順直之行，頗為借重彭真在天津、唐山的經營，藉之開展調查和了解地方情況。12月15日，彭真向周恩來報告其負責的天津特區委工作、工人運動情況，以及天津黨的工作計畫；次日陪同周恩來與地方人士座談；18日至20日，又陪同周恩來前去唐山調查研究。[60]既便如此，周恩來主導操持的中共順直省委擴大會議和省委領導改組，都沒讓彭真參與，讓之全程缺席。

57　中共中央文獻研究室編，《劉少奇年譜》，上卷，頁88。

58　《彭真年譜》，第1卷，頁45-46。

59　中國大陸中共黨史研究者（C君）提供的資訊（北京，2011年8月）。

60　《彭真年譜》，第1卷，頁45-46。

　　12月下旬，中共順直省委擴大會議召開，出席者有43人，包括：參加中共
「六大」的華北地區中央委員、順直省委委員，以及多地的黨組織負責人。會
議出席名單由周恩來主導決定，與彭真針鋒相對的「京東護黨請願團」主要成
員李運昌，以及向中央狀告彭真的張兆豐，都在許可出席的人員名單。此一省
委擴大會議恢復順直省委職權，改組省委領導，韓連會續任書記，由他與陳潭
秋、張金刃、郝清玉、王德振組成省委常委會。張兆豐也繼續任職順直軍委，
官拜書記。對彭真敵意頗深的葉善枝，也在新省委的農民運動委員會、教學委
員會獲有席位。[61]

　　中共中央、周恩來本已決定將彭真調離他苦心經營的順直省委，甚至規劃
送去蘇聯學習、培養。但由於新改組的順直省委希望再借重熟悉當地情況的彭
真一段時日，經1929年1月中旬請示中央，並於2月獲得同意，彭真才得以繼續
留在天津，擔任中共天津工作會議書記。此一機構又稱天津工作辦事處，乃由
中共天津特區委改建。[62]彭真可言重新擔任他在1928年10月順直省委停止行使
職權後的天津職位。

　　李運昌晚年回憶道：「（1928年）12月中央又派周恩來到天津，他傳達
『六大』精神，他從莫斯科回來的，同時解決順直省委問題。12月開會（在天
津），我也參加了」；「周恩來的辦法是改組了省委，改組後彭真不擔任常委
工作，到天津市工作」，「彭真當時是省組織部長，也調到天津了」。[63]從這
名當年「京東護黨請願團」要員看來，其順直省委「老對頭」彭真經此一役，
可謂是「官降一等」！

　　屋漏偏逢連夜雨，彭真在順直仕途不順遂之際，1929年3月，彭真有孕在
身的妻子侯秀梅病逝。他可說是遭受雙重打擊！

　　4月6日，中共順直省委決定取消彭真負責的天津工作會議，而改由省委直
接領導天津工作。兩天以後（8日），彭真被選任為省委職工運動委員會委
員，專職工人運動。[64]他算是又回到省委，但其權責地位不能跟之前相比。

　　周恩來在1928年底處理順直問題並對彭真有所批評一事，在「文革」批判

61　陳耀煌，《統合與分化》，頁107。
62　《彭真年譜》，第1卷，頁47。
63　中國大陸中共黨史研究者（A君）提供的資訊（北京，2011年8月）。
64　《彭真年譜》，第1卷，頁47。

材料中也有反映：「1928年，彭真在順直省委擔任組織部長，年底，周恩來同志主持召開的順直省委擴大會議上批判了彭真等人的錯誤，並罷了彭真省委組織部長的官」；「彭真對此非常仇視」。[65]

　　「文革」批判資料的政治傾向性顯而易見，而未可盡信。但是彭真與周恩來之間在順直問題上的互動，是否為兩人政治關係在初始即留下一道陰影？從後來延安整風運動期間，此一歷史被翻出重新檢討，並直接事涉彭真、劉少奇和周恩來之間的政治互動來看，不禁讓人有此聯想。

圖1-1：彭真（左1）與周恩來（右2）。彭真任職順直省委時，即與周恩來有工作互動。彭、周兩人之間的政治往來與關係演變，是本書的一條重要支線。
資料來源：Wikimedia Commons。

　　在中共「改革開放」年代，劉少奇之子劉源為追尋其父的政治歷程，曾向彭真請益1920年代後期的順直省委問題，求之解惑。彭真答覆：「我們一直就

65　原北京市委、市人委機關揪舊兵團，《彭真罪行錄：彭真反革命修正主義集團頭目罪行錄1》（北京，1967），頁126。

沒講明白，你怎麼能看明白？」[66]1996年11月下旬，彭真離世前不久曾回顧
「順直糾紛」。他對自己在近70年前「順直糾紛」的角色和作為，僅簡單表
示：「當時黨內問題複雜，省委剩下的幾個人又缺乏經驗和理論，實際上也不
能解決問題，搞得省委機關工作不能正常進行」。[67]而不具體說明：他順直初
出茅廬和對人處事，政治上如何有失成熟、周到，更不可能提到自己當年初露
哪些令人未必感到友善的政治性格特質。至於他和劉少奇、周恩來在其中政治
初識和糾葛的過程，也無意回想細訴。

二、被捕入獄（1929-1935）

順直省委歷經中共中央先後派遣蔡和森、劉少奇、周恩來前去巡視指導和
主持改組，1929年剛步上正軌，準備重新出發，不料即遇到嚴重內鬨，陷入重
大危機。

約在5月，順直省委再次調整改組：由中共中央政治局候補委員盧福坦擔
任書記，原書記韓連會改任候補書記；由盧福坦、韓連會、張金刃（組織部
長）、陳潭秋（宣傳部長）、吳雨銘（工委書記）組成省委常委會。另外增設
候補常委三名，即郝清玉、劉義、李華添，並由王奇岳擔任省委秘書長。

新科省委領導甫上任就緊急處理一個「燙手山芋」。1928年1月順直省委
「第二次改組」選出的書記王藻文，以及1月、7月兩次省委改組的常委李德
貴，自覺所獲政治待遇不公（王藻文的「六大」中央委員職務被開除，遭受留
黨察看處分），5月中旬，他們竟登門踏戶省委的秘密機關，強力索求經濟財
物，對省委安全直接造成威脅。順直省委請示中央後，同月底派出郭宗鑒（省
委委員、鋤奸隊長）刺殺王藻文、李德貴。王藻文臨死前將郭宗鑒之名告知妻
子張健生，張氏和李德貴之母憤而引領員警，搜捕其所認識的省委幹部和黨
員。[68]

---

66 劉源，《夢回萬里衛黃保華——漫憶父親劉少奇與國防、軍事、軍隊》（北京：人民出版
　社，2018），頁32。
67 《彭真傳》，第1卷，頁56-57。
68 《彭真傳》，第1卷，頁59-60。《彭真年譜》，第1卷，頁47-48。

　　6月7日，本身面臨破壞衝擊、危如累卵的省委開會應變，會中作出的一項決定是「派傅茂公去北平擔任市委書記」。[69]不知彭真是否來得及知悉此一關乎自身的新人事調令，6月10日，約一年前彭真代理省委書記期間，在保南地區自立門戶與之分庭抗禮的閻懷聘，自身叛變後帶領特務前來彭真住處指認，彭真因而落網被捕。[70]

　　1929年彭真來不及上任北平市委書記，下次他再獲任此職已是近20年之後的1948年底，這時中共已非到處窩藏、伺機而動的地下狀態，而是兵臨北平城下、內有潛伏應和的雄師勁旅和嚴密組織。

　　彭真此前也曾因參加革命活動而在太原、天津被捕，但皆不久即獲釋放。最近的一次是：1927年1月27日，彭真在天津的法國租界參加紀念列寧（Vladimir Lenin）逝世三週年聚會時集體被捕，幸得李大釗找李石曾出面向法方疏通，而於次日獲釋、「驅逐出境」。彭真在兩年後的這次遭捕，就無此好運、鋃鐺入獄。

　　彭真的官方傳記和年譜宣稱：河北省高等法院將彭真判刑9年，之後刑期減至6年。彭真這段坐牢「蹲苦窯」的經歷，有四個問題值得探討：

　　第一、彭真被法院判刑的法律依據為何？

　　彭真的官方傳記表示：法院乃根據《中華民國刑法》、《反革命治罪暫行條例》對彭真判刑；[71]彭真的官方年譜另外還提到《防制共產黨辦法》。[72]然而，以上說法恐有錯誤。因為當時有《暫行反革命治罪法》（1928年3月9日公布），[73]而無《反革命治罪暫行條例》。

　　這種對法律名稱錯載、誤植的情況，常見於中國大陸有關彭真的出版物，甚至相關歷史當事人也有錯記的情況。例如：張明遠、周鐵忠、薄一波都是繼彭真之後被捕並遭判刑坐牢。張明遠就錯稱他和彭真都是按照「國民黨政府的《反革命懲治條例》」「判的刑」。周鐵忠、薄一波皆聲稱在1930年按《危害民國緊急治罪法》而遭到治罪判刑。事實上，時至1931年春，《危害民國緊急

69　《彭真傳》，第1卷，頁61。

70　《彭真年譜》，第1卷，頁48。

71　《彭真傳》，第1卷，頁64。

72　《彭真年譜》，第1卷，頁50。

73　《暫行反革命治罪法》（1928年3月9日），《國民政府公報》，第39期（1928年3月），頁2-4。

治罪法》才出台取代《暫行反革命治罪法》。

《防制共產黨辦法》則是中國國民黨中央常會議決通過（1928年10月25日）的黨內文件，其旨在決定各級黨部若發現有共產黨藏匿其中，要對之施行連坐懲處，並非屬於懲治從事共黨活動人士的國家法律。

綜前所述，彭真被法院判刑的法律依據，應該為《中華民國刑法》，尤其是《暫行反革命治罪法》。

第二、彭真為何被法院重判，以及其獲判的具體刑期到底為多久？

關於彭真的法院審判資料，目前無法取得；彭真的官方傳記和年譜也都未有披露，其甚至也可能無從獲閱和使用。現有可得的直接資料是彭真的自述。1977年3月19日，彭真在寫給中共中央主席華國鋒暨黨中央的申訴信中表示：

> 1929年和我同時被捕的幾十個政治犯中有當時順直前省委和現任省委幹部。其中有黨的六屆中委現任省委書記、秘書長、總交通等。總交通已叛變。黨的組織繼續遭受破壞，大批幹部遭受犧牲的危險性很大。在這樣緊迫的情勢下，我和同案的幾個主要負責人伺隙串供，為了縮小犧牲範圍，決心犧牲已遭受敵特、叛徒嚴重破壞，敵特早已知道的前任省委，即我曾任組織部長的已被停止職務的那任省委。把一切都推到前省委，即推到我和郭宗鑒（已被判死刑）身上，以掩護保存被捕的現任省委負責人和黨員幹部。結果現任六屆中委省委書記盧福坦、秘書長王奇岳等二分之一黨員幹部只判了11個月短期徒刑即刑滿無條件釋放。只有9人包括我，判了9年徒刑，是當時敵統治者法定的最重刑。[74]

換言之，彭真為了暗中掩護此時同樣被逮捕、但尚未曝光的現任順直省委領導人，他與人串供後，自己招認（事實上業已遭人指認而無法抵賴）是：被刺殺身亡的王藻文書記的組織部長（當地政府僅能掌握至此屆省委情資），而且堅稱自身已被開除而與組織失聯。

1930年春，彭真和其他8名黨人（如中共建政以後的建築工程部部長劉秀峰），被法院處以9年有期徒刑。與彭真同批落網的郭宗鑒，因身負追殺黨內

74　《彭真年譜》，第4卷，頁515。

叛徒的「鋤奸」任務，犯行更為嚴重，所以法院以「預謀殺人罪」判之兩個無期徒刑另加有期徒刑。[75]彭真的罪行較郭宗鑒次之，但既然他在審訊中也坦承不諱曾是順直省委要員，法院對之定罪和量刑的法律依據，可能按照《暫行反革命治罪法》的第6條（「宣傳與三民主義不相容之主義及不利於國民革命之主張者，處二等至四等有期徒刑」），以及第7條的前半段（「凡以反革命為目的，組織團體或集會者，其執行重要事務者，處二等至四等有期徒刑並解散其團體或集會」）。所謂「二等」有期徒刑，判刑可長達10年。[76]

1977年彭真在申訴信中表示：其獲判9年刑期，乃「是當時敵統治者法定的最重刑」。彭真可能意指：他被法院認定違反相關法律條文，因而被判處最重的「二等」有期徒刑。值得注意的是，彭真本人所說以及其傳記、年譜所記的9年徒刑，乃與其他資料的記述略有出入。根據彭真「獄友」周黎揚回憶：彭真的刑期是9年10個月，罪名與他同樣是「宣傳與三民主義不相容之主義」。[77]與彭真同批被判刑的劉秀峰，其傳記表示：彭真和劉秀峰皆被判處有期徒刑9年11個月。[78]而無論是9年10個月或9年11個月，其刑期長度更接近「二等」有期徒刑最高的10年刑期。

至於《共產黨人自首法》（1928年10月20日），[79]可能沒有被法院當做對彭真酌量論刑的參考依據，最主要原因是：彭真的犯行易被判定為「曾在共產黨執行重要職務」，也觸犯《暫行反革命治罪法》的相關條文，更重要的是，他不是所謂的「發覺前自首者」（第1條、第2條、第3條）。彭真在接受審訊時，看來也無「於其犯罪行為之一部分發覺後，自首其未經發覺之餘罪者」

75 廖永武、李嘉陵，〈永不消逝的長虹——記郭宗鑒烈士英勇鬥爭的事蹟〉，《歷史教學》，1980年第5期，頁8-13。

76 楊奎松，《國民黨的「聯共」與「反共」》（北京：社會科學文獻出版社，2008），頁266。

77 周祖德，〈「南京牢房巡禮21日——回憶與思索」第III篇：父親的牢頭彭真〉（2012年8月17日），博訊新聞網：https://news.boxun.com/news/gb/lianzai/2012/08/201208172231.shtml（2022年12月2日登入）。

78 劉玉奎、袁鏡身等編著，《劉秀峰風雨春秋》（北京：中國建築工業出版社，2002），頁47。

79 《共產黨人自首法》（1928年10月20日），《國民政府公報》，第2號（1928年10月27日），頁1-3。

（第4條）。

　　第三、彭真為何可以減刑3年，而使得刑期變成6年，以及他在服刑期間曾否去過反省院反省？

　　彭真的官方傳記和年譜提供的說法是：彭真乃根據《政治犯大赦條例》（1931年1月1日開始施行）而獲得減刑。《彭真傳》寫道：

　　　1931年1月1日，國民黨中央政府公布《政治犯大赦條例》。其中第1條規定「凡中華民國19年12月31日以前之政治犯均赦免之」，第8條規定「判決已經確定，在反省院反省者，得暫行保釋3年」。根據大赦令，彭真屬「判決已經確定」者，但沒有「在反省院反省」。[80]

　　《彭真傳》並解釋：經潛伏天津市政府的張友漁努力下，當地反省院已經不復存在；「因此，河北省高等法院在執行《大赦條例》時，將凡是在押的政治犯一律減刑3年，彭真的刑期由9年減為6年」。[81]

　　然而，仔細閱讀《政治犯大赦條例》條文，可以發現《彭真傳》的說法可能不無問題。

　　首先、按照《政治犯大赦條例》的第1條（「凡中華民國19年12月31日以前之政治犯，均赦免之；但背叛黨國之元惡、怙惡不悛之共產黨人或有賣國行為者不在此限」）、第4條（「本條例所稱怙惡不悛之共產黨人，指凡未依共產黨人自首法自首之共產黨人」）和第5條（「本條例所稱有賣國行為者，指犯外患罪或犯暫行反革命治罪法或其他依法規定與外患罪性質相同之罪」），可以注意到可獲得赦免的對象仍存有但書和限制，並非簡單地「均赦免之」。[82]

　　其次，《彭真傳》著重引用《政治犯大赦條例》的第8條，其全文是：

　　　未依共產黨人自首法自首之共產黨人，於本條例施行後3個月內如能悔

80　《彭真傳》，第1卷，頁74-75。

81　同上註，頁75。

82　《政治犯大赦條例》（1931年1月1日），《國民政府公報》，第663號（1931年1月1日），頁5。

過自新，經切實保證人2人以上合具保證書保證其不再犯暫行反革命治罪
法第2條至第7條之罪，並經監所長官或反省院院長證明其確有悔悔之實
據，送由省或特別市黨部核准後，其判決未經確定者，雖不具備刑法第90
條之條件，亦得宣告緩刑3年；其判決已經確定或在反省院反省者，得暫
行保釋3年。

緩刑或保釋期內再犯暫行反革命治罪法第2條至第7條之罪者，緩刑之宣
告或保釋之許可，應撤銷之。

緩刑或保釋期滿而緩刑之宣告或保釋之許可未經撤銷者，以已赦免
論。[83]

比照之下，《彭真傳》的相關敘述和法律解讀，有兩點明顯需要商榷，甚
至存在錯誤：

一、《彭真傳》直截了當地認為彭真可以「受惠」於《政治犯大赦條例》
第8條的規定，卻忽略、忽視該一條文臚列的四項前提：彭真本人必須在「本
條例施行後3個月內」「悔過自新」；經保證人兩人以上合具保證書；經監所
長官或反省院院長證明其確有悔改；省或特別市黨部的核准。《彭真傳》對此
全然無所交代，是欲迴避或掩藏彭真曾予「悔過自新」，還是這四項前提雖曾
有達致但後來又出現反覆？或者是《政治犯大赦條例》根本未用於彭真身上？

事實上，根據《彭真傳》描述，彭真在1930年春被正式判刑後，即在服刑
的河北省第三監獄（所謂「三監」），屢屢帶頭抗爭，7月初就被轉押至看守
更加嚴密的天津陸軍監獄，但他在換地坐牢後仍持續抗爭，甚至鬧絕食，不難
想像易被法院、獄方視作搗蛋的首要問題人物。彭真和監所長官要達成「共
識」，以符合、滿足《政治犯大赦條例》第8條設置的四項前提，恐怕也有難
度。

二、《彭真傳》引自第8條的文字是：「判決已經確定，在反省院反省
者，得暫行保釋3年」。這乃與第8條原文「其判決已經確定或在反省院反省
者，得暫行保釋3年」，有所差別。根據前述第8條的完整文字，彭真屬於「其
判決已經確定」者，即可納入考慮用於此一法律條文（如前所述，還必須要

完成包括其本人「悔過自新」在內的四項前提），至於他是否待「在反省院反省」，並非是決定他能否獲得處理的必要條件。

關於彭真有無去過反省院的問題，張友漁直接參與天津反省院（名作「臨時自新院」）從建立到解散的整個過程（約1930年7月至9月），根據其回憶：當初成立此一機構的目的，在於將一批判刑較輕者（3年以下有期徒刑），表面上讓之悔過自新，實則先將之帶離監獄，以便進一步營救。其中包括薄一波、李運昌等人。張友漁表示：「因彭真同志判刑重，沒有能夠轉到『臨時自新院』來」。[84]

另外，《彭真年譜》針對彭真減刑問題的描述是：1931年1月，「國民黨中央政府在元旦公布《政治犯大赦條例》（一律減刑三分之一），河北省高等法院將傅懋恭的刑期由9年減為6年」。[85]然而，閱畢、翻遍《政治犯大赦條例》，內文根本查無「一律減刑三分之一」的字詞或字義。

相較於彭真官方傳記、年譜在其傳主減刑問題解釋上的「捉襟見肘」、多有破綻，彭真在1977年的申訴信表示：「後國民黨全國大赦，一律減刑三分之一，改判為刑期6年。我1935年刑滿無條件釋放，未履行任何手續。獄中我長期擔任黨支部書記」。[86]

根據1932年6月24日國民政府公布的《大赦條例》前兩條內容：

> 第1條　凡犯罪在中華民國21年3月5日以前其最重本刑為3年以下有期徒刑拘役或專科罰金者均赦免之專科褫奪公權或沒收者亦同。
>
> 第2條　除依前條赦免者外犯其他之罪其最重本刑為死刑無期徒刑或7年以上有期徒刑者減刑三分之一7年未滿者減刑二分之一但屬於左列各款所定之罪不予減刑。[87]

彭真在1929年6月被逮捕、1930年春遭到判刑9年，按照《大赦條例》確實可以減刑1/3，即減去3年，從9年變成6年。事實上，中國大陸也有彭真的研究

84　陳荷夫編，《張友漁回憶錄》（北京：北京大學出版社，1990），頁51-52。

85　《彭真年譜》，第1卷，頁54。

86　同上註，頁515。

87　《大赦條例》（1932年6月24日），《國民政府公報》，洛字第12號（1932年6月30日），頁1。

文章表示：彭真乃是根據1932年《大赦條例》的規定而減刑1/3，由9年減為6年。[88]

　　同彭真一起被逮並同樣獲判9年徒刑的劉秀峰，以及較晚被抓但一樣遭判9年的武競天，也都獲利於1932年《大赦條例》，而使得刑期同樣從原本的9年縮短成6年。[89]張明遠自陳也因1932年大赦「對政治犯減刑三分之一」而提前獲放。[90]劉秀峰、武競天、張明遠進牢以後，都跟著彭真在獄中抗爭，也遇到1931年1月《政治犯大赦條例》的公布實施，但是相關的記述和自述卻都未指出《政治犯大赦條例》曾對其減刑有所幫助。

　　不禁令人好奇的是，彭真的官方傳記、年譜為何宣稱其傳主獲得減刑，乃肇因於一年半之前的《政治犯大赦條例》，而卻不引用他本人可能更符合實際的說法？

　　1935年，彭真即將刑滿之際，負責監禁彭真的獄方可能按照1932年《大赦條例》的第3條規定（「犯危害民國緊急治罪法或舊暫行反革命治罪法之罪而經赦免之人犯如認仍有危害民國之虞者移送反省院」），[91]規劃將彭真移送北平軍人反省院。但因為日本進逼華北，而使得相關政府部門在情勢緊張之下無暇處理彭真等人案件；8月，國府司法部同意直接將彭真等人釋放，彭真、劉秀峰因而得以躲過反省院這道關卡。

　　第四、彭真在監獄中的政治表現為何？

　　彭真在獄期間，並未「幡然悔悟」地脫離共黨，仍秘密維持組織活動，並擔任重要領導角色。彭真在「三監」牢房內對於出現政治動搖的同志，可以做出開除黨籍的決定；[92]他更針對獄方帶頭從事包括絕食在內的各種形式抗爭。

　　從彭真在獄中出謀劃策、飽受折磨、險些命喪的表現，足見他對共黨組織和信仰的堅毅不移。這有當時同在「三監」的李運昌（也與彭真待過陸軍監獄）、張明遠、周黎揚等人的回憶資料作為依據。李運昌還回憶：彭真被戴上

88　趙晉，〈彭真的特殊課堂〉，《北京黨史》，2006年第6期，頁54。

89　湯樹屏主編，《武競天傳》（北京：中國鐵路史編輯研究中心，1994），頁51。

90　張明遠，《我的回憶》，頁165。

91　《大赦條例》（1932年6月24日），《國民政府公報》，頁1。

92　劉玉奎、袁鏡身等編著，《劉秀峰風雨春秋》，頁343-344。

重達7、8斤的腳鐐。[93]張友漁也表示：彭真「受刑最重，兩腿坐老虎凳壓槓子被打壞了」。[94]

周黎揚後來對兒子憶及大牢中的彭真時，都語帶恭敬，並稱眾人「都聽他的，服他的管」。周黎揚也說彭真當時非常消瘦、身體孱弱，患有肺結核病（自己也被之感染），而且以為彭真難以存活而恐將死於獄中。因為兩人後來被分送不同的監獄，加上彭真用名的改變和外型變化太大，周黎揚甚至一直沒有認出中共建政後身居高位、經常公開亮相的彭真，竟與當年「牢頭」是同一人！[95]

彭真在1977年申訴信中表示「獄中我長期擔任黨支部書記」，但實際情形則較為複雜。彭真大約在1929年夏於「三監」內擔任中共支部書記；1930年7月，他被轉押至天津陸軍監獄（喬國楨重組支部）；1931年2月，其又被押回「三監」，因為被獄方視作首要問題人物，目標過於明顯，沒再擔任支部書記，但仍作為支部核心成員。5月彭真被移監至河北省第二監獄（所謂「二監」）；下半年「二監」內建立中共支部（書記劉文蔚），彭真擔任委員。[96]

彭真、劉文蔚、劉秀峰在「二監」內也非「安分守己」，也尋機反抗、鬧過絕食。彭真曾回顧他這段囚房歲月：

> 在天津三監、北平二監的頭兩年中，有過3、4次絕食鬥爭，我都參加了。一次半天，一次3、4天，一次6、7天，最長一次20來天，每次鬥爭都堅持到底。我和郭宗鑒等一批人在天津第三監獄絕食中，曾一度押在陸軍監獄，後又押回三監了……後來敵人把政治犯分散關押，看管封鎖更嚴，單獨關押，絕食鬥爭很難搞了。於是，只好更集中精力讀點社會科學理論和其他書籍。[97]

---

93 李海文、王燕玲編著，《世紀對話——憶新中國法制奠基人彭真》（以下簡稱《世紀對話》）（北京：群眾出版社，2002），頁202。

94 陳荷夫編，《張友漁回憶錄》，頁52。

95 周祖德，〈「南京牢房巡禮21日——回憶與思索」第III篇：父親的牢頭彭真〉。

96 張明遠，《我的回憶》，頁157。《彭真年譜》，第1卷，頁49、51、54-55。

97 《彭真傳》編寫組、田酉如，《彭真傳略》，頁88。

特別需要強調的是，彭真用功研讀中華民國政府的法律和政治思想讀物，以為自身和其他「同是天涯淪落人」的牢友，進行辯護和維權。如此既「為他後來在晉察冀根據地和新中國建立後領導法制建設，打下了一定的法律知識基礎」，[98] 同時也為他形成、深植了法律作為統治者所用之管治工具，以及善藉法律可用之處以利自我需要的認識觀念與認知基礎。

彭真這段入獄經歷，對他日後的從政之路，在不同時期有不同政治評價和影響。彭真在獄中並未放棄抗爭，而且是在服刑期滿後才被放出，所以當其回到中共革命隊伍中，坐牢一事被看作是政治歷經考驗、對黨忠心堅貞的具體表現。1945年2月，毛澤東在延安就表示：

> 在北方，華北也有好多的黨員像彭真、薄一波，當然還有很多。他們在班房裡頭。只有我們英勇奮鬥？人家不艱苦奮鬥？他們坐在班房裡頭和敵人鬥爭。……白區工作的同志，沒有坐班房活著的，坐班房活著的，沒有坐班房死了的，坐班房死了的，這幾部分人，他們替無產階級作了英勇鬥爭，為了鬥爭，他們拿著命拼，因為這樣坐了班房，少數僥倖逃脫的沒有坐班房。應該估計到他們的成績。[99]

彭真坐牢期間，中共的革命重心從中國南方轉移至北方：歷經中華蘇維埃共和國在江西的創建和敗退、「兩萬五千里長征」的各種艱險，最後落腳陝北高原。中共在1920年代末至1930年代前半期的政治摸索、紛爭和失敗，彭真也因身處大牢而無涉入太多，使之少有歷史「欠賬」。這些在延安整風階段對彭真是一個政治利多。

然而，中共內部存在一種對於在敵人佔領區工作者有所不信任的情緒，針對曾被敵人捕獲下獄者更是懷疑。弔詭的是，彭真本身曾在敵佔區工作、也有被捕坐牢的經歷，但是他在延安審幹時竟對類似經歷者嚴加審查。

這一狐疑、敵視的情緒在「文革」期間更極端發展為：早年坐牢經歷，甚有可能遭到指控曾經叛黨、變節。此時已成「階下囚」的彭真，就吃盡苦頭，

---

98 同上註，頁89。

99 薄一波，《七十年奮鬥與思考》（北京：中共黨史出版社出版社，1996），上卷，頁137。

申辯無效。

　　「文革」中針對彭真的批判資料，嚴屬指控彭真早年在獄中「出賣同志，破壞絕食鬥爭」。彭真在「文革」期間受到羈押審查時，針對他早年坐牢經歷，也集中質疑其是否在被捕後出賣黨內同志，而造成組織嚴重破壞。彭真也被迫多次為此進行交代和說明。

　　彭真早年坐牢期間，順直省委組織部長聶榮臻曾在鐵窗外設法予以奧援。「文革」中，聶榮臻面對欲將彭真打為「叛徒」的登門調查，表示「彭真同志在獄中表現很好，鬥爭很堅決，他沒有叛過黨」。劉秀峰下放勞動改造，也拒絕配合「證明」彭真早年在獄中「叛變」的致命指控。

　　「彭真專案組」的頂頭上司周恩來、康生，卻為何一直對此揪住不放，周恩來甚至在1973年毛澤東詢問彭真情況時，回覆彭真還有此一歷史問題尚待查清？他們與彭真之間到底累積了什麼深仇大恨，毛澤東最後又為何沒有認可彭真是「叛徒」的調查結論？直到1979年中共官方才對此認證為清白。

三、任職北方局與初遇毛澤東（1936-1937）

　　1935年8月，彭真6年刑滿後出獄，亟思重回共黨工作，可是他步出監牢後一開始缺吃少穿，在天津生活沒有著落。李鐵夫、張秀岩這對夫婦此時在高文華、柯慶施領導的北方局下政治挨批，經濟也不甚寬裕（僅有小桌、床鋪各一張及兩條凳子），卻仍盡其所能地對彭真伸以援手。李鐵夫是朝鮮人，堅信該地革命的成功離不開中國，便來華投身中共革命；他與彭真談話投機、觀點一致。張秀岩的二哥張璧是軍事將領、「青幫」頭子，在華北經常更替的政權內擔任要職，她利用張璧的政治影響作保護、政經資源謀發展，引導大哥張律生的子女們紛紛走上中共造反之路。彭真經由張秀岩介紹，先後接觸、結識她的這群姪輩如杜文敏、張文松、張潔清；可能也透過她的居間安排，彭真之後到北平從事秘密革命工作，曾借住在張璧所屬的會館——大義社。

　　彭真與政治背景、經歷頗為複雜的張氏家族之間密切的工作關係，後來又因他與張潔清結成連理（1939年），而又多了一層姻親關係。這對其黨內生活（向有嚴苛的政治要求和檢驗標準）長期沒有造成什麼不利的政治影響，如此

或因張秀岩茹苦含辛地帶著子姪背叛出身階級、投身無產階級革命（毛澤東曾讚譽她「改造了一個家庭」），再加上其夫婿李鐵夫早逝（1937年）而顯得命運多舛；而且中共也持續秘密地與張璧維持聯絡、保持關係，藉之發展勢力。[100]當然最重要的恐怕還是毛澤東對彭真的分外信賴和照顧。

彭真後來回憶：「當時北方局的書記是高文華，組織是柯慶施，宣傳是李大章，後來我是和他們接上了關係」。[101]柯慶施安排重返革命行伍的彭真工作時，並未注意其過往主要從事工人運動的經歷，而要之接替李葆華（李大釗之子），前去冀東發展農民運動（此乃林楓妻子郭明秋的回憶）。

1935年底，北平發生大規模的學生抗日示威遊行，引起各方矚目，即所謂「一二九運動」。同年12月中下旬，中共中央在瓦窯堡舉行的政治局會議，提出「建立廣泛的抗日民族統一戰線」，並決定派遣政治局候補委員劉少奇以中央代表身分領導北方局工作，期以在華北遂行相關統戰目標。

1936年春，劉少奇抵達天津。劉少奇初來乍到，急需人手。他一方面起用行事務實但先前遭受打擊的幹部如李鐵夫和其妻張秀岩。另外，他也注意當地有無自己過去認識的人。劉少奇經由北方局所派秘書林楓的介紹，聞知彭真剛赴冀東工作情況，表示「大革命」時期曾在一起工作而認識（這應指1928年順直省委那段不見得全是愉快的互動經歷），並指示將其調回天津。[102]同年夏末，彭真回北方局工作，出任組織部長。

彭真從牢房出來後，被柯慶施調派從事不熟悉的農運工作，劉少奇來後不久，他就獲任北方局組織部長，前後僅約一年的時間。彭真受此提攜，對劉少奇應有感激之情。劉少奇、彭真在開展北方局工作的過程中，彼此思路相近、默契配合。根據李葆華回憶，其與彭真在較早之時就看過劉少奇發表的文章和觀點，咸感認同。[103]彭真到北方局工作後，按劉少奇指示奔走地方聯繫、處理大量實際事務。[104]他們領導的「白區」工作，積極地因應情勢、改弦易張，在

100 劉正，《民國名人張璧將軍別傳》（台北：元華文創股份有限公司，2020），頁220-221。
101 中共山西省委黨史研究室，《彭真生平大事年表》，頁84。
102 《彭真傳》編寫組、田酉如，《彭真傳略》，頁95。中國大陸中共黨史研究者（D君）提供的資訊（北京，2011年7月）。
103 中國大陸中共黨史研究者（D君）提供的資訊（北京，2015年8月）。
104 李海文、王燕玲編著，《世紀對話》，頁204-206。

不到一年的時間即出現不小轉變和蓬勃生機。

　　如何檢視和評價過去北方的「白區」工作，以及在中日關係緊張升級、救國思潮和民氣急遽高漲之下，如何領導地下工作等問題，因為劉少奇撰文檢討政策，甚至連續致信中央總書記洛甫（張聞天），成為華北黨、以至中央高層關心、議論的重要事項。1937年中，延安召開的蘇區黨代表會議（又稱全國代表會議）和白區工作會議，更為此爆發嚴重爭論。彭真與劉少奇會合以後一同前往延安，他以白區代表團主席的身分與會。

　　劉少奇的主要論點是：與國民黨爆發內戰十年以來，中共白區工作存在的是「『左』的關門主義、宗派主義和冒險主義」，而且其性質屬於「錯誤的惡劣的傳統」；必須要公開檢討、反對這種錯誤的「傳統」，改而創造、採用新的工作方法。針對劉少奇的看法，支持者寡，反對者眾。劉少奇來之前負責北方局工作的高文華，完全不同意劉少奇的觀點，直批劉的「錯誤」「是一貫的右傾機會主義」，更強調要將此問題提交中央處理和解決。

　　對劉少奇看法持反對意見者，除了高文華，有柯慶施、王世英、黎玉、李雪峰、烏蘭夫等。[105]會場上對劉少奇砲聲隆隆，會場外甚至還發起反對連署活動（由李一夫起草信件），[106]約有半數的白區工作會議代表簽字，如吳德。[107]

　　傾向支持劉少奇觀點者不多，目前可知的有：李鐵夫、彭真和李運昌。然而，若仔細分析彭真支持劉少奇的態度，其實是有些變化和微妙的。

　　一、從時序上來說，彭真應算是較早表態響應劉少奇觀點的人。在白區工作會議舉行之前的蘇區黨代表會議上，5月6日，彭真發言表示：在瓦窯堡會議之前，「用不著掩飾」，「我們的白區工作是失敗的」；「過去白區工作的失敗，主要的不是客觀原因，而是主觀的原因」。相反地，他強調在瓦窯堡會議後，因為採取新辦法，「工作就有了轉變」。[108]從上可以發現，彭真與劉少奇

---

105 何方，《黨史筆記：從遵義會議到延安整風》（增訂版）（香港：香港城市大學出版社，2019），頁280。李雪峰抱持反對的立場，還可見：黃道霞，〈周總理說：「雪峰同志是個老實人──祭雪峰同志」〉，《李雪峰紀念文集》編輯組，《李雪峰紀念文集》（北京，2007），頁176-177。

106 中國大陸中共黨史研究者（A君）提供的資訊（北京，2011年8月）。

107 金冲及，〈劉少奇與白區工作會議〉，《黨的文獻》，1999年第2期，頁33。

108 《彭真年譜》，第1卷，頁66。

如出一轍，對過去白區工作大加否定並強調事乃人謀不臧；他對於劉少奇與自
己推動下的工作表現頗為肯定。

　　二、彭真在5月24日白區工作會議上發言，大體上繼續肯定、支持劉少奇
的同時，但在部分問題上較其之前的表態，有所差異、甚至倒退。據分析很可
能是彭真的發言內容：「關於少奇同志的報告，有個別同志不同意，甚至有根
本否定，這是不妥當的。我覺得少奇同志的報告：一、對過去的錯誤揭發了；
二、黨與群眾工作、秘密工作與公開工作提出了。」

　　但是同一講話也表示：「他（劉少奇）的報告，我有些不同意的。」不同
意之處有四點：一、「對於過去成績，發揚不夠」；二、「著重反『左』，沒
有顧到反右」；三、「對於客觀形勢的變動，工作方式的不同，以前是對的，
現在便不對，應分兩個階段來說」；四、「我不同意說『左』傾冒險是歷史的
傳統，而是由於客觀的條件，克服了又產生，而且克服『左』傾盲動是長期的
鬥爭。」[109]

　　在如何評價和分析過去白區工作的問題上，較諸彭真在5月6日說的「我們
的白區工作是失敗的」、「主要的不是客觀原因，而是主觀的原因」，他在三
週之後顯然是有所修正。這是否與此段時間經常聽聞其他白區代表控訴劉少奇
簡單否定、抹煞過去地下工作成績有關，就不得而知了。總體而言，彭真認為
劉少奇的觀點雖有不足，仍是瑕不掩瑜。他因此對於高文華等推行的反劉簽名
連署活動，不予支持，並表示「少奇的意見對呀」。[110]

　　三、6月1日至4日，張聞天主持中共中央政治局會議，討論白區工作會議
的爭論。張聞天正色批評劉少奇對「錯誤的惡劣的傳統」的指控與責難。[111]這

109 金冲及關於白區工作會議的文章，直接摘引當年的會議紀錄。金氏在論及會上有「一種是認
　　為不能根本否定劉少奇的報告，但仍有許多原則性的不同意見」時，提到的5月24日發言者
　　雖然沒有具名，但是彭真即是在此日發言。更重要的是，比對金氏摘錄其人的部分發言內
　　容，乃與彭真的官方年譜所披露的相關內容文字，完全吻合、一字不差。是故本文據以認為
　　金氏例舉的這一發言者，就是彭真。金冲及，〈劉少奇與白區工作會議〉，《黨的文獻》，
　　頁32-33。《彭真年譜》，第1卷，頁67-68。

110 李海文、王燕玲編著，《世紀對話》，頁206。

111 中共中央黨史研究室張聞天選集傳記組編，《張聞天年譜》（北京：中共黨史出版社，
　　2000），上卷，頁457-458。

段時間劉少奇在高壓下生病高燒；[112]他面對自身和張聞天等人之間的這一主要分歧時（至於對目前黨的中心任務、華北情勢和當地黨的看法大體一致），仍「毫不含糊地捍衛自己的觀點」，以致於他語畢之後，即受到博古（秦邦憲）、凱豐等多人批評，他們火力不減地繼續集中在不同意劉少奇所說的黨內存在一個「左」的錯誤傳統。[113]

6月3日，毛澤東發言並從中調和：一方面稱張聞天的報告是「非常好的」；另一方面，表示劉少奇的報告「基本上是正確的，錯的只在報告中個別問題上」，並表態同意「黨中存在著某種錯誤的傳統」的意見。毛澤東還多方面稱讚劉少奇，認為過去對之無理打擊和不公正對待，「今天應該作出正確的結論」。[114]

列席政治局會議的彭真，在毛澤東講話的同日發言。現有公布的彭真講話內容，主要關乎他主張「要確保黨的領導」之下，重視和利用左派組織，也就是在現實的白區工作上「要反對關門主義」。[115]至於彭真在5月24日所提的四點較小的不同意劉少奇之處，特別是黨內有無錯誤的「傳統」問題，在毛澤東發言表態後有無變化，目前無從而知。

在毛澤東出手相挺之下，張聞天對劉少奇的態度和緩許多，會議原先針對劉少奇的敵意氣氛也大為消逝。[116]中共中央最後決定：劉少奇繼續作為派駐華北的中央代表，北方局則由楊尚昆、彭真等負責。

延安白區工作會議期間，劉少奇和彭真政治意見相近（並非完全一致，而是同中有異），雖然居於少數地位，但彼此形同合力奮戰。這無疑有助兩人之間進一步形成更緊密的政治關係和同志信任。但是劉少奇、彭真之間的政治合作關係，在愈加鞏固、強化之際，並非是自我封閉、排他拒外。有論者以為：經過白區工作會議爭論，毛澤東和劉少奇之間「三十年政治結合的基礎」因此而「奠定」。[117]需要特別強調的是，也正是在這次延安會議，劉少奇在會前引

---

112 中國大陸中共黨史研究者（E君）提供的資訊（北京，2015年3月）。

113 金冲及，〈劉少奇與白區工作會議〉，《黨的文獻》，頁34-35。

114 中共中央文獻研究室編，《劉少奇傳》，上冊，頁261。

115 《彭真傳》，第1卷，頁93。

116 金冲及，〈劉少奇與白區工作會議〉，《黨的文獻》，頁35-36。

117 高華，《紅太陽是怎樣升起的──延安整風運動的來龍去脈》（香港：香港中文大學出版

領彭真與毛澤東見面，此乃毛、彭兩人的首次會面。

　　彭真經由會議的近距離觀察，以及同毛澤東的直接接觸和密集談話後，對之的佩服感油然而生，再與時任最高負責人張聞天相較後，彭真更進一步認為：以毛澤東的見識、視野和領導能力，他才是可勘負領導革命事業重任的領袖。[118]毛澤東可能過去經由劉少奇、周恩來或蔡和森的介紹，已經知道彭真的基本情況；毛澤東經過此次會議，也進而認為彭真「很有水平」。[119]彭真後來在中共高層（毛澤東、劉少奇面前）也曾表明：他自1937年開始逐漸信仰毛澤東的心路歷程。[120]彭真晚年念及此事，仍記憶猶新、感佩不已，甚至有1937年即認定毛澤東為領袖而至死不渝之言。[121]

　　另外，彭真後來也經常回顧他首次見到毛澤東時，聞聽其主張的思想方法和工作方法，並譽為精闢：「看問題第一要客觀，不要主觀；第二要全面，不要片面；第三要看本質，不要看現象。」[122]

　　對彭真而言，他視毛澤東為革命領袖的定位和伴之而來的敬崇之心，較諸他看待劉少奇兼是直屬上級、同袍夥伴，以及隨之而來的戰鬥情誼和敬重之感，是有所不同，但兩者並非彼此排擠、零和不容。這在毛澤東之後在延安大力器重劉少奇、放手重用彭真後，更進而巧妙地共處和結合。

四、戰爭前期在北方局和晉察冀（1937-1940）

　　1937年7月，中日戰爭全面爆發。中共北方局改組，劉少奇、楊尚昆擔任正、副書記，彭真則繼續留任組織部長。在戰事節節升高之際，彭真協助劉少奇向北方局所轄的各地黨委部署工作，特別是指示開展游擊戰爭和在山西及其周遭創建所謂的抗日根據地。同年底，針對國共第二次統一戰線問題，中共中

　　社，2000），頁98。

118 《彭真傳》編寫組、田酉如，《彭真傳略》，頁98。

119 孟紅、任遠、王燕萍，〈彭真：一生實事求是與堅持真理——黨史專家田酉如訪談錄〉，《黨史文匯》，2012年第11期，頁21。

120 李銳，《廬山會議實錄》（第3版）（鄭州：河南人民出版社，2000），頁207。

121 李海文、王燕玲編著，《世紀對話》，頁369。

122 馬句，《懷念彭真》（北京，2006），頁23。

央高層立場出現重大變化，包括彭真在內的許多重要幹部，為之感到驚訝並思考因應對策。

　　1935年，在共產國際的指令下，中共以建立抗日民族統一戰線為新的目標，瓦窰堡會議相應提出「要爭取自己在反日戰線中的領導權」。中共之後對興建統一戰線的構想，從「反蔣抗日」逐漸變成「聯蔣抗日」。但鑑於國共第一次合作的慘痛經驗和深刻教訓，黨內不少人士繼續強調中共在統一戰線中的獨立自主、領導權問題，毛澤東、劉少奇即是代表。

　　1937年5月3日，毛澤東在中共全國代表會議（即蘇區黨代表會議）上表示：根據「1924年至1927年的經驗」，「無產階級（由共產黨負責）在政治上變成了資產階級的尾巴的時候，革命又是如何地遭到了失敗。這種歷史不應當重複了。依現時的情況說來，離開了無產階級及其政黨的政治領導，抗日民族統一戰線就不能建立……。」[123]同樣與會的彭真，在5月6日的發言中相應表示：「黨的思想統一比任何時候都重要。如果我們不能有獨立性——那麼我們只有給國民黨當尾巴」。5月24日，彭真在白區工作會議上也提到：在華北，國民黨「它還是要與我們爭奪領導權，我們應該根據華北具體情形來決定我們的策略」。[124]

　　8月下旬，中共在洛川舉行的中央政治局擴大會議，毛澤東針對國共關係和統一戰線問題亦表示：「保持黨和紅軍的獨立性，要有自由，而採取不決裂的方針。根據大革命失敗的教訓，『獨立性是組織的、政治的獨立問題兩方面』。」[125]中日戰爭加劇發展、上海淪陷之後，11月12日，毛澤東提出「一定要實行『統一戰線中的獨立自主』這個原則」。劉少奇也同樣強調在民族統一戰線中爭取領導權，獨立自主地發動群眾、發展勢力，並在華北進行相應的工作部署。另外，毛澤東、劉少奇皆側重主張：中共應以游擊戰爭應對戰事發展。[126]

　　12月中旬，中共在延安舉行中央政治局擴大會議（通稱十二月政治局會

123 中共中央文獻編輯委員會編，《毛澤東選集》（第2版）（北京：人民出版社，1991），第1卷，頁262。

124 《彭真年譜》，第1卷，頁66-67。

125 中共中央文獻研究室編，《毛澤東傳》（北京：中央文獻出版社，2007），第2卷，頁469。

126 中共中央文獻研究室編，《劉少奇傳》，上冊，頁291-294。

議）。在共產國際任職並兼任中共駐共產國際代表的王明（陳紹禹），從蘇聯
返國參加，在此會上提出國共兩黨要「共同負責、共同領導」，「共同奮鬥、
互相幫助、共同發展」。他並強調：「今天的中心問題是一切為了抗日，一切
經過抗日民族統一戰線，一切服從抗日」。[127]

　　王明在會上對既有統一戰線主張所作的指責，不少係針對毛澤東。例如：
關於毛澤東念茲在茲的統一戰線中的領導權問題，王明有的放矢地表示：「在
統一戰線中兩黨誰是主要的力量？在全國政權與軍事力量上要承認國民黨是領
導的優勢的力量」，「現在不能空喊資產階級領導無產階級或無產階級領導資
產階級問題，這是將來看力量的問題，沒有力量空喊無產階級領導是不行的。
空喊領導，只有嚇走同盟軍」。毛澤東向以「片面抗戰」批評國府，王明不以
為然地表示「不要提這樣尖銳，使人害怕」；他也對毛澤東積極主張的游擊戰
爭說道：「沒有統一的國防軍與統一的正規軍是不能戰勝日帝的，游擊戰爭不
能戰勝日本」。[128]無怪乎有論者評道：毛澤東先前為「防範國民黨的策略主
張，在這次會議上很多都被否定了」。[129]

　　劉少奇在會上受到王明和其他人更多的直接批評，如被批「過分強調獨立
自主」、「把獨立自主提得很高，把整個問題都提到獨立自主」，如此有妨害
統一戰線之虞，以及「對游擊戰爭的作用過分強調」。[130]

　　王明在十二月政治局會議上對統戰政策的提法和主張，實際上擱置或模糊
黨內先前著重強調的領導權問題。參加會議的彭德懷就認為：王明與毛澤東各
自的相關論點「有很大的原則上的分歧」，「對無產階級在抗日民族戰爭中如
何爭取領導權的問題，他（王明）是忽視的」。[131]由於王明銜命於共產國際，
還有黨內當時存在抗日熱情、欲打勝仗、傾向運動戰、未識戰爭的長期性，以

127 郭德宏編，《王明年譜》（北京：社會科學文獻出版社，2014），頁351。《劉少奇傳》，
　　上冊，頁300。
128 中共中央文獻研究室編，《毛澤東傳》，第2卷，頁510-511。
129 楊奎松，《走向破裂──毛澤東與莫斯科的恩恩怨怨》（以下簡稱《走向破裂》）（香港：
　　三聯書店（香港）有限公司，1999），頁68。
130 中共中央文獻研究室編，《劉少奇傳》，上冊，頁299-300。
131 彭德懷，《彭德懷自述》（北京：人民出版社。1981），頁225。

及對國府軍隊有所期待等因素，王明的統戰政策意見對會議產生重大影響，[132]最後會議也決定由王明起草決議。[133]

承上所述，毛澤東、劉少奇的統戰等政策主張，在會中處於被批評的弱勢地位：毛澤東被稱作「在會上的處境十分困難」；劉少奇則「在會上受到了許多人點名或不點名的批評」。[134]

毛澤東沒有對王明的政策主張進行「抵制」，而是表示：「我同意王明意見，國共共同負責共同領導，使國共合作大家有利」。[135]但毛澤東恐也非毫無保留地認同接受，而是「作了基本的辯白和正面的闡述」。他表示：「國民黨與共產黨誰吸引誰這個問題是有的，不是說要將國民黨吸引到共產黨，而是要國民黨接受共產黨的政治影響」；「如果沒有共產黨的獨立性，便會使共產黨低到國民黨方面去」。他也對持久戰、游擊戰重申己見。[136]1943年延安整風時，針對將屆六年前的十二月政治局會議，毛澤東表示：「我是孤立的。當時，我別的都承認，只有持久戰、游擊戰、統戰原則下的獨立自主等原則問題，我是堅持到底的」。[137]

劉少奇在十二月政治局會議上屈居檢討地位，對自身工作進行檢查：「抗戰以來對國民黨本質上的轉變估計不足」，「認為現在的政府、軍隊不改造不能取得抗日戰爭的勝利」；「因此，產生把片面抗戰與全面抗戰對立起來」。他還表示：「同時由於大革命的痛苦教訓，怕上國民黨的當，因此，便強調獨立自主」。

但劉少奇也非全然棄甲曳兵，他強調在華北，特別是山西，乃按「我們自己最初所提出群眾工作的獨立自主」，「由這種方法獲得了大的成績。我們所說的獨立自主，不是破壞統一戰線的，是盡量爭取合法地位做起來的」。劉少奇也提出王明所倡的「一切經過統一戰線的口號須要具體解釋」。

---

132 中共中央文獻研究室編，《劉少奇傳》，上冊，頁300。

133 楊奎松，《走向破裂》，頁69。

134 中共中央文獻研究室編，《毛澤東傳》，第2卷，頁511。中共中央文獻研究室編，《劉少奇傳》，上冊，頁300。

135 楊奎松，《走向破裂》，頁68。

136 中共中央文獻研究室編，《毛澤東傳》，第2卷，頁512。

137 同上註，頁513。

12月底，劉少奇返回山西，傳達十二月政治局會議精神。他表示：國共合作乃因「反對共同敵人，爭取民族生存」；抗日民族統一戰線應該是「抗日第一」；「合作的目的是互相幫助，共同發展，反對趁火打劫及乘機削弱異己、幸災樂禍等」。[138]

劉少奇對國共第一次合作的教訓深以為戒，也懷疑在國共力量不對稱之下，「共同負責、共同領導」可能一廂情願、流於奢談，更擔心在此政治框架下，中共恐怕未得其利，自身的發展和行動反而可能綁手綁腳、受制於為，因而其在「忠實」向下傳達會議精神時，恐不免自感困惑，多少言不由衷。

這種複雜思緒心情、顧慮現實需要的情況，亦可見於彭德懷。他自承在十二月政治局會議上對重大原則問題的認識「模糊不清」，採取模棱兩可的態度。但他也認為「王明所說的內容，沒有解決具體問題」，因為「蔣介石根本沒有承認統一戰線」，要紅軍「與國民黨軍成一種隸屬關係」、「同化於它的體系，根本沒有承認合作」；「一切經過統一戰線，就是經過蔣介石，他決不會容許八路軍擴大，決不會容許我們有任何獨立自主，也不會有平等待遇」。彭德懷表示對於「中央的決定」，「不傳達是不行的，但要使它如何切合實際，才能對於抗日民族戰爭有利」。因此，他傳達時也特意「加料」，指出「根據一切服從抗日的原則，按照實際情形去辦」。[139]

彭真參加1937年5月的全國代表會議和白區工作會議，聆聽毛澤東的講話，自己也發言強調「如果我們不能有獨立性——那麼我們只有給國民黨當尾巴」，以及兩黨在華北相爭領導權。他更在劉少奇的直接領導下推行工作，對強調獨立自主、爭取領導權問題，本是甚為注意並致力篤行。彭真聽聞劉少奇傳達十二月政治局會議的精神——主要是王明的統一戰線主張（尤其是不再像之前如此強調領導權、獨立自主），便向劉少奇提出疑問：「怎麼領導權也不要了？大革命失敗不就是因為不要領導權嗎？」劉少奇回覆：「誰說不要了！叫你不要說嘛！」[140]如此反映劉少奇對王明的政策主張不全然心服、但按組織紀律卻不能公然違抗的內心掙扎和矛盾。彭真對十二月政治局會議的疑問——

---

138 中共中央文獻研究室編，《劉少奇傳》，上冊，頁300-301、303。

139 彭德懷，《彭德懷自述》，頁225-227。

140 《彭真傳》編寫組、田酉如，《彭真傳略》，頁103。

「怎麼領導權也不要了」，則是出於對中央統戰政策突現轉變、前後存有落差的詫異、不解。

　　劉少奇因為被王明批評而不便公開繼續堅持之事，反倒可經由彭真說出和落實。彭真與準備赴任一二九師政治委員的鄧小平私下商議後，決定採用變通方式，在1938年初向其行經的地方進行秘密傳達，強調在國共抗日的統一戰線中，要「保障黨的政治和組織的獨立性」和爭取領導權。彭真由此提醒相關地方黨人，使之不致在與國府陣營互動時喪失警覺，而仍能保持自主、見機擴張。這是彭真和鄧小平的首次相處和默契合作。[141]

　　彭真與鄧小平秘密商議對下另作傳達以提醒獨立自主、領導權問題，並非僅是他個人單方面說詞。既可證諸於與彭真「合謀」的鄧小平在1938年1月下旬對其麾下一二九師所作的相關傳達內容：「統一戰線中要保持共產黨的獨立性和純潔性」。[142]也可見於李雪峰的回憶，他直接聽聞彭真對中共冀豫晉省委所作的傳達。[143]另外，1959年盧山會議期間，中共中央常委會議批鬥彭德懷，彭真也在會上提到：「1937年12月傳達王明的東西，我強調奪取領導權」。[144]毛澤東、劉少奇、彭德懷等人以前皆親歷相關政治過程，彭真在眾目睽睽之下，豈敢杜撰？他若誤憶，又怎麼沒有見到他人對之當場糾正？

　　1938年2月21日，彭真抵達晉察冀與該地領導人聶榮臻會合。聶榮臻在23日發電向劉少奇表示：「我意彭真同志照朱（德）、彭（德懷）前電，即留此間任省委書記，請決定電覆」。[145]3月24日，中共中央書記處決定：北方局負責人劉少奇（3月中旬已回到延安），「暫時住延安，在中央領導下，仍舊擔負華北黨的領導工作」。彭真則「住晉察冀以北方局代表名義協同聶榮臻同志指導晉察冀平漢路東及平津黨的工作」。[146]1990年，聶榮臻、彭真都衰衰老矣，聶榮臻回顧彭真當年在晉察冀的政治角色和工作任務，即稱後者「統一領

141 《彭真傳》，第1卷，頁98-99。
142 中共中央文獻研究室編，《鄧小平傳（1904-1974）》（北京：中央文獻出版社，2014），上卷，頁293-294。
143 李雪峰，《李雪峰回憶錄（上）——太行十年》（北京：中共黨史出版社，1998），頁29-31。
144 李銳，《盧山會議實錄》，頁207。
145 《彭真年譜》，第1卷，頁77-78。
146 中共中央文獻研究室編，《劉少奇年譜》，上卷，頁207-208。

導晉察冀地方各方面的工作」。

　　劉少奇與在晉察冀指導工作的彭真之間的工作指揮關係，主要透過電報往返。中共中央和北方局發給晉察冀的指示文件，有些即由劉少奇起草。但要注意的是，這時劉少奇和彭真之間並非是簡單的上下單線聯繫，因為劉少奇發出的文電經常是與毛澤東或張聞天聯名，甚至是三人聯名。[147]

　　1938年夏，王稼祥從莫斯科帶回共產國際的口信指示：毛澤東在中共「為首」的政治地位，獲得共產國際的認可。毛澤東獲此政治全勝後，在同年秋冬之交召開中共六屆六中全會。劉少奇、彭真皆參與此會；兩人同在北方局的工作關係，在會後的新人事安排下也告結束。

　　11月9日，中共中央發令新建中共北方局，北方局委員有：朱德、彭德懷、楊尚昆、聶榮臻、關向應、鄧小平、彭真、程子華、郭洪燾；其中，朱德、彭德懷、楊尚昆為常委；楊尚昆代替劉少奇出任北方局書記。同時成立晉察冀分局，委員有聶榮臻、彭真、關向應、程子華，由彭真兼分局書記。晉察冀分局在1939年1月初改名為中共中央北方分局，領導成員不變。

　　相較彭真被任命為中共北方局委員兼晉察冀分局書記、繼續返回晉察冀工作，劉少奇被中共中央任命為中原局書記，指導長江以北的河南、湖北、安徽、江蘇地區黨的工作。[148]他也動身前去華中，而不再過問彭真所在的晉察冀事務。劉少奇和彭真下次見面，恐怕就是在四年之後1942年底的延安。

　　值得注意的是，從1937年首次與毛澤東接觸而心生敬仰之心的彭真，在1938年夏秋聽聞毛澤東的黨內領導地位被共產國際認證後，進一步地視之為正式的最高領袖，更在1939年初與關向應率先在晉察冀提出「毛澤東同志萬歲」口號。放眼中共各方屬地，彭真是最先喊出毛「萬歲」的地方領導人，也頗為自豪並自我標榜。

---

147 鄧力群，〈我為少奇說些話〉，中央文獻研究室第二編研部編，《話說劉少奇——知情者訪談錄》（北京：中央文獻出版社，2000），頁66。

148 中共中央文獻研究室編，《劉少奇年譜》，上卷，頁241-242。

圖1-2：彭真(中)與聶榮臻(右)、關向應(左)。彭真和聶榮臻一起開創晉察冀根據地；彭真和關向應在1939年首先喊出「毛澤東同志萬歲」口號。
資料來源：Wikimedia Commons。

　　1966年10月，彭真寫自傳時也交代在黨內開創首例喊出「毛澤東同志萬歲」的事發經過：

　　1939年初，在平山傳達六中全會的幹部會上，提出了毛澤東同志萬歲的口號，這是我所參加的幹部會上第一次喊這個口號，是關向應倡議的。他這時大力宣傳毛澤東同志的英明領導，並提議在會上喊毛澤東同志萬歲，我們是贊成的，但那時我對毛澤東思想的認識、理解還是很差的，工作中有很大的盲目性。[149]

---

149 劉政、張春生，〈從歷史的幾個重大關節看彭真和毛澤東的關係〉，《領導者》，2013年總第51期，頁137。

　　關向應是中共「八路軍」一二〇師政治委員，他和師長賀龍為執行毛澤東、中共中央決定的前赴冀中地區發展命令，而與晉察冀負責人聶榮臻、彭真會合以商酌辦理。關向應這時提出高喊「毛澤東同志萬歲」的建議，勢必須需要得到北方分局書記彭真的理解和支持，彭真也欣然答應。關向應也由此認為：彭真與他在認定並宣揚毛澤東的領袖地位一事上，乃志同道合。因此，關向應在1940年對預定前去延安學習的李井泉介紹彭真「是一位擁護毛主席的」，並建議「可以去談談」（李井泉「文革」所作檢查）。關向應對彭真的性格，也曾給予「熱情奔放」的評價；[150]他、賀龍、程子華還促成彭真和張潔清共結連理（彭真對張潔清的追求當然是主因，張氏為此也徵詢家人如杜文敏的意見並獲得支持；彭、張兩人於1939年11月24日結婚）。

圖1-3：彭真與張潔清。
資料來源：Wikimedia Commons。

---

150 穆欣，《關向應傳》（北京：中共黨史出版社，2002），頁310。

　　1940年4月，彭真對預定前去延安參加中共第七次全國代表大會（簡稱「七大」）的晉察冀代表團表示：「延安的政治情況也有複雜性，你們要注意識別，不要跟錯了人，要緊跟毛主席」，[151]「毛主席是正確路線的代表」。[152]由此可見，彭真即便對先前北方局上級劉少奇有佩服、敬從之意，恐也無法與他對毛澤東的心懷崇仰、甘心臣服相提並論。

　　彭真在晉察冀的工作表現，也愈加受到中共中央、毛澤東本人的欣賞。前述的中共六屆六中全會上，彭真介紹晉察冀的工作經驗，毛澤東聞後提議發電肯定該邊區為「敵後模範的抗日根據地及統一戰線的模範區」。1940年初，毛澤東將其所寫的《新民主主義論》贈予彭真。同年夏，彭真即提出要在晉察冀「建立一個新民主主義社會」，更據此指導該地的各項工作，成績斐然，猶如為毛澤東發明的新民主主義理論創製一個成功樣板。[153]

　　彭真在晉察冀做得有聲有色、在政治上積極宣揚毛澤東，並沒有白費工夫，而被中共中央、特別是毛澤東所關注。早年在順直省委、後來於北方局和晉察冀工作的彭真，因此得以進一步進入中共中央工作，其個人仕途也可向中央高層邁進。

---

151 李葆華，〈我第一次見到毛主席〉，中國人民銀行編，《李葆華紀念文集》（北京：中國金融出版社，2011），頁366。

152 阮泊生，〈我對七大重要意義的理解〉，中共中央黨史研究室第一研究部編，《七大代表憶七大》（上海：上海人民出版社，2006），上冊，頁392。

153 《彭真傳》編寫組、田酉如，《彭真傳略》，頁108-109、116-117。

第二章

力推毛澤東個人崇拜，執行延安整風審幹
（1941-1945）

　　1940年代前半期的延安整風運動，讓中共成功形成以毛澤東為核心的中央領導，並確立毛澤東思想的指導地位。中共後來與國民政府逐鹿中原進而取得勝利，正與它經過整風達致內部團結、心志齊一密切相關。毛澤東領導延安整風過程中，彭真是其倚重的一名要角。

　　中央高層整風方面，彭真雖然黨內資歷和地位並不突出，但有力地協助毛澤東對所謂「教條主義者」、「經驗主義者」和軍方實力派人物進行政治批判和施壓，也為毛澤東製造出場善後、收攏人心的機會。中央黨校整風方面，彭真對在校學習的高級幹部和各地代表致力推銷以毛澤東為具體化身的正確路線，唾棄與之對立的錯誤路線和人士，從而鍛鍊、監製一批對毛氏忠誠不貳的高階「馴服工具」，作為其後續對內領導和對外統治的中堅骨幹。彭真的整風作為和表現，襄助、促成毛氏在黨內據有至高無上地位，而大大贏其歡心並獲之重用。然而，彭真在整風期間的審幹運動（特別在中央黨校），由於對敵情失實估計和對敵特滲透政策偏聽輕信，再加上採取訴諸群眾運動、私刑逼供的審幹方式，一度造成錯整冤枉、傷害無辜的惡性局面。

　　下文首先檢視彭真對整風初期的參與情形。接下來依時序探討彭真如何協助毛澤東推行審幹反奸，以及怎麼深度參與其之極化發展——「搶救運動」和接續的隔離審查（主要聚焦在中央黨校），然後他又回頭在高層整風鬥爭中扮演何種角色。之後討論彭真如何協助運動收場，並評估何以他的運動表現得以榮獲毛澤東的「聖眷」而政治地位猛進，以及他與其他重要「毛派」人士的政治關係。

一、延安整風初期參與（1941年至1942年中）

（一）毛澤東讓之大為出名

　　1941年1月，中共中央決定彭真前來延安參加「七大」；5月初彭真抵達延安。從6月4日至8月21日，彭真在中央政治局會議上7次彙報晉察冀各方面的政策和工作。毛澤東對彭真報告高度肯定，除了安排他在黨政軍機關廣做演講，也用中央名義以「晉察冀邊區的各種具體政策及黨的建設經驗」為題，接連批轉各地黨委參閱。另外，毛澤東也囑咐彭真將報告內容整理成冊，是年底出版發行，[1]甚受地方歡迎和好評。

　　彭真經過1941年下半年密集亮相和造勢，在延安聲名大噪；他雖不具中央委員資格，自此也經常列席中央政治局和書記處會議。毛澤東在延安有心提攜彭真，可能有感其忠貞效己，以及工作能力突出——毛澤東尤其激賞彭真對晉察冀經營有成，以及他對相關具體政策、管理經驗的系統整理與總結，並懂得運用毛澤東的理論文字包裝和呈現，使之兼具實際操作價值和理論指導意義，毛澤東譽之為「是馬列主義的」。[2]

　　劉少奇在1938年底前去華中指導工作，毛澤東身邊正缺人手，彭真忠實又能幹，即可派上用場。另外，彭真還具有很高的政治「塑造性」，自參加中共革命後，活動範圍都在北方，黨中央在南方活動情況和其中人事往來，都不甚了解、也無利害糾葛。毛澤東可藉由交談和交心，對彭真灌輸其對黨內政治和歷史的看法。彭真出於崇敬領袖和感激任用，悅於接受毛澤東的觀點。彭真有話就說的直爽特性、自認擇善堅持的剛硬性格，使之成為毛澤東可以培養、利用的貼身近臣，進而效力於其發起的整風運動。

　　毛澤東對彭真語多稱讚，以及彭真在延安政壇迅速竄起，引起不少黨內高級幹部關注和好感。例如：賀龍主政晉西北時，因為地近晉察冀而與彭真常有工作交集，之後見到毛澤東在延安如此看重彭真，對他更是刮目相看。彭真後來又出力撮合賀龍與薛明的婚事，彭、賀兩人的關係情誼在此階段打下重要基

1　《彭真傳》編寫組（下略），《彭真傳》（北京：中央文獻出版社，2012），第1卷，頁243-246。

2　同上註，頁245。

礎。

　　彭真在延安「紅得發紫」（李銳形容）之時，彭真、賀龍的共同好友關向應也在延安養病。彭真、賀龍經常探望關向應，次數超乎其他幹部。彭真、關向應之間關係交好、相知相惜，除了曾在前線根據地共患難，共立最早喊出「毛澤東同志萬歲」之功，想必是箇中原由。

　　如前所述，李井泉因關向應介紹彭真「是一位擁護毛主席的」，而開始知曉彭真；李井泉後來表示：「在那時，正當黨內開展整風運動和黨內進行兩條路線鬥爭的學習，聽過他（彭真）一些談話和報告，還看過關於晉察冀根據地各項政策的文件，就認為他是真正擁護毛主席的。所以對他是比較敬佩的」。[3]

　　陳雲時任中央組織部部長，也對部內下屬推薦學習彭真。[4]陳雲始料未及的是，不消2、3年之後，這位來自晉察冀的黨內新秀竟將其組織工作成績和心血，大加質疑和破壞。

（二）參與第一次高層整風

　　1941年5月19日，毛澤東發表〈改造我們的學習〉，批評主觀主義──表現在不注重研究中國現狀和歷史，以及不思應用革命理論，並且提出改造全黨學習方法、制度的任務。毛澤東之後系統回顧1928年中共「六大」以後的歷史發展和政策文件，深感主觀主義、特別是教條主義過去對黨造成的重大危害和破壞，便在同年9月中央政治局擴大會議上發動首次高層整風，大批主觀主義、教條主義的代表人士。

　　9月10日，毛澤東在這場通稱「第一次九月會議」的首日，痛批李立三代表的「立三路線」和博古、張聞天當政時期的「『左』傾機會主義」都是主觀主義。毛澤東強調：兩者相較之下，後者錯誤更為嚴重，因為「它的型態更完備，統治時間更長久，結果更悲慘」。博古和張聞天聞後皆坦承犯錯、低首檢討。其他與會者紛紛表態呼應毛澤東論調，齊批主觀主義、教條主義和宗派主義，彭真也不例外。

3　〈李井泉關於與彭真、賀龍、陶鑄、鄧小平關係的檢查〉（1967年1月31日），頁2-3。

4　袁寶華，〈回憶陳雲同志對我的教誨〉，《百年潮》，2005年第5期，頁8。

9月12日，彭真發言：「克服主觀主義是決定我們黨的生死的問題。反主觀主義的鬥爭不只是從今天開始，今天反主觀主義鬥爭是在中央領導機關開始決戰」；「四中全會後，白區工作完全失敗，蘇區工作大部分失敗。這是主觀主義的嚴重惡果」。[5]他還表示：

> 黨的六大後一個時期，華北工作路線是正確的，爭取群眾，積蓄力量。後來形成立三路線，反對北方落後論，要在北方到處組織暴動。六屆四中全會後，（北方）各大城市繼續組織暴動。六屆四中全會在組織上打擊了許多人，中央蘇區打擊了許多人，這是嚴重的宗派主義。[6]

無論是「立三路線」和「蘇維埃運動後期的主觀主義」橫行之時，彭真幾乎都在牢中而無緣親歷，也根本未曾踏足中央蘇區。彭真主要重覆毛澤東的歷史解釋和政治基調。對毛澤東而言，彭真的發言可在高層整風中起到搖旗吶喊以壯聲色效果。另外，彭真在主觀主義當道時「涉世未深」，卻還虛心檢討：「我雖然教條主義不多，但自己好崇拜教條，所以，容易做人家的俘虜」。[7]正可反襯王明的迴避自我責任、意圖蒙混過關。

毛澤東發起高層整風的檢討對象除了博古、張聞天，還有王明。但是王明並無像博古、張聞天低頭認錯，反而對他們幸災樂禍、甚至落井下石，對自身責任則蓄意閃躲。王明相關舉動已是惹人不快，他又錯判情勢，以為共產國際來電批評中共在蘇德戰起後的冷淡，以及近期對內統戰政策的不妥協，10月初竟反過來批評毛澤東的新民主主義主張和統一戰線政策。王明反撲激起其他與會者嚴加批評，甚至抖出共產國際領導人對王明個人不利的評語和告誡；王明見政治氣氛苗頭不對，便趕緊上呈書信告降，稱病請假不出。[8]毛澤東領導的

5　《彭真傳》編寫組編（下略），《彭真年譜》（北京：中央文獻出版社，2012），第1卷，頁198。

6　《彭真傳》，第1卷，頁249。

7　同上註，頁250。

8　高華，《紅太陽是怎樣升起的——延安整風運動的來龍去脈》（以下簡稱《紅太陽是怎樣升起的》），頁279-290。楊奎松，《走向破裂——毛澤東與莫斯科的恩恩怨怨》（以下簡稱《走向破裂》）（香港：三聯書店（香港）有限公司，1999），頁125-129。

首次高層整風成功降服博古、張聞天和逼降王明後，也暫時鳴金收兵。

　　毛澤東心曉王明此次高層整風雖然口頭稱降，但口服而心不服；另外，整風過程也暴露許多歷史情況和人事問題尚待澄清。毛澤東因此決定成立兩個委員會：一、他親自領銜的歷史委員會，旨在清算黨史以深入揭露主觀主義、教條主義造成的路線錯誤；二、陳雲為首的審查委員會，意在審視過往幹部遭到政治迫害情形，以揭發宗派主義過去如何害人不淺、殘害忠良。彭真跨足兩個委員會，也開始過問中央黨校工作。

（三）中央黨校改組和開始整風

　　毛澤東在1941年秋高層整風初步告捷後，想進一步地將更大範圍的幹部「納入其思想軌道」，這即是1942年延安整風運動全面登場的重要來由。毛澤東發起整風的目標是：批判和革除「教條主義」毒害和「小資產階級自由主義」影響，最終讓全黨思想一統在其個人旗下。[9]毛澤東希望中央黨校成為推展整風運動、改造重要幹部思想的重要平台，他擇定彭真為其幫手。

圖2-1：延安時期的彭真。
資料來源：Wikimedia Commons。

9　楊奎松，《走向破裂》，頁134。

　　1941年底，按照毛澤東和彭真設想：一、將各地前來延安參加「七大」的黨代表編入中央黨校，中央機構也選調高級幹部至黨校學習，如此一來大幅提高黨校培育重要幹部的職權和地位。二、提出「黨校教育的目的主要為培養具有理論及獨立工作能力」的幹部；為糾正「理論與實際、所學與所用的脫節，存在著主觀主義與教條主義的嚴重的毛病」，課程必須調整。[10]

　　1942年2月1日，中央黨校新學期開始，學員人數約300至400人，依幹部級別和知識程度分為兩個科（部）。毛澤東在開學典禮上發表〈整頓學風黨風文風〉講話，表示「反對主觀主義以整頓學風，反對宗派主義以整頓黨風，反對黨八股以整頓文風，這就是我們的任務。」2月8日，他又在中央宣傳部發表〈反對黨八股〉演說。

　　毛澤東欲將中央黨校改頭換面並開展整風的心意，黨校學員前四川省工委書記鄒風平就滿心期待；[11]反倒是黨校校長鄧發紋風不動，課程安排如昔。2月底，毛澤東決定再次改組中央黨校，並要彭真扮演更實質、重要角色。主要變動有：中央黨校停止原訂課程，改而學習黨的路線問題；高級政軍幹部參加黨校學習；黨校直隸於中央書記處，由毛澤東負責政治領導；鄧發仍任黨校校長，彭真出任教育長，[12]校的日常工作由鄧發、彭真、林彪組成委員會管理。

　　中央黨校此番改組直接反映毛澤東對鄧發的政治不滿和不放心，鄧發雖保有校長之銜，但「已不起主要作用」。毛澤東要彭真、林彪兩個「活的馬克思主義者」（彭真為政治方面的，林彪則屬軍事方面，而且延安相傳此乃毛澤東所言），[13]參與黨校日常管理工作，即欲以此架空鄧發。現實情況是，林彪為其他工作所忙，黨校具體領導工作，特別是其整風運動，因而就交由彭真負責。[14]

10　《彭真年譜》，第1卷，頁203-204。

11　張宣，〈我經歷的延安整風運動〉，《紅岩春秋》，2000年第3期，頁4。

12　王漁，《回憶中央黨校》（北京：中共中央黨校出版社，2013），頁102-105。另一說是他在「第一次九月會議」即獲任此職。《彭真傳》，第1卷，頁250。《彭真年譜》，第1卷，頁198。

13　何方，《黨史筆記：從遵義會議到延安整風》（增訂版）（香港：香港城市大學出版社，2019），頁442。

14　王漁，《回憶中央黨校》，頁52、175、177。

　　彭真在延安政治地位的勁升，以及他在毛澤東之下主管中央黨校整風，進一步地體現在中央總學習委員會的人員組成和分工。1942年5月，中共中央成立中央總學習委員會，以全面領導和統籌整風運動。總學委正、副主任是毛澤東、康生，委員有陳雲、高崗、彭真和李富春（6月，中央決定總學委與中央書記處合併舉行）。另外，總學委在延安地區成立數個學委會，其中一個是中央黨校分區學委會，負責人是毛澤東和彭真，而非鄧發。

　　彭真領會、掌握毛澤東在中央黨校發動整風的企圖，明言黨校改組就「是使黨校教育能完全吻合毛主席整頓三風的精神」；[15]他也向學員積極宣揚毛氏，要其在延安面對各種思潮和複雜情況時，「聽毛主席的話，擁護毛主席的主張」。[16]

　　彭真領導下，1942年春起中央黨校人員開始依序進行整風學習：首先學習中央整風指示，以明瞭整風意義、目的和要求；繼而瀏覽閱讀中央指定整風文件，了解其內容要義；接著精讀整風文件，詳作筆記和深入討論後，開始與自身工作、思想進行連結和省思；最後深度檢查工作與自我檢查思想，撰寫完成學習總結報告。[17]彭真在整風過程中經常講話鼓動、撰寫社論解釋，對下勤加指導，讓黨校幹部和學員有所依循。中央黨校尚屬平靜的整風學習階段，校園內一度看似營造出積極向學、活潑寬鬆的氣氛；學員也有感自身思想認識提高，理論、工作能力提升，更重要的是，愈加體認和服膺毛澤東在理論、歷史和政治上的卓越見識和超凡領導。

　　然而，隨著黨校整風步步發展，彭真愈來愈加重、加深對學員思想學習的介入，同時也越來越展露裁量之權和管控之心。例如：學員檢查工作思想、交代生平歷史，以及彼此間交互批評和詰問，哪些內容符合整風標準、達致黨性要求？針對個別好發議論、標新立異的「問題學生」作思想檢查，施以「懲前毖後」、「治病救人」，到底以多少為度、為宜？在何種情況和時機下，相關檢查需要升級到更高形式和層次處理？彭真作為黨校整風實際負責人，握有

15　《彭真年譜》，第1卷，頁211。

16　周太，〈赴延安參加七大的經歷〉，中共中央黨史研究室第一研究部編，《七大代表憶七大》（上海：上海人民出版社，2006），上冊，頁390。

17　曹冠群，〈我得益於延安中央黨校的整風學習〉，延安中央黨校整風運動編寫組編，《延安中央黨校的整風學習》（北京：中共中央黨校出版社，1988），第1集，頁60-61。

「自由心證」的裁判空間，其「一己之斷」可以直接影響學員政治境遇和生命。[18]這在毛澤東將整風運動擴至審查幹部後，彭真在中央黨校緊跟不捨、搶作表率時表現得更是明顯。

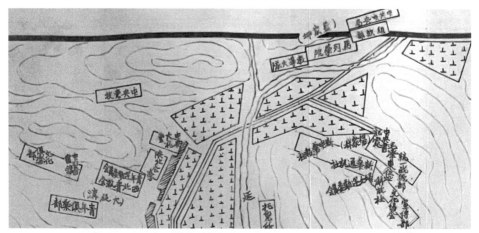

圖2-2：〈延安四郊形勢及共黨機關分佈圖〉局部。其中註有中央書記處、中央統戰部、中央組織部，以及彭真實際主持之中央黨校的位置。
資料來源：中華民國內政部調查局藏，作者攝影。

二、推行審幹反奸（1942年中至1943年春）

毛澤東開啟整風運動之後，各級人員在學習、檢查和交代的過程中供出大量關於自身和他人的政治資訊，這為黨進一步辨識、審查黨員與幹部的思想脈動和經歷活動，提供重要條件和機會。毛澤東和整風幹將覺得機不可失，同時也可藉之設標立靶，導引整風走向，便將審幹納入整風議程，甚至結合反制敵人滲透任務。在毛澤東的運動戰略布局中，彭真代之操管的中央黨校，學員身分非同一般，自要先「試水溫」，見有績效再行鋪展。

18　陳永發，〈「延安模式」的再檢討〉，《新史學》，第8卷第3期（1997年9月），頁115。

（一）反奸政策醞釀和出台

　　延安整風開始後，聚集知識分子的中央研究院，出現對延安存在特權、不平等現象的不滿，其中，王實味批評最力、也引起較大迴響。毛澤東對小知識分子的思想整風，選擇批判王實味以「殺雞儆猴」，李維漢在中央研究院對王實味的嚴厲批鬥，加上中央社會部部長康生配合處理下，王氏被指控為「托派分子」、「特務」，甚至發展成「王實味五人反黨集團」。[19]1942年春夏之交成形的王實味案，令延安整風運動轉趨緊繃，帶有反奸細任務的審幹工作也伴行開展。

　　1942年下半年，彭真在黨校內開始豎立批判標靶——「黨校的王實味」，以使校內整風批鬥有方向可循。具體例子有：批判曾與王明在莫斯科共事的李國華，將之當做「教條主義」典型；批判曾任周恩來政治秘書的吳奚如，稱其具有「大地主大資產階級思想」。彭真不久之後更在一次大會上突然宣布：獲自重慶方面密電，證明吳奚如乃屬敵方分子。令在場的吳氏大感吃驚、不覺發抖。[20]

　　1942年11月中旬，國府派遣賑災委員會委員鄭延卓訪問延安，停駐約時兩週。毛澤東與之會晤，話題及於整風時表示「尤為注重自我批評與相互批評」，並自稱在其中「任總評並作各別之指示」。[21]毛澤東在外人面前對此輕描淡染、草草帶過，實際上，值此前後的相關運動已出現尖銳化的發展。

　　1942年12月召開的中共西北局高級幹部會議，將高崗樹立為中共西北正確路線代表，並且確立其西北局領導地位，也大幅推進審幹反奸工作。毛澤東在會上將吳奚如和王實味並舉，強調「兩個反革命的人在延安反革命」。[22]吳奚如後來指控：毛澤東「當年誤信康生和彭真的謊報軍情，在西北局高幹會上，宣布我是『叛徒和特務』也。」[23]1943年1月4日，彭真在西北局高幹會議上做

19　高華，《紅太陽是怎樣升起的》，頁411-416。

20　王明遠，〈參加七大的前前後後〉，中共中央黨史研究室第一研究部編，《七大代表憶七大》，下冊，頁1159。

21　鄭延卓，〈與毛澤東談話要點及共黨內部要聞報告〉（1943年），中國國民黨文化傳播委員會黨史館，檔號：特9/19。

22　散木，〈吳奚如的風雨人生〉，《文史精華》，2008年總217期，頁23。

23　李向東，〈涉及吳奚如平反的幾封信〉，《炎黃春秋》，2007年第9期，頁74。

「反奸肅反」講話，也以吳奚如案為例，介紹如何對「反革命」進行鬥爭。[24]
亦即將之當做黨校整風審幹成功經驗大加推揚。

西北局同年中印發的資料表示：「後來彭真同志又在大會報告（43年1月4
日）介紹了如何與反革命鬥爭的實際經驗，又給了到會幹部以鋤奸工作具體方
法的啟示，補充了這一階段檢討工作中的不足之點」。[25]

1942年11月，康生強逼甘肅青年張克勤「承認」自己是國民黨打入甘肅黨
的特務。康生進而認定國民黨實行「紅旗政策」，亦即有計畫地鑽進、篡奪國
府統治區的共黨組織。需要關注的是，彭真與康生在相關政治認知上的相仿。
康生泡製「張克勤事件」後，根據張宣（曾任中共四川成都市委書記，赴延安
後先在中央黨校學習，再分配至西北局的西北黨校擔任教員）說法：1942年12
月，彭真領導的中央黨校派出張平化、孫志遠進駐西北黨校，和高崗主政的西
北局攜手合作，在沒有任何證據情況下，栽贓張宣為國民黨特務，並對他連續
審訊8天，要之俯首「認罪」。

張平化強行逼問張宣取供的過程中，直指四川地下黨是「國民黨特務機關
製造的偽黨」，甚至佯稱在中央黨校學習的鄒風平已自招特務。張宣認為「沒
有中央黨校領導上的授權」，張平化不可能如此恣意妄為。張宣憤而寫信給
「中央黨校負責人」，表達嚴正不滿，勸之改正對地下組織的誣蔑。[26]「中央
黨校P同志」在1943年初的回信中，反勸張宣「向黨坦白交代自己的問
題」。[27]張宣不願屈服，遭到關押監禁。雖然不能逕以認為張宣口中的「P同
志」是彭真，但是如果張宣對其不幸遭遇的描述為真，這或是一例具體反映彭
真領導的中央黨校對鄒風平、張宣所屬的四川黨、以至更大範圍的國統區共黨
組織，在政治上可能早有懷疑。

1943年3月底、4月初，隨著中央權力、組織變動，以及對整風運動的新指
示，彭真在整風審幹的角色愈加吃重。3月20日，中共中央政治局決定毛澤東
身兼政治局主席和書記處主席（書記處另兩名成員是1942年12月30日返抵延安
的劉少奇，以及任弼時）。在強化黨的一元化領導名義下，毛澤東還兼任中央

24　散木，〈吳奚如的風雨人生〉，《文史精華》，頁23。

25　西北局印發，《關於陝甘寧邊區黨高幹會經過及其經驗的總結》（1943年6月），頁17-18。

26　張宣，〈為澄清一個史實致廖志高同志〉，《紅岩春秋》，2001年第6期，頁59。

27　張宣，〈鳳凰驚夢——延安「搶救運動」親歷記〉，《紅岩春秋》，2000年第4期，頁8。

黨校校長。彭真則從黨校教育長升格為副校長，明確作為毛澤東在黨校的唯一副手和僅次於之的第二號人物。彭真本已具體負責主持中央黨校整風工作，新增副校長職銜後，有關校內整風審幹事務，他對上直接向毛澤東個人負責，對下全面緊握於手，校內各級幹部和人員更是唯之是從。

4月3日，中共中央發出〈關於繼續開展整風運動的決定〉。其指出：整風主要鬥爭目標有二：一是糾正幹部中的非無產階級思想如封建階級、資產階級、小資產階級思想，此乃革命隊伍中無產階級和非無產階級思想的鬥爭；另一是肅清黨內暗藏的反革命分子，性質為革命和反革命的鬥爭。[28]同月中旬，黨中央成立反內奸鬥爭專門委員會，具體負責後一任務；由劉少奇擔任主任，康生、彭真、高崗為委員。彭真在此之前即與康生、高崗在吳奚如、張宣問題進行協作和配合。因此，在接續開展的反內奸工作上，彭真和反內奸委員會同僚也可認識一致、步伐齊一。

（二）黨校擴充和開始審幹反奸

1943年春，中央黨校為配合中共中央因應前方戰爭殘酷、決定抽調大批幹部赴延安「保留培育」的政策，並且有力地承擔負責重要幹部的整風、審幹任務，重新改組、擴張規模，重要性也更為提高。

具體情況是：副校長彭真領導校部，黃火青出任秘書長輔佐彭真。彭真與黃火青在黨校已共事一年，配合還算默契（如批鬥吳奚如）；彭真因長年在北方活動，對南方蘇區和軍隊幹部情況了解較少，黃氏可補之不足，並協助管理黨校組織和幹部問題。[29]校部下設四個部：一部（主任古大存），以黨校原有學員為基礎，其中多是高級幹部和預備參加「七大」的黨代表；二部（主任張鼎丞），也主要來自原有黨校學員，但其職務地位屬於中級幹部；三部（主任郭述申），其前身即是去年抓出王實味「反革命分子」的原中央研究院；四部學員則屬出身工農、需要補習教育的中級幹部。1944年春中央黨校再增設五部，其前身就是之前批鬥張宣的西北局黨校；後因五部人數過多，又從中分出

28　中央檔案館編，《中共中央文件選集》（北京：中共中央黨校出版社，1992），第14冊，頁28-29。

29　黃火青，《一個平凡共產黨員的經歷》（北京：人民出版社，1995），頁163。

六部。

中央黨校一部的組成學員最重要、人數也最多，彭真因而最為重視。一部副主任劉芝明後來回憶：「一部的工作，主要是彭真、黃火青、古大存他們幾個同志親自抓」。[30]事實上，自此以後中央黨校的整風、審幹工作，彭真最倚賴的就是黃火青和古大存。黃、古分別作為彭真在校部和一部的忠實代理人，戮力貫徹其運動指令；他倆也密集向彭真彙報情況，讓之即時知悉情況、迅速回應情勢。校內關於整風、審幹的重要活動和場合，亦經常見三人一道出席、形影不離。

彭真領導的中央黨校審幹反內奸工作，密切配合響應康生的政治動員。1943年4月3日，康生在中央直屬機關大會上作反特務動員報告。彭真副手黃火青親自帶領黨校學員出席聆聽。會後，彭真為首的校部發出通知：「要大家從坐牢、被俘、地下黨、蔣區來的幹部、寫的文章、平日言行中去發現特務。」[31]另外，黨校也宣布「關門」整風：學員不准外出、不准會客、不准通信，校內散步也要有人同行。已結婚者欲請假會見伴侶，校方針對來自國統區者嚴格執行「三不准」規定，不予通融，[32]可見其對地下黨學員的偏見。

中央黨校校部明確指出要從前述類別的學員中尋找特務，校領導約此前後就加緊審問魏澤同，以作為繼吳奚如之後的另一個「典型特務」。湖南籍的魏澤同在一部第5支部學習，來延安前跨足四川和湖北黨組織工作。校方鎖定魏澤同的原因可能包括：1942年底、1943年初，彭真等校領導已對四川黨起疑，魏氏曾為成員，順理成章地遭到懷疑；其次，魏氏曾任鄂西特委書記，組織關係牽連湖北黨，可以作為打入該黨的重大缺口。[33]再者，魏氏時年25歲，黨內涉歷不深、經驗不足，較好操控。為逼使魏氏「坦白」為特務，黨校將他關進一個窯洞進行多日圍攻，不讓其睡覺。

在魏澤同遭到審訊和逼壓過程中，彭真可能不僅僅是被動靜候下屬處理和

30 王漁，《回憶中央黨校》，頁180。

31 袁學之，《難忘的回憶》（長沙：湖南文藝出版社，2000），頁103-104。

32 楊第甫著、唐伯固整理，《吹盡狂沙——楊第甫自述》（長沙：湖南人民出版社，1999），頁87。

33 郝在今，《「文革」前史——延安「搶救運動」紀實》（香港：利文出版社，2006），頁70。

回報而已。當時與魏氏一起學習的楊第甫指稱：「副校長」曾親口威脅魏澤同：「你不要想滑過去，你的問題我天天向毛主席匯報的。」所謂的「副校長」，應是對彭真的曲筆表述。楊氏也指出：魏澤同「被正、副校長和總支書記用車輪戰日夜不息搞了三天三夜，人已糊塗了，如是依著批鬥者的意圖交代問題」。[34]如果彭真確實介入對魏氏的「逼供信」，警告後者「不要想滑過去」，可見他對破獲此案的殷切急盼。至於彭真若言「你的問題我天天向毛主席匯報的」，欲顯示其在黨校所為皆為毛澤東所悉、奉行其意，或者僅是狐假虎威、旨在恫嚇魏氏，就不得而知了。

魏澤同最後被迫迎合校領導心意，「承認」自己是特務、其參與建立的湖北鄂西黨是「紅旗黨」。[35]由於魏澤同案立案較早、並且經高壓逼供下產生，魏澤同的黨校同學就說：「大家都知道的延安整風的『搶救運動』就是從我們支部即黨校一部第5支部搞起來的。」[36]

中央黨校在前有吳奚如、後有魏澤同等「特務」被「破獲」後，各支部忠心、殷勤的幹部即開始從歸其所管的學員中進行政治「狩獵」，爭相立功。鄒風平過去曾五次被敵人逮捕，堅貞不屈；其同事張宣在西北黨校被中央黨校領導人派人誣陷為「特務」，他自身在黨校一部審幹中自是插翅也難飛，被咬成是「特務」，令之百口莫辯。來自湖南黨、在黨校一部第11支部學習的袁學之也控訴：支部領導楊尚奎和鬥爭張宣不遺餘力的張平化，在沒有具體證據下就認定他是「鑽入」中共成為湖南黨代表，連夜強行逼認其是特務，既不讓喝水，也不准如廁。[37]

綜上所言，1943年7月「搶救運動」高潮以前，彭真所管的中央黨校在春夏之交已開始出現逼人「坦白」為敵人內奸的情況，不但未聞彭真發聲制止，他還可能涉足參與。

另外，中央黨校在此階段的整風學習，在彭真領導下氣氛也越發緊張，背後或也含有為行將展開的大規模審幹肅奸製造輿論的政治考量。1942年底、

34　楊第甫著、唐伯固整理，《吹盡狂沙──楊第甫自述》，頁89、96。

35　王宇光，〈我對南方局正確領導的切身體會〉，《紅岩春秋》，2006年第6期，頁6。

36　趙石，〈難忘的延安歲月──紀念七大六十週年〉，中共中央黨史研究室第一研究部編，《七大代憶七大》，下冊，頁1234。

37　袁學之，《難忘的回憶》，頁105-107。

1943年初，中共中央對「紅旗黨」遍布的敵情認知形成後，河南黨即被暗中懷疑和鎖定。1943年2月，河南省委交通科長杜征遠調回延安被隔離審查，審訊人員對之明白指稱河南黨主要領導人皆屬特務。3月，政治忠誠已被懷疑的河南黨負責人王志杰、危拱之、郭曉棠，被通知回延安、參加中央黨校整風學習。[38]中共中央是否想要彭真對之調查監管，雖然不能貿然猜測，但彭真對初來乍到中央黨校的河南黨人，不甚客氣和友善。

同年5月底，中央黨校內針對共產國際解散問題的政治辯論中，郭曉棠主張歐洲在戰爭結束後將會實行一段新民主主義，不同於彭真為首的校領導所主張的隨即出現社會主義革命。為此，彭真大加批判郭曉棠的主張是政治上的「投降主義」理論。[39]彭真對郭曉棠大動肝火，是否顯示其針對的不單是辯論本身，更是針對郭氏的河南黨身分？包括郭曉棠在內的河南黨人士，在不久之後的黨校審幹「搶救」成為被攻擊的主要對象之一，恐怕只是一個順勢的必然發展。

三、積極參與「搶救運動」（1943年夏）

（一）主導中央黨校「搶救」

1943年夏國共關係一度緊張，甚至傳聞國軍將進攻延安。中共中央為防敵方裡應外合，決定加緊清查內奸。7月15日，中共中央直屬機關召開動員大會，康生作〈搶救失足者〉報告。延安審幹自此轉入風聲鶴唳的「搶救運動」。

彭真深度涉入「搶救運動」的具體情況，首先可見他對7月15日「搶救」動員大會的參與。彭真的官方傳記和年譜對此皆無交代和說明。然而，根據共產國際駐延安聯絡員、塔斯社軍事特派員弗拉基米洛夫（Peter Vladimirov，其

38　張文杰，〈延安整風運動中河南黨被康生誣陷為「紅旗黨」的經過及嚴重後果〉，廖蓋隆主編，《中共黨史文摘年刊（1985年）》（北京：中共黨史資料出版社，1987），頁344。

39　郭青莒，〈六十三年前在中央黨校發生的一場政治論爭〉，愛思想：http://www.aisixiang.com/data/65743.html（2016年03月16日登入）。

中文名字孫平）的日記記載，彭真不但出席這一場千人動員大會，還是康生以外會上的另一名主角。

彭真實際猶如大會主持人，宣布會議開始並作開場演講。彭真表示：形勢十分嚴重，已有一大批「國民黨特務」行蹤曝露並遭逮捕。他進而說：「特工部抓不盡充斥於延安的所有特務，因此，我部要求共產黨員們在這個事關重大的問題上給予幫助。」亦即要黨員群起投入抓特務的任務。彭真為增加自己講話的說服力，言畢即安排已落網的「特務」們上台一一坦白罪行、悔過求饒。在「特務」現身說法後，彭真談及如何辨識「特務」並表示坦白認罪者都將予以釋放。彭真強調：「只要他們不怕認罪，不怕向特工部投案自首！」這名蘇聯觀察者走筆至此寫道：「彭真的高大身材，在會場上十分顯眼，他滿臉通紅，看起來像個屠夫。」經過彭真賣力暖場，康生才登台發表惡名昭彰的〈搶救失足者〉講話。康生話畢，只有朱德膽敢發言提出簡短疑問，彭真隨即宣布散會。[40]

彭真除了可能是中央動員「搶救」大會的主持人，他也有計畫地利用此會推進中央黨校的「搶救」工作。中央黨校的一部、二部人員就參加此一動員大會，[41]現場感受迫在眉睫的緊張氣氛並且觀摩學習。

中央黨校審幹步入「搶救」高潮並產生各種亂象，彭真更是責無旁貸。康生作〈搶救失足者〉的前一天（7月14日），彭真即已在中央黨校作「搶救」動員報告。彭真之後也在黨校召開數場坦白動員大會，其大體流程如後：

第一、大會宣布開始後，首先在台上推出已束手就擒、可任由擺弄的「失足者」如魏澤同，以證明敵人暗地扶植「紅旗黨」確鑿無誤，同時達致先聲奪人的震撼效果。

第二、坦白大會擺列出已向黨「坦白」的「失足者」後，彭真宣講「坦白從寬、抗拒從嚴」，甚至開殺戒的政策：「特務分子坦白好的，有一個寬大一個，有一千寬大一千，有一萬寬大一萬。不坦白的，有一個殺一個，有一千殺一千，有一萬殺一萬。」據出席者回憶：彭真言畢，當場「鬧得人心惶

---

40 彼得・弗拉基米洛夫著，呂文鏡等譯，《延安日記》（北京：東方出版社，2004），頁140。

41 康克清，《康克清回憶錄》（北京：解放軍出版社，1993），頁306。

惶」。[42]

　　第三、經過事先精心導演和操作，大會已設定具體鬥爭目標，河南黨就是主要「獵物」之一。彭真會上動員後，有人受其「感召」、聞風而起，檢舉河南省委書記王志杰；王志杰嚴詞否認後，馬上又有人接著上台指控。這種接連而來的告發，明顯是校領導已預先安排的結果。[43]彭真限時要王志杰交代並表示：「你要爭取從新做人的機會，不要錯過良機」。王志杰堅稱自己就是貨真價實的共產黨員，不願「承認」「失足者」身分。彭真見王志杰不從，憤然指示將他捆押起來。[44]

　　彭真領導的大會緊接「搶救」河南省宣傳部長郭曉棠。郭曉棠在黨校不久前關於共產國際解散問題的政治辯論中已被彭真狠加批判，這時更成為彭真的「待宰羔羊」。彭真指名郭曉棠舊屬登台對之進行揭發，郭曉棠一一據理駁斥。彭真看到郭氏如此「不受教」，失去耐性，當場大喝一聲，下令將之綑綁。台下目睹此情此景者，「感到殺氣騰騰，不寒而慄」。[45]

　　彭真在坦白大會上公開質疑、批鬥河南黨主要領導人，黨校內對河南黨人也予以暴力逼供和脅迫。過去擔任河南省委組織部長的危拱之（葉劍英前妻），儘管有參與「長征」、出生入死的紀錄，卻被彭真認定是特務，[46]因此絕望至極，憤而自殺。危氏生命最後雖被搶救回來，但從此精神失常、行為怪異。曾代理河南省委書記的張維楨、同樣來自河南黨的邵文杰和郭以清，也都遭到批鬥和迫害。

　　彭真除了在坦白大會上公然逼人「坦白」、親自點名「搶救」，他還根據「失足者」供詞，循線追查和逮捕其他的「失足者」。湖北黨就是在這種情況下「倒大楣」。魏澤同在校方逼供下「亂咬」，彭真不但不問其供詞真假，反

42　楊第甫著、唐伯固整理，《吹盡狂沙──楊第甫自述》，頁89。趙石，〈難忘的延安歲月──紀念七大六十週年〉，中共中央黨史研究室第一研究部編，《七大代表憶七大》，下冊，頁1234。

43　楊第甫著、唐伯固整理，《吹盡狂沙──楊第甫自述》，頁89。

44　沈漓，〈回憶父親與父親的回憶──一個青年奔赴延安的生死經歷（三）〉，文學城博客：http://messsdia.chinagate.com/myblog/14602/200701/7429.html（2016年3月20日登入）。

45　楊第甫著、唐伯固整理，《吹盡狂沙──楊第甫自述》，頁89。

46　袁學之，《難忘的回憶》，頁114。

而以之為根據查辦。魏氏指控孫德樞（原名沈德樞）是「反革命」，彭真就在半夜親自審問孫氏，更要其勸說同是湖北黨的徐遠和余杰放棄抵抗。徐、余都不願依從和提供不實口供，彭真便將兩人押送牢獄。[47]因為魏澤同瞎說而「中箭」者，還有楊第甫。兩人過去從無共事經歷，魏氏「咬出」楊氏的原因，竟只是前者被「搶救」時目睹後者悠閒散步而心生妒意。[48]魏澤同如此草率的檢舉，從支部領導到一部主任古大存、再到彭真的校一級領導，皆無置疑，反而成為追鬥楊氏的憑據。

　　彭真為首的校部在大會動員「坦白」和「搶救」後，也直接引導、插手黨校基層支部的「搶救」攻勢。一、校部認為具有政治問題者，「就派人暗中監視，觀其神色」，然後將蒐集的「失足者」情資和線索告知其所屬的支部，「作為批鬥的依據」。[49]二、利用獎勵手段和評比方式，對黨校幹部製造壓力，讓之奮勇爭先「搶救」。校領導對於「搶救『特務』有功」的支部予以表揚，甚至贈送水果；相反地，沒有運動「成果」的單位，就得不到上級獎勵。由於「上下級和同級的壓力」交相而至，「搞得人暈頭轉向，講實事求是就不很容易了」。[50]

　　經過彭真前述努力和策略，7月中旬「搶救」大舉發動以後幾日，黃火青代表校部宣布：「各支部形勢很好」，並且傳捷報般地指出河南、湖北、四川等「紅旗黨」「突破了」！[51]事實上，在中央黨校「搶救運動」中被視做「紅旗黨」而遭到整肅的地方黨組織和代表，遠不限這三地。在前一階段審幹已遭「逼供信」對待的湖南代表袁學之，這時還遭到毆打；陝西黨派出參加「七大」的兩位女性代表曹冠群（後來曾任全國婦聯書記處書記和農業部副部長）和王惠民（彭毓泰，後來長期從事法院工作）也被誣指為「特務」。上海地下黨被說成是「紅旗黨」，其「七大」黨代表都受到審查；浙江黨也難以倖免。閩粵贛邊區黨組織亦被懷疑有問題，作為其一員的伍洪祥表示：「因搞『搶

47　沈漓，〈回憶父親與父親的回憶——一個青年奔赴延安的生死經歷（三）〉。

48　楊第甫著、唐伯固整理，《吹盡狂沙——楊第甫自述》，頁96。

49　同上註，頁90。

50　莫文驊，《莫文驊回憶錄》（北京：解放軍出版社，1996），頁410-411。

51　袁學之，《難忘的回憶》，頁109-110。

救」運動造成一陣恐怖氣氛。應該說這和校部的領導有關係。」[52]中央黨校「搶救」、抓「特務」不分國籍，來自朝鮮的「革命同志」也遭殃；運動甚至曾激化至召開公審大會判決一名護士長死刑的地步。[53]

中央黨校「搶救失足者」風暴平地捲起半個月後，7月31日，彭真在校內群眾大會上宣稱：延安地區「搶救了1,600人，在中央黨校共有190人」。[54]亦即其佔總數近1/8的比例。在「搶救」高峰基本結束後的8月8日，毛澤東在中央黨校第二部開學典禮講話中提到：一個2,500人的黨校已挖出250個特務，「恐怕是250到350的數目」。[55]易言之，中央黨校有高達10%以上比例的學員遭指控為「特務」。這可看做中共中央認證的彭真黨校「搶救」戰果。

（二）參與「搶救」柯慶施

彭真在中央黨校內如火如荼推行「搶救」的同時，因兼任反內奸鬥爭專門委員會委員，也與聞延安其他機關「搶救」，尤其是中央直屬機關的「搶救」大戲——中央統戰部副部長柯慶施案。

彭真和柯慶施早期工作關係雖然不長，但有些不順和隔閡。彭真1935年出獄時，北方局領導人高文華、柯慶施在政策領導上較為封閉、躁進和有失策略，也排斥有所異議的李鐵夫和張秀岩，批之為「鐵夫路線」。彭真出牢後生活困難，受到李氏夫妻接濟，對其政治遭遇明瞭、同情。彭真長於工人運動，卻被柯氏調去推行農民運動，不免讓人有排擠之意。

劉少奇在1936年春以中共中央代表身分到北方局後，與高文華、柯慶施在工作方針上有所歧異和爭執；彭真在政策主張與劉少奇較為相近。1936年夏，彭真取代柯慶施擔任北方局組織部長。劉少奇、彭真爾後積極為「鐵夫路線」平反，並對高、柯的北方局工作進行檢討。[56]

---

52 伍洪祥，〈經歷「搶救運動」與出席黨的七大〉，《福建黨史月刊》，1999年第10期，頁6。

53 李維漢，《回憶與研究》（北京：中共黨史資料出版社，1986），下冊，頁515。

54 中共中央黨校教育史研究組，《延安中央黨校的審幹工作》（北京：中央文獻出版社，2003），頁38。

55 楊奎松，《走向破裂》，頁151。

56 中國大陸中共黨史研究者（D君）提供的資訊（北京，2011年7月）。

延安「搶救」高潮時，柯慶施在中直機關成為被「搶救」的重點目標，其來勢凶猛，柯新婚妻子曾淡如正在中央黨校學習，迫於壓力而自殺。柯慶施被當做「特務」對待的一個重要線索，乃因中央黨校舉行的一次「坦白」大會上，陳傳綱（中共建政後擔任復旦大學黨委書記）在逼供高壓下自承「特務」，也招供柯慶施是「特務」。[57]

關於彭真涉入、參與批鬥柯慶施情形，根據高文華說法，柯慶施即認為其在「搶救」中遭難，就是因為出自劉少奇、彭真的陷害。[58]郭曉棠後來表示：彭真在中央黨校審問他時，也示意他去揭發柯慶施。[59]「文革」批判材料也指出：彭真指使曾經遭柯慶施打擊的張秀岩出面揭發柯氏。[60]

在批鬥柯慶施的大會上，根據楊尚昆說法：乃是「和柯慶施一起在北平做過地下工作的有些人起來揭他」。柯慶施被過去同事質疑的重點集中在：他長年從事地下工作，何以未曾被敵人逮捕？他在北平憑何招搖過市？是否在政治上別有依靠？[61]中共的政治鬥爭中，同僚共事經驗和近身觀察，在揭發清算時往往能給人所言不虛觀感、發揮擊中要害作用。彭真有無直接參加對柯慶施「面對面」的批鬥？還留待日後有關資料面世才能說明。

如果前述各項說法和資料屬實，驅使彭真藉整風之機積極參與批鬥柯慶施的原因又為何呢？彭真藉此一報1930年代中期在北方局遭柯慶施排擠之仇，並且以資證明自身當時與後者政策有別的正當性？抑或還有配合中央上層整風、鬥爭王明的政治考量？柯慶施與王明早已認識，1939年起他擔任中央統戰部副部長，作為王明副手。王明認為：批鬥柯慶施即是意圖從外圍進而向其本人進

---

57 李新，《流逝的歲月：李新回憶錄》（太原：山西人民出版社，2008），頁191。

58 原北京市委機關毛澤東思想紅旗兵團，《大野心家、大陰謀家彭真罪惡史（1925-1966）》（北京：1967），頁8。

59 郭曉棠，〈郭曉棠遺作選：文革交代材料（五）——1941-1950年我在根據地的情況〉，至人無為博客的博客：http://blog.sina.com.cn/s/blog_51f9bd930100pf3i.html（2016年3月16日登入）。

60 徹底摧毀舊北京市委戰鬥兵團，《劉少奇、鄧小平、彭真狼狽為奸一百四十例——反革命修正主義分子彭真罪行錄之一》（北京，1967）。

61 柯六六，〈延安審幹運動中的柯慶施——來自親歷者的回憶〉，《江淮文史》，2012年第2期，頁79-81。

攻。[62]

　　柯慶施遭逢的「搶救」劫難，後來除了因為有周恩來為之政治清白作證，更重要的是毛澤東的金口開恩，方能使之虎口餘生。柯慶施自此對毛澤東肝腦塗地、至死不渝。鬥柯的主要鋒將彭真也無因此事而受到任何懲處。

四、「搶救」停而不休（1943年夏以後）

（一）黨校「搶救」煞車

　　「搶救」號角聲吹響後，彭真在中央黨校內不但對「失足者」「坦白」內容置信不疑，更親手參與製造「冤假錯」案，同意交叉使用公眾壓力和私刑暴力，意圖讓其以為的嫌疑者屈服，坐實「紅旗黨」蔓延、散布的預想。但彭真可能因為如後原因，覺得事態有異，須得煞車、調整。

　　首先、彭真在「搶救」中接觸到越來越多的「坦白」資料，愈覺其中含有誇大不實情節和離譜失真內容。[63]其次、隨著中央黨校內愈演愈烈的「搶救」態勢——胡亂指控，特務帽子漫天飛，「被搶救者」如上海黨的王明遠，就曾寫字條給彭真反映問題。彭真也聽到校內幹部的異議之聲。例如：一部的支部幹部閻紅彥對運動發展感到焦心，屢次向彭真、黃火青表示：「要吸取蘇聯的教訓，整風不能這個搞法」。[64]再者，彭真身體力行下，中央黨校的「搶救運動」衝刺半個月後已造成一種全校參與、殺聲震天的運動勢頭；如果不稍加以引導、降溫，也會直接影響黨校正常運作和教育工作。此外，「搶救」高峰搶收下的「失足者」，也累積一定數量，需要花一些時間「消化」。

　　根據彭真本人和其官方著作的說法：約在1943年7月底，也是就「搶救」發起後的十餘天，彭真和中央社會部副部長李克農看到包括中央黨校在內的「搶救運動」出現嚴重氾濫情形，便向毛澤東反映，從而引起其注意，認為運動已「擴大化」，必須加以糾正。[65]中央黨校轟轟烈烈的「搶救運動」也就此

---

62 王明，《王明回憶錄》（香港：哈耶出版社，2009），頁170。

63 《彭真傳》編寫組、田酉如，《彭真傳略》（北京：人民出版社，2007），頁136。

64 李原，《只唯實：閻紅彥上將往事追蹤》（昆明：雲南人民出版社，2003），頁20。

65 《彭真傳》，第1卷，頁285。

結束。

　　怎麼處理在「搶救」階段淪為萬夫所指、名譽掃地的「失足者」，彭真表示：「現在情況和緩了，我們給有問題的同志一個時間想一想，我們也調查研究一下，一個一個地研究，個別地調查，能爭取一個就爭取一個。中央臨時授權可以捆人。其實我們不是沒有辦法，我們不用武的用文的」。[66]然而，彭真接下來對所謂「有問題的同志」，是否真的「不用武的用文的」？他所說的「中央臨時授權可以捆人」，對抵死不願順從指定口徑「坦白」者而言，實是一個不祥之兆。

（二）黨校一部臨時支部

　　中央黨校「搶救運動」告停後，黨校將前一階段放棄「頑抗」、較為願意「坦白」（例如孫德樞）或是「案情」較輕（比如楊第甫）的「失足者」一百餘人，移送至二部，分屬兩個支部。另外，黨校一部各支部重新作過一次調整，將「問題較多、一時搞不清楚」者和「死不坦白」的「花崗岩腦袋」集中起來，另外成立一個臨時支部。

　　臨時支部成立具體時間約在1943年9月，其地點在中央黨校一部的後山，與外界隔開，僅有一條道路外出；高牆圍繞、門禁森嚴，有荷槍實彈的衛兵站崗巡邏。編入臨時支部的人數約七十多人，其中有二十多名是來自各地的黨代表。[67]如前所述，彭真與黃火青、古大存「親自抓」「一部的工作」，一部調整後成立的臨時支部，彭真不可能被蒙在鼓裡。另外，針對臨時支部有多位黨代表被當做特務審訊的異常情況，臨時支部內的被審訊者也曾致信彭真反映並提出異議，卻無得到任何回音。[68]

　　彭真為首的校部擇定聶洪鈞擔任臨時支部書記。聶洪鈞在1942年西北局檢查歷史問題時，被視做犯有肅反濫殺錯誤並因而被責令檢討。他1942年到中央黨校學習，後來在一部擔任幹部，參與1943年黨校審幹。彭真「點將」聶洪鈞

66　中共中央黨校教育史研究組，《延安中央黨校的審幹工作》，頁40。

67　袁學之，《難忘的回憶》，頁110。趙石，〈難忘的延安歲月——紀念七大六十週年〉，中共中央黨史研究室第一研究部編，《七大代表憶七大》，下冊，頁1234。

68　趙石，〈難忘的延安歲月——紀念七大六十週年〉，中共中央黨史研究室第一研究部編，《七大代表憶七大》，下冊，頁1235。

出任臨時支部書記，或有要之戴罪立功的考量。另外，聶洪鈞在1943年黨校審幹過程中頗為激進，後來自承：「對新幹部或中間脫離過黨的老黨員，則表現某些主觀片面的懷疑，在做法上輕信了口供。」[69]彭真要聶洪鈞領導集中「搶救」對象的臨時支部，是否期望他進行甄別工作時不要有太大的反覆，以免全面否定「搶救」階段的運動成果？聶洪鈞後來自省：「我的主觀片面思想和做法又繼續了半年多的時間，損傷了一些幹部。」[70]臨時支部受審人員後來憶起聶洪鈞也甚有怨氣。

　　被編入臨時支部的人員雖然物質生活同黨校無甚差異，但是停止學習、無法聽取重要演講報告、不准外出、沒有行動自由。臨時支部下分七、八個小組，每一小組內部的學員雖「同是天涯淪落人」，但卻被要求互相審查和批鬥，其中有些學員為洗刷自我、立功翻身，反而變成臨時支部書記心狠手辣的打手。各小組存在嚴重程度不一的「逼供信」，輕則「車輪戰」，重則毆打刑求，意欲屈打成招。鄒風平所待的小組就甚為暴力；郭曉棠雙手長期被繩綑綁，深及皮肉。

　　陶鑄之妻曾志（「改革開放」時期出任中共中央組織部副部長）被送至臨時支部以前，與室友葉群（林彪妻子）在黨校一部內皆遭到懷疑和為難。林彪自重慶回到延安知道葉群被鬥情況，向中央黨校大發雷霆，質問為何審查其妻歷史，最後硬將葉群從黨校接回家。[71]林彪可能因為葉群在黨校遭受審查，以及校內領導工作分配問題（他認為彭真「乾綱獨斷」，還藉由向毛澤東反映此一問題，趁機告其刁狀），[72]自此開始對彭真心生嫌隙。

　　曾志沒有像葉群那麼幸運可以脫離苦海，甚至還有人在校部目擊她被綑綁在樹上，被打得死去活來。[73]陶鑄在延安整風時期對彭真印象不好，想必這是一項關鍵原因。

　　彭真領導的中央黨校審幹，對有政治「靠山」者「睜一隻眼、閉一隻

69　聶洪鈞，《聶洪鈞回憶與文稿》（北京：中共黨史出版社，2005），頁21。

70　同上註，頁21-22。

71　朱仲麗，《王稼祥夫人朱仲麗自傳三部曲》（長春：北方婦女兒童出版社，1995），頁473。

72　溫相，《高層恩怨與習仲勳──從西北到北京》（紐約：明鏡出版社，2008），頁347。

73　邱會作，《邱會作回憶錄》（香港：新世紀出版及傳媒有限公司，2011），上冊，頁124。

眼」，予以「區別對待」。除了葉群因有林彪介入而免於繼續受到審查，最直接的例子就是毛澤東妻子江青。江青的歷史背景受到許多女性幹部質疑。江青到中央黨校接受檢查，有關支部須向校黨委彙報審查情況（陳養山回憶）；實際上備受禮遇，以她自己口頭介紹內容為準，黨校就對之做出沒有問題的結論，「實際上是走了過場」（張秀山回憶）。[74]這當然主要出自於彭真和黨校高幹對校長毛澤東的尊重，另外多少也反映：彭真與江青之間的關係在一開始可能還不差。至於彭真妻子張潔清是否在延安接受過整風審查，不得而知。

曾志在臨時支部的新室友兼牢友，除了自殺未遂、精神崩潰的危拱之，還有過去效力周恩來領導的特科、負責對閻錫山方面進行潛伏和情報工作的宋維靜。宋氏因為被長期單獨關押，幾乎失語，後來變成整日囈語不停。曾志也回憶臨時支部夜晚傳揚「一陣陣喝罵聲、踢打聲和慘叫聲」。[75]中央黨校臨時支部的黑獄，相較於康生中央社會部管轄的邊區政府保安處牢房，甚至還「厲害多了」。[76]

正當臨時支部以秘密方式審問校領導認定的那些「堅不吐實」者，1943年12月3日，彭真在中央黨校的座談會上表示：「審查幹部運動，是『一個革命』，把過去對黨隱瞞的問題坦白報告了黨」；「這是黨的勝利。沒有殺一個人，也沒有毀滅一個人。這是一個很大的勝利」。[77]彭真高唱「沒有殺一個人，也沒有毀滅一個人」時，是對危拱之被鬥得精神失常視而不見嗎？更諷刺的是，鄒風平在臨時支部持續承受巨大逼供壓力，要其違背心意承認自己是「特務」。鄒氏不願為解一己之危，導致其上下關係人背負「特務」之名，讓四川黨多年努力付之一炬，在彭真此次講話後相隔不久，鄒氏乾脆自殺以明志。

鄒風平死前遺留字句是：「冤死慈親手，淚眼望飛雪；委屈並無怨，忍痛護高節。」張宣後來就質疑：「黨中央不是在1943年8月就決定停止搶救了嗎？況且中央黨校與中央辦公廳雞犬相聞，辦公廳一個電話也可以打過來，為

74　王漁，《回憶中央黨校》，頁201。

75　曾志，《一個革命的幸存者——曾志回憶實錄》（廣州：廣東人民出版社，1998），下冊，頁341。

76　丁東、李南央，《李銳口述往事》（香港：大山文化出版社，2013），頁165。

77　《彭真年譜》，第1卷，頁243-244。

什麼到年底還在逼死人呢？」張宣更直指：「中央黨校領導人反對的不僅是鄒風平，而且是黨中央！」[78]事實上，彭真的中央黨校不只是鄒風平步上自殺一途。黨校第一部在審幹、「搶救」過程中即有4至5人自殺。[79]難不成就彭真的理解，自殺者不是被毀滅的，而是自絕於黨、自絕於人民，死不足惜？1943年秋後中央黨校的審幹工作，尤其是臨時支部繼續充斥暴力和不人道情況，彭真理應瞭若指掌，卻顯得若無其事，令人感到詫異。

五、參與第二次高層整風（1943年秋後）

　　1943年夏秋，正當彭真領導中央黨校經受「搶救」高峰，中共高層整風也進入白熱化階段。彭真一方面領導中央黨校運動，從下而上地對「教條主義者」和「經驗主義者」發動側翼進攻；另一方面，他也參與上層揭發和批鬥。相較於1941年秋高層整風的有限度參與，彭真在這階段高層整風成為毛澤東的得力幫手之一。

（一）黨校樹毛威信、批攻王明

　　1943年8月8日，毛澤東在中央黨校演講中指出：「王明、博古、洛甫教條宗派」，「只有罪惡而無功勞，危害也最大」；「要揭破教條宗派，要『整』王明、博古、洛甫，對這些同志要『將軍』，要全黨揭露」。毛澤東最後再稍加提醒：「我們只『整』思想，不把人『整死』，是治病救人」。[80]彭真聞後在黨校備齊「壯馬強兵」，待命向「教條宗派」「將軍」。

　　中央黨校「搶救」浪潮過後，按毛澤東指揮和布署，1943年入秋後，彭真就將黨校整風運動轉向學習討論黨的歷史和路線問題。彭真為此「投入了不少精力」。根據時任秘書回憶：彭真「利用黨校各種集會來講路線鬥爭的大課，列舉了我黨歷史上的右傾錯誤和三次『左』傾錯誤，以大量事實和典型事例證

78　張宣，〈鳳凰驚夢——延安「搶救運動」親歷記〉，《紅岩春秋》，頁24。

79　蕭一平，《延安整風運動：回憶與研究》（北京：中央文獻出版社，2012），頁26。

80　中共中央黨史研究室張聞天選集傳記組編，《張聞天年譜》（北京：中共黨史出版社，2000），下卷，頁702-703。

明了學習毛澤東思想的重要性，有很大的說服力和鼓動性。」[81]彭真在這方面如此賣力，除了是盡心執行中央黨校負責鑄造幹部政治認同的任務——信從毛澤東個人及其各方面領導，也有配合當下中央高層整風清算的目的。

1943年9月、11月，中共中央召開延續多日的政治局會議，加大上層整風力道。會議有時擴大出席人員範圍，安排中央黨校幹部成員和一部高幹學員（旅、地級以上，其中不少是「七大」代表）與會，作為上層整風大會的「群眾」。彭真在中央黨校內致力灌輸的思想教育——毛澤東作為「正確路線」唯一代表、與之對立者盡屬不同傾向「錯誤」，此時發揮功效。

11月上旬，中共中央在其所在地楊家嶺連日召開大會，公開批鬥王明為首的「教條宗派」。經過彭真用心「教導」、「啟發」的黨校要員如黃火青和多位高階學員，會上踴躍發言，尖銳批判王明，甚至提出要開除王明職務和黨籍；他們在「教條主義」人士上台發言時，實行干擾戰術，不斷發問質疑，使之無法順利講話。王明妻子孟慶樹甚至因此情緒失控，招致會上聽眾另一波責罵。[82]

會上還有一個重要情節：李國華登台報告王明旅蘇情形，亦即以其親身經歷對王明作近身揭發。[83]1942年下半年李國華在中央黨校被當做「教條主義」典型而慘遭批鬥，與吳奚如是黨校審幹的第一批「標靶」；李國華之後在校內遭到監視、行動受限，這時卻可公然露臉揭發王明，沒有得到校領導彭真首肯，恐怕是不可能的；甚至可以猜想，李國華大會公然揭發王明，乃是彭真從外圍砲打王明的一個巧心安排。

1943年秋，彭真督率中央黨校「人馬」熱烈亢進地參與批鬥「教條主義宗派」的楊家嶺大會，為毛澤東批鬥王明提供、製造「革命群眾」齊聚聲討的聲勢，如此顯示毛澤東討伐王明及其代表的政治路線，並非僅是高層個人意氣之爭或是權力之鬥，而是反映黨內上中層的一種普遍性「民意」和「共識」；與此同時，彭真在中央黨校內攪起對王明等人的「階級義憤」，也是對之示警：「教條宗派」勢單力孤，在黨校「群眾」中已毫無政治市場，除伏首投降外，

81　陳模，〈我所知道的延安中央黨校〉，《中共黨史資料》，2008年第2期，頁63。
82　王漁，《回憶中央黨校》，頁214。
83　謝覺哉，《謝覺哉日記》（北京：人民出版社，1984），下卷，頁550。

別無他途。

（二）參與批判博古

　　1943年秋中共中央批鬥「教條主義」人士時，彭真對博古的猛烈攻擊，頗值一說。王明後來指控：毛澤東曾派彭真、李富春、高崗和林彪，前去找博古，要之必須按照「罵自己、罵王明、罵俄國人」基調進行「交代」。[84]王明的說法沒有得到其他資料佐證，但是根據博古說詞，彭真和康生對其所提意見，令之無法忍受。

　　整風以來博古一直處於被批判地位，回覆同僚對其革命歷史的質問和指責時，多是耐心、虛心以對。1943年11月中央高層整風會議再起，博古特別反感彭真、康生對其革命立場的質疑和不信任，認為有辱「個人清白」。11月13日，博古表示：「此次討論是為弄清路線問題，求得教訓，教育全黨。平心靜氣的討論，徹底揭發錯誤，實在是必要的。但是如昨天彭真、康生等的提法，我以為是對一個共產黨員的誣衊，是不能忍受的」。[85]

　　彭真和康生指控博古對黨不忠、與敵勾結，讓批鬥有走向不可收拾地步之虞，甚至有違毛澤東聲稱的「治病救人」方針。毛澤東最後出面講話緩和情勢：「教條主義還是革命的，不過是搬教條就是了」；並指出「教條主義者」在打倒帝國主義、反對蔣介石，以及主張分田給農民等問題，與大家一致。楊尚昆後來回憶：「在關鍵時刻，毛主席這麼一說，有利於抑制那股『左』的情緒」。[86]

　　毛澤東指示對「教條宗派」批鬥要煞車後，彭真對博古等人的批鬥方有所收斂。1945年4月20日，彭真在六屆七中全會第八次全體會議上表示：「在路線學習時，毛主席說，這是社會現象，才使我思想上有了轉機，並逐漸認識到博古同志他們的工作是有成績的」。[87]

84　王明，《王明回憶錄》，頁170-171。

85　秦福銓，《博古和毛澤東——及中華蘇維埃共和國的領袖們》（香港：大風出版社，2009），頁182。

86　楊尚昆，《楊尚昆回憶錄》（北京：中央文獻出版社，2001），頁212。

87　《彭真年譜》，第1卷，頁277。

圖2-3：周恩來（左1）、毛澤東（左2）、博古（右1）。毛澤東在延安整風中借重彭真批鬥博古和周恩來；彭真在1954年中共七屆四中全會上檢討對他們「態度很不好」。

資料來源：Wikimedia Commons。

（三）參與批判周恩來

　　當中央高層整風劍指「經驗主義宗派」時，彭真也甚積極。「經驗主義宗派」最具代表性人物，即長年擔任中央領導職務的周恩來。中共官方編寫的周恩來年譜表示：「在這次整風運動中，周恩來也曾受到不公正的和過火的指責與批評。」[88]誰對周恩來施加「不公正的和過火的指責與批評」？其中就包括彭真。

　　彭真在1954年七屆四中全會上表示：在延安整風後期，「毛主席強調團結，我的認識還或多或少地停留在運動的前一階段，因而從團結出發的精神很

88　中共中央文獻研究室編，《周恩來年譜（1898-1949）》（修訂本）（北京：中央文獻出版
　　社，1998），頁581。

不夠」，並曾對幾位同志的「態度很不好」。[89]彭真「態度很不好」的針對對象，除了博古，還有周恩來。[90]周恩來偕同王明在抗戰初期主持長江局的政治「錯誤」，乃是周恩來在延安高層整風中大遭責難的事由。彭真在高層整風會議上，就直接點名批判周恩來、王明兩人在長江局的政治主張和作為，特別是批評他們在國共關係互動中缺乏獨立自主性（認為一切要經過統一戰線）、對形勢判斷嚴重有誤等。[91]

　　彭真對周恩來的整風批判內容，或還可能涉及後者當下對國統區地下工作的領導問題。周恩來領導的中共中央南方局，工作範圍遍及四川、湖北、湖南、貴州、雲南、廣東、廣西、福建、江西、江蘇等所謂「大後方」，甚至還包括港澳和海外地區。如果說康生在延安整風中大抓「紅旗黨」，使得負責領導其中多數地下黨組織的周恩來「處境也相當困難」，進而被迫出面澄清「沒這回事」。[92]在同一問題上，彭真主導的中央黨校整風審幹，與康生所為相較，實是有過之而無不及；而且因為在黨校學習的「涉案」人員，其中還不少是當地領導幹部，亦即「嫌疑人」更高階、「案情」更重大。例如被強逼認罪的魏澤同，以及繼續押送臨時支部審訊的鄒風平和袁學之。這是不是也可以看做是彭真令周恩來政治「處境」「困難」？[93]進一步地說，「紅旗黨」問題有無可能作為彭真參與中央高層整風，向周恩來提出的質疑話題？就算沒有，彭真監管的中央黨校在此一問題上也確實讓周恩來嘗到苦楚滋味。

　　1943年7月下旬，周恩來自重慶回到延安，對正在大張旗鼓進行的整風審幹甚表關切，因為延安（包括彭真管控的中央黨校）認為有「問題」、並加以關押的幹部，有不少乃屬周恩來管轄人員，他努力為之撰寫證明。周恩來也曾專門向彭真了解黨校整風情況。[94]周恩來對此關心，事實上也有保護自己、避免被人指責識人不明、用人不周的政治考慮。然而，周恩來為所謂「失足」嫌

89　《彭真傳》，第1卷，頁284。

90　劉政、張春生，〈從歷史的幾個重大關節看彭真和毛澤東的關係〉，《領導者》，頁138。

91　中國大陸中共黨史研究者（C君）提供的資訊（北京，2013年8月）。

92　中共中央文獻研究室編，《周恩來傳》（北京：中央文獻出版社，1998），第2冊，頁683。

93　何方，《從延安一路走來的反思——何方自述》（香港：明報出版社，2007），上冊，頁130。

94　中共中央文獻研究室編，《周恩來年譜（1898-1949）》（修訂本），頁572、580。

疑人所作證詞，有時在中央黨校會受到刁難，未必獲得採信。[95]四川黨被彭真為首的校領導視做「紅旗黨」批鬥，周恩來肯定難以心服（有資料指稱他曾說：「有人說四川地下黨是紅旗特務黨，我是南方局書記，我怎麼就沒見到那裏有特務！」）[96]但周恩來自顧不暇而不便出手相救其「首犯」鄒風平。[97]鄒氏最後屈死於黨校，就引發周恩來震驚和憤怒。[98]

彭真指揮的中央黨校審幹反奸，更直接進逼、懷疑周恩來的左右手，周氏應也感到難受。鄧穎超隨周恩來回到延安，先是協助其夫整理轄區審幹資料，之後和同是南方局的錢瑛被安排至中央黨校學習。針對國統區地下黨問題，鄧穎超、錢瑛在黨校內發言也受到批判，甚至「氣得哭」。[99]南方局組織部長孔原也表示：「1943年我和錢瑛同志差不多同一時候回延安，在黨校參加整風學習，我們都被誣衊為叛徒特務，『紅旗黨』，受到審查，受大會批判」。[100]由此可見，周恩來在國統區的幹部和地下工作，在彭真領導的黨校內被另眼看待、頗受猜疑。

另外，有論者指出：彭真在1943年10月中央黨校的整風從「搶救」轉至學習「路線問題」後，提出批判1928年「順直省委事件」，此舉「實際上將矛頭暗指」當年處理此事的周恩來。[101]彭真在黨校如此為之，既有配合毛澤東、劉少奇在中央批判周恩來「經驗主義宗派」的戰略協作用意，或也有滿足、迎合劉少奇欲為自身15年前所受政治冤屈翻案的需要（劉氏此時也不忘批評彭真擔任要職的「六大以後的順直省委變成清談俱樂部，不做任何工作」）。亦不能全然排除彭真藉此機會對周恩來在當年順直之行中對自己不全友善的做法，還以幾分顏色。與此相關地，周恩來在延安高層整風處於政治逆風時，不知有否改口、收回他1928年底對彭真所做的批評內容？

95　廖志高，〈返回延安參加七大〉，中共中央黨史研究室第一研究部編，《七大代表憶七大》，下冊，頁1300。

96　孫曉蘭等，《孫敬文百年紀念（1916-2016）》（北京，2016），頁230。

97　傅平，〈審幹運動和周恩來〉，《紅岩春秋》，2000年第4期，頁30。

98　金鳳，《鄧穎超傳》（北京：人民出版社，1993），上冊，頁351-352。

99　沈漓，〈回憶父親與父親的回憶——一個青年奔赴延安的生死經歷（三）〉。

100　孔原，〈一位傑出的革命女性——憶戰友錢瑛同志〉，帥孟奇主編，《憶錢瑛》（北京：解放軍出版社，1986），頁21。

101　高華，《紅太陽是怎樣升起的》，頁387。

　　彭真在「改革開放」年代以歷史見證人身分，向劉少奇之子證實：周恩來在劉少奇、陳雲、彭真（或還有康生、李維漢）在場下，說明解釋他代表中央錯誤處理「順直問題」的緣由，並肯定劉少奇的正確。[102]

　　周恩來在延安整風中政治處境甚為艱難，甚至引起蘇聯方面關注。1943年12月22日，前共產國際總書記季米特洛夫（Georgi Dimitrov Mikhailov）致電毛澤東，主張將周恩來、王明留在黨內。[103]也就是表露出對周、王二人恐被開除黨籍的憂心。這可能不完全是空穴來風。蘇聯資料指出：康生曾言延安存在一個「右傾機會主義集團」，成員包括王明、博古、張聞天和周恩來。新四軍失敗與「國特」大批滲入黨內，他們難辭其咎，中央也將進行討論和處理。[104]

　　周恩來最後能自延安整風的圍剿脫身，主要還是毛澤東。他眼見批周的火勢已燒得過頭、甚至有將之吞噬可能，才加以叫停。有資料指稱：彭真後來在審查「七大」代表資格時，也曾刁難周恩來，對其黨齡提出疑問；最後也由毛澤東指示擱置討論。[105]周恩來歷經延安整風批鬥而元氣大傷，徹底臣服於毛澤東的領導。

　　周恩來之後對彭真的態度，基本取決於毛澤東對彭真的態度；直至毛澤東決心離棄彭真以為「文革」祭旗後，周恩來才「反攻倒算」，狠批彭真在延安整風的言行舉止。

（四）對陳雲的不信任

　　彭真和康生以至毛澤東、劉少奇逐漸形成並抱持「紅旗黨」遍布各地、國民黨特務到處埋伏的認知，鋤奸、「肅清黨內暗藏的反革命分子」被納入整風運動議程之時，1943年3月11日，中共中央著眼於陳雲過度疲勞而罹患心疾，決定讓之休養一段時日，中央組織部日常工作由王鶴壽負責管理，重要問題請示劉少奇處理。陳雲後來表示自此「就離開了中央組織部工作」。[106]

---

102 劉源，《夢回萬里衛黃保華——漫憶父親劉少奇與國防、軍事、軍隊》（北京：人民出版社，2018），頁32。

103 楊奎松，《走向破裂》，頁159。

104 同上註，頁152。

105 司馬璐，《中共歷史的見證：司馬璐回憶錄》（紐約：明鏡出版社，2004），頁366。

106 中共中央文獻研究室編，《陳雲傳》（北京：中央文獻出版社，2005），上冊，頁349。

　　毛澤東為首的黨中央對陳雲的此番安排，看似愛護、照顧，同時也不無有將之調離、藉機全盤檢查其先前組織工作的用意。康生對陳雲組織工作的批評較為人知，他批評陳雲關於幹部問題講話「沒有階級觀點」，並說其提的「會用人」內容意涵不清，因為「國民黨也是人，機會主義者也是人」。[107]康生更指責陳雲主持的中組部在審幹問題上「右了，太寬了，使特務鑽到了黨內」，[108]並質問「壞人那麼多，你們組織部是怎麼搞的，查出來的那麼少？」[109]

　　彭真對陳雲組織工作的態度也恐非友善。整風、審幹開始激化以前，彭真在中央黨校內部會議上稱許季米特洛夫主張的4項幹部標準（對黨的事業無限忠誠；獨立工作能力；密切聯繫群眾；遵守黨的紀律）「很有水準」，他進而點評陳雲所提幹部標準還不如季氏主張高明。[110]這多少也反映彭真對陳雲組織工作不是那麼全然服帖而是有所議論。

　　彭真在中央黨校力行審幹、厲行「搶救」時，他認定具有嚴重「問題」、「犯行」並被列入「搶救」重點對象者，許多正是陳雲先前認為可信可靠、無甚問題、與之也頻有工作互動的地方負責幹部，例如：河南黨的危拱之、張維楨、郭曉棠、王志杰，以及四川黨的鄒風平。這應可看做是彭真對陳雲領導的組織審查、幹部使用的不信任，以至是一種形式的否決。甚至可能存在彭真直接責備陳雲及其領導的中組部情況。[111]再加上，陳雲養病後實質懸缺的中組部部長職位，中共中央1944年決定交由彭真代理，這為彭真和陳雲之間的政治互動和關係留下一個不好的開端。「改革開放」初期「老延安」論及此事就稱：彭真「擠走」陳雲。[112]

---

107 胡喬木，《胡喬木回憶毛澤東》（第二版）（北京：人民出版社，2003），頁69。

108 中共中央文獻研究室編，《陳雲年譜（1905-1995）》（北京：中央文獻出版社，2000），上卷，頁378。

109 趙士剛編，《陳雲與中共黨史重大事件》（北京：中央文獻出版社，2001），頁68。

110 陳模，〈我所知道的延安中央黨校〉，頁55-56。

111 李銳，《李銳日記》，第21冊，1989年9月22日，頁84。

112 同上註，第11冊，1982年2月9日，頁15。

六、參與軍方實力派整風

中共為準備召開「七大」並在戰事緊張下保存革命領導力量，有計畫地將各地領兵打仗的重要負責人召回延安。他們除了休養待命，也要參加整風學習，向黨中央報告負責業務，並必須承受中央檢視與評價。

（一）與聞批判聶榮臻

與彭真在晉察冀邊區一起共事、奮鬥的聶榮臻，在1943年10月抵達延安。1944年1月10日、11日，毛澤東主持中央書記處會議聽取聶榮臻報告晉察冀邊區工作，以及其審定的〈中央對晉察冀分局幹部擴大會議的指示〉，皆肯定聶氏和晉察冀各級幹部「是執行了中央的路線和所給予的任務，工作是有很大成績的」；同時也點出「還有若干不夠的地方，需要我們加以去充實與改進」，特別是「輕敵速勝觀念」問題。[113]

按照毛澤東、黨中央的統一部署，一方面，聶榮臻在4月延安高級幹部會議上作〈晉察冀軍區6年來的工作簡報〉，[114]自身總結經驗教訓，也接受高層同僚和其他幹部的評論指正。另一方面，按6月25日中共中央明文指示討論議題和注意事項，並及時派回幹部（李葆華）傳達延安整風精神與情況之下，7月中旬起，程子華與劉瀾濤代理主持的晉察冀分局，在河北省阜平縣柏崖村召開擴大高級幹部會議，以整風精神與方式全面檢查邊區6年工作。

歷時80多天的晉察冀高幹會議，在程子華、劉瀾濤領導下演變成一場針對聶榮臻的「缺席批評」。[115]毛澤東同年初提及的「輕敵速勝觀念」問題在會上被放大批評為「晉察冀的軍事路線有問題，有輕敵速勝觀念」；針對中共中央對晉察冀分局提出糾正的義務兵役制問題，會上也發出「試行志願義務兵役制不對」的批評。[116]

聶榮臻在此會遭到的另一重點批評是「搞個人突出」。具體事由涉及1942年7月7日的《晉察冀畫報》創刊號，其根據聶氏指示，中英文對照、設計印刷

---

113 《聶榮臻傳》編寫組編，《聶榮臻傳》（北京：當代中國出版社，2006），頁224。
114 周均倫主編，《聶榮臻年譜》（北京：人民出版社，1999），上卷，頁408。
115 思濤，《劉瀾濤生平紀事》（北京：中國文史出版社，2010），頁36。
116 《聶榮臻傳》編寫組編，《聶榮臻傳》，頁226。

精美；內容文字圖片也皆由聶氏審閱。

　　《晉察冀畫報》首刊號最引發爭議、也不無政治犯忌的是：其整頁刊登的「聶榮臻將軍肖像」（下注「晉察冀抗日根據地的創造者與領導者」），比同期刊出的毛澤東影像還醒目，彭真更是連一個影子都沒有；《畫報》也收錄由鄧拓化名所寫的〈晉察冀舵師聶榮臻——敵後模範抗日根據地及其創造者的生平〉一文。此外，晉察冀文人幹部也編寫歌曲「讚頌聶司令」。[117]1941年7月，有2萬多人參加演出的《跟著聶司令員前進》大型話報劇，也被點名「是搞個人突出」。[118]

　　批評聶榮臻「搞個人突出」是由延安中央起頭開題、再要求晉察冀方面答卷發揮，抑或是晉察冀方面自行拋出上報、才受到延安中央注意，目前無法得知。但是相關問題確實受到延安中央關注，甚至成為聶榮臻之後長期難以擺脫的政治問題，1967年聶氏陷入毛澤東批判的「二月逆流」，此事還被要求檢討。[119]

　　聶榮臻在延安整風期間遭到批評一事，彭真的知情情況和與聞程度為何？彭真到延安工作以後，以參與創建晉察冀、對之經營有術而聞名；他也以晉察冀「大家長」之姿，對於來到中央黨校學習的晉察冀幹部多有招呼；當晉察冀幹部因歷史問題受到質疑和調查，如果最終審查結果正面，彭真也樂於代表組織當面告知，令其感激涕零。晉察冀的「龍頭」聶榮臻到延安的相關政治活動，彭真的關心自然不在話下。1944年1月，聶榮臻向中央書記處會議報告晉察冀工作，彭真就列席會議聆聽。[120]至於4月聶榮臻在延安高幹會議針對晉察冀工作的簡報，彭真有無在座或指教，目前沒有資料可資說明。

　　橫跨1944年夏秋的晉察冀高幹會議，乃是中共中央督促召開的當地高幹整風會議。彭真在延安中央作為整風運動主要領導人之一，對晉察冀邊區如此重要的整風活動完全沒有聞問和關連，也頗令人難想像。當晉察冀高幹會議對聶榮臻炮火猛烈、上綱上線，甚至涉及人身攻擊的批評傳回延安，對聶榮臻「造

---

117 李菁，〈「科技元帥」聶榮臻的非常之路〉，三聯生活周刊：http://www.lifeweek.com.cn/2009/0811/25850.shtml（2020年2月25日登入）。

118 《聶榮臻傳》編寫組編，《聶榮臻傳》，頁226。

119 李菁，〈「科技元帥」聶榮臻的非常之路〉。

120 《彭真年譜》，第1卷，頁249。

成了很不好的影響」、使之「情緒一度低落」，[121]更在延安參加整風的晉察冀幹部之間引發激烈爭吵，[122]彭真又豈會不聞不知？

更有資料聲稱：此時在延安政壇已屬「炙手可熱」地位的彭真，對聶榮臻被批評一事並非壁上觀，說其「當時還攻聶，畫報像片事」。[123]此事如果屬實，可試作如下分析：

一、彭真在延安力行整風的核心宗旨，乃是協助推進、樹立毛澤東在黨內的最高領導地位和威信。聶榮臻在晉察冀不避諱黨的機關宣傳刊物和文藝表演對自己的褒揚，對毛澤東的宣傳則相形見絀，按照整風標準顯然在政治拿捏上有失比例，彭真若就此批評聶榮臻，應不教人感到唐突。

二、聶榮臻被指控「搞個人突出」的主要事例《晉察冀畫報》創刊號與話報劇《跟著聶司令員前進》，都是彭真離開晉察冀後發生之事，既與彭真無關，其也無須為之負責。彭真可以沒有負擔地對之加以批評，他挺身直言、就事論事，還可凸顯其公而無私；如果緘默不語，反而讓人覺得有包庇晉察冀同事之嫌。聶氏在晉察冀相關宣傳的錯誤和疏失，受到嚴厲審視和揭發，同時可以反映、顯現彭真在晉察冀坐鎮管黨的富有成效和紀律。

三、聶榮臻主政晉察冀已有6年，彭真轉赴延安後，更是黨軍一把抓，他在當地積聚的威望和人脈不容小覷，甚而隱然已形成「山頭」之勢。毛澤東批評聶榮臻有「輕敵速勝觀念」以及連帶糾改兵役政策，可以挫折聶榮臻在晉察冀的軍事威信，因為聶司令再怎麼高明，也比不上毛主席。彭真攻批聶氏的「畫報像片事」、「搞個人突出」，可以減損聶氏在晉察冀的政治威信，因為聶司令一度利慾薰心、個人英雄主義作祟，好在有彭前書記勇於糾舉，使之迷途知返，而免得越陷越深。

四、彭真對於晉察冀「老搭檔」、「老戰友」聶榮臻不護短、不留情，見其稍有自立「山頭」、僭越中央的可能徵兆，就斷然下重手將之扼殺於萌芽狀態。這般「大義凜然」、「自清門戶」，不正可作為其他方面大員、領兵大將的表率，並加以效法、複製？如此可協助毛澤東達成欲藉由整風運動對付、改

---

121 聶力，《山高水長——回憶父親聶榮臻》（上海：上海文藝出版社，2006），頁466。

122 《聶榮臻傳》編寫組編，《聶榮臻傳》，頁226。

123 李銳，《李銳日記》，第21冊，1989年9月22日，頁84。

造中共各地「軍頭」的重要目的。

聶榮臻態度誠懇地認錯檢討，以示自我認知到「搞個人突出」的政治出格、違紀之事不可再犯，以及為彰顯延安整風「懲前毖後、治病救人」，而非無情鬥爭、殘酷打擊，毛澤東、劉少奇反過來對晉察冀分局高幹會議及其帶頭「積極分子」加以降溫和抑制，宣稱晉察冀分局高幹會議「應該開，但是對某些問題處理過火了，不是那麼實事求是，有些事情一時搞不清楚，留待將來再說」。[124]

聶榮臻在毛澤東主導、彭真助陣的「一抓一放」、「先打後保」的整風操作之下，驕氣不再、銳氣大減，更加輸誠於延安中央領導。

但事情還沒了，下一小節將談到的「華北工作座談會」，彭德懷在會上就「百團大戰」問題遭到批判，聶榮臻也為此受到批評，被指責在「百團大戰」中執行的是「彭德懷路線」，作為彭德懷在晉察冀的代理人！聶榮臻見狀只能檢討缺點錯誤、總結經驗，但不贊成將作戰指揮、具體工作問題與「路線是非」混作一談。[125]

1945年6月3日，彭真出席由聶榮臻主持的「七大」晉察冀代表團大會。彭真在會上要求代表們在「七大」選舉問題要配合中央安排，也提到：「晉察冀邊區的工作一直是聶榮臻同志領導的，我們之間的關係一直是很好的」。[126]彭真相關話語除了為聶榮臻評功擺好，並為聶氏和他自己的中央委員選舉說項拉票，是否也想消弭先前對之整風批評過度、指正過當所造成的誤會和不快？

（二）參與批判彭德懷

延安高層整風中，彭德懷被毛澤東為首的中共中央視做是一名「經驗主義」的重要人物，需要經過整風嚴格考核和教育。實際上，毛澤東可能更多地將彭德懷當做軍方主要實力派人物，政治上必須加以嚴厲敲打，以挫傷他桀驁不馴的傲氣並防範其可能滋長之貳心。彭真也積極參與批判彭德懷。

1945年2月1日至7月25日，毛澤東示意下召開華北地方與軍隊同志座談

124《聶榮臻傳》編寫組編，《聶榮臻傳》，頁226。

125 薄一波，《領袖元帥與戰友》（北京：人民出版社，2002），頁245。

126《彭真年譜》，第1卷，頁285。

會，也就是通稱的「華北工作座談會」；此會最後演變成對彭德懷的集中批鬥。華北工作座談會就在彭真主管的中央黨校內舉行，彭真也出席與會。[127]會上主要批判彭德懷的事項有：他在1943年3月關於民主、自由、平等、博愛的談話（毛澤東在6月去信批評，認為其談話應要「從當前抗日鬥爭的政治需要出發」）；他發起、指揮的「百團大戰」；關於其「鬧獨立性」。彭真批鬥彭德懷的發言內容，至今沒有公開。但從薄一波回憶透露的資訊，可猜知彭真至少有針對彭德懷的「鬧獨立性」發表批評意見。[128]所謂「鬧獨立性」，主要就是批評彭德懷較少徵引毛澤東言語、較少對之公開頌揚；相對地，表現出自以為是、自作主張傾向。彭真在延安整風批判彭德懷的過激傾向，可見於他在1954年七屆四中全會上的自白：在整風後期檢討華北工作時，「對當時北方局個別負責同志的批評，也有不妥或過火的地方」。[129]

　　薄一波另外也表示：華北工作座談會上，「有的同志」對彭德懷「在大革命失敗後入黨、參加革命，竟然也提出了異議」，質疑為何「不再早一點呢」，「說明進步甚遲」。薄氏並舉列說明彭德懷實是「進步甚早」：因為他早在1922年就於所在的湘軍秘密成立救貧會、士兵代表會，以向士兵灌輸革命思想；在「大革命失敗前夕」，又將相關組織轉改為士兵委員會。以此為基礎，進而在「大革命失敗後」，領導平江起義和組織工農紅軍。[130]

　　彭真在延安整風期間曾對彭德懷早年領導的平江暴動士兵委員會成員進行審查。彭真主持相關審查目的是組織審幹的例行公事，或者也曾對彭德懷「在大革命失敗後入黨、參加革命」提出異議，甚至是對其起家歷史的一種帶有不信任的調查？目前沒有資料可以說明。但彭真在此事上也似有過當之處，以至於1959年廬山會議上他對彭德懷進行批鬥前，還得先為此作自我批評、表示歉意。[131]

　　以檢討彭德懷工作以至其個人作風為主要內容的華北工作座談會，在薄一波、彭真等人開火下，會場砲聲隆隆、氣氛緊張。薄一波後來表示：「批評的

127 中國大陸中共黨史研究者（E君）提供的資訊（北京，2015 年3月）。

128 薄一波，《領袖元帥與戰友》，頁184。

129《彭真傳》，第1卷，頁284。

130 薄一波，《領袖元帥與戰友》，頁185。

131 李銳，《廬山會議實錄》（第3版）（鄭州：河南人民出版社，2000），頁189。

激烈性至今猶記」。[132]作為批判標靶的彭德懷備感壓力、心生怨懟，事後憤憤
不平。1959年夏盧山會議，毛澤東認為彭德懷有意挑戰其所倡的「三面紅
旗」，也挾怨欲報延安挨整之仇，決定對彭德懷「新賬老賬一起算」，當年在
延安參與批整彭德懷的彭真，自是毛澤東倚重的不二人選，彭真在批判時也確
實信手拈來、毫不費力（請見第十一章）。

七、運動收場和政治攀升

（一）開展黨校甄別

　　時至1944年以後，中共高層整風方面，毛澤東設定的整風主要對象博古、
張聞天和周恩來已心悅誠服，王明雖未必此想，但也無力反擊；此前又有蘇共
來電關切以及現實工作繼續推行的需要，因此步入一個較為緩和階段。以中央
黨校為重點的整風審幹運動，也相應進入甄別階段。

　　1943年12月22日，中央書記處書記任弼時基於多方面意見和資料，提出應
要對「搶救運動」抓挖出的「特務」進行甄別。任弼時的提議為毛澤東為首的
中共中央採納。值得注意的是，任氏在中央會議上陳述意見時，特別提到中央
黨校一部的審幹工作本來尚好，但後來卻無保持下去。[133]在此背景下，彭真開
始在中央黨校推行甄別工作。

　　中央黨校「搶救」高峰告歇後，彭真鑑於一部「搶救」激況，便沒有在二
部推行「搶救」運動。二部另外接收「搶救」階段一部較願「配合」或「案情
較輕」者一百餘人如楊第甫、孫德樞。二部負責人張鼎丞、特別是安子文以公
允、細心態度和穩妥、細緻方式，對這一特殊群體進行甄別、審理工作，終而
使得其中絕大多數「坦白者」獲得解脫。[134]

　　針對黨校一部的臨時支部，彭真首先調離聶洪鈞，由范式人接任書記。范
氏上任後態度亦頗為死板、僵硬，但因為要求甄別平反的呼聲愈來愈大，臨時

---

132 薄一波，《領袖元帥與戰友》，頁183。

133 中共中央黨校教育史研究組，《延安中央黨校的審幹工作》，頁73。

134 陳野蘋、韓勁草主編，《安子文傳略》（太原：山西人民出版社，1985），頁45-47。

支部的受審人對之也開始抗拒。其次、如彭真自己所言：「甄別工作吸收了前方及大後方負責同志參加」。[135]鄒風平生前的四川戰友廖志高，被調到臨時支部擔任副書記，再加上越來越多的關係人和知情人協助調查和澄清作證，臨時支部的甄別審理工作開始由慢轉快。

廖志高與熟悉南方局人事問題的錢瑛一道努力，「解決了不少同志的問題」。錢瑛就當面與魏澤同對質，戳破後者在「搶救」中被逼急亂講的「坦白」內容。另外，彭真為加強甄別工作的質量和速度，讓未與聞「搶救」運動、後來才至黨校的「前方」幹部學員如薄一波、羅瑞卿等人，在一邊學習之餘，一邊協助複查「搶救」出來的「嫌疑分子」。經羅瑞卿的謹慎調查，陝西黨的王惠民和曹冠群才「撥雲散霧見青天」。

中央黨校三部前身是中央研究院，主要聚集知識分子，也打出「王實味反黨集團」。三部在「搶救運動」也大受衝擊，成為中央黨校一部以外另一個「搶救」「災區」，有不少人被硬戴上「特務」或「嫌疑分子」帽子。1944年3、4月間，彭真派李兆炳去三部協助進行審幹甄別工作。另外，彭真也親自過問個案如郭霽雲，協助加速三部甄別。原先被認作「失足者」的案子，最後絕大多數都被平反，僅剩零星幾位須待查清，如此可見三部先前「搶救」的荒腔走板。

（二）從黨校副校長到「吏部尚書」、中央要職

正當彭真在中央黨校推行甄別工作，1944年5月，毛澤東應彭真之請在黨校演講，其表示黨校整風中「搞錯了的」，「摘下帽子，賠個不是」。[136]彭真的黨校「二把手」職位不但沒有受到任何影響，反而約此前後在延安中共政壇直是「搏扶搖而直上」，獲任更多重要職務。這無疑與毛澤東肯定、欣賞彭真的整風運動總體表現是分不開的；也反映他對彭真在中央黨校的「搶救」爭議及造成傷害，覺得瑕不掩瑜，也不甚介意。

1944年3月5日，毛澤東提議下，中共中央政治局會議決定：原由陳雲擔任的中組部部長一職，改由彭真代理；陳雲調任西北局中央局委員、西北財經辦

---

135 中共中央黨校教育史研究組，《延安中央黨校的審幹工作》，頁80。
136 《彭真年譜》，第1卷，頁254。

事處副主任兼其政治部主任。

　　彭真取代陳雲出掌中組部具有如下政治含義：一、毛澤東推行整風審幹，本來即隱含對陳雲組織工作的不滿。康生、彭真對陳雲各種形式的指點、數落，毛澤東並無制止甚至予以默許，最後更乾脆要彭真取而代之。二、陳雲當初與共產國際培植的留蘇人士一道進入中共中央任職，再加上毛澤東對陳雲行事風格並非沒有看法，如有微詞「樹葉落下來怕打破了頭」，毛澤東拔去陳雲中組部部長一職，算是對之略施薄懲。另外，若與陳雲相比，毛澤東對「後起之秀」彭真較為信任和偏愛。

　　從毛澤東看來，彭真在中央黨校推行整風審幹，雖有過頭、過激情況（彭真可能正是不打折扣地按照毛氏旨意辦理），但已在進行調整和甄別，因此並無大礙，也無須揪住不放。毛澤東更看重的是：彭真的黨校「搶救」作為製造震懾壓力，適時輔助、配合他從事高層整風鬥爭；彭真在黨校緊扣毛澤東心意所向，特別是按其政治標準教導、改造黨校各級學員，更為他提供厚實的政治支持基礎。這應是毛澤東放心委交黨組織人事大權給彭真的關鍵原因。

　　另外，彭真在中央黨校已累積形塑一套行之有效的整風方法和思想改造模式，審幹歷經反奸「搶救」後，也形成一套較審慎的操作程序和辦法，可向中共其他屬地推廣。彭真積極投入中央黨校工作，也利用整風審幹過程認真吸收、熟悉進而掌握黨內高中級幹部的大量人事資訊。1943年秋冬以後又有大批各地「七大」代表陸續抵達延安，亟需整風改造和審查過濾，毛澤東認為彭真可以勝任，也不吝為之幫襯、美言。

　　隨著中共「七大」召開日程逼近，中共中央安排後到的各地黨代表集中學習黨內兩條路線鬥爭歷史，由彭真在中央黨校介紹和報告。當時從「新四軍」前線回到延安的邱會作回憶：彭真的報告適度結合其對晉察冀工作經驗的總結，也善於「用一些工農幹部容易理解的語言和事例，把複雜的馬列主義道理通俗地講明白」，講得深入淺出，「受到極大歡迎」。毛澤東有時還到會插話捧場，讓彭真的報告內容益加精彩，也為其本人益添政治光彩。邱會作表示：毛澤東甚至讚揚彭真是「優秀的、土生土長的馬列主義者」，「能夠用馬列主義的普遍真理解釋中國革命實際問題，是有才幹的領導人」，還號召「向彭真

同志學習」。[137]

　　彭真在1944年的政治平步青雲還表現在：5月中共緊鑼密鼓地為召開「七大」作準備，專門成立兩個委員會。一是任弼時為首的歷史問題決議準備委員會，目的在將近三年來中共高層整風對黨史的解釋——毛澤東代表的「正確路線」貫穿過去和當下，並且也將引導黨的未來，用正式書面文字定下，最後結果即是《關於若干歷史問題的決議》；另一是劉少奇為首的組織問題報告委員會，負責起草《關於修改黨的章程的報告》，最後內容乃以高度頌揚毛澤東而著稱。彭真都是這兩個委員會成員。此外，中共分別在6月、9月成立中央城市工作委員會和中央城市工作部，彭真皆膺任負責人。其工作重點和重心從1944年下半年已超出中央黨校，更多地移至高層工作與中央部門。

（三）「七大」選舉風波和政治躍升

　　彭真自1941年中到延安工作、參與領導整風審幹運動的最大政治回報，就是贏得毛澤東進一步寵任，並經其一手拉拔而躋身中央最高領導層。

　　三年整風期間，彭真依毛澤東所願但又不用其完全表明態度下，一方面在中央高層向所謂「教條主義者」和「經驗主義者」無情開砲，讓之飽受壓力、窮於對付，進而紛紛向毛澤東乞降求饒；另一方面，彭真在中央黨校有效有力地向高中級幹部和地方黨代表施加毛式整風教育。彭真在「七大」前夕自評黨校整風學習的兩大收穫是：一是結合中國革命的實踐，提高對馬克思列寧主義、毛澤東思想的認識；二是批判脫離中國革命實際的「左」傾教條主義（特別是所謂的「王明路線」）。[138]有統計數字顯示：歷經彭真黨校整風學習和資格審查的「七大」代表，超過「七大」代表總體人數的半數。[139]換言之，經過彭真用心努力和費心張羅，對毛澤東領導和思想要篤信奉行的信念，更加普遍深植於黨上層幹部，從而為「七大」召開提供重要組織條件。

---

137 程光，《歷史的回顧——邱會作與兒子談革命經歷和若干歷史問題》（香港：北星出版社，2011），頁161-162。

138 王漁，《回憶中央黨校》，頁124。

139 陳模，〈我所知道的延安中央黨校〉，頁57。

圖2-4（左）：延安楊家嶺的中共中央辦公樓。中共六屆七中全會在此舉行；這是1947年蔣中正巡視圖。

資料來源：國史館藏，《蔣中正總統文物》，002-050103-00001-150。

圖2-5（右）：延安的中央大禮堂。中共「七大」在此舉行；這是1947年蔣中正巡視圖。

資料來源：國史館藏，《蔣中正總統文物》，002-050101-00009-124。

　　1945年4月至6月，中共舉行「七大」。毛澤東被與會者高呼萬歲、當做人神崇拜。其背後彭真注入的心力，毛澤東自是了然於胸，對彭真的激賞也表露於形。根據王明說法：毛澤東曾宣稱彭真是「天生的毛澤東分子」；經過整風運動，毛澤東進而稱彭真為其「親密戰友」之一。[140]毛澤東欲論功行賞而在「七大」拉抬彭真地位，卻遇到一個尷尬情況，必須為之排除，而這與彭真在整風審幹中竭力表現、不留人情傾向有關。

---

140 王明，《王明回憶錄》，頁77、253。

　　中共「七大」期間，黨代表針對中央委員選舉人選進行討論，王明等「教條主義者」遭受最多批評和責難；彭真和康生則因他們在整風審幹運動中好戰、好鬥的角色而不受歡迎；針對審幹問題，部分代表更對彭真有怨懟之言。[141]彭真在中央高層整風自恃正確、態度激昂，有時得理不饒人，甚至懷疑博古政治不忠、與敵人有染，令之氣結不已；他在審幹反奸上，對過去組織和人事工作未予尊重，反持以敵情嚴重、內奸重重估計，並在中央黨校採行大肆鋪網、亂鬥亂抓做法，黨內高幹任弼時、周恩來、陳雲、張聞天或多或少就心有保留和反感。

　　彭真指揮的中央黨校審幹工作，對校內人員製造必須證明自身政治清白的高度壓力；「搶救運動」以及臨時支部集體錯案、鄒風平被逼自縊等個別冤案上，彭真台前幕後的主導角色和爭議作用，人們在整風運動尾聲也非全然不知和坦然釋懷。時任彭真秘書回憶：鄒風平尋短自盡，驚動全校。[142]1945年春四川黨人開會總結工作經驗，當會上提及冤死的鄒風平，「在座者一片唏噓之聲，簡直開成了個追悼會。誰不知道他是冤枉的呢？誰不知這次運動是錯誤的呢。悲悼的眼淚說明了大家的思想並不糊塗。」[143]

　　再加上，彭真推行甄別工作時，或出於高度責任心，有時錙銖必較、拘泥瑣碎，讓當事人苦惱不已，若一時找不到解決之法，在審查結論還留下存疑字句，令人感到心有疙瘩、不甚暢快；[144]而且冗長的審查甄別，也影響受審人的工作分配，耽誤其報效革命時機。更有論者批評：彭真、劉少奇或為證明其先前「搶救」作為的「正確性和合理性」，從而減輕所負的「領導責任」，還給受審人「甄別」出其他方面問題。[145]

　　毛澤東耳聞「七大」代表對彭真的不滿聲浪後，決心出手相挺、為之緩頰。在毛澤東介入下，彭真方能在大會中央委員選舉中獲得相對較高的得

141 Peter Vladimirov, *The Vladimirov Diaries Yenan, China: 1942-1945*（New York: Doubleday & Company, Inc., 1975），pp. 385, 469-470.

142 陳模，〈我所知道的延安中央黨校〉，頁62。

143 韋君宜，《思痛錄》（香港：天地圖書有限公司，2000），頁23。

144 《彭真傳》，第1卷，頁284。

145 孫曉蘭等，《孫敬文百年紀念（1916-2016）》，頁233。

票，[146]在44名中央委員中排序18。如果沒有毛澤東護航，彭真能否排在「經驗主義者」周恩來（排名23）、「教條主義者」張聞天（排名26）之前，恐怕還很難說。彭真也自知「七大」代表中存有一股對他的不滿之氣。「文革」前彭真對秘書談及「七大」中委選舉，就表示他在延安整風「得罪了一些人」而影響其得票。

彭真在中共「七大」被選入中央委員會，繼而在七屆一中全會被選進中央政治局，在13名政治局委員中排行第9。彭真之前有毛澤東、朱德、劉少奇、周恩來、任弼時、陳雲、康生、高崗；在他之後則有董必武、林伯渠、張聞天、彭德懷。10年之後（1955年）的七屆五中全會，林彪、鄧小平方獲補選進入政治局。

中共「七大」結束後情勢急遽變化，日本宣告投降，國共擬議召開會談。8月23日，毛澤東為赴四川重慶與國府談判作準備，決定其不在延安期間由劉少奇代理主席職務，並要中央書記處在「七大」「中央五大書記」（毛澤東、朱德、劉少奇、周恩來、任弼時）以外，另推陳雲、彭真為候補書記，讓書記處繼續「有五人開會」（周恩來陪同毛澤東前赴重慶）。毛澤東的提議旋即由中央政治局擴大會議通過。[147]

陳雲在政治局排名第6位，被推選為書記處候補書記，不教人意外；但是彭真則直接越過政治局排名在他之前的康生和高崗，被毛澤東推舉為書記處候補書記。書記處候補書記排序，甚至還有彭真在陳雲之前的說法。[148]彭真自此成為中共第一代以毛澤東為首的最高「領導集體」一員。鑑於彭真在延安整風與自身如臂使指般的默契配合，以及其所立的汗馬功勞，這才是毛澤東內心真正想要為之安插的黨內地位和排序。

146 Frederick C. Teiwes and Warren Sun, "From a Leninist to a Charismatic Party: The CCP's Changing Leadership, 1937-1945," in Tony Saich and Hans J. van de Ven eds., *New Perspectives on the Chinese Communist Revolution*（New York: M. E. Sharpe, 1995）, p. 354.

147 中共中央文獻研究室編，《毛澤東年譜（1893-1949）》（北京：人民出版社、中央文獻出版社，1993），下卷，頁11-12。

148 中國大陸中共黨史研究者（F君）提供的資訊（北京，2011年7月）。

圖2-6：1945年毛澤東在重慶。他在動身赴渝談判前，決定推舉陳雲、彭真為中共中央書記處候補書記。

資料來源：國史館藏，《蔣中正總統文物》，002-050101-00005-172。

　　值得一書的是，1945年8月，中華民國內政部調查局針對甫結束的中共「七大」所作研析，乃將彭真視做地位上升的「土共」之一。[149]調查局的「極機密」檔案將彭真描述為：「三八、男、山西」；簡歷是「人現任中共中央組織部長劉接後即為副部長」，背景是「毛派係劉少奇一手提拔」；優點是「政治手腕相當高」；缺點是「不誠懇」。[150]

　　調查局對彭真年齡的掌握，與實際狀況有所出入，他此時將屆41歲，而非38歲。但是彭真被調查局視為「毛派係劉少奇一手提拔」，則頗符合事實，即彭真早先在北方局為劉少奇重要下級，經過之後發展（特別是延安整風），彭真已與毛澤東建立緊密政治關係，而可被定位成「毛派」。至於調查局將彭真的政治優點、缺點，各自以「政治手腕相當高」和「不誠懇」形容，不知其立論根據的情資為何。從彭真在延安整風審幹運動的表現來看，他是否給人這種觀感？

---

149 中央調查局統計局編，〈中共七全大會所選中共中委名單之分析研究〉（1945年）。

150 〈四、附錄　奸偽七屆中委分析表〉，內政部調查局編，《奸偽七全大會內幕》（1945年8月），頁39。

八、與其他重要「毛派分子」關係

（一）與劉少奇同屬「毛派」而非自立「山頭」

在延安整風階段，彭真和劉少奇之間的政治互動和相互定位，乃置諸以毛澤東為樞紐核心的政治框架之內。

劉少奇的黨內「二當家」地位尚未確立以前，彭真曾在中央會議上對之讚揚。1941年9月高層整風期間，多位政治局成員如任弼時、王稼祥、陳雲、康生對劉少奇讚譽有加。尤其陳雲聲稱「劉少奇同志是代表了過去十年來的白區工作的正確路線」，更提出「劉少奇將來地位要提高」。[151]彭真在陳雲發言隔日（9月12日）回顧「華北鬥爭的歷史」也表示：劉少奇旨在批判「關門主義與冒險主義」的〈肅清立三路線殘餘〉一文（發表在1936年4月10日，此時彭真尚未擔任北方局組織部長），「在華北起了很大作用。因此，一二九學生運動取得很大成績」。[152]彭真此刻剛落腳延安、不具中央委員身分，自然無法像陳雲一樣有權對中央人事發表高見，但其以親歷者身分為劉少奇歷史作用證言，也算是為之起到政治造勢作用。毛澤東對會上這股讚許劉少奇、甚至主張要提高其黨內地位的聲音，雖沒表示態度，但予以默許。

劉少奇作為黨內「二當家」，要到1943年3月中共中央改組，成立毛澤東、劉少奇、任弼時組成的中央書記處。彭真自是接受與附和，1945年4月20日，他在六屆七中全會第八次全體會議上，結合自身發展歷程和經驗，有感、有幸於（或亦有標榜之意）先後受到劉少奇和毛澤東的指導教育，而表示：「出獄後，遇到一二九運動，所以沒有犯錯誤，是由於少奇同志去領導了」；之後「在路線學習時」，因受「毛主席」啟發「才使我思想上有了轉機」。[153]

但值得注意的是，彭真同時表現出對毛澤東、劉少奇的尊崇之意，其實還有等次高低之分。彭真主持的中央黨校就針對「一種所謂黨內有蘇區、白區兩個領袖的說法」加以批判。[154]可能這一說法將中共發展歷史簡單劃分並二元割

---

151 中共中央文獻研究室編，《陳雲傳》，上冊，頁328-329。
152 《彭真傳》，第1卷，頁249。
153 《彭真年譜》，第1卷，頁277。
154 莫文驊，《莫文驊回憶錄》，頁418。

裂，而且隱含白區領袖劉少奇可同蘇區領袖毛澤東平起平坐之意。如此主次不分、認識有誤，因而要嚴加正視和撻伐。這也反映彭真歷經延安整風「薰陶」，更加持以「毛主劉副」的政治意識。

在延安整風運動中，先來的彭真和後到的劉少奇都是最擁護毛澤東的積極分子和為之倚重的主要幫手。高層整風方面，劉少奇、彭真在毛澤東的政治旗幟下，各盡其職地努力參加批判王明為代表的「教條主義」和周恩來為代表的「經驗主義」。劉少奇站在理論高度，自上而下撻伐相關人士的路線錯誤；彭真除了親自上陣批鬥，也糾集中央黨校人員隊伍和揭發資料，從外而內地對之砲轟、施壓。劉少奇、彭真等人齊力貶抑兩個「宗派」的同時，大大抬高毛澤東，使之在黨內政治上、思想上達到無人可比的至尊地位，如同「紅太陽」般在陝北高原冉冉升起。

由整風運動順勢發展而成的審查幹部和清查內奸運動，劉少奇和彭真也有密切工作關係。劉少奇為反內奸鬥爭專門委員會主任，彭真為其委員（另兩位委員是康生、高崗）。劉少奇在延安審幹反奸的面貌和角色，因其位居在上、身處幕後而顯得較為模糊。但他知曉、贊成審幹具有「清查內奸，爭取失足者，訓練幹部」任務，也曾演講號召。[155]彭真領導中央黨校審幹運動、具體處理校內人員審查問題，其激進政治言行較清楚可辨。審幹「搶救」個案上，中央統戰部副部長柯慶施，以及在中央黨校學習的河南黨人危拱之，劉少奇和彭真皆經手處理，甚至存有協作分工。對於柯、危兩人以至更大範圍的黨員幹部在運動遭難和受害，劉少奇、彭真皆難辭其咎。[156]

但是如果將審幹、反奸簡化說成是劉少奇、彭真所夥同包辦、一手遮天，則非事實。毛澤東對整風、審幹和反奸進程瞭若指掌，運動收放、張弛也繫乎其之一心。毛澤東後來也自承對整風、審幹過激要負之責任，較劉少奇為大。[157]彭真在中央黨校興師動眾地「搶救失足者」，發現情況有失控之虞，也

---

155 中共中央文獻研究室編，《劉少奇年譜》（北京：中央文獻出版社，1996），上卷，頁429。

156 柯六六，〈延安審幹運動中的柯慶施——來自親歷者的回憶〉，《江淮文史》，頁78、84。曾志，《一個革命的幸存者——曾志回憶實錄》，下冊，頁334。程光，《歷史的回顧——邱會作與兒子談革命經歷和若干歷史問題》，頁182。

157 李銳，《廬山會議實錄》，頁204。

是逕向毛澤東反映，而非向劉少奇報告。

　　彭真在毛澤東支持下進入中共權力金字塔的最頂端——「七大」中央委員會、政治局，進而成為中央書記處候補書記。彭真在書記處地位、排名雖居劉少奇之後，但也算得上是書記處同僚。對劉少奇而言，延安時期黨內地位大幅躍升的彭真，不再僅是他的黨內部下而已，同時更是毛澤東身邊的政治紅人和股肱重臣。

　　綜前所述，經毛澤東悉心安排，劉少奇在延安躍升黨內第二號人物；彭真也獲其破格拉拔，地位迅速晉升。劉少奇、彭真各自因故對毛澤東甚為感激，並皆首重維繫經營自身與毛澤東的政治關係和信任。

　　其次、劉少奇、彭真都在毛澤東領導下厲行整風、審幹，大整任何存在或僅屬臆測的黨內「宗派」和「山頭」，促使各級黨幹歸順在毛氏一人領導之下。在心細如髮的毛澤東眼簾下，劉少奇、彭真豈可能戮力推行毛氏整風、剷除「宗派」和敉平「山頭」的同時，而如有論者所言的兩人暗自將「劉少奇系統」變成黨內最大「山頭」之一？[158]前引的中華民國內政部調查局內部情資，倒是較準確地估判劉少奇即屬「毛澤東派之主要幹部可能為毛之將來代理人」。

　　若再考慮劉少奇帶有孤僻、自傲的性格，以及他律己甚嚴、人如其文（《論共產黨員的修養》）的自我要求，[159]他又有多少可能會將彭真視做自身「系統」的「第一號大將」？就算劉少奇心有此想，彭真又會逢迎、買帳嗎？1945年秋冬中共如何經營東北的問題上，可以看到並非如此（詳見第三章）。

（二）與康生同「左」但有所別

　　康生在延安政壇上扮有重要角色，主要受到毛澤東信任。毛澤東對康生最早跳出來反對王明深表欣賞，也向人稱讚。毛澤東將情報工作、整風總學委日常工作交付之；[160]後來又任命其為反內奸鬥爭專門委員會委員。無怪乎北方局組織部長劉錫五認為：「中央現在的領導實際是由毛、劉、康、彭負責」。[161]

158 高華，《紅太陽是怎樣升起的》，頁382、388。
159 中國大陸中共黨史研究者（E君）提供的資訊（北京，2015年3月）。
160 楊尚昆，《楊尚昆回憶錄》，頁201、219。
161 李新，《流逝的歲月：李新回憶錄》，頁191。

　　延安整風期間，按照黨內資歷、與毛澤東的親密關係和實際政治權位，彭真應視康生為革命前輩和黨內上級，但其效忠聽令的對象主要是毛澤東。以毛澤東對彭真的特別欣賞和分外培植，康生對彭真也不致於囂張跋扈或不把他當一回事，較有可能的是「愛屋及烏」，以示對毛澤東識才、愛才的認同與尊重，以及其自身也知提攜後進，亦具惜才之情。

　　事實上，康生、彭真在整風、審幹和「搶救」問題看法和做法多為一致。從前文描述可清楚看到兩人在諸多議題具有共識和協作：反奸上聯手製造吳奚如案；「搶救」上皆大講「紅旗黨」危險，更齊開大會、高聲動員，另外也合鬥柯慶施；高層整風上誣衊博古、為難周恩來、批評陳雲與批判彭德懷。

　　然而，將中央黨校整風審幹問題及其「搶救」過失，一概歸咎於康生（薄一波、楊尚昆就是如此），恐與實際不符。就有論者認為康生沒有「那麼神通廣大」，按理「插不上手」，遑論對之實行領導，否則「這又把校長毛澤東、特別是常務副校長彭真置於何地？」[162]

　　彭真和康生對運動走向出現看法差異，是在「搶救」衝至高峰後應如何處置的問題。康生對「搶救」流於擴大、氾濫不以為意，甚至還意猶未盡。李克農覺得不妥，便找彭真商議；本也熱衷在中央黨校大搞「搶救」的彭真，也覺得事情有些走樣，兩人決定一起向毛澤東報告，讓之有所留意和進行調整。但這並不表示彭真不再搞「逼、供、信」，而是主要集中在黨校一部臨時支部，不像先前那樣在全校搞得草木皆兵、讓人膽戰心驚。

　　康生在「搶救」運動的激越表現、不欲受限和不聽勸阻，讓毛澤東也不禁評道：「我們黨內『左』得不能再『左』的人就是康生」。[163]彭真也可能因為康生在審幹、「搶救」「打擊面太大，傷人太多」而對康生有所看法。但也未有資料顯示彭真曾像任弼時、張聞天當面質問康生。可能彭真覺得輪不到他出面，或者更有可能是他認為康生是過於積極急躁而將事情辦得過頭，也就是好心辦了蠢事、熱心亂了好事。

　　彭真雖然強調「搶救」運動對錯經驗都有、需要總結經驗教訓，但是其對

162 何方，《黨史筆記：從遵義會議到延安整風》（香港：利文出版社，2005），下冊，頁390-391。
163 楊尚昆，《楊尚昆回憶錄》，頁220。

之仍多正面肯定：一、令特務分子坦白，讓涉入者動搖，從而瓦解敵人；二、群眾檢舉和質問，在引導得法之下也有用處；三、隔離之下，可收各個擊破之效；四、動員群眾，使之心生警覺、獲得教育。[164]

「搶救」運動結束以後，彭真和康生先前聯手反奸、「搶救」的跨部門合作「成果」，彭真對若干案子也仍堅持無誤，像吳奚如案繼續維持不動。吳奚如到了1980年還想邀請彭真、黃火青、張平化、汪東興等當初陷之入罪的人，「開一辯論會，弄個水落石出」。

另一例可見李銳案。彭真在中央黨校「搶救」魏澤同時，魏氏在高壓下胡亂指控過去武漢大學同窗李銳。相關線索告知康生後，康生更胡謅造謠李銳父親為中共紅軍所殺，而對黨心中有恨。由康生、中央社會部領導的邊區保安處，據此逮捕羈押李銳。「搶救」停歇、開始甄別以後，李銳在1944年6月獲釋離開邊區保安處，彭真仍認為魏澤同對李銳的揭發屬實可信。之後李銳因為工作需要，前去中央黨校欲採訪彭真，但是被張潔清婉言擋駕。李銳認為彭真推託不見，可能仍認為他確有政治問題，或也擔心會遭其質問。[165]

中共「七大」中央委員選舉，毛澤東事先幫彭真緩頰，也為其另一「鷹犬」康生疏通，並助之在政治局獲有一席。只是可能礙於蘇聯的示警，以及康生在延安反奸、「搶救」的確傷人者眾，康生在延安整風以後的政治聲勢已大不如前。彭真、康生在之後直到「文革」前仍多有接觸、交集和共事，對彭真後續的政治發展與命運，特別是惡化毛澤東對其政治觀感的作用不可謂小。

（三）與高崗皆紅但生嫌隙

延安時期的中共政治最迅速走紅者，當屬彭真和高崗，他們皆受毛澤東欣賞並重用。王明表示：毛澤東除了聲稱彭真是「天生的毛澤東分子」，也以此稱形容高崗。毛澤東的整風、審幹總體部署中，高崗、彭真分別把守、指揮西北局和中央黨校運動。彭真有時會向高崗的西北局推薦其黨校運動經驗，或是派員協助支援審幹工作，張宣案就是一例。彭真和高崗同在反內奸鬥爭專門委

---

164 朱鴻召，《延安日常生活中的歷史（1937-1947）》（桂林：廣西師範大學出版社，2007），頁208。

165 李銳提供的資訊（北京，2011年7月24日）。丁東、李南央，《李銳口述往事》，頁134-135、166、175。

員會任事，根據王明所言，也曾一起向博古勸降。但是高崗在此期間對彭真卻可能累積一些負面看法。

首先、西北局整風確立高崗是陝北正確路線的代表人物；被劃作錯誤路線人物的郭洪濤，對高崗相關歷史說法並不服氣。郭氏值在中央黨校學習和工作，即向彭真反映意見，彭真聞後聯繫任弼時，讓之有機會向任氏陳述己見。[166]

其次、彭真在黨校推行整風時，一名來自陝北的二部學員在全校大會揭發批評高崗。高崗致電彭真關切此事，詢問「怎麼一到黨校意見就有這麼多」；彭真回覆：「這位同志過去不是沒有意見，只是過去沒提，現在才說罷了」。[167]高崗聽此答覆，恐不會氣消。

再者、高崗認為彭真在中央黨校的整風審幹做法「偏左」。[168]1950年代韓戰期間，高崗向彭德懷提到彭真即表示「對延安審幹有意見」。[169]這除了因為彭真在延安中央黨校推行審幹確實過激外，彭真在黨校一部的臨時支部重用西北歷史上高崗的對立面人物聶洪鈞，並且讓之用殘酷手法施行審幹，也是可能原因。

高崗在中共「七大」頗為風光，與彭真一樣首次被選任中央委員、政治局委員，但沒有像其進一步被推舉為書記處候補書記。同年秋，彭真和高崗共事於東北，高崗還得聽命於彭真，但未幾即爆發嚴重衝突。

---

166 《光輝的印記：紀念郭洪濤百年誕辰》編委會編著，《光輝的印記：紀念郭洪濤百年誕辰》（北京：中共黨史出版社，2009），頁370。郭洪濤，《郭洪濤回憶錄》（北京：中共黨史出版社，2004），頁83。

167 魯森，〈巍巍的寶塔山──延安中央黨校生活紀聞〉，《黨史縱橫》，1990年第5期，頁11-12。

168 溫相，《高層恩怨與習仲勳──從西北到北京》，頁377。

169 李銳，《廬山會議實錄》，頁252。

小結

彭真早期協助劉少奇重振和擴展中共在華北的勢力；中日戰爭全面爆發後，他同聶榮臻開創建設中共晉察冀抗日根據地。彭真出色的工作表現使之逐步進入毛澤東的政治視線並納為重要助手。

毛澤東在延安推行整風運動時，彭真位居要津、連結上下，既參與高層領導整風，也直接負責領導中央黨校的整風審幹，立有重大功勞。中央高層整風大批錯誤路線、撻伐兩個「宗派」以樹立毛澤東無上權威的過程中，彭真獻智獻力、勇猛殺陣，其發揮的壓制作用不下劉少奇、康生；彭真在中央黨校整風中培植、篩選大批死忠於毛澤東的上層幹部和黨大會代表，讓毛澤東在黨內菁英圈有更深厚、穩固的群眾基礎。相較此一重要成績，彭真在運動審幹反奸階段雖一時激越行事、傷及無辜，似也無傷大局、可以忍受；何況彭真還算是識途知返，不像康生對「搶救」繼續執迷、無意收手，也沒有像王震意圖簡單使用刀槍了事，從而避免產生更大混亂和死傷。

總的來看，相對於劉少奇有功於廓清中央高層路線之爭、康生有助於運用祕密警察、製造緊張以驅動運動前進，以及高崗有益於在西北邊區貫徹運動政策，彭真同時參與高層和菁英（中央黨校為集中地）整風，使之大致按部就班發展，縱有脫序也在可控範圍之內。亦即在毛澤東的延安整風工程中，彭真佔有舉足輕重的一席之地；毛澤東也在整風期間和其後，不次破格拔擢彭真，讓之成為毛澤東和劉少奇以外整風的最大政治贏家。

彭真在延安整風審幹運動不計毀譽地完全聽令於毛澤東，縱使為此與人結怨也不在乎。驅策彭真的政治動因可能有：他對毛澤東及其領導的折服，認同其整風審幹構想，並感激被委以督導運動重任，或也不能全然排除他有求個人政治升遷謀算等。無論彭真內心真實所想為何，其政治命運自此與毛澤東緊密聯繫並長時得勢。

延安整風運動結束之後僅約4年之譜，中共即以摧枯拉朽之勢顛覆國府統治，整風運動成效被視作中共取得全面勝利的重要因素。中共建政後，毛澤東不時在現實政治中參照、沿用延安整風的運動模式和手法。毛澤東每每起用彭真推行整風相關政策，彭真也繼續甘為毛澤東的馬前卒。但是彭真在延安整風過程中與人結下的政治夙怨，始終難以散去，之後更伺機發酵，對之干擾與報

復。

　　1945年9月，彭真被任命為中共在東北的最高負責人，即是他在延安當紅、地位飆升、氣勢如虹下的「紅利」。彭真不久在山海關外遭遇嚴重「人和」問題，部分起因可溯於延安整風期間其與他人之間的政治過節；更重要的原因是，中共在東北要如何落腳生根、發展壯大的方針政策上，彭真和其他要人之間存有明顯分歧和激烈對立。

第三章

戰後東北受挫，逐步走出陰霾
（1945-1954）

　　中共「七大」落幕後不久，日本宣告戰敗，國共兩黨進入新一輪競爭和對抗。東北地區是雙方皆高度覬覦的戰略要地，彭真被任命為中共在東北的最高領導人，意氣風發赴任，想不到僅約9個月就遭黨中央撤換，而政治重挫。

　　本章旨在探討：彭真領導中共經略東北期間，何以短時內出現嚴重政見歧異和人際衝突？此時結怨後續又如何對之一再糾纏？他又如何從東北挫敗陰影逐步走出，再次回到中共領導核心圈？

　　本章的論點為：中共為搶佔東北地區，1945年9月成立以彭真為首的東北局統籌負責、指揮部署。然而，東北工作的領導問題，例如：1945年底是否要調整「獨霸東北」方針、1946年春有否積極創建革命根據地，以及如何因應國府軍事攻勢。彭真和林彪、陳雲、高崗等人出現嚴重分歧和爭論，進而演變成雙方勢不兩立的局面，最後迫使中共中央在1946年6月介入改組東北局。

　　東北問題引發的衝突與不和，對彭真之後的政治仕途發展屢次造成干擾和牽制。國共內戰後期到中共建政初年，彭真的政治聲勢和權力職位，已不復延安時期的炙手可熱，還一度受到政治竄起的高崗壓迫。高崗在1954年政治垮台，讓其著實減輕不少壓力。

　　下文首先扼要介紹彭真主持東北局期間與同僚發生爭論的問題和過程；然後是彭真的爭論對手和毛澤東各自如何評價彭真的東北問題性質。接下來探討彭真離開東北以後到中共中央進駐北平以前的任職情形和工作安排，最後是中共建政初年其政治處境如何受到高崗政治起伏變化影響。

一、主政東北局的爭論過程（1945-1946）

　　第二次世界大戰尚未結束之時，中共中央即表露對占有東北的濃厚興趣和強烈企圖。毛澤東甚至宣稱：縱使中共現在所有革命根據地都丟失，只要擁有東北，「中國革命就有了鞏固的基礎」。[1]其考量是：東北比鄰蘇聯，戰略位置重要，可攻可守、可進可退；該地工業在全國位屬第一，礦產資源豐富、交通設施便利，未來發展潛力無窮。再加上，1945年8月初，蘇聯對日本宣戰後，其百萬紅軍進佔東北。中共期待可在蘇聯掌控的東北自在發展、蓄積力量，以為將來順手接管準備。

　　中共為同國府搶佔東北，短時之內投入大量領導力量和人力資本，陸續向山海關外派出10名中央委員、10名候補中央委員，其中有政治局委員彭真、陳雲、高崗、張聞天，彭真、陳雲還是中央書記處候補書記；超過2萬名的幹部，以及為數達11萬人的軍隊，其主要來自羅榮桓的山東部隊和新四軍的黃克誠所部。

　　中共中央如此重視在東北發展、開創新局，組建東北中央局（簡稱東北局）以負責指導、統籌在東北政軍行動的決策過程，自然相當慎重。因毛澤東赴重慶談判而代理中共中央主席的劉少奇，經由電報往返與毛澤東、周恩來密集商議後，決定提議彭真擔任「最負責人到東北去領導」，亦即由其擔任東北局書記，「代表中共中央全權領導東北黨和中共組織一切活動，並處理一切問題」。[2]1945年9月14日，中共中央正式組建東北局，委員有彭真、陳雲、程子華、伍修權、林楓；由彭真掛帥擔任書記。兩天以後（9月16日），毛澤東為便於彭真在東北與蘇聯紅軍聯繫交涉，他以中共中央軍委主席身分，授予彭真中將軍銜。[3]

　　康生、高崗皆請纓出馬，中共中央為何任命彭真為東北局書記？最主要原因可能是：一、彭真是延安時期地位揚升最快的黨內領導人之一。他與毛澤

1　中共中央文獻研究室編，《毛澤東傳》（北京：中央文獻出版社，2007），第2卷，頁769。

2　中共中央文獻研究室編，《劉少奇傳》（北京：中央文獻出版社，1998），上冊，頁522-523。

3　《彭真傳》編寫組編（下略），《彭真年譜》（北京：中央文獻出版社，2012），第1卷，頁296-298。

東、劉少奇關係緊密，特別是經過延安4年共處，深贏毛澤東信任，方得獲此重任。二、彭真參與創建晉察冀根據地，有領導、經營一方之地的經驗，而且該地所轄之區（特別是後來擴延的熱河），較近於東北。三、相比其他黨內要人，彭真擅長城市工作，在黨內也擔任城市工作委員會主任、城市工作部部長。東北大小城市林立、工人聚集，本是中共發展城市工作的重要預定目的地，他應可在當地發揮所長。[4]

然而，針對彭真軍事經歷闕無，以及因應東北戰事難免情勢，中共中央指派軍事將領林彪前往東北，明令其「協助」彭真「指揮作戰」。[5]林彪擔任東北人民自治軍（1946年1月改稱東北民主聯軍）總司令，彭真則膺任第一政治委員。

延安獲得中央層峰榮寵的彭真是否有能力在千里之外掌握要領、獨當一面，打開並統御東北局面？作為政治新星的他，在東北身處在不少資深老成、閱歷豐富的高幹群體，能否可以順其心意地駕馭和服眾？這都是其將面臨的嚴峻挑戰。

圖3-1：東北時期的彭真。
資料來源：Wikimedia Commons。

4　《彭真傳》編寫組、田西如，《彭真主持東北局》（北京：人民出版社，2007），頁29。
5　《彭真年譜》，第1卷，頁351。

（一）1945年底工作方針轉變爭論：從「獨霸東北」到發展根據地

彭真東出山海關後，要如何經略關外「白山黑水」？1945年9月28日，中共中央（因毛澤東前赴重慶談判，由劉少奇代理主持）主張東北局採取向鄰近蘇聯、蒙古、朝鮮的四周邊陲地區分散發展方針，將來再圖控制南部（南滿）鐵路幹道和沿線大城。[6]但彭真認為初來乍到對環境不熟悉，再加上當下人手不足、許多人員還在趕來東北途中，所以實際上沒有執行此一分散發展方針，而是將黨員幹部和部隊主力置於南滿。

10月中旬，毛澤東返抵延安後認為：國軍尚未進入東北，國府主要關注關內，能用於東北的兵力有限，以及蘇聯紅軍對東北局態度友善並加以鼓勵。[7]他19日決定「改變過去分散的方針」，親自主持制定「竭盡全力，霸佔全東北」方針，即主張集中主力在從錦州至瀋陽的一線地帶，阻絕國府軍隊出關入境。[8]

彭真對毛澤東的黨中央新定工作方針悉心領會、堅決執行。10月下旬，彭真指示東北人民自治軍將領：當前作戰方針和任務是配合蘇軍佔領東北、保住瀋陽，拒敵於山海關內。[9]時至11月中旬，彭真猶饒有信心地認為：前「滿州國」軍隊可以成建制地順利收編（他以摘拿成串葡萄為比喻），憑藉相關力量可以實踐完成「拒敵於國門之外，獨佔東北」政策。另外，彭真也認為中共在東北比國民黨更有政治影響並享有群眾好感。[10]

相異於態度樂觀、積極推行黨中央「獨霸東北」方針的彭真，東北其他中共要人卻逐漸形成退避鄉村、長期打算的看法，並促使中共中央調整原有工作方針。

一是前線軍方將領。黃克誠領軍趕赴東北後，發現實際情況遠不如原先預

6　〈軍委關於爭奪東北的戰略方針與具體部署的指示〉，中央檔案館編，《中共中央文件選集》（北京：中共中央黨校出版社，1991），第15冊，頁300。

7　金冲及，〈較量：東北解放戰爭的最初階段〉，《近代史研究》，2006年第4期，頁12-13。

8　〈中央關於集中主力拒止蔣軍登陸給東北局的指示〉，中央檔案館編，《中共中央文件選集》，第15冊，頁364。

9　呂正操，《呂正操回憶錄》（北京：解放軍出版社，2007），頁383-384。

10　張秀山，《我的八十五年——從西北到東北》（北京：中共黨史出版社，2007），頁167-168。

期光明，甚為擔憂重蹈當年中共西路軍孤立無援、兵敗河西走廊覆轍。[11]11月下旬，他向毛澤東反映中共部隊遭遇「七無」困境，即無黨組織、無群眾支持、無政權、無糧食、無經費、無醫藥、無衣服鞋襪，並提議暫不作戰、進行修整，「以一部主力去佔領中小城市，建立鄉村根據地，作長期鬥爭之準備」。毛澤東要黃克誠直接向彭真領銜的東北局請示和提出建議。然而，黃克誠回憶：「先後給東北局發了三封內容類似的電報，提出建立根據地的建議，但始終未見回音」。[12]相對於彭真不予回應，黃克誠提的不宜「策疲乏之兵，當新羈之馬」，應及早建立後方根據地、站穩腳跟後再尋求與國軍決戰的意見，為林彪採納。[13]

林彪面對在11月間已開始出關進擊東北的國軍，沒有按中央、彭真的東北局「守住大門」、節節抵抗的指示行事。他主張避免倉促應戰，以防被各個擊破；引對方拉長、分散後再伺機突擊弱點。[14]

另一是北滿地區政治領袖。11月20日，高崗、張聞天、李富春抵達瀋陽後，即參與彭真主持的東北局會議。高崗、張聞天在會上表示：蘇聯勢必會將主要城市交予國府，國軍也會湧入東北；在敵強我弱之下，中共應避走農村，建立革命根據地，以作長期應戰準備。彭真則繼續堅信中共優勢地位、蘇方支持和奪佔南滿城市的重要性。雙方爭得面紅耳赤、不歡而散。[15]高崗、張聞天轉赴北滿後，與11月初成立的北滿分局書記陳雲交換意見，感到所見略同、一拍即合。不久，三人聯名向中共中央提出〈關於滿洲及北滿工作的意見與請示〉，反映不同於彭真將工作重心置諸南滿的意見。他們主張：獨霸東北已不可能，宜將發展重心轉至北滿、東滿、西滿的中小城市、鄉村地區，盡快在其中建立根據地。[16]

中共中央看到情勢急遽變化，特別是11月下旬蘇聯聲稱要履行對國府條約義務，讓國軍接管東北主要城市和鐵路幹道，以及東北軍方和北滿黨人紛紛提

11　洪學智，《洪學智回憶錄》（北京：解放軍出版社，2007），頁209。
12　黃克誠，《黃克誠自述》（北京：人民出版社，1994），頁227-229。
13　同上註，頁229-230。
14　舒雲，〈林彪與東北解放戰爭（上）〉，《黨史博覽》，2009年第4期，頁21。
15　劉英，《我和張聞天命運與共的歷程》（北京：中共黨史出版社，1997），頁132。
16　張秀山，《我的八十五年——從西北到東北》，頁171。

出轉赴邊陲地帶發展的意見後，也認為原先「獨佔東北」、控制各大城市的計畫已無可能。11月下旬起，中共中央（毛澤東因病休息，由劉少奇代理主持）表示為「照顧」蘇聯在東北對國府的條約「信用」，開始要求彭真及東北局將工作發展重點，轉朝創建農村根據地的方向調整。

劉少奇在發給中共駐重慶代表團的電文中，對此用「讓開大路、佔領兩廂」形容；相關文字有無發給彭真和東北局？這是否成為黨中央此時和其後對東北局指示的核心方針和唯一內容？後來皆成為爭論的議題。

12月28日，毛澤東代表中央發給東北局〈建立鞏固的東北根據地〉，其中指示：「我黨現時在東北的任務，是建立根據地，是在東滿、北滿、西滿建立鞏固的軍事政治的根據地」；「建立鞏固根據地的地區，是距離國民黨佔領中心較遠的城市和廣大農村」。[17]毛澤東的指示形同正式放棄原先的「獨霸東北」方針，確認東北問題複雜、艱鉅，中共無法一舉吞佔東北的情況下，必須從長計議、步步為營。

1945年11月至12月，東北局不少人提出離開大城市和主要幹道而去發展革命根據地時，彭真反應消極、轉變遲緩，曾一度心想堅守瀋陽，而遭致林彪反彈和不予配合；[18]另也遭到高崗、陳雲質疑和催促。[19]12月24日，劉少奇亦以個人名義致電彭真：「我對你們的部署總有些不放心，覺得是有危險性的」，「似乎仍有奪取三大城市姿勢。」[20]彭真意興不高、轉變緩慢的可能原因有：

一、對於東北城鄉關係和區域發展格局，彭真認為有其特殊性，包括：大中城市林立、鐵路交通便捷；城市經濟和工業發達，其運作可自外於凋敝的農村；重要城市多座落、集中在南滿，而且當地人力、資源富饒，可供給軍需（見其晚年所撰的〈東北解放戰爭的頭九個月〉）。[21]依此思路，佔有大城市和統領南滿，不但必要，更應優先。此外，彭真的城市管理專長，在此處也更

17　毛澤東，《毛澤東選集》（第二版）（北京：人民出版社，1991），第4卷，頁1179-1180。

18　孟醒，〈彭真、林彪在東北局〉，《文史精華》，2013年總第273期，頁10；舒雲，〈林彪與東北解放戰爭（上）〉，《黨史博覽》，頁21。

19　戴茂林、趙曉光，《高崗傳》（西安：陝西人民出版社，2011），頁149-150。

20　〈劉少奇關於應以主要力量建立東、西、北滿根據地致彭真電〉，中央檔案館編，《中共中央文件選集》，第15冊，頁512。

21　彭真，《彭真文選（1941-1990年）》（北京：人民出版社，1991），頁632。

得以適才適所。

二、彭真對情勢過於樂觀、對獲得蘇聯紅軍支持有過高期待，以為蘇方會將所佔城市要地和日本軍隊武器裝備轉交問題，做出有利中共安排。然而，實際發展卻非彭真期盼的順遂，甚至在11月下旬發生蘇軍威脅中共限時撤離瀋陽等中心城市情況。蘇聯佔領東北期間，有時重視自身國家利益，高於發揚國際主義、支援中共，這讓寄望蘇方奧援的彭真頗為被動。

三、彭真不懂軍事作戰（他自己也承認），比較看重主要城池得失及其政治象徵意義，至於軍隊有生力量保存的關鍵意義，則較無體認；更重要的是，彭真似不曉得發展革命根據地對維持、支援大規模軍事行動的至關重要，尤其是分化並動員群眾，促之參軍和提供後勤支援，以及藉此加大部隊移動縱深空間和安全屏蔽。針對急需解決的兵源問題，彭真以為透過收編地方武力，軍隊即可迅速組建和擴張，對相關工作難度和複雜性有所低估，彭真後來也為此遭受嚴厲批評。[22]

（二）1946年上半年執行新方針爭論、四平決戰

1945年底中共中央指示東北局要努力發展革命根據地後，關於此一新工作方針的執行問題，便成為東北高幹爭論焦點。彭真自認他接獲毛澤東的〈建立鞏固的東北根據地〉後，就對發展根據地甚是注意、未嘗放鬆（其晚年在〈東北解放戰爭的頭九個月〉對此特別強調）。[23]但是當初積極呼籲在偏遠地區開創根據地的其他黨人，卻認為彭真對這一新工作方針的宣傳加以設限，[24]而且在現實中仍然將工作重心主要比例，置於準備攻佔大城市的目標，活動範圍也徘徊在距離主要城市和交通幹道附近不遠的地域。換言之，他們認定彭真是「屁股坐在大城市附近」，有如將毛澤東新戰略指示當做具文。[25]

伍修權在東北與彭真工作關係密切、政策立場相近，晚年也指出東北高幹

---

22 鍾子雲，〈回憶東北「八一五」光復初期的幾個重要情況〉，李海文主編，《中共重大歷史事件親歷記（1921-1949）》（成都：四川人民出版社，2010），頁335。

23 彭真，《彭真文選（1941-1990年）》，頁645-646。

24 趙家梁、張曉霽，《半截墓碑下的往事──高崗在北京》（以下簡稱《半截墓碑下的往事》）（香港：大風出版社，2008），頁333。

25 張秀山，《我的八十五年──從西北到東北》，頁186。

之間存在的立場分野：

> 開始撤離瀋陽時，我們的指導思想還離不開大城市，仍在瀋陽附近轉，
> 先撤到本溪，在那裡待了一個多月。隨著形勢發展，又轉到撫順，在那裡
> 召開了撫順會議。在此之前，我們對東北地區的局勢有兩種意見，一種意
> 見是主張打大城市，另一種是離開鐵路幹線，建立農村根據地。[26]

伍修權所言的撫順會議，指的是1946年3月上旬在撫順舉行的東北局會議。中共東北要人在此會上針對工作經營方向問題的爭論白熱化，甚至到了當面指責對方的田地。林彪在會中公然批評彭真主持的東北局「沒有一比較突出的、一切工作的出發點」；他提出：「今天在東北以戰爭和發動群眾是主要的，但有些同志不是這樣認為的」，「城市和鄉村的問題，看法很不一致」，「東北局沒有戰爭觀念」、「發動群眾不敢放手，有右的傾向」。[27]林彪、黃克誠還批評彭真、東北局沒有用心建立根據地、沒有替軍隊提供良好後勤保障。[28]

根據其他與會人士觀察：林彪會上發言「有傷忠厚」；彭真不與之爭吵，表現得較有「涵養」。[29]彭真在會上並非孤家寡人，獲得林楓、李立三、呂正操等人支持。林楓質問林彪：「這是東北局的會議，怎就你一個人講？」針對林彪批評彭真、東北局分派太少幹部到農村開展根據地工作的意見，林楓回以「來的少，就來一萬多人」。[30]林楓更反過來批評林彪「一仗都不打，從山海關一直退到這裡，是逃跑主義」。也就是指責林彪在去年11、12月之交沒有盡責「守住大門」和攔截國軍。林彪辯解：依當前情勢，不應硬拼；而且其行動皆報告請示中央。[31]李立三不但呼應彭真主張的有蘇軍支持、中共享有優勢的意見，更提出改組東北民主聯軍統帥部，也就是改變林彪統帥該軍的領導地

26 伍修權，《回憶與懷念》（北京：中共中央黨校出版社，1991），頁204-205。
27 《彭真傳》編寫組、田酉如，《彭真主持東北局》，頁160-161。
28 孟醒，〈彭真、林彪在東北局〉，《文史精華》，頁12。
29 溫相，《高層恩怨與習仲勳──從西北到北京》（香港：明鏡出版社，2008），頁349。
30 穆欣，《林楓傳略》（北京：中共黨史出版社，2006），頁258。
31 趙家梁、張曉霽，《半截墓碑下的往事》，頁333。

位。[32]眼見會中彭真的聲援者不少，彭真作結論時也略作自我批評，[33]林彪在會議尾聲相形收斂許多。[34]

東北局撫順會議雖然看似平靜落幕，但因政策爭論引發的人事對立，在會後進一步加劇演變成彼此皆向中共中央告狀、主張將對方調離現職的地步。衝突的兩造在東北結怨甚深，以至長年不忘，恐與這種彼此皆不留政治餘地、殺到見骨的做法有關。彭真方面，他曾提議改組東北民主聯軍領導層，不再由林彪領軍；[35]林彪方面，撫順會議後他與沒有趕上會議的北滿代表高崗在梅河口交換意見，兩人商定由高崗前去延安報告東北情況，並敦請劉少奇前來關外，代替彭真主持工作。[36]高崗最後雖因局勢緊張沒有成行，但是林彪、高崗此次會晤相談和達成共識，猶如東北軍方和北滿黨人兩股反對彭真勢力完成結盟。這股政治合流後來成為推倒彭真在東北局首席地位的主要力量。

彭真在1946年第一季、甚至接連的第二季，繼續表現追求大城市傾向，其成因可能除了前述彭真首重掌控城市的政策偏好、對蘇聯軍隊仍寄予厚望（羅榮桓後來稱此為「想靠紅軍保鑣」），[37]以及他偏重政治、不諳軍事的思考慣性；中共中央對東北問題的立場模稜和政策操作，也是一個具有關鍵影響的重要因素。

一、中共中央對東北政策本身的模糊性。

彭真在東北局內部爭論的過程中，每每堅稱其「貫徹毛主席的革命路線和指示精神」。[38]事實上，由於中共中央對東北的政策指示存在「兩面性」，讓彭真和其對立面都可以從中找到支持自身主張的政治依據。中共中央在1945年底陸續要求東北局努力創建革命根據地的主要指示，就有這種情形。例如：劉少奇代中央起草的指示，雖指出「力求控制」周遭中小城鎮和廣袤農村為「工

32　李思慎、劉之昆，《李立三之謎──一個忠誠革命者的曲折人生》（北京：人民出版社，2005），頁283。

33　孟醒，〈彭真、林彪在東北局〉，《文史精華》，頁12-13。

34　《彭真傳》編寫組、田酉如，《彭真主持東北局》，頁161。

35　孟醒，〈彭真、林彪在東北局〉，《文史精華》，頁12。

36　趙家梁、張曉霽，《半截墓碑下的往事》，頁43。

37　同上註，頁319。

38　何方，《從延安一路走來的反思──何方自述》（香港：明報出版社，2007），上冊，頁156。

作重心」，但文中也提到應要「力求插足」「長春路沿線及東北各大城市」；[39]毛澤東在〈建立鞏固的東北根據地〉中，強調「建立鞏固根據地的地區，是距離國民黨佔領中心較遠的城市和廣大農村」，但也表示在大城市和交通幹線的附近地區，「我黨應當作充分的工作，在軍事上建立第一道防線，決不可輕言放棄」。[40]有鑑於此，代表彭真對東北問題看法的著作強調：中共中央即使在提出「以控制長春路以外之中小城市、次要鐵路及廣大農村為工作重心」時，「也沒有提出過不去阻擊國民黨軍的進攻，而輕易地將大城市和主要鐵路讓給國民黨去佔領」。[41]彭真晚年更指稱：「從1945年9月中旬東北局出關到1946年5月我軍撤出四平、長春，隨著形勢變化，東北局和東總遵照中央指示，大部分時間是集中主力同國民黨軍隊打大仗，爭奪東北。」[42]

二、中共中央順應國內情勢發展對東北的政策操作。

1946年初，根據國共兩黨和平談判的進程發展，中共中央深度參與、甚而主導制定東北局的因應對策。1月10日，國共簽訂停戰協定，中共中央一時也對國內和平前景樂觀以待；毛澤東甚至曾考慮指派彭真出任國府委員會8名中共代表之一。[43]但由於停戰協定並無限制國府對東北調動軍隊，1月26日，中共認為國府政治盤算是不欲自縛手腳，方便未來用兵以囊括整個東北入袋。[44]果不其然，次月國府即向東北大舉運兵，計畫在蘇軍全面撤離後（3月初開始撤走）接管其轄區，並用精銳武裝部隊逐步挺進、追剿共軍。中共中央對此自不會坐視不管，拱手讓出在東北的現有地盤。

從2月至4月，中共中央（無論是毛澤東或劉少奇）和領導東北局的彭真理念相仿、合拍（有時更是彼此加乘），皆主張集中兵力重挫在東北集結的國軍，藉此挫敵銳氣並製造軍事震懾作用；更重要的是，俟蘇軍一走，「不惜任何犧牲」，搶佔瀋陽以北的主要幹道和沿線重要城市如長春、哈爾濱、四平，

39　《彭真年譜》，第1卷，頁344。

40　毛澤東，《毛澤東選集》，第4卷，頁1179。

41　《彭真傳》編寫組、田酉如，《彭真主持東北局》，頁103。

42　彭真，《彭真文選（1941-1990年）》，頁645。

43　中共中央文獻研究室編，《毛澤東傳》，第2卷，頁762、764。

44　〈中央關於目前東北工作的方針問題給東北局的指示〉，中央檔案館編，《中共中央文件選集》（北京：中共中央黨校出版社，1992），第16冊，頁57。

同時保衛北滿，創造分庭抗禮局面（3月24日），[45]以達到以打促談、以戰逼和的政治目的，亦即迫使國府同意在東北停戰，更在國共分據東北的既成事實之下，最終承認中共在東北的合法地位。[46]中共中央這一階段的指示——「為了阻止蔣軍北進，力爭由我軍佔領長哈齊及中東全線」（3月27日），[47]就有論者概括為「佔領大路，阻敵北進」，以與「讓開大路、佔領兩廂」作對比和區別。[48]

根據前述「以戰止戰」、「以戰促和」的意圖和思維，4月下旬，毛澤東為首的中共中央決定不惜以重大犧牲開展四平保衛戰，甚而提出「化四平街為馬德里」。關於此一焦土對戰決策的形成，彭真不但與聞也表贊同。[49]在付諸實施過程中，彭真領銜的東北局督促林彪率領共軍貫徹。共軍在這場為時超過一個月的正規陣地防禦戰，造成國軍一萬多人死傷，自身也付出八千餘人性命。最後以林彪率軍放棄陣地後撤結束。中共中央雖發電肯定堅守四平一役（5月19日），[50]但因為共軍本身傷亡慘重（軍方尤為痛心的是其中絕大多數是來自關內的部隊骨幹），以及隨撤退產生的一波潰逃效應，引發兩極化評價。對此不滿的矛頭指向強力督軍坐鎮的彭真和他代表的攻佔大城市、血拼求速決的政治傾向。

（三）東北局改組、林彪勝出

四平血戰後，林彪、高崗、陳雲、羅榮桓向中央發電，要求改組東北局，建議由林彪取代彭真出任書記。[51]以毛澤東為首的中央最後也做此安排。其可

45　〈中央關於控制長春、哈爾濱及中東路保衛北滿給東北局的指示〉，同上註，頁100-101。

46　《彭真傳》編寫組、田酉如，《彭真傳略》（北京：人民出版社，2007），頁160-161。中共中央文獻研究室編，《毛澤東傳》，第2卷，頁771-772。

47　〈中央關於東北目前工作方針給東北局及林彪的指示〉，中央檔案館編，《中共中央文件選集》，第16冊，頁104。

48　畢健忠，〈對四平保衛戰的沉思〉，《軍事歷史》，1996年第3期，頁23。

49　楊奎松，〈一九四六年國共四平之戰及其幕後〉，《歷史研究》，2004第4期，頁135-140。中共中央文獻研究室編，《毛澤東傳》，第2卷，頁772。

50　〈中央關於主動放棄四平準備由陣地戰轉為運動戰給林彪的指示〉，中央檔案館編，《中共中央文件選集》，第16冊，頁166。

51　楊繼繩，《楊繼繩：中國當代名人政要訪談評述集》（香港：天地圖書有限公司，2013），

能考慮是：東北局內部存在工作分歧甚至「將帥不合」局面，彭真的領導威信已受到強烈質疑。更現實的考量是，國共和談難以為繼，兩方大戰的局面恐無法避免，東北歸於誰手的問題也終將取決於戰場而非談判。彭真能文不能武的局限，讓之愈加難以繼續身負領導東北局重任。[52]

　　1946年6月3日，中共中央要東北局重拾毛澤東的〈建立鞏固的東北根據地〉。6月16日，中共中央下令東北局領導進行改組：林彪同時擔任東北局書記和東北民主聯軍總司令和政治委員，全權主持東北的黨政軍工作；彭真、羅榮桓、高崗、陳雲擔任東北局副書記兼東北民主聯軍副政治委員。林、彭、羅、高、陳組成東北局常委。毛澤東在同一電文中還特意加寫：「中央認為，這種分工在目前情況下不但有必要，而且有可能。中央相信，諸同志必能和衷共濟，在重新分工下團結一致，為克服困難，爭取勝利而奮鬥」。[53]

　　林彪主持東北局工作後，彭真排序僅在其之後，居於第二。但由於彭真是被其東北同僚聯手告發下黯然離開領導崗位，處境尷尬、形單影隻。林彪削弱彭真權力，重用高崗並讓之兼任秘書長；林彪稱東北局由高崗實行「秘書長專政」，高崗因而「權勢很大，盛氣凌人」。[54]彭真卻只落得管理哈爾濱一城。

　　1946年7月上旬，林彪主持東北局會議，7月7日通過陳雲起草的《關於形勢與任務的決議》（通稱「七七決議」）。其主要內容有：當前情勢是敵強我弱，改變敵我力量對比的主要辦法是發動群眾。為此，要「堅持中央關於建立鞏固的東北根據地的正確分針」，「偏重大城市，輕視建立根據地」，會有兩頭落空的危險，「必須規定，無論目前或今後一個時期內，創造根據地是我們工作的第一位」。作戰原則方面，在敵強我弱下，「不在於城市和要點一時的得失，而是力求消滅敵人」。「七七決議」報請中共中央審定並獲同意。東北局也迅速動員大量幹部下鄉工作。[55]

　　「七七決議」的觀點和主張，與先前彭真主持東北局的評估和做法明顯有

　　頁103。

52　孟醒，〈彭真、林彪在東北局〉，《文史精華》，頁10、13。

53　《彭真年譜》，第1卷，頁451、455。

54　鍾子雲，〈回憶東北「八一五」光復初期的幾個重要情況〉，李海文主編，《中共重大歷史事件親歷記（1921-1949）》，頁331-332。

55　中共中央文獻研究室編，《陳雲傳》（北京：中央文獻出版社，2005），上冊，頁464-468。

別，甚至是針鋒相對。其之出台無疑宣告彭真的「人去政息」。

二、東北問題的不同評價

1947年孟夏，彭真離開東北局，改任他職。9月20日，彭真透過葉劍英轉交給毛澤東、中共中央的信中自言「誤事不少」，並表示：「我個人在東北這一段工作沒有做好。應付那樣大而緊張的變化多端的局面，實在力不勝任」；「我的主要缺點，是作風上的事務主義，政治思想弱，經驗不足，軍事上完全外行。因而對於許多事情都須從頭摸起，要一點點摸索，才可能摸出點頭緒。但這是當時的情況所絕不許可的」。[56]但是彭真的對立面顯然不想對之輕饒。

（一）林彪、陳雲、高崗主張：「路線錯誤」

如何看待和評價彭真主持東北局的表現？陳雲首先將彭真的責任和過失說成是「路線問題」。[57]林彪和高崗欣然呼應並有所發揮。1946年9月，高崗在東北高幹會議上提出東北局原領導（彭真）主觀上「亦有缺點」。林彪接而針對性地表示：「階級鬥爭是根本思想，只有如此，才能懂得應該發動群眾，如何發動群眾，發動什麼群眾。我們有些同志當了10年、20年共產黨員，還是資產階級民主主義者，因此在許多問題上犯錯誤」；「一著錯，全盤錯，就要犯路線上的錯誤，成為工作分歧的出發點」。1947年5月2日，林彪主持東北局會議時也說：「東北工作中的毛病，其總的根源，就是在階級觀點模糊，對和平估計、戰爭長短、城鄉、建軍、敵我力量問題之錯誤，都出在這一點。」[58]

56　《彭真傳》編寫組、田酉如，《彭真主持東北局》，頁220。

57　劉政、張春生，〈從歷史的幾個重大關節看彭真和毛澤東的關係〉，《領導者》，2013年總第51期，頁139。

58　《彭真傳》編寫組、田酉如，《彭真主持東北局》，頁216。

圖3-2：在東北開會的林彪（左起）、高崗、陳雲、張聞天。彭真因東北政策分歧而與相關人士
嚴重交惡，長期影響他的黨內仕途發展，甚至直至「改革開放」時期。
資料來源：Wikimedia Commons。

　　林彪、陳雲、高崗對彭真東北問題的一次聯手出擊，更可見於1948年11月
23日東北局通過的〈關於東北解放後的形勢與任務的決議〉。其中針對彭真主
持的東北局工作表示：

　　當時情況，極為困難。尤其是當時東北黨內少數領導幹部所存在的錯誤
思想，更增加了當時的困難。這些同志對於敵人的和平陰謀抱著很大的幻
想，對敵我力量的對比，以盲目的樂觀，代替了冷靜的科學的分析，對舊
政權舊軍隊敵偽殘餘分子的階級本質，缺乏階級的認識，過分強調少數一
時不能取得的中心城市的作用而忽視了廣大的鄉村，因而使他們背離了毛
主席1945年12月的指示。[59]

59　戴茂林、趙曉光，《高崗傳》，頁195。

在堅決依靠東北人民，堅決消滅敵人，建立革命根據地的各種革命政策上發生了許多原則性的錯誤。這是在階級鬥爭的緊要關頭，少數同志喪失階級立場的一種非常危險的傾向。這種傾向，一開始就遭受到另一部分領導幹部的堅決反對，但仍給予東北人民解放事業以很大的損失。[60]

按照中共黨內政治是非標準和操作手法，林彪、陳雲、高崗將彭真的東北問題性質定為「路線問題」、「犯路線上的錯誤」和「喪失階級立場」，即指其政治錯誤已嚴重到違背中央路線、發展成具全局危害的程度；當事者不但會在黨內留下難以抹去的政治罵名，更要被追究政治責任。事實上，1949年2月中旬舉行的東北局高幹會議上，高崗指出「東北黨過去是有原則的爭論，有原則的分歧」，「東北局的主要領導在一系列的重要問題上，犯了原則錯誤」，「在東北一開始即有爭論，直到『七七』（決議）」。高崗更提出「犯了原則錯誤」、「失掉立場」的人「應加處分」。[61]

林彪、陳雲、高崗將彭真的東北問題說成是「兩條路線鬥爭」、「路線問題」，這或因他們認為彭真在爭論過程中自以為是、拒納建言、冥頑不靈甚至意圖報復，嚴重拖累革命事業並損傷革命力量。然而，這種政治操作也有將問題上綱上線的傾向而為人詬病。[62]林彪、陳雲、高崗對彭真工作問題的一再突出和強調，對彭真的領導形象造成不小負面影響。東北幹部中就廣為流傳「彭（真）在東北犯了錯誤，高（崗）來後才扭轉了局面」，[63]「彭真同志的屁股坐在馬歇爾身上」。幹部聞後甚而心生「彭（真）怎能作政治局委員和北京市委書記」的印象。[64]

60　《彭真傳》編寫組、田西如，《彭真主持東北局》，頁222。

61　同上註。

62　伍修權，《回憶與懷念》，頁204-205。

63　宋碩，〈高等學校討論高饒事件傳達報告的情況〉（1954年4月10），北京市檔案館，檔號001-022-00088，頁39。

64　〈各高等學校十五級以上黨員幹部討論高饒事件傳達報告的情況〉（1954年4月11日），北京市檔案館，檔號001-022-00088，頁41。

（二）毛澤東表態：「路線性錯誤」

如前所述，1947年9月20日，彭真曾致信毛澤東、中共中央，對其東北工作進行自我檢查和批評。隔年毛澤東、彭真在河北見面以後，毛澤東曾就東北問題詢問彭真，但彭真沒有回答。彭真晚年對此解釋是：「1948年，毛主席從陝北到西柏坡後，他第一次見我，上來就問：『東北到底是怎麼回事?』我沒有講，主要是考慮到當時戰略決戰在即，不願干擾主席，影響大局。再說，幾句話也講不清」。[65]

彭真的緘默不語確有顧及毛澤東點兵用將的考慮（林彪必是其之首選），但是也錯失當毛澤東之面說明其自身對東北問題立場的機會，而任憑由毛澤東評說論斷。這也給毛澤東自身爭功諉過，大開方便之門。

1949年3月13日，毛澤東在中共七屆二中全會上，針對彭真領導東北局工作的評價問題表示：

> 東北局領導下的工作很有成績。吃了苦，走了路，東北全部到手，很慶幸。七大以後，全黨全軍，用腳走到東北，大約半年到七個月的時間，有偏差，我們開頭也不了解。山海關、錦州守了兩星期，消滅敵人在錦州與瀋陽間，也是這麼希望的。後來林彪說不行，無槍、無糧、無政權、無經費、無鞋，老百姓正統觀念。於是讓開大路，佔領兩廂。這是陳（雲）、高（崗）、洛（甫）的主張。中央接受了，指示他們執行了，集中起來，勝利了。彭真的錯誤，捨不得大城市，那是不對的。不要說路線錯誤，因為時間不長。中央指示後，沒有堅持，但工作不能了，要調動。[66]

從毛澤東講話可見：他指出彭真主政東北有「捨不得大城市」過失，因而決定「陣前換將」；相對地，其認為林彪、陳雲、高崗、張聞天主張正確、成績卓著。然而，他沒有接受後者們對彭真問題所做的定性，表示「不要說路線錯誤」，[67]而是屬於性質較輕的「路線性錯誤」，並仍稱彭真為「好同

65　《彭真傳》編寫組，《彭真傳》（北京：中央文獻出版社，2012），第1卷，頁447。

66　孟醒，〈彭真、林彪在東北局〉，《文史精華》，頁14。

67　趙家梁、張曉霽，《半截墓碑下的往事》，頁359-360。

志」。[68]

　　毛澤東雖然對彭真東北問題的性質加以緩頰，但對於彭真問題背後的中共中央（包括毛個人）角色和責任，卻有語焉不詳之處，為之後有關爭論埋下重要伏筆。對於中共經營東北初期的「獨佔」構想、「禦敵人於國門之外」方針和相關政策，毛澤東表示黨中央因「開頭也不了解」而也曾如此期望，也就是承認彭真當時並非自作主張。但毛澤東說之後中央就接受林彪、陳雲、高崗、張聞天主張的「讓開大路、佔領兩廂」，這種說法失之簡單，也有諉過他人之意，不足以反映、概括他領導的中央從1945年底到1946年上半年這段時間，對東北問題持有立場的動態變化。

　　具體問題如有：毛澤東在1945年12月指示彭真的東北局要重視發展建設根據地，有簡潔明文對之發出「讓開大路、佔領兩廂」方針嗎？此時或其後的中央政策和指令，可以僅用這八字化約表述嗎？另外，1946年春中共在東北集中力量攻防大城市決策（後來發展成四平決戰），中央角色又為何？此乃出面督率軍隊執行的彭真自行決定嗎？毛澤東對以上問題都沒有說明和澄清。對1946年堅守四平決策甚有意見的黃克誠，要直至1959年廬山會議期間，方從毛澤東口中得知毛氏才是此戰決定人。[69]

　　彭真因為忙於接管北平，沒有出席中共七屆二中全會，因而無法為自己東北問題發言和解釋。

三、內戰期間任職（1947-1948）

（一）調任中央工作委員會、重返晉察冀

　　1947年，中共新華社、《新華日報》特派員周而復主筆的《松花江上的風雲》，在香港出版，其中有一節專門介紹「副政治委員彭真將軍」。內容乃基於周氏在哈爾濱與彭真的兩次夜間長談。他寫道：

68　《彭真傳》編寫組、田西如，《彭真主持東北局》，頁223。

69　黃克誠，《黃克誠自述》，頁237。

彭真將軍雖然是山西人，卻有著山東人的堅強性格，他疾惡如仇，待人
待事，沒有什麼「折衷」，是就是，非就非，毫不含糊，犯了錯誤的工作
同志，見了他都有點怕。他也不是息事寧人，更不是抱著「多一事不如少
一事」的人──只要對革命對人民事業有關的事，他見到就要做，甚至在
他工作崗位上可以不管的事。一到他面前，他還是會伸手去做。工作忙的
時候，也可以連續到三四天不睡覺，和他在一塊工作的人在連續緊張工作
之後，支持不下去，要打盹了，他的精神還是煥發，旺盛。

他還指出：彭真患有失眠症，「過度疲勞」。

周氏高度評價彭真：「他是中共傑出的組織家，長期在外邊做著黨的工
作」，繼而不無溢美地詳述彭真參加中共以來各階段主要活動事蹟（應該即是
彭真向之介紹的內容，可能也是其欲著重強調之處）：早期步上革命之路；從
事學生運動、工人運動，「把革命的種子播種在廣大的華北城市和鄉村」；同
聶榮臻一手創造模範根據地晉察冀，並指明彭真「他是這個根據地的舵手」；
在延安擔任「中共中央黨校的實際負責人，領導整風學習」。

周氏之後對彭真的描述在時間上一跳就是「到東北來，他是民主聯軍的副
政委，中共中央的東北局的副書記」。完全略過彭真領導東北局9個月身陷政
策爭論、人事糾紛的尷尬過程，而是直接敘及「領導東北人民發動清算14年的
血債」，助之「翻身」。[70]

1946年7月以後，彭真在新改組東北局被邊緣化，只參與管理城市工作和
地方土改。1947年2月24日，中共中央致電東北局（劉少奇起草電報，[71]代表
毛澤東亦知情同意），要彭真率團參加全國土地會議。3月底，由於陝北戰情
吃緊，中共中央機關決定分開行動：毛澤東、周恩來、任弼時率中共中央續留
當地，劉少奇、朱德移轉他地組成中央工作委員會（簡稱中央工委）。4月11
日，劉少奇接到中共中央來電，其中提到「將來康生、彭真參加土地會議後，
亦留中央工委為常委」。[72]其代表從東北鎩羽而歸的彭真到劉少奇領導的中央

---

70 周而復，《松花江上的風雲》（香港：中國出版社，1947），頁64-67。
71 中共中央文獻研究室編，《劉少奇年譜》（北京：中央文獻出版社，1996），下卷，頁68。
72 同上註，頁73。

工委工作，乃經毛澤東認可、甚而由之主動安排。

　　彭真離開東北行經熱河赤峰，見到任職當地的危拱之。彭真在中央黨校整風審幹中認定危拱之是叛徒，將之整得神經失常。此時心緒低迷的彭真倒是坦誠面對自身過失，誠懇、激動地表示：「在延安搞『搶救運動』，對危拱之同志搞錯了，讓她吃了苦，受了不少罪。現在，我向危拱之同志做自我批評，希望不要把過去了的事再放在心裡，好好工作」。彭真還將自己的配槍連同其他物品贈予危拱之，以示慰問和彌補，更交代當地幹部：「你們要堅決執行中央的指示。全東北要以林彪同志為中心團結起來，為早日解放東北而奮鬥」。[73]

　　7月上旬，彭真抵達中央工委所在地河北省平山縣西柏坡。這是彭真和劉少奇睽違近兩年後再次一起工作。按毛澤東指示，彭真已確認在中央工委任職；劉少奇不久之後聽取林彪、高崗、陳雲託人嘗試說明他們先前與彭真的爭論，也就顯得意興闌珊，反過來要求適可而止、團結為要。高崗後來自白：他原本尊重和信任劉少奇，對之的不滿由此而生。

　　毛澤東託付劉少奇領導中央工委的主要任務是：召開全國土地會議和指導晉察冀工作。劉少奇要彭真協助處理此二事，分述如後：

　　一、7月中旬至9月中旬，全國土地會議召開。此會是毛澤東遠方緊盯，而由劉少奇具體主持和規劃，彭真也參加與會。劉少奇對先前土地改革「不徹底」的估計，以及其主要是為數許多的基層幹部「不純潔」所致，因而急須普遍整黨的看法，還有毛澤東親令的平分土地新方針，彭真在會議期間不但悉數同意和接受，更進一步主張激越的「走貧僱農路線」和「勢必要推平富裕中農」。[74]

　　二、劉少奇在1947年春夏之交視導晉察冀後不甚滿意，認為當地土改先過於保守而後又急轉偏激，既與地方幹部嚴重不純淨有關，也歸咎其上級聶榮臻領導無方，劉少奇更因此曾在全國土地會議期間面斥聶榮臻「佔著茅坑不拉屎」。[75]會後，為整頓晉察冀工作並同時落實土改新方針，劉少奇借重彭真之力，或鑑於後者在抗日期間曾作為晉察冀重要負責人，可說是人適其事的決

---

73 程光，《歷史的回顧——邱會作與兒子談革命經歷和若干歷史問題》（香港：北星出版社，2011），頁181-182。

74 李昌遠編著，《彭真與土改》（北京：人民出版社，2002），頁147、326、330。

75 李新，《流逝的歲月：李新回憶錄》（太原：山西人民出版社，2008），頁257。

定。但劉少奇注意事先向毛澤東請示，以取得其認可。最後中共中央同意（毛澤東起草）劉少奇建議，讓彭真以中央政治局委員資格前去「幫助與指導」晉察冀工作。[76]

彭真也不負所託，1947年秋冬急如星火地在該地推行上層整風和下層整幹。劉少奇顯然很滿意彭真主導的晉察冀幹部整風成果，他在12月14日呈報中共中央的報告指出：晉察冀「中央局威信大增，一切無原則糾紛突然停止，黨內空前團結，幹部信心大大提高，群眾已開始活躍」。劉少奇將這一超乎原先預期的迅速變化，歸功彭真，稱之「是很有能力地去實行了這個轉變」。[77]

另外，中共在農村發動激進土改，誘以土地分配、教以階級鬥爭，激化並操縱兩極對立情勢，驅使農民與地主、富農及「其他為群眾所不滿的幹部」加以決裂，進而獻身革命保產，黨由此吸收積極分子、重建基層政權，並促進生產，同時還可解決戰爭急需的兵源問題。彭真即表示：「農民一翻身，就會要求武裝保衛自己的勝利果實，我們應動員大批黨員和翻身農民參加解放軍，依靠他們提高我們軍隊的質量，使之成為更能打勝仗更能堅決支持土改的人民武裝。」[78]

彭真在晉察冀強力推銷全國土地會議分地方針之餘，雖也曾提醒劉少奇：「當前最主要的危險是可能產生急性病」，初步引起其對運動過激的警覺；但是1947年底由彭真促成、捲起的晉察冀土改風暴，為時也長約二十幾天，[79]恐要到1948年初毛澤東逐漸形成並明確提出土改「在群眾已經認真發動和已經展開鬥爭的地方，必須防止『左』傾」，[80]方才告緩、停歇。

1948年春，毛澤東在肯定全國土地會議和其後運動大有成績的前提下，也批評相關領導中存有失誤和失責。主其事的劉少奇也按此政治標準和口徑檢查土改過程出現的不良和過激現象。針對彭真「幫助與指導」下晉察冀的土改和整黨，劉少奇指出：晉察冀的錯誤次於晉綏地區，但「毛病亦多」，雖幸得修

76　《彭真年譜》，第1卷，頁483-484。

77　同上註，頁503-504。

78　張鳴，〈華北地區土地改革運動的運作（1946-1949）〉，《二十一世紀》，2003年4月號（總第76期），頁38。

79　李昌遠編著，《彭真與土改》，頁184。

80　中共中央文獻研究室編，《毛澤東傳》，第2卷，頁843。

正而未讓之繼續發展、「損失還不大」，「然而結果不能說是很好的」。劉少奇自承對全國土地會議的缺點和錯誤要負責，但也強調不是「各處「『左』的偏向錯誤就是我的主張」。劉少奇進而表示：全國土地會議中，「有個別人也提出些不正確的口號」，例如「貧僱農路線」等，但他「做結論時也未加批評或批評得夠」。[81]劉少奇對「貧僱農路線」提法的批評，就算不全是專對彭真而來，應也包括其在內。

彭真見到土改問題叢生和聽到劉少奇發話批評後，1948年先後在中央工委和中央高層會議檢討。彭真坦言先前對晉察冀土改「不徹底」和幹部「不純」的評估過於嚴重；也從全國土地會議上主張的「勢必要推平富裕中農」，改為「富裕中農多餘土地不經同意不得平分」（其強調「這是讓步，即靈活性」），並承認「過分地給貧僱農撐腰也捎帶壓了中農」。[82]

（二）「進城」前工作任命

1948年春至1949年初中共「進京趕考」以前，關於彭真應該被任命什麼職務問題，出現兩個插曲，正可以反映他在黨內高層的政治處境。

一、華北局成立與人事安排。

1948年2月16日，劉少奇致信徵求彭真、聶榮臻、薄一波意見，並報告中共中央：提議合併晉察冀、晉冀魯豫兩區，成立華北中央局對之統一管轄。20日，毛澤東回覆劉少奇，要其在3月初召集彭真、聶榮臻、薄一波、陳毅、鄧子恢、康生、饒漱石到中央工委所在地開會，討論兩區合併提議、成立華北局機構及其他重要問題。3月2日，劉少奇主持下，中央工委開始召開相關會議。3日，會議討論並同意兩區合併、成立華北中央局；劉少奇在同日致電中共中央報告會議情況，「並對兩區合併後的人事安排提出請示」。

3月6日，毛澤東為中央起草致中央工委的電文表示：「成立北方局，有利無害。時機亦已成熟，拖下去無必要。我們意見即以中工委為中心合併兩個中央局成為北方局，劉少奇兼任北方局第一書記，薄一波任第二書記，聶榮臻任

---

81 中共中央文獻研究室編，《劉少奇年譜》，下卷，頁139、141。劉少奇，〈關於新民主主義的建設問題〉（1948年9月13日），《黨的文獻》，1989年第5期，頁8。

82 《彭真年譜》，第1卷，頁509、514-515。

第三書記」。[83]

値得注意的是，無論是劉少奇提議合併兩區、成立華北中央局的行文對象，或是毛澤東回覆要求劉少奇召集會議就此進行討論的建議出席人員名單，彭真都名在前列，但是彭真最後卻沒有成為新建華北局的主要領導人員。薄一波的黨內資歷和地位（中共「七大」中央委員），皆遠不及彭真，卻高居僅在劉少奇之下的華北局第二書記。

根據薄一波所言，劉少奇提出由他擔任華北局書記時，即自覺不妥，「幾次建議書記人選還是以某同志擔任為好」，但未獲劉少奇同意；薄一波自知資歷、資格不若人、恐引人非議，「為了便於工作」，便建議劉少奇「掛個名」而由薄自己來「做具體工作」。此議為劉少奇同意並為「中央來電批准」。[84] 薄一波幾次建議的書記人選、其認為較之適合的「某同志」，是否就是彭真呢？如果是，劉少奇又為何不答應？

根據訪談所得，劉少奇本來擬議由彭真出任華北局第一書記，但在黨內高層徵求意見時，因為林彪、高崗、陳雲等表示強烈反對而作罷。[85]此說如果屬實，可注意到東北問題造成的「新仇」，對彭真工作仕途開始產生負面影響。

二、中原局成立與人事安排。

1948年4月中旬，毛澤東、周恩來、任弼時抵達河北省阜平縣城南莊。4月30日至5月7日，毛澤東主持召開中共中央書記處擴大會議（通稱城南莊會議），中央「五大書記」重新合體，彭真也出席此會。這是他與毛澤東延安一別，相隔兩年多後，首次一起開會。

大約在4月、5月之交，中共中央擬議成立中原局，鄧小平偕同劉伯承在5月5日向中央提出：「中原局面太大，情況複雜，現在中央局的能力實難勝任；建議派彭真來中原，改組領導班子」。[86]鄧小平將中原局領導職位虛位以待並向上舉薦彭真，這具體反映他對彭真的政治尊重和好感，其可能原因有：

83 中共中央文獻研究室編，《毛澤東年譜（1893-1949）》（北京：中央文獻出版社，1993），下卷，頁292。

84 薄一波，《七十年奮鬥與思考》（北京：中共黨史出版社，1996），上卷，頁463。

85 中國大陸中共黨史研究者（F君）提供的資訊（北京，2011年7月）。

86 中共中央文獻研究室編，《鄧小平年譜（1904-1974）》（北京：中央文獻出版社，2009），中冊，頁735。

鄧小平對毛澤東及其思想和領導甚為敬崇。[87]鄧小平過去雖未與彭真共事，但是在擁護、確立毛澤東的獨尊領導地位上，他與彭真有高度共識。彭真在這方面大有貢獻，在黨內有目共睹，也為毛澤東所喜而器重。有論者表示：在提倡對毛澤東的個人崇拜問題上，「彭真所起的作用大大超過鄧小平」。[88]鄧小平由此而肯定彭真，既有可能、也不令人意外。

彭真在中日戰爭期間治理晉察冀有方、有成，又能將相關經驗進一步歸納整理、系統總結，既為中共各領地表率，也贏獲毛澤東讚揚。鄧小平欲迎彭真共管中原，既可人盡其才，同時或也可為在東北失意的後者，提供一個施展政治身手的機會。

鄧小平提議彭真出掌中原局的建議，可能因為毛澤東對安排彭真已有想法，所以黨中央未予採納。彭真是否知曉鄧小平曾推薦他任職中原局一事？他如果知情，應會抱以感激之情。

城南莊會議結束後，5月9日，中共中央發出新組建的華北中央局、中原中央局人事命令；另外，由於「中央已與中工委會合」，劉少奇領導、彭真參與的「中央工委即行撤銷」。華北中央局設有17名委員，其常委8人，包括：分任第一、第二、第三書記的劉少奇、薄一波、聶榮臻，依序還有董必武、彭真、滕代遠、劉瀾濤和黃敬。

彭真除了擔任華北局常委，5月15日，中共中央決定彭真出任中共中央組織部部長（安子文擔任副部長）兼中央政策研究室主任；12月13日，彭真被指派為中共北平市委書記。以上彭真的新工作安排和政治任命，無一沒有經過毛澤東審定、甚或是由他代表中央起草相關人事派令。雖不能排除劉少奇在其中有一定的建議權、影響力和積極性，但簡單說成是因其「包庇」和「操縱」的結果，[89]根本嚴重失實並視毛澤東權威為無物。此外，以毛、劉為首的中共中央決定彭真有關新職的政治考慮和重要共識，自然還有希望借重他較擅長的組織人事、政策參謀，以及城市工作的能力。

87　何方，《黨史筆記：從遵義會議到延安整風》（香港：利文出版社，2005），下冊，頁537。

88　同上註，頁538。

89　原北京市委機關毛澤東思想紅旗兵團，《大野心家、大陰謀家彭真罪惡史（1925-1966）》（北京，1967），頁10。

5月27日，毛澤東抵達平山縣西柏坡，這是中共中央「入主中原」前在農村所設的最後指揮據點。毛澤東為首的黨中央在西柏坡時期，既指揮「三大戰役」，也聯絡各方、施展統戰，為即將建立新政預作準備。著名學人、中國民主同盟要員張東蓀，作為中共統戰重點對象，獲邀訪問西柏坡、會晤中共高層。張東蓀在「文革」期間曾憶及西柏坡見聞。張東蓀針對彭真憶道：「親自聽到毛對周恩來說，彭此人大有才、大可用，把北京這地方交給他」。[90]張東蓀此一回憶如果無誤，可想見：毛澤東對於在東北未能立功、頗受責難的彭真，仍是欣賞有加、視為幹才，也甚是贊同由其出掌華北重鎮、之後被中共選定作為國都之地。

彭真在東北的反對者，對於彭真出掌北京、出任「京官」，仍「很有意見」，認為「彭真沒有什麼實際工作經驗，會吹」。[91]

四、東北爭論的人事陰影（1949-1954）

（一）面對高崗的得勢與壓迫

1952年，毛澤東針對蘇聯編修《大蘇維埃百科全書》（*The Great Soviet Encyclopedia*）要求，親自挑選提交了中共領導人名單，包括：毛澤東、劉少奇、周恩來、朱德、陳雲、高崗、彭德懷、董必武、林伯渠、彭真、鄧小平、劉伯承、饒漱石、陳毅、林彪、賀龍、徐向前、鄧子恢、葉劍英、李富春、羅榮桓。這一定程度上反映毛澤東當時內心所想的中共核心高幹群體。[92]

中共七屆一中全會選出的13名政治局委員，毛澤東等10人（彭真在內）被納入在這批毛澤東「欽點」的中共高幹名單，而同是政治局委員的任弼時已於

90 戴晴，《在如來佛掌中：張東蓀和他的時代》（香港：香港中文大學出版社，2009），頁42。

91 何方，《黨史筆記附冊：劉英與何方談中共歷史》（香港：香港城市大學出版社，2020），頁83。

92 Frederick C. Teiwes, *Politics at Mao's Court: Gao Gang and Party Factionalism in the Early 1950s*（New York: M. E. Sharpe, 1990），pp. 98-100.

1950年去世，康生和張聞天則未被收入；另有鄧小平等11名「七大」中央委員被選入。中共中央宣傳部黨史資料室所編的《黨史資料》，在1953、1954年陸續刊載這21名「黨中央一部分負責同志」的政治小傳。

　　彭真顯然仍受到毛澤東的政治關愛，而被列在上述21人高幹名單之內。中宣部《黨史資料》刊登的彭真政治小傳（七百五十餘字），開首將之定位為「中國的政治活動家」，並依時序介紹其從政歷程、革命職務和重大事功。舉犖大者有：「為山西省黨組織的創造者和組織者之一」；「是太原、石家莊、天津、唐山等城市工人運動及學生運動的領導者之一」（其中有關履歷並無提及彭真曾任順直省委常委、代理省委書記）；「在1935年12月的華北學生愛國運動中，他是領導者之一」；「他在北方局書記劉少奇領導下，執行了毛澤東關於建立廣泛的抗日民族統一戰線的正確路線，糾正了當時黨在群眾運動中的『左』傾冒險主義錯誤」；「和聶榮臻在一起對晉察冀邊區抗日戰爭和根據地的建設工作，有重要的貢獻」；「在毛澤東直接領導的中央黨校任副校長，有效地完成了黨所給予的訓練大量高級幹部的重大任務」。[93]以上可看做是：彭真受到中央認證的重大革命功績，即所謂的政治資本。

　　不過，由於彭真「七大」以後在東北領導有誤，在國共內戰工作表現並不特別突出（相對地，林彪、鄧小平在內戰期間立下彪炳戰功，而為毛澤東重視和欣賞），在實際人事安排上因而就不像過去那麼顯眼。彭真在中共建立的中央政權，當選中國人民政治協商會議全國委員會委員、中央人民政府委員會委員，並擔任政務院政治法律委員會副主任（由政務院副總理董必武兼主任）。彭真也將許多心力置於北京市的領導和管理工作，他在中共進佔該城之前的1948年12月，就被毛澤東任命為中共北平市委書記，也在1951年2月當選北京市市長，成為中共首都黨政負責人。

93　中共中央宣傳部黨史資料室編，〈傳記（二）〉，《黨史資料》，1953年第5期，頁2-3。

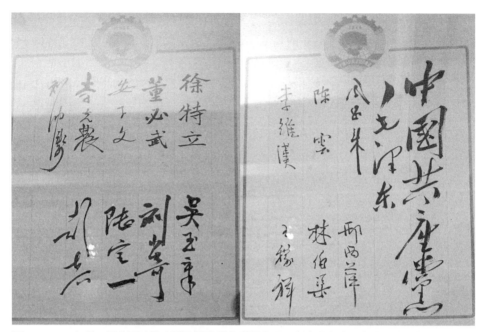

圖3-3：1949年第一屆全國政協會議全體會議代表簽名冊。彭真作為中共代表，並於其上簽名。
資料來源：中國國家博物館展覽，作者攝影。

相對地，彭真在東北結怨對象高崗、林彪、陳雲，在內戰中都立有大功，建政初也獲得大用，而且對彭真更棘手的是，他們對彭真工作任命繼續不時表示異議。1950年中央書記處書記任弼時去世，中央書記處候補書記彭真和陳雲何者應接替任氏空缺出來的位置？同樣也是高崗、陳雲、林彪等人表態反對彭真出任。[94]陳雲最後接繼任弼時，成為中央「五大書記」之一。

高崗升任中央要職，對彭真更無異是黑雲壓頂。高崗是中共建政前後地位竄升最快的政治人物之一：1949年接替林彪出任東北局書記，獲任中央人民政府6位副主席之一；1951年被任命為中央人民政府人民革命軍事委員會副主席；1952年被任命為與政務院平級的國家計畫委員會主席，成為當時上調中央的5位地方領導人中最風光的一名，以至於有「五馬進京，一馬當先」說法。

94 中國大陸中共黨史研究者（F君）提供的資訊（北京，2011年7月）。

　　高崗個性簡單、好惡分明、有怨必報。他後來檢討時坦承：「與自己意見不合的、有成見的，如對彭真等人，理都不理，有報復心」。[95]高崗因東北爭論產生對彭真個人的憤恨，對中共政治造成更大的影響是，其進一步發展為高崗對劉少奇的懷有成見，成為1953年高崗積極「倒劉」的一個重要歷史背景和緣由。

　　東北局發生爭論時，高崗、陳雲、林彪等背著彭真向中共中央「告御狀」、要求「換馬」，最後雖如他們所意，彭真失去東北局領導職位，但是他們也自知相關做法在組織程序上不無疑義。1947年高崗等人派趙德尊專門向劉少奇彙報東北問題始末，並希望獲其肯定和支持。想不到劉少奇回覆「要注意團結，不要落井下石」。這讓高崗等人甚不理解，認為劉少奇對彭真錯誤「有些袒護」，甚而因此對劉氏心生「隔閡」。[96]

　　在此之後，高崗在中共高層間經常議論彭真在東北期間的不是，進而將彭真和劉少奇掛勾起來，認為彭真仗著劉少奇得勢而固執，劉少奇也對彭真偏袒而不公。1951年1月29日，韓戰如火如荼進行期間，高崗在彭德懷面前，語帶憤怒地批評彭真當初到東北時不注意軍事工業；並憤慨地回憶彭真在東北僅調派運煤車廂供其乘坐的往事。高崗更指控彭真：「接受了劉少奇的『和平民主新階段』幻想和平，有劉少奇作靠山，誰的話都不聽，林彪同志的話他也不聽」。[97]

　　當高崗預備從東北到中央任職之前，甚為焦躁，對蘇聯駐瀋陽總領事表示：這是劉少奇及其「親信」彭真、薄一波等人蓄意對之「明升暗降」，縱有「朋友」林彪、陳雲為之講話，改變的可能性也不大。高崗認為「毛澤東最信任劉少奇和彭真」。[98]

　　中共建政初年，劉少奇在社會主義過渡和相關具體政策上，與毛澤東看法多有出入；相對地，高崗的意見多與毛澤東相近、甚而吻合。高崗到北京上任

95　趙家梁、張曉霽，《半截墓碑下的往事》，頁53。
96　同上註，頁43。
97　彭德懷傳記組，《彭德懷全傳》（北京：中國大百科全書出版社，2009），第3冊，頁1245-1246。
98　林蘊暉，《重考高崗、饒漱石「反黨」事件》（香港：香港中文大學出版社，2017），頁373-375。

後，更多地聞知毛澤東對劉少奇多有不耐、不滿。在毛澤東暗示、旁人慫恿下，高崗進一步產生協助毛澤東撤換劉少奇第二號領導人地位的念頭。1953年初，高崗耳聞劉少奇規劃起用彭真的構想（擬要其擔任政府黨組書記），他本來既有的劉少奇、彭真在東北問題上沆瀣一氣的印象更加固化，甚而形成相關人士暗中進行宗派活動和人事安插的認知。[99]

　　高崗覺得劉少奇用人唯私、彭真德不配位。他在高層間積極散播不利劉少奇的言論時，經常也會夾帶彭真。根據時任東北局第三副書記張明遠的說法，高崗表示：針對中共中央擬在「八大」調整機構問題，毛澤東與他交談時說「對少奇、彭真不能讓人放心」。高崗還表示：「自從把各大區的書記調到中央工作以後，中央內部的情況已經有了改變，劉少奇、彭真、薄一波他們再不能像過去那樣蒙蔽毛主席了」；「白區幹部愛犯錯誤，有幫派。劉少奇對幹部有私心，對華北幹部的使用，在情緒上有偏向。彭真、薄一波、安子文、劉瀾濤等有圈子，對幹部有偏有私，劉少奇支持他們」。[100]即高崗指控：彭真與劉少奇等人一道「蒙蔽」毛澤東；彭真等在幹部使用上，「有圈子」、「有偏有私」，並獲得劉少奇支持。這也是1953年夏中央財經會議「批薄（一波）射劉（少奇）」、「隨波（薄一波）逐流（劉少奇）」，以及入秋後中央組織工作會議「批安（子文）伐劉（劉少奇）」的由來。

　　彭真也不甚好過，與高崗立場一致的林彪，表態反對彭真續任中央組織部部長。[101]值得一提的是，任弼時養病和其1950年去世後，中央書記處內分工負責管理中組部工作的書記就是劉少奇。不知劉少奇曾否為彭真美言、嘗試助之保留中組部部長職位；但正是劉少奇建議、提名饒漱石取代彭真出任中組部部長。[102]彭真交出「吏部尚書」一職後，接替其位的饒漱石對之也來意不善。

　　饒漱石在1946年曾代表中共參與國共東北停戰調處，其後來自言對彭真處

---

99 趙家梁、張曉霽，《半截墓碑下的往事》，頁43、50。

100 林蘊暉，《國史札記——事件篇》（上海：東方出版中心，2008），頁118。

101 王漢斌口述、韓勤英訪問，〈在彭真身邊工作二十五年的片段回憶〉，《中共黨史研究》，2012年第10期，頁73。

102 中共中央文獻研究室、中央檔案館編，《建國以來劉少奇文稿》（北京：中央文獻出版社，2005），第4冊，頁333、335、337。鄧力群，《鄧力群自述（1915-1974）》（北京：人民出版社，2015），頁251。

理東北問題「也有過意見」，雖然未曾就此與彭真交換看法，「卻曾多次在其他同志面前談起」。饒漱石另外也交代：自己同彭真「直接接觸時，也曾經表現對他不尊重，甚至向他發過脾氣」（1954年中共七屆四中全會上所作檢討）。

　　到中組部「新官上任」的饒漱石懷疑：副部長安子文在部內盤根錯節和膽大越權，乃因其與前部長彭真關係匪淺、甚而不正常所致。[103]饒漱石也就此與劉少奇數次交談彭真、薄一波的「宗派主義」問題，並直言劉少奇也應對他們嚴加批評。針對饒漱石的質問和意見，向來嚴以律己的劉少奇不禁反問：「你是不是感覺我這樣？是不是你感覺我沒有劃清界線？」[104]此外，北京市部分建築工人因為覺得待遇不同、不公而情緒波動，彭真領導北京市委處理此事、提出對策時，也屢遭在中央主管工資事務的饒漱石、主持計畫工作的高崗的不予配合和刁難。[105]

　　高崗在1953年自認是為毛澤東效命而出頭反對劉少奇，以及被其認定的「圈圈」，他上串下連，失之謹慎和策略，既造成政局不穩，也引發高層不安。是年底，鄧小平見機上報高崗有違黨紀的言行，再加上陳雲對高崗反戈一擊，促使毛澤東必須對高崗嚴肅處理和斷然離棄。高崗因此頓然失寵、失勢，饒漱石也成為此場政治鬥爭的陪葬品。[106]

（二）對高崗出局的反應和在七屆四中全會檢討

　　高崗不攻自破、驟然倒台，彭真的政治壓力和心理負擔大為減輕。彭真的北京市副手劉仁即評：「彭真這幾年心情不舒暢，不敢放手工作，就是因為有高崗在旁邊。」「現在問題解決了，彭真的負擔解除了，也就好了。」[107]彭真也樂於將高崗從一貫政治正確貶成一路壞事做絕，以牽拉繩子欲偷走牛為比

103 景玉川，《饒漱石》（香港：時代國際出版有限公司，2010），頁229-230。

104 戴茂林、趙曉光，《高崗傳》，頁370-371。

105 中國大陸中共黨史研究者（D君）提供的資訊（北京，2011年7月）。

106 鍾延麟，〈鄧小平在「高饒事件」中之角色與作為〉，《人文及社會科學集刊》，第22卷第4期，2010年12月，頁521-562。

107 原北京市委機關毛澤東思想紅旗戰鬥兵團，《彭真反革命修正主義集團二號頭目劉仁罪惡史（1927-1966）》（北京，1967），頁10。

喻，強調高崗反對周恩來和劉少奇，即為了要反對毛澤東、竊取最高領導權。[108]彭真對下傳達時表示：「高饒事件是當前最大事件」、「關係全世界革命事業」、「千百萬人頭落地的問題」。北京市幹部對他如此強調事情嚴重性「印象很深」。[109]

彭真也通過自己掌握的宣傳系統高調公布「高崗的罪惡」，強調：「高崗反對中央領導同志，無恥地造謠生事，硬說劉（少奇）、周（恩來）、彭（真）一貫犯錯誤，只有他自己是『一貫正確』」；「說咱彭市長也是親美反蘇派」。[110]期以突出彭真一直遭受高崗無理打壓的受害者形象。

彭真卯足力氣譴責高崗之時，倒是曾為張明遠辯護。張明遠是彭真在1920年代後期順直省委的戰友同事；1947年彭真對張氏所在的冀東工作也曾予支持。1953年財經會議暫時休會之時，彭、張兩人還一起去盧溝橋打獵，後者稱此為「和戰友們難得的一次共度假日」。[111]不過，高崗被揭發、批鬥後不久，他的東北局僚屬張秀山（第二副書記）、張明遠、趙德尊（委員、秘書長兼農村工作部部長）、馬洪（原為委員、副秘書長，時任國家計委專職委員、秘書長）、郭峰（委員、組織部部長兼黨校校長，本將調任中組部副部長），被指控是高崗的「五虎上將」，共同參與其「反黨」活動，後來又加上陳伯村（組織部副部長，時任旅大市委第二書記）。

彭真在中央開會就此討論時表示：自己對張明遠個人較為了解，認為張氏作為高崗的工作助手，與之「接觸多，跑上跑下，出主意」，皆屬正常；但言其是「跟著高崗反黨反中央」，「我看不會」。[112]彭真的意見並沒有被毛澤東接受，因而無法改變張氏既定的坎坷政治命運。

毛澤東為了「證明」高崗暗組「反黨宗派」的政治指控「為真」，就必須一口咬定張氏在內的「五虎上將」「屬實」並「存在」，因為這符合毛氏自身政治操作邏輯的需要，就算彭真幫張氏說破嘴也沒用，而且毛氏還繪聲繪影地

---

108 〈蔣南翔同志傳達四中全會報告〉，北京市檔案館，檔號001-022-00089，頁15。

109 〈各高等學校十五級以上黨員幹部討論高饒事件傳達報告的情況〉（1954年4月11日），頁41。

110 中國共產黨北京市委員會宣傳部，〈向農村黨、團員傳達四中全會提綱〉，北京市檔案館，檔號001-012-00160，頁56。

111 張明遠，《我的回憶》（北京：中共黨史出版社，2004），頁257、382。

112 林蘊暉，《重考高崗、饒漱石「反黨」事件》，頁289。

對蘇聯大使尤金（Pavel F. Yudin）進一步「加碼」表示：張氏作為幕後人物，與高崗關係密切，充當他和瀋陽總領事之間的聯繫人；張氏早年被開除出黨，因獲高崗包庇才重回黨內。[113]事後來看，相關說法皆屬不實。毛澤東廢黜高崗一事，本身大有利於彭真，他在中央為昔日順直戰友講情，已是仁至義盡，自也懂得適度即止。

　　高崗政治出事後，彭真也面臨一次事關自己東北問題的政治考驗。毛澤東為處理高崗問題、要其承認錯誤，以反「驕傲自滿」為名，要求劉少奇、高崗、彭真在內的高級幹部都必須自我批評。由於高崗反對劉少奇的一個重要起因涉及彭真的東北問題，特別是指控劉少奇對彭真有所偏祖，毛澤東透過中央辦公廳主任楊尚昆轉告彭真，要他在七屆四中全會就東北問題進行檢討。毛澤東的政治設想是：如果彭真對他東北錯誤坦承不諱、虛心面對，高崗就無法繼續糾纏此一問題，進而坦然面對、反省自身政治錯誤。

　　毛澤東為了讓彭真寫好檢討報告，允許他調閱主持東北局時和黨中央互動的原始檔案，但不允許調閱陳雲、高崗、林彪、張聞天、李富春與中央之間的往返電報，或不想讓他看到這些人當時如何對之批評和指責。彭真系統回顧當年政治文件和資料後，自認主政東北局時確實犯有冒險、急躁錯誤，但主要按照中央戰略意旨、政策指示部署和行事。[114]

　　彭真寫檢討報告時，對中央當時角色和作用要如何陳述和下筆？直言道出、不加避諱抑或一肩扛下、默默承擔？他感到為難、情緒不佳，勉強完成檢討初稿。實際領導七屆四中全會準備工作的劉少奇，看出彭真的思想不解和情緒不願，對其檢討內容並不滿意。劉少奇不但要求彭真重寫，更指定與彭真立場不同的陳雲、李富春出面「幫助」彭真。[115]所謂「幫助」就是勸說、逼壓就範，彭真因而飽受壓力。

　　劉少奇力促彭真深省檢討其東北錯誤，其目的可能有：首先、此乃毛澤東交代政治任務，劉少奇自當積極貫徹而不管彭真內心所望；彭真的東北問題性

---

113 〈尤金與毛澤東談話紀要：胡風、高崗和饒漱石的問題〉（1955年5月25日），沈志華主編，《俄羅斯解密檔案選編：中蘇關係》（上海：東方出版中心，2015），第5卷，頁354。
114 中國大陸中共黨史研究者（F君）提供的資訊（北京，2014年8月）。
115 中共中央文獻研究室、中央檔案館編，《建國以來劉少奇文稿》（北京：中央文獻出版社，2008），第6冊，頁45。

質，毛澤東過去已定性為「路線性」錯誤，就劉少奇看來，彭真檢討當然必須按之而行、寸步不離。事實上，彭真按此政治口徑、標準進行檢討，也可為當年確實高度涉入、驅使影響彭真東北言行的毛澤東開脫個人責任。

其次、彭真在1945年秋冬並不太重視、理睬劉少奇以中央名義對之所做的政治指示；劉少奇或因此在1954年也有其個人動機逼壓彭真反覆檢查。

第三、高崗對劉少奇心生怨恨，正源自其覺得劉氏在東北爭論上偏袒彭真。劉氏嚴逼彭真就此問題一再檢討、重寫，或想正本清源，並凸顯他未對彭真祖護、徇私。

彭真為配合黨中央對高崗問題部署，最後按照毛澤東在七屆二中全會定調的「路線性錯誤」結論，1954年2月8日在七屆四中全會上檢討他在東北時期問題。就目前可得資料，彭真對中共中央當年幕後指揮角色迴避不提，著重檢討自己指揮無方。例如：國軍進佔錦州、瀋陽後，他沒有在敵方側後有計畫地創建根據地，而僅側重在中共控制地區內進行根據地工作。[116]他也總算因此政治「過關」。會後，北京市幹部向下傳達時強調：高崗犯的是「分裂黨」錯誤、關乎「社會主義能否勝利的問題」。相異於高崗無可挽回、無藥可救，彭真的東北錯誤則「可以改」。[117]

同樣在七屆四中全會，彭真也檢討自己在延安整風、審幹運動的不當之處。彭真官方傳記透露的內容有：

> 整風後期「毛主席強調團結，我的認識還或多或少地停留在運動的前一階段，因而從團結出發的精神很不夠」，並曾對幾位同志的「態度很不好」。「這種不客觀不全面的毛病」後來在檢討華北工作時，「對當時北方局個別負責同志的批評，也有不妥或過火的地方」。[118]

如前一章所述，彭真在高層整風對周恩來、博古態度不佳；他批評不妥、過火的「北方局個別負責同志」，即是彭德懷。彭真這次向周恩來、彭德懷情

---

116 《彭真傳》編寫組、田酉如，《彭真主持東北局》，頁224。

117 〈蔣南翔同志在清華大學四中全會學習幹部會上的發言〉（1954年6月10日），北京市檔案館，檔號001-022-00089，頁41。

118 《彭真傳》，第1卷，頁284。

意懇摯地道歉（博古已作古）；後面將會看到，一旦毛澤東示意要對周恩來、彭德懷進行整風，彭真每能駕輕就熟地上場應戰，渾然忘卻他在七屆四中全會對他們的致歉內容。

針對延安審幹反奸、「搶救運動」及之後的甄別收場問題，彭真在七屆四中全會的自省是：

> 在「搶救運動」開始後，對「坦白」材料及其他一些關於國民黨紅旗政策、奸細政策的材料「不加分析，輕於相信，過分估計了敵人在我內部、特別是在蔣管區地下黨組織中的特務活動」，沒有分清是非輕重，分別對待，「因而把一部分人的問題搞錯了或搞重了，並且冤枉了一部分根本沒有政治問題的好同志」。雖然在甄別後已經平了反，基本上改正了錯誤，但在結論中，對有些同志的問題「仍留了一些可留可不留、或根本不該留的『尾巴』，使一部分同志長期背著包袱」。[119]

彭真雖然在七屆四中全會上當眾檢討自己在延安整風、審幹的「左」，以及在東北問題的錯，但是由於牽連、影響者眾，在「文革」前或「文革」後，相關議題都常被他的黨內競爭者拿來批評，甚至作為阻擋其宦途的政治罩門。

（三）「高饒問題」影響

在毛澤東看來，高崗的政治簡單、幼稚、不牢靠，以及其引發的政治動盪，讓毛自身一時有些被動和尷尬，可見於他沒有出席七屆四中全會、拒見高崗，以及遠在杭州遙控北京舉行的揭發批判高崗、饒漱石問題的座談會。高崗政治崩盤、自殺身亡，讓毛澤東重新重用高崗極其厭惡的彭真，提供機會和空間。彭真在七屆四中全會「配合演出」，尤其是承擔東北問題主要責任，也使之進一步獲得毛澤東信任。

1954年高崗、饒漱石被立案處理後，彭真的工作重心從原本主要集中在領導北京市，明顯轉變成更多地參與中央政治和領導。當時擔任彭真秘書的張文松、王漢斌和馬句，事後回憶皆提及此一變化。

---

119 同上註。

　　彭真在1954年出席中央書記處共議最高決策的次數與頻率，比1953年大為增加。另外，1954年10月31日，毛澤東主持中央政治局擴大會議決定：毛澤東、劉少奇、周恩來離京休假，在廣州審閱中共第一個五年經濟計畫初稿。北京則以陳雲為主，由朱德、陳雲和彭真組成中央書記處，彭真乃以「七大」中央書記處候補書記身分，臨時「補上」。鄧小平、彭德懷參加此一書記處會議。[120]

　　另外，彭真在1954年9月和12月，分別當選第一屆全國人民代表大會常務委員會副委員長兼秘書長、第二屆中國人民政治協商會議全國委員會副主席。在黨內實際分工主管全國人大和政協「兩會」領導工作。

　　王漢斌表示：「我覺得毛主席對彭真在東北的問題看得不是很嚴重，『文化大革命』前一直很重視他」。[121]事實上，毛澤東重用彭真之時，也不能完全隨心所欲。因為東北爭論對彭真造成的人事陰霾，並未隨著高崗政治出局而徹底一掃而空，陳雲、林彪依然活躍政壇，牢記與彭真的東北怨仇，並且對他之後的政途發展繼續造成重要制約影響，1956年中共「八大」中央「排座次」時，即可見他倆猶如「攔路虎」，再次出手壓制彭真。

　　最後，「高饒事件」對彭真與劉少奇之後的往來互動，可能也有一定政治警示作用。

　　在高崗、饒漱石各自「活動」、「生事」期間，彭真和劉少奇沒有互相拆台，仍按照一定原則行事：在被指稱是「批薄射劉」的財經會議，彭真雖也加入批判薄一波行列（批薄者眾，不限高、饒），但其就事論事，沒將批判指向劉少奇；[122]饒漱石針對組織工作，向劉少奇提出其對彭真的狐疑和批評，劉少奇也為彭真加以解釋。[123]但是高崗指控劉少奇有「四人圈圈」，即彭真、薄一波、安子文、劉瀾濤，在高層間存有不小「市場」而流傳。縱使毛澤東曾在中央政治局擴大會議上批評高崗有關說法乃無中生有（1956年4月25日），彭真和劉少奇對兩人之間的政治關係和互動，是否仍懷有小心慎重、特別提防的心

---

120 楊尚昆，《楊尚昆日記》（北京：中央文獻出版社，2001），上冊，頁126。

121 王漢斌口述、韓勤英訪問，〈在彭真身邊工作二十五年的片段回憶〉，《中共黨史研究》，頁73。

122 中國大陸中共黨史研究者（F君）提供的資訊（北京，2013年7月）。

123 景玉川，《饒漱石》，頁261-262。

思，以免落人口舌、被人再作文章？[124]

　　高崗被指責在高幹間私下封官許願、拉幫結派，從事非法「小組織活動」，高崗、饒漱石更被毛澤東定罪為私組反中央、反毛的「反黨集團」而不可饒恕。彭真和劉少奇喜聞樂見高崗、饒漱石跌入不可復返的政治深淵，但他們彼此之間的政治往來，恐也深以為戒，切莫觸犯相關「天條」、重蹈其覆轍。

小結

　　1945年秋到1946年中的東北爭論，主要圍繞在：中共對東北工作指導方針是否需要及時轉變、對建立革命根據地的指示有否確實執行，以及有無其他更為迫切的政治和軍事任務。彭真強調他對中央指令劍及履及、不打折扣；林彪、陳雲、高崗等人則認為彭真違背中央、自行其是，因而貽誤軍機並對革命事業造成嚴重危害。由於兩方僵持不下、不見容於對方，毛澤東決定重組東北局，將彭真由正轉副，改由林彪主持工作。

　　如何看待彭真領導東北的問題？彭真的東北對手不留情面地控訴彭真犯下無法寬恕的「路線錯誤」。毛澤東覺得彭真有錯但尚不至此嚴重；但毛澤東也沒有承擔中央當時指使彭真行動而應負起的重要責任。彭真認為他工作有過失，但自認奉中央指令為圭臬，絕無形成「兩條路線」；他對毛澤東定性的「路線性錯誤」，並非沒有意見，但也只能接受。

　　東北爭論成為彭真和陳雲、林彪、高崗之間無法擺脫的深暗陰影、難以跨越的政治深坎。彭真和相關人士赴東北共事之前，在陝北時可能有些不愉快：彭真在延安受毛澤東寵信，快速竄升、權傾一時，取代陳雲出任中央組織部部長；彭真協助毛在中央黨校開展整風運動，殃及者眾，其中就包括林彪之妻；另外，黨校運動的激進也引起高崗側目。但在經過東北爭論後，彭真與他們之間才出現根本不能修補的嚴重裂痕，因為雙方在爭吵過程中不但怒目相向，更都試圖拔除對方官職，致使彼此政治互信喪失、同志情誼俱無。

---

124 中國大陸中共黨史研究者（E君）提供的資訊（北京，2015年3月）。

　　從彭真離開東北到中共「進城」以後，彭真的政治任命和升遷，經常因高崗、陳雲、林彪作梗而受到影響，東北舊怨在其中起到關鍵作用。彭真在1948年中央華北局的職務任命、1950年中央書記處書記候補問題，都可見他們的反對之聲。因林彪指責彭真在東北犯錯，1953年彭真交出中組部部長職位；同年高崗也對彭真出任政府黨組書記的擬議深表不可。1954年高崗死後，彭真按毛澤東之意在中央全會公開檢討東北錯誤。按照黨內「懲前毖後，治病救人」方針，彭真應可自東北問題解脫（林彪會後還致信彭真表示：兩人之間的誤會從此消除）。但因為當年關外仇隙實在太深，彭真和林彪、陳雲之間仍然一直沒有私人往來，後者也從未登門造訪。

　　尤有甚者，林彪、陳雲繼續基於往昔東北情仇，反對彭真進入中共「八大」新設的中央政治局常委會；林彪之後反對中央給予彭真副總書記之銜，主要根由也在於此。這種源自東北爭論的人事紛爭戲碼，之後一再上演。彭真不全是被害的「苦主」，也曾想尋釁滋事；但他確實備受困擾和纏身，直至「文革」、甚至到「改革開放」以後。

　　從中共全國執政前後至其召開「八大」前，彭真好比經歷「政治三溫暖」：其黨內仕途受制於戰後東北爭論造成的政治嫌隙，直到高崗跌落雲端、消失政壇以後，他在中央參政的機會和空間才較為打開。同樣為時在1950年代前半葉，彭真在中共政治治理和政策管理上擔負一項重要角色，即在中央參與領導政法工作，其內容繁重：從維護政權生存、安定首都與社會秩序、組建改造執法隊伍，以至興建國家法律與制度等。其間歷經摸索，也不無反覆。這將是以下兩章的討論焦點。

第四章

參與「鎮壓反革命」和司法改革運動（1949-1952）

1949年10月1日，毛澤東在北京天安門廣場上宣布中華人民共和國中央人民政府正式成立。中共新生的全國性政權，就像其他革命成功而新建的政權，首當要務是「除舊立新」。「除舊」主要包括：革除任何對新政權或顯或隱、實際或想像的威脅，以及審視汰除前政權用來維持政治統治、社會運作的法律，並改造淘汰過去曾在前政權服務的司法人員和執法隊伍。

針對前者方面，在韓戰槍砲聲掩蓋下，中共從1950年秋發動「鎮壓反革命」運動（簡稱「鎮反」），在1951年的前半年，中共對其以為的所謂「反革命」捕殺成勢，之後雖有調整降溫，最後累積的處死人數仍有超過70萬之譜。[1]此一死亡人數，恐怕還過於1940年代後半期國共內戰期間，兩軍對壘、戰場廝殺的官兵陣亡總人數。針對後者方面，中共在1952年發動司法改革運動，對「司法戰線」進行思想整頓和組織清理，力在排除「舊法」干擾和政治上顯得礙眼又礙事的前朝司法留用人員。

如前一章所述，因為1945、1946年東北爭論及相關人事衝突，彭真在中共「進城」後前幾年的黨政職務安排並不算顯赫，主要工作重心在管理首都北京市。然而，他對中央黨務和政務仍有一定參與，包括：仍任中共中央組織部部長，也在政務院中央政治法律委員會擔任副職。其在中央參與領導政法工作的角色，使之在殺氣沖天的「鎮反」運動和驟風急雨的司法改革運動，擔綱演

1　尹曙生，〈毛澤東與第三次全國公安會議〉，《炎黃春秋》，2014年第5期，頁2。

出、身負重任。

　　本章欲處理的問題有：毛澤東「面南而治」後，中共黨內分工負責法制和政法工作的人，主要是董必武、彭真和羅瑞卿，他們各自被賦予什麼政法職務，其中，彭真享有什麼特別地位？始於1950年秋、在1951年春達到高峰的「鎮反」運動，彭真如何協助毛澤東為首的黨中央在群眾運動中立法、執法和辦案？由此形成和反映什麼樣的法律觀？他如何看待和處置國民政府時期制定的各種法律，特別是集之於大成的《六法全書》，如何留用和改造國府司法人員？1952年推行什麼內容的司法改革運動？前述態度、政策的影響和後遺症為何？

　　本章的主要論點為：中共革命成功後，彭真在「新中國」中央「排座次」時，地位並不突出，但是從彭真獲命參與領導政法工作（經常代行董必武職權），並代表中央負責聯繫中央公安部來看，毛澤東對他仍抱有高度政治信任。彭真在政法管理的表現和績效，也不負毛澤東所望。從毛澤東領銜的黨中央醞釀到發動「鎮反」運動，其後對之進行全局指揮、加溫推進和降溫節制，以及制定運動所需法律，彭真皆多有效力；他也屢次在北京市製成、獻上為毛澤東欣賞的運動「典型」經驗，並經之推薦而為各地仿效。

　　經過「鎮反」一役，彭真在政法工作上獲得毛澤東更進一步的看重，也與公安部部長羅瑞卿有默契協作的開端；彭真亦更懂得結合其中央政治角色和首都「京官」工作，擴充實質政策影響力。另外，彭真近身輔佐毛澤東操盤「鎮反」的經驗，促其對黨領導下的群眾運動與法律之間的關係，以及黨對政法部門與工作的領導，形成一定看法；他在司法改革運動中誓與「舊法」決裂，顯現對「舊法人員」的嫌惡。如此皆對之後中共治下的法制發展有所影響。

　　本章的章節安排，除此前言外，有八個部分：首先介紹彭真在中央參與領導政法的任職情況，以及其實際上較諸董必武，如何更受毛澤東信賴；接下來探討彭真如何參與中央「鎮反」運動的決策和指揮、制定法律為運動發展提供便利，以及他在北京市如何製造樣板經驗，以配合毛澤東對運動不同階段的設想與指示；之後討論他怎麼呼應毛澤東，將「鎮反」捕殺攻勢加以縮限。緊接著檢視彭真對司法改革運動的主張及此一政策的政治影響。在小結部分，簡單總結彭真的「鎮反」突出角色和積極表現，讓之政治獲益為何，以及他從中展露的法律設想與政法主張。

一、政法上最獲毛澤東信任

（一）任職政務院政法委員會，黨內分工聯繫公安部

　　中共建政以後，歸於政法工作的國家機關、政府部會主要有：政務院下屬的四個委員會（周恩來稱做政務院分院）之一的中央政治法律委員會，由其負責指導的內務部、公安部、司法部、法制委員會、民族事務委員會，以及由之指導與聯繫的最高人民法院、最高人民檢察署與人民監察委員會（1954年分別改為最高人民檢察院和監察部）。

　　政務院副總理董必武兼任中央政法委員會主任。董氏出任此一方面高位，可杜黨外悠悠之口，令之心服。因為他早年在湖北參與辛亥革命、加入中國同盟會，與孫中山結識、參加中華革命黨和討伐袁世凱運動的政治資歷，以及與國民黨方面長期打交道、人面廣；另有學成於日本的法律專業背景。再加上，他參與中共創黨、與毛澤東同是「一大」代表，就黨內而言，也是資格老、名氣大、響噹噹的頭面人物。

圖4-1：1945年董必武（左2）與周恩來（右4）、鄧穎超（右5）在重慶參加政治協商會議。
資料來源：國史館藏，《蔣中正總統文物》，002-050101-00005-289。

圖4-2：1945年董必武與馬歇爾。
資料來源：國史館藏，《蔣中正總統文物》，002-120000-00057-026。

　　1949年10月19日的中央人民政府委員會第三次會議，彭真被任命為中央政法委員會副主任。排序在彭真之後、同時獲任副主任者有：張奚若（中央人民政府委員會委員）、延安整風的主要標靶對象王明（並兼法制委員會主任委員）和彭澤民（中央人民政府委員會委員）；羅瑞卿則是後來獲任此職。10月21日，政務院政法委員會舉行第一次會議，董必武解說政法委任務，彭真也發言：「政法委員會是個指導機構，又是個議事和執行機關，同意會上所議，馬上起草條例，臨時分成幾個組開展工作」。[2]

　　中共中央為了在政法領域施行和貫徹「黨的領導」，也相對應地設置黨的領導機構。政務院內設有三個層級的黨組，分別是：政務院黨組幹事會（周恩

2　《彭真傳》編寫組（下略），《彭真年譜》（北京：中央文獻出版社，2012），第2卷，頁69。

來為書記，董必武、陳雲為副書記），各委分黨組幹事會和各部黨組小組。周恩來宣布政法委員會分黨組人事：書記董必武；幹事依序為彭真、陶希晉（政務院政法委員會秘書長）、謝覺哉（內務部部長）、羅瑞卿、王明、李木庵（司法部副部長）、張曙時（政務院政法委員會委員、法制委員會副主任委員）、烏蘭夫（中央民族事務委員會副主任）。[3]

綜上所言，中共黨國早期政法工作首要領導人是董必武，他之下就是彭真。彭真在政法工作貨真價實的副手地位，還表現在他分工聯繫政法領域第一大部——公安部。在中共政法系統內，公安部門向來具有引領地位，從「公、檢、法」的習慣排序，即可見端倪，這乃從歷史發展過程中形成，中共尚未「進城」前，其控制區內的縣級政權，主要就由縣長、書記和公安局長領導。「進城」後，新生國家政權的當務之急，即保衛其生存，不受內外敵人入侵和顛覆。為維持國內安全和秩序，專門設立公安部，毛澤東親自「點將」羅瑞卿出任部長，並配備高級幹部（軍級的政治委員為局長）。[4]

1949年10月30日，周恩來在全國公安工作高級幹部會議（第一次全國公安會議），對羅瑞卿為首的公安官員表示：「軍隊與保衛部門是政權的主要的兩個支柱。你們是國家安危，繫於一半。國家安危你們擔負了一半的責任，軍隊是備而不用的，你們是天天要用的」。[5]

毛澤東鑑於公安關乎國家安危重任，自薦分管公安工作。他對公安工作極為關切，但不等於他對公安事務不分大小、輕重、緩急，皆緊抓在手；羅瑞卿也不可能事事、頻頻請示毛澤東，以免對之造成干擾。毛澤東為首的黨中央就委託彭真指導幫助公安工作。

中央領導公安工作，彭真居於承上啟下的位置：黨中央有彭真居中進行聯繫，可以確保公安重要情事和問題，在上令下達和下情上傳的雙向過程中不致出現疏漏。毛澤東做出重大決定，彭真協助引導公安部門或按之予以具體指示；毛澤東制定重要公安方針政策、工作布署，也常在彭真領導的北京市先行

3　同上註，頁95-96。

4　嚴佑民，《公安戰線五十年——一位副部長的自述》（北京：群眾出版社，2005），頁149。

5　《羅瑞卿傳》編寫組編，《羅瑞卿傳》（第2版）（北京：當代中國出版社，2007），頁152。

試點、取得經驗，再推廣全國。公安的重要事務，含括重大案件，彭真和羅瑞卿共同商議，如果認為重要而必須向毛澤東報告，即會上報；羅瑞卿欲呈報毛澤東的公安重要文件，經彭真審閱修改後再報送給毛澤東。[6]

　　彭真作為中共中央和公安部之間的連繫者，亦可視為黨中央對此一要害部門施行監督的前沿代表人，可見彭真受到毛澤東的信任和器重。彭真、羅瑞卿因工作之需，可隨時到毛澤東的居所。

　　羅瑞卿在延安時期曾於彭真實際主管的中央黨校參加整風和學習，因而同彭真有「師生之誼」。「進城」以後，羅瑞卿奉命組建公安部並擔任部長，也兼任首都公安局局長一段時間，彭真代表中央負責聯繫公安部、又是北京市負責人，兩人工作關係頻仍密切、配合默契。羅瑞卿對彭真甚表尊重，注意向之請示也重視其意見。彭真指示和交代後，羅瑞卿又能雷厲風行、堅決貫徹，而令其放心。

（二）政法系統整風以強化黨的領導

　　中共建政未滿一年，政法系統出現一次不小的政治風波。1950年6月至8月，董必武和政法委員會領導下，政法部門接連舉行重要會議：公安部召開全國經濟保衛工作會議、全國治安行政工作會議；內務部召開全國民政工作會議；最高人民法院、最高人民檢察署、司法部與法制委員會召開全國司法會議。董必武在籌辦上述會議期間，曾向黨中央提交書面報告，也曾對劉少奇口頭報告。[7]會議進行至一個段落，8月12日，董必武以書面報告形式，綜整會議情況並提出待請中央研議問題，呈送周恩來為首的政務院黨組；8月17日，周恩來批閱後報送中央書記處。[8]

　　然而，毛澤東覺得政府系統特別是政法部門向黨中央（特別其本人）報告

6　李海文、王燕玲編著，《世紀對話——憶新中國法制奠基人彭真》（以下簡稱《世紀對話》）（北京：群眾出版社，2002），頁53、56。

7　《董必武傳》撰寫組，《董必武傳（1886-1975）》（北京：中央文獻出版社，2006），下卷，頁739-740。

8　中共中央文獻研究室、中央檔案館編，《建國以來周恩來文稿》（北京：中央文獻出版社，2008），第3冊，頁165、168。

不周、不及時，他8月初批示政務院文件時已流露不悅。[9]8、9月間，毛澤東對李克農大表對公安部的不滿，認為該部不對其呈送報告。羅瑞卿聞後即趕忙求見毛澤東解釋，表示有寫信報送總理（周恩來）轉呈主席（毛澤東）。毛澤東交代羅瑞卿之後必須直接呈送報告予之。周恩來知曉此事後向毛澤東說明：「公安部的一些報告，壓在我那裡，未及時呈送給主席」。[10]毛澤東並未因此釋懷。

　　9月13日，毛澤東致信周恩來批評政法系統各部門，除了民族事務委員會以外，「其餘各部門，一年之久，幹了些什麼事，推行的是些什麼方針政策，誰也不知道，是何原因，請查詢」。他還要周恩來「請作一總檢查，並加督促」。[11]周氏當晚即予回信解釋，也主動承擔責任。[12]毛澤東對政法系統的不快，也從中表露，覺得董必武主持的政法工作對之「通氣」不夠。

　　面對毛澤東的質問，董必武為首的政法領導人不可能無動於衷。9月17日，政務院政法委員會分黨組舉行第七次幹事會，「檢討過去執行報告制度和討論政法各部門的整風工作的情況」。董必武在次日向周恩來報告會議情況；[13]彭真則代董必武草擬呈報黨中央的書面報告：

> 　　我們過去以為負擔政府部門的工作報告政務院，黨內由分黨組報告政務院黨組就夠了，不知道黨組是保證黨的政策的實行，決定政策是黨的中央。黨員在政府中做負責工作，不僅應向政府和政府的黨組作報告，並應向主席和中央報告，以致造成錯誤。

　　此次政法委分黨組幹事會決定：「今後凡有關全國性的重大問題，均應及時專題呈報毛主席、黨中央和黨組，並盡可能向主席和中央各負責同志作口頭報告；同時決定把報告制度作為『政法各部門整風之一項，期能克服這種錯

9　中共中央文獻研究室編，《毛澤東年譜（1949-1976）》（北京：中央文獻出版社，2013），第1卷，頁170-171。

10　《羅瑞卿傳》編寫組編，《羅瑞卿傳》，頁160。

11　中共中央文獻研究室編，《毛澤東年譜（1949-1976）》，第1卷，頁190。

12　中共中央文獻研究室、中央檔案館編，《建國以來周恩來文稿》，第3冊，頁292。

13　《董必武年譜》編纂組，《董必武年譜》（北京：中央文獻出版社，1991），頁381。

誤』」。[14]

6、7年前，彭真是延安整風運動的一名主要執行者，深諳整風之道和其政治精髓——體認、深信並堅持、貫徹以毛澤東為最高核心的黨的一元化領導。這是當時在重慶南方局工作的董必武，所不能比和有所欠缺之處。毛澤東的9月來信批評和隨之而來的政法部門整風，在一定程度上也可看做是董必武的整風「補課」。

另外，羅瑞卿將公安部此前召開的全國經濟保衛工作會議總結，呈報毛澤東。羅氏主持起草的此一會議總結，其中數處原有述及黨的領導，被「一位較負責的同志」刪去。[15]9月27日，毛澤東批示：他僅同意其中的一處修改而已，其餘地方，「原稿是對的，刪改是不對的，均應恢復原稿。保衛工作必須特別強調黨的領導作用，並在實際上受黨委直接領導，否則是危險的」。[16]

毛澤東這一批示的傳送對象，是「劉（少奇）、周（恩來）閱後交羅瑞卿同志」，董必武也在其列。[17]至於當初到底是哪「一位較負責的同志」刪去羅氏會議總結原稿中有關黨的領導文字，是政法系統主持人董必武，還是政務院最高首長周恩來，抑或是在黨中央把關的劉少奇，不得而知。但是可以清楚看出：毛澤東堅持公安保衛以至整個政法工作，必須強調並堅持黨的領導、接受黨委領導。彭真和羅瑞卿將此奉為圭臬、始終不渝。

二、參與「鎮反」決策和指揮

（一）促進「鎮反」決策與草擬發動文件

1950年5月8日，彭真致信周恩來並轉呈毛澤東，報告政務院政法委員會在察哈爾宣化、河北唐山的司法調查結果。他指稱：「在正確地糾正了『亂打亂殺』的偏向之後，現在不少地方寬大政策又偏差到『寬大無邊』，寬大到『滅

---

14 《彭真年譜》，第2卷，頁134-135。

15 《羅瑞卿傳》編寫組編，《羅瑞卿傳》，頁160。

16 中共中央文獻研究室編，《建國以來毛澤東文稿》（北京：中央文獻出版社，1997），第1冊，頁535。

17 中共中央文獻研究室編，《毛澤東年譜（1949-1976）》，第1卷，頁198。

自己志氣，長匪特威風」，寬大到助長匪特氣焰，脫離人民大眾的程度了」。

　　彭真列舉數例後表示：「新區、半老區群眾」眼見「匪特分子氣焰張揚」，「竟採兩面應付辦法」，甚至有些村幹部擔心遭殃而知情不報。群眾因而對政府的清匪除奸號召，「認為是空話，報之以極冷談的態度」。[18]他強調：「在正確地糾正了『左』的偏向之後，現在不少地方又偏到『寬大無邊』」，「需要用很大力量加以糾正」。[19]彭真的報告「對此後鎮反運動的形成頗有影響」，既推動政務院、最高人民法院聯合頒布〈關於鎮壓反革命活動的指示〉（7月23日），更成為入秋後中共全面開展「鎮反」運動的一項重要根據。[20]

　　1950年6月，韓戰爆發。隨著戰事北移，中共決心參戰。在此政治背景下，毛澤東、劉少奇認為朝鮮戰爭砲聲正可掩蓋國內對各式「反革命」的砍伐之聲，實是千載難逢之機。10月9日，毛澤東命令彭真、羅瑞卿起草發起「鎮反」運動的指示，毛氏隔日凌晨收到草稿並修改後，早晨旋即發送全黨。這即是〈中共中央關於鎮壓反革命活動的指示〉（「雙十指示」）。彭真21日在第二次全國公安會議上對此評論「毛主席這樣重視，抓得這樣緊」。[21]

　　「雙十指示」內容要義是：針對「有不少幹部和黨委」，因「驕傲輕敵思想」或「受了腐朽的自由主義思想的影響」，而未能妥當釐清「統一戰線中的反對關門主義問題」和「對敵鬥爭中堅決鎮壓反革命活動問題」，誤相混淆「正確的嚴厲鎮壓反革命活動與亂打亂殺」，並誤解「鎮壓與寬大相結合」政策為「片面的寬大」，以致在「鎮反」上出現「嚴重的右的偏向」，引發民眾抱怨「寬大無邊」、「有天無法」。為克服此一偏向，各級黨委「應即領導與督促主管部門」（公安、檢察負責反革命案件檢查，法院或軍管會軍法處負責審判），針對「當殺者，應即判處死刑。當監禁和改造者，應即逮捕監禁，加以改造」。

　　各級黨委應加強對「人民民主專政的重要武器」（法院、檢察、公安機

18　楊奎松，〈新中國「鎮壓反革命」運動研究〉，《史學月刊》，2006年第1期，頁47。

19　《彭真年譜》，第2卷，頁114。

20　楊奎松，〈新中國「鎮壓反革命」運動研究〉，《史學月刊》，頁47。

21　《羅瑞卿傳》編寫組編，《羅瑞卿傳》，頁159。第九次全國公安會議秘書處，《公安會議文件選編（1949.10-1957.9）》（北京，1958），頁37。

關）的領導，訂定執行「鎮反」工作計畫，並定時向中央和上級報告。[22]

（二）經常代行董氏職權並擔任「鎮反」指揮要員

　　「鎮反」運動在「雙十指示」發出後正式啟動，中共中央在同月召開第二次全國公安會議，10月21日，彭真出席告知各路公安幹將：當前「鎮反」重心是反對普遍性的「右」，即下不了手、縱容敵人而助長其氣焰。他也不忘以延安整風審幹誤傷同志為例，提醒聽眾的眼角餘光也要留意提防「左」（濫殺無赦），以免「沖淡」成績。最後強調黨（委）在運動執行中的領導地位，公安部門也要主動向黨委彙報工作、尋求指示。[23]

　　如前所述，9月毛澤東批評政法系統對之通報不夠，並導致政法部門開展整風，以及他在羅瑞卿全國經濟保衛工作會議總結的批示強調「黨的領導作用」，想必皆為彭真注意。堅持黨的領導是彭真領導政法貫穿各個時期自始至終的核心主張。彭真對之堅持的強硬程度，以及按此對人的嚴厲判度，使他成為黨中央長期坐鎮、看管政法領域的監護人。違之者，難可善了，逆之者，更無倖存。

　　「雙十指示」的形成過程和第二次全國公安會議，只見彭真、羅瑞卿而無董必武。實質扛負執行「鎮反」重責的政法領導人，亦是彭真而非董必武，可見於董氏請假休養，以及彭真代理其職。

　　11月6日，董必武因健康不佳請示中共中央批准休養，他表示：在其休養期間，政法委員會及政法分黨組幹事會的工作，均擬由彭真副主任代行。[24]事實上，董必武不過是體認和陳述既定的現實。

　　彭真也果斷行使政法委和其分黨組的領導之權：11月9日主持政務院政法分黨組第八次幹事會，討論政法委機關、政法各部門冬季工作計畫，也論及為「鎮反」運動量身訂制法律。15日主持政務院政法委員會第八次委員會議，聽取羅瑞卿報告各地「鎮反」執行情況，會議也決定公安部、法制委員會指定專

22　〈中共中央關於鎮壓反革命活動的指示〉，中央檔案館、中共中央文獻研究室編，《中共中央文件選集（1949年10月-1966年5月）》（北京：人民出版社，2013），第4冊，頁158-161。

23　第九次全國公安會議秘書處，《公安會議文件選編（1949.10-1957.9）》，頁37-39。

24　《董必武年譜》編纂組，《董必武年譜》，頁384。

人起草「鎮反」相關法律。[25]彭真在同年底也在首都積極推進「鎮反」運動
（後面將敘及），並在細密調查研究的基礎上，迅速嚴厲打擊「一貫道」勢
力。[26]

　　1951年1月至4月，經黨中央批准，董必武繼續休息。[27]等同董氏完全缺席
「鎮反」運動步入升溫和整個高峰階段。

　　毛澤東顯然想進一步強化彭真領導政法工作的角色。1951年1月7日，毛澤
東決定派羅瑞卿外出考察各地「鎮反」情況；政法委員會及其分黨組的工作均
由彭真主管。[28]羅氏外出視察期間（1月22日至3月20日），公安部工作也交由
彭真直接代管。約此之時，黨中央也指示調整政法委員會分黨組幹事會，讓彭
真、羅瑞卿從原本的幹事升為副書記，明確地作為分黨組書記董必武的副
手。[29]

三、提供「法律武器」

（一）《懲治反革命條例》制定過程

　　「雙十指示」並無規定懲治反革命的具體標準，僅要求各地「依照中央人
民政府政務院公布的懲治反革命條例加以鎮壓」。具體主持起草《中華人民共
和國懲治反革命條例》任務，中共中央交予彭真負責，從1950年11月9日他開
始主持起草，至1951年2月21日正式公布為止，歷時約百日。

　　彭真主持起草《懲治反革命條例》過程中，注意吸取黨內上級意見。例
如：不列入處理戰犯，以及非以反革命為目的之投機犯和一般不法分子的內容
（劉少奇、周恩來的意見）；[30]以軍事法庭審案，免得組織人民革命法庭並須

25　《彭真年譜》，第2卷，頁142、144。

26　王漢斌口述、韓勤英訪問，〈在彭真身邊工作二十五年的片段回憶〉，《中共黨史研究》，
　　2012年第10期，頁69。《彭真年譜》，第2卷，頁148。

27　《董必武年譜》編纂組，《董必武年譜》，頁385。

28　《彭真年譜》，第2卷，頁154。

29　《董必武年譜》編纂組，《董必武年譜》，頁385。

30　王玉強，〈劉少奇與新中國成立初期的鎮壓反革命運動〉（2014年11月27日），中共中央黨

待之審判的麻煩，且能達致「簡單有力」效果（劉少奇致信毛澤東，獲之同意）。[31]彭真起草《條例》時，也注意綜合、彙整地方「鎮反」的實踐經驗，其中當然包含他自己在北京市訂定的「判處死刑的標準」。[32]

《懲治反革命條例》從草擬到最後變成國家法律的政治過程，乃經過政務院政法委員會討論通過，然後再呈交政務院討論批准。政法委員會委員周鯨文（中國民主同盟籍）在8年後回憶：討論時至多「提出一些字句間的修改意見」，因為「真實內容和計畫完全由共產黨決定和實施」。[33]

1951年2月20日，彭真在中央政府會議專門針對這一《條例》作說明，即〈關於鎮壓反革命和懲治反革命條例問題的報告〉，明言是針對並糾正「鎮反」工作存在「不夠堅決，優柔寡斷，軟弱無能」的縱容偏向。亦說明《條例》制定動機是給鎮反「法律武器」、給審判量刑標準，並為克服右和「左」偏向；另也交代審議歷程：政務院政法委草擬條例草案，經政務院第71次政務會議通過，現提請中央人民政府委員會審查批准。

彭真最後表示：「為了使幹部容易掌握這個條例，我們在起草的時候，力求既能解決問題，又力避龐雜、煩瑣，因此寫得比較簡要概括」。[34]

2月20日，中央人民政府委員會第十一次會議批准，《懲治反革命條例》在21日正式頒布。

毛澤東看來很滿意彭真2月20日報告，將之明列在各地黨委安排黨員幹部、黨外人士必須學習的三項「鎮反」文件，即彭真上述口頭報告、《條例》本身和《人民日報》社論〈為什麼必須堅決鎮壓反革命〉（1951年2月20日）。毛澤東指示藉此：「務使鎮壓反革命問題在全黨及全國人民中獲得正確的了解，批評各種錯誤的思想，以達堅決徹底地鎮壓反革命的目的」。不久，

史和文獻研究院：https://www.dswxyjy.org.cn/BIG5/n1/2019/0228/c423727-30922173.html（2021年11月20日登入）。

31 中共中央文獻研究室、中央檔案館編，《建國以來劉少奇文稿》（北京：中央文獻出版社，2005），第3冊，頁53-54。

32 《彭真傳》編寫組（下略），《彭真傳》（北京：中央文獻出版社，2012），第2卷，頁678。

33 周鯨文，《風暴十年：中國紅色政權的真面貌》（以下簡稱《風暴十年》）（香港：時代批評社，1959），頁179-180。

34 彭真，《論新中國的政法工作》（北京：中央文獻出版社，1992），頁17-18。

毛澤東的「鎮反」必學文件，從三篇變成四篇，另添司法部長史良寫的〈堅決正確鎮壓一切反革命活動〉，期以藉由她的「民主人士」身分，「說服那些存有錯誤思想的社會人士及膽怯的人們」。[35]

（二）將「鎮反」納入法制軌道或大開方便之門？

1951年2月22日，《人民日報》頭版公布的《中華人民共和國懲治反革命條例》，內有21條，首先說明法源根據是中國人民政治協商會議共同綱領第7條（第1條），並明定：「凡以推翻人民民主政權，破壞人民民主事業為目的之各種反革命罪犯，皆依本條例治罪」（第2條）。從第3條到第13條，簡文規定可判處死刑的各種反革命罪犯及其犯行種類。

此一《條例》雖也載有「得酌情從輕、減輕或免予處刑」的條款（第14條），以及規定「對反革命罪犯，任何人均有向人民政府揭發、密告之權，但不得挾嫌誣告」（第19條）。根本蓋不住滿紙濃濃的殺氣。

「鎮反」直至「文革」前長期任職公安部、「改革開放」時期曾任部長的劉復之，對《懲治反革命條例》高度評價：「根據鎮壓與寬大相結合，即『首惡者必辦，脅從者不問，立功者受獎』的政策，規定了處理反革命案件的原則和方法」。他接著覆述彭真所言的使「鎮反」配置「法律武器和量刑標準」，從而保證「運動健康地深入發展」。[36]彭真官方傳記宣稱：此乃彭真主持起草的首部法律。更聲稱：其之「頒布執行，把全國的鎮壓反革命運動納入了法制的軌道」。[37]

然而，有論者提供截然不同的觀點，認為此一《條例》為各地大開殺戒大開其道，或是稱之如同具文、根本讓位於群眾運動。

毛澤東為了督促、升溫「鎮反」運動，高喊「大殺幾批」，更具體對各地提出處決人數指標，甚至要求按人口比例的0.5‰進行開釗。各地黨委和公安對於毛澤東下達的中央殺令，一開始未能劍及履及、迅速響應；相反地，一度顯得有所猶疑、躊躇。之所以如此，除了鑑於過去揮刀大殺曾被糾舉的教訓，

---

35 中共中央文獻研究室編，《毛澤東年譜（1949-1976）》，第1卷，頁305-306、309。

36 劉復之，《劉復之回憶錄》（北京：中央文獻出版社，2010），頁148。

37 《彭真傳》，第2卷，頁681。

以及基於統戰工作、穩定階級關係的需要，思想上受縛於國民黨的《六法》觀念，例如：「已遂」、「未遂」相關的量刑尺度。恐也是箇中要因。[38]

1950年10月21日，彭真在第二次全國公安會議上表示：「特務間諜，我們從來是講證據，根本沒有講過已遂未遂的問題」。[39]恐怕不是無的放矢，而可能正是意在排除下級幹部欲從嚴論刑、但擔心是否符合一般通行法理的疑慮。

中共中央為了讓各地黨人和公安得以較輕易地定人死罪，因而必須另定一套統一標準，令之不再思想受限、心理受制於前朝「舊法」，[40]重新配備一副彭真所言的「法律武器」──《懲治反革命條例》，可以讓執法者如獲一根「如意金箍棒」，可隨意伸縮、升降尺度，針對心中認定的「反革命」，殺得他或她無所遁形、措手不及。周鯨文表示：「我絕未想到這個文件就是共產黨實行大屠殺的法令根據」，「過後想起當時雖是掛名委員，被共產黨利用，但是內心自問還有隱痛的」。[41]

中國大陸史家評道：「《條例》根據毛澤東要『大殺』人犯的指示精神，為了使地方上能夠放開手腳，有意使對『反革命罪』的解釋變得相當寬泛，所規定的處刑標準掌握起來更是有相當的自由度」；「根本上否定了『已遂』、『未遂』的概念」；有關「該殺不該殺」的諸多取決標準和罪名，卻並無具體的解釋。[42]

同一史家另也表示：中共推行的「鎮反」，乃與後來的「三反」、「五反」等群眾運動無異，都是「靠人治，不靠法制」，因為在運動掀起後「才來考慮打擊面大小和政策標準問題」並頒布相關條例（無配套法律參照，僅是簡單原則），實際的定案審判，主要是各級黨政官員自行掌握政策，而非靠法院。[43]

中共政法老幹部後來亦不諱言地指出：「鎮反」根本上仍以「革命戰爭時期打仗的辦法、群眾運動的辦法來代替運用法律的辦法」行之；縱使有《懲治

38 楊奎松，〈新中國「鎮壓反革命」運動研究〉，《史學月刊》，頁52。
39 第九次全國公安會議秘書處，《公安會議文件選編（1949.10-1957.9）》，頁39。
40 楊奎松，〈新中國「鎮壓反革命」運動研究〉，《史學月刊》，頁52。
41 周鯨文，《風暴十年》，頁180。
42 楊奎松，〈新中國「鎮壓反革命」運動研究〉，《史學月刊》，頁52。
43 楊奎松，《談往閱今》（北京：九州出版社，2012），頁183。

反革命條例》出臺，其都僅「是些實體性的不易掌握的原則規定，沒有任何程序性的規定，所以大規模鎮壓反革命運動實際上處於無法可依的狀態」。亦即該法是形有實無。具體言之，「鎮反」運動「完全靠中央文件和最高領導人、主要是毛澤東的指示辦事」。毛澤東「在捕、殺人問題上，下指標、定任務、定時間，主觀臆斷，急於求成，不斷地發出指示，要求某地、某時必須逮捕多少人、必須殺多少人」；「捕人、殺人批准許可權」也被他「給下放了」。[44]

此外，彭真監製而成的《懲治反革命條例》，其中明指追究「解放前」的「反革命」活動與行徑，也提到：「本條例施行以前的反革命罪犯，亦適用本條例之規定」（第18條）。有論者表示此乃「確立了溯及既往原則」。[45]後文可以看到：就彭真看來，「不究既往」乃屬他欲去之而後快的「舊法觀點」，在「鎮反」實務上，當然無須受其限制和攪擾。

《懲治反革命條例》亦「確立了類推制度」，因為其規定：「以反革命為目的之其他罪犯未經本條例規定者，得比照本條例類似之罪處刑」（第16條）。[46]

《條例》具有「溯及既往」、「類推」等規定和精神，皆使得「鎮反」強力推行時，其鋪天蓋地的「法網」不但盡可能地密實無漏，定罪的邊界也可擴延浮動。

四、首都「鎮反」逐步升溫

（一）運動初期榮獲讚揚（1950年11月）

中央發出「雙十指示」後，彭真在北京市聞風而動、絕無怠惰，一邊積極執行，一邊總結上報。1950年11月19日，彭真簽發〈中共北京市委關於鎮壓反革命活動的工作情況及今後計畫向中央、華北局的請示報告〉。[47]

彭真市委首先向黨中央報告：「解放」以來首都殺（105名）、關（3,913

44　尹曙生，〈毛澤東與第三次全國公安會議〉，《炎黃春秋》，頁2-3。
45　黃鐘，〈第一次鎮反運動考察〉，《炎黃春秋》，2014年第12期，頁41。
46　同上註。
47　《彭真年譜》，第2卷，頁145。

人）、管（6,618名）情形，並且自評：「保衛了首都人民各機關首長、民主人士、國際友人，各機關、工廠、學校的安全；保證了生產建設的順利進行」。[48]

　　彭真市委自認：「過去我們是基本上執行了中央所規定的鎮壓與寬大相結合的政策」，正確地要求實行「打得又『準』又『穩』又『狠』的方針」。並強調：「北京市過去對於反革命一般是比較穩但又是比較狠的，主要的就是因為對一切重要反革命的偵逮與判處，都打準了」。

　　在「鎮壓反革命」的目標順序和方法上，彭真市委自認有序、有方，處理有「主次先後」：依序是特務（其中又是「先上後下，先大後小，先武後文，先行動後情報」），反動黨團，再來是各種反動封建勢力（流氓、妓院老闆、「一貫道」、盜墓匪等）。在工作方法上，先從個別下手（逮捕、秘密自首、控制、偵捕），「搜集材料，弄清組織」，緊接再「公開號召，大量登記」。彭真等市委領導人認為如上行之，「既能徹底消滅反革命，又不至引起社會波動」。

　　彭真擺出首都成績以後，不敢過於居功，強調「主要由於主席、中央、華北局的直接督促與領導」，再加上首都是「內外敵人進行破壞的主要目標」，只能兢兢業業、小心為之。彭真及市委甚至自承「還是有不少缺點」：「一個時候狠得不夠，即該殺的未及時殺」；「取締封建會道門尚不夠徹底」；外國反革命分子，「只辦了很小一部分」；鎮壓反革命的宣傳，「作得太少，也作得不好」。在擊破向來猖獗的反革命謠言工作上，「直到最近才充分重視起來」；看押犯人有時鬆懈、警惕不夠；管制工作曾方法簡單、區別不夠。最後強調：「所有這些缺點，雖然有若干已經糾正了，但仍須依據中央指示的精神，作迅速徹底的糾正」。

　　關於當前北京市「鎮反」工作重點，彭真市委認為是「清理黨特案犯，處理外國間諜特務及反動道會門等」，並表示：「北京在過去已經殺了一批，今後雖不必簡單強調多殺，但在押的犯人中仍有不少反革命頭子，需要處決」，為此擬定八條「判處死刑的標準」。依此標準，「在押犯人約有45人須處死

48　北京市檔案館、中共北京市委黨史研究室編，《北京市重要文獻選編（1950年）》（北京：中國檔案出版社，2001），頁509-510。

刑，此外有證據尚未逮捕者估計尚有一批須處死刑，擬分批、分期執行」。另外，針對「需要判處無期徒刑，有期徒刑，勞動改造者，擬定標準後另行報告」。[49]

　　三天以後（11月22日），毛澤東在彭真、市委報告上批示「北京市委的報告很好」，還以中央名義轉發各中央局並轉所屬分局、省委、大市委、區黨委。毛澤東又覆文北京市委表示：「報告收到，內容甚好，望即照此執行，並望華北局轉發華北各省委市委參照辦理」。[50]

　　彭真此一階段在北京市的「鎮反」做法，除了受到毛澤東稱好而轉發各地黨委參考，其對「鎮反」全局影響還在於：他受中央委託制定《懲治反革命條例》時，即以北京市自擬的八條「判處死刑的標準」為底。

（二）再獲表揚並得民意包裝（1951年2月）

　　1951年1月中旬以後，由於韓戰發展頗為順利，毛澤東轉而將注意力放在發動已約有百日的「鎮反」運動，希望打破其緩步進展局面。1月17日，毛澤東大為嘉許湘西剿匪報告（處決四千六百餘人，並準備再處決一批），批示傳閱並強調：「如果我們優柔寡斷，姑息養奸，則將遺禍人民，脫離群眾」；「特別是那些土匪猖獗，惡霸甚多，特務集中的地方要大殺幾批」。[51]劉復之評道：「毛主席這個批示對全國範圍內的鎮反運動起到了極大的推動作用，使許多地方受到極大觸動而猛醒。從這時開始，鎮反運動才真正進入高潮」。[52]

　　1951年2月中旬，毛澤東主持召開中央政治局擴大會議，各地中央局負責人參加，「鎮反」在議程之列。14日，毛澤東表示：「肅反工作去年是準備『寬大無邊』，今年則是『寬大有邊』，當然不是『鎮壓無邊』，肅反有外層、中層、內層，也應有兩年計畫。目前著重搞外層」。18日，他起草並主持通過的〈中共中央政治局擴大會議決議要點〉提到：「判處死刑一般須經過群眾，並使民主人士與聞。嚴密控制，不要亂，不要錯。謹慎地清理舊人員及新知識分子中暗藏的反革命分子。謹慎地清理侵入黨內的反革命分子，十分加強

49　同上註，頁511-513。

50　《彭真年譜》，第2卷，頁145。

51　楊奎松，〈新中國「鎮壓反革命」運動研究〉，《史學月刊》，頁51。

52　劉復之，《劉復之回憶錄》，頁146。

保密工作」。[53]另外，「還要向幹部做教育，並給幹部撐腰」。[54]

　　毛澤東提到「肅反」、「鎮壓」「目前著重搞外層」，如何具體推進運動？其方法之一就是尋找運動標兵，並以之為範例帶動全局發展。彭真用心經營、領導的北京市運動經驗，為之肯定並選中。彭真迅速掌握毛澤東對「鎮反」的最新設想和要求，即處死「反革命」「一般地要經過群眾，有些案犯的判決要使民主人士與聞」。他在北京市的「巧思」和「發明」是：利用地方民意機關和代表，並廣邀各方面代表人士（包含黨外）參加，共商討論罪達死刑的重大案件。其可見於：2月22日（《懲治反革命條例》公布的次日），彭真審閱簽發的北京市委〈關於鎮壓反革命的情況及近期計畫向中央、華北局的報告〉。[55]

　　在這一報告裏，彭真市委將現已逮捕查清、擬即分批處決的罪犯，分作9類，人數共約1,300名。連同先前已處決者（224名），總數共約1,500人。[56]這明顯不同於去年11月19日彭真簽發報送的北京市「鎮反」〈請示報告〉，當時還提「今後雖不必簡單強調多殺」。如此可看做是彭真響應毛澤東最新「大殺幾批」號召，而在北京市制定的相應計畫。

　　關於執行死刑的詳細時間表和流程規劃，彭真提交中央的方案是：

　　　　第一批處決350名，擬於3月15日以前執行，第二批750名，擬於3月底至4月半執行，屆時擬先召集區以上各級人民代表會議的代表和各大工廠、大學校、各民主黨派、人民團體的代表開一次會，報告反革命活動情況及各種罪行和犯罪證據，提高大家對反革命的仇恨，然後再分批執行。

　　他最後提出：「尚有一大批該殺的」（包括正在審訊中或已被鎖定而尚未逮捕者），為數約300名，「擬弄清後放在下一期計畫中去處理」。[57]

53　中共中央文獻研究室編，《毛澤東年譜（1949-1976）》，第1卷，頁302-304。
54　《彭真年譜》，第2卷，頁160。
55　同上註，頁163、165。
56　北京市檔案館、中共北京市委黨史研究室編，《北京市重要文獻選編（1951年）》（北京：中國檔案出版社，2001），頁101-102。
57　同上註，頁102。

　　毛澤東甚為滿意彭真的北京市「鎮反」計畫，除了吻合其欲對「反革命」「大殺幾批」的脾胃，更因為彭真提出具體實踐「經過群眾，並使民主人士與聞」的方法。2月25日，毛澤東覺得國內重要城市「鎮反」「不能再遲了」，將之批轉給各地黨委「研究仿辦」，並強調「各地都應這樣做」。[58]

　　2月底北京市召開第三屆第一次各界人民代表會議，彭真接替聶榮臻當選市長，也獲選為市人民代表會議協商委員會主席，在北京市真正形成黨政一把抓的地位。堅決「鎮壓反革命」即是彭真上任市長新官後的一把火，他也充分利用首都人民代表會議（會前已向中央報告其規劃），為當地「鎮反」增材添薪。

　　彭真在26日會議開幕講話提出首都今年度8項工作，「鎮反」是僅次「抗美援朝運動」的第二項，先於建設民主政權、改組社會經濟、發展教育、市政建設、房屋問題和醫療。[59]他還想藉由這次人民代表會議，為「鎮反」抹上一層有強烈民意支撐的外衣，以便爾後運動可以仗著民意行事。會議先由公安局副局長馮基平大講「反革命」敵情如何嚴重和京畿「鎮反」績效，再提請會議在28日結束以前慎重其事地通過一紙〈關於鎮壓反革命的決議〉。

　　彭真有了北京市新一屆人民代表會議的授權，即進一步執行22日由他審閱簽發的市委「鎮反」報告。

（三）逮捕行動與社論宣傳（1951年3月上中旬）

　　3月7日，北京市以迅雷不及掩耳的速度緊急逮捕一大批「反革命」重犯，人數達到1,050人。[60]3月10日，彭真在北京市幹部訓練班上報告1951年的工作任務，他針對「鎮反」表示：「北京市最近又抓了一批反革命分子，準備把人證物證供詞擺出來，由市協商委員會和市府委員會研究後，召集市、區代表及工廠、學校、工商界代表來討論」。彭真在首都帶有「創意」地力行「鎮反」的同時，也經由黨中央機關報，向全黨、全國介紹和推銷首都「鎮反」經驗。3月11日凌晨，他審閱《人民日報》當天頭版首頁的「鎮反」社論，以及北京

58　中共中央文獻研究室編，《毛澤東年譜（1949-1976）》，第1卷，頁306。

59　北京市檔案館、中共北京市委黨史研究室編，《北京市重要文獻選編（1951年）》，頁104。

60　楊奎松，〈新中國「鎮壓反革命」運動研究〉，《史學月刊》，頁53。

市重大「鎮反」出擊行動。[61]

　　彭真透過社論〈逮捕反革命分子歸案法辦〉，介紹市公安局如何順承民意（尤其是該市各界人民代表會議），依法進行逮捕。彭真審定的社論繼而將首都逮捕對象分作三類：歷史上「罪大惡極的首惡分子」，「利用人民政府的寬大政策，迄今仍怙惡不悛的現行犯」，以及「打入我各機關為美蔣刺探機密的間諜或進行其他破壞的特務，或者組織匪徒企圖實行武裝暴亂的武裝匪徒」。社論強調萬不可對之麻木不仁，而要嚴厲施予「殺、關、管」──「該槍斃的就要槍斃，該監禁的就要監禁，該管制的就要管制」。

　　社論還指出：「尤其應該引起我們高度警惕的是混入我們的政府部門和機關、團體、工廠中的反革命分子」，並援引史達林（Joseph Stalin，中國大陸譯為斯大林）的《聯共黨史》警句「堡壘是最容易從內部攻破的」。社論尾聲號召各地應以北京市為榜樣，「採取這樣堅決的嚴厲的措施」：「使得我們由無數先烈在敵人屠刀下拋頭顱灑熱血換來的自由幸福生活，不會被這些萬惡餘孽所破壞」。

　　在同一版上關於市公安局逮捕一批反革命分子的報導，則直接點了25位「反革命分子」並一一簡述其重大罪行，以示罪證確鑿、死有餘辜，以及首都公安替天行道、為民除害。

五、首都「鎮反」公審大殺

（一）舉行公審、集中處決與連獲表揚（1951年3月中旬）

　　3月15日下午，彭真召開北京市各界人民代表會議協商委員會擴大會議。與會者180人，包括：市協商委員會委員、市政府委員及市府各局處負責人、各區協商委員會主席、民主黨派、宗教界、少數民族、工商業和重要工廠、大學代表。彭真主持會議並講話，直接負責執行北京市「鎮反」工作的要角──公安部部長兼市公安局局長的羅瑞卿、市軍事管制委員會軍法處處長王斐然，也都出席報告。

事實上，整場會議都是彭真精心設計和引導掌握。會議具體情形和與會者反應，可見於五天以後（3月20日）彭真市委向黨中央上呈的會議情況報告。

羅瑞卿首先在會上做一個集中「典型案卷和典型罪犯」的報告，用心選擇、密集呈現所謂首惡、怙惡不悛並仍繼續為非作歹的反革命分子、反動會道門頭子、惡霸、慣匪的嚴重犯行。彭真市委對之佳評：「這個報告實際上是一篇對於反革命分子的控訴狀，雖然道理講得少，卻具有無可爭辯的說服力」。再加上，會上同時輔以「反革命罪犯的罪證」（實物及典型案卷）的陳列展覽，產生極佳效果，「大大激發了到會代表對反革命分子的仇恨」。[62]

會議從下午一直開到晚上，與會者的情緒被調動得激昂、熱烈，對會上列舉推出的「反革命」重刑犯，一致喊殺，甚至主張施用絞刑、飽以子彈。自彭真看來，以上主張雖流於偏激，實是「一種可貴的熱情」，表現出對「反革命分子」的「強烈仇恨」，也為政府「鎮反」措施增加聲勢。官方見好就收，進而煞有其事地反過來勸說這些被「革命義憤」沖昏頭的各界代表人士「按政策辦事」，藉以彰顯黨國執行「鎮反」政策的「穩當持重」。[63]

另外，彭真市委還等同做了一筆穩賺不賠的政治生意：將本已決定要處以極刑的「反革命」重犯及其惡行，在會上展示一番，再狀似誠摯地邀請各界人士參與問案並向之垂詢意見，如此實不影響原有處死結論而出現「讓煮熟的鴨子飛了」的情形。但是中共經此過程博取「民主」、「重視人命」美名，也贏得與會者好感：「在中央領導之下，首都的領導也是強的，在執行政策上又一向是慎重的，相信我們不會搞亂」。[64]

彭真在擴大會議尾聲，做一個精簡但富有群眾感染力的演講。彭真一開頭同與會代表之間一問一答、有來有往，好不熱鬧。彭真問道：羅局長報告揭露並遭公眾控訴的這批壞人該如何處置？聽眾席上答道：「槍斃！」彭真又問對之應否寬大，聽到的答覆是「不應該」。彭真再問將之槍斃算否殘忍，得到回應是「不是殘忍」。他繼而追問「鎮反」殺敵對否，代表們不但高呼認同，更

---

62 〈中共北京市委關於北京市協商委員會擴大會議討論鎮壓反革命問題的情況向中央、華北局的報告〉，北京市檔案館、中共北京市委黨史研究室編，《北京市重要文獻選編（1951年）》，頁275。

63 同上註，頁275-276。

64 同上註，頁277。

湧現「擁護人民政府堅決鎮壓反革命」、「擁護彭市長」、「毛主席萬歲」的口號聲。

彭真回覆感謝眾人對政府的信任，並稱：「我們是大家選舉出來的，是大家委派的。我們是大家的勤務員，我們是在毛主席領導下的人民勤務員。你們大家要辦的事，我們一定辦，你們不贊成辦的事，我們一定不辦」。由此又引起一陣「擁護市人民政府」、「人民政府萬歲」的呼聲。

彭真表示：「鎮反」的標準是「反革命分子」的犯罪事實和政府頒布的《懲治反革命條例》，「通通依法治罪」；「既然都一致主張鎮壓，明天法庭就宣判、執行」。他話語未畢，會場上的各界代表歡呼不已，掌聲經久不息。其接著說：「請大家回去告訴曾受特務匪徒殘害的苦主們，我們一定給他們報仇恨」。聽眾席上更發出此起彼落的「擁護人民政府」、「毛主席萬歲」的口號聲。[65]

彭真市委總評：「這個會開得很成功，在殺人問題上獲得了各階層人民代表的支持，因此也提高了幹部的信心。事實證明這樣的動員性質的代表性質的會議的確可以解決殺不下去的困難，並減少不必要的波動」。

毛澤東很欣賞彭真在首都的「鎮反」傑作，3月27日在北京市委報告批示：「北京的辦法很好，請你們均照這樣做。你們如何做的，請寫報告來」。[66]

3月15日的北京市各界人民代表會議協商委員會擴大會議一結束，出席代表的口號聲方歇不久，北京市就一次槍斃58人；連同此數，2月以來共槍斃81人。彭真市委開始動手成批處決其認定的「反革命犯」時，也注意蒐集相關輿情和政治效應，即時於3月18日報送黨中央。其中強調：「鎮反」開殺，乃受

65　彭真，〈在北京市、區人民擴大聯席會議上關於鎮壓反革命的講話〉（1951年3月15日），勞改研究基金會：https://laogairesearch.org/archives/%e5%bd%ad%e7%9c%9f%e5%9c%a8%e5%8c%97%e4%ba%ac%e5%b8%82%e3%80%81%e5%8c%ba%e4%ba%ba%e6%b0%91%e6%89%a9%e5%a4%a7%e8%81%94%e5%b8%ad%e4%bc%9a%e8%ae%ae%e4%b8%8a%e5%85%b3%e4%ba%8e%e9%95%87%e5%8e%8b%e5%8f%8d/?lang=zh-hant（2021年11月15日登入）。

66　〈中共北京市委關於北京市協商委員會擴大會議討論鎮壓反革命問題的情況向中央、華北局的報告〉，北京市檔案館、中共北京市委黨史研究室編，《北京市重要文獻選編（1951年）》，頁274-275。

到「各階層人民普遍擁護」，反映如有：「做得對」、「為人民除暴，大快人心」、「槍斃的都是罪大惡極的」、「這些人早就該殺、該關」，「懲治反革命條例如果早點公布，就可以使人民少受些損失」、「殺得不多，應該再殺」，「要是老寬大，將來誰都犯法了」。一次處決58名人犯時，還允許觀刑，前去觀看的民眾多達40,000人。市委也強調：「反革命分子的氣焰壓下去不少」，潛伏者畏罪自殺有之，也不乏嚇瘋、躲藏和潛逃離京者，甚至還有主動向公安坦白登記的情況。

毛澤東喜聞樂見市委這份報告，特別是「北京人民歡迎鎮反的反映」，3月20日批示各單位「可以看看」。[67]

（二）大會公審、大批槍決與大獲褒獎（1951年3月下旬至4月）

既然3月15日擴大會議見效卓著，彭真乘勝追擊，在3月20日給黨中央報告中提出：規劃在24日舉行更大規模的各界代表集聚的群眾大會（五千多人），以「更有力地開展懲治反革命的宣傳，提高各階層人民對反革命分子的仇恨，使鎮壓反革命成為廣大群眾的普遍要求」，並預定在會後處決約150名的「反革命犯」。[68]

按照彭真既有規劃，3月24日，北京市政府召開市、區各界人民代表會議擴大聯席會議，專論「鎮反」問題，出席人數多達五千五百多人。彭真主持會議並開場致詞，羅瑞卿接續作〈關於徹底肅清反革命破壞活動的報告〉。

羅氏表示「鎮反」工作有成績，也有缺點、錯誤，即是「片面寬大」和「寬大無邊」；緊接著分類列舉各種「反革命分子」，其中皆含實例，指名道姓並說明犯行劣跡。強調為回應沸騰民意，必須堅決對之鎮壓。關於「鎮壓會不會引起恐慌」，羅氏表示：「不久以前處決了58個反革命罪犯以後」，群眾「一致地稱讚政府做得好」，就是「最好的回答」。這名公安大頭子最後要市政府和220萬市民共同行動，「叫那些反革命在我們面前恐慌吧！叫那些反革

67　〈中共北京市委關於北京市各階層人民對鎮壓反革命的反映向中央、華北局的報告〉，北京市檔案館、中共北京市委黨史研究室編，《北京市重要文獻選編（1951年）》，頁271-273。

68　〈中共北京市委關於北京市協商委員會擴大會議討論鎮壓反革命問題的情況向中央、華北局的報告〉，北京市檔案館、中共北京市委黨史研究室編，《北京市重要文獻選編（1951年）》，頁277。

命在我們面前發抖吧！」[69]

十餘名「反革命」重犯被押到會場，由受害者和其家屬17人登台直接控訴，痛斥和哭泣聲震廳堂，最後轉為對現場「反革命」死囚的喊殺聲：「槍斃重要特務！槍斃匪首慣匪！槍斃惡霸！槍斃反動道會門頭子！為人民報仇！為革命烈士報仇！」（《人民日報》，1951年3月25日頭版）彭真最後表示：「這次清理出的案件，公安局和軍法處已經審慎地、反覆地研究過多次。各界人民代表會議和協商委員會也討論過幾次，一切法律手續已經完備，現在大家一致主張鎮壓，法庭明天就宣判、執行」。[70]

彭真市委有意擴大這場五千五百多人大會的宣傳效果：一、安排北京市人民廣播電臺對大會進行現場實況轉播，組織市民當場收聽；中央人民廣播電臺後來也向全國轉播此會實況錄音，各大城廣播電臺進行聯播。二、五千五百多人大會的與會代表，會後到廠、校、居民區加以傳達；處決人犯時，也舉行控訴會。[71]

彭真主導之五千五百多人共襄盛舉的「鎮反」擴大會議結束次日，北京市一口氣槍決199名「反革命罪犯」。這比北京市委3月20日呈報黨中央的原規劃──處決約150名「反革命犯」，還多出四十餘人。這批遭彭真市委「鎮壓」槍斃的199人，其中包括趙仲容（《人民日報》，1951年3月26日頭版）。趙氏曾任國民黨中央青年部副部長、中執委常委，獲選為國府行憲後的立法委員；1949年初，他到北平負責監視傅作義秘密聯絡中共的活動，傅氏降共後反將之扣留。趙氏被俘後堅拒投降中共，終而喪命於「鎮反」。2018年中華民國國防部批准追認趙氏烈士身分，將之入祀台北的國民革命忠烈祠。

彭真在北京市「鎮反」的「大手筆」和「大氣魄」，毛澤東甚為激賞，3月24日指示華東局第一書記饒漱石、上海市委要參考北京市「鎮反」做法，即3月15日「一百多人的小型會議」和24日當天的「五千人的大會」。他並評道：「由北京的經驗看來，民主人士和資產階級是可以取得他們擁護的，只要我們的工作做得好」。3月30日，毛氏以中央之名轉發中南局「鎮反」宣傳文

69 北京市檔案館、中共北京市委黨史研究室編，《北京市重要文獻選編（1951年）》，頁279-284、285、287。

70 《彭真年譜》，第2卷，頁173。

71 《彭真傳》，第2卷，頁688。

件也寫道：「北京天津兩市最近兩星期來大有進步」，誇讚經由「大張旗鼓，廣泛宣傳，普遍揭露」的做法，「使全體人民及各界民主人士均參加鎮反工作，粉碎了神秘主義，小手小腳，畏首畏尾的作風，收效非常之大」。[72]

如同3月中旬做法，彭真在3月24日會散人殺之後，31日向中央呈送報告。開首即表示：「北京市於3月25日大張旗鼓地殺了199名反革命罪犯的結果，收穫很大，反映很好」。接下來具體羅列地方各階層對此的正面迴響和好評，包括：「殺得好，殺得對」、「政府說辦就辦」、「法律嚴明」、「只有共產黨、毛主席才能給人民辦這樣痛快的事」。甚至還敘述刑車路過和執行槍決以後，民眾鼓掌歡呼「毛主席萬歲」，甚至還有氣憤不過的民眾腳踢、尿撒死屍的情況。[73]前述除了反映實況，也可能進一步投合毛澤東稱讚並轉發「北京人民歡迎鎮反的反映」（3月20日）的心理。

彭真市委報告強調「大張旗鼓地殺」大有政治斬穫，包括：爭取群眾（「群眾作主人翁的自覺提高了」，對敵人之仇恨和反特的積極性也提高）；重挫敵人（「反革命分子受到嚴重打擊」）；成功「拉中」統戰（致使輔仁大學校長陳垣、宗教界、工商界人士等「中間與落後分子的覺悟提高，向我們靠攏」）和消弭異議之聲，以及為幹部執行「鎮反」去除顧慮、提高信心、轉為贊成。[74]

彭真市委自認取得上列成果的原因有三：

一、「殺得準」：市委在事前成立專門委員會負責審查，並召集各部門負責人一道反覆研究後，方才定案，以保證「一個也不殺錯」。

二、「殺人通過了群眾」：經由2月底市各界人民代表會議、3月15日市協商委員會擴大會議，以及24日各方面五千五百多人的代表會議，讓群眾知曉情勢、與聞重案，並另外派人赴基層單位傳達和舉行控訴。

三、「適合群眾口味的宣傳工作」：一改先前重複使用如「匪特罪惡滔天」、「罪大惡極」、「血債累累」、「怙惡不悛」標語和呆板宣傳，特意挑

72　中共中央文獻研究室編，《建國以來毛澤東文稿》（北京：中央文獻出版社，1997），第2冊，頁192、202。

73　〈中共北京市委關於大張旗鼓地處決反革命罪犯的反映和經驗向中央、華北局的報告〉，北京市檔案館、中共北京市委黨史研究室編，《北京市重要文獻選編（1951年）》，頁293。

74　同上註，頁293-295。

選集中「突出的、生動的、具體的材料」，並且利用多種宣傳渠道、媒介和方式，包括：報紙、廣播、展覽、傳達、報告和尤為有效的控訴。如此行之的經驗證明：「大張旗鼓、經過群眾公開地大批地殺，不但可以解除群眾的恐慌和顧慮，並且對群眾有積極的教育意義」。[75]

彭真帶頭的市委在報告中還「脫褲子、割尾巴」，坦承仍具「缺點與萌芽的偏向」。包括：

一、「動員群眾還不夠廣泛」：應該將罪大惡極而為群眾痛恨的「典型罪犯」，先送至廠校街道，由群眾討論處理方案和進行控訴，如此較諸僅召開控訴大會的方式，可對更多的群眾產生教育的作用。

二、意想亂殺的現象：有公安人員欲將小偷、吸毒犯「夾在反革命犯中殺掉」。

三、逮捕行動未告知群眾，「影響很壞」，今後一般禁止秘密逮捕。

北京市委最後提到「我們準備不久即殺第二批」，其步驟如第一點所指，將先交由基層群眾控訴、討論和喊殺，接續召開大型代表會議控訴討論，「然後再大批處決」。[76]

彭真3月24日、25日在北京市的「鎮反」舉措和經驗總結報告，再次獲得毛澤東高度青睞，4月2日批道：「北京的方法請各地一致仿效」，北京市委因為抓住「精細審查名單和廣泛進行宣傳這兩點」，「所以才獲得了很大的成績」。[77]

彭真的首都「鎮反」經驗在毛澤東屢屢舉薦之下，大出風頭而為其他大城市黨委效仿。山西省太原市委「學習京津的經驗」，依樣畫葫蘆地在4月5日召開市、區各界人民代表擴大聯席會議，討論「鎮反」與控訴反革命罪行如何傷天害理，當場宣布判死一批「反革命」，並於兩天分批分區處死。[78]

4月22日，毛澤東轉發公安部「鎮反」報告，又一次大加表揚彭真的北京市一日處決200名「反革命分子」，稱之「殺得好」，「這是正確執行毛主席關於人民政府要大張旗鼓鎮壓反革命的指示的第一次」，「證明害怕震動過大

75　同上註，頁295-296。

76　同上註，頁296-297。

77　同上註，頁292。

78　楊奎松，〈新中國「鎮壓反革命」運動研究〉，《史學月刊》，頁54。

而束手束腳是不對的，是沒有根據的」。[79]

六、協助「鎮反」煞車

（一）配合中央降溫

　　毛澤東多次召喚和強力催促之下（其中又經常以彭真的北京市「鎮反」經驗為示範標竿和看齊尖兵），各地黨委大開殺戒，更是普遍出現殺紅了眼的情況，處決人數甚至超過毛澤東原先設定的人口比例——殺到0.5‰。步入4月下旬，毛澤東看到華東、中南、西南的殺勁十足、殺聲連連，狀似要殺過1‰才足癮，個別省分如蘇振華主政的貴州還要求殺到3‰，讓他「也感覺多了」，從而認為有運動過熱、殺人過多之虞。[80]

　　4月30日，毛澤東起草中央批語以轉發中央西南局「鎮反」指示時，強調「殺人不能太多，太多則喪失社會同情，也損失勞動力」，並表示「鎮反」處死應以人口比例的1‰為上限，也提出死刑緩期執行的處死替代方案。[81]一週以後（5月7日），毛澤東同意華北局的「鎮反」指示——捕人權一律收至地委與專署，除現行犯外，縣級不得批准捕人；死刑批准權收至省委與省政府，並批示：「各地均應照此施行」；從6月1日起的四個月，著重清理積案；與此同時，「中層」、「內層」的「重點審查必須認真進行」。[82]即運動重點轉為追查、清除黨政機關、企業、學校內部的「敵特」和「反革命殘餘分子」。

　　毛澤東主張「鎮反」運動要降溫、煞車以後，彭真即順應配合，既循政府渠道出手，也直接對公安體系施力。

　　5月11日，彭真以政務院政法委副主任身分，在政務院第84次政務會議上作題為〈關於政法工作的情況和目前任務的報告〉。彭真的此一報告為政務院政務會議批准，21日由政務院命令公布，作為政府對相關問題的正式立場。

　　其中，彭真論及全國正在火熱進行的「鎮反」運動，提到其為糾正「寬大

79　同上註，頁54-55。

80　同上註，頁57。

81　中共中央文獻研究室編，《毛澤東年譜（1949-1976）》，第1卷，頁332-333。

82　同上註，頁335。

無邊」的偏向而發，歷經各級黨幹將士用命，此一偏向「一般已獲得糾正」。[83]彭真強調「鎮反」大受擁戴，民眾歡稱「再一次翻身」；運動在消滅武裝土匪、鞏固革命秩序成果卓著。關於「鎮反」實際做法和經驗，他強調多方面結合：方針政策和由其主持起草的「法律武器」；黨的領導和黨外普遍參與；人民群眾運動和專職政法機關。[84]

　　針對「鎮反」運動接下來的走向，彭真講話看似全面、周全的同時，實質畫下一條新的政治底線──「一切介乎可殺可不殺之間的反革命分子都不要殺，而以處徒刑及勞動改造等方法」，並強調此乃毛澤東指示。[85]

（二）襄助領導第三次全國公安會議

　　彭真協助領導由毛澤東下令緊急召開的第三次全國公安會議，輔助黨中央節制「鎮反」運動，以免在全國範圍內出現殺人失控情況。

　　5月15日，彭真在全國公安會議上講話，開頭即對此一由毛澤東主導議程、擬定決議的公安會議，予以極高評價：「在我們黨的會議中不算準備得最好的也算是準備的最好的一個」的。其理由是：「會議還沒有開始，決議草案就準備好了，決議是從頭到尾毛主席起草的，又經他親自修改了好幾次」。彭真也高度讚揚截至斯時的「鎮反」，並傳達毛澤東的讚語：「這次俘虜比朝鮮俘虜還多，殲滅的敵人比朝鮮前線還多，這是一個偉大的勝利」。[86]

　　接著，彭真就直奔會議核心主題──「殺人問題」。彭真將「鎮反」的殺人任務，比喻作徵收公糧的指標分配，以示「鎮反」運動如何從初時的溫而無熱（各地對任務認領的情緒不高），到現時的熱得發燙（覺得任務輕而易舉而「看不到眼裡」）。[87]讓人不禁多少感到有些嬉笑成分。

　　「為什麼那時非放手不可，這時又非收住不可」？彭真的解釋是「鎮反」已經「如主席所說：俘虜比朝鮮還多，殺反革命比前線還多」，而獲致「偉大

83　彭真，〈關於政法工作的情況和目前任務〉，北京市檔案館，檔號2-3-51，頁3。
84　彭真，〈關於政法工作的情況和目前任務〉，《論新中國的政法工作》，頁22-23。
85　彭真，〈關於政法工作的情況和目前任務〉，北京市檔案館，頁4。
86　第九次全國公安會議秘書處，《公安會議文件選編（1949.10-1957.9）》，頁66。
87　同上註，頁66-67。

的勝利」。[88]但是他也坦言在凱歌高唱之際，事態也出現另一傾向：「殺人數目很多已超過1‰」，「幹部腦子裡有一部分有點熱了」。彭真表示：過去是「鎮反」熱火未點著的「右傾」偏向和危險，當前則是「左」得燒過頭的苗頭和危險（舉例中南從原先規劃殺15萬，到請示要追殺到20萬），若再遲些反應，「恐怕會要出一些亂子」。[89]

彭真援引劉少奇的意見：「那裡右了，殺得不夠可以再殺，如果左了人頭落地，是無法承認錯誤的，承認錯誤也無濟於事」。他也以自身參與領導延安整風審幹過火的負面經驗為戒，強調不要因「後邊出了點偏向，於是就使成績受到了影響」。彭真到頭來再次謳歌毛澤東對運動火候掌握的英明領導，及時收手而不致出亂。他並表示：「過去我們有些粗」，也就是「將可殺可不殺的殺了一些，今後不是一個不殺而是要精細的殺，如此則10萬人的數目很恰當，可以滿足」[90]

「鎮反」運動要怎樣控制及其後續走向問題，彭真表示：

一、「第一個控制是將殺人權控制到一定比例數以內」，「已達比例者停止大捕停止大殺，但並非一個不殺不捕，現行犯要捕，罪惡大民憤大者還是殺一點，問題是要嚴格控制」。

二、「捕人權收回到專署」，「殺人權一律收回到省」。

三、「可殺可不殺的一律不殺，可捕可不捕的一律不捕，這又是一條防線」。

四、「對那些民憤不大，危害人民利益嚴重，但不是最嚴重的，就判死刑緩刑，主席說這有很大好處，就是保存勞動力」。[91]

另外，彭真也強調要發動群眾和大肆宣傳，以收「教育群眾」之效。他「內舉不必親」地標榜自身親手監製的北京市「鎮反」經驗，宣稱「北京市這樣做了，效果很好」。[92]

彭真為了將毛澤東對運動最新的煞車旨意落實在此次公安會議，確實頗費

---

88 同上註，頁67。
89 同上註，頁67-68。
90 同上註，頁68。
91 同上註，頁68-69。
92 彭真，〈在第三次全國公安會議上的講話〉，《論新中國的政法工作》，頁32-33。

心血。羅瑞卿的政治秘書王仲方回憶：「彭真同志與羅瑞卿同志經常交換意見，會議中所有重要文件，凡是送給毛主席看的，在送主席之前彭真同志看，彭真同志閱後，提了意見，修改後再給毛主席看」。[93]從上可以清楚看到：中共中央領導「鎮反」運動以至領導公安工作上，所呈現的毛澤東、劉少奇——彭真——羅瑞卿的「一條鞭」指揮作業系統。

七、首都「鎮反」餘熱與特性

（一）「鎮反」高峰以後的首都運動

毛澤東提出「鎮反」要降溫、煞車的運動新指示，以及按之精神舉行第三次全國公安會議，彭真都甚為清楚並協助部署，當然亦具體表現在他對北京市「鎮反」運動的領導。

北京市的「鎮反」在3月15日後一次槍斃58人，3月25日處決199人，步入5月也不甘寂寞，規劃再次大規模處死「反革命」罪囚。這次與先前當地「鎮反」行動的主要不同之處在於：一、自下而上，也就是先將部分已被市府及公安部門內定是「窮凶惡極」的「反革命犯」，送至廠校街道，發動民眾討論和控訴，繼而召開市協商委員會擴大會議分組審查案卷，再來召開各級各界人民代表擴大聯席會議討論和控訴。[94]

二、開始使用「死緩」論處：毛澤東在4月30日首次提出的死刑緩期執行方法，彭真在北京市即付諸實施，5月8日，市委常委會議討論「鎮反」判刑問題時，彭真的市委副手劉仁就表示：「多搞一些判死刑緩刑的」。[95]有47名死囚因而逃過一死。然而，在北京市5月下旬這一波「鎮反」中成為公安槍下亡者，仍比之前更多，計有221人。[96]

---

93 李海文、王燕玲編著，《世紀對話》，頁55-56。

94 〈中共北京市委關於第二次大規模處決反革命罪犯的準備情況向中央、華北局的報告〉（1951年5月19日），北京市檔案館、中共北京市委黨史研究室編，《北京市重要文獻選編（1951年）》，頁323。

95 中共北京市委《劉仁傳》編寫組編，《劉仁傳》（北京：北京出版社，2000），頁242。

96 〈北京市軍事管制委員會軍法處關於判決505名反革命罪犯的布告〉（1951年5月22日），北

　　如同先前做法，彭真的北京市委在5月20日向黨中央呈送報告，說明情況
並反映輿情。其中特別記述黨外「高級民主人士」和高級知識分子，包括：史
良、陳垣、費孝通（清華大學），以及趙紫宸（燕京大學宗教學院院長）。對
毛澤東新創的「死緩」如何地稱許和佩服。[97]毛澤東讀閱北京市委報告後批示
並饗全黨：「北京此項經驗甚好，請你們注意仿辦」。[98]毛澤東在推進全國
「鎮反」運動促殺時，以彭真負責的北京市為例；在轉為緩殺時，又要各地黨
幹仿照之。

　　繼5月一口氣殺221人之後，北京市在8月下旬又一次執行237名「反革命罪
犯」死刑（《人民日報》1951年8月25日，版5）。刑場實地負責「監斬」的法
院人員，目睹如此規模的處決，後來聲稱「長了見識：手握專政之權，可以這
樣殺人」。[99]

　　這批遭彭真的北京市委狠猛「專政」的237條亡魂，包含傅作義麾下的一
名師長欒法章（又名樂山）。兩年前欒氏率部跟隨傅作義投共，改編為中共解
放軍並仍任師長，此時也難逃一劫。軍法處處長王斐然登報（8月25日）公告
欒氏處以槍決死刑的罪由是：「漢奸，日偽『治安集團軍』司令。曾在南京、
廣東等地，發表反共言論，積極向戰犯宋子文提供『反共方策』。被捕後，越
獄潛逃未遂」。欒氏參與北平「和平解放」的起義之功，完全無濟於事，根本
無助於保住他的性命。1985年2月9日，北京市人民法院再審認為樂氏一案「屬
於冤案，為其徹底平反昭雪」。[100]這距離他淪為彭真、北京市委領導的「鎮
反」暴風下的犧牲品，已是33年之後的事。樂氏後來在其出身的東北被奉為
「抗日英烈」，受享隆重的祭奠儀式。

　　中共「鎮反」運動最為人詬病的問題之一，即是在國共內戰鼎革之際，許
多選擇歸順、投靠中共的國府政軍人員，在「鎮反」期間，由於各地黨委為急

　　京市檔案館、中共北京市委黨史研究室編，《北京市重要文獻選編（1951年）》，頁331。

97　〈中共北京市委關於北京市協商委員會討論第二次大批次處理反革命罪犯的情況向中央、華
　　北局的報告〉，北京市檔案館、中共北京市委黨史研究室編，《北京市重要文獻選編（1951
　　年）》，頁327-328。

98　《彭真年譜》，第2卷，頁186。

99　張思之口述、孫國棟整理，《行者思之》（香港：牛津大學出版社，2014），頁114。

100 張克江主編，《鐵嶺市志‧人物志》（北京：科學普及出版社，1999），頁207。

於達到中央（毛澤東）規定的殺人數額，以及在人口總數中的應佔比例，便被抓來「湊數」，押赴刑場處死。中共也落得出爾反爾、說話不算話、翻臉不認人的批評和惡名。

「鎮反」運動從高峰趨緩後，毛澤東將運動重點轉向清理「中層」和「內層」，彭真領導北京市相關工作時較為穩重。王漢斌（當時任職市委彭真辦公室的政治秘書）對此評價：「是新中國成立後北京市歷次群眾運動中唯一的一次沒有傷害好人、沒有擴大化的運動」。[101]

1951年11月，彭真針對「三大運動」，即「抗美援朝」、土地改革和「鎮反」發表講話。其中關於「鎮反」部分，可視為彭真對之的政治評價。

彭真先回顧「鎮反」以前不安的全國整體情勢（土匪有百萬之眾，放火、放毒、暗殺不斷），以及首都治安狀況（謠傳「割蛋、割乳房送到蘇聯製造原子彈」）。他繼而比較、說明實行「鎮反」以來的巨大成效：國內「有名的匪區」基本肅清；「人民的首都」的搶案，從平均每天8件到「真正地消滅了」。

彭真強調：群眾喊殺、求殺的勁頭還超過中共政府，所幸毛澤東對「鎮反」「親自掌握」、「抓得很緊」，及時提出「凡是可殺可不殺的，一律不殺」，「殺了就是犯錯誤」。並且在殺（死刑）、關（徒刑）、管（管制）、趕（驅逐出境）之外，另行提出緩（判處死刑，緩期兩年執行），因而「少殺了一批」。

彭真最後表示：「在中國歷史上這是鎮壓反革命最健康的一次」，其結果使得「杜魯門、艾奇遜不再吹牛中國大陸有他們的遊擊隊了」；「三大運動」「將來在歷史上是要大寫特寫的」。[102]

以彭真對「鎮反」如此高度評價，以及他個人與之的緊密相連（無論在中央全局和北京市），他後來堅決捍衛「鎮反」運動的正確與成績，也就不教人意外。

---

[101] 王漢斌口述、韓勤英訪問，〈在彭真身邊工作二十五年的片段回憶〉，《中共黨史研究》，頁69。

[102] 彭真，〈關於三大運動的一些問題〉，北京市檔案館、中共北京市委黨史研究室編，《北京市重要文獻選編（1951年）》，頁525-526、536、538。

（二）殺在「有術」而不在多

彭真的北京市「鎮反」戰果纍纍，經常博得毛澤東讚譽而名響全國。就捕殺狠勁、流血程度，北京市雖然還比不上中國大陸許多地方；但是其對運動全局發展的重要影響，是其造出成功結合政法鎮壓、群眾運動、統戰工作、宣傳攻勢的模式，殺得義正詞嚴、震撼心扉、激勵人心，從而帶起全國鎮壓風潮。

周鯨文表示：「北京在4月25日作示範，開鬥爭大會起，接著或同時由各地仿效開鬥爭大會，然後就是大屠殺」。[103]很可能即是對彭真在3月24、25日北京「鎮反」創舉（先是舉行群眾揭發批鬥大會並在次日處決199名人犯）一事的時間誤植。然而，彭真治下北京市對各地「鎮反」「作示範」的引領角色，則是確鑿可據、當之無愧。

北京市政法幹部後來緬懷直屬長官彭真對首都「鎮反」運動的用心、努力，對首都「鎮反」經驗榮膺毛澤東褒揚，作為示範指導全國運動，也甚感自豪。[104]

北京市被「鎮反」運動捕殺而步上黃泉之路者有多少呢？由於毛澤東在運動中對各大城市的「鎮反」發展悉心關照，每每直接下「指導棋」，內容包括應予殺掉的具體人數。彭真的北京市委應當處決多少數量的「反革命分子」，自然也在毛澤東一手的數字管控之下。更何況，既然毛澤東將北京市作為推動全國「鎮反」的重要「模範生」、「紅旗手」（就算不是唯一，也是主要之一），其理當盡責除去的「反革命分子」總量目標，毛澤東也隨著「鎮反」運動發展需要而訂定和調整。

1951年2月下旬，毛澤東指示：北京市為首的幾個大都會和各省首府，因作為「反革命組織的主要巢穴」，必須在數月之內「大殺幾批」。俟多地的「鎮反」運動出現濫殺過頭，狀似有脫韁野馬之勢，4月30日，毛澤東在一份「鎮反」文件上批道：「在城市一般應少於1‰。例如北京人口200萬，已捕及將捕人犯1萬，已殺700，擬再殺700左右，共殺1,400左右就夠了」。半個月之後，毛澤東主稿而成的《第三次全國公安會議決議》，其中又對北京市應達的

---

103 周鯨文，《風暴十年》，頁183。
104 劉涌，〈彭真與北京的政法工作〉，中共北京市委黨史研究室編，《彭真在北京》（北京：中央文獻出版社，2002），頁259。

處決人數加以改口：「在城市中殺反革命，一般應低於人口的1‰，以0.5‰為適宜。例如北京200萬人口，已殺600多，準備再殺300多，共殺1,000人左右也就夠了」。[105]

　　毛澤東對北京市下達的「鎮反」指標數額，從「共殺1,400左右就夠了」，調降後變成「共殺1,000人左右也就夠了」，但彭真的北京市委及首都政法部門還是得要採取緊急措施，也頗費一番功夫。當時在北京市人民法院刑庭服務的張思之回憶：毛澤東所提之「殺掉一大批」且要大張旗鼓的運動目標，以同收「威懾敵人」、「教育人民」之效，其「由於來勢兇猛，法院的審判力量應付不了這個局勢，北京市就以『軍管』尚未撤銷為由，以軍法處的名義貼出布告，按批逐一宣告罪行，在同一天一起執行，滿足了『穩、準、狠』的要求」。[106]

　　最後，彭真市委在首都「鎮反」上就算沒有精準「達標」，也稱得上「雖不中亦不遠矣」。有論者表示：北京市的「鎮反」運動期間（從1950年10月至1952年10月），共處決942名的「反革命分子」；若合計中共「入城」以來的鎮壓，北京市總共處決1,068名。[107]

　　由於「鎮反」「軍情」緊急，成批處理、求速求猛，根據北京市高級人民法院研究室幹部陳建國在1957年的大字報揭發：北京市的「鎮反」就出現將認定的「反革命」成群公告判死，卻連判決書都沒有的草率狀況。1956年，全國人大常務委員、中國國民黨革命委員會（「民革」）領導人黃紹竑視察北京市法院，關心、調研「反革命」案件的處理情況。北京市法院人員為應付和哄騙黃紹竑，竟心生造假「妙計」，即補寫判決書，再將之泡醋後曬乾，使其看起來是成年舊紙、當年實物。[108]

---

105 黃鐘，〈第一次鎮反運動考察〉，《炎黃春秋》，頁37。

106 張思之口述、孫國棟整理，《行者思之》，頁113。

107 劉光人整理，〈彭真領導北京鎮壓反革命運動〉，中共北京市委黨史研究室編，《彭真在北京》，頁264-265。另有資料顯示：從1950年10月至1952年底，北京市共逮捕「反革命分子」3,506名，分4批集中處決「反革命分子」940名。中共北京市委《劉仁傳》編寫組編，《劉仁傳》，頁242。

108 張思之口述、孫國棟整理，《行者思之》，頁157-158。

八、發起司法改革運動

（一）反對「舊法觀點」講話

　　1952年中共發動司法改革運動，旨在批判和肅清前朝「舊法」觀點和影響，以及整頓和排除思想上、政治上不適宜續留政法部門的人員，而正是彭真向毛澤東為首的黨中央建議發起並負責主持執行。彭真對此最標誌性的表態，就屬同年6月24日他在全國政法幹部訓練會議的講話。[109]以下內容皆出自於焉。

　　關於司法改革運動的目的和內容，彭真表示：「在三反運動的勝利基礎上，清除一切墮落蛻化和惡習甚深不堪改造的壞分子，肅清反動的舊司法作風的殘餘，徹底改造和整頓各級人民法院，從政治上、組織上、思想作風上保持和提高人民法院的純潔性」。

　　關於運動在政治上、組織上要清除的對象，彭真分作兩類：一、「墮落蛻化」者，即「那些政治上不堅定，經不起考驗，已經蛻化變質的老幹部」；二、「惡習甚深不堪改造的壞分子」，則指「過去長期受國民黨反動法律教育，從事舊司法工作，政治上反動或歷史上劣跡昭著，或反動的舊法觀點和舊司法作風習染甚深又不堪改造的舊司法人員」。另外，他強調在「還必須從思想上、作風上進行徹底的改造和整頓，肅清一切舊的、反動的思想作風的殘餘」。

　　何謂「舊法觀點」？彭真表示：「就是從北洋軍閥到國民黨一脈相傳的，統治人民的反動的法律觀點」。他指出：國民黨的「六法全書」「是保護三大敵人利益的，是徹頭徹尾反革命反人民的，是反革命的污毒，是與人民群眾的利益水火不相容的」。繼而強調：「反動的舊法是絕對不能適用於革命的人民的，不論是全部或一部，這就像狼牙絕對不能按在人的嘴裡一樣，因為它根本就不屬於一個體系。因此，舊法觀點必須徹底肅清，有多少肅清多少，絲毫也不能保留，否則就不可能成為人民的好幹部」。

　　彭真分析「舊法觀點之嚴重存在」，乃因三種情況：第一、「混入人民司法機關中的反革命分子」；第二、「雖已參加革命，但中舊法觀點的毒太深」

109 彭真，〈關於司法部門的改造與整頓問題〉，中國人民大學刑法教研室編，《中華人民共和國刑法參考資料》（北京：中國人民大學，1958），第6輯，頁1-8。

者，其因「舊法觀點」根深蒂固，「沒有決心也沒有能力加以批判」，甚至「到處傳播這些毒素」；第三、「一部分老幹部和青年知識分子」，「雖然沒有學過舊法，也沒有做過舊司法工作，但政策思想水平很低，缺乏抗毒素」，「當了舊法的俘虜」。第二和第三種情況的存在，皆反映過去沒對「舊法」進行「足夠的系統的批判」的失誤，而須將之作為當務之急處理。

彭真明指同「舊法觀點」的不共戴天，以及其破壞性。他表示：「法律觀點上的新的和舊的，革命的和反革命的，人民的和反人民的，這是兩種對立的思想體系，決不能和平共存」。也指出：不可能在宣傳馬列主義、毛澤東的國家法律學說，並按之建立法律制度時，不批判「舊法觀點」而任之傳播滋長，甚至反過來對我侵蝕。

彭真更直指「舊法觀點」在政法上層幹部間盤據的嚴峻情況：「在中央某些部門和某些同志中，甚至還是很負責的同志，今天還沒有跳出舊法的圈子，是還存在著嚴重的舊法觀點的，並不是下邊多，上邊少。因此在中央政法部門間，思想上並不完全一致，有的還在公開宣傳舊法觀點」。

彭真也分別駁斥其宣稱根植於「舊法觀點」的意見，包括：「無法可司」、「法律是超階級、超政治的」、「不究既往」、判錯不改。另外，他也對批評中共採行死刑緩期執行（毛澤東在「鎮反」運動的發明）、勞動改造的聲音，嗤之以鼻。最能反映彭真反對「舊法觀點」的立場和論點是：他強硬反對法律「超階級、超政治」的屬性和定位，堅稱法律本身的「階級性」和「政治性」。

彭真表示：法律是「階級壓迫的重要工具」，而「沒有無階級的法律」；它是「統治階級的意志」、代表「人民的」，卻被說成是「全民意志」、代表人民以外的「國民」。這種說法看似「氣魄大得很」，實則「恥辱得很」，敵我不分、更是保護敵人。他具體舉例：所謂「一切財產都要保護」，其狀若「偉大」，除了想「代表」人民，「還想代表反動派」，實是「資產階級用來模糊法律的政治性、階級性，欺騙人民群眾的鬼話」。

彭真鼓勵熟習「舊法」者，對之勇於揭發批判和進行自我揚棄：「我沒有學過舊法，對這個問題研究的也不夠，因此了解的很膚淺。如果熟悉國民黨法律的同志，能對舊法觀點進行徹底的批判，那對於肅清舊法觀點就會發生很大的作用，但如果不批判不丟掉的話，那也就很危險」。

彭真要求革除「舊司法作風」、「國民黨反動舊法官的基本的作風」，即

「完全脫離群眾，關起門來辦公事的衙門作風」。他並嚴令開展「組織改造」，指出切莫以為「舊司法人員」「懂法律」、「熟悉政策」而對之有所留戀。還奚落「他們實際上只懂得國民黨的法律，而不會真正懂我們的政策」。彭真一方面勒令「不能為人民服務的司法工作人員一律要調開」，「反革命分子」和「舊法人員」中「朽木不可雕也」者自是不能留，思想不解、觀念不通、不適司法工作的「老幹部」也得走。另一方面，他指令各地黨政領導速向各級法院調配一批符合「立場堅定」、「觀點正確」、「熟悉政策」三項要件的「領導骨幹」。

（二）人事批判、清洗和影響

彭真倡議的司法改革運動，毛澤東不但同意、也緊盯進度，他批評地方上對此事採取置之不理的態度，下令各地限時向中央報告各自的「司法改革計劃和執行情況」，「否則以違紀論」。[110]

彭真在中央政法部門盯上的「還沒有跳出舊法的圈子」「很負責的同志」，就是最高人民法院的賈潛。賈潛早年學成畢業於北平朝陽大學法律系，曾任執業律師；1940年參加中共革命，先後擔任晉冀魯豫邊區高等法院副院長、華北人民法院審判長。中共建政以後，獲任最高人民法院委員、黨組成員和刑事審判庭庭長。賈潛主張：國民黨的法律勢必須廢除，但是法律的原理、概念等仍有用處，不應一律棄置；猶如拆除房子以後剩下的磚瓦，仍可用來組建新屋。賈潛的觀點被稱為「磚瓦論」，被歸類為承認法律繼承性的主張。[111]

這顯然迴異於彭真所言：「反動的舊法是絕對不能適用於革命的人民的，不論是全部或一部，這就像狼牙絕對不能按在人的嘴裡」；「兩種對立的思想體系，決不能和平共存」。

賈潛在司法改革運動期間，也被指控具有「嚴重的超階級、超政治的舊法觀點」和「以舊法為資本的權威思想」，而遭到集中批判。[112]彭真著力批判

---

110 中共中央文獻研究室編，《毛澤東年譜（1949-1976）》，第1卷，頁581。

111 何勤華主編，《中國法學家訪談錄》（北京：北京大學出版社，2010），第1卷，頁87、259。

112 宋永毅主編，《千名中國右派處理結論和個人檔案》（紐約：國史出版社，2015），第3冊，頁26。

「法律是超階級、超政治的」的「舊法觀點」，顯然是有所指的，賈潛就算不是唯一的目標，也是被鎖定的主要人物之一。

　　周鯨文曾在政法委員會禮堂參加一次司法改革思想改造鬥爭會，批判對象就是賈潛、司法部副部長李木庵，以及法制委員會的陳瑾琨。在眾目睽睽之下，賈潛低頭檢討，弄得滿頭大汗。[113]

　　賈潛對於由彭真主導、其遭受殃及的司法改革運動，不是沒有怨氣。賈潛被指稱曾抱怨：「關於我的舊法觀點問題，若按分、厘、毫、絲、忽計算，只有忽那麼多，我想是可以的，若說我有嚴重的舊法觀點，我是不能同意的」。他還唉聲嘆氣地表示：「理是直的，路是彎的，歷史會作結論的」。賈潛還遭控曾不服氣地評道：「要批判舊法，必須懂得舊法，不懂就不能批判」。[114]如果前述揭發屬實，若又為彭真得知，勢必讓後者耿耿在心。

　　賈潛的法律主張在1952年司法改革運動中被當做「舊法觀點」而遭受批判，但其職務地位一時沒有受到什麼影響。賈潛和李木庵受命協助中央起草法院組織法；1956年在毛澤東「點將」、周恩來面論下，賈潛出任旨在審判日本戰犯的特別軍事法庭庭長。周恩來稱賈潛受過高等法律教育並在高等法院多年工作，因而是「有法律權威的人」。[115]

　　賈潛果然名不虛傳，順利完成黨中央交付的審判日本戰犯任務。但是這不能提供他太多的政治保護，在次年「反右派」運動裏，彭真為主帥的政法部門「反右派」就對賈潛在司法改革運動的「舊帳」和其他政法觀點歧異一起清算。

　　彭真麾下的北京市司法改革運動，市人民法院院長王斐然和民庭庭長李葆真被當做「舊法觀點的代表」，並被定為運動「重點對象」。王斐然在先前「鎮反」運動中認真配合彭真的北京市委、羅瑞卿的首都公安系統，執行政策、槍決人犯。王斐然在首都司法改革運動被要求在大會檢討、接受批判，其職務倒也沒有受到影響。只不過，他覺得副院長賀生高在司改運動中對之未伸以援手，甚至有奪權之勢，因而互相交惡，並在之後各擁人馬、針鋒相對。[116]王斐然、賀生高在幾年後的「反右派」運動同遭打擊。

---

113 周鯨文，《風暴十年》，頁240-241。
114 宋永毅主編，《千名中國右派處理結論和個人檔案》，第3冊，頁26。
115 劉勤學，〈毛澤東指令賈潛審日本戰犯〉，《黨史博覽》，2005年第5期，頁39。
116 張思之口述、孫國棟整理，《行者思之》，頁119。

　　相較賈潛、王斐然官位一時無傷，還一度獲得重用，一般的「舊司法人員」就沒這麼好運。由彭真在中央策動的這場司法整改運動，在司法部長史良的實際主持下，[117]約有6,000名「舊法人員」（約佔全國各級人民法院幹部28,000人的22%）被調離原有司法崗位，被迫轉任不符其法律專業的工作。

　　與此同步進行的是，為「補充司法機關新血液」而調入一批彭真囑咐要「立場堅定」、「觀點正確」、「熟悉政策」的「領導骨幹」。這批司法「新血」「雖然政治上較強，但大都缺乏法律知識而且文化偏低」，導致日後出現「不少錯押、錯捕、錯判、錯執行等事故」。這在1956年司法部門複查中就有所反映。[118]

　　中國大陸有論者表示：「據統計，在司法改革運動中，總共清洗掉六千多名『舊法人員』，卻把大批從農村和部隊進城的、文化低、毫無法律知識的『法盲』調入法律部門，充任有生殺予奪權力的審判員」。再加上，舊法廢棄、新法未足，以及政治運動當道等因素，「僅據建國頭三年比較粗略的統計，在當時受理的六百多萬案件中，錯判的就達10%。如果以今天的法制標準來衡量，錯判的比例肯定還遠高於此」。[119]

　　司法改革運動除了造成司法部門「組織淨化」和司法人員「新陳代謝」，其接續中共號召廢除國民黨「偽憲法偽法統」、廢除《六法全書》的大旗，對「舊法觀點」和作風的深痛嫌惡和徹底否定，董必武在1956年中共「八大」就不諱言其進而「可能引起對一切法制的輕視心理」。

　　董必武雖然與彭真一樣支持推行司法改革運動、批判「舊法觀點」，但在程度上似乎有別。根據賈潛所言，董必武在1956年曾表示：「在舊建築粉碎之後，我看磚瓦木石都可以用嘛！」二十餘年以後，賈潛對此還記憶猶新、援為知音：「我只說了磚和瓦，董老比我還多說了兩件呢！」[120]

---

117 周天度，〈史良傳〉，周天度主編，《七君子傳》（北京：中國社會科學出版社，1989），頁586。

118 陸錦碧、鐵犁，〈建國初期司法改革的得失〉，郭道暉、李步雲、郝鐵川主編，《中國當代法學爭鳴實錄》（長沙：湖南人民出版社，1998），頁19。

119 郭道暉，〈從人治走向法治——五十年來我國法制建設的曲折經歷〉，《百年潮》，1999年第7期，頁19-20。

120 藍天，〈丹可磨而不可奪杰——訪原司法部顧問、著名法學家賈潛同志〉，《法學雜誌》，

中國大陸律師張思之親身參與、見證中共法制的曲折發展，其認為：《六法全書》部分內容如「刑法條款中包含的很多原理、原則」，乃「值得繼承和學習」。然而，司法改革運動「光強調《六法全書》的階級性，而否定了它的繼承性，從而在實際工作中基本上形成了無法狀態」。

張氏也不認同司法改革運動對待「舊法人員」的方法，認為其嚴重影響法律人才培育。他對此一運動的總評是：「今天冷靜地、理性地思考問題，人們都會承認司法應當改革，也可以改革；但不應憑藉『專政』的觀念與手段，不能用運動的形式、取鬥爭的方式」。[121]

小結

彭真在中共建政初年的政法崗位上，「鎮反」運動可言是其參與領導的第一件重大任務。「鎮反」的中央決策形成和指揮、專門法律制定和先進經驗創造，都可見彭真的繁忙身影和用心投入。在同一政治過程中，也可以見到毛澤東在「鎮反」、公安以至政法「刀把子」領導工作上，對彭真的倚重和欣賞。政法職務在彭真之上的董必武，反而多處請假狀態，而沒有毛澤東對彭真、羅瑞卿般的親近和信任。彭、羅二人對毛澤東俯首聽令、緊密貼合，如對黨的領導尤為堅持；對董必武則是尊敬中存有距離。

「鎮反」之後，毛澤東屬意由彭真領頭分管政法工作的態勢愈益明顯：1952年7月，毛澤東、劉少奇設想在中央機構中設置政法工作部，就擬由彭真擔任部長。[122]1953年3月，毛澤東批評周恩來的政府工作背景下，政府事務被分作：國家計畫、政法、財經、文教、外交和其他。政法工作明定由董必武、彭真和羅瑞卿負責，而且同在3月，彭真接替董必武出任政務院政法委中共黨組書記。[123]

1984年第1期，頁31。

121 張思之口述、孫國棟整理，《行者思之》，頁120-122。

122 中共中央文獻研究室、中央檔案館編，《建國以來劉少奇文稿》（北京：中央文獻出版社，2005），第4冊，頁333、337。

123 《彭真傳》，第2卷，頁868。

圖4-3：1949年第一屆全國政協會議的中共代表。董必武（前排左3）是中共政法工作的首要負責人，彭真（2排左3）次之；但實際上毛澤東（前排右1）對彭真更為信任。彭真也緊隨毛氏旨意行事，而與董必武的法治主張愈見分歧，彭真更在1958年主持對董氏的不點名批判。
資料來源：Wikimedia Commons。

彭真協助毛澤東推進、執行「鎮反」的過程中，另有兩點值得一書：

一是彭真與羅瑞卿在「鎮反」運動中的密切關係和默契配合。運動期間，無論在政務院政法委及其黨組內部，領導公安系統及兩次全國公安會議，還有在北京市，彭真和羅瑞卿都聯手出擊，對毛澤東的運動旨意令到行止；彭、羅之間在工作上也溝通順暢、如臂使指。彭、羅在公安工作以至政法系統10年的合作無間，讓兩人形成緊密而信任的政治關係，進而在1962年以後的中共中央書記處內繼續和睦共事。

另一是彭真在參與中央領導和司掌首都北京市的兩個政治身分之間的互動互補、靈活轉換。他善盡「京官」職責並善用首都易受毛澤東、黨中央關注的特殊地位，擴增其實質的政策影響和政治聲量。彭真的北京市「鎮反」實踐有始有終地作為毛澤東推動、操控全局運動的重要標兵。

毛澤東堅決主張「完全由上面控制」「鎮反」運動，有論者整理出其主要

方法有三：「閱批大量情況報告」、「及時推廣典型經驗」，以及「派工作組巡視檢查」。其中，毛澤東在「及時推廣典型經驗」上，彭真的北京市「鎮反」運動經驗有多項雀屏中選，包括：在城市「鎮反」問題、在「鎮反」取得各界人民擁護問題、在「鎮反」統一戰線問題、在反「一貫道」鬥爭問題。[124]彭真關於北京市「鎮反」運動的報告，毛澤東肯定批轉的即有7份，[125]彭真的北京市「鎮反」經驗就算不是獨領風騷，也是聲名遠播、遐邇聞名。

　　彭真在中央、地方（北京市）兩層次的政治參與，以及彼此兩相協作、相得益彰，直至「文革」爆發以前，一直作為彭真的一項特殊政治角色，並成為其個人政策發聲的重要途徑與方式之一。

　　從毛澤東領導、彭真深度參與的「鎮反」運動歷程，也可助於觀察毛澤東、彭真的法律觀、政法觀。

　　中共中央出於推行「鎮反」運動的需要，委託彭真主持制成《懲治反革命條例》。因「鎮反」而出現群眾運動與法律交集的重要經驗，其具體實踐結果是：自中共領導人看來，就高低位階上，中共以黨領導下的群眾運動推行政策時，相關法律應運而生、為之配合。中共中央主要側重法律在推進並方便群眾運動發展的作用，超乎於對之予以規範和使之有章可循的用意。彭真以「法律武器」形容《懲治反革命條例》，意即在於讓各級負責黨幹獲有從事殺敵、抗敵鬥爭的便捷「新式」武器。

　　各級黨員幹部利用相關法律提供的便利，例如：法定罪名及相關描述本身定義的模糊、籠統，實如給予裁判者極其寬泛的解釋空間，甚至隨意斷案。助之在短期之內可高效達成毛澤東、黨中央下令的運動指標（殺人比例和指定數額）。

　　在聲討聲、喊殺聲、口號聲、槍響聲群起，一陣喧囂之後，時至1951年5月，毛澤東為首、彭真輔之的中共中央，決定對「鎮反」運動緊急改採「謹慎收縮」、清理積案的方針。驅使毛澤東如此行之，主要乃因群眾運動本身易於走火蔓延、擴大打擊的慣性發展，中共中央若不及時調降溫度、限縮走勢，甚

---

124 王玉強，〈毛澤東與新中國初期的鎮反運動〉，《史學月刊》，2016年第3期，頁74-75。

125 劉政、張春生，〈從歷史的幾個重大關節看彭真和毛澤東的關係〉，《領導者》，2013年總第51期，頁142。

有可能會造成更多的、大面積的、不必要的殺戮。

　　本來為各地黨委下手鎮壓大開方便之門的《懲治反革命條例》，這時卻似啞然失聲，黯然讓位於毛澤東突發奇想的「創造」——死刑緩期執行，成為各地執掌運動必須奉行的「最高指示」。無怪乎有論者指稱是「黨在法上」。[126]

　　因此與其說《懲治反革命條例》的頒布執行，「把全國的鎮壓反革命運動納入了法制的軌道」（彭真官方傳記所言），不如說：貫穿整個「鎮反」始末，毛澤東、彭真念茲在茲的是，如何確保將此一運動奔馳於、或至少不脫離黨中央設想的政治軌道。相關法律的產出與運用，皆係出於工具性需要。

　　中共領導「鎮反」、因應運動需要而制定法律的經驗，可能也對彭真等中共領導人的立法觀，形成重要影響。該法公布尚未滿三個月的1951年5月11日，彭真在政務院第84次政務會議上表示：立法要配合黨國中心工作任務，將成熟經驗定型化為法律與制度，而非以制定成套法律為目標。[127]彭真這種看似基於實際需要、重於成功經驗積累而不冒進地速成端出的主張，後來被人視做是延遲立法的藉口，甚至是怠惰立法的規避之詞，因此引發政治爭論以至彭真、中共方面的嚴厲回擊。

　　另外，在政法觀方面，即黨與政法部門之間的工作互動與關係問題。由於黨中央對「鎮反」運動的高壓推促，全國各地黨委莫不視之為首要之務，直接指揮轄下的公安、政法部門與人員，以雷霆萬鈞之勢鋪展轄區內的「鎮反」運動，被鎖定並擬處以極刑的「反革命」重案，也因此快速累積倍增。對之進一步的審閱和核定，就又成為各地黨委必須優先處理的重要工作和實質負擔。彭真所管的北京市自是如此。

　　針對指揮首都「鎮反」運動需要，彭真、劉仁親自過問重大案件、重要案犯；[128]彭真還委託劉仁代表市委團體負責審批工作，曾臨時設立以後者為首的處理反革命案件的審查委員會。經其審議後，進而提交市委開會審議批准。[129]市委幹部（如王漢斌）協助市委查閱市公安局報送市委審核的罪犯案卷。

　　以上如實反映：中共打從建政伊始，就業已實行地方黨委直接領導過問公

---

126 黃鐘，〈第一次鎮反運動考察〉，《炎黃春秋》，頁39。
127 彭真，〈關於政法工作的情況和目前任務〉，北京市檔案館，頁5-6。
128 鄭天翔，《回憶北京十七年》（北京：北京出版社，1989），頁5。
129 中共北京市委《劉仁傳》編寫組編，《劉仁傳》，頁242。

安、政法工作，負責審閱審定重要具體案件的工作方式，後來進而形成、固化為「黨管政法」政治傳統的重要內容。

　　彭真在前述5月11日會上表示：政法工作「不是一種只坐在屋子裡辦公事、搞文牘的工作」，而是必須與群眾運動結合伴行；政法部門都要為黨國中心工作任務服務，因此部門之間的彼此合作應甚於分工；對政法部門應施以「雙重領導」（地方黨政部門對之的領導應該加強而不宜減弱）。[130]他後續領導政法工作時，都經常著重強調、致力推銷和身體力行。

　　中共建政初年，彭真一方面在群眾運動過程中協助中央試立新法（如本章聚焦的「鎮反」運動和其間制定的《懲治反革命條例》，之後的「三反」、「五反」運動也有類似情況）；另一方面，透過司法改革運動，猶如「排毒」般地試圖努力掃除前朝「舊法」的思想遺毒和組織餘孽。當更大規模地建造屬於「人民的」、「革命的」國家法律和制度，成為中共的施政方向與目標，彭真的相關主張、角色和活動如何？中共革命致勝的主要之道——群眾運動，如何與新生的法制建設共處、相容的問題，特別是彭真在其中如何調適、所為何事，將在下一章說明和討論。

130彭真，〈關於政法工作的情況和目前任務〉，北京市檔案館，頁5。

第五章

徘迴在法制與運動之間
（1953-1956）

　　1950年代初期，中共在中國大陸站穩腳跟以後，開始摸索建設法律與制度，以作為新的治國理政方法與憑藉。中共在1954年制定頒布第一部國家憲法（「五四憲法」），也通過政府、法院、檢察等重要組織法。但是此前藉助群眾運動接連取得勝利的記憶猶新，以及有關政治思維行徑的長年慣性，1955年毛澤東又發起一場以「肅清暗藏反革命分子」為宗旨的群眾運動（簡稱「肅反」運動）。其聲勢浩大、動員廣泛和矛頭尖銳，劉少奇稱之為：繼1950年、1951年「鎮反」運動」之後另一次「鎮壓反革命的鬥爭」。然而，1956年中共「進城」後第一次召開全國代表大會（「八大」），又再次著重強調法制建設刻不容緩，應要急起直追。

　　中共在法制建設和群眾運動之間徘迴不定、劇烈擺盪的過程，彭真協助中央分管政法工作、聯繫政法部門，勢必不會事不關己，也絕非無足輕重。中共建政初年，彭真擔任政務院政法委員會副主任，協助董必武，甚至代行其職，其之後的政法領導角色愈加吃重。1952年夏，毛澤東、劉少奇設想在中央設置政法工作部，並擬由彭真擔任部長。1953年3月，彭真接替董必武，出任政務院政法委中共黨組書記。

　　1954年隨著政務院改組為國務院，政務院政法委取消，其黨組也結束工作。但彭真仍經常代表中央聯繫、指導政法各部，特別是最大的公安部。他同時兼任首都黨政最高領導人，更是一手主掌北京市政法實踐。

　　本章欲處理問題有：1953年至1954年，中共制定國家根本大法和重要組織

法，彭真的角色和活動為何？在政策和制度主張上，他有何特定看法與傾向？
1955年「肅反」運動乃是中共頒布憲法和法院、檢察院組織法之後第一次全國
範圍的群眾運動，並且事涉政法運行，他如何從中央、地方兩個層次積極推行
「肅反」？另外，他面對以政法為主題的「肅反」，如何嘗試結合法制、群眾
運動兩者，並將之予以合理化？如此反映出中共第一代「領導集體」具有什麼
樣的政治觀念和法律認知？

　　1956年中共「八大」又為何提出要求完備和健全法制？董必武在「八大」
提出「依法辦事」、「有法可依」、「有法必依」主張，其成稿過程和重要意
義為何？彭真在內的主要領導人對之意向為何，為何不久就難以為繼、改變心
意？

　　本章的主要論點為：中共「五四憲法」及若干重要組織法的面世，彭真參
與其中，也有自我看法與政策偏好，如對「垂直領導」和檢察「一般監督」有
所保留。隔年毛澤東發動「肅反」為旨的群眾運動，彭真在中央政法崗位上也
迅速轉換角色與面孔，從助創、呵護法律制度到配合、履行政治運動，其轄下
北京市亦快速掀起幹部、群眾紛紛加入征討行列的「肅反」高潮。組織驅策與
運動邏輯的交織作用下，違反個體人權的事件頻傳不絕，法律保障如同空話；
黨委幕後操控的公、檢、法三家聯合行動，隨運動起舞、雷厲風行之時，法定
程序也形同具文。「肅反」運動重創初具雛形、本是屢弱的法制建設，彭真與
中共試圖以補辦法律手續和政治背書定調，為之彌補、掩護。雖然中共「八
大」又將倡建法制納入工作議程，但是彭真在內的中共要人對法制的權宜心
態、工具使用，以及法制與群眾運動之間的勢難調和，終究使得其探尋法制之
路走得尤其艱難、曲折。

　　本章的章節安排，除此前言外，有八個部分：首先介紹彭真參與法制建設
概況，還有他對相關法律和制度設計的若干政策偏好；接下來探討他參與毛澤
東發起批判胡風、進而發動「肅反」運動的決策過程，他如何領導指揮北京市
「肅反」運動，其中的重要斬獲和「典型」製造；之後討論力推「肅反」與執
行法制之間的衝突和對立，還有他如何代表中央對運動本身和相關爭議做法予
以評價和定調；緊接著追蹤隔年「八大」再次倡議法制建設的政治發展。在小
結的部分，簡單總結彭真的「肅反」角色，以及由之如何增進認識中共早期領
導人的法律認知與觀念。

一、建設法制不無自我看法

（一）毛澤東的信任助手

1950年代初期，中共強勢推行旨在廢除「地主階級封建剝削的土地所有制」的土地改革、劍指敵對分子的「鎮壓反革命」運動、分別針對不肖黨政機關人員與私營工商業者的「三反」運動和「五反」運動，以及支援中共出兵朝鮮半島的「抗美援朝」運動。以上群眾運動在浩浩蕩蕩之下，一一按中共所意而強勢施行。中共在蘇聯援助下也開始著手建立中央計畫經濟體制，並制定執行第一個經濟發展的五年計畫。

國家行將全面發展之際，政權和法律制度建設亦被置諸中共黨國的政治議程。包括：全國人民代表大會制度的建立和施行，中華人民共和國憲法（「五四憲法」）和檢察、法院等重要組織法律的制定，以及相關政法部門的籌建和發展。

驅動毛澤東為首的中共中央如此為之的原因，可能有：蘇聯「老大哥」史達林的建議和催辦，以利鞏固中共統治合法性並避免落人口實；中共自身欲以憲法、法制作為政治工具，助之在國內遂行「過渡時期總路線」；當然也有中國各界多年以來對依憲依法而治的追求。

創建和試行法制，也是中共對不同既往之治理方式的一次政治邁進。中共政法負責人董必武、彭真就對黨外人士表示：中共過去擅長、也靠此「發家」的群眾運動，將讓位予法制治理。周鯨文回憶：「在討論中華人民共和國憲法草案時，我親耳聽到董必武和彭真說過：『我們以往靠運動吃飯，今後通過憲法，我們就將按法行事，實行法制』」。[1]由於建立並實行法制已成為重要的國家目標與執政方向，彭真也對司法官員提到：向來慣行的群眾運動辦案做法，已屬過時，也不合政治、經濟成本。[2]

法制既已成為毛澤東治國理政的要事，相關國家機關職位自然要緊抓在中共之手。國家最高權力機構和立法機關的第一屆全國人民代表大會，常務委員

1　周鯨文，《風暴十年：中國紅色政權的真面貌》（香港：時代批評社，1959），頁158。
2　最高人民檢察院無產階級革命派聯絡總站編，《彭真、羅瑞卿在政法（檢察）方面的反革命修正主義言行》（北京，1967），頁63。

會委員長由劉少奇出任，其日常工作由副委員長兼秘書長彭真負責，在黨內指揮關係上，也由彭真直接向黨中央負責。

「新中國」最高人民法院首任院長沈鈞儒（「民盟」的頭面人物），乃是毛澤東面邀而定。沈氏雖致力配合中共、高調表態擁護立憲，但是中共制憲後的高法院院長一職「不落外人田」，改由董必武出任，讓沈氏震驚不已。[3]

中共初建法制過程中，董必武經常扮演積極倡議的角色，在獲得毛澤東首肯之後，更多地由彭真負責將之具體張羅和落實。董必武因為年邁又時而生病，對政法工作無法鉅細靡遺、全然挑起；相對地，彭真年富力強、精力充沛。再加上，早年身陷牢獄，翻閱自學中華民國法律以自我救濟，他雖然對法律多基於為求生存的實用工具主義態度，對法律的全面認識和精髓掌握恐也不及董必武、周恩來，但放眼中共高層也仍算是比較突出。更關鍵的是，彭真享有毛澤東的政治信任，這可見於「鎮反」運動中兩人配合無間，以及彭真對黨的領導的尤為強調，由之具體操辦法制建設事宜，可令毛澤東放心。

發展法制的問題上，當毛澤東清醒地對之較為重視、較有容地採納董必武相關意見時，彭真自是奉旨辦事，盡心盡力、竭力促成。以《中華人民共和國人民法院組織法》的起草制定為例，其草稿由最高人民法院和司法部負責，由三人小組（李木庵、賈潛和王懷安）具體撰寫初稿。彭真召集有關部門人員主持討論，小組據以修改直到完成，再報送毛澤東為首的黨中央審定。[4]然而，後面將可看到：當毛澤東對法制發展興趣不再，甚至視若無物，彭真也順應其意、即知即行，甚至有過之而無不及，縱使讓初建的法制建設停滯、倒退，也在所不惜。

（二）自有政策喜好

毛澤東、中共中央顯得較為在乎法制建設的階段，彭真具體籌劃相關事務時，也會嘗試將自身政策偏好納入其中，實質引導、影響細節政策走向，甚至反過來向黨中央建議。在憲法、法院和檢察組織法討論制定過程中，彭真較有

3　章詒和，《往事並不如煙（續篇）》（台北：時報文化出版企業股份有限公司，2022），頁65。

4　王懷安口述、張向陽採訪整理，〈1954年《人民法院組織法》的起草經過〉，孫琬鍾、應勇主編，《董必武法學思想研究文集》（北京：人民法院出版社，2008），第7輯，頁12。

自我看法並從中施力的情況可見如下：

1、行使審判職權的主體表述

　　中共研擬憲法時，原憲法草案寫的是「審判員獨立，只服從法律」，彭真表示反對：「這一條是行不通的，過去四年如果我們強調審判獨立，就會成為舊人員獨立審判；但是憲法裡這一條可以改為法院獨立行使職權、或法院審判獨立。」[5]這顯示彭真對「舊法人員」向來存有的政治偏見和嫌惡。另外或也反映：關於審判權規定歸屬的表述，如果獨重審判員，他有所不安和顧忌，擔憂個別法官將來藉此自行斷案，完全不受所在單位內黨和集體的領導；或最起碼在出現這種情況時，可以師出有名地介入處理。

　　最後，「五四憲法」規定：「人民法院獨立進行審判，只服從法律」（第78條）；《中華人民共和國人民法院組織法》也如是表述（第4條）。其後果影響是「給長官干涉法官獨立審判留有餘地」。[6]彭真後來即以強調法院內的上級和黨的政治領導、法院外的同級政府和黨委的政治領導，壓縮甚而否定「法官獨立」、「審判獨立」、「審判員獨立」的存在空間，同時也弱化「只服從法律」文字的實際拘束力。

2、檢察和法院的領導體制

　　「以俄為師」影響下，中共中央在制度設計和法律制定上，決定明言在檢察、法院部門實行上下指揮自成體系的「垂直領導」。彭真宣稱服從配合，但實際卻有保留，其考量是：法院和檢察系統在各級普遍鋪建，工程不小，無法一蹴可幾，因此發展過程中經由「雙重領導」，尋求地方國家機關和隱身幕後的各級黨委協助和領導，事屬必然。自他看來，在法院部門和有如「平地起樓臺」（董必武語）的檢察部門，維繫和貫徹黨的領導，更是天經地義，不容置疑和鬆懈。

　　1953年10月11日，彭真與最高人民檢察署副檢察長高克林談話，即可見其

5　《彭真傳》編寫組（下略），《彭真年譜》（北京：中央文獻出版社，2012），第2卷，頁447。

6　陸錦碧、鐵犁，〈建國初期司法改革的得失〉，郭道暉、李步雲、郝鐵川主編，《中國當代法學爭鳴實錄》（長沙：湖南人民出版社，1998），頁23。

政策傾向：檢察部門實行「垂直領導」同時，也要尊重、依靠地方黨委領導，「緊靠著黨去生根、發展，成為黨政的一隻手。檢控要做到嚴、清，但處理要聽地方黨委的意見」；要學習蘇聯經驗，也須「總結交流自己的先進經驗」。[7]

1954年3月13日，彭真主持政務院政法委員會黨組幹事會會議（第43次），針對檢察院領導體制，再次表現出對「雙重領導」的政策偏好，即實行「垂直領導」雖是設定目標，但現階段地方上尚有2/3的縣未建檢察部門，「雙重領導」仍不可或缺。他表示：「一切正確原則都要受時間、地點、條件的限制，真理過了度也會變成荒謬」。[8]亦即蘇聯相關經驗在中國實行時也要審時度勢。

4月8日，彭真在第二屆全國檢察工作會議提出檢察工作加速發展迫在眉睫：「一是形勢逼人，憲法草案規定捕人要經法院或檢察署決定或許可，客觀上逼著檢察署要拿出一套完整的制度和辦法；二是任務壓人，中央批示限期在第一個五年計畫時期內把檢察署的組織和工作系統地建立與健全起來」。他提醒檢察師法蘇聯經驗「不能硬搬」，仍須按中國實際行事。[9]

彭真針對檢察和黨委之間關係問題，囑咐檢察幹部朝向憲法規定的「垂直領導」轉變之際，還要接受黨的領導，「應該尊重地方黨，虛心聽取他們的意見，這樣做對工作也有好處」。[10]

董必武在同一會議（3月29日）則表示：

> 現在，提出檢察系統垂直領導問題是不是可以呢？是可以的。大家將在憲法草案初稿上看到完全按照列寧所指示的原則，規定檢察機關垂直領導，獨立行使職權。初稿是我黨中央委員會向憲法起草委員會提出來的，從這點也可以了解黨中央的意見。[11]

7　《彭真年譜》，第2卷，頁404。

8　同上註，頁447。

9　同上註，頁452。

10　同上註，頁453。

11　〈在第二屆全國檢察工作會議上的講話〉，董必武文集編輯組，《董必武政治法律文集》（北京：法律出版社，1986），頁323。

　　董必武對檢察系統實行「垂直領導」饒有信心，不像彭真對「雙重領導」那麼執著，對於黨的領導，也沒像彭真如此突出強調。兩人之間是否就此存在政策差異？

　　彭真除了在政法委黨組會議、對檢察官員講話，一再推銷「雙重領導」、反覆重申黨的領導，他甚至還向黨中央表述己見。5月19日，彭真向毛澤東並中央政治局呈交報告，說明政法委員會內部針對法院、檢察領導體制的激烈討論情況。其中可見他對傾向主張「垂直領導」者不以為然，也再次反映他對「雙重領導」的支持意向。

　　彭真表示：「人民法院是垂直領導還是雙重領導。有一部分人先是強調垂直領導，後雖原則上承認雙重領導，但強調上級法院的領導，對同級人民政府的領導看得是可有可無的」。他繼而表示：「根據《共同綱領》規定的既要統一領導又要因地制宜的精神，人民法院或人民檢察署都只能採取雙重領導的原則，垂直領導是將來爭取實現的方向」。[12]

　　彭真傾向「雙重領導」意見還是沒有被毛澤東為首的黨中央接受。「五四憲法」規定：「地方各級人民檢察院和專門人民檢察院在上級人民檢察院的領導下，並且一律在最高人民檢察院的統一領導下，進行工作。」（第81條）；《中華人民共和國人民檢察院組織法》第6條，在「地方各級人民檢察院獨立行使職權，不受地方國家機關的干涉」之後，接續憲法第81條的相關文字。

　　彭真這種對法院、檢察部門必須同時領受地方國家機關領導，也務必對黨的領導須臾不離、自我期許充任「黨政的一隻手」等主張，恐怕也讓毛澤東、政法各部留下深刻印象。彭真之後領導政法工作也著重對此檢查和究責，強辯法律雖對法院、檢察所處的領導關係和行動自主有所規定，但「沒有講不受黨委的領導」、「沒有講不服從黨的領導」。

3、檢察工作的任務重點

　　中共開始經營檢察工作時，基本上面臨自身前無累積、敵視否定國民政府和西方經驗，而只有蘇聯可資學習和參考的情況。1954年9月20日，毛澤東在政治局會議上表示：「法院組織法寫得好，熨熨帖帖；而檢察院組織法則寫得

12　《彭真年譜》，第2卷，頁458。

彆彆扭扭」。具體擬制法律草案的彭真回應：「對檢察工作我們沒有經驗，現在只能寫成這個樣子」。[13]1957年4月，彭真對高檢院負責人說道：

> 主席對檢察院組織法，當時就不滿意。這個問題我們沒有經驗，既不能抄資本主義國家的，也不能抄國民黨的。因此，還是以抄蘇聯的為好。所以組織法裡邊大部(分)是抄蘇聯的。但只有一條把蘇聯的改掉了……。我當時就說：「駁也駁不倒，好也不算好。」[14]

中共中央制定檢察院組織法時，除了借鏡、採納蘇聯「垂直領導」做法與經驗（彭真傾向是「雙重領導」），關於檢察院職權，也仿效蘇聯的檢察設計——「一般監督」（中共制憲立法時，竭誠邀請蘇方提供意見，此項也為後者特予強調和推銷）。此一法律名詞由劉惠之（最高人民檢察院黨組成員、鐵路水上運輸檢察院副檢察長）引進。蘇聯檢察機關乃是國家最高監督機關，監督對象包括政府部門、地方國家機關、社會團體的不法、不當行徑。[15]《中華人民共和國人民檢察院組織法》第3條有相似條款文字：「最高人民檢察院對於國務院所屬各部門、地方各級國家機關、國家機關工作人員和公民是否遵守法律，行使檢察權。」

事實上，中共領導人研議是否將「一般監督」納入《檢察院組織法》時，內心有所顧慮，但又一時無解：將「一般監督」載入其中，擔心力有未逮；不將之寫入，又未感踏實。最後黨中央拍板將之寫上。彭真對於規定檢察部門行使「一般監督」職權，較為保留，認為如此會備多而力分，分散檢察人員心力。相對地，檢察系統部分人員堅持主張按照《檢察院組織法》相關規定，努力推行「一般監督」。

13　《彭真傳》編寫組（下略），《彭真傳》（北京：中央文獻出版社，2012），第2卷，頁881。

14　最高人民檢察院無產階級革命派聯絡總站編，《彭真、羅瑞卿在政法（檢察）方面的反革命修正主義言行》，頁9。

15　鄭赫南，〈劫波渡盡丹心存——最高人民檢察院原副檢察長梁國斌〉，王松苗主編，《檢察生涯：高檢院二十七位卸任副檢察長訪談錄》（北京：中國檢察出版社，2011），上冊，頁139。

檢察工作要實行「垂直領導」或「雙重領導」，以及是否應要重視承擔「一般監督」職責，本是具體政策議題分歧。然而，後面將會看到：彭真對於拒不接受其偏愛政策主張的下級政法官員，不善罷甘休、也無輕饒縱放（請參閱第八章）。

4、黨的主導角色、法律的工具性能與制訂期程

須予特別強調的是，彭真協助中央初創和試辦法制，確保黨的領導地位（中央和各級黨委），乃為其格外突出的政法主張和政治訴求。

中共政法負責機構開會並不全是一派和諧，「黨的領導」怎樣堅持、如何落實，即是主要爭論焦點。其問題不在於要否黨的領導，而是其程度、力度為何？如何形諸於實際政法運作和制度安排？

彭真與陳于彤（政務院政法委員會黨組成員）之間，對此就有齟齬而不合。陳于彤在中共南方局時期擔任董必武秘書，與之的密切工作關係延續到中共建政之後。陳于彤任職政務院政法委時，支持董必武的法律思想和政法主張，不同於強硬力主「黨管政法」的彭真。[16]彭真、陳于彤會上當面爭吵，董必武身在現場，閉目不語。[17]這既反映當時猶存一定的政策討論空間和氣氛，也顯示政法高層內部已漸成形的政策之別。

同樣與力行黨的領導相關，黨委如何領導重要法律案件的問題，即「黨委審批案件」的具體設計上，董必武不贊同「先批後審」（黨委先批示，法院再據此審判），而主張「先審後批」（法院審判後，黨委再批閱）。開會研議時，董氏的意見沒有被接納，讓之散會後仍氣得兩手哆嗦。[18]彭真一向更強調落實黨委對政法工作的實質領導，他對此一問題的態度如何呢？彭真若與董氏真有共識，後者又豈會孤立無援、負氣而歸？

另外，彭真倡行法制時特別看重法律作為黨國管治社會、人民的工具性角色。如他所言：「工礦裡光靠批評、教育，無論如何是不夠的，幹部也好，群

16　浦公百年誕辰紀念活動組委會，《在歷史的棋局中——胡春浦百年誕辰紀念文集》（運城，2013），頁175。

17　中國大陸中共黨史研究者（G君）提供的資訊（電話訪談，2021年1月）。

18　李步雲，〈功業留青史　風範存人間——記陶希晉同志二三事〉，中國法學會董必武法學思想研究會編，《緬懷陶希晉》（北京：中央文獻出版社，2011），頁70。

眾也好，也必須要有法律來管」（1953年4月25日，在第二屆全國司法工作會議）；「法律觀念必須建立。例如：蘇聯完成不了任務，不執行合同都判徒刑，計畫就是法律，我們現在還不會運用這個規律」（1953年，在大區檢察長座談會議）。其也被指稱經常說道：「搞法律最重要。制訂了法律，全中國六億人口，不論是誰都得遵守，這是『刀把子』，不能不拿到手裡」。[19]

　　彭真、中共基於「無產階級的先鋒隊」、「革命的引路人」之自我定位，如此強調法律可便之導引、管理人民的工具作用和潛力，也相應提出要將制訂法律作為黨國當前重要事項。[20]但不無矛盾地，「五四憲法」、法院、檢察組織法完工、上路後，彭真繼續經營重要基本法起草工作時，卻不時受到中央高層和他自以為是的另一種想法纏擾，即「經驗不成熟不能立法，立法早了，容易束縛自己的手腳」。[21]

二、參與批判胡風、發動「肅反」決策

　　鑑於國家憲法正式頒行與大規模法制建設規劃在即，1955年3月30日，彭真在黨的全國代表會議上表示：

> 國家已經進入正常管理時期，迫切要求加強立法工作、司法工作，健全司法機關，並且在人民群眾中，首先在幹部、黨員中進行守法教育，使黨員、幹部成為遵守法律的模範。工人階級及其政黨服從法律，就是服從自己的階級意志。那種認為遵守國家的法律是束縛我們的手足，感到不方便、不稱心的思想是完全錯誤的。[22]

19 最高人民檢察院無產階級革命派聯絡總站編，《彭真、羅瑞卿在政法（檢察）方面的反革命修正主義言行》，頁34。
20 同上註。
21 阿沐，《新中國第一代法官——鮑廷干傳》（2001年4月），鮑氏網：http://www.10000xing.cn/x062/2018/0807114927.html（2022年3月10日登入）。
22 《彭真年譜》，第3卷，頁20。

　　然而，中國大陸甫進入規劃依循、遵守法律而治的「正常管理時期」，毛澤東為首的中共中央發起批鬥胡風，以及接踵而來的「肅清反革命」運動，就冷落剛出爐的憲法和檢察、法院組織法，又習以為常地採用群眾運動方式，即再次「靠運動吃飯」，從而對初生新建的法制帶來直接挑戰和衝擊。

　　胡風是左派文藝理論家、詩人，在中共官方文藝領導體制內地位平平，有感抑鬱不得志。胡風之所以政治遭難，既事涉其與文藝官僚首腦周揚之間的觀點與意氣之爭，更因其文藝思想主張不同於、也不見容於毛澤東而惹禍上身。中共中央領導批鬥胡風的指揮體系，最頂層是毛澤東，負責具體籌措的是：1955年5月成立、由中央宣傳部部長陸定一和羅瑞卿為正副組長的「中央處理胡風反革命集團案五人小組」；隨著擴及而成「肅反」運動，中央五人小組在7月擴大為中央十人小組。彭真雖未在其中任職，但絕非作壁上觀，而仍深度參與。

　　毛澤東審視和處理胡風問題、進而由之發起「肅反」運動的整個決策過程，彭真多半得以知悉、與聞。因為他經常參加毛澤東主持的中央書記處會議和由其召集的少數人談話，並能直接獲閱毛澤東相關批示和資料。這既反映彭真作為參與書記處工作的一員（候補書記），並享有毛氏高度信任，也與其分管政法及聯絡公安有關。

　　胡風問題從批其文藝思想，發展成毛澤東欽定的「反革命集團」，公安大舉介入乃勢之必然。當形成大張旗鼓追討、肅清暗藏「反革命分子」的「肅反」運動，公安角色的重要性更是筆直而升（中央十人小組組長也改由羅瑞卿擔任）。毛澤東對胡風、「肅反」問題不會鉅細靡遺地事事過問，負責在黨中央和公安部之間聯繫的彭真，適有涉足餘地和機會。

　　彭真似也不全然是被動參與。有人指稱：公安機關早就對胡風立案調查、長期監控，毛澤東正是根據彭真、羅瑞卿、陸定一提供的資料，將胡風定性為「反革命」，進而衍生發展成對知識分子大清查，甚至是全國性的「肅反」運動。[23]

　　彭真還直接督導、指揮北京市的反胡風和「肅反」運動。胡風的重要關係

23　程光，《歷史的回顧——邱會作與兒子談革命經歷和若干歷史問題》（香港：北星出版社，2011），頁287。

網絡在北京，追查胡風「爪牙」和「餘孽」是在地「父母官」彭真的職責所在；首都「肅反」運動成功、徹底與否，直接關乎中央安危，彭真也當然責無旁貸。事實上，彭真在北京施行反胡風和「肅反」，並非單方面地被動聽從毛澤東指示行事，就像之前「鎮反」，他更積極地將毛澤東指令化為具體、付諸行動，證成其原先設想，還志為他人榜樣。

5月30日，彭真的北京市委向黨中央呈報〈關於查處胡風分子問題向中共中央的報告〉。內容要義是：市委根據黨中央對處理「胡風反革命集團」的指示，召開黨員幹部會議並對此布置工作。市委聲稱已發現與胡風關係密切者數人，也發現若干可疑線索，其中問題嚴重者已遭停職並被勒令反省，餘者正在調查。待進一步理清情況，再根據中央指示分別處理。[24]

彭真和北京市委對毛澤東認定的「胡風反革命集團」認真抓查，以及有條不紊地因應安排，引起毛澤東好感並在6月1日批示：

> 陸定一同志：請考慮用中央名義將此件通報各地黨委及中央各部門和國家機關各黨組，要他們注意在所屬機關、學校、人民團體和部隊中調查和研究有無胡風分子，並按情況作適當處理。凡有胡風分子較多的省市均應指定幾個可靠同志（例如五人）組織胡風問題小組，專門注意處理此事。前談指示，可後發，先發此件。請於日內擬好，交我，為盼。[25]

毛澤東批示中所提的「前提指示」，即是他在6月3日親筆修改而成的〈中共中央關於揭露胡風反革命集團的指示〉。毛澤東的加寫內容對揭露胡風問題以至開展「肅反」運動，皆有定調和催促的決定性影響。他批示將這一〈指示〉交由劉少奇、周恩來、鄧小平和彭真「閱後即發」。

彭真由此明確知曉：毛澤東的敵情估計（「暗藏的反革命分子」約佔5%）、運動設想和步驟（從肅清「胡風反革命集團分子」到「純潔革命隊伍」；鬥爭有進展後，公告號召自我坦白），以及各省市委要成立五人小組領

---

24 夏成綺，《胡風與舒蕪：中共五〇年代文藝界的批判運動》（台北：獨立作家，2015），頁270。

25 中共中央文獻研究室編，《毛澤東年譜（1949-1976）》（北京：中央文獻出版社，2013），第2卷，頁382-383。

導，而黨委書記必須親自為之、視為要務（彭真在北京市須得「積極注意抓緊領導」）。[26]

7月1日，中共中央下達〈關於展開鬥爭肅清暗藏的反革命分子的指示〉，正式全面打響「肅反」運動。其指出：「隨著我國社會主義事業的進展，階級鬥爭必然日益尖銳化和複雜化，高崗、饒漱石事件，潘漢年、揚帆事件、胡風事件，就是這種階級鬥爭狀況的反映。」[27]

〈指示〉並表示：中國大陸「解放」後的「鎮反」運動，成功肅清很大部分的公開、暴露的反革命分子，但來不及揭露和處理「採取兩面派手法的暗藏的反革命分子」，其以欺騙方式甚至已「鑽進我們的『肝臟裏』來了」，如藏諸在各類機關的接收人員和魚龍混雜的靠攏者。辨別和清理「暗藏的反革命分子」，「是要依靠領導機關的正確指導和廣大群眾的高度覺悟才能辦到」。因此中央決定「在全國範圍內大張旗鼓地進行一個廣大的肅清暗藏的反革命分子的運動」。[28]

三、指揮首都「肅反」

（一）推進與鋪展

彭真審閱認可北京市委對全市「肅反」運動的規劃和安排，並報請中共中央知悉掌握，即8月4日市委給中央的〈關於肅清暗藏反革命分子的鬥爭的報告〉。[29]內容包括概述「肅反」運動在首都推行一個月的狀況、初步運動戰績與經驗，以及接續進程安排。以下扼要介紹：

彭真的首都「肅反」始於高等學校，再來是市級機關、國營工礦、建築企業。市委向黨中央宣稱：「肅反」戰役在首都一開打，即初戰告捷——市人民委員會辦公廳副主任、秘書就是打入「我們的『肝臟』」的反革命分子！也發

26　同上註，頁384。

27　夏成綺，《胡風與舒蕪：中共五〇年代文藝界的批判運動》，頁271。

28　林蘊暉，《向社會主義過渡——中國經濟與社會的轉型（1953-1955）》（香港：香港中文大學出版社，2009），頁551。

29　《彭真年譜》，第3卷，頁47。

現「反動」出身的市工會聯合會幹部怒罵「共產黨是特務，毛主席是特務頭子」。市委還聲稱：

　　特別值得注意的是在很多學校、機關甚至要害部門中，都發現了不少由上述反動分子操縱或由他們組成的反動小集團。這些小集團的成員有的已不限於在一個機關，而是分布在許多機關裡邊，有些並有領袖、有綱領、有紀律、組織嚴密、活動十分猖狂。人民大學、北京大學、北京醫學院目前已查明的即有28個反動小集團。市公安局系統內竟也發現了5個。[30]

　　另外也表示：「比較起來還算純潔的市級領導機關和公安部門」，尚且如此，其他「尚未展開鬥爭」的單位「問題將更加嚴重」。更指出：

　　這些情況，說明敵情是十分嚴重的。看不見敵人的右傾思想，是沒有任何根據的，是非常危險的。但在少數領導幹部中，右傾麻痺問題，至今仍未解決，還有個別幹部依然埋頭業務，不過問肅反運動，有些單位的領導，在群眾起來以後，仍然表現軟弱無力。對此，我們已指名批評，仍須繼續用大力糾正。[31]

　　彭真市委對黨中央報告的首都「肅反」戰況，既證成、「坐實」毛澤東發動「肅反」運動的情勢評估和「英明決策」，也顯現彭真領導的北京市「肅反」將大力糾正「右傾麻痺」和「軟弱無力」，繼續勇猛推進。

　　彭真市委接著介紹「目前開展鬥爭的單位」（先後通過學習「胡風反革命集團」資料、開展思想鬥爭，再進入坦白檢舉）的經驗。主要有三：

　　一、思想鬥爭旨在「擦亮眼睛，暴露敵人」，一開場就必須明確指向反革命分子和具有「反動思想、言行」者，因為其目標鮮明、多有民憤，既易於迅速發動群眾，並在重挫其「反動氣焰」下，令之招供藏身在後、更隱蔽的「反

30　北京市檔案館、中共北京市委黨史研究室編，《北京市重要文獻選編（1955年）》（北京：中國檔案出版社，2003），頁524-526。

31　同上註，頁527。

革命分子」。至於「敵情」不甚明確的單位，一開始未能找到「準確的鬥爭目標」，只能先批判說過一些反動話語者，再看能否經過群眾揭發，以暴露其真實面目或扯出背後指使操縱者；對之如果揭發不出更多資料，而發現可能僅是「受了反動思想影響的落後分子」，則應適可而止。

　　二、群眾中「落後分子」的處理問題。鬥爭中必須特別注意發動「落後分子」，因為其同「反動分子」較有接觸並知悉底細，必須設法讓之了解政策、消除疑慮，進而鼓勵其積極投身鬥爭。另外，要細心區分和區別對待「落後分子」和「反革命分子」，以及各自所屬的「小集團」；既便是由「反革命分子」為核心或操縱的「小集團」，要打擊的也是首要和真正的「反革命分子」，爭取與分化動搖和盲從者。若「一律趁熱往下打」，即會「犯是非輕重不分和打擊面過寬的錯誤」。

　　三、思想鬥爭達到高潮，即迅速開展坦白檢舉，待其告一段落則繼續深入思想鬥爭。針對甚有可疑但拒不坦白的「反革命分子」或重大嫌疑者，以小組會方式揭發和追問。群眾鬥爭須與專案小組的研究調查工作緊密配合。

　　彭真市委對首都「肅反」的運動部署是：機關幹部、知識分子（大學、中學）、國營企業（幹部、工人、店員）和醫院分批逐步開展，計畫全市將有54萬人參加。[32]

　　彭真在市委上層號召「肅反」和進行運動動員。8月14日，他在市委全體會議強調機關「肅反」的必要：「我們奪取政權後，敵人混進內部，就會有好多機關被篡奪領導權，堡壘最容易被內部奪取，所以要開展機關肅反」；「農業不改造，革命要失敗；肅反不徹底，機關危險」。9月15日，他主持市委常委會議提出「當前的中心工作是做好糧食定量工作和肅反」，[33]為「肅反」運動維持熱度。

（二）激化與糾偏

　　9月中旬，市委將其預定發送市級各部門肅反小組、各區委的〈關於肅清暗藏反革命分子鬥爭中幾個具體問題的指示〉，上報中共中央和中央十人小

32　同上註，頁527-532。

33　《彭真年譜》，第3卷，頁49、59。

組。彭真17日親自審改定稿，[34]並在19日後發出。

彭真市委在9月19日〈指示〉的開頭說明：北京市的群眾性「肅反」運動，在大中小學「已告一段落」，「市級機關和工礦、建築企業的肅反鬥爭正在持續地、深入地開展中」。彭真、市委接著擺出首都「肅反」戰績。相較於他在一個半月以前給中央的〈關於肅清暗藏反革命分子的鬥爭的報告〉，運動衝擊面已大幅擴增：時至8月初，北京市高等學校有1,300人交代政治性問題，其中114人問題重大；到了9月上旬，全市被揭發或交代問題者共有8,606人，其中有四千餘人屬重大問題（內含現行和歷史上的反革命分子、反革命集團分子、現行反革命嫌疑分子和階級敵對分子）。運動過程中還發現159個「反動小集團」。

彭真市委指出：運動已開展的單位，依靠群眾運動的揭發「已差不多」，應宜進入調查研究、爭取起義的深入階段，以改變前一陣子普遍出現的「頂牛」局面：有些敵人經過群眾揭發階段，仍不肯輕易吐實而繼續隱瞞、頑抗，所在單位的幹部和群眾在急躁情緒下又不擇手段，訴諸打罵、逼供、誘供。[35]

彭真等市委領導人為讓北京市「肅反」運動「健康地更深入地」發展，提出急須解決六項問題：

一、各單位要將運動的問題對象進行「排隊」，對前一階段瞄準的「老重點」，必須甄別和區別對待，不要因為未作研究而心中無底，或是「怕犯右傾錯誤」，而過分糾結和纏鬥。必須知所取捨、抓大放小、分別清理。速將精力集中在追查現行反革命問題和歷史重大案件。與此同時，根據運動中揭發的線索，再新選一批運動重點對象，領導群眾對之進行小組鬥爭。

二、宣傳和施行「坦白從寬、隱瞞從嚴、立功折罪」政策，以分化和瓦解敵人，對於其中起義來歸者必須敢於和善於利用。

三、工礦、建築企業和醫院的「肅反」運動，開展在高校與市級機關之後，它們在發動群眾鬥爭突出反動言行和明顯破壞活動以後，應要將追查事故作為重要環節。彭真領導的北京市委斷定：相關單位過去發生許多事故，「其中有相當一部分是反革命破壞活動造成的」。

34 同上註，頁59-60。
35 北京市檔案館、中共北京市委黨史研究室編，《北京市重要文獻選編（1955年）》，頁576-577。

　　四、為加強和改進調查研究工作，市委決定統一抽調幹部組成專門的調查小組，使之有計畫、目的、效率地進行。

　　五、重視發動所謂的「落後分子」，向之說明政策、解除其疑慮，鼓勵他們一道投入對運動目標的鬥爭。

　　六、堅決糾正與防止逼供、誘供等「違反政策」的情況。[36]8月26日，彭真市委就曾發文通報運動出現的暴力逼供具體案例（北京市第四建築公司），提出要堅決扭轉、阻止與防範；[37]這獲得黨中央關注，在28日轉發各地黨委和中央各部參考。[38]

　　9月19日的市委指示也坦承：首都有些單位一再發生逼供、誘供的現象，甚至不乏相當嚴重、荒唐的情況。認為如此肇因於：相關單位領導幹部「頭腦很不清醒，不調查、不研究，只是想趕快搞出反革命」而行事極端。彭真、市委警告：倘若不制止「逼供信」，以及未做好核實對證，即有可能「搞出大批假案和假情況，使我們陷於被動」。

　　彭真審可登列的北京市逼供實例是：

> 　　東單區鬥爭一個小學教員時，有人揭發他殺死過豬，大家就分析：「你既殺過豬，一定殺過人」，於是逼著他交代殺人的問題。也有些單位指名讓鬥爭對象交代特務組織和電臺、武器，搞出了一些假問題。如京西礦務局勞保科科員葛文，在小組會上前後交代了12套歷史，真假摻雜，十分難辨。[39]

　　這根本無異於：12年前彭真在延安領導中央黨校整風審幹初期，一心認定

36 同上註，頁577-581。
37 〈中共北京市委關於市第四建築公司在肅反運動中發生嚴重逼供、誘供現象的通報〉，北京市檔案館、中共北京市委黨史研究室編，《北京市重要文獻選編（1955年）》，頁556-557。
38 〈中共中央轉發北京市委五人小組辦公室關於北京市第四建築公司發生嚴重逼供誘供現象簡報的批示〉，中央檔案館、中共中央文獻研究室編，《中共中央文件選集（1949年10月-1966年5月）》（北京：人民出版社，2013），第20冊，頁207-208。
39 〈中共北京市委關於肅清暗藏反革命分子鬥爭中幾個具體問題的指示〉，北京市檔案館、中共北京市委黨史研究室編，《北京市重要文獻選編（1955年）》，頁581-582。

「國統區」部分黨組織是「紅旗黨」，出身其中者難脫特務之嫌，必須對之搶救、壓之坦白，縱使招供內容光怪陸離、離譜離奇，也不在乎。

另外，北京市「肅反」運動初期出現的「群眾互助」辦法——針對不能逮捕但又需要控制的鬥爭重點對象，有些單位（如師範大學）採取諸多「不准」：不准回家、會客、出校門、打電話，甚至如廁都須經小組長批准。彭真也同意指責如此是：「嚴重地侵犯了人權，脫離了群眾，是極其錯誤的」。[40]只不過，北京市「肅反」運動的「群眾互助」是不是有些像：延安審幹反奸初期，彭真負責的中央黨校內一些激進支部和「搶救」高潮後所建臨時支部的爭議做法？

北京市「肅反」運動推行一個半月左右，彭真自我標榜「績效」昭著的同時，也指出普遍出現「逼供信」、「嚴重地侵犯了人權」情況。彭真有意識地進行「糾偏」，並且認為問題主要在執行面，特別是下級單位領導幹部未能「掌握好」運動政策。即便如此，總體上仍瑕不掩瑜、得大於失，根本不去思考群眾性肅反、群眾運動辦案，以至群眾運動本身的內在弊端——先有定見、再設定額，界線不明、主觀認定、限期完成、強制動員、群策群力、眾人成虎、不予究責，實是運動打擊擴大化、做法暴力化的真正根由。

換言之，彭真不是要澆熄北京市「肅反」運動的熊熊烈火，而是調整運動火候，使之保溫續燒，深信在黨的「火眼金睛」指引下，幹部、群眾的「肅反」幹勁和鬥志會相應燃起，反革命異己則會被燃燒殆盡。

9月21日，彭真在北京市第一屆人民代表大會第三次會議上充分肯定對胡風問題的批判、追查，認為大有裨益：「胡風反革命集團被揭發，對我們有好處，像種牛痘一樣，雖有細菌，但可以增加我們的抵抗力，現在我們大家警覺起來了，也可說是胡風反革命集團起了作用。」

針對首都肅反運動，彭真號召「首先要清除防空洞，堵塞防空洞」，不要成為「反革命分子」的庇護所，並強調：「北京市所有機關、部隊、學校、企業單位和所有市民絕不要收留反革命分子或者來歷不清的分子，大家檢查防空洞，把防空洞檢查乾淨。」他最後召喚全市350萬人勇於檢舉，「把北京所有的壞人都搞乾淨」，無論是「反革命」或各種犯罪分子。[41]

---

40 同上註，頁582。

41 北京市檔案館、中共北京市委黨史研究室編，《北京市重要文獻選編（1955年）》，頁665-

四、首都宗教界與大學「肅反」

（一）破獲「王明道反革命集團」

　　彭真治下的北京市「肅反」運動在宗教領域有一大斬獲，就是破獲王明道為「頭子」的「反革命分子集團」案。王明道領導的基督教獨立教會，長年經營，自成一派，信徒頗眾。中共建政以後，王氏一直抵制中共宗教政策，抗拒被收編於「三自」（自治、自養、自傳）教會，而為中共不滿。隨著王氏對中共統戰的抵抗愈加激烈，以及其聲勢愈益增大，官方對之敵意遽升，也定性得越加嚴重。

　　1955年初，國務院秘書長習仲勳指示：在政治上和統戰上，要「抓住王明道，打擊和削弱王明道的反動囂張氣焰和縮小王明道對各地的影響」。習氏還批評：以往北京「有些束手束腳」，有「右」的問題。[42]

　　「肅反」運動展開的背景下，針對王明道及其從眾信徒的政治批判與鬥爭，迅速升級，王氏所在的北京市，彭真市委直接將之作為重要「肅反」目標。群眾運動的推助激發下，北京醫學院「突破了王明道反革命集團」（見8月4日市委給中央的報告），其中既有對王氏的公然揭發，也有針對其「盲目信眾」的逮捕行動。北京高校「肅反」運動中，曾參加王氏所屬教會活動的師生，必須交代內容和對之揭發，有研究生迫於群眾壓力但又不願屈從，最後走上自殺一途。[43]

　　針對王氏本人，副市長兼公安局長馮基平親自拘提王氏到案；彭真副手劉仁還與馮氏研究審問王氏對策——精讀《聖經》，以子之矛，攻子之盾。[44]

　　彭真市委對王明道案特予重視，撰有專門報告呈送中共中央（見8月4日市委給中央的報告）。市委也向中央宣稱：根據9月11日統計，已「擒獲」「王明道反革命集團分子」240人，其人數還遠高於引發「肅反」運動的「胡風反

667。

42 邢福增，〈革命時代的反革命：基督教「王明道反革命集團」案始末考〉，《中央研究院近代史研究所集刊》，第67期（2010年3月），頁125。

43 同上註，頁130。

44 劉光人、趙益民、于行前主編，《京都公安局長：馮基平傳》（北京：群眾出版社，1997），頁189-195。

革命集團分子」35人（見9月19日市委所發指示）。以突顯宗教界「肅反」成績不可謂不大。

9月19日，馮基平在北京市第一屆人民代表大會第三次會議報告的〈關於肅清反革命分子工作〉，提到「破獲了王明道反革命陰謀集團案件」，以及王氏本人業已坦承犯行不諱。[45]

兩天後（9月21日），市委「大家長」彭真對手下政法幹部將王氏手到擒來，頗為滿意地表示：

> 王明道是信仰上帝的，其實審訊結果，他根本無所謂宗教。他們打入醫院、機關進行破壞活動，這是敵對階級的鬥爭。我們保護宗教信仰自由，但絕不容許披著宗教外衣搞反革命活動，宗教徒要愛國，不能給敵人做事情。王明道案已偵查很久，就是搜集他的罪證，並不是不曉得他是反革命分子，沒有證據就不能逮捕，現在有了證據，他也承認了罪惡，至於如何處理還可以研究。[46]

1955年12月31日，彭真市委對中央呈報該年「鎮壓反革命」情況報告，也提到：「這一時期還破獲了教會中的反革命案件14件，嚴重打擊了基督教王明道反革命集團」。[47]彭真、北京市委和其政法幹部破獲的「王明道反革命集團」案，殃及者不限於首都，在他省遭到批鬥和判刑者不在少數。

（二）造出北京大學教授「肅反」經驗

彭真關心指示北京市高等院校的「肅反」運動，並監製產出中央認可的「典型」運動經驗，以饗各地。

為開展並加溫北京高校「肅反」運動，7月24日，彭真指示市委高校黨委：

45　北京市檔案館、中共北京市委黨史研究室編，《北京市重要文獻選編（1955年）》，頁627。

46　彭真，〈在北京市第一屆人民代表大會第三次會議上的發言〉，北京市檔案館、中共北京市委黨史研究室編，《北京市重要文獻選編（1955年）》，頁666-667。

47　〈中共北京市委關於1955年鎮壓反革命情況向中央的報告〉，北京市檔案館、中共北京市委黨史研究室編，《北京市重要文獻選編（1955年）》，頁985。

追查反革命分子要有根據、有道理。有反動言論的一般技術專家和有政治背景的人要有區別；已經坦白交代的與沒有坦白交代的要有區別；反動的與落後的要有區別。要做好三件事：鬥爭反動的，號召坦白，發動檢舉，主要是鬥爭暗藏的反革命分子。[48]

彭真對北京大學「肅反」的高度關切和深感嚴重，可見經他審改同意並報送中央的〈關於肅清暗藏反革命分子的鬥爭的報告〉（8月4日）。其中為「說明敵情是十分嚴重的」，即舉北京大學為例：「北京大學二百餘名教授中，僅根據初步掌握的材料，證據確鑿的反革命分子、反革命重大嫌疑分子、一貫有反動言論的分子和隱瞞重大政治歷史問題的分子即有13人，佔總數的6.5%。」[49]

北京大學針對教授的「肅反」鬥爭和審查經驗：時間集中在7月29日至8月29日，參加運動的教授、副教授204人，遭到鬥爭和重點審查者佔參加運動者的8%。被彭真市委相中，認為值得向黨中央「獻寶」。具體書面成果即是：彭真親自審定（9月11日）的北京市委〈關於北京大學發動教授參加肅反鬥爭情況和做法向中共中央的報告〉。[50]其整理的「有效」肅反經驗有：

一、清查對象聚焦重點：證據確鑿的反革命分子、有相當材料的反革命嫌疑分子、「解放」後言行一貫反動的分子，以及「胡風反革命集團」的骨幹分子。為防運動失焦，以下教師不作為鬥爭對象：有重大的歷史、政治問題但已清楚交代者、先前思想改造運動中已遭清理者，以及學術上有資產階級觀點者。

二、對於由落後分子轉成運動積極分子者的重用和對之放手發揮：約有半數的清查小組組長，由非共黨籍的教授擔任；透過態度積極者聯繫中間分子、讓有歷史包袱者卸下心防。

三、鬥爭有策略，不亂扣帽子，任由「少數積極分子急躁前進，圖快」，反倒讓一般教授跟不上而導致脫離多數。

---

48 《彭真年譜》，第3卷，頁44。

49 北京市檔案館、中共北京市委黨史研究室編，《北京市重要文獻選編（1955年）》，頁527。

50 《彭真年譜》，第3卷，頁57。

四、針對重點鬥爭與審查對象，反覆「調查摸底」，採取不同鬥爭方式。[51]

　　彭真市委特別重視北京大學使用向黨靠攏之落後教授的運動經驗，彭真在9月17日審改並於19日發出之〈中共北京市委關於肅清暗藏反革命分子鬥爭中幾個具體問題的指示〉，其中為說明發動落後分子的工作成效頗著，即以北京大學成功發動落後教授、從而孤立「反革命分子」和順利推動運動發展為例。[52]

　　彭真認可北京大學教授「肅反」運動「成果」——〈關於北京大學發動教授參加肅反鬥爭情況和做法向中共中央的報告〉，獲得黨中央青睞，在9月22日轉發各地參考。其指出：「在高級知識分子中不但要達到查出反革命分子的目的，還要達到使更多的高級知識分子靠攏我們，由中間落後分子變為積極分子的目的。這對於今後高等學校的改造工作有極為重要的意義」。[53]

　　彭真拿北京大學針對教授的「肅反」運動經驗，向中央獻禮。當時在北大數學力學系任職、後來擔任北大校長的丁石孫回憶：「肅反」運動時，數學界就針對平素愛聚會、說怪話者展開批判；系上同事閔嗣鶴因為信仰基督教之故而與王明道有往來，閔氏在王氏被逮捕以後也成為「肅反」對象，丁石孫還受組織委派與之談話。閔氏經此一劫，言談變得極為謹慎。[54]至於北大燕園內針對學生的「肅反」運動，丁石孫則表示「搞得比較亂」，有徇私批鬥的情形，所幸為時較短。他回首省思：

　　現在來看，用群眾運動的方式搞肅反的做法是不好的。群眾一旦發動起來，就不好控制。況且，真正反革命的活動，群眾是不知道的。肅反運動後來也不了了之。究竟找到反革命沒有，也不知道。數力系好像沒有找出

51　同上註，頁58。
52　北京市檔案館、中共北京市委黨史研究室編，《北京市重要文獻選編（1955年）》，頁581。
53　《彭真年譜》，第3卷，頁58。
54　袁向東、郭金海訪問整理，〈我在北京大學的前期經歷：丁石孫訪談錄〉，《科學文化評論》，第9卷第2期（2012年4月），頁94-95。

反革命。但這種運動傷了不少人，對黨群關係非常不利。[55]

五、力行「肅反」與執行法制的對立

（一）運動揭發清查的適法性問題

引發「肅反」運動的胡風批判問題，有論者表示：中共中央做法既有違犯新生不久的「五四憲法」相關條文，處置上也多違反法律程序。包括：憲法第90條規定「中華人民共和國公民的住宅不受侵犯，通信秘密受法律的保護」，但是未經胡風本人同意即在報上公布其與相關人士的通信郵件；憲法第95條是「中華人民共和國保障公民進行科學研究、文學藝術創作和其他文化活動的自由」，胡風大禍臨頭，正始於文學觀的分歧；毛澤東硃砂御筆一揮，胡風就被公然定為「反革命」，未審先判、先定後判，莫甚於焉。[56]

緊接在後的「肅反」運動，如同中共往昔群眾運動，亦多有不當或與法律規定背離之處。黨領導群眾清查「反革命」的階段，各單位的黨負責人接獲中央號令後，有權發動群眾大膽懷疑、檢舉揭發，這些懷疑、揭發尚未經過查證核實，就可責令當事人交代檢查，並策動群眾對之批鬥和施壓。

組織一旦盯上特定對象，越疑越像，當事人難以為己申辯，否則易被指稱態度惡劣、狡猾抵賴，旁人也難以置喙，若被控以包庇、搗亂或破壞運動，也會吃不完兜著走。部分單位主管、幹部和群眾可能求功心切或出於革命義憤，甚或基於私利私益，便鋌而走險、訴諸極端，動口又動手，私設公堂、秘密審訊、車輪戰術、疲勞轟炸，花招百出，從而嚴重損及、傷害被懷疑者的公民基本權利。[57]彭真治下的北京市「肅反」運動中就屢見不鮮、層出不窮。

「文革」前在北京市委工作、深得彭真信任並獲之培養的王漢斌，即表

55　同上註，頁95。

56　郭道暉，〈從人治走向法治——五十年來我國法制建設的曲折經歷〉，《百年潮》，1999年7期，頁20。

57　陸錦碧、鐵犁，〈建國初期司法改革的得失〉，郭道暉、李步雲、郝鐵川主編，《中國當代法學爭鳴實錄》，頁25-26。

示：在北京市，「1955年開展的清查『胡風反革命集團』及其後的肅反運動搞了『面對面』的揭發鬥爭，傷害了許多同志，遺留了很多問題」。[58]

彭真和北京市委的確不樂見、也發文制止「肅反」運動中出現「嚴重地侵犯了人權，脫離了群眾」的做法。彭真要相關單位和幹部必須停止、糾正，但是卻沒有以依法、守法、違法的角度加以檢核，遑論追究法律責任。難道在發動群眾鬥爭的運動階段，乃屬法律「假期」或「空窗期」？

（二）兼求敏捷、合法：公、檢、法聯合辦案

1、高層鼓勵和放手

毛澤東對「肅反」運動做出「既要敏捷，又要合法」的指示。[59]事實上，群眾性「肅反」運動一哄而起，也快速大量累積尚待司法機關追查、確認和審理的案件，必須盡速加以「消化」。彭真的因應之道就是政法部門「聯合辦公」、速戰速決。彭真轄下北京市即成立公安、檢察和法院組成的預審起訴聯合辦公室，並增調審訊幹部，以加強預審、起訴和審判工作。[60]然而，政法三家「一攬子」辦案的實際發展是：黨委隱身在後遙控，公安實質領頭主導，檢察和法院如同側翼協作配合。

「肅反」運動猛烈發展、又急於求成，檢察、法院的法定角色和職能未能如期扮演和發揮，甚至引發相關人員怨言：「人是公安機關捕的，判刑是黨委批的，這樣發生的錯捕、錯判的責任，很難由檢察機關和法院負責」。[61]

「肅反」運動期間，檢察、法院不全然是自不爭氣或自廢武功，因為中央領導人和「肅反」前線指揮就有相關指示，令之識相行之、識趣為之。

1955年6月，彭真還代表中央指示高檢院幹部：檢察部門應謹慎、認真承擔起核准逮捕、負責起訴和審判監督的重要任務。[62]不久為因應「肅反」運動

58　王漢斌口述、韓勤英訪問，〈在彭真身邊工作二十五年的片段回憶〉，《中共黨史研究》，2012年第10期，頁69。

59　《彭真年譜》，第3卷，頁165。

60　〈中共北京市委關於1955年鎮壓反革命情況向中央的報告〉，北京市檔案館、中共北京市委黨史研究室編，《北京市重要文獻選編（1955年）》，頁987。

61　〈中共中央法律委員會第一次會議紀要〉（1956年7月15日），頁2。

62　《彭真年譜》，第3卷，頁37-38。

揚風而起，劉少奇、彭真對檢察工作就另有新令。7月期間，劉少奇在中共高官避暑勝地北戴河，面諭高檢院正副檢察長張鼎丞和梁國斌：「我們的法律是要保護人民去同敵人鬥爭，而不能約束革命人民的手足。如果哪條法律束縛了我們自己的手足，就要考慮廢除這條法律。」

因應「肅反」運動席地捲起，劉少奇更直白地表示：黨委決定要逮捕的對象，檢察院「要閉著眼睛蓋章」，將之予以核准；如果因「閉著眼睛蓋章」而出現錯案，檢察院則必須「出面擔起來」、「要做黨的擋箭牌」，也就是對外要喬裝是自行決定。他強調：檢察部門萬萬「不准鬧自由主義」，如果聲稱「這個案子不是我批的，我不負責」，「就是洩露了黨的機密，就是和黨鬧獨立性」。要是落黨外人士口實，甚至趁機藉此批評、反對共產黨，「結果可以說等於是檢察院反黨」，要受黨紀制裁。[63]

劉少奇對檢察高幹下達指令時，彭真在座，未聞其有異議，也無重申或堅持他在上一個月對檢察官員的指示——謹慎、認真擔負捕人核准的任務。這是因為出於組織紀律、不得違抗黨內上級，抑或是他因應「肅反」運動的政治需要而與時俱進？甚或是其6月指示只不過是冠冕堂皇的表面話，一遇到黨的中心工作就必須轉彎？

根據「文革」批判資料，同在7月，彭真對高檢院負責人表示：「我們在運動開始的時候，首先要注意發現該捕不捕的現象，然後，在運動開展以後，有些地方可能有亂捕，檢察機關就要善於發現、檢查出問題來，向黨報告，檢察機關應當代黨去發現問題，進行檢察。」[64]

如果此一訊息屬實，著眼時間背景，彭真可能示意：檢察部門必須配合「肅反」運動進展而行動，「肅反」剛發動時，檢察部門應該配合黨委、公安而批准逮捕，以助運動初期成功製造合理出擊、壓境逼人的聲勢；當「肅反」順利發動和展開以後，面對討伐殺聲震天、業已成勢，也揭露大批藏身於市的「反革命」嫌疑，檢察部門就應順勢從嚴把關，免得出現濫捕。

「肅反」運動方興未艾的9月19日，指導「肅反」運動的中央十人小組組

63　于一夫，〈「以黨治國」面面觀〉，《炎黃春秋》，2010年第7期，頁2-3。

64　最高人民檢察院無產階級革命派聯絡總站編，《彭真、羅瑞卿在政法（檢察）方面的反革命修正主義言行》，頁53。

長羅瑞卿，在全國21省市公安廳局長會議上又講明：「公安、檢察、法院都是黨的工具，是黨的保衛社會主義建設、鎮壓敵人的工具」，檢察和法院對外必須佯裝依憲（「人民法院獨立審判，只服從法律」、「地方各級人民檢察院獨立行使檢察權」）行事，但絕不能有「以法律上的規定來對抗黨的領導」的偏差認識；對內須對黨唯命是從，工作上則老老實實地聽從黨委、公安「老大哥」的吩咐。[65]這無疑又推促黨領導下政法三家「聯合辦公」，公安掛帥、檢法屈從的發展。

2、中央要求補辦法律手續

12月2日，中共中央發出〈關於補辦由人民檢察院審查批捕人犯法律手續的指示〉，其表示：

> 近據最高人民檢察院黨組的報告，在今年以來各地逮捕起來的反革命分子和其他各種犯罪分子中，約有十一萬多人（26個省市不完全統計）未履行由人民檢察院審批逮捕的法律手續，個別地方未經人民檢察院審查批准而逮捕起來的人犯占全年已逮捕起來的人犯總數的30%。這是不符合憲法和法律的規定的。

如上顯示：官方承認1955年（下半年「肅反」運動發動和鋪展，自是關鍵）檢察部門在審批逮捕工作上未盡職守、功能不彰，有成千上萬的案件恐怕連「閉著眼睛蓋章」都沒做，如此也反映：「肅反」過程中的公、檢、法「聯合辦公」，檢察部門的位處邊緣和角色附從。

黨中央鑑此要求：「這種情況應引起各級黨委充分重視，並迅速加以糾正和改變。為此，中央決定：凡自1955年1月份起由公安機關逮捕起來的人犯未履行人民檢察院批准逮捕的法律手續的，應一律補辦批准逮捕的法律手續」。面對「肅反」運動主要造就的既成事實：為數不少之未依法而逮捕的案件，中共想到的「亡羊補牢」之策，是補辦法律手續以使之符合法律。這代表中共不

65　于一夫，〈「以黨治國」面面觀〉，《炎黃春秋》，頁3。

解「程序意識」及其重要性，[66]僅滿足於事後補救的形式「合法」。

另外，彭真甚至將「要補辦由檢察機關審查批捕人犯的法律手續」，視為發展和建設檢察機關的好機會。[67]

六、出掌中央法委定調「肅反」

（一）成立情況與獲任主委

1954年第一屆全國人民代表大會以後，董必武原本領導的政務院政法委員會已不復設置，他被選任最高人民法院院長。經此變動，董必武「已不再擔負黨和國家政治法律工作方面的全局的領導責任，但是他仍然十分關注著政法工作的全局問題」。[68]可能見到「肅反」運動造成的亂法亂象，1955年12月7日，董必武呈送報告給劉少奇並轉毛澤東。他表示：目前各政法機關的黨組分別直屬中共中央，政法各部門缺乏一個統一的協調組織，故建議黨中央設立一個法律委員會或法律工作組，以協助中央加強對國家機關內政法工作部門的協調和統一領導。他也建議由彭真或羅瑞卿負責領導此一新設機構。[69]

中央書記處同意成立中央法律委員會，並提出擬定的組成人員名單（董必武非其領導人選），交由政治局會議正式討論決定。政治局會議討論中央法委的主任委員人選之時，多數意見仍然主張由董必武擔任此職，但董氏以自身年邁為由推卻並一再推薦彭真，最後為政治局同意。[70]

董必武何以建議由彭真或羅瑞卿負責領導、統籌協調國家機關的政法部門工作？可能董必武目睹、知曉彭、羅同是身健體壯、工作能力強、政法業務熟悉的後起之秀；更重要的是，他感受到兩人深受毛澤東欣賞和重視，而且在政法問題和法律觀念上（歷經「肅反」運動），可能也與毛澤東較為相近和契

66　同上註，頁4。

67　《彭真年譜》，第3卷，頁123。

68　《董必武傳》撰寫組，《董必武傳（1886-1975）》（北京：中央文獻出版社，2006），下冊，頁915。

69　同上註。

70　同上註，頁915-916。

合。毛澤東為首的中央書記處擬議的中央法委主任委員人選並非董必武，恐怕不單純是體恤董氏年老力衰或對其人事建議的從善如流，應也有順勢讓毛澤東更信任、用得更順手的彭真、羅瑞卿膺任此一政法要職的用意。

1956年7月6日，中央法委會正式宣布成立。彭真擔任主任委員，委員有董必武、羅瑞卿、張鼎丞和陳養山（司法部黨組副書記、副部長；在延安時期中央黨校內歷任支部書記、幹部科科長，也算彭真舊屬），分別代表法、公、檢、司四個部門。其任務為辦理中央交辦的工作：研究法律工作方針政策、政法部門分工等問題，不管有關部門的具體案件。政法各部的黨組仍直接對中央負責並向之請示報告。[71]

彭真為首的中央法委的成立被視為：「在組織上解決了國家機關中政法部門的統籌和協調問題」。[72]有論者評之為：是「黨委一元化領導」在政法事務內的運用，是中共逐漸形成「黨管政法」思想的歷史原點，也是「黨管政法」思想在中共中央組織史上第一次生成正式機構。[73]

（二）肯定「肅反」與評議「聯合辦公」

1956年7月6日，彭真主持召開中央法委第一次會議，討論近來若干重要政法政策及其評價問題，包括：「去年的鎮反運動有無錯誤的問題，公安、檢察、法院、司法行政部門之間的關係問題，檢查工作的問題，起草刑法、刑訴法、和有關治安的行政法的問題，中央法律委員會的工作問題」。其中，「去年的鎮反運動」（即「肅反」運動）又是重點。

彭真為首的中央法委肯定「肅反」運動「十分必要的、正確的，取得了很大成績，保障了社會主義建設和社會主義改造事業的順利進行」；並表示有錯捕、錯判一些人的缺點。另外也批評對「肅反」持疑義態度者，包括：「有右傾思想」且未覺悟者、以今日尺度評判當時情勢者，以及對工作偏差缺點不滿者。[74]

---

71 〈中共中央法律委員會第一次會議紀要〉，頁3。

72 《董必武傳》撰寫組，《董必武傳（1886-1975）》，下冊，頁916。

73 劉忠，〈「黨管政法」思想的組織史生成（1949-1958）〉，香港中文大學中國研究服務中心：http://ww2.usc.cuhk.edu.hk/PaperCollection/Details.aspx?id=9457（2020年5月25日登入）。

74 〈中共中央法律委員會第一次會議紀要〉，頁1。

彭真、中央法委對「肅反」造成問題、後遺症的處理，做出指示：縣以上黨委和各級政法部門要對各項工作進行一次檢查，有錯即依法承認，並清理未決犯。中央政法各部組織檢查組（由主要負責幹部率隊），分赴地方檢查。上告中央的冤案，高檢、高法兩院因應處理。[75]

針對各地公安、檢察、法院機關在「肅反」運動期間採取「聯合辦公」方式，即共同決定問題（實乃黨委幕後拍板），再分別辦理法律手續。1956年3月31日，彭真在第三次全國檢察工作會議就表達對之肯定、但下不為例的態度：「去年你們是閉著眼睛蓋圖章，不這樣做又怎麼辦呢」？「因為在一定的鬥爭形勢下需要在一定的時間內把一定的事情搞完。去年那個鬥爭形勢需要那樣做。但今年就不要再（那樣）搞（了）」。[76]

三個月餘後，彭真主持的中央法委第一次會議申明贊同「肅反」期間「聯合辦公」做法，稱之「是必要的，不這樣就不能適應運動發展的要求，及時地給反革命分子以有力打擊」；但也認為政法各部之後要逐步各司其職、各盡其責，彼此配合也互相制約。

彭真為首的中央法委也提出「黨委要加強統一領導，一切案件黨委都有權過問」，即「重大案件和有關部門意見上有分歧的案件」，檢察部門核許捕人以前、法院作出判決之前，「都要報經黨委審查批准」。[77]值得注意的是，這正是彭真在1953、1954年參與制定憲法和檢察、法院組織法時一再的主張——檢察、法院要接受「雙重領導」，尤其是對黨委領導的亦步亦趨——進一步獲得確認。

董必武原本對檢察部門實行「垂直領導」深具信心，而無像彭真對之多有保留；董氏對法院工作也主張「先審後批」，而非「先批後審」。他參加彭真主持的中央法委第一次會議，就算可能繼續堅持上述意見，也沒有被接受而成為中央法委的正式意見。

7月15日，彭真將中央法委第一次會議紀要報送毛澤東、中共中央核閱。然而，由於「肅反」運動對社會造成重大震動和不安，黨內、其他黨派、政法

75　《彭真年譜》，第3卷，頁140-141。

76　《彭真傳》，第2卷，頁888。

77　〈中共中央法律委員會第一次會議紀要〉，頁2。

界和民間對之的評議和爭論，一直在社會輿論中存續和發酵，更在1957年整風運動期間成為「鳴放」焦點，最後也是彭真代表中共出面壓制「噪音」、「以正視聽」。

七、「八大」又倡法制

（一）劉少奇「八大」政治報告

　　毛澤東率領中共利用群眾運動成功奪權建政，也希望繼續藉之治國建設。中共開始興建法制後，法制建設可否、如何與運動治理模式並存和共處，中共內部對此看法並非一致。

　　「肅反」運動掀起高峰的背景下，1955年12月26日，黨內若干著名「老大姐」，包括：鄧穎超（周恩來妻）、蔡暢（李富春妻）、章蘊、帥孟奇。登門祝賀毛澤東生日，她們也藉機反映幹部對群眾運動感到厭倦之意，並建議將來不要再推行運動。毛澤東當場沒有表態，在送客後對身邊工作人員直言：「在階級鬥爭的社會裡，不搞運動，我不能叫毛澤東」。[78]這顯示群眾運動治理仍為毛澤東偏愛。

　　1956年2月，蘇共「二十大」揭露史達林統治蘇聯的黑暗面。中共鑑於史氏執政下蘇聯國內法制遭受破壞造成的嚴重教訓，又轉而強調法制建設的重要和必要。[79]3月3日，彭真在第三屆全國司法工作會議上提出要遵守現有法律，並盡快制定重要法律。彭真表示：「我們必須堅決貫徹人民法院組織法、人民檢察院組織法和其他法律，我們游擊環境早過了，不能還把老一套搬出來，也不能說經驗不足，因為過去經過長時期戰爭，現在建國又已經6年多了，時間不短，不能老是經驗不足」。[80]

　　彭真接著指出：「有的辦案畸輕畸重，出些毛病」，「這與我們還未制定出刑法、民法以及刑事訴訟、民事訴訟（法）也有關係」。關於刑法，「我們

78　何載，《懷念與回憶》（北京：中共中央黨校出版社，2003），頁20-21。

79　王漢斌，《王漢斌訪談錄——親歷新時期社會主義民主法制建設》（北京：中國民主法制出版社，2012），頁5-6。

80　〈彭真副委員長在第三屆全國司法工作會議上的報告〉（1956年3月3日），頁10。

想爭取今年或明年上半年能提出個正式的草案，現在我們已初步準備出了一個刑法草案的草稿」，「準備發給大家」，請大家回去研究提意見」。他並強調：「前天向（毛）主席匯報這事，主席同意把這草案發給大家去提意見，盡量提」，「司法機關搞完了，然後送到有關業務部門去討論」；「這樣集思廣益，要搞出一部刑法也不是很困難的，現在社會主義改造將近基本完成，客觀條件有了就好搞了，例如土地問題，前兩年還不好規定，現在就好辦了」。[81]

同年9月，中共「八大」重要講話和文件都提到完備法律和健全法制。15日，劉少奇代表黨中央作政治報告，其中「國家的政治生活」就提出：

> 為了鞏固我們的人民民主專政，為了保衛社會主義建設的秩序和保障人民的民主權利，為了懲治反革命分子和其他犯罪分子，我們目前在國家工作中的迫切任務之一，是著手系統地制定比較完備的法律，健全我們國家的法制。

劉少奇也表示：隨著國家進入不同階段，有不同的鬥爭任務（從革命破壞舊秩序轉變到新生產關係建立後保護社會生產力發展），鬥爭方法也要從「人民群眾的直接行動」、「臨時的綱領性的法律」，與時俱進地改為「完備的法制」。「全國每一個人」只要沒違法，其「公民權利就是有保障的」，不受任何機關和人的侵犯，如受非法侵犯，國家必然出面干涉；「一切國家機關都必須嚴格地遵守法律」，公、檢、法「必須貫徹執行法制方面的分工負責和互相制約的制度」。

劉氏政治報告基本採用彭真7月主持中央法委的會議論斷，對於同遵守法制多有對立的1955年「肅反」運動，給予較正面評價，並稱今後公、檢、法行事「必須嚴格地遵守法制」。[82]事實上，劉氏政治報告形成過程中，毛澤東指示邀請彭真、羅瑞卿和董必武參與閱改其「國家的政治生活」章節。[83]無怪乎

---

81 同上註，頁13。

82 〈劉少奇在中國共產黨第八次全國代表大會上的政治報告〉，中央檔案館、中共中央文獻研究室編，《中共中央文件選集（1949年10月-1966年5月）》（北京：人民出版社，2013），第24冊，頁104-106。

83 中共中央文獻研究室編，《毛澤東年譜（1949-1976）》，第2卷，頁619。

有彭真領導的中央法委影子。

9月27日，中共「八大」通過關於劉氏政治報告的決議，其中也提到：

> 由於社會主義革命已經基本上完成，國家的主要任務已經由解放生產力
> 變為保護和發展生產力，我們必須進一步加強人民民主的法制，鞏固社會
> 主義建設的秩序。國家必須根據需要，逐步地系統地制定完備的法律。一
> 切國家機關和國家工作人員必須嚴格遵守國家的法律，使人民的民主權利
> 充分地受到國家的保護。[84]

（二）董必武講話形成過程

1956年夏中共中央規劃人選擬在「八大」進行專題發言，其中包括董必
武。黨中央規劃董必武就民主、法制問題發言，除了董氏年高德劭，可能考量
其本是政法主管人，亦持續關心和與聞相關領導工作，也是現任最高人民法院
院長。此時黨內領導政法的主要負責人彭真，沒有承負政法議題發言任務，則
可能因為要忙於「八大」其他重要會務和黨國具體管理事務，以及出於對董氏
表達敬老、謙讓等因素。

董必武對其「八大」講話甚為重視、也用心準備。值得一說的是，董氏講
稿一開始由彭真主持研究起草。[85]但不知是彭真為其他事情所忙，抑或是其主
稿思路和講話人董氏本身的思維構想有異，最後改由陶希晉（國務院副秘書長
兼法制局局長）協助董氏起草講稿。

7月起，董必武請陶希晉等人助之起草，並多次就政法工作、法制建設的
經驗、現狀和改進問題召集座談。他對草稿逐字修改、形成初稿後，邀請同是
黨國元老的朱德、林伯渠提點意見，也找黨內大秘寫手陳伯達、鄧力群對文字
加工洗鍊。8月15日，董氏最後修訂文稿時提出「依法辦事」與「必須有法可
依」、「有法必依」，以及進一步加強人民民主法制的重要內容。[86]

84　〈中國共產黨第八次全國代表大會關於政治報告的決議〉，中央檔案館、中共中央文獻研究
　　室編，《中共中央文件選集（1949年10月-1966年5月）》，第24冊，頁257。
85　顧昂然，《回望：我經歷的立法工作》（北京：法律出版社，2008），頁52。
86　《董必武傳》撰寫組，《董必武傳（1886-1975）》，下冊，頁917-918。

　　董必武在黨內比彭真資深許多、本也是政法主管人，亦是彭真出任中央法委主委的推薦人，但是他按組織程序，將其「八大」講稿報送彭真審閱。

　　董氏講稿關於依法辦事、進一步加強人民民主法制的部分，彭真並無提出異議。然而，關於黨政關係的部分，有一段論述是批評黨政不分，並援引毛澤東早年對相關現象所作批評，彭真卻將之整段刪去。相關文字如下：

　　黨政不分還會助長官僚主義，我們某些行政部門的黨組，對於該部門的重大工作作了決定，也往往不重視行政程序而直接付諸實施，這也是黨政不分的一種現象。毛澤東同志28年前在〈井岡山的鬥爭〉一文中說：「黨在群眾中有極大的威權，政府的威權卻差得多。這是由於許多事情為圖省便，黨在那裡直接做了，把政權機關擱置一邊，這種情形是很多的。政權機關裡的黨團組織有些地方沒有；有些地方有了也用得不完滿。以後黨要執行領導政府的任務，黨的主張辦法，除宣傳外，執行的時候必須通過政府的組織。國民黨直接向政府下命令的錯誤辦法，是要避免的。」我曾幾次引用毛澤東同志的這段話，或許有些同志覺得我好「炒冷飯」，我想假若為圖省便，黨在那裡直接做，而把國家機關擱置一邊的狀況，各地或多或少仍然存在的話，那麼，我引用毛澤東同志的這段話，對於我們黨應當怎樣領導國家機關工作，就不是多餘的話了。如果有同志因我引這段話，而傾向於忽視黨的領導，那可說是完全誤解了毛澤東同志的意思。[87]

　　彭真對董氏講稿所作的文字刪改，政治上可能不無意義，甚或反映兩人在政法工作中的黨政關係、黨的領導問題存有隱然差距。彭真也認為黨對政法部門和工作的領導，確實不宜大包大攬、直接包辦，而應更有技巧和手段，但是較諸董氏，他對黨的領導可能在程度上更強調、注重一些。董氏講稿若引用毛澤東的相關談話並予重點強調，可能會對未來涉及黨政關係、黨的領導的政法解釋和操作，造成空間和彈性的壓縮，因此索性刪去不要。從後來的政治發展和走勢，以及彭真的政治言行來看，以上推論恐非全無道理。

87　同上註，頁918。

（三）董氏講話要點內容

9月19日，董必武在大會登場發言，首先精要回顧並高聲肯定中共法制方面的諸多舉措，包括：「廢除國民黨的舊法制」、1952年開展「司法改革運動」，以及在前述基礎上「建立和發展起來的人民民主法制」。他也著力反駁批評中共在廢除《六法全書》以後存在「司法司法，所司何法」的問題。

董必武列舉中共立法成績以後，並無感到自滿而裹足不前，而表示：現在還缺乏如刑法、民法、訴訟法、勞動法等「一些急需的較完整的基本法規」；另也有許多法規（包括因「鎮反」應運而生的懲治反革命條例），由於政經情勢變化，應修而未修、應新定而未定。[88]

董氏進而坦承：當前處於「法制不完備的狀態」。欲立馬建成，不切實際；但也要劍及履及而使之「逐漸完備」。他強調：「法制不完備的現象如果再讓它繼續存在，甚至拖得過久，無論如何不能不說是一個嚴重的問題」。[89]

董氏道出「法制不完備」、必須付諸行動改變的問題後，又明指「少數黨員和國家工作人員，對於國家的法制有不重視或者不遵守的現象」。他尤其批評「黨政不分」、黨組織對國家機關「越俎代庖」的現象（如前所述，這一部分乃經過彭真刪節）：

> 我們黨領導人民建立了中華人民共和國，黨是國家的領導核心。但是，我們黨從來是把黨組織和國家機關嚴格劃分清楚的，黨是通過自己的黨員和黨組織領導國家機關，而不是包辦代替國家機關的工作，這是我們一貫堅持的原則。最近有些省、市召開的黨代表大會，批評了地方黨委存在著黨政不分的現象，說黨委往往直接發號施令，代替了一部分地方國家機關的行政工作。我認為這些檢查是好的，因為這種現象的存在，會減弱黨對國家機關應有的政治領導。[90]

---

88 董必武，〈進一步加強國家法制，保障社會主義建設事業〉，中國人民大學刑法教研室編，《中華人民共和國刑法參考資料》（北京：中國人民大學，1958），第6輯，頁54。

89 同上註，頁54。

90 同上註，頁55。

　　從上可見：董氏以言簡意賅方式，表述其對黨應該對政法部門施行政治領導的看法，即經由黨員和黨組織而非包辦代替，以及他對一些地方黨委向當地政法機關直接發號施令的不表認同、加以否定。

　　另外，董氏強調法律的科學性與專業性，表示「法學是一門重要的社會科學」，提出需要探究著述、設立專門研究所鑽研，並且善待法律從業人員。[91]

　　董氏接續頗費篇幅地談論：「為什麼不重視和不遵守國家法制的現象經常發生呢？」[92]其分析頗為深刻：一、歷史根源：中共革命的歷程，即是在「突破舊統治的法制中行進的」；革命成功以後，「又徹底地摧毀了舊的政權機關和舊的法統」。由此奠立形成「仇視舊法制的心理」，進而引發「對於一切法制的輕視心理」。二、群眾運動的「副產物」：中共在「解放」初期接連發動的群眾運動，在成績超乎預期之際，也可能因為「革命的群眾運動是不完全依靠法律的」，「助長人們輕視一切法制的心理，這也就增加了黨和國家克服這種心理的困難」。[93]三、社會根源：中共出身小資產階級的黨員為數眾多，其「常常表現極端的革命狂熱」而非「堅忍性、有組織、有紀律和堅定精神」，如此使之「容易投合」「輕視一切法制的心理」和「無政府主義思想」。[94]

　　董氏針對「法制不完備」和部分黨國人員「不重視和不遵守國家法制」問題，開出的政策解方是：「黨中央號召公安、檢察、法院和一切國家機關，都必須依法辦事。我認為依法辦事，是我們進一步加強人民民主法制的中心環節。」他接著分別說明「依法辦事」的兩大內容：

　　一、「有法可依」，也就是「促使我們要趕快把國家尚不完備的幾種重要的法規制定出來」。對此，董氏認為「完全有可能」，還具體指出刑法和刑事訴訟法已有初稿，在中央審定若干原則問題後「很快就可以脫稿」。[95]

　　二、「有法必依」，指的是「凡屬已有明文規定，必須確切地執行，按照規定辦事；尤其一切司法機關，更應該嚴格地遵守，不許有任何違反」。如果在執法過程中發現有不適之處，也應按照法定程序修訂。董氏還表示：

91　同上註，頁56。
92　同上註。
93　同上註，頁57。
94　同上註。
95　同上註，頁58。

我們反對一切隨便不按規定辦事的違法行為。今後於那些故意違反法律的人，不管他現在地位多高，過去功勞多大，必須一律追究法律責任。對於那些不知道法律的人，不僅要教育他懂得法律，還有教育他遵守法律。依法辦事就是清除不重視和不遵守國家法制現象的主要方法之一。[96]

董氏講話尾聲提出「進一步加強人民民主法制」的諸多政策建議。例如：妥善配置高等學校的法律課程師資、加強檢察機關組織以便之行使檢察權、加速建設律師制度、強化黨對法制工作的領導，以及監察部門對黨員認真施行監督。

中共「八大」倡議法制建設的報告決議，特別是董氏的大會發言，公諸於世後，對於有識法制發展的重要性和有志於法制建設的中共幹部和黨外人士，直是一大鼓舞，認為於黨於國皆是喜訊和福音，如此既代表中共中央進一步推行法制的意向，也是對此前政策出現搖擺（特別是1955年「肅反」運動）的撥亂反正。他們也以此為據，更積極地在黨內外宣揚和推動法制事業。

蘇聯駐中國的外交人員就注意到：民主黨派成員和知識分子尤其滿意董氏所提的鞏固革命法制必要性的發言，經常提出「最快地制訂和編纂中國新法律的需求」，表示「在消滅資產階級法律後要盡可能地制訂社會主義法律」。[97]

由蘇聯副總檢察長擔任團長的蘇聯法律工作者代表團，在中共「八大」後訪問中國一個月，其考察報告也指出：「在制定和通過新的法典（刑事法、民事法、訴訟法）方面還面臨著許多工作，這些法典都是現有法律的牢固的基礎，是國內司法秩序的可靠保證。」現存的不足，即缺少法典，缺少成熟的法律，「阻礙了中國司法機關加強國內的司法工作」。[98]

彭真這時也給人樂見「八大」高倡完備法制之感。「八大」結束隔月，最高人民法院召集一次有多省市高級法院院長參加的座談會。彭真態度誠懇地對與會人士表示：「現在有一種議論，認為今後階級鬥爭是越來越緊張。實際這

---

96 同上註，頁59。

97 〈駐華使館的情報資料：中國社會輿論對中共八大的反應〉（1957年1月5日），沈志華主編，《俄羅斯解密檔案選編：中蘇關係》（上海：東方出版中心，2015），第7卷，頁144。

98 〈米舒京的工作報告：蘇聯法律工作者代表團訪華〉（1956年12月4日），沈志華主編，《俄羅斯解密檔案選編：中蘇關係》，第7卷，頁110-111、114。

種觀點不對。今後的階級鬥爭要逐漸緩和了。政治運動要結束了。以後是法制建設時期，這樣的前途，可以說是肯定的。並希望大家安心工作，建設法制」。[99]

只是1957年政治情勢急轉，致使董必武以至中共部分高層人士心繫的建設中國法制偉業，成為一場黃粱大夢。彭真搖身一變成為整風、「反右派」大前鋒，極力聲討追求法制的大小尖兵。

小結

1950年代中期，尤其是1954年中共制定頒布首部國家憲法至1956年中共「八大」的此一階段，因為中共中央顯得較為重視法制建設，被中國大陸法學界人士稱為「法制建設的第一個黃金期」。[100]事實上，這個「黃金期」也非順遂，而是遭遇嚴重的內在挑戰，即中共利用群眾運動成功奪權建政，也不時戀棧於繼續用之治國建設。中共開始興建法制之後，法制建設可否、如何與運動治理模式並存和共處的問題，就因「肅反」運動席地捲起而浮出檯面。

彭真認真襄助中共法制初建，又義無反顧地與聞、促成、投入從批鬥胡風延伸而來的「肅反」運動。彭真緊從毛澤東，依舊慣於並長於群眾運動和鬥爭，依序布署與強力推進北京市「肅反」，使得首都運動迅速升溫、鋪展，並破獲宗教界大案（「王明道反革命集團」）與創造「典型」經驗（針對大學教授）。

彭真在同一過程中，迫使新生的法制屈從、服膺甚至服務於群眾運動：運動初期為便於發動群眾挖掘、質問、鬥爭任何可疑的「暗藏反革命分子」，坐視明文保障基本人權的憲法規定淪為具文；針對運動成功啟動後經常流於偏激的發展，如市委所言「嚴重地侵犯了人權」的事端、趨勢，彭真雖發出指示試以糾舉制止，也未依法論處和究責，畢竟鼓勵和保護運動積極分子本即是群眾運動不可或缺的部分。

政法部門執法辦案上，彭真吩咐檢察官員：運動初期注意「該捕不捕」情

99　阿沐，《新中國第一代法官——鮑廷干傳》，鮑氏網。

100　崔敏，〈64號文件：官大還是法大〉，《炎黃春秋》，2009年第12期，頁15。

況，要之配合黨委領導的運動行動，證成敵情嚴重、抓捕有據；待運動成功開展、甚至出現亂捕，則要協助黨委限縮抓捕之勢。更重要的是，為加速審理群眾運動鬥爭冒出湧現的大量「肅反」疑案，彭真乾脆要黨委居上指揮、政法部門「聯合辦公」辦案，如此效率至上，將執法程序與分工制約完全拋諸腦後。

1956年彭真還代表中央肯定「肅反」運動及其間盛行的「聯合辦公」，另外也指出由於環境情勢變化，之後不再如此為之。彭真和中共對「肅反」運動政治定調以後，不但不悅聽聞社會和其他黨派對之非議和批評，更藉1957年「反右派」大肆秋後算賬。

彭真的「肅反」角色與活動，可以具體反映他以至於中共早期領導人的若干法律觀念和認知。例如：法律作為黨的統治工具，可以任之權宜看待、用捨，不顧程序規定和實質遵從，樂在止於形式滿足如補辦法律手續；法律與執法隊伍作為黨領導之群眾運動的「配件」和「援兵」，隨之起伏需要而動態調整鬆緊、寬窄，更形成代表「專政」出擊、呼嘯來去的運動式執法。以上種種，皆對中國大陸往後長期的法制發展，投射一道長厚的陰影。

1956年蘇共揭露和批判史達林錯誤，讓中共中央又重拾對法制建設的關切。同年秋，中共「八大」的重要講話和文件，如劉少奇的政治報告，以及會議通過報告的決議，皆提及完備法律和健全法制。董必武的大會發言更呼籲：「我認為依法辦事，是我們進一步加強人民民主法制的中心環節」，並進一步提出「依法辦事」的兩大內容，即「有法可依」和「有法必依」。

不料未及一年光景，1957年春夏之交，即因毛澤東發起整風運動和猛然展開「反右派」鬥爭而導致情勢丕變，這場獵巫式的政治運動衝破原本即已薄弱的法制規範，也顛覆法律在中共治理上設定的政治位階和政策序位。相關的重法和促法人士，無論黨內和黨外，也飽受衝擊和迫害。彭真即是台前幕後的操刀手（請參閱第八章）。

同一過程中，董必武「八大」講話提出「進一步加強人民民主法制」的具體事項，包括：高校的法學發展和教研人員待遇，加強檢察、監察工作和律師制度。不但沒有獲致進展，反而遭到嚴重破壞或是倒退。從黨中央到地方黨委，對法制工作更顯露輕賤和鄙夷的態度。彭真審閱董氏「八大」報告，當下沒有提出異議，後來卻成為讓董氏殷切盼望中國法制宏圖大展的願望落空、使之不進反退的主要操辦者。彭真和董必武之間在法制問題和政法工作或隱或顯

的觀點差異和政見歧異，也終而浮出檯面、一較高下（請參閱第九章）。

　　1956年中共宣稱中國完成社會主義改造、進入社會主義建設時期，「八大」將發展經濟文化和完備法制設定為重要施政目標。「八大」的中央領導人事安排上，「七大」中央政治局委員、中央書記處候補書記彭真也佔有一席之地。他在中共中央的新職務任命，以及首都領導人職位，如何讓其在「文革」前中共政治中扮演重要而特殊的角色，將是下一章內容。

第六章

跨足「八大」書記處和首都「京官」
（1956-1966）

　　彭真在中共入主中原、面南而治後，因為東北宿敵政治得勢和對之干擾，其仕途不免有些抑鬱之感，但他認真埋頭於毛澤東交付的各項工作與任務，如首都工作、政法「鎮反」，都有板有眼、成績顯眼。高崗轟然倒台，對彭真好似拔去「肉中刺」，毛澤東開始試行法制建設之路，彭真即被委以重任，無論是摸索創建法制，或是中間出現搖擺而復以群眾運動執行「肅反」，他皆認真執行、達致使命。

　　彭真越發受到毛澤東重視、前程如錦之時，鄧小平也從旁快速崛起，不出幾年就有躍過彭真之勢。中共宣稱凱歌行進到社會主義建設階段，彭真與新起之秀鄧小平在中央人事布局和工作分配上，各自被如何安排，以及兩造之間如何共事？彭真在中央政治角色和活動空間加大之際，他對首都管理也已熟至生巧、游刃有餘，中央何以讓彭真繼續留任「京兆尹」，他又如何上下兼顧，進而靈活、技巧地連結兩者，產生加乘的政治效應影響？

　　本文的主要論點為：彭真在「文革」前中共政治中地位重要而特殊，兼具中央領袖和地方重吏雙重身分。彭真在中共建政初年雖參與中央決策，但主要司管北京市，其後更多地在中央領導政法、法制和人大、政協「兩會」工作。時至1956年中共「八大」，彭真雖然同中央政治局常務委員會失之交臂，但在新設的中央書記處內擁有僅次鄧小平的權力地位。鄧小平領導書記處推行中央大政方針和維持黨國日常運作過程中，甚為信賴彭真；他稱職協助鄧小平「負總責」，也因集聚權力在身並擅使重權，儼然成為一實權人物。

　　彭真長期主管北京市，反映中共中央對他的政治信任和器重，以及對其出色治理表現的欣賞。彭真治京理念是：信從緊跟中央、工作力爭楷模，以及營造首都格局。他在實際管理上提綱挈領地掌握重大事務，餘則交由其信任部屬處置和落實，如此使之既可管控首都發展方向，又能節省心力處理中央事務。彭真的政治能力和前景，以及對地方利益和人事的關照，令其在當地享有高度領導威信。彭真在首都崗位的積極有為，也讓之增加不少政治見光度、發言權和影響力。北京市在「文革」前夕常作為政治實驗要地，他在其間多與人衝突，益加陷入不利處境。

　　彭真在中央和首都的職務並非各自為政、各不相干，而是兩者相連而彼此推進：他以「黨國要人」身分在中央論政議事，北京市實務經驗和即時訊息讓之言更有據；他基於京城首長職分在當地推動政策，以其在中央易探「天聽」之便，其帳下北京市常可搶得先機、領先群省。

　　本章的章節安排，除此前言外，有以下內容：首先說明彭真在政治上何以落居鄧小平之後，未被選入「八大」政治局常委會，接下來探討他在新設中央書記處的地位與分工，以及在其中如何具體扮演二號人物。在彭真擔任「京兆尹」方面，他為何長期被指派此職，對北京市的施政理念、管理方法、用人情況、聲望所在，以及相關工作何以是其政治資產、又為何變成政治負擔。

一、「八大」常委遺珠

（一）面對鄧小平崛起

　　峰迴路轉下，彭真幸運甩開一直對之虎視眈眈的高崗，可以稍微鬆一口氣。與此同時，他也必須面對一個新的政治現實，也就是鄧小平的後勢看漲，不但對之急起直追，更逐漸超之在前。

　　1952年鄧小平上調北京時雖不像高崗如此突出，也獲任政務院副總理，在政府系統僅次於總理周恩來和主管經濟的副總理陳雲。薄一波的財政部部長丟官後，也由鄧小平接任。

　　鄧小平以黨紀和團結為名、秉公告發高崗一事，毛澤東肯定其之正直，劉少奇也因此化險為夷、安度考驗；其他高幹如陶鑄對鄧小平亦心生佩服。對彭

真而言，目前雖未見彭真評論鄧小平在高崗問題作為的資料，但鄧小平相關舉動直接促成高崗倒台，實同為之解除近10年的心腹大患。鄧小平經此一役在中共政治更上層樓，甚至是超過自身，彭真也應較無惡感以至是樂觀其成。

「高饒事件」以後，鄧小平的仕途確如平步青雲：接掌饒漱石留下的中組部部長空缺，獲指派擔任中央秘書長，也在1955年4月七屆五中全會上與林彪同時被補選為政治局委員。自此以後到1956年9月中共舉行「八大」約一年多的時間，中共中央書記處開會時，彭真因是候補書記，所以是「參加」會議；鄧小平雖在會上同樣得以發表意見，但名義上屬於「列席」。另外，在黨內部文件上，依照政治局委員排序，彭真排在第7位，鄧小平則敬陪末座第13位。[1] 然而，從「八大」準備工作，可以清楚看到鄧小平的黨內實質權位已在彭真之前。

（二）「八大」講稿送鄧氏審改

彭真雖參與「八大」具體籌備和規劃，但是鄧小平的角色更為重要。1956年7月30日，毛澤東主持召開中央政治局會議，決定成立由20人組成的專門委員會，「負責討論中共領導機構的設置方案和研究中共八大的選舉問題」。陳雲、鄧小平分別擔任第一召集人和第二召集人。彭真在此一委員會中順序排在陳、鄧之後。[2]另外，鄧小平對「八大」準備事宜享有一定裁量決定權，一個具體例子就是鄧小平負責安排和審閱「八大」代表的會議發言。彭真預定的「八大」發言稿即提交鄧小平審閱。

9月7日，彭真將其講稿交給鄧小平並表示：「如果你覺得大體可用，再送書記處同志審閱。」彭真這篇題為〈關於革命勝利後的群眾路線問題〉文稿，主要有兩部分：一是呼籲執政黨要注意群眾路線和調查研究，以避免「驕傲自滿情緒」和克服工作中的主觀主義和命令主義。[3]這近似毛澤東次年提出全黨整風的構想。另一是針對蘇共「二十大」批判史達林問題，提出反對個人崇拜

---

1 〈1955年歡迎胡志明同志遊園晚會（中山公園）七一遊園晚會參加人員名單〉（1955年6月30日），北京市檔案館，檔號001-006-01054，頁17-18。

2 中共中央文獻研究室編，《鄧小平年譜（1904-1974）》（北京：中央文獻出版社，2009），中冊，頁1300。

3 《彭真傳》編寫組（下略），《彭真傳》（北京：中央文獻出版社，2012），第3卷，頁922-923。

和對待革命領袖的問題。彭真認為前者不能簡化看做是對後者的否定，對待「領導者」要實事求是，不能持以只講正確或偏講錯誤的「絕對的觀點」；他並特別提出要分析批判一部分青年知識分子出現「否定領袖的作用」的「危險傾向」。[4]

若連繫彭真此前數月以來上呈中共中央的動態情勢報告，以及他不久前在北京市委常委會上對「大學生思想混亂」、質疑是否要繼續唱「東方紅」加以批評，並強調「對毛主席的信任是應該的，不過分就不是個人崇拜」，[5]可以發現彭真意圖在「八大」講壇上表達：不要因為反對個人崇拜而影響對毛澤東的信仰。

想不到的是，彭真精心準備的講稿，特別是欲向毛澤東表述一番敬意和好意的第二部分，鄧小平卻有保留和修改意見。9月17日，鄧小平看閱彭真講稿後寫下評語：「我認為這是一個好的發言，但是這篇東西，特別是後面一部分，有的人聽了如何，分寸是否恰當，就要多找幾個（人）斟酌才行」。他對講稿第二部分還表示：「過於突出，可以概括一點說，文字上也可得到縮短」。[6]鄧小平建議彭真先請陳伯達協助看閱；鑑於彭真的重要政治地位，他表示彭真的稿件之後要送給劉少奇審定，並且「可能的話，請（毛）主席看看」。[7]

何以鄧小平會覺得「分寸是否恰當」？他顧慮的「有的人」指的又是誰？又何以「過於突出」？在此不作深論，但顯然在相關問題上鄧小平和彭真看法有所差距。由於鄧小平是「八大」會議發言的審查人和把關者，更重要的是其作為「八大」中央政治局常委和中央總書記候選人已成定局（後面詳述），彭真只能按之意在18、19日修改講稿並分送劉少奇、陳伯達徵求意見。陳伯達閱後將彭真講稿中遭鄧小平懷疑「分寸是否恰當」的第二部分悉數刪去。彭真甚為失望，致信劉少奇：「少奇同志，我有興趣講的是後半部分，但又恐有礙

4　《彭真傳》編寫組編（下略），《彭真年譜》（北京：中央文獻出版社，2012），第3卷，頁151-152。

5　同上註，頁127、129、145-147。

6　同上註，頁152。

7　中共中央文獻研究室編，《鄧小平年譜（1904-1974）》，中冊，頁1314。

團結，如怕刺激，把比較透徹的話勾掉（如修正稿），我即不想講了」。[8]最後，彭真就沒有在「八大」會上講話，也無將講稿當做書面發言提交會議。

（三）無緣「入常」及表態

政治上明白確認鄧小平的黨內權位超越彭真，就是兩人在「八大」新人事安排中的相對位置。毛澤東主張原本「在中央政治局決議之下處理中央日常工作」的中央書記處，改為中央政治局常務委員會；同時另設一個新的中央書記處，負責處理中央日常工作。關於「八大」中央常委會組成人員問題，其最初構想和暫擬名單是：毛澤東、劉少奇、周恩來、朱德、陳雲、鄧小平、彭真。易言之，彭真是原擬的中央常委人選之一，位在鄧小平之後。但是在延安、東北就與彭真有嚴重嫌隙的陳雲、林彪，對此極力反對，導致彭真最後「名落」鄧小平而「榜上無名」。[9]

毛澤東在「八大」召開前夕表示：自己擔任主席，其他中央書記處書記劉少奇、周恩來、朱德和陳雲「都當副主席」；另外，「推舉鄧小平為總書記」。[10]「至於常委，準備就由主席、副主席和總書記組成」，「這就是把過去的書記處變成常委，只是比過去多了一個總書記」。[11]簡言之，毛澤東就是將「七大」書記處轉為「八大」常委會。「七大」書記處餘下的一名候補書記彭真，猶如遺珠般地沒有在毛澤東此一安排之內。反倒是原本與「七大」書記處根本沾不上邊的鄧小平，榮獲毛澤東親自保薦為新制中央常委和新設總書記。

「八大」正式召開前兩天，1956年9月13日，毛澤東主持七屆七中全會第三次會議，又再次向與會人員鄭重推薦中央主要領導人選。獲得毛氏推薦選任副主席的周恩來、陳雲和總書記鄧小平，皆有所推辭。周恩來認為「設一位副主席比較順」；陳雲表示自身「不適當」；鄧小平則說自己擔任總書記「一不

8　《彭真年譜》，第3卷，頁155。

9　中國大陸中共黨史研究者（C君）提供的資訊（北京，2015年8月）。

10　中共中央文獻研究室編，《毛澤東年譜（1949-1976）》（北京：中央文獻出版社，2013），第2卷，頁606。

11　毛澤東，〈關於中共中央設副主席和總書記的問題〉，中共中央文獻研究室編，《毛澤東文集》（北京：人民出版社，1999），第7卷，頁112。

行，二不順」。[12]有趣的是，此時已確定與「八大」常委會無緣的彭真，反倒話多了起來，積極支持相關人選。陳雲自謙推讓後，彭真當即插話表示：「主席他們幾個人不在，你常常代理，代理好久，事實已經證明可以」。[13]彭真是否意欲向關係素來不睦的陳雲表示友好，同時表現自己並未因陳雲阻擋其「入常」而懷恨？

　　針對鄧小平自稱的「一不行，二不順」，彭真也發言表示：「你一行二順」。[14]亦即他要鄧小平安心就任。對於鄧小平自言出任總書記「不順」，有一種解讀是因為鄧小平自覺黨內新職會因此超越較資深的彭真，所以感到有些彆扭。彭真表態「你一行二順」，正可以化解其中尷尬。

　　另外，關於鄧小平、陳雲的人事任命，毛澤東心意已決並公諸上層，彭真縱有保留或意見，多說無益也不智，甚至可能討嫌。事實上，毛澤東與鄧小平之間特殊的歷史關係，尤其是鄧曾因毛而遭到連坐處分，以及毛對鄧長期欣賞、愛護和拉拔，彭真都甚為明瞭而不感突然。劉少奇也勉勵、勸進鄧小平接受中央總書記職務，顯示有關人事任命乃是中央層峰共識，彭真根本無力扭轉。

　　此外，彭真欣然表達支持鄧小平出任中央總書記和進入常委會，亦是對鄧小平的一種示好，有助未來彼此共事合作；他也可藉此表示自己能上能下、不忮不求。彭真此番意在維繫團結的友善表態，可能也有助於他獲任中央新職。

二、獲任新設書記處「二把手」

（一）提名問題

　　彭真在「八大」雖與權力金字塔頂端政治局常委會擦身而過，但是他也有重要斬獲，就是在新建的中央書記處出任排名第二的書記，僅在中央總書記鄧小平之後。其他成員有：書記王稼祥、譚震林、譚政、黃克誠、李雪峰，候補

12　中共中央文獻研究室編，《鄧小平傳（1904-1974）》（北京：中央文獻出版社，2014），下卷，頁994。

13　中共中央文獻研究室編，《陳雲傳》（北京：中央文獻出版社，2005），下冊，頁998。

14　中國大陸中共黨史研究者（H君）提供的資訊（北京，2015年8月）。

書記劉瀾濤、楊尚昆、胡喬木。

　　毛澤東相當重視新的中央書記處，親自決定其職權是「管日常工作」、「很多事情要在那裡處理，在那裡提出議案」，也對其人數多寡予以指導。對於書記處成員名單，毛澤東也緊盯、掌握。他要求「政治局委員、書記處書記、主席、副主席要一道提出一個整個的名單，要一道選」。9月15日，「八大」開幕，會議主席團選出毛澤東為首的現任13名政治局委員，由之組成大會主席團常務委員會。毛澤東領導的大會主席團常委會討論並提名「八大」中央政治局委員、常務委員和中央書記處成員人選以後，先提交大會主席團會議通過，之後再提交新選出的「八大」中央委員會第一次會議選舉通過。縱觀彭真成為「八大」中央書記處第二號書記的過程，無庸置疑地，毛澤東知悉、參與也予以同意。

　　至於誰首先倡議由彭真出任書記處第二號書記？目前沒有資料能說明。彭真對毛澤東如此忠貞和篤信，在延安整風審幹過激和東北局爭論問題中也多少代之受過、承擔責任，甚至可能因此在「八大」「入常」問題遭人杯葛；但彭真卻仍隱忍顧全大局、配合新人事布局（特別是關於鄧小平）。中共「進城」以後，彭真在政法管理（如「鎮反」）、法制試建（也包括其間出現的「肅反」），也都盡心輔佐毛澤東，完成其交辦差事。因此，有無可能是毛澤東提名彭真以作為政治犒賞和補償？或者有無可能是與彭真多有共事經歷的劉少奇推薦？毛澤東和劉少奇都知道彭真熟悉中央決策、政策和運作，也長於黨務、組織和人事，確實是適任新設中央書記處的不二人選。

　　毛澤東決定鄧小平出任中央總書記，乃先於中央書記處成員名單的確認，他有否可能徵詢鄧小平意見，問之欲讓誰作為其書記處副手？彭真對鄧小平出任中央常委、中央總書記的「成人之美」，鄧小平自是看在眼裡；而是否有可能正由鄧小平舉薦彭真，就像是1948年中原局領導人事問題？從中央書記處正式成立以後的運作來看，鄧小平甚為歡迎彭真加入並重視其角色作用。

　　最後，也可觀察「八大」中央委員會、政治局的選舉結果和排序情形。「八大」中央委員排序乃基於當事人得票數。鄧小平在全部97名中央委員中高居第4位，僅在毛澤東、劉少奇和林伯渠之後，還在朱德、周恩來、董必武、陳雲、林彪之前。這既反映毛澤東在選前為之強力推薦的催票效果，也顯示其在黨內享有的高知名度和普遍好感。相對地，彭真在全體中央委員排名第29，

與其黨內資歷和所居權位存在不小落差。彭真甚至還排在他東北局部下林楓後面。反映黨內上層對他在1940年代前半期延安整風審幹和1940年代中期東北局領導爭論，存有不滿聲浪。兩者比較下來，鄧小平在黨內較孚人望。

由「八大」中央委員選舉出來的17位政治局委員，彭真的排序從1955年七屆五中全會的第7位後退至第10位；不但被鄧小平（第6位）和林彪（第7位）超前，1945年「七大」排在其後的林伯渠和董必武，也躍過之而居前，分處第8、第9位。這是否乃因彭真的政治局委員選舉得票不如預期之故，還需要未來相關史料面世才能解答。

（二）書記處分工：協助「負總責」

鄧小平和彭真在中央書記處內的職務關係和分工為何？1956年10月5日，鄧小平主持召開中央書記處第一次會議，會議決定書記處工作範圍和人員分工。其中確定：「鄧小平負總責，並負責聯繫中宣部和中央農村工作部；彭真協助鄧小平負總責，並負責統戰、政法和港澳工作」。[15]鄧小平主持決定的中央書記處成員分工，經過10月8日毛澤東主持召開的中央政治局常委會第一次擴大會議討論，最後在10月15日為中央政治局會議批准通過。

鄧小平主持的中央書記處會議將鄧小平與彭真的工作關係界定為「彭真協助鄧小平負總責」，此議為毛澤東領導的中央政治局及其常委會採納。如此將彭真在書記處內的政治地位和權責明確為：鄧小平一人之下、其他書記之上；並責定其輔佐鄧小平承負領導書記處工作成敗的政治責任。鄧小平對彭真如此重視和寄望，不無可能是中央層峰（毛澤東、劉少奇）的事前示意，也可能肇因於他對彭真政治資歷、資格的敬重，或還有對彭真坦然接受他後來居上的投桃報李。此外，亦存有一種工作互補的現實需要。

鄧小平工作辦事的一個重要風格，是俐落緊抓大事和果斷拍板決策，周恩來曾以「舉重若輕」概括。至於後續具體落實和細節管理，鄧小平則較少過問或乾脆放手讓人處理。戰爭時期的「劉鄧大軍」，劉伯承配合鄧小平的理事方法和風格，就擔負「舉輕若重」角色。戰時的地方管理，鄧小平掌握政策方向，後續執行工作即由薄一波承擔和布置。針對「八大」書記處工作，鄧小平

---

15 中共中央文獻研究室編，《鄧小平年譜（1904-1974）》，中冊，頁1318。

也需要有人足堪扮演類似得力助手的角色，能有效率地張羅、處置政策執行的繁雜事項，為之分擔責任和分攤工作。

彭真獨當一面、統領全局的能力，可能較不突出（其領導東北局時或可以反映）；但他在微觀管理和參謀作業的能幹，在1940年代前半期協助毛澤東管理延安中央黨校多有展露。再加上，彭真做事認真、鍥而不捨、一抓到底、態度負責的特質，[16]以及他先後出任「七大」、「八大」政治局委員身分，亦為其他書記處成員所不可企及，使之可以勝任書記處「二當家」。

1958年2月，毛澤東指示「中央書記處對國務院和各部委的工作要管起來」，書記處職權自此從管理黨的日常事務進一步擴增至監管政府工作，以貫徹「黨的領導」和「以黨領政」。鄧小平在書記處倚重彭真，使之權位更是相對大增（可見於第十章）。

彭真在書記處稱職的工作表現，中共中央曾考慮予之副總書記的正式頭銜，但因林彪反對而作罷。[17]中央書記處候補書記楊尚昆在「文革」中被揭發曾表示：彭真「很能幹，是未來的總書記」。[18]

1949年國共隔海而治至1950年代中期，中華民國方面對彭真個人政治資訊的掌握和了解，看來並不充分。1950年10月底，一份直接呈送蔣中正本人審閱的〈共匪中央政治局組織沿革」〉（按照他8月18日指示要對之調查而辦理），內容包括：中共中央委員會、中央政治局及各分局組織系統表，中共各級負責人姓名表。其中有關彭真的紀錄，頗為不全，甚至多有錯誤：彭真此時作為中共「七大」中央政治局委員、中央書記處候補書記的身分，未予掌握，故其人名皆不見於這兩個機構之內；彭真雖被列入中央委員會成員名單，其名卻被誤寫成「彭其」；另外，彭真也被誤認是「華北中央局書記」，並被附記

---

16 彭真妻子張潔清就表示：「彭真有兩個特點，一是肯動腦子鑽研問題，有不把問題弄清楚就不罷休的精神。二是辦事認真，不管什麼事，到了他那裏，他都認真對待，一抓到底。」張文健，〈學習彭真同志勤奮工作的精神〉，《緬懷彭真》編輯組編，《緬懷彭真》（北京：中央文獻出版社，1998），頁356。

17 中國大陸中共黨史研究者（I君）提供的資訊（北京，2014年8月）。

18 〈千刀萬剮心不甘——憤怒揭發楊尚昆的反黨反社會主義反毛澤東思想的罪行〉，鬥爭彭羅陸楊反革命修正主義集團籌備處主辦，《戰報》，第5期，1967年2月15日，版4。

是「前東北局書記」（實際為期僅約9個月）。[19]

　　1956年中共「八大」及其一中全會結束後不久，10月上旬，國民黨對之所作的一份內部研析報告，對新設的中央書記處評道：「中央書記處書記六名平均年齡五十四歲」，「籍貫計湖南三名，山西兩人，四川一名」（書記處書記實則七名，應是遺漏本籍安徽的王稼祥）。並將之與「七大」中央書記處作比較：「該處職權就新舊黨章規定」，「已降為政治局單純之秘書機構，其實際權力不能與上屆相比」。針對彭真僅簡略記載：年齡和籍貫是「五四、山西」；簡歷是「匪黨七屆中委、偽北京市市長」。[20]

三、書記處行使大權

（一）貨真價實副統領

　　鄧小平讓彭真在中央書記處挑大樑和挑重擔，可以從多方面看出：

　　一、鄧小平經常讓彭真代理主持書記處會議和工作。按中共運作方式和政治文化，開會議事的會議主持人既領導討論，也可能從中主導議程和做出結論，因此通常是在上位者。鄧小平出國訪問、移地開會、地方視察或是生病休養時，多交由彭真主持書記處會議和工作。根據彭真官方年譜資訊，從1956年秋書記處成立運作至1966年初，正式編號的書記處會議超過400次，由彭真主持的書記處會議近約60次，其中最密集的是1959年6月至11月鄧小平腿傷療養、由彭真代理主持期間。若再加上其他未加以正式編號的書記處會議，以及以書記處名義召集的各種彙報、工作或電話會議，彭真出面主持會議次數就更多了。

　　書記處有正式編號的會議，開會頻率和次數在1963年以後明顯逐年減少。這直接反映鄧小平對領導書記處工作的積極性，相較之前大為消退。鄧小平對黨中央日常工作的處理，更多地經由文件傳閱審批，還有交託彭真承辦與出

19　〈俞濟時唐縱呈「共匪中央政治局組織沿革」〉（1950年10月30日），中國國民黨文化傳播委員會黨史館，檔號：大黨062/006。

20　〈附件五、匪黨第八屆中央委員會人事分析〉（1956年10月8日），中國國民黨文化傳播委員會黨史館，檔號：大黨065/001。

面。

　　有資料指出，1964年周恩來曾略有抱怨：「現在辦事情太困難了。黨的事情只有彭真在管，軍隊全靠羅瑞卿，政府只有我。這麼大的國家，就這麼三個人管具體的事，別的人都只是說說，不做事」。[21]

　　二、書記處開會前準備事務和會後落實工作，鄧小平都交由彭真處理。相較周恩來召開會議時間冗長，鄧小平主持書記處會議時間明顯較短。這除了因為鄧小平不拖泥帶水的議事風格，彭真在會前幕後詳密準備，便利會議效率提高，也是不可或缺原因。彭真對會議議程事項具體安排，討論議題資料彙整和可能解決方案擬定，以至中央批示預擬，都加以張羅，甚至在開會以前即與鄧小平通氣、商量。[22]鄧小平在書記處會議做出決定後，彭真也負責具體安排後段執行工作。

　　三、書記處夜間時段工作，鄧小平交付彭真處理，以致彭真有「夜間總書記」之稱。「文革」以前中共中央有一個早晚值班分工：白天是劉少奇和鄧小平，晚上是周恩來和彭真。因此有中南海內西華廳（周恩來辦公地）和中南海外台基廠（彭真住處）的燈火最晚熄滅之說。[23]毛澤東主要在夜間活動，有事時即召喚周恩來或彭真。因此，彭真下班休息以前，通常請秘書打探毛澤東、周恩來是否已經休息；即便彭真已服安眠藥睡下，一旦聞知毛澤東傳喚即起床整裝前往，讓張潔清不免擔心彭真與毛澤東談話時是否能維持神志清醒。[24]另外，彭真在中央值夜班，也可處理下級臨時提交中央裁示的緊急事宜。例如《人民日報》內容安排問題，其常務副總編輯胡績偉夜裡常找周恩來和彭真尋求指示。

　　鄧小平主要在白天工作，到後來不全是早睡之故，而與其甚為重視休閒玩樂有關，1961年以後他更逐漸形成固定時段打橋牌習慣：週三晚上7點到週四凌晨3點、週六晚上7點到週日凌晨3點、週日下午3點到週一凌晨3點。相對

21　李志綏，《毛澤東私人醫生回憶錄》（台北：時報文化出版企業有限公司，1994），頁422。

22　李海文、王燕玲編著，《世紀對話──憶新中國法制奠基人彭真》（北京：群眾出版社，2002），頁129。

23　中國大陸中共黨史研究者（F君）提供的資訊（北京，2015年8月）。

24　中國大陸中共黨史研究者（D君）提供的資訊（北京，2015年8月）。

地，彭真通常白日已是工作滿檔，晚上又在中央值班和待命，往往工作到凌晨
2、3點，有時甚至通宵達旦。王漢斌與彭真工作關係密切，也是鄧小平固定
「牌搭子」，其表示：「與小平同志相比，彭真不會休息，生活也沒有規
律」。[25]

四、書記處對中央黨政部門的指導工作，鄧小平信託彭真參與處理和經
管。在書記處會議平台上，彭真偕同鄧小平督導中央部會工作，對之發號施
令，特別是政治運動過程中常見鄧小平、彭真一搭一唱地督促施壓中央各部。
1957年「反右派」鬥爭期間，鄧小平、彭真聆聽各部運動彙報，就逼得中央高
級黨校領導人如坐針氈，不得不加大該單位政治獵巫力道（可見於第七章）。
1959年中央黨政機關「反右傾」運動，則由代理主持書記處的彭真聽取中央各
單位彙報運動進度（可見於第十一章）。

彭真在書記處內直接分管的政法、統戰和「兩會」工作，鄧小平就少問細
節。1957年政法領域「反右派」、1958年政法機關整風（可見於第八章、第九
章），以及1963年、1964年統戰部大鬥部長李維漢（可見於第十三章），都是
彭真出馬掌控。鄧小平不是沒有角色與影響，而是由彭真擔綱、操刀。

值得一提的是，鄧小平或因知道彭真在延安實際主持中央黨校和司掌中央
組織部而熟悉幹部，中央組織工作也讓彭真具體多管。鄧小平主持討論幹部問
題時，彭真通常在座參加；一些重要幹部處置問題，如因批評「大躍進」而惹
禍的中央高級黨校校長楊獻珍，鄧小平交付彭真研議處理；[26]許多涉及幹部處
理和調動的問題，彭真直接與中組部部長安子文討論決定，安子文經常打電話
或前去彭真住處研究幹部問題；[27]他也曾表示彭真與劉少奇、鄧小平同是可以
代表中央的領導人。[28]中組部上呈中央的重要政策文件，彭真事先過目和審

25 王漢斌口述、韓勤英訪問，〈在彭真身邊工作二十五年的片段回憶〉，《中共黨史研究》，
   2012年第10期，頁71。

26 中央組織部〈只爭朝夕〉戰鬥隊，〈鄧小平與安子文的黑關係一百條〉，北京地質學院革命
   委員會、紅代會北京地質學院〈東方紅〉公社資料組編印，《把鄧小平批倒鬥臭》（北京，
   1967），頁22。

27 中國大陸中共黨史研究者（J君）提供的資訊（北京，2015年8月）。

28 中央組織部〈只爭朝夕〉戰鬥隊，〈鄧小平與安子文的黑關係一百條〉，北京地質學院革命
   委員會、紅代會北京地質學院〈東方紅〉公社資料組編印，《把鄧小平批倒鬥臭》，頁27。

閱；彭真也經常對中組部發予指示，該部研究室人員就回憶聽聞彭真工作指示多過於鄧小平。[29]

　　由於彭真對組織人事的重要影響，他一方面有一定權力保護受到批評的幹部，也可以對犯錯幹部作較輕發落。另一方面，他利用手中職權定人生死、挾怨打壓、窮追不捨，也不乏案例。馬洪被指控是高崗「五虎上將」一員，就被彭真視為舊敵餘孽而被無理對待，甚至被他逐出會場（可見於第十二章）。

　　林彪死後，在其住處查抄出他生前所寫的手札，其中一則（大約寫於1960年代初）評論劉少奇、彭真經管的組織工作是「賞罰嚴明」。

　　五、領導地方黨委工作，鄧小平也很重用彭真。書記處透過召開電話會議，代表中央對地方黨委進行遠端指揮，因為通常在夜間舉行，電話通信品質不佳，鄧小平聽力差而通話不便，所以多由彭真代表出面。中共中央欲向地方布置工作，彭真銜命奔走各省，1957年整風運動期間，彭真前赴上海、天津、南京、武漢、鄭州推動「大鳴大放」。彭真後來表示：「毛主席和書記處派我到這些地方去『點火』」。[30]1958年全黨、全民大煉鋼鐵運動，也由彭真跨夜電話遙控各地省委，齊力共築毛澤東的鋼鐵大夢。

　　鄧小平和彭真對地方黨委內部政治鬥爭和清洗，有時一起共同指示，1958年夏他們當面指導遼寧新任省委第一書記黃火青如何開展省內鬥爭。1965年西北局第一書記劉瀾濤批鬥赴陝西任職不久的胡耀邦，劉瀾濤經常透過彭真反映情況和了解中央意向。彭真也會與鄧小平一起周遊各地指導工作，或是隻身到地方視察和調查，其言語常被當地奉作中央評斷。

　　地方領導人知道彭真在書記處的重要地位，有要事欲電話請示書記處，明白找彭真即可處理。「文革」小報揭發，從治理廣東進而主管中南的陶鑄曾說：「彭的地位實際上是副總書記。鄧小平的耳朵有點聾，打電話聽不清，有事情問中央，打電話給彭真」。[31]

　　地方大員到首都時也會造訪彭真，於公如同向書記處報告所轄地區工作，

29　中國大陸中共黨史研究者（K君）提供的資訊（北京，2015年3月）。

30　劉政、張春生，〈從歷史的幾個重大關節看彭真和毛澤東的關係〉，《領導者》，2013年總第51期，頁144。

31　〈反革命兩面派陶鑄罪惡史〉，東方紅農業大學革命委員會政治部主辦，《東方紅戰報》，第86號，1967年9月15日，版8。

並且尋求中央指示和支援；於私也能與彭真培養個人情誼，同時窺探中央層峰最新動向。延安審幹「搶救」中曾被彭真狠鬥的華東局第一書記柯慶施、西南局第一書記李井泉、中南局第一書記陶鑄、河北省領導人林鐵⋯⋯等，都曾是彭真府上的座上客。

六、黨對外工作的經營和管理，是書記處工作的重要一環，鄧小平和彭真亦有密切合作。中共外事工作和涉及政府外交的領導工作，鄧小平藉由批轉文件讓彭真知曉和參與。鄧小平、彭真經常一起會見外國政黨人士；當來訪的是較為次要的友黨外賓，就由彭真接見。更重要的是，為因應惡化的中蘇兩黨關係和擴大的意識形態爭論，鄧小平和彭真有時一人留守北京書記處負責後方指揮、連絡層峰，另一人承命出國、直接應戰，1960年的布加勒斯特會議即是鄧小平國內坐鎮，彭真出動；彭真在此次會議表現，鄧小平就大予好評。鄧小平、彭真在1960年（3次）和1963年也一道前赴莫斯科迎戰蘇聯「修正主義者」（可見於第十四章）。

七、彭真在書記處也經常承擔一些不失重要性的談話或「跑腿」任務。譬如中共中央決定重要人事任命後，彭真經常代表中央勸說當事人接受職務安排並即時傳達布置中央最新工作指示。這方面的例子不少。

1959年廬山會議揪出所謂「彭（德懷）、黃（克誠）、張（聞天）、周（小舟）反黨集團」，也牽動一波從中央到地方的人事更換，彭真為此奔忙，擔負告知狀況、徵詢意見，以及約談相關人士如羅瑞卿（接任黃克誠的軍中要職）、張平化（接掌湖南）和閻紅彥（出掌雲南）的任務。1960年夏中共中央決定成立6個地方中央局以利統籌指揮，宋任窮被任命東北局第一書記以及其工作職掌，乃由彭真告知。1962年初，李葆華代替曾希聖出任安徽省委第一書記，乃是彭真向毛澤東推薦；李葆華對此新職感到猶豫，亦是找彭真相談，而由之勸慰上任。

至於廬山會議「首犯」彭德懷，1965年毛澤東擬派之去西南參與「三線」建設，也是首先由彭真同彭德懷談話，自稱「直筒子」的彭真和性格桀驁不馴的彭德懷最後不歡而散。後來毛澤東親自找彭德懷談話，後者才願意領命；最後再由鄧小平、彭真同彭德懷談具體工作安排。

（二）工作契合下的微妙互動

　　鄧小平和彭真在書記處的互動關係和模式，有論者扼要概括為：彭真對鄧小平很尊重，鄧小平對彭真很放手。[32]但更細膩的觀察可以發現：彭真對鄧小平並非無原則的尊重，而鄧小平對彭真也非無界限的放手。

　　從彭真方面來看，彭真在中央會議與鄧小平討論工作，並非唯唯諾諾，而比較像同志式的交談，有時還會不假辭色當面提出異議。例如：1962年初旨在檢討「大躍進」問題的「七千人大會」期間，劉少奇、鄧小平主持的報告初稿著重批評「分散主義」，並舉北京市加工生產為例，彭真並不贊同；鄧小平主張將「分散主義」與「資產階級思想」加以連結批判，彭真也表示無法說服於人：「我們這些人辛辛苦苦千方百計多生產一些，是資產階級思想，是目光短淺，市儈習氣的政治庸人！那些吃了飯打撲克、看戲、逛大街的，倒是馬列主義者？加工訂貨，來料加工不能搞了，以後搞什麼？」[33]彭真說的「打撲克」，應是一種泛稱而未必直接針對以愛玩橋牌著稱的鄧小平，但他對鄧主張的不滿直是溢於言表，也反映他向鄧表述意見時不拐彎抹角。

　　彭真對鄧小平領導書記處的工作表現，也曾直率提出批評意見。在前述同一會上，關於「大躍進」責任歸屬問題，鄧小平和彭真咸認為他們領導的書記處在中央應負主要責任，但彭真進而直言：「小平帶頭，沒有調查研究」。[34]另外，彭真對重大情勢判讀和重要議題看法，也會有自己的思考，不見得唯鄧小平是從。這最集中表現在1962年的經濟調整工作（可見於第十二章）。

　　從鄧小平方面觀之，鄧小平和彭真一起指導下級工作，他若覺得彭真的建議不妥，當場就予以指正，1964年他們視察內蒙古指導當地鋼鐵生產和水利建設規劃時就曾發生。中國人民大學校長吳玉章不滿校黨委書記胡錫奎並堅決要求處理，彭真敷衍而未加理睬；[35]鄧小平出於推展工作需要，逕行決定調動。另外，更敏感的是，彭真偶在檯面下進行政治操作，鄧小平聞知後也曾表露些

32　中國大陸中共黨史研究者（F君）提供的資訊（北京，2011年7月）。

33　張素華，《變局——七千人大會始末》（北京：中國青年出版社，2006），頁102-103。

34　同上註，頁107。

35　郭影秋口述、王俊義整理，《往事漫憶：郭影秋回憶錄》（北京：中國人民大學出版社，2009年），頁218-219。

許不悅。

在鄧小平認可下，彭真在書記處內握有重大實質權力和施展空間，對權力流向甚為敏感的中央高級幹部，進而將彭真看做是一名說話有力、辦事得力、值得深交的中央領導人。賀龍元帥在中央兼管體育工作，當相關業務需要交由中央審定時，他就認為找彭真可以高效解決問題。根據「文革」揭發資料，賀龍曾言彭真：「這個人很能幹，很聰明，雖是高小生，但能文能武」，「是常務書記，在書記中管事很多」，「是被培養的大接班人」；賀龍針對國家體委具體工作問題表示：「給彭真寫個報告去！」「找大脖子（彭真脖子厚粗）去！上吊要找粗樹幹嘛，細樹枝吊不死人的」。[36]彭真也可能因大權在手，利用職權之便和伴隨形成的政界人脈網絡，謀求推行自己所好的政策主張。

1960年代中，中共中央提出備戰要求，彭真向華北局第一書記李雪峰提出欲將河北軍事要地張家口劃入北京市，彭真表示已與熟識的賀龍和楊成武商量，並獲之同意。李雪峰未予答應，表示應交付書記處決定。李雪峰告知鄧小平此事，鄧小平表示不知情，也對彭真不同之商量和請示有批評之意。彭真後來聞知李雪峰已向鄧小平報告，並知曉其批評意見後，便悻悻然放棄。[37]

1966年彭真被劃入政治另冊後，湧現對他的種種揭發，一份中共中央文件的附件資料指控：彭真曾在1961年表示「我現在和小平同志輪流坐莊，他不在就是我，我不在就是他，大體上每個人三個月」；並批之「把自己同鄧小平同志並列，自封為總書記，充分暴露了他的野心家的面目」。[38]

「改革開放」時期，鄧小平回顧彭真協助他在「文革」前十年處理繁重的書記處工作，總體上感到滿意：「彭真同志實際上是黨的副總書記，書記處的工作主要是靠他來抓呢！」彭真則謙稱：「工作都是大家做的，我只不過是集

36　湖南省會無產階級革命派大批判編輯小組編，〈大土匪、大軍閥、大野心家賀龍的罪惡史〉，李正中輯編，《文革史料叢刊第一輯》（台北：蘭臺出版社，2015），第4冊，頁149。〈看！賀龍的黑手伸得多長！——賀龍人事關係一覽〉，清華大學井岡山兵團宣傳組，《打倒反革命修正主義分子賀龍》（北京，1967），頁10。〈三反分子賀龍反黨罪行錄〉，國家體委系統革命造反聯絡總部，《體育前哨》，第8期，1967年6月22日，版4。

37　中國大陸中共黨史研究者（A君）提供的資訊（北京，2011年7月）。

38　〈關於彭真錯誤的一批材料〉，中發（66）267號，頁5。

體意志的執行者罷了。」³⁹鄧小平自認主持書記處時期是他生平最忙的階段。可以設想若無彭真從旁襄助，鄧小平對書記處領導工作必定更加忙碌和吃重，遑論還有閒餘時間讓他從事消遣娛樂。

鄧小平讓彭真在書記處有很大發揮餘地，也使其必須承載巨大行政工作負荷。彭真晚年曾說：「我是苦命人，我就是秘書出身，我給毛主席做秘書，給黨中央做秘書，給人民做秘書，我遇事都要親自動手，寫材料，起草文件。我過去在中央書記處就是做室內文秘工作，所以閒不著，閒下來就要找人聊天。」鑑於彭真在「改革開放」時期的法制建設貢獻，以及他「文革」前主持書記處常務工作辛勞，1988年有些全國人大常務委員和代表醞釀向中央提案表彰彭真，但最後被其勸退。⁴⁰

四、長任「京官」原因和執政理念

（一）長期受命管理原因

中共發起平津戰役前，即已決定將其全國政權定都北平（1949年9月27日改名北京）。1948年12月13日，中共中央任命彭真為北平市委書記（1951年開始兼任市長）。何以彭真獲命管理首都？可能原因有：

一、彭真的政治出身是所謂「白區」幹部，亦即在敵人佔領都會地區從事地下活動，對城市工作較為熟悉。彭真早期活動區域在華北地區，更曾直接在北平工作，對當地情況有一定了解。他在延安時期被任命為中央城市工作部部長，即為中共未來朝城市發展進行籌劃和準備。二、接管與管理像北平如此規模的大城市，需要一位具有主管一個方面工作經驗者。彭真在中日戰爭前期曾領導中共晉察冀根據地，戰後又主持過東北中央局，有掌管一方經驗。三、北平內部情勢複雜，「黨外上層活動人士」和知識分子叢聚，外國使節常駐其中，也多有海外人士造訪，國際、國內都甚為注意，因而需要比較細緻、靈活

39 文輝抗、葉健君主編，《新中國第一代：省（市、區）委書記、省（市、區）長卷》（長沙：湖南人民出版社，1999），上冊，頁12。
40 李海文，王燕玲編著，《世紀對話——憶新中國法制奠基人彭真》，頁311、318-319。

的政治手腕。彭真心思細膩、精力充沛，是一名適合管理人選。

除了彭真出身背景、工作資歷，以及領導特質，中共中央對他個人或也有其他政治考慮。北京市作為首都，如同是在「天子腳下」，不但直接關乎中央安危，其政治貫徹力也有高度象徵性和指標性。因此，首都領導人必須忠心耿耿、積極能幹。對毛澤東而言，彭真從晉察冀邊區調至延安後，即在他身邊工作並密切配合行事，讓其甚感滿意。這也是中日戰爭結束、中共積極進軍東北時，彭真被任命出掌東北局的重要背景。彭真在東北遭受其他黨人質疑，在一定程度上，也是因為他不變調地忠心執行毛氏政策主張所致。黨內不少高幹不滿彭真東北局任內表現，毛澤東不便在中央太多地重用彭真；但讓彭真擔任「京官」，既符其所長、可免受太大議論，也可將之安置身旁、為己所用。

可能基於上述原因，張東蓀回憶毛澤東當著他的面對周恩來表示：「彭（真）此人大有才、大可用，把北京這地方交給他」。[41]

彭真對北京市的領導工作，從1949年到1950年代中期是第一階段。在此時期，彭真在中央工作相對較少，主要工作重心就在北京市，表現也頗為出眾。彭真首先致力恢復當地生產、整頓經濟秩序，以及維持基本供應，以穩定和爭取民心；他在郊區推行土改時，也針對實地狀況採取較為穩健的政策，避免產生太大震盪和波動。鞏固中共統治和政權方面，彭真強力執行「鎮反」運動，成功確保中央黨政首腦機關安全。針對黨員幹部的「三反」運動和指向民間商賈的「五反」運動，他在北京市火速推行，取得豐碩運動成果，受到中央嘉獎和推廣。

因應中共中央推出向社會主義過渡總路線，彭真針對農業集體化，在北京郊區機敏調整政策以求跟進；他針對私營工商業社會主義改造，志在掄元奪魁，鑼鼓喧天地向毛澤東為首的中央「報喜」，同時風光昭告全國：北京市首先進入社會主義社會。

1950年代中期以後，彭真在中央政治的分工逐步加重，先是奉命接替董必武主管政法工作和負責全國人大常委會工作，更重要的是「八大」後被指定協助鄧小平對中央書記處「負總責」，實際擔任常務書記角色。鄧小平希望彭真

---

41 戴晴，《在如來佛掌中：張東蓀和他的時代》（香港：香港中文大學出版社，2009），頁 42。

可以心無旁騖地挑起中央書記處的常務工作，因此曾主張「以後準備彭真不當北京市市長了，市委書記肯定不當了」，但是此一提議並沒有被中央接受。[42]事實上，彭真對北京市職務也似有所戀棧，未必想將之交出。[43]

　　中共中央、特別是毛澤東，為何最後還是要彭真繼續管理北京市？可能的考慮有：首先，彭真在中共建政後前七年管理北京市的工作表現，常令層峰滿意，不時被批轉全國各地參考，成為政治先導和政策樣板。其次，彭真一道參與中央領導工作、加入決策討論時，可以從其兼管的北京市工作，提出一些反映地方觀點、貼近地方需要的一手資訊和經驗。1962年6月19日，彭真在北京市人民代表大會就表示：「我這個第一書記，毛主席讓當，實際是讓大家多了解實際」。[44]

（二）經營首都理念目標

　　彭真經營北京市的主要政治理念和目標，包括：將中央決策和政策忠實、積極、迅速地在北京市貫徹；把北京市工作辦得有聲有色，在全國各項工作作為模範、標兵；促進北京市各方面建設與發展，將之辦成有「一國之都」的格局與面貌，成為中國對外主要櫥窗。以下分別述之：

　　一、戮力在京畿地區貫徹中央意旨，不敢輕忽怠慢。

　　彭真領導北京市期間，對此原則的堅持和身體力行，長期作為市委「三把手」、擔任市委書記處書記兼秘書長的鄭天翔就表示：

> 北京市委是堅決執行黨中央的路線、方針、政策的，是堅決執行毛主席指示的，是全力顧全大局，服從大局的。彭真同志經常提出市委要經常檢查自己工作中的缺點及錯誤，堅決加以改正。我們就是這樣做的。彭真同志在中央工作，接觸中央領導、中央各部門和全國各省市區同志的機會比較多，聽到對北京工作的批評隨時告訴我們進行檢查，有缺點就認真糾正。彭真同志在中央開會或聽到毛主席的指示，只要是涉及地方工作又可

---

42 《彭真傳》，第3卷，頁926。

43 中國大陸中共黨史研究者（L君）提供的資訊（北京，2015年8月）。

44 〈彭真同志在市第四屆一次人民代表大會上的講話記錄〉，北京市檔案館，檔號001-006-02077。

以傳達的，即時給我們傳達，對重要問題跟我們一起研究如何貫徹執行，
並經常檢查執行的結果。[45]

在此背景下，彭真治下的北京市無異於中國大陸其他省市，緊隨著「文
革」前政治脈動起伏。易言之，中共中央領導下走的「正確道路」，抑或是所
謂「彎路」、「錯路」，在個別問題上縱有程度差異，彭真和北京市皆與之
「同呼吸、共命運」。正因如此，毛澤東後來批評彭真的北京市委為「獨立王
國」，市委高幹皆難以置信和接受。

二、力使北京市工作在全國範圍內名列前茅，以不枉首都名號。

彭真向市委各級幹部反覆強調：北京市在各項工作不但力求表現，更要
「事事都帶頭」，以拔得頭籌為職志。他具體提出「以可能達到的最高標準要
求我們的工作」。鄭天翔表示：「用客觀上可能達到的最高標準要求我們的工
作，是北京市委貫穿17年的指導思想。彭真同志多次講這個問題」；「市委按
這個方針進行檢查和布署，要求自己，要求各方面的工作」。[46]

1958年彭真進而指示：「北京市的工作在全國應當佔據首位」，「北京市
各方面的工作都要站在最前線」。他進而解釋：「前線就是前列，像排隊一樣
站在最前頭」。[47]彭真為系統整理、總結北京市典型經驗，並將之加以理論包
裝與宣揚，飭令市委辦理理論刊物，負責此項工作。彭真將刊物命名為《前
線》，並親自主持撰寫發刊詞，反映他對首都工作的重大寄望。彭真監製的
「北京市經驗」，有時是中央政策「試驗田」，有時更是全國政策「策源
地」。多次贏得毛澤東、中共中央的稱許和表彰。

三、力促北京市改頭換面和全面發展，以「首善之區」姿態示人並勝任國
家門面。

彭真有心建造北京市，具體提出將之由消費城市轉變成生產城市的建設口

45 鄭天翔，〈被顛倒的事實終被顛倒過來〉，劉光人主編，《永遠難忘劉仁同志》（北京：群
   眾出版社，2002），頁2。

46 鄭天翔，《回憶北京十七年》（北京：北京出版社，1989），頁3。

47 原北京市委、市人委機關摧舊兵團編印、北京市革命委員會政治組宣傳小組翻印，《砸爛彭
   真的反革命黑綱領：揭發批判彭真精心炮製和全面推行〈前線〉發刊詞的滔天罪行》（北
   京，1967），頁15。

號，並且順勢利用「大躍進」時機，一再縮短原先規劃時程並加速發展進程。除了生產事業建設，彭真也知道建造政治象徵性建築的重要宣傳意義。「大躍進」發起同年，彭真欣然接受一年完成首都「十大工程」的建設任務，既為1959年十年國慶獻禮，也為值在進行的「大躍進」造勢。他最終也確實如期完成。

三年「經濟困難」時期，北京市也籠罩在大饑荒陰影下。彭真用心維持首都政治、經濟、社會、生活各方面穩定，更對外喬裝中國國內情勢無恙、如常，給人「三面紅旗」成績偉大並仍繼續高舉的印象。

五、忙中兼管首都之道

「文革」初彭真被打倒之後，原本負責為彭真夫婦按摩的護士揭發，彭真曾對她表示：「我對北京市的工作管的不多，你們對我這個市長有意見吧！我主要是負責中央的一些工作」。[48]彭真在中央工作極為繁重，如何同時對北京市進行有效政治管理？事實上，彭真的管理之道是「抓大放小」。亦即他主要處理北京市重大事項；至於北京市委日常工作，則由彭真倚重的北京市委第二書記劉仁、鄭天翔等人負責。哪些是屬於彭真會過目、掌握的首都大事呢？概括地說，主要有以下三個方面：

一、涉及北京市委與黨中央和政府之間的互動。

彭真對相關事項親自予以把關，以作為銜接北京市與中央的關鍵橋樑。有資料揭示，彭真主持北京市黨政領導工作時，設有一項規定：凡是呈送中共中央、國務院、中央軍委的文件、資料，或者雖非直接呈送領導人本人，但是對於該領導人指示身邊工作人員來電、來函詢問的書面答覆，都必須經彭真親自過目簽字。[49]市委上呈中央文件，特別是毛澤東會過目、親閱者，彭真最是不

---

48 鶴桂林，〈我要說！我要講！我要揭露〉，鬥爭彭羅陸楊反革命修正主義集團籌備處主辦，《戰報》，第4期，1967年1月30日，版3。

49 沈河，〈白日點燈案〉，藍盾：http://www.fox2008.cn/ebook/landong/ladu2006/ladu20061112-1.html（2013年10月30日登入）。中國大陸中共黨史研究者（F君）提供的資訊（北京，2014年8月）。

敢掉以輕心。因為彭真作為該市主官必須擔負政治主責，他熟悉上層政治、懂得政治風向，也較能知道如何在文件報告呈現論點、突出重點，對之起到「畫龍點睛」作用。

1958年5月初，「大躍進」緊鑼密鼓、蓄勢待發下，北京市委擬向中共中央提交大力發展北京工業的規劃報告，彭真對草案所作修改即是一例證。首先、彭真為讓中央知道其領導下的北京市工業確有發展，他在說明1957年北京市工業產值後，另外加寫1949年工業產值，以顯示這段時間工業成長情形。其次、他為促中央未來加大對北京市工業投資力度，強調現有工業產值總數，包括一些位在北京、但由中央管理的國營企業在內，因此仍需要中央給予更大關注與照顧。最後、他的政治老練更可見：當草案提到北京市鋼鐵生產計畫，他特別註明剛擴建的北京鋼廠生產指標。[50]彭真明白毛澤東追求「以鋼為綱」、「鋼鐵掛帥」的急迫心情，加寫有關文字可顯現市委不但堅決要跟毛走，也有自己對應的「雄心壯志」，希望共襄煉鋼盛舉。

針對毛澤東關注的重要政治議題，彭真會先行對市委文件報告定下基調，然後再由其他市委高幹具體起草。彭真有時也會順承上意，適時報送市委調查報告，以符合、證成中央、特別是毛澤東的政治判斷。譬如：毛澤東對「大躍進」後城鄉基層幹部狀況狐疑、不信任，認為約有1/3的幹部已腐化、變質，便推行社會主義教育運動以除惡、汰舊。1964年12月中旬，彭真核改、呈送鄭天翔起草的〈關於北京市城市社會主義教育運動試點情況的匯報〉給毛澤東等人，其中將北京市主要企業幹部「爛掉」情況說得甚為嚴重。彭真無異其他省市領導人，即為迎合中央對基層情勢的悲觀估計、投其崇尚階級鬥爭之好。[51]

二、中共中央發起的群眾運動，在北京市如何貫徹執行的問題。

彭真對北京市群眾運動緊握在手，因為同時跨足中央和北京市，中央推行運動期間，他參加高層會議後旋即回到市委布置當地運動。1957年整風運動的「引蛇出洞」階段，彭真和市委「抓得很緊」，幾乎夜夜召集高校幹部開會。彭真參加毛澤東主持的中央政治局會議後，馬上轉赴市委召開會議，傳達最新

50　〈市委有關北京市工業發展規劃向主席、中央的報告〉（1958年5月3-7日），北京市檔案館，檔號00255-05-001。

51　《彭真年譜》，第4卷，頁379-380。

運動精神和指示。經由彭真介紹，市委高幹方得以真正明瞭中央欲先引人上鉤、再予回擊的政治意圖。

　　三、關於北京市重大政經發展的領導事宜。

　　有關北京市重要黨政人事任命案、重要會議的主題議程和召開時間、市委與市政府的重要工作報告或計畫、市主要領導人在重要場合講話草稿，以及市委機關報《北京日報》的重要社論和新聞，彭真通常會作最後批改和審定。[52]

　　根據北京市委檔案原件，1960年5月5日，劉仁在市委工業交通系統五級幹部會議的講話內容，事先乃送交彭真審閱；彭真在4日將其修改意見退給劉仁，要其按之修改。[53]1963年3月中旬，副市長萬里預定在北京市人代會上作的〈關於郊區農村形勢和任務的報告〉，也經彭真審閱、認可。[54]從彭真的修改紀錄，可以看見其做事謹慎、認真，小至標點符號、字句通順，都會仔細修改。

　　彭真藉由對政治文件的修改、更動與眉批，對有關問題提出看法。例如：1965年12月31日，《北京日報》負責人奉鄭天翔指示，將預定在隔日刊登的社論清樣送呈彭真審閱。彭真不但修改社論標題，對內文也做數處修改。其中，針對學習毛澤東思想問題，原稿文字是「狠狠地抓上三年五年」。彭真將之刪去並改寫為「緊緊抓住這條綱」，另外在旁略帶質問地寫道：「只抓三五年？以後就不抓了？」[55]正因為彭真重視和緊抓市委重要文件，文件送交彭真最後審定之前，經常就已修改數遍。

　　北京市的日常工作，彭真對劉仁、鄭天翔等人甚為信任與放手，但是當他們向彭真匯報與請示工作，其也不拒絕而會積極應對。彭真和劉仁之間經常通電話；劉仁、鄭天翔也常出現在彭真官邸，與之討論北京市工作。[56]

　　彭真在一般情況下不會出席市委常委會，顯示其沒有參與太多市委內部討

52　中國大陸中共黨史研究者（F君）提供的資訊（北京，2014年8月）。

53　〈劉仁同志在市委工業交通系統五級幹部會議上的講話提綱〉（1960年5月4日），北京市檔案館，檔號001-015-00432。

54　〈北京市第四屆人民代表大會第二次會議關於郊區農村形勢和任務的報告（彭真同志修改本）〉（1963年3月16日），北京市檔案館，檔號002-015-00425。

55　〈彭真、劉仁、萬里、鄭天翔、陳可寒、鄧拓、李琪、趙凡等市委領導同志對本報稿件的審改樣〉（1965年12月31日），北京市檔案館，檔號114-001-00225。

56　中國大陸中共黨史研究者（J君）提供的資訊（北京，2014年11月）。

論與具體工作。但是他對常委會議論的重要事項，特別是有全局性影響問題，還是有所注意，有時甚至會將之當做向中央獻策的重要參考與依據。「大躍進」期間農村是否要取消自留地，市委常委會開會發生爭辯。彭真知曉後將辯論內容向毛澤東轉述，並建議允許農民保留自留地。

　　另外，彭真為確切掌握北京市重要地方情況，而不與基層脫節，他在自己辦公室安排一名秘書專門協助處理北京市事務，有時甚至派其旁聽市委常委會會議，並向他回報。彭真在1958年以後的政治秘書，更由市委工業部副部長張彭兼任，助其了解市裏基層情況。此外，他在每年春節前召集北京市重要工廠和高校負責人開會座談、徵求意見；每年中也會安排幾次與區縣委書記的座談會。

六、首都用人和威望維持

（一）首都用人情形

　　彭真在北京市工作上對劉仁、鄭天翔的重視，值得作進一步介紹。

　　彭真和劉仁結識甚早，在晉察冀時期就有密切的上下級工作關係，彭真指定劉仁發展城市工作；[57]劉仁不負彭真所託，率領該區城市工作部成功滲透北平地區。林彪1949年初率領中共軍隊進入北平時，大加表揚北平地下工作的人多勢眾和傑出成績。[58]根據「文革」揭發資料所言，劉仁出任中共北京市委第二書記，乃是彭真提議並報請中央同意；彭真不但注意在北京市委內維護劉仁的領導威信與地位，也在中央上層內努力為之推銷、爭取地位。劉仁在「八大」選上中央委員會候補委員，並名列前段（73人中名列第17），可能也與彭真從中活動有關。[59]

　　劉仁的工作能力和若干特質，也確實能承擔起北京市常務工作，直接減輕

57　中共北京市委《劉仁傳》編寫組編，《劉仁傳》（北京：北京出版社，2000），頁75。

58　〈林彪同志講詞〉（1949年2月4日），北京市檔案館，檔號001-006-00059。

59　原北京市委機關毛澤東思想紅旗兵團，《大野心家、大陰謀家彭真罪惡史（1925-1966）》（北京，1967年），頁21、23。原北京市委機關毛澤東思想紅旗戰鬥兵團，《彭真反革命修正主義集團二號頭目劉仁罪惡史（1927-1966）》（北京，1967），頁13。

彭真的首都工作負擔，進而讓之可較無後顧之憂地處理中央事務。劉仁觀察入微，彭真就常以「你瞞不了他」評之；[60]劉仁注意反映實情，彭真曾向毛澤東表示：「劉仁反映的情況是比較真實的」。[61]彭真也囑咐身邊秘書（項淳一）要學習劉仁匯報「比較準確、比較實際」的優點。此外，劉仁做事細膩、認真負責，彭真在北京市處理事情時，常要劉仁先行研究擬議。[62]北京市涉及重大政治批判問題時，劉仁通常代表市委講話，讓彭真無須直接上陣，既避免尷尬也留有迴旋餘地。

1964年出任北京市副市長的崔月犁回憶：「當時彭真同志比較忙，主要抓方針政策方面的大事，與他（劉仁）這麼一個抓實際的人配合，北京的工作搞得在全國是數一數二的」。[63]

年紀較輕的鄭天翔是彭真管理北京市倚重的另一名助手。鄭氏早年在晉察冀邊區工作，中共建政初期任職包頭市，1952年底調入北京市委工作。彭真關心的首都工業發展問題，就由鄭氏主管。彭真對鄭氏的重視，可從其在使用他與萬里兩人的問題上有所反映。萬里在晉冀魯豫邊區即是鄧小平部下，一直隨之到西南工作，後來上調中央。萬里1958年被調入北京市之前，官拜國務院城市建設部部長。如何安排他在北京市的地位與工作？彭真安排下，初來乍到的萬里在市委排名第四，居於彭真、劉仁、鄭天翔之後，負責政府和城市建設工作。彭真表示要先看其工作一段時間的表現後再作調動。[64]然而，1960年代初市委黨代會換屆改選，鄭、萬位置先後問題又再次浮現，彭真仍然繼續主張將鄭置於萬之前。[65]1960年代中期，劉仁請假養病，北京市委日常工作也由鄭氏主持。

---

60 劉光人，〈劉仁的人格力量〉，劉光人主編，《永遠難忘劉仁同志》，頁75。

61 王漢斌口述、韓勤英訪問，〈在彭真身邊工作二十五年的片段回憶〉，《中共黨史研究》，頁70。

62 〈市委負責同志招待「八大」外賓和國慶觀禮外賓遊園晚會計畫、參加人名單〉（1956年9月21日），北京市檔案館，檔號001-006-01157。

63 崔月犁，〈志趣不忘為人民——六十年革命生涯自述〉，徐書麟主編，《月犁：崔月犁自述及紀念文章》（北京：中國中醫藥出版社，2002），頁165。

64 李海文，〈專訪李雪峰：我所知道的文革發動內情〉，共識網：http://www.21ccom.net/plus/wapview.php?aid=99640（2014年3月25日登入）。

65 中國大陸中共黨史研究者（F君）提供的資訊（北京，2011年8月）。

另外，鄭氏「文革」前被中央組織部選作「新生力量」「標兵」，即是要精心培養的重點對象。彭真在中央分管組織工作，鄭氏被推選雖不一定是由他直接推薦，但其過目、經手此事也「內舉不避親」。彭真在鄭、萬之間的親疏有別，也可從1966年彭真市委倒台鄭氏即隨之下馬，但是萬里卻能一度繼續留任在新市委上看出。

此外，值得一提的是鄧拓。鄧拓是彭真的晉察冀邊區舊屬，負責宣傳工作。彭真入主北京市委後，鄧拓出任宣傳部長，也擔任彭真重要幕僚機構——市委政策研究室主任。彭真很關心鄧拓安全和工作，甚至曾住在一起並經常商議討論。鄧拓後來調任《人民日報》總編輯、社長。1957年毛澤東認為《人民日報》對推行「百家爭鳴、百花齊放」政策，反應遲緩、動作消極，嚴斥鄧拓是「死人辦報」，使之難以繼續在該報立足。彭真在1958年將鄧拓安排在北京市委，主管宣傳文教工作，並籌辦市委理論刊物《前線》，可見對之器重（彭真晚年曾懊悔對此過於心急，恐不利於鄧拓）。事實上，市委重要文件和對外電報起草，彭真經常請鄧拓把關甚至代筆。[66]

彭真對北京市重要領導職位人事一言九鼎，握有決定權；對其下的職位工作安排（如對蕭軍），更是不在話下。彭真在北京市的用人情形，在「文革」中受到嚴屬批判，被指責為「招降納叛，結黨營私」，特別批判他只用過去老部下或是晉察冀出身幹部。針對此一指控，持相反意見者認為：彭真倚重相關人士，是一自然產生結果。一、因為彭真急於投入、開展工作，首先使用自己較為熟悉的幹部與下屬，由於對他們長短甚為明瞭，可以適切安排職務。二、彭真領導的市委團隊，有不少早年服務於劉仁領導的城市工作部，對北京當地情況與需要也確實較易進入狀況、適任上手。此外，彭真在市委重用的幹部，也有與之沒有歷史淵源者，例如：早年在晉綏地區活動、「文革」前先擔任全國人大常委會法制工作、後調任市委宣傳部部長的李琪。

（二）維持在地領導威信

彭真在北京市各級幹部中享有很高的領導威信，其一發聲，通常可以取得

---

66 〈市負責同志及市級其他單位在我建國十週年與各國來往賀電、賀信〉（1959年10月6日），北京市檔案館，檔號102-001-00050。

令到行止的效果。有些市委幹部欲借用彭真的政治光環，便宜行事地號令群眾，他對此告誡：「你們不要把我當『明星』，會開不下來，就把我抬出來」。1966年毛澤東決心打倒彭真，特意將批判彭真政治錯誤的文件轉發給市委主要幹部，要他們勇於劃清界線、揭發錯誤。出人意表地，市委重要幹部竟表現出抵觸、抗拒情緒。劉仁表示：「彭真同志在北京的工作中犯多大錯誤，我就犯多大錯誤」。[67]李琪視彭真為知己，感念知遇之恩，不平於彭真、市委遭難，更以自殺表示抗議。由此可見，彭真治下有方，贏得許多下屬忠心。探究他在北京市享有政治威信的原因，也可以反映其當時政治聲望，以及一些領導風格與個人特質。

一、彭真工作能力強，幹事精煉、效率高，能化繁為簡、直指重點，給人正面的領導形象。彭真的演說、表述能力強，可將抽象政策以口語方式表達，並針對不同對象用其熟悉事物作譬喻。乾澀、枯燥的政治宣講，彭真能將之轉化成鼓動性甚強的演講。他沒有「官腔」的報告，很受北京市各級幹部歡迎，每有不錯反應。彭真對下級（包括高校畢業生）望其公開演說的要求，也不視為勞役，盡量滿足需求。[68]

二、彭真積極爭取、盡量照顧北京市地方利益。他縱使中央事務繁忙，關於北京市重大權益問題，仍會加以關照。

例如：北京市自中共建政後，被定位為政治與文化中心，在經濟發展、工業投資上，並無受到太多照顧。市委亟欲利用「大躍進」之機改變這種狀態，彭真就予以支持。另外，北京市作為一個大都市，擴建發展乃為長續經營的重要方法。1958年北京市成功合併周邊數個縣市，彭真強調如此「可以密切城鄉關係，加強城鄉聯繫」，避免「脫離了農民群眾」、「脫離了我們的基礎」。[69]此舉對北京市更實質的意義是，增加城市發展腹地和農副產品供應基地。

67　中共北京市委《劉仁傳》編寫組編，《劉仁傳》，頁486、522。

68　〈彭真針對北大學生要求聆聽演講對宋碩的指示〉（1955年6月29日），北京市檔案館，檔號001-022-00146。

69　〈市委、市人委為通縣、大興、房山、良鄉、順義縣、通州市劃歸北京市領導與五縣一市領導同志座談交接工作問題的記錄，彭真同志講話和有關文件〉（1958年3月20日），北京市檔案館，檔號001-006-01327。

　　三、彭真會替北京市工作進行辯護，對市屬幹部也多予愛護，而博得尊敬與愛戴。具體案例可見：前面所提，1962年「七千人大會」，北京市在安排加工生產問題上，被點名批評是不聽命中央號令的「分散主義」。彭真不滿地直接跟持相關意見的劉少奇、鄧小平當面力爭。北京市委最後雖然在檢討報告承認犯了「分散主義」錯誤，但既有彭真帶頭表示異議，市委主要幹部私下也多感不服。1960年代中期的社會主義教育運動，市郊區基層幹部與高校負責幹部身陷批評的猛烈砲火，作為他們上級的彭真設法為之解圍。

　　1970年代初期，彭真的子女好不容易獲准可以對之進行探監。彭真在大牢中飽受煎熬、已數年未見家人，還不忘對他們細問多名原市委幹部的「文革」遭遇和現況，反映其對市委部屬的念舊之情。[70]

　　然而，彭真治京期間有時基於政治需要，特別是政治運動浪潮下選擇犧牲一些首都中低級幹部。1957年整風、「反右派」運動和1959年「反右傾」運動，都可見到這種情形（請見第七章、第十一章）。

　　四、彭真在中央高層「一貫政治正確」形象，以及有更上一層樓的政治前景，市委各級幹部看在眼裡並實際受用，對之感到佩服，也寄予厚望。彭真在中央佔有一席之地、參與黨國機要，其身邊幹部可以較早聞得上層動向以至層峰態度，因而在實際工作上可占得政治機先；當來自中央上層的訊息模糊、矛盾，感到莫衷一是，市委幹部也可透過彭真「探底」。

　　彭真有力的地位更是北京市對外交涉的關鍵憑藉。為此優勢和方便，劉仁等市委高幹一直堅決要求彭真留任北京市職位。鄭天翔後來在「文革」中被揭發曾說過：「北京市就是靠吃彭真的這碗飯了」。尤有甚者，北京市高中級幹部將彭真視做毛澤東的重要助手、政治化身，「文革」揭發的「出格」言語如有：「跟毛主席首先要跟彭真」、「彭真的意圖就是主席和中央的意圖」、「跟彭就是跟毛主席，我就是跟彭的」（鄭天翔）；[71]「在北京要緊跟毛澤東思想，首先就得緊跟彭真思想」（鄧拓）。甚至更傳出彭真是「毛主席的接班人」說法。[72]

70　中國大陸中共黨史研究者（I君）提供的資訊（北京，2013年7月）。

71　中共北京市委機關革命造反派徹底摧毀舊北京市委戰鬥兵團，《舊北京市委反革命修正主義集團頭目罪行錄》（北京，1967），頁53-54。

72　原北京市委、市人委機關摧舊兵團編印、北京市革命委員會政治組宣傳小組翻印，《砸爛彭

　　在中共封閉的政治體制，上級與卜級之間政治庇應、扈從關係普遍存在，兩者共榮共損。彭真的政治發達，對其首都下屬與幹部而言，既是一種政治保障，也是未來政治升遷一大助力。與此同時，彭真的市委心腹幹部對其人事往來和政治恩怨，都甚為清楚。因為這直接影響彭真來日的政治高升，他們自身仕途也會受到羈絆和波及。後來隨著彭真政治崩盤，市委有多名幹部遭受牢獄之災，家屬也多受連坐之殃。

七、首都工作的政治影響

（一）政治加分

　　1950年代中期以後，彭真已身兼多項中央要職與工作，但他並沒有將北京市職務和事業看做是可有可無的「政治雞肋」。因為首都工作和成績讓之政治獲益許多、增色不少。

　　一、增強毛澤東對彭真的政治好感和信任。

　　彭真管理北京市，承受很大政治壓力，因為直接受到中共中央、尤其是毛澤東的關注。毛澤東等中央領導人對彭真的北京市工作，不乏有直接而嚴厲的批評。「大躍進」初期市委忙於大煉鋼鐵和工業建設，忽略副食品和蔬菜生產，導致首都出現供應緊張、居民生活不便窘況。毛澤東不滿地表示：「如果搞不到這些東西，不如請蔣介石回來。」[73]彭真不得不檢討並亟思解決方案。另一例可見：前文提及彭真藉「大躍進」之機擴建的北京鋼廠，出現連年虧損、國家投資幾近賠光的情況。1962年2月26日，劉少奇要求彭真、劉仁處理，更直指：「國營工廠如果照這樣辦下去，結果會怎樣呢？難道不會亡國嗎？」[74]

　　真的反革命黑綱領：揭發批判彭真精心炮製和全面推行〈前線〉發刊詞的滔天罪行》（北京，1967），頁45-46。

73　〈李先念同志在全國大、中城市副食品和手工業品生產會議上的講話要點〉（1959年6月23日），北京市檔案館，檔號002-011-00103。

74　中共中央文獻研究室編，《劉少奇年譜（1898-1969）》（北京：中央文獻出版社，1998），下卷，頁549-550。

　　但是彭真在北京市的作為和表現，也比較容易進入中共中央、特別是毛澤東的視線範圍內，進而獲得好評。1960年代初的經濟調整時期，彭真在北京市郊區禁止實行包產到戶的嚴明立場，就讓毛澤東甚為欣賞。事實上，自此直到「文革」爆發前的兩、三年內，毛澤東接連贊揚彭真領導下的北京市。1963年冬，毛澤東要江青赴北京市學習並在該地從事京劇改革。1964年7月和1965年9月，毛氏兩度稱讚彭真領導的北京市「工作做得不錯」。[75]彭真在1960年代前半期獲得毛澤東的榮寵和重用，他的首都工作有成是一個須予考量的重要因素。

　　二、增進彭真在中共政治中的實質地位和影響力。

　　彭真在中共中央分工負責政法、統戰和組織工作，因為他對相關事務的掌握和嫻熟，使之自然在這些政策領域享有關鍵地位。實際上，治理北京市也為彭真在中央若干決策和施政過程，另外增添一些特殊發言權和影響力。

　　例如：北京市是中國大陸的文教中心，中小學普遍設立，更群集重要高等教育學校。北京市高校的政治運動經驗和管理做法，包括：1957年高校黨內「反右派」、1958年初高校整風「補課」、1959年北京高校反對「黨員專家」，以及1963年北京高校嚴管「反動學生」等。彭真即注意總結和整理，並上呈中共中央參考。由於彭真在中央的重要地位，他有時甚至會直接建議黨中央、毛澤東以中央名義，同意、批轉北京市校園經驗和辦法，讓之成為全國各地教育機構學習和模仿的對象。經過上述政治過程，彭真在北京市文教部門的政治管理經驗，就升格具有全國意義和影響力。

　　積極尋找、創造北京市先進工作經驗和典型，向中央推薦並獲之認可後，對北京市以外的地區進行推廣、要求仿照，彭真在這方面有旺盛企圖心。針對北京市的大城市特性，中共對城市地區的各項政策與工作，例如：工業化建設、城市規劃與市政建設、工廠企業管理、基層政權管理，以及與城市較有直接關係的機構和人口精簡、商業問題、文化教育政策、資產階級政策等。彭真希望麾下北京市能積極作為其他大小城市的表率。

　　以商業問題來說，彭真親自領導下，北京市將天橋百貨商場樹立為「紅旗」單位。彭真不僅希望此一典型能帶動市內其他商業單位的進步，更期望走

75　中共北京市委《劉仁傳》編寫組編，《劉仁傳》，頁515。

出首都、睥睨全國。「文革」中對彭真這方面的政治企圖有詳細揭發，言其曾說：「中央要抓商業工作，你們要趕緊行動，要走在全國前面。」「這個點只許搞好，不許搞壞。這個點搞好了，也就突出了北京」。[76]事實上，彭真也不吝在各省官員齊聚開會時推銷天橋經驗，稱之商業改革的典型。[77]

　　鑑於北京和上海兩個「龍頭」城市的引領地位，1958年中共中央還指定彭真和上海市領導人柯慶施，每年負責召集國內其他重要城市領導人舉行聯席會議、交流經驗。[78]

　　彭真也期望北京市在城市工作與政策之外的若干重要議題，舉如城鄉關係、工農關係，以及農業生產，亦可有所斬獲，甚至對以農業為主的省份地區反向推銷。彭真委託鄧拓監製題為「北京農業大躍進」的紀錄片，旨在介紹、宣傳北京市郊的農業發展經驗，彭真也親自予以審查並表示滿意。此一影片至少曾在福建、浙江等地播放，彭真不但知情，也關注其反響。[79]

　　彭真在北京市的一些政策努力，譬如：1959年底彭真嘗試將北京郊區農村人民公社從集體所有制轉變成全民所有制，欲以此做出成績讓毛澤東接受公社應「早過渡」、「窮過渡」的主張，以及他在1960年初積極籌建城市人民公社並迅速總結經驗報呈中央爭作楷模。凡此種種，皆猶如曇花一現，最終以失敗告終（請見第十章）。但總體來說，彭真領導的北京市工作在「文革」前受到各方肯定，包括：獲得全國人大代表工作視察組褒獎，[80]以及其他地方領導人讚賞，如河北林鐵和中南局書記處書記李一清。

　　三、增加彭真的政治曝光率和知名度。

　　「文革」前中共的慶典活動與對外關係，北京市皆享有特殊地位，領導北京市的彭真也因此頻頻亮相、出盡風頭。中共「五一」勞動節、「十一」國慶日活動，係由中央政府與北京市合辦，但具體工作由後者承辦。彭真對此項工

76　原北京市委機關毛澤東思想紅旗兵團，《大野心家、大陰謀家彭真罪惡史（1925-1966）》，
　　頁39。

77　《彭真年譜》，第3卷，頁287。

78　同上註，頁311。

79　同上註，第4卷，頁458。

80　〈全國人大代表王維舟等九人在京視察工作的報告〉（1960年7月1日），北京市檔案館，檔
　　號002-012-00197。

作很重視，主張組織「排山倒海」的遊行場面，認為如此「對帝國主義是一個大示威，顯示了我們的力量，對資本主義國家是一個影響」。[81]在「十一」活動正式登場以前，彭真都親自檢閱和驗收。1959年十年國慶大典，就是由彭真統籌負責。其中展示的壯觀場面，引起外媒高度重視，認為是中共國力的強力展現。[82]彭真在相關場合擔任司儀工作，如同東道主。毛澤東現身典禮會場時，彭真隨侍在旁，也成為鎂光燈焦點。毛澤東對彭真和北京市委在這方面的工作，頗為滿意。[83]

　　北京市經常從事首都外交和城市外交活動，其履行相關任務時，即常以彭真的名義行之，他也樂於為之、親予掌握。彭真也會要求用市長之名對外送禮、做公關。彭真明白北京市相關職務為他提供的政治方便和宣傳效果。彭真親信在「文革」中揭發彭真時曾表示：「市長可活動範圍廣，國際、國內，這個不能不當」。[84]國民黨「匪情研究」也認為他長期留任首都領導職位，乃持有這種政治盤算。[85]

　　彭真在中共相關儀式活動中慣常出席、固定主持，因此成為直接反映他政治起伏的溫度計。彭真沒有如往常般出席1966年的「五一」官方活動，市委幹部大表意外、直感不妙。

（二）為何遭控「獨立王國」

　　1966年4月，毛澤東嚴厲批判「北京市一根針也插不進去，一滴水也潑不進去」。把首都變成唯我獨尊、不讓他人置喙的「獨立王國」，成為彭真政治出局的一項口實和原因。這一政治指控也反映：中央和北京市委之間累積一段時日、因捲入多項議題而緊繃的政治關係。北京市是中共中央領導人、中央黨

81　洪長泰，《地標：北京的空間政治》（香港：牛津大學出版社，2011），頁229-230。

82　〈外國資產階級報刊通訊社對我慶祝建國十週年的反應〉，新華通訊社編，《內部參考》，第2899期（1959年），頁16-17。

83　曹綺雯，〈魂繫戰友憶宋碩〉，《懷念宋碩同志》編寫組，《懷念宋碩同志》（北京：北京工業大學出版社，1991），頁141-142。

84　原北京市委機關毛澤東思想紅旗兵團，《大野心家、大陰謀家彭真罪惡史（1925-1966）》，頁19。

85　中國國民黨中央委員會第六組編，《彭真反毛集團》（台北，1968），頁21-22。

政軍部門，以及各種政治勢力群聚之地，彭真、市委幹部與之相處繁多。然而，在彼此互動過程中，有時因各自政治偏好殊異、考量重點歧異而出現紛爭、陷入緊張。這在「文革」前夕越益頻繁發生，甚而對彭真在中央的政治地位產生嚴重不利影響。

由於彭真在中央地位非同一般，當市委和中央部門互動，彭真經常表現得直來直往、不甚客氣。例如：關於市委《北京日報》揭露弊端、報導新聞的範圍問題，1952年10月16日，彭真即直言：「市的機關要管，中央機關也要管，你是北京的戶口，土地屬我管」。[86]北京市推行衛生運動時，一些中央部門不讓基層街道人員進門檢查。彭真聞後馬上召集各中央部門和軍隊各總部負責人到市委開會，要求對方配合。另外，關於北京市高校領導問題，市委負責領導其黨務工作，中央宣傳部負責領導其政務工作。但在實際運作中，雙方管理界線難分，容易出現僵持狀況。面對彭真如此強勢的「地頭蛇」，中央衙門官員多少感到有些不是滋味。

1960年代經濟情勢較為穩定後，毛澤東關心和提出社會主義教育運動、戲劇改革、文藝革新和文化革命等任務，因為這些事務皆屬內容模糊不清的意識形態性質問題，需要政策探索、累積經驗和填充內容。彭真領導的北京市有地近之便，市委幹部素質又較好；再加上，該市是知識文教界集中地的特點，故常是中央相關人士與部門試行前述政策倡議的地點。

彭真在北京市積極表態支持毛澤東的政策號召。然而，當彭真為首的市委協助中央「來人」在京畿地區推行政策、檢討問題及評價人事，由於平素對北京市人員與工作有較密切關係與連繫，在施壓力度與幅度上較為節制，亦會抱以比較理解、同情態度。保持市委轄區的政治平穩與生產穩定，也是彭真不同於這些「客人」的一個重要考量。彭真對自身首都治理工作滿意、自豪，並當做是自己事功的重要組成部分，對他者過度批評與大力挑剔首都工作與人事，也難以忍耐與坐視。

京劇改革問題上，彭真對江青主張顛覆大改的修正意見，以及她頤指氣使的態度，忍無可忍，兩人勢如水火。[87]農村社教問題上，他對毛澤東「筆桿

---

86 〈彭真同志在討論北京日報工作會議上的講話紀要〉，北京市檔案館，檔號001-006-00655。
87 陳徒手，《人有病天知否：1949年後中國文壇紀實》（修訂版）（北京：生活・讀書・新知

子」陳伯達在北京郊區的激烈做法有所保留，以及他在北京市當家因而在後來運動走向上更強調提振幹部士氣、促進農業生產重要性；[88]北京大學社教問題上，他出面保護陸平為首的校黨委，不接受中宣部與運動積極分子的揭發成果，以免市內以至他地的其他高校因北大運動激化可能產生的骨牌效應而接連傾倒。受毛澤東重視的意識形態顧問康生，對此則有不同看法。[89]

彭真在上述問題主動或被動表現出來的守成傾向與守護形象，從對現狀不甚滿意、個性多疑又易怒的毛澤東看來，恐是減分效果；更不利的是，在這一過程中和彭真產生磨擦、爆發衝突的江青、陳伯達、康生又多可「通天」。他們以切身同彭真打交道的負面體驗向毛澤東「告御狀」，說他在北京市「搞獨立王國」，愈益減損毛澤東對彭真的好感與信任。[90]

最後，在批判吳晗問題上，毛澤東原本期望以之作為擴大文藝整頓、甚至發起更大政治攻擊的突破口，並向彭真「打招呼」、要其配合，但毛澤東卻覺得：吳晗倚仗受到彭真了解而負隅頑抗；彭真對批判吳晗先是觀望不前，繼而不想擴大事端，甚而出手限縮（彭真實是循照舊章行事）。

綜上種種，毛澤東以為彭真領銜的首都市委已不像過去般如臂使指，反倒成為絆腳頑石。

小結

彭真身為「七大」中央政治局委員、中央書記處候補書記，但在中共全面執政後，卻實不符名地僅參與中央部分領導工作，主要氣力放在管理北京市。彭真能力不同一般，在有限的政治舞台如首都和政法工作上，也做得生氣蓬

三聯書店，2013），頁407-409、419。

88　趙凡，《憶征程》（北京：中國農業出版社，2003），頁179-188。張大中，《我經歷的北平地下黨》（北京：中共黨史出版社，2009），頁296-297。

89　朱光熹，〈宋碩在「全國第一張大字報」出籠前後〉，《懷念宋碩同志》編寫組，《懷念宋碩同志》，頁37。

90　劉政、張春生，〈從歷史的幾個重大關節看彭真和毛澤東的關係〉，《領導者》，頁154-155。趙有福，《北京通縣地區的「四清」運動》（北京：中共黨史出版社，2009），頁165-166。

勃、風生水起。極端仇視彭真的高崗出事後，毛澤東起用彭真更是方便。事實上，彭真即在毛澤東啟動的興建法制、理順政法工程上擔任要角。然而，彭真也面臨鄧小平迎頭趕上的政治態勢。

　　1956年「八大」，相對於鄧小平在中央政治局常委會叨陪末座，彭真同中央常委席位緣慳一面。即使如此，彭真在政治上並非全無所獲，而得任「八大」中央書記處副手，負有「副總書記」之實。因為中央書記處主要職責是執行中央最高決策，彭真也經常得以參加中央常委會會議，了解決策內容，後來甚至成為固定開會班底，猶如「不是常委的常委」。彭真在「八大」以後的政治地位，僅在中央常委（原有6名，1958年又增選了林彪）之後，故有「彭老八」之稱。

圖6-1：1960年4月彭真（左2側身者）與中共中央常委及陳毅（左4背對者）開會。
資料來源：Wikimedia Commons。

　　彭真在「文革」前十年中央的位高權重，絕非「文革」批判材料所指是劉

少奇一手操縱的結果，因為沒有毛澤東允許和支持是不能想像的。更接近事實的觀察是：此乃毛澤東對彭真長期特意政治栽培的心意，而非劉少奇個人喜好所致。

彭真在黨中央取得新建的中央書記處職務，參與負責執行中央決策並維繫其日常運作，他也繼續掌理政治地位好比「領頭羊」的首都。從中共建政直至「文革」爆發以前，北京市皆在彭真領導下，任職時間之長，在「文革」前所有的中共省市首長中少有人可與之相提並論。彭真在中央的重要地位，讓其北京市職位的影響益加上揚，進而成為最具發言權的地方領導人之一；彭真在北京市崗位上積極奮發、屢創佳績，也反過來令之在中央議事時有所憑據、如虎添翼。

彭真對中共中央所定的重大政策和群眾運動，乃橫跨中央、地方兩個層次同時參與：一是在中央政治局及其常委會參加決策，在書記處貫徹部署；另一是在北京市具體響應和執行。彭真在中央和地方的兩端職務，彼此聯動、幫襯、互通，使之具有其他中央領導人、地方領導人各自所無的特殊政治角色和影響。這在隨後接連而起的整風「反右派」、「大躍進」和人民公社化運動、「反右傾」運動，甚至是對外關係都有所展現。彭真在「文革」前夜深陷詭譎的政治情勢，也同他中央、地方交雜的政治身分有關。

剛邁入社會主義建設的新時期，在中央書記處「一線」任職的彭真，承接的首樁重大政治任務是毛澤東1957年發起的整風運動。這既是十幾年前延安整風運動的放大復刻版，也是中共又重啟群眾運動的最新政治走勢。彭真不但不為此感到陌生，相反地可稱得上是他的拿手戲碼。彭真在延安整風運動就勝任毛澤東助手，而其他的重要幫手高崗已不在人世，康生此時對黨國具體領導工作還參與不多。毛澤東對彭真高度期待，他也確實不辜毛澤東所望。

下一章即見彭真如何在中央「廟堂」同鄧小平傾力相助毛澤東運籌帷幄，將整風運動安排到位，又如何根據中央運動指示在京城地區積極挖掘、製造運動典型，以證實中央運動設想正確合理，立馬提供操作實例，給中央參酌並傳布各地。

第七章

力行整風運動、「反右派」鬥爭
（1957-1958）

　　1956年中共宣布完成社會主義改造，中國大陸進入所謂社會主義歷史發展階段。毛澤東為首的中共中央開始進行社會主義建設的政策摸索，建設與完善法律和制度，本是設定的政治議程。但是毛澤東在1957年春發起整風運動，到後來加入「反右派」議程，使之演變成對黨內外異議人士的大肆討伐和追捕。黨國原定朝向法制建設、正規治理的發展布局和路徑，也受之猛烈干擾而難以為繼。

　　本章旨在探討：彭真在1957年春毛澤東發起整風運動的前後，其政治態度為何，有何作為？運動加入「反右派」意圖後，彭真如何對之進行部署？「反右派」開始後他怎樣投入相關政治鬥爭並作後續處理？

　　本章的論點為：彭真深受層峰信賴而參與運動各階段政策制定，並因身任中央書記處第二號書記，直接肩挑運動政策執行，他對自身分工負責領域（如統戰和政法）的「反右」操作，更是獨當一面。與此同時，彭真又因擔任北京市最高黨政負責人，直接掌控當地運動發展。事實上，彭真治下的北京市運動發展，一方面是中央運動決策的首要實驗地；另一方面，其之發展又回過來證成中央的運動設想，並成為其他省市參照模仿對象，甚至影響中央對運動的觀感判斷和下一階段安排。彭真對運動兩層次（中央和北京市）、多面向的參與，使之成為運動實際操辦者和重要關係人，其對運動激化發展也有重要而實質作用。從此一政治過程，亦可看出他在中共上層政治承上啟下的重要角色，以及連結中央和地方政治的特殊地位。

　　下文首先檢視彭真在整風醞釀和展開期間的所持態度與活動情形，接著介紹他分別在中央層級和北京市落實「引蛇出洞」方針情況，接下來依序探討其在「反右」開始後如何揪鬥、深挖全國人大、中央部門和群眾團體、首都高校的大小「右派」，以及中央宣稱「反右派」鬥爭基本取得勝利後，如何在教育系統繼續不休地進行政治獵巫。之後討論他在「右派」劃線和審定的主張與影響。

一、支持發起整風

（一）響應毛澤東整風構想

　　1957年春，毛澤東鑒於中共在前一年宣稱完成資本主義基本改造、進入社會主義階段後，城市出現層出不窮的罷工、罷課事件，農村地區也湧現農民退出合作社風潮，開始思考如何妥善處理社會各項矛盾和問題。毛澤東認為執政黨中共首先必須反求諸己，特別要革除自身存在的主觀主義、官僚主義、宗派主義等錯誤思想作風和工作作風。在黨幹和黨員嚴以律己後，方能澄清吏治、知民所欲，進而調動民眾積極性為社會主義建設服務。

　　具體辦法就是沿用中共延安時期整風運動的做法：一方面發動群眾對黨展開無保留的批評；另一方面，黨的各級成員也必須不護短地自我批評。毛澤東在2月27日最高國務會議第十一次（擴大）會議作的演講〈關於正確處理人民內部矛盾的問題〉、3月12日中共全國宣傳工作會議的講話，系統闡述上述政治理念，冀望為整風的預備發起進行動員。

　　毛澤東在1957年春開始醞釀發起整風後，鄧小平為主、彭真為副的中央書記處就開始為之忙碌。3月中、下旬和4月上旬，鄧小平勤走華北各省，推銷整風政策和精神。鄧小平離京期間，彭真在中共全國宣傳工作會議進行之際，陪同毛澤東和文學、藝術、高級教育工作者進行座談並參與討論，並在會後傳達毛澤東要求各級黨幹須確實執行「百花齊放、百家爭鳴」方針、務必打破黨內宗派主義、教條主義作風的指示。彭真還挑起中央書記處領導工作，討論、制定體現毛氏整風倡議的政策文件，如中共中央〈關於處理罷工、罷課問題的指

示〉，也指示中央相關部門對發動整風預作準備。[1]

　　他亦指示黨員幹部：全國人大、全國政協開會議事，要奉行黨中央提出的「要認真地與黨外人士一起共同商議問題、解決問題」方針，莫可「形式主義、交差了事」，並強調在「雙百」問題上，「不是放得過多，而是放得不夠」。[2]

　　彭真在中央分工兼管統戰工作，指示中央統戰部部長李維漢進行政治鬆綁，以為黨內、黨外合作提供條件：在政治上、思想上，中共繼續維持對民主黨派的領導，但對其「今後組織上不加干涉」，「〔中國民主同盟副主席〕章伯鈞想辦《光明日報》，我們決定放，有錯誤可以批評」。彭真在書記處會議也飭令中央組織部、中央宣傳部、新民主主義青年團、總工會等：「先準備意見，如對高級幹部的整風怎麼辦？知識分子和軍隊中怎麼搞法？」另外也指示要向上海等省市徵求對整風的意見。[3]彭真亦關注地方傳達學習毛澤東整風講話的情況，對不積極認真的陝西省西安市委，同意對之公開揭露並表示「批評得好」。[4]

　　4月30日，中共中央發出〈關於整風運動的指示〉（彭真參與討論和審閱），正式宣告在全黨進行一次整風運動。隔日，彭真在「五一」勞動節慶祝大會上指出：

　　　　我們將按照毛主席在最高國務會議上的指示，貫徹執行「百花齊放、百家爭鳴」和「長期共存、互相監督」的方針，正確地處理人民內部的矛盾，在領導全社會的改造和新社會的建設的同時改造自己。因此，中共中央發出指示，要在全黨重新進行一次普遍的深入的反對官僚主義、宗派主

1　《彭真傳》編寫組編（下略），《彭真年譜》（北京：中央文獻出版社，2012），第3卷，頁197-200、203-204。

2　〈彭真同志在黨員大會上談政協會議工作的總結〉（1957年3月21日），廣東省檔案館，檔號216-1-116。

3　同上註，頁205、208。

4　鄭笑楓，〈一條內參帶來的厄運──兼記1957年《光明日報》反右鬥爭前前後後〉（2007年4月1日），光明日報網上報史館：http://www.gmw.cn/content/2007-11/29/content_935589.htm（2013年4月1日登入）。皮學軍，〈光明日報社的「反右」運動〉，《炎黃春秋》，2012年第6期，頁51。

義、主觀主義的整風運動，加強黨和政府同工、農、兵、學生和知識分子群眾的緊密聯繫，加強全國六億人民的大團結，調動一切積極因素，以完成變落後的農業國為先進的社會主義工業國的偉大任務。[5]

統戰部為積極爭取黨外人士協助中共進行開門整風，從5月8日起開始召集民主黨派、無黨派人士，以及工商界人士參加座談會。李維漢對座談會整理的報告，多經彭真核轉上報中央。[6]

毛澤東的整風倡議醞釀數月後方正式啟動，其間遇到一些黨幹基於自身權位和利益考量，而表現出程度不一的不情願和不配合。彭真傳達毛氏旨意時也曾表示：「高級幹部中究竟有多少人贊成百家爭鳴還是個問題」。[7]彭真對毛澤東提倡整風，其內心真實所想難以探知，但就他的政治行徑和外顯表現，應是對毛澤東發起整風政策的一個有力支持者和唱和者，亦步亦趨地對之緊跟。

（二）領導北京市整風

彭真注意即時向北京市委高幹傳達毛澤東的整風運動構想，3月16日，他對市委宣傳部、高等學校黨委負責人表示：社會主義國家的人民內部矛盾，不能用對待敵我矛盾的辦法處理；黨幹不能「老虎屁股摸不得」，一有人批評就說對方是「居心不良，階級異己」。其更要求北京市作為這場整風的標竿與模範：「6、7、8月要開始整風，北京市要做典型」。[8]

彭真知曉毛澤東甚為不悅其整風構想在黨內遇到各種阻礙與抵制。例如：毛澤東認為《人民日報》宣傳不積極，而嚴厲批評其主編鄧拓。彭真因此積極催促其治下的北京市推行整風。彭真批評北京市幹部「嗅覺有點遲鈍」、「認識還不系統」，更進一步要求市委領導先自己「搞通思想」，接著在局處長、區委以上、大廠黨委以上幹部中檢查思想。彭真強調：「不要怕鳴，不要怕放，不怕罷工、罷課，先鋒隊自己先站穩，然後到群眾中去。」5月4日，彭真

---

5 《彭真年譜》，第3卷，頁215-216。

6 沈志華，《思考與選擇——從知識分子會議到反右派運動（1956–1957）》（以下簡稱《思考與選擇》）（香港：香港中文大學出版社，2008），頁538、562。

7 《彭真年譜》，第3卷，頁199。

8 同上註，頁201-202。

也機敏、迅速地將截至當時為止北京市傳達學習毛澤東〈如何處理人民內部的矛盾〉講話的情況，向中共中央呈送報告。藉此一方面讓黨中央知道京畿地區黨員與群眾對整風的態度和反應；另一方面，讓毛澤東知道他在推行整風上絕無輕忽、怠慢。彭真的積極、勤快，5月7日得到黨中央好評，認為「報告很好」，指示轉發各地參考並在黨刊上登出。[9]

彭真對北京市委高、中級幹部做完初步思想動員後，5月8日召集市委高幹討論如何在市內落實、推行整風運動。步驟上，彭真指示要：一、學習指導整風的文件，並強調要認真領會文件的精神實質。二、由市的黨政高幹帶頭做榜樣，嚴肅而認真地檢查自我工作和思想狀況，取得經驗後逐級往下推進。組織上，經彭真同意，市委同日發出〈關於開展整風運動的計畫〉，成立由劉仁擔任組長的整風領導小組，領導和指揮市內運動。[10]

北京市委整風領導小組由劉仁掛帥，是否代表彭真對市裏後續運動發展只是個兩手插腰不具體管事的「甩手掌櫃」？實則不然。根據市委整風領導小組成員范瑾後來的證詞：「1950年代中期以後，平時彭真一般不參加市委的會，真重要的會議才參加。各次運動彭真抓得很緊，親自主持並聽匯報」。[11]范瑾所言彭真「抓得很緊」的「各次運動」，自然包括1957年整風運動。

從後來整風運動的各階段看來，彭真雖不是市委整風領導小組一員，他仍可藉由召開市委各種大小會議，對北京市運動進行指揮和指導。由於彭真管事認真細膩、不拘大小的風格，更重要的是，其深曉北京市整風在中央整個運動布局中的先行地位和展示意義。因此，他既會對北京市運動做出方向性、綱領式指示，有時也會對組織上直接歸市委領導的單位如重點高校的運動走向，以至具體個人（主要是所謂名人賢達）的運動境遇，直接過問和裁決。

劉仁為首的整風領導小組角色，則主要按彭真發布的運動指示辦事或將之落實在京畿地區，並負責處理首都運動發生的具體事宜，以讓彭真將更多心思與精力放在參與中央對全國運動的領導。劉仁和市委主要成員針對重要運動事態和戰果捷報，也會注意向彭真報告與請示。彭真聞知後即能在中央議事時交

9　同上註，頁216-218。

10　同上註，頁219-220。

11　李海文、王燕玲編，《世紀對話──憶新中國法制奠基人彭真》（北京：群眾出版社，2002），頁291。

付討論或呈報受獎。

二、積極參與「引蛇出洞」

（一）協助中央施行「引蛇出洞」

　　毛澤東為首的中共中央原初沒有意料到整風開展後竟出現諸多對中共施政深入且嚴厲的批評，因而在1957年5月中旬對運動加入「引蛇出洞」內容，以暴露「右派」所在。值得玩味的是，1958年5月27日，當運動接近尾聲，彭真卻對東德來使表示：醞釀發動整風時，中共中央、包括他自己老早就打著「引老鼠〔右派〕出洞」算盤。[12]然而，就親近彭真人士的觀察與判斷，彭真對「右派」問題性質和嚴重性的看法，乃隨著毛澤東的思想變化而逐漸升級。王漢斌就說：「在我看來，彭真對右派的判斷從『思想性的認識問題』，上升到『思想性的政治問題』，也是努力跟上毛主席的步伐的。」[13]

　　如果實際情況如王氏所說，彭真為何跟東德使節如此說呢？可能的解釋是「愛面子」，亦即是彭真出於政治考慮的事後辯詞，以證明毛澤東領導、彭真參與的中共中央，對整風發起後的走向自始即心中有數、掌握全局，而非倉促地被動回應。

　　1957年5月中旬，針對運動從真心整風到狠心「反右」的這種政治轉變，彭真除了組織紀律上、思想認識上必須跟從毛澤東，他在很大的程度上或也深有同感、認為有所必要。亦即彭真個人的主觀意識，是存有傾向、同意此一「右派」敵情嚴重、需要重手處理的政治判斷。中共開門整風後，各方逐漸湧現多種針對先前中共施政的尖銳批評意見，彭真也感受到越來越大的政治壓力，因為一些引起黨外、以至黨內下層非議的政策和群眾運動如「鎮反」、「肅反」，他多深入參與、直接扮演要角。

　　換言之，整風出現不少指向中共的嚴厲批評，實際上可連繫到彭真個人，

12　〈彭真同志接受民主德國駐華大使汪德爾到任拜會談話記錄〉，中華人民共和國外交部檔案館，檔號109-00841-12（1），頁85。

13　王漢斌口述、韓勤英訪問，〈在彭真身邊工作二十五年的片段回憶〉，《中共黨史研究》，2012年第10期，頁70。

若相關問題再被進一步深挖或追究，其恐怕得要負起有關政治責任。所以當整風變調成懷有蓄意整人陰謀後，他應是欣然接受並積極具體張羅。

毛澤東如何「引蛇出洞」？其辦法是：中共繼續表面維持虛心檢討姿態，使盡全力敦請各方指教與指正；再將這些邀請而來的批評與建言，特別是讓中共感到懷有敵意、別有所圖的言論登諸報紙。這樣一來，持相關意見者就無所遁形，黨幹與群眾也可好好見識、「欣賞」他們的政治醜態與洋相。

彭真對毛澤東決定藉由報上登載「右派」言論與新聞，以讓黨幹和群眾從中認識敵人面目的做法，並不陌生，甚至在不久之前也曾主張使用這種類似手法。整風醞釀階段的2月中旬，彭真即主張：中共黨報有時要特意刊登所謂「美國帝國主義」主要領導人的反面言論，如此「才能判斷是非」，「激起對敵的仇恨，或認清某些人的真面目」。[14]

5月21日，彭真偕同鄧小平在中央書記處會議命令中宣部、人民日報社、新華社分類整理整風「鳴放」中被引出的「錯誤」主張和觀點，同時布置撰寫反駁社論與文章。彭真對黨主要「喉舌」負責人表示：「黨報要有思想性，只要思想上堅定，就可以把資產階級打下去。資產階級抓國防、公安、財經不行，比較容易的是思想戰線，這是今後和資產階級的最大鬥爭」；「幾個黨報要合作，要有分工，互助合作，發揮自己的長處」。[15]

彭真在此前後更直接出面「引蛇」和「釣魚」，他夥同李維漢利用整風初期開始舉行的黨外人士座談會，笑容可掬地敦請在朝為官或相形活躍的民主黨派要員到會發表高見，半哄半騙地請其步入「右派」之甕。章伯鈞後來被中共打作「大右派」，根據其妻回憶，彭真就殷勤約請章氏數次，邀之向中共提意見；章氏最後就在彭真面前提出「政治設計院」而「闖了大禍」，還與平素根本「講不到一塊」的羅隆基（民盟副主席）被弄成「章羅聯盟」。[16]

當彭真、李維漢組織的座談會如火如荼進行之際，5月24日，彭真對中央機關和北京市機關幹部四千餘人作整風運動報告。他提到「有一些意見，是從

---

14 《彭真年譜》，第3卷，頁193。

15 同上註，頁227。

16 黃河清，〈巾幗更勝丈夫——我同章伯鈞夫人李健生先生的一段緣〉（2004年3月17日），新語絲網：http://www.xys.org/xys ebooks/others/history/contemporary/lijiansheng.txt（2013年3月15日登入）。

右的方面或資產階級觀點出發的」，但強調不論其批評動機與觀點為何，都有「莫大的好處」；「即使有些人借機發怨洩憤，也不是壞事，因為氣平了，就容易共事了。」[17]

此時中共中央已制定誘敵上鉤的政策，彭真還如此講，或是想藉著在座黨幹離會後傳播，以降低那些「從右的方面或資產階級觀點出發的」人士之心防，使之繼續暢所欲言、盡興「放毒」？他在同一會上，對整風開始以來飽受黨外人士和知識分子批評的若干政策、尤其是其自身深度涉足的「肅反」運動加以辯護，認為雖有錯誤，但只是枝節問題而已，實是瑕不掩瑜（請見第八章）。

5月27日夜，毛澤東召集各省市黨委書記舉行整風「鳴放」問題彙報會。彭真在會上向各地大員扳指細數近日在京發生的重要「右派」陰謀活動：

> 整風運動開始是整頓黨的隊伍，現在發現有階級鬥爭問題，有些資產階級代表人物向我們進攻，有的集中力量攻肅反，攻公安工作，有的要在政協組織知識分子委員會；黨內也有一些政治上動搖的「起義分子」，在這種情況下，要通過大放，才能識別各種人物的政治面目，牛鬼蛇神才能看清楚。放的好處是右派暴露，中間派出氣。[18]

彭真的話中雖沒有明指誰是「資產階級代表人物」，但其心已有定見。包括：在彭真三催四請之下而發言提出「政治設計院」的章伯鈞，批評中共「肅反」最力的黃紹竑（民革中央常委），以及主張在政協組織知識分子委員會的羅隆基。這些觸怒當道、以言獲罪而已被中共認定為「大右派」的黨外人士，他們之所以發表惹禍上身的言論，細究起來，不正是彭真、李維漢經由統戰部座談會引出來的嗎？

可能正因為彭真、李維漢組織的座談會「引蛇出洞」成效卓著，值得如法泡製，6月3日，彭真所在的中央書記處要求中央黨政部門「應繼續放，召開高

17　《彭真年譜》，第3卷，頁228-229。
18　同上註，頁230。

級知識分子座談會」。[19]

（二）領導北京市「引蛇出洞」

彭真與聞、知曉中央對運動情勢的最新判斷與方針後，5月17日對北京市重要幹部表示：整風中出現的批評，90%以上是「良藥、忠言」；但是「有一些意見不對頭、是右翼，攻我們目的是要共同領導，由他們來領導。群眾會鑒別，他們會孤立。有朝一日我們要說話。」當前做法是「首先要把問題、意見『放』出來，正面的可以慢慢講」。[20]亦即中央已注意到有「一小撮」意圖不軌的力量，試圖同中共爭奪領導權，現在藉由「放」而讓之繼續曝露行蹤；有利中共言論可以漸次出場，讓輿論不致呈顯一片「黑雲壓城城欲摧」局面，中央擇定適當時機，必會予以嚴斥反駁。

彭真在中央協助布置「引蛇出洞」之餘，也對北京市主要高校布置此一詭計。5月底，他在市委親自召集北京大學、清華大學、中國人民大學等校黨負責人開會。根據出席者回憶：彭真較諸校園第一線黨幹，對整體情勢看法更為嚴重，但是卻顯得更有信心。[21]這或因為彭真通曉各方面資訊，發現不滿、敵視、反對共黨統治的聲音不限大學校園，故覺得情勢非同一般；但是他深知中央已心有定數，認為當前出現的混亂只是為數不多的「右派」異己一時鼓噪所致，只要採取果斷行動，就可像甕中捉鱉般地翻轉、控制整個政治局面，所以表現得饒有信心。

其次，彭真督促這幾所大學負責幹部，要貫徹執行中央新定運動方針。他批評北大黨委第一書記江隆基、清大校長兼黨委第一書記蔣南翔「怕放」：「現在就怕他們不放，要請他們出來，讓他們放夠，不要急於反駁。同時要組織左派隊伍，準備將來反擊。」[22]

另外也有資料指稱，彭真囑咐這些重點高校黨幹使用各種辦法製造氣氛以引蛇出洞；藉由示弱使「右派」們盡情鳴放，無所顧忌。他還說：「時間不多

---

19 同上註，頁232-233。

20 同上註，頁224。

21 阮銘，《尋找自由：第一部上冊：自由的追求與毀滅1937-1966》（以下簡稱《尋找自由》）（台北：玉山社，2010），頁182。

22 同上註，頁182-183。

了，很快就要發動全面反擊，反擊開始後就沒有人鳴放了」。[23]

　　「文革」揭發材料也提及彭真在運動「引蛇出洞」階段對北京市委、高校高幹「打招呼」、「露底牌」的情況：「他〔彭真〕指示這幫反革命修正主義分子〔人大、北大、清華、師大各校黨委書記等人〕要抓緊時間鳴放，不要錯過機會，並說運動的後期要劃右派。」[24]「彭真在會上說：『現在要開各種座談會，放手讓他們放，讓他們罵，罵得越厲害越好，不久要反擊』。」事實上，經由「碰頭會」、「招呼會」方式，彭真一方面對北京市主要機關和大專院校暗施「引蛇出洞」之計；另一方面，他也藉此得以保全北京市核心幕僚和重要幹部，防之誤觸黨設下的政治雷網。[25]

　　彭真在中共中央正式發起「反右派」以前，繼續以聽取高等學校黨幹報告的方式，過問、指揮校園運動發展。6月1日，他聽取北京師範大學、北京外國語學院、北京礦業學院和北京石油學院等校負責人報告校內「鳴放」情況。同日的另一個場合，也對高校運動情勢表示：「現在大學裡已經是狂風暴雨。但黨並不害怕，狂風暴雨是颳不倒我們的。」6月3日，彭真在座的中央書記處會議還進一步指示：「各大專校繼續召開教授座談會」。[26]彭真之所以表現得老神在在，首先可能是自信當前校園書生颳起來的風暴，乃黨刻意放手、甚至一旁出力而成，因此無論其鬧得再大，等黨一反擊都會迅速雲散煙消。其次，他也做好準備，不讓北京高校「鳴放」熱潮外溢，尤其是與中小學、工廠串連在一起，以免產生聯動效應而增加爾後收拾局面的難度。

　　彭真從兩方面下手，將高校運動發展規限在校園而與外面隔絕。第一，他雖鼓勵高校師生參加「鳴放」，但仍對之活動做出限制：不要停課、上街，以及下工廠。第二，他為讓高校「鳴放」得不到外界聲援而孤掌難鳴，而指示：「不要在工人中和中小學中開展整風，以免分散力量」（5月24日），「工廠

23　丁抒，《陽謀：反右派運動始末》（修訂本）（香港：開放雜誌社，2006），頁107。

24　首都紅代會中國人民大學新人大公社、西安統指軍事電訊工程學院文革臨委會，〈胡錫奎的罪惡史〉，《新人大、新軍電》（聯合版），1967年第61期，版3。

25　原北京市委機關毛澤東思想紅旗兵團，《大野心家、大陰謀家彭真罪惡史（1925-1966）》（北京，1967），頁36。

26　《彭真年譜》，第3卷，頁232-233。

中不要放，中小學也不能放」（5月27日）。[27]

　　彭真更親自出面向北京工人喊話與說明。6月1日，他透過有線廣播向四、五千名工人、店員演講，強調中共領導下「取得偉大的勝利，這是客觀的事實」，「土改」、「三反」、「五反」、「肅反」、「三大改造」都是明證。並提醒有心人士藉著整風之機向工人煽動、否定中共建設成績。他強調工廠任務繁重，事關國家工業化和人民生活，因此現在一般不進行整風。[28]

　　6月3日，市委召開工廠、商店、建築業的幹部大會，彭真到會指出：現在有兩個鬥爭，一是黨內的思想鬥爭（整風），另一是階級鬥爭。他強調後者出現乃因地主階級、資產階級「一方面在理論上否定黨的領導，說黨實在不像話；另一方面想到工廠、農村借整風煽動鬧事」。作為無產階級先鋒隊的共產黨，若如彭真所言地面臨政治危機，工人豈能坐視不管？在場工人聽後應該莫不感到義憤填膺。彭真也向工人「老大哥」「交了底」：「過幾天，光共產黨整風啊！黨的風都整好了，黨外這個那個就不整？」[29]也就是預告黨在不久之後就要反撲整黨外了。

三、操控人大會議大批黨外「右派」

　　毛澤東、彭真在整風醞釀期間與運動初期皆主張：人大與政協以及在其中活動的黨外人士，應在國家政治生活中扮演更大的實質角色。[30]但是「反右派」鬥爭開始後，相關機關反而成為中共組織批判黨外「不聽話」者的主要場域與舞台，而彭真就是「批鬥大會」的現場指揮官。

　　「反右」開展背景下，6月26日至7月15日，中共舉行第一屆全國人大第四次會議。此會實際變成一場批鬥、討伐「右派」大會。彭真作為全國人大常委

27　同上註，頁225、229、231。

28　同上註，頁231-232。

29　彭真，〈在工業、財貿、建築系統黨員幹部會上的講話〉，北京市檔案館、中共北京市委黨史研究室編，《北京市重要文獻選編（1957年）》（北京：中國檔案出版社，2003），頁308、316。

30　《彭真年譜》，第3卷，頁194、221。

會副委員長兼秘書長，藉由組織會議的預備會，要求分組討論6月19日《人民日報》刊出的毛澤東〈關於正確處理人民內部矛盾的問題〉。

　　毛澤東的此一講話數易其稿（彭真參與其中），已與原始講話版本大相逕庭。這個報上公開版本特別增添六條「辨別香花和毒草的標準」。彭真要人大的會前會先期閱讀與學習，就是希望會議正式開始後，與會者因已明白「應當怎樣來判斷我們的言論和行動的是非」，可立即投入會中預定議程——對人大代表中已暴露的「右派」進行嚴厲批判，對有「右派」嫌疑者進行仔細鑒別和無情揭發。

　　經彭真審閱，人大會議正式開幕當天登出的《人民日報》社論〈這一次人民代表大會〉表示：「人代會的預備會的情況表明，對於右派的批判將是這次人代會的主要內容之一。在這次人代會開幕前夕，毛主席在最高國務會議的演講發表了，這使全國人民反右派的鬥爭獲得了強有力的武器。」「可以預料，這次人代會將使對右派的批判大大地深入一步，將使全國人民的政治覺悟大大地提高一步。」

　　第一屆全國人大第四次會議正式開幕後，彭真身兼大會主席團成員、秘書長，以及常務主席之一，注意調升會議「反右」熱度，也密切聽取會中「反擊右派情況的彙報」，並作出相應指示。[31]他在北京市的兩位「老相識」——吳晗和梁思成，也積極配合擔任批判「右派」急先鋒。

　　吳晗歷史學家出身、官任北京市副市長，從中共建政以後即多次要求加入中共，但一直未能如願，使之一度心灰意冷。直到1957年3月，其入黨申請案經彭真、劉仁商議後，由彭真親自向毛澤東匯報並獲之批准。[32]總算一償入黨宿願的吳晗，對外不公布中共黨員身分，仍繼續以民盟北京市委負責人面貌見世。吳晗對不久即來的整風運動，爭取有所表現，以向毛澤東及入黨推薦人彭真答謝和表忠。

　　整風加入「反右派」內容後，跨足中共與民盟的吳晗，實際成為中共安在民盟中央高層的一個暗樁。6月中旬，吳晗在民盟會議大批九三學社中央委

31　《彭真年譜》，第3卷，頁244。

32　張道一，〈憶吾師吳晗〉，王宏志、聞立樹主編，《懷念吳晗：百年誕辰紀念》（北京：中國社會科學出版社，2009），頁684-685。

員、《光明日報》總編輯儲安平提出的中共搞「黨天下」說法，說其歪曲事實、用意惡毒，並要求《光明日報》盟員與儲氏劃清界線。[33]吳晗表面上作為民盟人大代表，也在人大會議與彭真裏應外合。

吳晗的大會發言一開始就表明自己「依靠誰」的問題：由他領導的北京市民盟一向堅持接受中共領導，因此遭章伯鈞、羅隆基指責為「只聽中共北京市委的話」。吳晗翻出過去被章、羅「兩個要改嫁的惡婆婆」責怪的委屈，不正是從反面證明以「小媳婦」自況的他，是如何地對黨（彭真為首的北京市委）一心一意、死心蹋地。吳晗接著痛批章伯鈞及其主張的「政治設計院」、羅隆基及其建議的「平反委員會」，還有章、羅「合夥經營的黑店」大小「跟班」和各地「分號」如四川潘大逵。吳晗的砲火並不限於民盟「右派」，其他民主黨派的大「右派」如民革中央常委會黃紹竑、陳銘樞、中央委員譚惕吾等無一倖免（《人民日報》，1957年7月7日）。

梁思成乃梁啟超之子，是一位享譽中外的建築學家。梁氏向來堅決主張在保護北京城原貌前提下，規劃著手首都建設。這與毛澤東喜新厭舊、改天換地的想法相左。彭真往往代替毛澤東出面向梁氏進行溝通、甚至施壓，但梁氏也擇善固執、據理力爭。兩人經常互不相讓，甚至吵得面紅耳赤、不歡而散。[34]

1955年，彭真奉中央政治局之命領導一個由北京市委、中宣部聯合組成的寫作團隊，撰寫數十篇預備批判梁氏建築思想的文章。然後，彭真登門造訪梁氏，告之黨已備齊檄文，但仍寄望其幡然悔悟。在彭真軟硬手腕交叉使用下，梁氏不得不屈服而自我檢討。[35]兩人在此過程中不打不相識，反而建立一定情誼和關係。

1956年下半年到1957年春這段政治較為寬鬆時期，中共為與知識分子改善關係，欲以准其入黨方式而將之收編。彭真在中央負責這項工作，北京市作為主要試點，梁思成就是彭真希望吸收的一名重要對象。梁氏或已耳聞相關政治動向，在整風初期與「反右」前後都盡力表現為一名合格的黨員戰士。梁氏沒有做白工，因為彭真在6月14日北京高校負責黨幹座談會上說明中間分子在

33 章詒和，《最後的貴族》（香港：牛津大學出版社，2004），頁70。
34 湯壽根，〈建築大師的悲喜人生〉，《民主與科學》，2012年第5期，頁72。
35 于光遠，〈憶彭真二三事〉，《百年潮》，1997年第5期，頁33-34。

「反右」鬥爭的重要性時，就特別提到他，稱其「表現很好」。兩天以後，北京市委邀請梁氏在內的百餘名黨外教授出席座談會。梁氏針對彭真的會上指示——為使「右派」迷途知返，要對他們做工作，「但是不要調和」，[36]亟思進一步爭取表現。

梁氏在全國人大會預備會議結束前接受媒體訪問，高調感激毛澤東的〈關於正確處理人民內部矛盾的問題〉，說其提出的六條「辨別香花和毒草的標準」，給予他一個「進行思想鬥爭的最銳利的武器」。他憑此「最新式的武器」，可以看穿「章伯鈞、羅隆基等右派分子的心思」。這名建築學家為批駁羅隆基所言的中共領導民主黨派是「小知識分子領導大知識分子」，還提出一個「中共是階級鬥爭的高級知識分子」妙論（《人民日報》1957年6月26日）。

梁氏在人大正式會議除了與其他幾位建築同行提交一個誓言跟隨中共、全力進行「反右」的聯合發言，還要求在大會另做一次補充發言。梁氏自揭過去「一個人單槍匹馬地想搞一個在建築領域中的反黨運動」錯誤，並公開感謝中共按住壓下旨在批判他的文章，而未將他同當時正受批判的兩胡（胡適、胡風）、兩梁（梁漱溟、梁實秋）等同起來，其強調：「我才知道黨對我的這種無微不至的愛護。」（《人民日報》1957年7月14日）1955年中共對梁思成放過一馬，讓他「從心眼最深處感激感動」，主事者就是彭真。彭真數年來在梁氏身上所下的統戰功夫，在整風、「反右派」終能收到效果。

在彭真各種形式的安排與鼓勵下，吳晗、梁思成以及許多黨外人士紛紛在人大議會殿堂上對大小「右派」不留情面地重砲轟擊。彭真在「反右」即將開始前夕（6月6日），專程打電話至湖南長沙「搬兵」，召集兩位前國民黨降將、湖南省正副省長程潛與唐生智盡快進京助陣，一道加入馬上就開打的「反右派」戰役。[37]程潛、唐生智也不負黨的期望，在人大會場上大批「右派」（其發言登於《人民日報》）。在彭真布置的「反右」隆隆砲聲下，人大代表中的「右派」們面臨萬夫所指處境：有的「右派」如潘大逵聲淚俱下，不但沒有換來同情，反而被運動積極分子當眾指責是「想軟化鬥爭」；黃紹竑更尋短

36 《彭真年譜》，第3卷，頁213、238-239。
37 紀彭，〈程潛：在新中國過得明明白白〉，《領導文萃》，2012年第13期，頁55。

自殺未遂（請見第八章）。

　　被中共中央、彭真定性的「資產階級右派」，在內外政治夾殺下無不檢討認錯：章伯鈞說要〈向人民低頭認罪〉、儲安平高喊〈向人民投降〉，至於性格桀驁不馴的羅隆基也不得做出〈我的初步交代〉（皆見諸《人民日報》）。經彭真審閱、在人大會議閉幕次日刊出的《人民日報》社論〈反右派鬥爭的一次偉大勝利——祝第一屆全國人民代表大會第四次會議閉幕〉就指出：

> 　　從大會的各項報告到小組討論和大會發言，一直充滿了反對資產階級右派的革命精神。代表們用自己親身經歷的事實駁斥了右派分子散布的錯誤言論，證明中國必須堅持走社會主義的道路，而要走社會主義道路就必須堅持共產黨的領導。不論在大會發言中和小組討論中，代表們（除極少數的右派分子以外）都表現了對右派分子的極端憤慨，表現了對共產黨的路線、政策和對國家的根本制度的熱烈擁護。代表們還揭露了許多右派分子的反動活動。他們的義正詞嚴的責問，迫使代表們中的右派分子不能不低頭認罪。這是反右派鬥爭的一次偉大勝利。

　　彭真利用人大論壇，策動各類親共中間分子與民主人士，要他們橫眉豎眼地對那些已淪為「右派」的同僚與舊識進行「地毯式」揭發。彭真借重這些愛黨的黨外人士協助中共高揚「右派」先生們的「臭名」，除了因為他們與之相識多年、知其根底，可以供出有份量、有實質的批判內容。他們的踴躍助戰也可以顯示：中共發起「反右」，不是以大欺小，而是有黨外背書，是「吾道不孤」。與此同時，他們自身也可以歷經一次鬥爭鍛鍊（與黨共進退、作黨的鷹犬；為了黨的事業而對敵兇狠）和信念強化（進一步地深信要以黨的是非為是非）。前引的彭真所認可之社論就評道：「大多數知識分子和工商界的代表在這一鬥爭中是站在擁護社會主義方面的，而且經過這一次鬥爭的鍛鍊，他們的認識更明確了。」

　　「右派」頭面人物在彭真掌控的人大會議中已被整得七葷八素、顏面盡失，但是對他們的鬥爭還沒完。彭真參與的6月22日中央書記處會議指示：「人代會結束後，全國轉向整風」，「民主黨派的整風，由他們自己轉，我們

幫助」。[38]中共如何幫助民主黨派整風呢？彭真的一招就是繼續借重紅色秘密
黨員吳晗和「粉紅」中間分子梁思成。是年孟夏到仲夏，在彭真分管的統戰部
指導下，民盟內部舉行數次整風會，吳晗和梁思成就不約而同地對羅隆基極盡
上綱上線、誣衊構陷之能事，[39]讓這些「大右派」嘗盡「不才明主（中共中
央）棄，多病故人（民盟同事）疏」的苦楚。

　　根據「文革」批判材料，當吳晗在北京賣力「反右」之時，其籍貫浙江省
委向彭真呈送報告，揭發吳晗在浙三杯下肚後批評中共施政、抱怨自身待遇低
下。或因吳晗在人大會議前後與期間的政治表現符合彭真所需，適足證明其對
黨忠心，彭真沒有睬理這份「黑材料」。他在運動過後還稱讚：「吳晗經過民
主革命和反右派鬥爭的考驗」，「最聽黨的話，是堅定的左派」。[40]

　　梁思成雖努力奮進「反右」，但首都黨幹抓異議分子抓紅了眼，爪子也對
準並伸向之前在北京改建問題上屢與中央不一致的他。彭真鑑於梁氏不俗的
「反右」表現，擋住運動積極分子要劃其為「右派」的要求，[41]在1959年也圓
了其入黨心願。

四、推進中央和地方「反右派」

（一）指揮中央部門與群眾團體「反右派」

　　彭真在運動期間多次陪同鄧小平在中央書記處會議上，聽取黨政各部會、
重要群眾團體的運動彙報或對之進行討論。對政府部門方面，書記處在6月19
日討論衛生部整風問題，28日聽取外貿部、文化部、地質部、建築工程部運動
情況，彭真都在場參與。[42]對黨直屬機關方面，書記處最常過問的單位是中共
中央高級黨校。

38　《彭真年譜》，第3卷，頁241。

39　章詒和，《最後的貴族》，頁309-311。

40　原北京市委機關毛澤東思想紅旗兵團，《大野心家、大陰謀家彭真罪惡史（1925-1966）》，
　　頁37。

41　韋君宜，《思痛錄》（香港：天地圖書有限公司，2000），頁55。

42　《彭真年譜》，第3卷，頁240、243。

　　中央高級黨校在「鳴放」期間冒出許多批評黨的直率甚至出格的言論，因而被黨中央視做重點整頓單位（彭真在5月28日曾到該校作整風報告，講話內容迄今不詳，但從時間上推算，其中或存有「引蛇出洞」意圖和言論）。書記處在6月19日、7月24日、8月23日一再過問高級黨校整風問題，彭真皆出席，[43]更與鄧小平一搭一唱，強勢逼迫黨校領導加溫「反右派」熱度。舉如在8月23日會上，鄧小平批評黨校正副校長楊獻珍、侯維煜在議定一名學員為「右派」時態度猶豫不決，並說：「如果這樣的人不劃為右派，黨內就沒有什麼右派了」，「這樣的人不搞出去，他就不知道怎樣才像一個共產黨員。」彭真直接對楊、侯施壓：問題不在該員是不是右派，「而是你們兩個是不是中右的問題！」[44]兩位黨校領導深怕自己被定為「中右分子」，回校後加足馬力大抓「右派」。

　　對群眾團體方面，隸屬於新民主主義青年團（即後來的「共青團」）的《中國青年報》，在整風中刊載許多大膽言論，因而在「反右派」成為重點檢查對象，該報負責人更紛紛面臨被劃為「右派」的壓力。《中國青年報》總編輯張黎群因有多人為之說項、陳情，終而避免被戴上「右派」帽子。副總編輯陳模被盯上後，團中央也嘗試保之。由於陳模曾擔任彭真秘書，團中央便希望藉由彭真講話表態助之解危。想不到，彭真聽聞陳模情況後完全不念舊情說道：「陳模不是右派，還有誰是右派？」陳模在沒有任何轉圜餘地下，被劃為「右派」。[45]20年後，胡耀邦在陳模摘帽改正後，當眾向他鞠躬三次表示歉意，令之熱淚盈眶，認為「反右」時胡耀邦在國外訪問，卻把責任一肩挑起。不知陳模可否知道，他的「右派」帽子當年可是他的老長官彭真給加持戴上的。

　　另一個重要人民團體「中國作家協會」的運動情形，彭真也有所參與。1955年「肅反」運動背景下，「作協」內部挖出「丁玲、陳企霞反黨集團」案，其涉及丁玲與周揚之間多年個人恩怨。周揚獲得中宣部部長陸定一支持藉機打倒丁玲，以進一步確立自身在「作協」的權力與地位。1957年整風氣氛下，丁玲、陳企霞要求重議其案，「作協」內部也出現對之支持聲浪，進而向

43　同上註，頁231、240、249。

44　杜光，〈中央高級黨校反右派內幕〉，《炎黃春秋》，2005年第9期，頁6。

45　邢小群，《沒有告別的歷史》（台北：秀威資訊科技股份有限公司，2008），頁101。

周揚提出質疑與批評。

「反右派」開始後，陸定一將此案爭論上報中央書記處，彭真出席在座。彭真過去在周揚、丁玲的衝突中比較偏向周揚，也曾在周揚影響下批評丁玲的創作。彭真此次聽取陸定一彙報，急切問道：「周揚怎麼樣？他也要翻案嗎？」顯示他有些擔心周揚挺不住壓力而退讓。[46]不久，陸定一、周揚獲得鄧小平、彭真為首的書記處授權，利用「反右」氣圍大整丁玲、陳企霞，繼續將「反黨集團」帽子硬扣在其項上。

魯迅遺孀許廣平在「反右」中揭發、批判丁玲，就大作丁玲不尊重彭真的文章：「她〔丁玲〕驕傲自滿，目空一切，發展到了登峰造極的地步。彭真同志略為批評了《太陽照在桑乾河上》，她就對彭真同志非常不滿，見了彭真同志都不願打一個招呼。她心目中還有黨嗎？」（《人民日報》1957年9月14日）

（二）指導地方「反右派」

運動摻入「反右派」主題後，彭真亦以中央領導人身分指導北京市以外的各地運動。

「反右派」號角吹響前夕的6月7日，彭真在上海對中共上海市委與幹部作整風問題報告，指出運動有兩個性質：「一是共產黨整風，一是很激烈的階級鬥爭」，「對黨提出批評的不僅有群眾，還有階級敵人（反動分子實質上是階級敵人）」，並提醒目前「階級鬥爭不能全線拉開，工廠、農村、中小學都要穩住」。但是他對在此界線範圍內的上海灘運動現狀，擺出中央欽差臉孔直言：「上海放得不夠」，要抓緊時機。[47]彭真此次上海行在「文革」中遭指控為：「攻擊以柯慶施為首的上海市委，說，他們怕工人鬧市，因此不敢放手讓〔大〕學生鳴放，鳴放得不徹底。」[48]柯慶施在中共黨史上向以「左」的面貌著稱，但是有論者指出在1957年「反右」，彭真表現得比柯慶施還激進。[49]

「反右」開始前後，彭真除了到上海，6月上旬還先後在天津、江蘇、湖

46　李向東、王增如，《丁陳反黨集團冤案始末》（武漢：湖北人民出版社，2006），頁181。

47　《彭真年譜》，第3卷，頁236。

48　原北京市委機關毛澤東思想紅旗兵團，《大野心家、大陰謀家彭真罪惡史（1925-1966）》，頁37。

49　魏紫丹，〈建立《1957年學》方法談〉，《北京之春》，2007年第10期，頁80。

北、河南省市委召集的幹部會議，傳達中央的運動情勢分析和反擊「右派」部署。6月中旬，他以中央書記處名義召開電話會議，分批地與24個省市領導人就運動問題進行會商，一方面代表中央傳達對運動的觀點與對策，另一方面聆聽地方運動情況並代表中央裁示。

8月5日，彭真專門過問、指導內蒙古整風、「反右派」運動，對內蒙古領導幹部表示：要打擊反社會主義的敵人右派；對資產階級極右分子不得溫情主義，否則就是階級立場不穩；對黨內右派、嚴重違法亂紀分子要從嚴處理。彭真的指示無一不會對塞外運動發展起到激化作用。[50]

彭真奉毛澤東之命，繼6月後，8月又再次前赴南京，代表毛澤東向江蘇省委第一書記江渭清施壓「這次主席要我來打招呼，他說你右」，並要之在省委內部放手查抓「右派」。江渭清毅然保護江蘇縣級以上黨幹，但「反右派」的戲仍得唱，因此江氏改從黨外民主人士和知識分子下手。[51]

五、領導北京高校「反右派」

「反右派」大旗舉起後，彭真也甚為關注北京高校大學的運動發展並著力許多。

一、動員高校大小黨幹，要之挺身為黨而辯、為黨而戰。

6月12日，彭真在北京市各大學黨員幹部大會指出：右派進攻是一場「政治化思想鬥爭」，「前一階段，為了便於大家提意見，我們少放少鳴，不作解釋；現在既然有人向共產黨進攻，我們也是一家，就要與99家爭鳴，也是一『花』，就要與99朵花齊放，適當的批評是必要的。」

兩天以後，彭真又召集北京高等學校黨委負責人座談，拉高「反右派」調門：「右派反對無產階級專政，反對黨的領導，這一點要有足夠的認識。前兩天我說反右鬥爭是『政治化的思想鬥爭』，是不確切的，就是政治鬥爭。」他更危言聳聽地強調：「人家不是幫助你整風，是要你的命啊」，「要認識到這

50　《彭真年譜》，第3卷，頁236、238、240、252。

51　江渭清，《七十年征程——江渭清回憶錄》（南京：江蘇人民出版社，1996），頁416-418。

是一場殘酷的激烈的階級鬥爭！」[52]這些言論應能有效激起這些校園黨幹的敵我意識，使之返校後即能忘我地投入「反右」鬥爭。

彭真動員北京高校黨幹卯足全力獻身「反右派」鬥爭的同時，竟還暗中對之施行政治「釣魚」和「引蛇出洞」。因此上鉤而屈作「右派」的戴煌（新華社記者，當時在外交學院學習）回憶，「反右」開始後不久，彭真曾對北京市所有高校黨支委以上的黨員幹部發表演講，主題是：動員黨內同志繼續向黨的組織領導提意見，不要受到社會上「反擊右派猖狂進攻」影響。彭真表示：「那些人和我們中國共產黨並不是一條心。他們裝著響應我們黨『歡迎發表不同意見』的號召的模樣，骨子裡卻要推翻我們的黨，或與我們黨平分秋色，輪流坐莊。」他接著打著有力的手勢，用十分親切的口吻對台下聽眾說：

> 那些人能和我們今天在座的同志們相提並論嗎？我們都是自家人。一方面，黨的組織領導確有許多自己尚未覺察的不足之處，需要大家提意見，多幫助；另方面，黨內也確有許多人蛻化變質，胡作非為，騎在人民脖子上拉屎拉尿，害得在他們魚肉之下的人民怨聲載道，有冤難伸。這就更需要予以無情地揭露，並請大家幫助黨組織想想辦法，認真解決這個大難題……。再說，黨的方針政策及其貫徹執行，也並不都是十全十美、一帆風順的。這也是需要大家幫助黨的領導洞察秋毫，力求改正完善的。

彭真進而加碼強調：

> 總之，「門外」反右歸反右，「門內」有意見照常提，這叫「內外有別」。而且黨支部書記與支部委員同志們要帶頭提，為整個支部的黨員同志做出表率，把我們黨的這次整風運動堅決搞好、搞到底！即便提的意見不一定都正確，甚至錯了，那也不要緊；黨絕不會把這些同志與資產階級右派分子混為一談，這一點，我可以代表黨中央在這裡向同志們作保證……。

52　《彭真年譜》，第3卷，頁236-238。

戴煌當時聽後就想：以彭真在中央僅次政治局常委的重要身分，以及「他這等熱誠坦率、語重心長的講話」，「誰還能不信以為真地心頭熱呼呼？一切茫然疑慮都立刻煙消雲散」。他散會後回到單位便開始對黨組織直率地提出意見，並認為：「我這都是遵照黨的指示說話的，即便態度率直了些，語氣重了些，也都是為黨好，不會有任何問題」，況且彭真是「代表黨中央作了保證的」。[53]彭真的話言猶在耳，聽話的戴煌不久就被扣上一頂「右派」大帽。

彭真這種祭出「內外有別」的說詞與手法，成功鬆懈下級黨幹擔心步上黨外「右派」後塵的提防心理，有助在黨內繼續貫徹「釣魚」之策。正因為其「釣魚」、「引蛇」效果快又有效，彭真此一講話後來還下發給地方學習與參照。1958年春仍有雲南縣級幹部使用彭真這份誘騙「內外有別」的講話，鼓勵、引誘下級黨員發聲，再從中挑選打擊。[54]

二、同北京高校的黨外教授座談和對話，要他們在運動中知所進退，服膺中共領導，配合「反右」鬥爭。依彭真命令，北京市委在6月16日上午召集一百二十多名黨外教授與副教授進行座談。彭真在會上回顧整風以來的發展，指出90%以上的意見是建設性言論後，話鋒一轉表示：

> 但也有相當數量是惡意的，最突出是否定一切政績，攻擊共產黨的領導，要共產黨退出工廠，退出學校，放棄對文藝界的領導，污衊以工人階級為領導、工農聯盟為基礎的國家是「家天下」、「黨天下」。總之，他們不要共產黨領導，不要社會主義，這就使整風運動中出現「急風暴雨」的階級鬥爭，出現了一場政治鬥爭。

他接著說：過去誤將這些戴著「假面具」的人看成是「好朋友」。既然「真心換絕情」，彭正色表示：「有人說，要同共產黨打三個回合」，「為了要和右派分清是非，三十個回合我們也幹！」其疾言厲色應讓席上黨外教授臉

---

53 戴煌，〈我聽話成了「右派」〉，牛漢、鄧九平主編，《荊棘路：記憶中的反右派運動》（北京：經濟日報出版社，1998），頁320-321。

54 董克讓，〈又是一座恐怖的人間地獄——《命運的祭壇》（魏光鄴編著）讀後〉（2009年9月5日），博訊新聞網：http://www.boxun.com/news/gb/z_special/2009/09/200909052112.shtml（2013年2月20日登入）。

色慘白。但是彭市長不是純粹要威嚇這些教授，還交代一項政治任務──利用自己關係與人脈，出面規勸那些對黨有「成見」的高級知識分子，盡快向黨伏首稱降。[55]

三、直接插手、指揮個別高校的「反右」進度。

此處著重介紹彭真介入北京市三所重點大學運動的情形。清華大學方面：彭真一直高度關切清大的運動走向，前述5月底彭真召集的高校負責人「招呼會」上，他曾當面讚揚一位數日前在清華園裏公開與學生進行政治辯論的團委幹部「像個共產黨員、共青團員」，令之感到驚訝。[56]由此可見彭真對該校運動情況的仔細掌握。

根據一名清大黨內「右派」轉述蔣南翔秘書的話：「反右派」開始之前，北京市委幾乎夜夜召喚蔣南翔開會。一日會後，這名清大最高級別的黨幹神情緊張地對秘書說：「今天彭真同志又批評我了，說我為什麼總捨不得你那些『徒子徒孫』。」[57]從中可以看出：彭真不下一次地批評蔣南翔未能狠下心地將一些出身學生運動的清大黨幹作為「右派」看待。從事後發展來看，被彭真鎖定要當做「右派」來嚴打的，就是該校黨委常委、校長助理袁永熙（原清大黨委第一書記，蔣中正重要文膽陳布雷的女婿）。「反右」開始後，彭真委託劉仁繼續召集清大高幹到市委開會，堅定其「反右」意志並採取一致行動。市委更派人到該校緊急黨委會上宣布其決定：開除袁永熙黨籍和停止11位黨委委員與黨總支幹部黨籍。一名當事者半世紀後仍心有餘悸地表示：「其泰山壓頂、突然襲擊的威勢，使我們猝然不防，驚詫不已。」[58]《人民日報》在1957年7月22日刊載揭發袁氏「右派」面貌的快捷戰報，即〈在鬥爭的緊要關頭背叛共產主義立場，袁永熙作了右派分子進攻黨的內應〉。

何以彭真對清大運動發展介入如此之深？殺雞焉用牛刀？彭真的個人因素可能有之：袁永熙在「反右」批鬥中被控非議彭真所作的整風報告「過『左』」，言其呼籲工人不要受人煽動，是「壓工人」（袁氏否認曾說此話）。袁氏後來私下認為：自己「反右」遇劫，乃因出身南方局所轄的「南

55　《彭真年譜》，第3卷，頁238-239。
56　阮銘，《尋找自由》，頁182。
57　郭道暉，〈從我的經歷看反右〉，《炎黃春秋》，2009年第5期，頁58。
58　同上註，頁59。

系」，而非屬彭真北方局所屬之「北系」，又有「歷史汙點」（曾被捕、「悔過」），更麻煩的是與主校的蔣南翔（「北系」）之間關係不睦。而蔣氏與彭真的工作關係深遠，可上溯至1930年代中期的北方局，彭真當時還曾寄住其宿舍。

前述與袁氏一起政治「中槍」的當事人，也給了一個答案：為「號召開展反擊黨內右派的大鬥爭」，「清華就成為毛澤東和北京市委〔彭真〕推動反右運動的『先進』樣板」。[59]1958年1月的南寧會議上，毛澤東表示：「有一句名言，『千金難買的好時機』，『寸金難買寸光陰』，大鳴大放，清華大學叛變了幾個支部，不然審也審不出這些叛變分子。」[60]這算不算是對由彭真、北京市委監督、蔣南翔具體操辦之清大黨內「反右」成果的一種肯定？既然彭真、劉仁在「反右」催促得如此之緊，蔣南翔便使出渾身解數，在清華園不拘黨內、黨外劃了五百七十餘名師生為「右派」。

蔣南翔在1940年代延安「搶救」運動曾勇敢提出異議，但在1950年代清大「反右派」運動卻表現得甚為激越。前後比較，簡直判若兩人。蔣氏在1957年除了在學生中大抓「右派」，對校內學術聲望高的黨外教授，尤其是錢偉長，更是擺出閻王臉孔，一副要致其死地的樣子。蔣氏之友韋君宜就表示：「對此局面，我代老蔣解釋也解釋不出來了。」[61]蔣氏揪住錢偉長不放，既有兩人平素在校內互不看順眼的關係，彭真或也在其中起到重要催化作用。

5月底彭真召集幾間北京高校黨團領導人的「招呼會」上，他就面諭清大團委幹部回校後要積極邀請錢偉長公開演講，並囑咐一定要將之言行全程記錄下來。[62]彭真欲引錢偉長上鉤的「司馬昭之心」，再也清楚不過了。不知彭真是否因事先探知錢偉長對他有看法而故意對其施以「引蛇出洞」詭計，根據運動揭發，錢偉長在「鳴放」中說了一些對彭真大不敬的言論。這些話被放大檢視後，確實足以讓錢偉長吃不完兜著走。

理工教授曾昭掄在「鳴放」期間與錢偉長同聲出氣，在「反右」後捱不住政治壓力，轉過來向錢偉長反戈一擊，說其在6月5日說過：「北京學生的問題

59　同上註。

60　顧行、成美，《鄧拓傳》（太原：山西教育出版社，1991），頁96-97。

61　韋君宜，《思痛錄》，頁66。

62　阮銘提供的訊息（台北，2006年11月22日）。

很不好解決，因為蔣南翔是彭真一手提拔的。」（《人民日報》1957年7月14日）曾昭掄的揭發如果屬實，代表錢偉長明白也不滿：他在清華園中與蔣南翔為敵時，後者之所以巍然不動就是因為有彭真作靠山。

清大副校長張維對錢偉長的揭發更是要命，他指控錢偉長「對黨中央的負責人進行過惡意的攻擊」，稱錢氏曾說：「鳴放搞不好，因為劉少奇到彭真這一條線是不主張鳴放的。」不論錢偉長是否真的說過此話，其登諸7月17日《人民日報》頭版後，政治意義就非同小可了。因為相關言論如同揭露錢偉長心懷鬼胎、離間造謠：彭真夥同劉少奇不但在黨內進行「宗派主義」活動，更陰謀破壞毛澤東一手發起的整風「鳴放」運動。彭真在報上若得知錢偉長曾對他和毛澤東、劉少奇的關係親疏與主張異同作文章，想必不會高興。

在運動中也有其他人被指控發表類似言論而下場淒慘。中國科學院哲學研究所的中共黨員許良英被指控曾說：「對右派分子發動了反擊，可能是毛主席的方針受到了黨內有宗派主義的高級幹部的反對，因而有了轉變，毛主席妥協了，這是老幹部想報復；太不道德了。」「中央分裂了。劉少奇、彭真壓制毛主席」（《人民日報》1957年7月29日，版2）。「誣衊黨中央、侮辱領袖、歪曲黨內生活」，即是許氏被打為「右派」的主要根據。許氏後來解釋：相關言論並非出自其口，而是從友人處聽來後向黨支部報告，不料栽至他頭上並登於報紙；也想不到，馬若德竟將這種不實報導作為其證明毛、劉不和的一項主要根據。[63]

北京大學方面，根據一位北大「右派」學生後來所作的採訪，整風「鳴放」期間，根據彭真對北京高校的「引蛇出洞」計畫，市委高校工作負責人彭佩雲出席北大黨委會議，督促校黨委第一書記江隆基落實此事。[64]彭真對北大燕園運動情況也瞭若指掌、牢記在心。北京大學西方語言系講師黃繼忠在5月下旬帶領近二十多名該校學生，到清華大學介紹北大「鳴放」運動並進行串連，促成「自由論壇」出現，希望將之扮成類似英國供民眾自由發表政見的海德公園。

63　魏紫丹，〈建立《1957年學》方法談〉，《北京之春》，頁82。

64　俞梅蓀，〈北京大學校友聯誼會成反右維權請願會——北京大學反右倖存者校友維權紀實〉（2011年3月7日），北京之春網：http://beijingspring.com/pic/20110307.htm（2013年2月17日登入）。

彭真針對黃繼忠的大膽舉動指示：「黃繼忠是北京高校第一個帶學生出校門的，應該嚴懲！」市委第一書記既有明令，北大黨幹對黃講師自不會手軟，把他打為「極右分子」。黃繼忠身為班主任帶領的班級（共24員學生），有2/3被劃為「右派」。[65]

中國人民大學方面，彭真在5月底的高校負責人「招呼會」上，提點人大黨委書記胡錫奎加快腳步「引蛇出洞」，劉仁又到該校再次向胡書記面授機宜：「先鳴放，後反擊，這是中央的決定，一定照辦。」[66]「反右」開始後，胡錫奎不負彭真、劉仁所望，在人大校內大獵「右派」。7月，彭真在一次北京市委局級以上領導幹部參加的「反右」整風動員會，對「鳴放」期間表現活躍（在北大、人大做過6次演講）、辯才無礙（常將校內黨幹辯得啞口無言）的人大學生林希翎，公開點名為學生中「天字第一號的大右派」。既然彭真都發話了，縱使人大校長吳玉章再怎麼不同意，也改變不了林希翎被劃為「右派」的命運。[67]

六、助長教育系統運動激化

（一）高校整風「補課」

9月20日至10月9日召開的中共八屆三中全會，宣稱「經過三個多月的鬥爭，情況已經發生了極大的變化。在各民主黨派、高等院校、其他知識界和省市以上機關，鬥爭一般已取得決定性的勝利」。彭真在10月8日全體會議上發言表示：「6月8日前，『右派』趁大鳴大放之機猖狂進攻，教職員和學生思想很混亂，迅速轉入反擊『右派』是必要和正確的。」他對高校接下來的運動重心指出：「現在，大專院校反擊『右派』的鬥爭差不多了，但接受群眾的批評

65　丁抒，《陽謀：「反右」前後》（修訂本）（香港：九十年代雜誌社、臻善有限公司，1995），頁282。

66　首都紅代會中國人民大學新人大公社、西安統軍事電訊工程學院文革臨委會，〈胡錫奎的罪惡史〉，《新人大、新軍電》，版3。

67　黃子琴，《大右派林希翎──她的政治命運和情感世界》（以下簡稱《大右派林希翎》）（香港：天地圖書有限公司，2012），頁102、484。

和意見、改正缺點錯誤的工作，做得很不夠」；「我們反擊『右派』只解決了問題的一半，另一半，甚至可以說是一大半，是改進工作問題，還沒有很好地解決，我們在高等院校還欠著債。準備在北京34所高校中再發動一次鳴放高潮。」兩天以後，彭真當面交代北京市各高校負責黨幹：「『反右』鬥爭已取得基本的勝利，現在的工作中心是解決整改問題。」[68]

彭真雖表示北京高校「反右」「差不多了」、「已取得基本的勝利」，但不表示不用繼續在校內抓劃「右派」。北京大學在江隆基書記任內，已超過500名師生被劃為「右派」，其中有些「右派」是市委甚至彭真親自介入決定，但江隆基的運動積極性仍然被彭真嫌不足。1957年10月下旬，鐵道部副部長陸平調任北大，取代江隆基黨職。北大運動在1957年金秋後雖然進入所謂「整改」階段，新官上任的陸平仍戮力在校園中進行「反右補課」，從1957年底到1958春，短時之內又有一百七十餘名師生被劃為「右派」。陸平在北大運動所為，也與彭真有所關係。

7月3日，鄧小平針對蘇聯駐中國代辦詢問高校「右派分子」所占比例問題表示：平均是1%，北大是3%，有些高校則高達10%。[69]入秋以後，中央書記處領導人益感北大「病況」不輕。有資料指稱，彭真與鄧小平在1957年秋參觀北大時，看到校內運動大字報表示：「北大右派的質量很高！」其意指北大「右派」「貨真價實」、「名實相符」。他們更指示：在北大劃「右派」可以超出5%比例，甚至可達7%以上。[70]一名北大物理系「右派」更直接指控：是彭真親自下令北大開展「反右補課」，並派出一個工作組強力監督執行此事。在此背景下，北大物理系學生「右派」人數和比例，在全校內皆佔首位。這名學生本身也在這一波北大「反右」落難。[71]

北大「反右補課」問題上，原北大黨委成員不諱言地指出：「陸平同志作

68　《彭真年譜》，第3卷，頁263-264。

69　〈阿布拉希莫夫與鄧小平會談紀要：中國的反右鬥爭〉（1957年7月3日），沈志華主編，《俄羅斯解密檔案選編：中蘇關係》（上海：東方出版中心，2015），第7卷，頁290。

70　高瑜，〈方勵之永遠是八九一代的良師〉（2012年4月9日），中國茉莉花革命網：http://www.molihua.org/2012/04/blog-post_6126.html（2013年4月7日登入）。

71　林木，〈反右運動五十五年祭，反右索賠帖〉（2012年3月5日），阿波羅評論網：http://tw.aboluowang.com/comment/2012/0305/238126.html（2013年4月6日登入）。

為新任的黨委第一書記，自然要積極貫徹領導上的指示，使北大黨委不再繼續被認為『右了』。」[72]陸平在晉察冀根據地活動時，就經常請示彭真；他到北大工作後，在組織上更直接受之領導。物理系學生燕遁符在整風初期貼大字報提倡民主、自由與人道，後來在陸平任內被補劃為「右派」。她表示：「陸平也真的不負重托，領導北大反右十分得力」，「與彭真配合得十分默契」。[73]

整風、「反右派」對北京高校裏思想獨立、活潑敢言的學生進行政治打擊後，彭真在1963年又與中宣部部長陸定一，續以抓「反動學生」為名，對北京高校學生進行思想箝制與政治迫害。[74]其思維和做法「幾乎是1957年劃右派的重演」。[75]被認定為政治反動的大學生，如同前幾年「右派」學生遭遇，被送去北京市郊勞改營接受監督改造，從事苦不堪言的體力重活。

（二）中小學整風、「反右派」

中共專注整風、其「反右」之心尚未明確成形之時，毛澤東曾批轉一篇上海中、小學老師對中共提出批評意見的報導，給彭真在內的5位中央領導人。這些中小學教育工作者對黨指責之深刻，連毛澤東閱後都感到「不整風黨就會毀了」。當中共暗地決定「引蛇出洞」並以高級黨外人士、高校知識分子為優先誘獵目標，以小知識分子為組成主體的中小學老師被放在後一階段再來處理，以免大小知識分子在整風中不期地合流，進而在輿論上蔚然成為一股黨難以駕馭之風潮。

有鑒於此，在運動「引蛇出洞」階段，彭真在中央高幹會議上指示地方要人：為了不「出什麼毛病」，中小學「不能放」（5月27日）；對中央和北京市的機關幹部表示：不要在中小學「開展整風」，「以免分散力量」（5月24日）。其後他又再次指示北京市人員：「中小學暫時不搞」（6月1日）。到了

---

72 王學珍，〈懷念陸平同志〉，《陸平紀念文集》編委會編，《陸平紀念文集》（北京：北京大學出版社，2007），頁13。

73 俞梅蓀，〈北京大學校友聯誼會成反右維權請願會——北京大學反右倖存者校友維權紀實〉。北京之春網。

74 平乃彬，〈南口北京高校勞改營紀實〉，《炎黃春秋》，2011年第6期，頁61-62。

75 錢理群，《拒絕遺忘：「1957年學」研究筆記》（香港：牛津大學出版社，2007），頁421。

「反右」即將打響之時，或因為已從黨外政學菁英和高校師生中蒐集、累積一定數量的「反動」言論，並足以對之政治算帳，中共開始允許中小學老師在組織安排下放口鳴放。彭真就說：「中小學教師如要放，由市委、區委召集座談會」（6月7日）。[76]但在1957年夏天的「反右」攻勢，中共主要聚焦在政治追捕、圍殲民主黨派、機關高校裏的「右派」。至於中小學裏的政治雜音，只好留到秋後再來處置。

中共中央書記處、中央政治局在9月、10月頻仍召開會議，討論和制定〈關於在中等學校和小學教職員中開展整風和反右派鬥爭的通知〉。該〈通知〉認為：為數二百多萬的中小學教職員，其社會出身和政治思想情況可能比大專學校還要複雜，因而有必要接受運動「洗禮」和考驗。[77]彭真積極參與此一中央文件的制定。[78]彭真對中小學教育人員這一群體的敵意和不信任，可見於11月28日他對北京全市黨政領導幹部講話。彭真提到「遼寧的負責同志」告之：「小學教員方面不是人多〔的問題〕，是調整質量問題，中學也是一樣。」[79]遼寧領導人對中小學教職員的思想問題，看得特別嚴重。[80]彭真顯然接受其看法和判斷。

12月7日，北京市委教育部響應彭真指示，提出在市內小學推行整風、「反右派」計畫。其中痛陳首都「小學教師隊伍的複雜和思想的混亂狀況」，主張從市內機關企業的黨員幹部中抽調人力，以作為接管問題嚴重小學的準備力量，並建議在寒假集中教師，「採取專題鳴放的形式，揭發學校幹部和教師的各種違法亂紀和反動的思想言行，展開大辯論和反右派鬥爭，從而整頓幹部和教師的隊伍，初步整頓學校的工作秩序。」十天後，彭真為首的市委同意市委教育部此一針對小學的運動部署。[81]時至1958年2月底，北京市中小學劃定

76　《彭真年譜》，第3卷，頁222、229、231、235。

77　沈志華，《思考與選擇》，頁655。

78　《彭真年譜》，第3卷，頁257、265。

79　彭真，〈在全市黨政領導幹部會上的報告〉，北京市檔案館、中共北京市委黨史研究室編，《北京市重要文獻選編（1957年）》，頁871。

80　沈志華，《思考與選擇》，頁655-656。

81　〈中共北京市委對市委教育部關於小學整風工作部署請示的批示〉，北京市檔案館、中共北京市委黨史研究室編，《北京市重要文獻選編（1957年）》，頁899-903。

的「右派分子」就達1,637人。[82]

　　1958年2月12日，彭真以中央書記處名義，召集9個省市黨負責人開會。他或以首都中小學「反右」發展為勵，而在會上表示：「中小學教員隊伍要清理」，「要處理壞人，決心把這條戰線搞好。」[83]2月16日，彭真進而指示：「中小學教員必須徹底整風。不能為人師表的，都不要做中小學教員。把後代給反社會主義、對社會主義不滿的分子或者壞分子去教育，是不應該的。」「處理中小學教員要和機關人員一樣，保留工資，下放參加勞動，或調作其他的工作。已經批判的右派，要開始做爭取工作。一做爭取工作，內部就會起分化。如果這裏爭取，那裏還未鬥也是問題。中央準備發一指示，沒批判沒揭發的還要揭發批判。」[84]

　　中共中央尤其是彭真的聲聲催促下，大批中小學教職員在1958年初寒假前後被打為「右派」，進而造成全國「右派」總體人數短時內筆直增長。同年5月，毛澤東在中共「八大」二次會議上就表示：「反右」高潮後，在小學教員中還搞出了十幾萬「右派」。此數目約佔當時全國30萬「右派」的1/3。[85]一再鼓勵在中小學教職員裏大搞整風、「反右派」的彭真，也察覺運動在此一群體中走火。彭真在北京市指示政法部部長劉涌、中小學整風的負責幹部楊伯箴前去調查。劉涌、楊伯箴向彭真報告：有些學校領導竟把穿綢緞衣裳的教師都打成「右派」。彭真予以批評並指示市委教育部要逐校問查。[86]劉涌晚年憶此稱讚彭真務實，不知是不知情或是不願正視一個重要事實——彭真正是當初大力號召在北京市以至全國中小學教職員裏大肆獵捕「右派」的主要中共領導人。

82　中共北京市委黨史研究室，《中國共產黨北京歷史》（北京：北京出版社，2011），第2卷，頁207。

83　《彭真年譜》，第3卷，頁286。

84　〈彭真同志在省市委工業書記會議上的講話〉，廣東省檔案館，檔號219-1-27，頁78。

85　沈志華，《思考與選擇》，頁657。

86　劉涌，〈彭真與北京的政法工作〉，中共北京市委黨史研究室編，《彭真在北京》（北京：中央文獻出版社，2002），頁259-260。

七、「右派」劃線和審定

（一）「右派」劃線主張和問題

何種言行算得上是「右派」？中共在運動中遲遲沒有拿出一個劃定「右派」的標準（事實上，以言治罪是無法有一條真正客觀、明確的界線），因此有越來越多的人被打作「右派」。彭真在「反右派」開始後一段時間，採取選立北京大學化學系教授傅鷹為「中右」標桿的方法，即鳴放言論尺度沒有超過傅鷹，就算不上「右派」。他希望如此可使「右派」帽子不至過於濫扣濫戴。彭真選定傅鷹，乃因其言論幾度被毛澤東認為是出於愛國而非貳心、尖銳但出於善意；傅鷹在整風中也表現得與黨靠攏並曾發言稱讚彭真（見《人民日報》1957年5月25日之〈傅鷹教授一席談〉）。因此，彭真在「反右派」發動不久就對內裁示「傅鷹不是右派」。[87]

豎立傅鷹為「中右」標桿的效果如何？據聞彭真曾說：「立了傅鷹這個標兵，使反右派鬥爭沒有擴大化，保護了一些人。」[88]親近彭真人士（王漢斌）和著作（《劉仁傳》）也說：相關做法讓北京市一批知識分子避免被劃為「右派」的命運。然而，值得進一步指出的是，這些因傅鷹之故而躲過「右派」帽子的知識分子，許多還是免不了被黨組織內定為「中右分子」。他們雖躲過「右派」之災，卻也免不了隱性責罰——事後遭到黨組織內部控制，成為一個長期不被信任、不受重用的灰色群體。另外，彭真另一項「右派」劃線做法——設定劃抓「右派」指標，更大大限縮、抵消「傅鷹條款」的政策預期作用。

根據運動相關著作和當事人說法，彭真對北京市各單位抓劃「右派」的人數比例，定下5%的指標。[89]彭真此舉目的或是要限定運動的打擊面，然而，這卻促成下級黨幹機械地照旨辦事，硬湊「右派」人數以達標的現象。[90]易言

---

87 《彭真年譜》，第3卷，頁238。

88 原北京市委機關毛澤東思想紅旗兵團，《大野心家、大陰謀家彭真罪惡史（1925-1966）》，頁37。

89 丁抒，《陽謀：「反右」前後》（修訂本），頁280。俞梅蓀，〈半世紀沉思一朝吶喊——北京反右派鬥爭五十週年聚會紀實〉（2007年6月11日），民主中國網：http://www.minzhuzhongguo.org/ArtShow.aspx?AID=1736（2013年3月1日登入）。

90 中國大陸中共黨史研究者（I君）提供的資訊（北京，2011年7月）。

之，原先的政策「好意」是用指標規限運動，但想不到竟出現指標激化運動的局面，進一步促成運動打擊面擴大。就以北京高校抓劃「右派」為例，為達到彭真規定的運動指標，市委高校黨委內部出現爭論：有一派主張應要多在教授而非學生中抓劃「右派」，市委大學部部長楊述表示：「年輕人犯錯誤該保護」，「傅鷹那樣老罵街的都不劃，還劃學生？應當劃傅鷹。」另一派則反之，認為應當多在學生而非在教授中抓劃「右派」。[91]

彭真傾向後者而指示：有一些教授可以保下來，「因為他們還可使用」，並批示「不足之數由學生中補」。彭真的意見不但影響北京高校「反右」運動，使得更多學生「落網」以充數，其指令經傳播也影響、激化其他地區如上海高校，讓當地更多大學生被戴上「右派」帽子。[92]

「反右派」指標套用上，彭真也有「法外開恩」情況。北京的「二一一」廠負責直升機、殲擊機備件以及米格機教練機生產。彭真對該廠運動問題指示：「要實事求是，從實際出發，右派有就有，沒有就沒有，有幾個是幾個，不要湊數。」該廠因而沒有訂立「右派」指標。[93]彭真的主要考量應是該廠是軍工生產要害部門，不想因為過熱政治獵巫而影響軍機上天進度。

（二）有權審定、處置「右派」

中共中央書記處審定黨政各單位呈報的「反右」果實時，彭真享有副總書記地位，有時即可定人政治生死。如前所述，《中國青年報》副總編輯陳模的政治命運，因彭真一句「陳模不是右派，還有誰是右派」就無法翻轉。中央廣播事業局黨組成員、副局長、中央人民廣播電台副總編和對外廣播部門負責人溫濟澤，被中央廣播事業局黨組劃為「右派」，經中宣部認可後報送中央書記處定奪，最後也由彭真批定。[94]

91　韋君宜，《思痛錄》，頁54。

92　王迅，〈我們這一屆——幸運地躲過了階級鬥爭大漩渦的一九五二級學生〉（2012年6月13日），復旦大學校友網：http://www.fudan.org.cn/archives/13198（2013年2月18日登入）。

93　張鎌釜、陳度、冬春，〈彭真同志關懷航空航太事業〉（2009年12月24日），中國人民政治協商會議北京市豐台區委員會：http://zhengxie.bjft.gov.cn/fengtai/html/zx/col188/2009-12/31/20091231165925826548452_1.html（2013年3月12日登入）。

94　李輝，〈與溫濟澤談周揚〉，語文資源網：http://www.eywedu.com/wenxueyuedu/ssffszy/015.

彭真也有助人一臂、使之免於在「反右」大浪中滅頂的時候。市委大學部部長楊述的妻子韋君宜，在「中國作家協會」就丁玲、陳企霞翻案問題而出現內部爭論時，認為應當要持平處理，再加上她講話率直，結果被「作協」的運動好戰者糾纏上，處境岌岌可危。楊述在北京高校認真積極「反右」，見韋君宜有被打為「右派」之虞，便動用自己的公私關係替妻子解圍。

楊述找韋君宜的入黨介紹人蔣南翔（其本身在清華園內就是最大的「反右」積極分子）求助。蔣南翔告知毛澤東的重要筆桿子胡喬木，胡喬木再找「作協」運動主持人劉白羽說項。與此同時，楊述也求助彭真。[95]起到主要解救作用的人，恐怕還是彭真。

楊述與彭真關係匪淺，在1930年代中期的北平高校地下工作，即結識彭真。1940年代的整風、「搶救」運動，楊述不服習仲勳在綏德將之定為特務而到延安申訴（其遭指為四川「紅旗黨」，而此一政治判斷和做法，不正源自延安中央，彭真在中央黨校對此行事亦兇，如狠對鄒風平）；彭真則要楊述先忍避風頭，並留之在中央黨校工作一陣後再返。當下「反右派」，楊述又是彭真治下的首都高教負責人。

楊述將韋君宜的危險狀況告訴彭真，彭真表示韋君宜「平時和黨的關係是好的，就不劃右派了」，並要楊述幫助其妻「認識錯誤」。[96]韋君宜雖躲過「右派」高帽，但活罪難逃：她一方面繼續得在批鬥會上挨批，另一方面，又要戴罪立功，發文批判他人。

彭真對北京市「右派」審定和處理問題，更是一錘定音。前文提及的帶學生出校門串連的北京大學講師黃繼忠，因被彭真點名要嚴懲，最後被打作「右派」最底層——「極右分子」。黃繼忠不堪勞改差役之苦，曾躺在車輪下意圖自殺以求解脫。[97]整風期間鋒頭甚健的「右派」學生——人民大學林希翎（彭真稱之為「天字第一號的大右派」）和北京大學譚天榮，其處理意見在1958年春由彭真公開宣告：「開除學籍、留校監督勞動、當反面教員。」他還表示：

htm（2013年5月1日登入）。

95 韋君宜，《思痛錄》，頁48。

96 原北京市委機關毛澤東思想紅旗兵團，《大野心家、大陰謀家彭真罪惡史（1925-1966）》，頁37。

97 一名當年北京大學「右派」所提供的訊息（台北，2013年3月15日）。

黨對此二人甚是寬人，沒有送之法辦與押送勞動教養。[98]

　　根據另一名人民大學「右派」學生說法：中共中央當初研議如何發落知名「右派」時，彭真和鄧小平主張對之嚴懲，包括林希翎、譚天榮這兩名「右派」學生領袖，都應要被逮捕法辦。不過在毛澤東干預下，兩人被留在學校當所謂「反面教員」。[99]即便有此「優待」處理，林希翎仍一直不願低頭就範。對此一「不受教」的「丫頭」，公安部部長羅瑞卿主張對之進行「強制性的改造」，並獲得彭真同意。林希翎便被北京市公安局拘留，之後以觸犯「反革命罪」為由進行長期關押和勞動改造。[100]

　　作家王蒙撰寫小說《組織部新來的青年人》揭發官僚主義，被毛澤東談及5次，但他在運動中也被劃為「右派」。詩人邵燕祥因閱讀王蒙小說寫詩抒懷而也被打成「右派」，他判斷：王蒙身為北京市一個區團委書記，其被打作「右派」應由彭真所認可。[101]

　　彭真研商首都市民要否戴上「右派」帽子問題，也有慈眉善目、高抬貴手一面，但主要限於少數的名人之流如：知名京劇演員馬連良、導演焦菊隱。出於實用主義考量，彭真也給予少數「右派分子」特別政治待遇，希望其戴「帽」同時，仍能保持一定積極性繼續為黨事業服務。

　　北京市上下管道工程局局長陳明紹，在中共接管北平前夕受其地下黨委託，在北京大學穩住教師情緒、保護學校財產；中共建政後參與首都工程建設，負責施工監理後來常被提作是彭真的重要市政政績——龍鬚溝下水道工程。陳明紹在整風運動中被劃為「右派」（其錯誤包括替儲安平緩頰）。彭真知道陳明紹戴「帽」的情況後，派人傳話給他：「北京市還要像以往一樣用你」。經彭真親自過問，陳氏被安排到天安門工地，彭真也向工地負責人打招呼：「陳局長是下放勞動。」陳氏因而免受一般「右派」苦痛。陳氏努力工

98　黃子琴，《大右派林希翎》，頁107。

99　房文齋，《昨夜西風凋碧樹：中國人民大學反右運動親歷記》（台北：新銳文創，2012），
　　頁120-121。

100 黃子琴，《大右派林希翎》，頁110-111。

101 邵燕祥，《別了，毛澤東：回憶與思考（1945-1958）》（香港：牛津大學出版社，2007），
　　頁367-368。

作，贏得好評，彭真也很快幫他摘下「右派」帽子，安排至學校任教。[102]

得到彭真庇護的陳明紹，畢竟是屈指可數的幸運例子。絕大多數直接或間接因彭真關係以言入罪而成右派者，其中又有不少是年輕學子，本有的大好前程一夕丕變，長期淪為政治賤民，身心皆備受折磨。

小結

彭真在整風、「反右派」運動中的政治角色和影響，可總結如下：

第一、彭真雖不是中共中央政治局常委會成員，但他深受中央層峰信賴，參與運動所有重大決策與全局性政策的制定和調整。

第二、在運動政策執行上，彭真協助鄧小平對書記處工作「負總責」。書記處內部討論研議和具體部署運動問題時，彭真是鄧小平以外最重要的人士，他和鄧小平以書記處會議為平台，聽取中央黨政各部的運動情況，勗勉運動積極分子，威嚇對運動消極不力者如中央高級黨校領導人，努力讓運動保持高溫狀態。彭真身強體健、精力充沛，可長時間工作，有時代替鄧小平主持書記處會議，或以書記處名義召開為時冗長的全國電話會議，聽取地方大員匯報轄區運動並直接做出裁示。他也與鄧小平頻仍周遊多地，催促、加溫各地運動熱度。

第三、彭真在中央分工管理統戰工作，他對統戰領域運動往往直接進行指揮與布置：從禮賢友黨人士（如章伯鈞、羅隆基、黃紹竑等）到暗中對其設計圈套，再至連通內應（如民盟秘密黨員吳晗）和引注外援（如在京的梁思成和「湘軍」程潛和唐生智），鋪蓋天羅地網，讓那些昔日座上賓陷入火海、身敗名裂。彭真稱職地讓黨外敢言人士短時遍嘗從早春急轉至寒冬的政治氣候。

第四、彭真兼任北京市黨政最高首長，燕京運動發展也具體掌握在其股掌之間。北京市是中共中央所在地，其工作易受「中南海」關注；其聚集重點高校，在全國文教工作、知識分子政策上，向有帶頭示範地位。彭真深曉北京市動見觀瞻地位，也懷有「爭當天下先」盤算。因此他在整風前後和期間，即有

---

102 中共北京市委統戰部，〈彭真與北京統一戰線工作〉，中共中央文獻研究室編，《彭真在北京》，頁104。

意將北京市運動實踐打造成全國各地運動的典型和樣板。

彭真在首都努力培養、積極創造和總結運動經驗，向中央獻計、表功。彭真將麾下北京市經營成中央運動構想的第一塊試驗田後（如此直接使得當地運動升溫發展，至少處於不落人後狀態），經中央認可後，烙有彭真個人印記的北京經驗，再作為其他省市學習榜樣，進而產生全局影響。彭真催逼出來的清華大學黨內「反右」戰績和北京高校「反右」「補課」，就是明顯案例：前者作為中央登載報章、要各級黨委效尤的黨內反「溫情主義」範例；後者則是中央要各地高校「反右派」「宜將剩勇追窮寇」的參照尖兵。

另外，彭真在北京市對各單位「反右」採行「定指標」辦法；而他擔任「二把手」的中央書記處，指揮運動時也有類似依指標精神推促「反右」進度的情況，進而對運動全局產生推波助瀾影響。兩者之間是否有關係？後者是否受到前者影響？有待未來進一步考證。

在1957年整風、「反右派」的整個過程，彭真可能基於同毛澤東為首的領導集體認知齊一（先是認為黨確實需要藉由整風除弊革新，後又以為黨遭逢「右派」逼宮而須回擊），以及服從組織紀律，抑或還有強烈感受到自身政治地位和施政作為，有遭到挑戰或清算的危機感，他與黨中央在運動各階段的認識和主張保持高度一致。彭真更負責將毛澤東領班的中央運動構想，在中央一級（襄助鄧小平）和北京市（獨挑大樑）付諸實踐和加以兌現。正因彭真對此一政治運動的深度參與和擔綱演出，他事後在不同時期回顧此事，都高聲肯定其正確和必要。

彭真在1950年代中期逐漸自董必武手上接掌政法大權，在「八大」中央書記處分管政法工作。他在整風、「反右派」的活躍程度和負面影響，還可見其強勢監軍1957年下半年的政法領域「反右派」，以及1958年夏專門針對政法部門的另一波「整風」加賽。

第八章

捲起政法領域「反右派」風暴，
重創法制力量
（1957-1958）

在毛澤東領導下，1957年整風、「反右派」以群眾運動的方式，向全黨、全國猛力推行，即已對中共初創的法制造成衝擊，而且這一政治運動在政法領域（含括廣義的法學界、各種司法實務工作者和政法公家機關）的雷厲風行，更在思想理論、人事組織上，對中國法制的建設、發展和展望（如中共「八大」所擘劃），帶來猶如五雷轟頂的嚴重負面影響。

在整風、「反右派」運動的總體執行上，彭真偕同鄧小平對毛澤東的運動指示不打折扣地貫徹，更不時有自我加碼、加乘演出，對運動的激進發展、打擊氾濫，尤有貢獻。1956年彭真先後出任中共中央法律委員會主任委員、「八大」中共中央書記處書記（政法為其分工），次年整風、「反右派」在政法領域施行，直是其職責所在，責無旁貸。

本章欲處理的問題有：「反右派」運動對中國政治發展的嚴重破壞，已是眾人皆知。相較於其他領域，政法領域何以受災最重？這與彭真的政治領導和操作有何關連？哪些法律主張、政法意見被彭真和中共認為是「大逆不道」的「右派」言論？被鎖定痛批的代表人士是誰？「反右派」的高調批判，反映官方在法律、政法上有哪些喜好和偏愛？「反右派」在政法領域肆虐的後果和影響為何？

本章的主要論點為：彭真在政法領域賣力不懈地推行整風、「反右派」，除了信從最高領袖，致力遂行其意志，也與他欲在本職領域內形成並確立唯一

正確代表的心志有關。中共建政以來，彭真經管政法工作和法制建設的過程中，黨內的董必武和一些政法高幹，以及黨外「民主人士」和政法教研、實務工作者多有己見，而且未必與彭真心意相通、看法合拍。「反右派」階級鬥爭嚴峻的設想、正邪兩極勢不兩立的思維，以及拼得你死我活的戰鬥情緒之下，彭真在政法領域開闢黨內、黨外兩條各自獨立又有交叉的批判戰線，討伐、追鬥許多為其一心認定的政治失德、政法失策的所謂大小「右派」。

在黨內、黨外兩面作戰之下，彭真心儀的法制觀點和政法主張愈加尖銳、固化，並強勢搶占主導和主流地位，甚至有些現有法律明文規定和中央政策宣示（彭真在之前也因情願或組織需要而同意、許可），都遭之「另解」、否定、聲討，相關的依法力行和政治響應者也遭其追究。

本章的章節安排，除此前言外，有八個部分：首先介紹政法界的整風「鳴放」和「引蛇出洞」，以及彭真如何為飽受批評的「肅反」辯護；他為何和如何厲聲嚴斥國府降將黃紹竑，以及如何利用中央和北京市委機關報批判政法界「右派」人士和言論；他如何響應毛澤東對政法工作的批評，開展政法衙門的黨內「反右派」，以及在中共八屆三中全會上講話動員。緊接著分別檢視彭真介入批判監察、法院和檢察首號「右派」的情況。在小結的部分，簡單總結彭真在政法領域「反右派」作為和影響。

一、政法界「鳴放」與反駁

（一）「引蛇出洞」戲碼

中共整風「鳴放」階段最爭議、詭詐的一段──「引蛇出洞」，也在政法領域施行。最主要的政治戲碼是：1957年5月下旬到6月中旬，中國政治法律學會副會長兼秘書長的吳德峰，在北京頻仍召開座談會，積極動員政法界學者和實務工作者，就政法問題和事務發表意見，協助黨進行整風。從黨祕施「釣魚」的「陽謀」而言，上述一連串的法學界座談會收穫豐碩，成功引誘上鉤、捕抓多位政法界的「右派分子」。

例如：國務院參事譚惕吾、楊玉清、吳傳頤（原南京大學法學院院長）、最高人民法院顧問俞鍾駱、全國人大法制委員會委員張映南（國府時期大法

官）、北京市司法局副局長樓邦彥（學者出身、九三學社身分）、國際關係研究所研究員陳體強、北京市高級人民法院研究室幹部陳建國、中央政法幹部學校教員謝懷栻、國務院法制局研究員陳盛清、蘭州大學法律系副教授吳文翰、中國人民大學法律系教員吳家麟……等人。

　　吳德峰在北京政法界要弄的政治戲法和詭計，絕非其個人政治行為或是中國政法學會單方面行動，而是「應中央之命」而行之。[1]這甚有可能與彭真相關。1953年中國政法學會成立過程，彭真參與其中。此一組織也歸由政務院的政法黨組負責。[2]時至1957年，在黨的指揮體系上，中國政法學會應該歸於中央法委領導。彭真既是中央法委之首，也是「八大」書記處分工政法的書記，言其為中國政法學會真正的頂頭上司也不為過。更何況，彭真協助鄧小平在中央「一線」部署整風「鳴放」、「引蛇出洞」，政法界引人上鉤的重要設局——吳德峰具體張羅的中國政法學會系列座談會，他不可能不聞不問，不出其手掌心才應是實情。另有資料顯示：彭真曾對中國政法學會的「鳴放」情況予以指示，並在政法部門中進行傳達。[3]

　　政法機關的整風方式，彭真以其「刀把子」的特殊地位，提出關門整風。1957年6月7日，他指示：「公安局、檢察院是國家機關，不能洩露機密，可以關起門來整風」。[4]北京市委也做出相應指示：在政法專政機關，有些問題事涉機密、不宜對外，「鳴放」的大字報只能在機關內部貼出，而不能到外面行事。[5]

　　政法界「鳴放」出來的諸多意見，在「反右派」鬥爭期間，被中共視為大放闕辭、公然放毒，進而被中共報刊批判為「右派言論」。有論者將之整理如後：批評立法遲緩：宣揚法律有繼承性；批評黨包辦行政工作；宣揚依法治

1　陳夏紅，《百年中國法律人剪影》（北京：中國法制出版社，2006），頁238。

2　《彭真傳》編寫組（下略），《彭真年譜》（北京：中央文獻出版社，2012），第2卷，頁351。

3　鄭赫南，〈劫波渡盡丹心存——最高人民檢察院原副檢察長梁國斌〉，王松苗主編，《檢察生涯：高檢院二十七位卸任副檢察長訪談錄》（北京：中國檢察出版社，2011），上冊，頁142。

4　《彭真年譜》，第3卷，頁236。

5　張思之口述、孫國棟整理，《行者思之》（香港：牛津大學出版社，2014），頁158。

國；強調律師辯護「不分敵我」；批評對舊法人員不信任，致使其無法學以致用、做出應有貢獻；批評依賴政策辦事而不依法辦事；批評不重視法學教育；批評一些政治運動未能遵守法律標準與程序。[6]

（二）強詞辯護「肅反」

1957年整風「鳴放」期間，「肅反」運動因為事發不久、傷及者眾，成為最被人猛烈批評的一項中共政法政策。指正意見如有：

一、「肅反」應由公安為之，而不宜由群眾行之，也不應採取群眾運動的方式（民革常務委員邵力子、上海「民主人士」）。二、「肅反」運動的執行過程多有瑕疵以至嚴重問題，包括：不及時宣布拘留原因與通知家屬，機關管制行動與自由，私設刑堂，已屬違憲違法、危害人權行徑（中國致公黨中央委員會主席陳其尤、中南財經學院院長馬哲民）。彭真、北京市委在「肅反」中著墨頗深、呈獻中央的北京大學典型經驗，其副作用如因鬥爭強逼而引發投湖自殺，在整風「鳴放」中也被揭露（北大周炳林）。

對「肅反」運動的反感、反思，更直接引發對中共群眾運動的全盤否定（北京師範大學物理系教授劉世楷），以及對以法治國抑或以黨治國的質問（遼寧「民主人士」）。[7]

彭真出於職責和自身與「肅反」匪淺關係，出面用心為之辯護。1957年5月24日，他向中央和北京市機關幹部（4,000人之眾）講話，就專門對此說明，期以讓黨幹明瞭黨中央對「肅反」的「標準答案」，從而使之能在「肅反」議題上站穩立場、堅守底線、挺身辯護。講話要點有：

一、貫徹「有錯必糾」，以息民怨。「肅反」釀就的錯案，就須平反、道歉，恢復當事人名譽。彭真還以自身在延安中央黨校整風審幹整人、傷人為例，當做經驗、教訓分享。

二、堅持「有反必肅」，「必須肯定肅反運動的成績和必要性」。彭真提供的「說帖」有三：第一，確實清查有成，若無「群眾的肅反運動」，公安機

6　郝鐵川，〈法治與人治理念的對抗與衝突——新中國成立初期法制建設若干重大爭議問題述評〉，《東方法學》，2015年第1期，頁15-16。

7　林蘊暉，《向社會主義過渡——中國經濟與社會的轉型（1953-1955）》（香港：香港中文大學出版社，2009），頁562-564。

關無法單獨為之。第二，過去被懷疑者，雖然被粗暴方式對待，但經此運動考察而最終得以查清。第三，「肅反」運動教育群眾，提高覺悟、警惕敵情，使之「眼睛亮了」。[8]

彭真另外特別談論兩個問題：

一、負責領導「肅反」運動的中央十人小組問題。黨外有聲音質疑：如此大規模的「肅反」運動，未經過全國人民代表大會和各地的人代會，而由中共設置的中央十人小組主事，事屬違法。彭真對此強調並無違法，搬出憲法聲稱：由於憲法明載「反革命應該鎮壓」，人人因而有責「清查檢舉反革命」，「不搞群眾運動這些反革命就搞不出來」。有黨領導（十人小組）的群眾運動，「才少出了錯誤，少出了毛病」。

他強調：「工人階級領導是寫在憲法裡的，工人階級通過自己的黨領導，為什麼不可以領導肅反運動呢？」他還表示：「我們十人小組也沒有抓人、沒有判罪、沒有起訴」。如果他人對此有異議，則須聲明此一小組「應該領導，領導的對」。[9]

仔細分析彭真辯詞，不難發現其中多有詭辯之處。首先，彭真根據的憲法條文主要是第19條「中華人民共和國保衛人民民主制度，鎮壓一切叛國的和反革命的活動，懲辦一切賣國賊和反革命分子」。然而，就算人人有責檢舉「反革命」，也無法合理化必須要以群眾運動方式進行。

其次，群眾運動本來即是中共發明並領導，群眾運動的傷及無辜，本源於其運動設想（先入為主、目標定額）和做法（強制和自願相結合，鼓勵「寧左勿右」，又不事後究責），怎能又簡單說成是：幸有黨的領導方能限制、縮小運動打擊面。

再次，彭真引用憲法第1條「中華人民共和國是工人階級領導的、以工農聯盟為基礎的人民民主國家」，以辯護作為工人階級「先鋒隊」的共產黨領導國政理所當然；再沿此論述而下，由中共中央十人小組領導「肅反」運動，就似理直氣壯、不在話下。

8　彭真，〈關於整風運動的報告〉，北京市檔案館、中共北京市委黨史研究室編，《北京市重要文獻選編（1957年）》（北京：中國檔案出版社，2003），頁285-287。

9　同上註，頁287-288。

　　彭真強調中央十人小組「沒有侵犯司法機關的職權」，但是公、檢、法介入以前的群眾運動階段，從中央到各地的各級黨組織強力推行「肅反」，對運動目標對象施加種種強制作為，視現有法律條文如無物。司法機關過問和接手辦案以後，黨在幕後台前各種形式的統籌和操縱，恐也不是可以抹得一乾二淨。

　　二、「肅反」運動積極分子問題。針對「肅反」期間不少熱衷不已、甚至走火入魔而造成傷害、引發眾怨的黨幹和人員，是否需要追究過失和責任的問題，彭真為之護航：強調要保護這些積極分子，因為積極、帶頭總比消極、抵制來得好，還特意將他們與擁護、投入中共其他政策的人，混為一談、魚目混珠。[10]由此也顯示中共對群眾運動積極分子及其行徑的一貫予以袒護、縱容，繼續坐視、助長這種只顧迎合黨之政策、上級所望、運動所要，以及可不負責任地進行不實指控的不良政治文化。

　　彭真為「肅反」運動強詞辯護時，提到領導「肅反」的中央十人小組、乃至黨對政務是否因此違法越權的問題，並非無的放矢，因為八天前（5月16日），民革中央常務委員黃紹竑就公開地以此為例，指涉黨對政府的領導方式有所不當。黃氏對中共政法工作、法制發展向來關心，也好於直抒看法，這回被彭真「引蛇出洞」逮個正著，被扣上一頂「右派分子」帽子。

二、人大批「包公」黃紹竑

（一）黃氏關注政法及政策差異

　　黃紹竑乃民國時期「桂系」將領、要員，曾任國民黨中央監察委員（第二屆、第五屆），國府內政部部長（曾兼交通部部長）、浙江省政府主席、監察院副院長等職。投共之後，在「新中國」以民革中央常委的身分參政、議政。1949年獲任政務院政務委員；1954年獲任第一屆全國人大常委會委員和法案委員會委員。黃氏與實際主持人大常委會工作的彭真多有工作互動。

10　同上註，頁288。

圖8-1：早年與「新中國」時期的黃紹竑。
資料來源：Wikimedia Commons。

　　黃氏對中共治下的司法、立法工作，特為關心、尤有興趣，被指稱以「今包公」自居，經常到地方視察，不吝提出問題和建議。1956年他視察上海、浙江、廣西、廣東，也在北京參加人大、政協視察工作政法組的座談會，好不活躍。黃氏視察北京市法院時，認真調查研究「反革命案件」的審判情況，把當地法院幹部嚇得一身冷汗。1951年首都「鎮反」運動在彭真、羅瑞卿坐鎮指揮下，成批處理和快速問斬，竟出現「把人斃了，連個判決書都沒有」的草率情況。法院最後想出來的對策是補寫判決，成功騙過黃氏此乃「鎮反」期間所寫。

　　羅瑞卿對黃氏如此熱衷探研中共法制和政法問題，早有關注、懷有警覺，認為其意在「抓辮子」、「唱對臺戲」。[11]

11　最高人民檢察院無產階級革命派聯絡總站編，《彭真、羅瑞卿在政法（檢察）方面的反革命修正主義言行》（北京，1967），頁59。

　　1957年整風運動尚在醞釀的3月、4月，黃氏即在人大、政協「兩會」上就司法、立法工作發表意見；整風鳴放期間，特別是毛澤東已逐漸心生惡感、甚至浮出惡意引人上鉤念頭之際，5月16日，黃氏在彭真、李維漢組織的黨外人士座談會上，又對重大政法政策、法制問題發表看法。

　　彭真是中共重大政法政策如「鎮反」、「肅反」的主要參與者和執行者，同時也是政法工作和法制建設的領軍人物。黃氏縱使就事論事，直接或間接地都會與彭真相關主張與作為交會，由彭真看來，有時甚至形同交火。

　　綜整這段期間登載於《人民日報》的黃氏政法主張和言論（3月13、14日、4月18日、5月17日），並將之與彭真、中共官方主流論述與觀點對比，兩者主要差異如下：

　　黃氏不認同黨（黨委與專門領導小組）在「肅反」運動中直接發號施令的做法；這和彭真一貫強調黨要領導、統籌政法工作與部門，大相徑庭。

　　黃氏對中共司法工作的評價，強調應正視問題而不迴避錯誤；彭真聞之可能認為是別有居心地「攻其一點，不及其餘」、「雞蛋裏挑骨頭」。

　　黃氏以為法律制度對澄清吏治、維繫治理的重要和效果，不亞於整風，甚至整風若無法制奧援，成效也將難以長續（即「光是整風而不建立法律制度就無法永久保持整風的效果」）。黃氏這種隱含法制不次於中共擅行的整風運動以至群眾運動，甚之較諸有效的觀點，恐怕與彭真以為的相關從屬關係、高低位階，有所落差：法制為黨的領導工具之一，有時正為其領導下的整風、群眾運動應運而生，與之結合行事，而非自成系統、同之對立，遑論高出一截。

　　黃氏批評立法進度落後，負責法制建設的彭真聽到耳裡，不知作何感想？是指自身領導無方與失責？這也與彭真向來主張法律是經驗中逐步形成並定型而非是閉門造車、成冊端出，有所差異。

　　黃氏主張加重監督、究責失職違法的黨國官員與幹部，在檢察工作上力主落實「一般監督」職權。這與彭真更重視「專政工具」刀口朝外制敵，以及對檢察的「一般監督」任務不甚注重，明顯不同。

　　黃氏主張加強辯護制度、重用律師角色；彭真對「無罪推定」不以為然，懷疑如此反而有助犯罪者開脫。

　　黃氏為有歷史過錯的投共人士緩頰；這與負責擬制《懲治反革命條例》並厲行「鎮反」的彭真有別，其在立法和執法上皆反對「不咎既往」原則。

（二）主持批鬥黃氏

彭真和黃紹竑在中共政法、法制問題上，存在如上的諸多看法歧異，從「階級鬥爭」視角和「右派猖狂進攻」解讀，黃氏成為彭真欲去之而後快的「眼中釘」。

5月27日，毛澤東召開地方領導人齊聚的整風彙報會上，彭真所說「集中力量攻肅反、攻公安工作」的「資產階級代表人物」，即指黃氏。雖然中共內部已將黃氏定性為「右派」，但彭真表面上仍試圖對黃氏進行政策解釋。然而，根據彭真後來（7月7日）單方面說法，黃氏根本充耳不聞、不予買帳。[12]既然黃氏如此「趾高氣昂」，在彭真主導的「反右」人大會議，這位前國民黨「桂系」台柱自然成為眾矢之的，飽受大會辱罵、小會逼問的苦頭。

黃紹竑在人大開會期間吞食安眠藥意圖自殺，彭真全盤掌握。他還要人傳兩句話給這名在民國時期享有崢嶸歲月、在「新中國」今日卻感萬念俱灰的廣西名將：「第一句是這個辦法不行，要徹底好好檢討；第二句是有錯好好改。」[13]7月7日，周恩來召集各民主黨派負責人和知名無黨派民主人士進行座談。彭真在會上針對黃氏自殺一事，態度嚴厲、多般貶損：

> 他〔黃紹竑〕想用自殺的方法來同我們作鬥爭。如果死了，橫直你把我×××〔黃紹竑〕逼死了，證明中華人民共和國漆黑一團，把我這個包公搞死了。不是真正的自殺，那也給中華人民共和國抹上一臉的灰，有點這樣。所以我今天上午講，反正你×××〔黃紹竑〕反共、反人民、反社會主義的右派帽子拿不掉，他〔黃紹竑〕在統戰部講的話，他與譚惕吾的話大同小異。照右派講的話，工人階級、共產黨領導社會主義國家，那這個國家就要亡國，亡國就人頭滾滾落地，哪裡是普通的言論。而這言論的性質是這樣的性質，究竟是走無產階級領導的社會主義道路，還是走另外一條道路，按照章伯鈞、羅隆基、黃紹竑、儲安平他們的這條道路？所有走社會主義道路的人，不要以為老朋友怎麼樣，按照他們的計畫走就不行，

---

12 〈周恩來同志在各民主黨派、無黨派民主人士負責人座談會的談話紀錄〉，廣東省檔案館，檔號216-1-116，頁35。

13 同上註。

這怎麼能講溫情主義？吃一點安眠藥是嚇不倒我們的。

彭真在講話尾聲，還對黃氏自殺前寫給民革主席李濟深的遺書奚落一番，說黃氏在信中講「要告訴毛主席、告訴領導，他是擁護共產黨，即便死了，靈魂還怎麼樣，我看這是鬼話！」[14]就彭真看來，黃氏在整風「鳴放」已恣意放毒，在人大「反右」又以死要脅，實在要不得。因此，不管黃氏被救活以後身體是否孱弱、可否負荷，7月中旬，他還是得要在全國人大會議上發言作〈我的錯誤和罪行的檢討〉。

黃氏檢討內容如有：坦承自己沒有了解黨領導下取得勝利的歷史過程和其作為核心的地位，因而未認知到黨中央和政府發出聯合指示的必要，還竟然誤以為如此是黨直接對政府、人民發號施令。對自身公然非議各級黨委設置五人小組領導「肅反」的做法（這即是彭真5月24日特別提出辯解的問題），自承錯誤，改口強調：「五人小組是領導肅反運動的核心，在某種情況之下直接處理是必要的」。

他自我剖析是「一個對人民革命不勞而獲的剝削者」，未經歷艱苦奮鬥，因而對革命事業「各種成績的偉大意義」認識不足，反倒抱持「求全責備的思想」，從而擴大缺點、抹煞成績。另外，他也放棄自身對法律制度有助穩固長治久安的高評價、高期許，轉而強調群眾運動具有「正本澄源的作用」，乃先於、高於、重於法制的作用（登於7月16日《人民日報》第4版）。

1958年2月1日，勢必經毛澤東點頭同意，全國人大一屆五次會議同意人大常委會（彭真實際當家）建議，決定罷免黃氏在全國人大的兩項職務：常委會委員和法案委員會委員。

經「反右派」一戰，彭真力壓黃紹竑，使之自此完全喪失對法制、政法問題的發言權，哪怕僅是一絲細微的聲音。多年之後，中國大陸有法律工作者表示：「對『右派』言論的批評，反映了我們的一些領導人對民主法制建設認識大大落後於一些民主人士」。[15]這種觀察與評論可否用於看待：彭真「反右派」期間對黃紹竑的批鬥清算？

14　同上註。

15　蔡定劍，《歷史與變革：新中國法制建設的歷程》（北京：中國政法大學出版社，1999），頁87。

三、社論嚴詞批判

彭真在中央內部會議上對政法界「右派言論」加以概括。他先在中央法委擴大會議（9月4日）表示：「右派分子在政法戰線上的進攻極為猖狂，攻擊我們是「『以黨代法，黨政不分，無法可依，有法不依』」。繼而在八屆三中全會全體會議（10月8日）指稱「資產階級右派這樣攻擊我們」：「有一種帶有綱領性的攻擊黨對政法工作的領導的口號，這些口號是：『黨政不分，以黨代政』，『黨法不分，以黨代法』」。彭真也透過黨中央和北京市的宣傳「喉舌」，嚴加抨擊。

（一）親審《人民日報》社論

10月8日，彭真除了在八屆三中全會上講話，還審閱《人民日報》社論稿〈在政法戰線上還有嚴重的鬥爭〉（9日頭版刊出）。如果說他的三中全會講話是「刀刃向內」，針對政法幹部隊伍進行「刮骨療毒」；他審閱同意的〈在政法戰線上還有嚴重的鬥爭〉，則是針對政法界大批黨外「右派分子」，特別是批駁其「反動」政法言論。目的是「為了把政法戰線上的反右派鬥爭進行到底，取得全勝」、「要徹底地駁倒和鬥倒政法戰線的右派分子」；另外也是要讓政法部門人員在思想上、政治上端本正源，不要再受黨外「右派分子」蠱惑而立場動搖、誤入歧途。

彭真審定的這篇社論指稱：「資產階級右派分子」潛伏政法部門，圖謀「暗中勾結，許願封官，準備趕走共產黨員，另外搞一個『局面』」；其雖未居要職，但分布深廣、老於世故、危害甚鉅，伺機鑽進政法要害部門、竊取國家權力，以「作為他們反人民反社會主義的武器」。

社論宣稱要「把右派分子在政治法律方面同我們的根本分歧點都擺出來，展開全面的大辯論」。事實上，社論主要側重批判幾點「右派言論」，包括：「沒有法律」，「司法獨立」、「審判獨立」口號，以及「要為舊法『招魂』，並且企圖使新法和舊法調和」。分述如下：

一、針對質疑、批評中共治下欠缺法律、「無法可依」、立法遲滯的問題，政法學界在整風「鳴放」期間議論甚多，甚至直接連繫到彭真個人。

中國人民大學刑法教研室的黃守禮表示：「彭真說審判工作是『以事實為

根據,法律是準繩』,而我們就沒有法律,以什麼為準繩這是空話。現在除憲法外,連刑、民法典和刑、民訴法典都沒有。」[16]

與此相關的批評是:中共慣以政策代替法律,因而忽略、不重視立法。北京市高級人民法院研究室的陳建國指出:接近中央的領導同志,在政策拿捏上較為穩當和正確,後來其言談對工作愈有拘束力,如被奉作金科玉律。但「領導同志的話也會有錯的,只有法律才能衡量其正確性」,如彭真所言的「判錯了,不能賠償,要求賠償就是有問題的,世界各國都沒有這樣辦的」,不但不符外國實際狀況,也不見中共自制憲法也有應予賠償的規定。[17]

黃守禮、陳建國的言論和其他涉及批評彭真的發言,在「反右派」時期皆被視為「右派分子謬論」。

彭真所審社論針對「沒有法律」、「無法可依」的批評意見,予以強硬回應:「政法戰線上的右派分子」之所以這般「胡說」,因為他們認為「解放八年來」制定的諸多法律,不合其「口味」,故對之極端仇視、根本否定;「他們要的是保護反革命的法,是反對人民民主專政和反對社會主義的法」。

二、針對黨內外要求「司法獨立」、「審判獨立」的呼聲,彭真透過社論清楚表露反對之意,直說其「要在我國搬用西方資產階級國家的所謂『三權分立』的做法」,才是真正地違反憲法。

三、針對「舊法」應如何評價與看待問題,彭真早有定見並藉由公權力強制推行,也藉「反右派」之機重申立場。

整風「鳴放」期間出現諸多為「舊法」及「舊法人員」鳴冤叫屈,以及針對以「舊法」為批判目標的司法改革運動噴有煩言的情況。例如:上海的法學教授楊兆龍撰寫〈論法的階級性和繼承性〉,學術論證法律有繼承性,並非如此截然割裂、對立分明。另外則以蘭州大學教員吳文翰宣稱的「招魂」說最為「惡名昭彰」。吳氏表示:「『百家爭鳴』方針的提出,對法學界來說起招魂的作用,過去的法學家大部分被一棍子打死了,或埋沒在不樂意做的工作裡;

16 孔釗、朱華榮、黃守禮,〈立法工作死氣沉沉,司法工作一團糟,鎮反運動殺多了,法律教育搬舊條〉,中國政治法律學會資料室編,《政法界右派分子謬論彙集》(北京:法律出版社,1957),頁85。

17 陳建國,〈「無法可依、有法不依」,黨不重視法律科學與知識分子〉,中國政治法律學會資料室編,《政法界右派分子謬論彙集》,頁36。

而新法學家，幾年來雖在法學上有成就，然基本上被教條主義纏住失了魂。因而都要把它招回來」。[18]

　　彭真一直強烈主張肅清「舊法」影響、先前也主導整飭「舊法人員」，對以上「刺耳」言論與意見，自是不樂見和不感悅耳。由彭真過目、點頭的社論直接點名「一棍子打死」和「招魂」說，並回擊道：「兩個根本對立的法制體系怎麼能夠捏在一起呢？我們對於反動的舊法的態度是決不能調和的」；另外，按照「社會經濟的基礎」必須要有與之相適應的「政治法律的上層建築」，而且後者又必須積極為前者服務的認識，在社會主義基礎上建立起來、須為之服務的政治法律制度，卻不時遭受「舊法觀點」攻擊，必須在政法戰線上將之徹底打敗、解除武裝。

　　高法院和司法部見到「舊法」爭論引發中央關切，就急忙翻出彭真在1952年6月24日針對司法改革運動、嚴批「舊法」的講話，強調其「具有重大的現實指導意義」，要求司法部門與人員從中汲取養分、識明方向。

（二）所轄《北京日報》社論

　　彭真的北京市委也經由其機關報《北京日報》，點名批判北京市政法界的黨外「右派」。1957年9月14日刊出的社論〈在政法戰線上粉碎右派的進攻〉，可看做是市委在政法問題上批駁「右派」的一紙正式聲明，一定程度上也反映彭真的相關立場和態度。

　　此篇市委社論直接點名表示：「反擊本市政法界右派分子錢端升、樓邦彥、鄧季惺、王鐵崖、陳建國、吳家麟等向我們政法機關和政法院校的猖狂進攻，是保衛人民民主專政的一場短兵相接的政治搏鬥、半點也含糊不得」。

　　社論依序指出「本市政法界右派分子射來的」四支「毒箭」：

　　「第一支毒箭」：批評「司法改革和政法院系調整把舊司法人員和法學人員一棍子打死了，把政法幹部中的知識分子，打入『冷宮』」了」，也說中共黨員幹部不曉「政法科學」。社論反控：「右派分子」的「錦囊毒劑」乃是：將公、檢、法「專政的銳利武器」和培養相關幹部的學校，掌握到手、加以把

---

18 吳文翰，〈為舊法「招魂」〉，中國政治法律學會資料室編，《政法界右派分子謬論彙集》，頁18。

持。錢端升欲組建「大法學院」，就是懷有「為了替資產階級政權復辟準備幹部，培養執行資產階級法律的『人材』」的陰謀。[19]

　　錢端升在「反右派」以前可說是「學而優則仕」的代表性人物，集各種頭銜於一身，包括：全國人大代表、全國政協常委、北京市政協副主席、民盟中常委、北京政法學院院長、中國人民外交學會副會長、中國政治法律學會副會長。錢端升自認甚受周恩來欣賞；他懷疑自身遭難，是否乃因與彭真關係不睦所致。[20]

　　「第二支毒箭」：批評「無法可依」、「有法不依」，以及用政策口號替代法律。列舉的是北京市民政局副局長鄧季惺（曾任中華民國立法院立法委員、中國民主建國會身分）的言論，指稱她批評：沒有「法治」、只有「人治」，不是依法辦事，而是「心口相傳，面授機宜」。

　　「第三支毒箭」：批評中共司法工作「寧左毋右」、「錯案累累」，特別是「肅反」錯整好人、造成家破人亡，「把人民內部矛盾擴大成敵我矛盾」。

　　「第四支毒箭」：批評中共「以黨代政」、干涉審判獨立。並舉北京市司法局副局長樓邦彥的言論為例：「黨對政法界管得太多了，應該非黨人士多負些責任。沒有黨的領導，工作同樣可以做，司法局負責黨員事事請教黨委，耽誤工作」。[21]

四、推促政法部門「反右派」

（一）毛澤東的政法批評意見

　　1957年7月中下旬，毛澤東數易其稿而成的〈1957年夏季的形勢〉，其中針對政法工作表示：

19　中國人民大學刑法教研室編，《中華人民共和國刑法參考資料》（北京：中國人民大學，1958），第6輯，頁121-123。

20　錢大都，〈晚年錢端升〉（2009年8月10日），中國法學創新網：http://www.fxcxw.org.cn/dyna/content.php?id=9269（2013年3月15日登入）。

21　中國人民大學刑法教研室編，《中華人民共和國刑法參考資料》，第6輯，頁123-125。

　　有反必肅。殺人要少，但是決不廢除死刑，決不大赦。判刑滿釋放再犯罪者，再提再判。社會上流氓、阿飛、盜竊、兇殺、強姦犯、貪污犯、破壞公共秩序、嚴重違法亂紀等嚴重罪犯以及公眾公認為壞人的人，必須懲辦。現在政法部門有些工作人員，對於本來應當捕處的人，也放棄職守，不予捕處，這是不對的。輕罪重判不對，重罪輕判也不對，目前時期的危險是在後者。禁止賭博。認真貫徹取締會道門。右派學生首領應予徹底批判，但一般宜留在原地管教，並當「教員」。以上各點，適用於過渡時期，都由省市委、自治區黨委負責。在不違背中央政策法令的條件下，地方政法文教部門受命於省市委、自治區黨委和省、市、自治區人民委員會，不得違反。[22]

　　毛澤東指示此文經中央政治局批准後，「由中央發至縣委及其他相當於縣委的一級」。文件下發以後，各級政法部門大為震動。何以毛澤東會有「政法部門有些工作人員，對於本來應當捕處的人，也放棄職守，不予捕處」，以及「目前時期的危險」是「重罪輕判」的認知？這源於毛澤東自身觀察，抑或是受到政法主管者彭真資訊提供、情勢判斷的影響？

　　另外，彭真向來強烈主張：政法部門應採「雙重領導」（特別是不能放鬆同級黨委對之的領導），甚於「垂直領導」。但「五四憲法」和相關組織法並未採行其偏好主張。毛澤東這次強硬指示：政法相關問題，「都由省市委、自治區黨委負責」；「地方政法文教部門受命於省市委、自治區黨委和省、市、自治區人民委員會」。可以說是朝彭真偏好主張的方向擺動、傾斜。這是否受到彭真建言的影響？無論實際情況如何，毛澤東「金口御言」一開，彭真將「反右派」鬥爭引向政法部門，就有所本了。

（二）召開中央法委擴大會議、組建反右派「聯合黨組」

　　9月上、中旬，彭真密集主持召開中央法委擴大會議，聽取政法各部領導人報告並當場予以指示。目的是：應和毛澤東在〈1957年夏季的形勢〉中對政

22　毛澤東，〈一九五七年夏季的形勢〉，中共中央文獻研究室編，《建國以來毛澤東文稿》（北京：中央文獻出版社，1998），第6冊，頁546。

法工作的批評，大力調升政法部門「反右派」的溫度。

9月4日的會議上，出席者有：彭真、董必武、張鼎丞、羅瑞卿、錢瑛、安子文、吳德峰、梁國斌（高檢院副檢察長）等27人。羅瑞卿報告不久前舉行的全國公安廳局長會議情況。羅大將不枉是政法系統第一大部公安部部長，他聞知毛澤東對政法工作批評後，即迅速召開相關會議，按此檢查公安工作所存的「右傾」問題，並加力開展公安系統「反右派」鬥爭。他宣稱此時全國公安系統已有1,016人被定為「右派分子」。[23]

羅瑞卿在會上報告公安部門情況後，對檢察、法院和司法部門橫加指責：「檢察部門有右傾，該批捕的不批捕，對監督幹部違法強調得多，只監督幹部違法，不問敵情如何，對共同打擊敵人強調得不夠」。「某些司法部門、檢察院、法院強調司法獨立，垂直領導，不聽黨的話」。「去年鎮反檢查只查錯不查漏，放了不少犯人，確實存在副作用」。「三個機關互相監督執行不當，不是分工負責，互相制約，互相配合，而是互相抵消力量，束縛了手腳」。「有些檢察院認為不批准逮捕的比例越大，工作越有成績。具體辦案中右傾很嚴重」。[24]

羅瑞卿對政法兄弟部門砲火四射，恐不是突如其來的「自走砲」，否則將置中央法委首要負責人、此次擴大會議主持人彭真於何地？更有可能的是，羅瑞卿配合彭真指揮會議，對與會各部領導人當頭棒喝，要之繃緊神經、如坐針氈。

鑑於各地反映不滿政法工作存有「右傾」問題，彭真表示：「目前各方面對司法工作都有些意見，法委打算開幾次會，彙集一下主要問題，商談出一致意見」。[25]他對會議指示的要點為：

　　一、政法部門普遍存在著右傾思想。二、反右派鬥爭。右派分子在政法戰線上的進攻極為猖狂，攻擊我們是「以黨代法，黨政不分，無法可依，有法不依」。三、黨委的領導。政法機關這個專政的武器必須牢固地掌握

23　〈羅瑞卿部長在全國公安廳局長座談會上的總結報告〉（1957年9月3日），頁15。

24　王盛澤，〈「左」禍下共和國檢察長的命運〉，《黨史博覽》，1999年第8期，頁10。

25　《彭真年譜》，第3卷，頁255-256。

在黨的手裡。黨委應當領導政法機關的全部工作（包括所有案件），各級
政法部門必須無條件地服從黨委（包括中共中央和地方各級黨委）的絕對
領導，加強向黨委的請示報告。[26]

彭真如同為政法界「反右派」鬥爭議程加以定調：政法部門要革除「右傾
思想」；要痛擊政法界的黨外「右派」；要堅決樹立黨委對政法部門的「絕對
領導」，後者必須對之「無條件地服從」。

9月5日接著開會，換高檢院報告工作。彭真表示：「對檢察工作服從黨的
領導思想不通的人，一部分是沒有黨性，一部分是沒有經驗。司法部和法院、
檢察院要有決心，首先在黨內澄清糊塗思想，才能和右派作鬥爭。建議你們和
公安部一樣，抓一抓各省市區檢察機關的反右派鬥爭。」[27]也就是彭真要法
院、檢察、司法部門學習羅大將在公安系統內大抓「右派」的狠勁。

彭真並嚴肅警告：「專政機關的右派不搞乾淨，就會軟弱無力」，「高層
領導幹部中思想認識上的爭論，一定要透徹。司令部不統一，就無法作
戰」。[28]其言下之意就是將批鬥炮火引向政法部門高層。

9月7日的會議，改由司法部上陣。彭真聽取彙報時對該部領導示警兼施
壓：「青島會議上有的省反映，司法部右傾，要好好檢查一下。當前要把反右
派鬥爭搞徹底，首先司法部領導人員要和資產階級思想劃清界限。大家按
〈1957年夏季的形勢〉一文檢查思想，就有共同語言。」[29]彭真講的地方告司
法部的狀，指的是該部對地方黨委的關係「不正常」、不乖順，特別是其官員
如王懷安（黨組成員、部長助理兼普通法院司長）、唐勁實（人事司長）分赴
四川、安徽，對當地政法工作「指指點點」，甚至被指控與地方政法幹部（如
安徽司法廳副廳長陳仁剛）政治應和、合作抗上，從而引發所在省委的不滿。
之後隨著相關地方的揭發資料越來越多、越重，彭真為首的中央政法領導人更
直接督促司法部領導人鄭紹文（黨組書記、副部長）、王懷安等人檢查。鄭副
部長扛上護下，幫助王懷安等躲過「初一」（反右派），最終躲不過「十五」

26　于一夫，〈「以黨治國」面面觀〉，《炎黃春秋》，2010年第7期，頁3。

27　《彭真年譜》，第3卷，頁256。

28　同上註。

29　同上註。

（即次年彭真指揮的政法部門整風），而且自己也栽進去，並為此增添了「包庇右派分子」的罪名。

9月10日，輪監察部上場。彭真也要該部堅決地對內抓批「右派」：「反右派的關鍵在黨內，右派的危險也在黨內。對黨內的右派，不能講溫情主義，不能政治上不嚴肅」。[30]彭真所言的監察部裏不能溫情以對的「黨內的右派」，後面將會看到，即是副部長王翰。

在10日會上，安子文說明政法戰線的「右派分子」，以及對之反擊情況。他繼而宣布：中央為加強這條戰線的「反右派」鬥爭，決定成立「政法戰線反右派鬥爭聯合黨組」，由彭真、羅瑞卿、安子文、吳德峰等11人組成。彭真為書記，副書記是羅瑞卿、安子文、吳德峰。

「吏部尚書」最後表示：「政法各部門已暴露出136個右派分子（其中，公安部有45人，高法院21人，司法部21人，高檢院15人，內務部23人，監察部11人），是很大的成績，希望各部門繼續克服右傾情緒和溫情主義，把反右派鬥爭搞深、搞透、搞普遍」。[31]

中共中央決定成立「政法戰線反右派鬥爭聯合黨組」，是一個臨時任務編組。彭真本身是書記處的政法書記，又是中央法委主委，現又作為「聯合黨組」書記，可見他是政法領域「反右派」愈漸激化、擴大的最高指揮官。羅瑞卿就像之前的「鎮反」、「肅反」，繼續與彭真緊密搭檔和默契配合。董必武、張鼎丞各雖是高法院和高檢院領導人，卻沒在「聯合黨組」內，可能是他們對各自單位鬥爭不夠積極甚或是有所妨礙。

9月13日，會議聽取高法院彙報。彭真指示：

> 法是體現無產階級專政的意志的。董老講，法一要便利人民，二要不束縛自己的手腳，而是束縛專政對象的手腳。守法同服從黨的領導不矛盾；人民法院向人民委員會彙報工作，完全應當。這次召開司法座談會，我看主要解決兩個問題：一是反對右傾思想，劃清同資產階級右派的界限；二

30　同上註。
31　王盛澤，〈「左」禍下共和國檢察長的命運〉，《黨史博覽》，頁12。

是端正對黨的態度。[32]

綜合彭真對政法各部所予的指導，批評不信從黨的領導的思想態度，以及要求同黨外和黨內（特別是各部領導上層）「右派」決裂，乃是其指示要義。

（三）司法工作座談會、「黨委審批」和「漢陽事件」處理

彭真前述講話提到的「司法座談會」，即是高法院和司法部黨組在北京召開的座談會（始於9月10日，至9月20日結束），其召集地方高級法院院長、司法廳（局）長與會，反省並亟思糾正司法工作存在的「右傾」問題，會後還向中央提交檢討報告。[33]

彭真除了在中央法委擴大會議上關切指導，9月19日更在司法工作座談會尾聲現身會場、發表講話：

> 政法戰線在激烈的反右派鬥爭中，對右派的反擊開始很沒有力量，很軟弱，現在才比較有力了。當前政法各部門存在的嚴重問題，主要是對政法機關是不是專政的武器以及是哪個階級的專政武器問題上有右傾情緒。前者表現為反「左」有勁、反右不積極，當嚴不嚴，放縱、開脫罪犯等；後者表現為脫離黨委領導，公安要搞「垂直領導」，檢察要搞「一般監督」，法院要搞「司法獨立」。[34]

彭真在講話中所提的政法戰線的主要兩個問題：一、政法各機關是專政還是「保護寬縱慈愛」的武器；二、「如果是無產階級專政的武器，是不是要共產黨的領導」（他強調這「不能是有名無實的空頭領導」，「應該是也必須是包括黨中央和地方黨委的領導」，此乃「階級性」、「共產黨員黨性」的「試金石」）。[35]以及明確針對各部一一點出主要缺失。實是20天以後他在八屆三

---

32 《彭真年譜》，第3卷，頁256。

33 郝鐵川，〈法治與人治理念的對抗與衝突——新中國成立初期法制建設若干重大爭議問題述評〉，《東方法學》，頁17。

34 《彭真年譜》，第3卷，頁258。

35 〈彭真同志在司法座談會上的講話紀錄〉（1957年9月19日），頁2、6。

中全會上針對政法問題講話的內部試講和排演。

　　彭真進而專門針對司法和法院系統開具「處方」，期以「對症下藥」。他首重強調必須甘心服從黨委領導，而非自命獨立、自行其是：

> 　　政法各機關是人民民主專政的武器，必須接受共產黨的領導。嚴格服從黨的領導，就是服從黨中央和地方各級黨委的領導，同時服從上級政法機關領導。我國憲法規定人民法院獨立進行審判，是指具體地判案，獨立地進行工作，不是「司法獨立」，更不是「審判員獨立」、「法官獨立」。[36]

　　彭真針對黨委審批案件問題表示：黨委無須審批所有案件，而是重要者，例如：涉及學校、高級知識分子、統戰人士等，以及政治運動的重大、政治性案件。他強調：「黨委審批，這是一個好制度，可以少犯好多錯誤，免得發生偏差，因為黨委可以從全局來權衡這個案件」。黨委針對需要審批案件，主在逮捕批准和宣判以前批准。[37]

　　他針對法院與政法「兄弟部門」之間的「互相制約」，強調其目的是：「要使槍打得準，不要流彈傷人」，勿使該重判者輕判、應輕判者重判，該判者漏網，不應判者卻被判罪。也警告那種以為制約是「一個抓反革命，一個放反革命」的錯誤認識。[38]

　　彭真對當前行事方向與工作重點（徹底開展「反右派」鬥爭），也有交代。他綜整政法各部的狀況，指出現在所要反對的是：「有些思想上、理論上搞得什麼黨政不分，黨法不分，以黨代政，以法代政，無罪推定論，審查有利於被告，查『左』不查右，查重不查輕，查錯不查漏，許多右的思想」。

　　彭真總評政法各機關的成績和錯誤，認為：「還是執行了中央的方針，是在執行中央方針的中間有一部分同志或者在一部分問題上面犯了錯誤」；「左」的錯誤當然也有，「重要的是右的這一面，現在是各個系統把這些思想

36　《彭真年譜》，第3卷，頁258。

37　〈彭真同志在司法座談會上的講話紀錄〉，頁12。

38　同上註。

清查一下，在黨內把這些問題檢查一下」。檢查時「要從基本的、總的方面檢查」，「就其實質來看」，從其「工作中來系統地看」，搞「枝節問題」就「搞不清楚了」，要「看他的根本的思想」。[39]

彭真的話題還及於教科書問題，認為現在政法院校流傳者，「有舊法觀點，也有外國來的」，並批評：「有些人他不聽中央的，也不聽人民代表大會常委會的，他聽教科書的。」他挖苦道：「教科書是教娃娃的」，而今天在座的「都是長了鬍子的，有的同志戴了花鏡了，你怎麼那麼喜歡教科書？」其強調：「這麼老的同志」，既有「階級立場」、從政經驗和「馬列主義的立場觀點」，就可對教科書加以分析，而不至於被之「嚇住了」、「俘虜了」，並點名：「無罪推定論」、「審判要有利於被告」是「明顯的錯誤」，卻可暢行、任遊。他還端出毛澤東對國人所作的批評：「就是兩種人說話最有用」，一是死人，一是外國人，「中國人說話不靈的」。彭真申明「我不是不贊成教科書」，而是規勸聽者在參考之餘，一定要「開開腦筋」、「不要迷信」，「自己去分析，從實際出發。拿著黨中央的方針政策辦事情」。[40]

彭真最後比較「反右派」鬥爭和五年前的司法改革運動。他表示：司法改革時值民主改革，對司法人員只提出「反帝反封建」即可；但當前國家的所有制已基本完成社會主義改造，而是「進一步完成社會主義革命，進行社會主義建設」之時，所以要求司法人員「一定要擁護無產階級專政，堅決擁護社會主義」，否則「不能作司法幹部，不能作無產階級專政武器」。而具體的思想檢查標準就是：6月19日，毛澤東〈關於正確處理人民內部矛盾的問題〉登報版本中六條「辨別香花和毒草的標準」。他強調：不合乎此一思想標準者，即便「不是右派也不好作司法幹部」。[41]司法改革運動之下有6,000名「舊法人員」（約全國法院幹部的22%）被迫調出司法崗位；這回「反右派」來勢將更為兇猛，不但扳倒高法院高幹，後來更一路追剿到整個司法部黨組！

彭真盯哨下，司法工作座談會如其所意發展。高法院副院長馬錫五會上表態：「法院是人民民主專政的工具，也是黨的工具。黨領導一切，已為憲法所

39　同上註，頁14。

40　同上註，頁14-15。

41　同上註，頁16。

規定。法院從大政方針到具體案件，都必須堅決地無條件地服從黨的領導，任何動搖和懷疑，都是極端錯誤的，都將動搖和否定著自己是階級專政工具的工作」。馬氏還要與會同志「聽了董老和彭真同志的報告後，回去下點工夫，根據本地區的實際情況，切實地進行檢查和分析研究，以求得找出癥結，吸取經驗教訓，然後對症下藥地大力糾正」。[42]

12月14日，中共中央批轉（勢必得到彭真認可）由高法院、司法部黨組提交之〈關於司法工作座談會和最高人民法院的反右派鬥爭情況的報告〉。其指出該會議認為：「司法工作中發生右傾錯誤的原因，主要是對去年黨的八大的決議和今年毛澤東〈關於正確處理人民內部矛盾的問題〉的講話中所指出的『還有反革命』這方面認識不足」。〈報告〉進而表示：

今後在不違背中央政策法令的條件下，地方政法文教部門受命於省、市、自治區黨委和省、市、自治區人民委員會；全部審判活動，都必須堅決服從黨委的領導和監督；黨委有權過問一切案件。除死刑案件的審批制度按照1957年9月10日中央關於死刑案件審批辦法的指示執行外，凡是黨委規定審批範圍的案件和與兄弟部門意見不一致的案件，都應當在審理後宣判前，報請黨委審批。任何借審判「獨立」，抗拒黨委對具體案件審批的想法和做法都是錯誤的，必須堅決糾正。[43]

中國大陸有論者評論：「該報告既規定了黨委過問案件制度，又繼續承認了已經存在的黨委審批案件制度，並且認為不能以審判獨立為由抵制黨委審批案件制度」。[44]另有人評論道：「這個報告公開、正式提出了以黨代法的問題」。[45]更有論者表示：「可以看作是司法部門向黨委的全面繳械和投

42 馬錫武，〈審判工件的幾個問題〉，中國人民大學刑法教研室編，《中華人民共和國刑法參考資料》，第6輯，頁153-154。

43 張晉藩、海威、初尊賢主編，《中華人民共和國國史大辭典》（哈爾濱：黑龍江人民出版社，1992），頁298。

44 田夫，〈中國獨立行使審判權制度的歷史考察〉，《環球法律評論》，2016年第2期，頁40。

45 蔡定劍，《歷史與變革：新中國法制建設的歷程》，頁91。

降」。[46]

　　如上所述，1957年9月上中旬，彭真召集中央法委擴大會議和出席司法工作座談會講話，對政法部門「反右派」猛踩油門。大約在同月初，彭真也參與處理一起重大的政法案件，即發生於6月中的「漢陽事件」。這場騷動事故導因於湖北省漢陽第一中學學生疑慮升學比率過低，憤而發動罷課、抗議，甚至衝擊縣委機關。地方黨委（主要是地縣）在「反右派」敵我意識高漲下，藉由「黨委審批」的「好制度」（彭真語），直接認定此事為「反革命暴亂事件」，並咬定副校長王建國、教員鍾毓文和縣文化館圖書管理員楊煥堯，涉案帶頭密謀鬧事而應處以死罪。當地政法部門按照黨委未審即判的相關論斷，進行聯合辦案並速判三人死刑（過程中雖有不同聲音，也無法正常發揮作用），之後派人趕赴北京呈報最高人民法院覆核。

　　由於事涉政治敏感並與統戰工作相關（楊氏是黨外「民主人士」），須由彭真審批，董必武會同彭真研商後，高法院最後對此案核定死刑、立即執行的判決。三名待宰死因在高法院判決書被帶回漢陽的次日，即被槍決。[47]

　　近達半甲子之後，1986年高法院對此案宣告依法糾正，改判這三條亡魂無罪，湖北省委也為「漢陽事件」徹底平反。此事凸顯：按「黨委審批」制度，黨委必須過問、裁奪的非一般案件，其實際處理上常形成「先批後審」做法。它未必如彭真所說的「可以少犯好多錯誤，免得發生偏差，因為黨委可以從全局來權衡這個案件」；相反地可能是容易造成錯案、冤案的一項重要制度源由。在「漢陽事件」上，遠在中央京城的彭真和董必武，也受之處理結果蒙蔽、誤導，而被牽進這起錯殺枉死事件。

　　話說回1957年金秋時節的彭真，不但不覺得相關政法制度有何問題，而在9月19日司法工作座談會上對此稱道（他在1956年7月中央法委第一次會議上就如是主張），下一章可以看到：彭真在1958年政法機關整風中，更嚴厲批鬥對此制度有異議的司法部官員及其改良主張（「先審後批」，即公、檢、法單位先行各按執掌和司法程序做出審理結果，再報送黨委審批）。

46　滕彪，〈「司法獨立」話語在當代中國的變遷〉，愛思想：http://www.aisixiang.com/ data/5032-2.html（2019年2月12日登入）。

47　劉富道，《1957年中國大冤案：漢陽事件》（台北：新銳文創，2012），頁189、194。

五、八屆三中全會的政法講話

進入金秋10月以後，彭真經由舉行中央全會之機，並利用中央機關報社論，又將政法領域「反右派」運動猛推一大把。

中共八屆三中全會（9月20日至10月9日）上，透過鄧小平的〈關於整風運動的報告〉，將整風、「反右派」在各領域全面推進。10月8日，彭真在三中全會全體會議上講話，內容有三個部分，依序是關於精簡工作、整風運動和政法工作。這剛好反映彭真的三個重要政治角色，分別是：黨國日常工作的重要管理者之一、整風、「反右派」運動的主要執行者之一，以及政法工作的最高主管者。

彭真講話涉及政法工作的部分，[48]一開頭就道破政法戰線的「根本問題」──「資本主義同社會主義兩條道路爭勝負的問題」，以及其中的兩個「畫龍點睛的要害問題」──「贊成不贊成無產階級專政」、「要不要共產黨領導」（尤其是要否地方黨委領導）。他強調要聚焦在黨內政法幹部身上，並稱此乃「從黨外延伸到黨內的一場劇烈的階級鬥爭」。

彭真接著談論第一個「要害問題」──政法機關作為「專政武器」，其階級所屬是歸於無產階級或資產階級所有、所用，抑或是屬於「資產階級神話中的超階級的武器」？而對於所謂的「社會主義的敵人」（流氓、阿飛、竊盜犯、兇殺犯、強姦犯、貪污犯、反革命犯、破壞公共秩序、違法亂紀等嚴重罪犯），應予懲辦、改造，或者是包庇縱容？

彭真批評道：「按理，這個問題，對於共產黨員，特別是對共產黨員的幹部來說，本來是不應該成為什麼問題的，現在事實上卻成了問題」。他接續臚列既存的具體弊病症候：偏於檢查「輕罪重判」而非「重罪輕判」；熱於檢查「錯判」而非「漏網」案件；對1955年「肅反」運動，偏講其錯誤缺點甚於成績優點。總之是「反左」來勁、「反右」乏勁；對「有錯必糾」的興趣、關心，甚於「有反必肅」。

關於第二個「要害問題」──政法機關作為「專政武器」，要不要共產黨的領導？彭真認為對此猶疑或抗拒的「反黨傾向」，實是「社會民主黨的傾

---

48 〈彭真同志在三中全會上的發言稿（草稿）〉（1957年10月8日），頁13-19。以下講話取自於之。

向」，亦與「資產階級右派」相差無幾。

　　彭真繼而依序扳指細數監察、檢察、司法行政和法院各自如何「同黨分庭抗禮」（詳細內容請見後面的討論）。彭真唯獨對公安部門較為肯定，認為其「和黨委的關係一般是正常的」，「右的傾向也有，但是比較少些」；他只略為批評部分公安幹部「有驕傲自滿的情緒」，存在只注意犯人「實質上是否犯罪，而不大注意嚴格履行法律手續」的偏向。

　　彭真轉回來再次指控：政法部門內同黨分庭抗禮者，如何與「資產階級右派」裡應外合、相互呼應。他表示：一方面，「資產階級右派」為了攻擊中共對政法工作的領導，提出「帶有綱領性的口號」，即批評中共是「黨政不分，以黨代政」、「黨法不分，以黨代法」，因為這樣合乎政法部門內同黨分庭抗禮者的「脾胃」，故而獲之「有形無形、或明或暗的支持」，因此愈是「叫囂得很起勁」。另一方面，也有些政法部門同志自覺黨領導政法工作「沒有法律根據的、虧了理」，在面對「資產階級右派的進攻和思想腐蝕」時，「腰桿不硬，缺乏抗毒素，甚至有時也隨聲附和」。

　　彭真解釋黨領導政法工作的正當和「合法」：無產階級專政創造國家法律，而後者是「用來鞏固和便於無產階級專政」，而非對之限制或削弱。他還說憲法總綱第一條明文規定「中華人民共和國是工人階級領導的」，黨對政法工作以至國家事務的領導，因而「是一點理都不虧」、「是理直氣壯的」；反之，「放棄領導或者領導不好，倒是違法的，有虧職守的」。

　　彭真也搬出毛澤東的「黨政第一是不分，第二才是分」指示，重申「國家一切大政方針和重要問題」皆須由黨中央議決，之後則各按黨、政府系統具體行之。

　　彭真最後嚴厲斥責那些背棄黨的領導的黨內政法幹部：本以中共黨員、工人階級代表的資格在政法部門任職，卻不按階級意志辦事、不注意徵詢黨的指示，反倒害怕黨「管得過多，侵犯他們的獨立」，甚至還跟著「資產階級右派」吵嚷埋怨「黨政不分，以黨代政」、「黨法不分，以黨代法」。他直斥這些人「缺乏共產黨員的黨性，缺乏無產階級的階級立場」。

　　彭真發言的最後一部分，[49]不吝口舌地解釋地方黨委何以可以光明正大、

49　〈彭真同志在八屆三中全會上的發言〉（1957年10月8日），頁12-14。以下講話取自於之。

有理有據地領導當地的政法部門。他首先表示：「我們的法律是便於地方黨委對政法機關實現自己的領導的，絲毫都沒有使檢察、法院等機關借所謂『司法獨立』、『垂直領導』擺脫或者抗拒地方黨委領導的傾向」。

彭真隨後洋洋灑灑條列數點以資說明；首先指出地方黨委可經由法院、檢察院自身的集體領導、分工負責制度（其中各有設置委員會），或通過其內部黨組和黨員進行領導；其次從「法院獨立進行審判」、「地方各級人員檢察院獨立行使職權」的明文規定中「扣字眼」，辯稱其中沒有說「法院的黨組和黨員可以向黨鬧獨立性」，也沒有講檢察「可以不接受黨委的領導」。他再來提出地方黨委可對當地法院施行集中統一的領導，並可利用公、檢、法互相制約的制度，實現自身對政法部門的總體領導。

然後，彭真強調中共地方黨委領導同級檢察、監察的政策，不但沒有違背列寧當年對之提出「垂直領導」的主張，反而真正兌現其精神。他的「新解」是：列寧斯時未有像中共般健全的地方黨，為確保無產階級專政實行，只好對相關部門予以「垂直領導」；中共既然有健全、可靠的地方黨，透過「雙重領導」可以更加保證專政施行，而這正是「列寧的根本精神」。

彭真還提出：為了配合毛澤東在〈1957年夏季的形勢〉指示的地方政法部門必須承屬於省級黨委和人民政府，需要相應地回頭修改法律（後來未予修改）。

彭真最後以政法「大家長」的口吻向政法幹部喊話：「可惜我們有些從事政法工作的同志，長期沒有很好地研究我們的立法精神和中國的具體情況，因而就發生了不尊重地方黨委領導的錯誤，今後必須切實加以改正」。

參加中央全會的各省大員，本已知悉毛澤東的〈1957年夏季的形勢〉有關地方政法部門受命於當地省委的指示，又聽聞彭真不厭其煩地詳述地方黨委何以可以理所當然地領導所屬政法機關，如此無疑可讓他們往後以貫徹中央決策、服膺黨的領導為名，肆意使用轄下政法機構、恣意差遣旗下政法幹部，大開方便之門。各地的政法人員也更加認份認命，甚而死心蹋地聽候黨委指揮和強制執行（最是極端的例子如青海、安徽）。

10月14日，《人民日報》頭版發表〈克服政法工作中的兩種傾向〉社論。究其內容，實是一週以前彭真在八屆三中全會發言的精簡版。這篇社論批判「政法工作中的兩種傾向，即忽視專政的傾向和忽視黨的領導的傾向」，此即

是彭真全會發言中的兩個「畫龍點睛的要害問題」。文中具體指控的「右傾思想」表現，包括：重罪輕判、指責1955年的肅反……等，彭真都有提到。至於文中論到「政法機關中的一些同志所以產生這種右傾思想」的「根本原因」是：「認識不清」「我國的階級鬥爭形勢的特點」「仍然存在著社會主義和資本主義這樣兩條道路的鬥爭」。也即是彭真說的「當前政法戰線上的根本問題，是資本主義同社會主義兩條道路爭勝負的問題」。

　　此一社論批判「忽視黨的領導」時，既覆述彭真相關講話又稍作發揮。至於彭真在全會發言中特予駁斥「黨政不分，以黨代政」，「黨法不分，以黨代法」的部分，這篇社論除了呼應引述中共黨章總綱辯護，還講得更辛辣、甚至蠻橫：「如果說黨在政法戰線的領導作用和核心作用就是所謂『黨政不分』，『黨法不分』」，那麼，無產階級專政正需要這種『不分』」！

　　社論最後指出：「政法部門的這些不良傾向，是一部分同志在一部分問題上犯的錯誤。我們不應該誇大這種錯誤，但是也不能忽視這些錯誤的嚴重性」。彭真在八屆三中全會的講話和這篇社論，都替政法部門「反右派」添油熾薪。

六、監察部王翰中箭

　　彭真領旨、受命於毛澤東的〈1957年夏季的形勢〉，從9月起召集中央法委擴大會議、出席司法工作座談會講話、10月在八屆三中全會講話、審閱《人民日報》社論〈在政法戰線上還有嚴重的鬥爭〉和刊登〈克服政法工作中的兩種傾向〉，無一不是為政法領域「反右派」鋪下天羅地網。

　　彭真接下來開始收網：先是出席中央書記處會議討論政府、人大、政協「兩會」和法院、檢察「兩院」系統中「黨外民主人士」的「右派分子」處理辦法。11月10日和11日，彭真主持中央書記處會議聽取政法系統，包括司法部、監察部、高檢院、高法院等部門的「反右派」情況彙報，並討論「右派」劃定問題。[50]政法各部的主要「右派分子」及其為首的「反黨集團」，可能在

50　《彭真年譜》，第3卷，頁269。

此獲得中央確認或圈定。政法機關裏涉及層級最高的「右派」大案，就屬國務院監察部常務副部長兼黨組副書記王翰。

（一）王翰的經歷與主張

王翰早年在江蘇與後來被譽為中共黨內「第一支筆」的胡喬木一起從事革命運動，兩人之後無論在延安或北京都保持密切聯繫。王翰之後到湖北，在董必武的直接領導下工作，他棄用本名陳延慶而改名王翰，就是基於工作需要而由董氏建議。王翰後來到李先念領導的新四軍第5師任職，李氏對之欣賞並向中央軍委建議任命為師政治部主任。王翰為養病轉赴延安，其後任職於周恩來領導的中央城市工作部。

值得一提的是王翰妻子張清華。她在中日戰爭時期先後任職湖北和四川，組織關係隸屬於周恩來和董必武。張清華之後到延安的中央黨校學習，她在整風審幹期間因為國府統治區工作之經歷而受到懷疑、遭到隔離審查，但其堅定不屈，也不牽扯他人。張清華這時的丈夫魏澤同就是在彭真主持的黨校審幹中遭到刑求，而開始胡亂「咬人」。張、魏兩人離異，也不無受到張氏失望於其夫婿在彭真黨校暴力審幹時不若自身堅定的影響。

中日戰爭結束以後，張氏隨董必武到重慶、南京工作，可稱又回到周恩來、董必武的組織系統服務。國共內戰全面開打以後，張氏自南京撤回延安，與王翰相識結婚。[51]綜上所言，王翰、張清華這對夫妻皆與周恩來、董必武有工作關係和組織聯繫。

中共建政以後，王翰主要擔任監察工作，先在中南任職，進而被派至中央監察機構。王翰到北京後官拜政務院監察委員會副主任、監察部常務副部長兼黨組副書記（錢瑛為部長兼書記）。1956年八屆一中全會選出由董必武擔任書記的中央監察委員會，王翰為候補委員，等同又在董氏麾下工作。

王翰在監察部任內著重推行兩項監察政策，即「事先監督」和「垂直領導」。

「事先監督」方面，王翰鑑於監察機關通常在事故發生後才介入處理，認為應該化被動為主動，事先採取預防措施，而不再處於事後「放馬後炮」情

---

51 《王翰傳》編寫組，《王翰傳》（北京：新華出版社，1999），頁87、148-149、163-164。

況。王翰肯定其在中南「平時檢查」的監察經驗，認為有助事先堵塞漏隙、防患未然，從而避免一些可能的經濟損失。他也欣賞並希冀推廣東北長春鐵路的「經常性監察」經驗和做法。王翰進而提出「事前監督與事後檢查相結合」，並主張以之作為監察工作方針。王翰的上述政策主張在部內並非全然獲得認同，有人認為監察工作仍應以案件檢查為主，以避免監察機構和受檢部門、單位之間產生矛盾。監察部內部歧異報呈中央裁示。

1954年中央政治局開會討論，劉少奇肯定王翰的「事先監督」主張並鼓勁：「給你們這麼多幹部，搞不出個名堂怎麼行。怕什麼？大不了開除黨籍！」王翰希冀監察部推廣「中長鐵路經驗」，中央秘書長鄧小平也同意先在部分單位試行後加以全面推廣。王翰力推的「事先監督」，故而在監察部內勝出而成為重點政策。

「垂直領導」方面，乃是王翰學習蘇聯派員進駐單位的經驗做法，負責檢查政府經濟計畫的執行。監察部採行蘇式「垂直領導」政策和工作體制，也經過1954年中央政治局會議討論並獲得劉少奇首肯。

「垂直領導」的具體實施情況是：監察部派遣人員到政府其他部門，成立監察室，行政上歸監察部領導，作為其派出機構；黨的關係則由所在部門領導。1956年底錢瑛耳聞一些政府部門的異議之聲，便提出放棄之意；王翰則主張繼續施行一段後再議。針對監察部正副部長的分歧，劉少奇表示「這樣的問題，沒有經驗，再試驗一下」，並批准在中央工業交通系統部門試辦。[52]劉少奇等同又站在王翰這邊。但是王翰風光不及一年，就因相關問題惹禍上身。

（二）王翰問題定性與狠鬥

1957年6月中旬至7月中旬，錢瑛坐鎮下，監察部逐步開展「反右派」，部內涉案入罪的層級愈來越高、人數也越來越多。王翰對此表示疑義而引火上身，成為部裏「反右派」繼續上挖、深挖的最大目標。

9月10日，彭真聽取監察部運動彙報並表示：「反右派的關鍵在黨內，右派的危險也在黨內。對黨內的右派，不能講溫情主義，不能政治上不嚴肅」。他雖沒有明說針對王翰，但由於王翰平常在部裏主持日常工作，地位關鍵影響

大，黨齡已有25年，政治資格老，迷惑其他黨員的危險性高。更重要的是，王翰此時已被錢瑛視作部內「右派」「首犯」。因此，彭真所指的監察部「黨內的右派」，就算不是專門針對王翰而來，也必然包括他在內。更何況，同日安子文宣布彭真出任「聯合黨組」書記，彭氏怎可能不聞問監察部的王翰重案。

事實上，彭真在19日司法工作座談會上提到政法戰線上對右派的反擊，還稱讚道：「現在的反擊是比較有力了。有些部門很好，比如像中央監察部」。[53]可以想見他對該部大整王翰的瞭然於心、欣然同意。

王翰的兩大監察主張「事先監督」與「垂直領導」，之所以在政法機關「反右派」中被定性為「反黨傾向」，乃與彭真的政治論斷和表態直接相關。他在司法工作座談會上就批評：

> 還有事先監督，或事後監督的問題。中間監督都不過癮，要干預一切。事先監督，五年計劃是中共中央提出來的，周恩來同志在八大提出來的建議。第一個五年計劃也是如此，四十條是毛主席提出來的嘛，憲法也是一樣嘛，你怎麼去事先監督呢？這種事先監督，就是干預一切。[54]

彭真在八屆三中全會上對政法各部一一點評，首當其衝的就是監察部門。他說道：

> 在監察部門中，有人用「事先監督」、「垂直領導」要同黨分庭抗禮，擺脫地方黨委的領導，干預黨對國家事務的領導，而不是保證實現黨的領導。
>
> 他們同資產階級右派不同的是：右派是要用參與國家大計的「施工」和「設計」來同黨分庭抗禮，他們是想用事先監督來同黨分庭抗禮，並且干預黨的領導。誰都知道，國家大計的事先決定者是黨中央，並不是別人。例如以第二個五年計畫來講，事先研究制定計畫草案的，既不是人大常委，也不是國務院，而是黨中央。國家的其他主要問題和重大問題也大都

---

53 〈彭真同志在司法座談會上的講話紀錄〉，頁1。
54 同上註，頁7。

如此。可是，監察部門的所謂「事先監督」，實際上就是要監督中央或者監督地方黨委（地方性的重大問題，事先決定者一般是地方黨委）。[55]

既然彭真有令：「對黨內的右派，不能講溫情主義，不能政治上不嚴肅」；而且彭真也意有所指地表示：監察部門內「事先監督」的推行者，雖與「資產階級右派」的主張有別，但兩者殊途同歸，都是「包藏禍心」地欲與黨平起平坐、拍案叫板。錢瑛之後對待王翰的方式，就更全然不講溫情，嚴厲到不將之影響徹底肅清不罷休的地步。

從10月底至11月底，監察部連續召開16次鬥爭王翰的全體工作人員大會，批判大字報多達1,100張。此外，監察部還舉行王翰的「罪證展覽會」，歷數其錯誤觀點、工作弊病和生活特權等問題，並組織各地監察人員分批前來參觀，目的就是將之聲譽搞臭。

錢瑛在監察部如此心狠對待王翰，彭真瞭若指掌。在監察部召開一連串鬥爭王翰大會的中間，11月10、11日，彭真主持中央書記處會議聽取監察部在內的政法部門「反右派鬥爭的情況彙報，討論右派的劃分問題」。[56]從彭真主持書記處會議結束後，鬥爭王翰大會仍繼續進行直到同月底才告止來看，彭真是支持錢瑛這種對黨內「右派」「鬥爭狠」的態度與做法。

錢瑛在延安整風審幹後期，協助彭真進行中央黨校幹部「甄別」，一定程度上可說是幫忙彭真收拾「爛攤子」——彭真在黨校大搞「搶救」，對周恩來、南方局轄下的地方黨組織亂整所謂「紅旗黨」。錢瑛和王翰在監察部內鬥，彭真和錢瑛之間的這一層歷史連結，或也可能促之偏向於錢瑛。

有彭真開綠燈的背景下，錢瑛和監察部下一步就是將一系列批鬥大會中湧現的揭發王翰材料，作進一步加工整理與系統總結。12月5日，監察部「反右派」成果在《人民日報》頭版公諸於世，即〈監察機關反右派鬥爭取得重大勝利，徹底鬥倒反黨分子王翰〉。此文開頭就嚴控：王翰在監察部內「形成了以他為首的反黨集團，反對中共中央和監察部黨組關於監察工作的指示和決議，企圖奪取監察機關的領導權，把監察機關置於黨和政府之上，利用監察機關作

55　〈彭真同志在三中全會上的發言稿（草稿）〉，頁16-17。

56　《彭真年譜》，第3卷，頁269。

為反黨反社會主義的工具」。王翰被彭真定為「反黨」主張的「垂直領導」、「事先監督」，當然是必不可少的內容，但文中批評王翰「對黃紹竑的反社會主義言論十分讚賞，並到處替黃紹竑吹噓」，則不知其所本為何，或是欲投彭真重批黃紹竑的所好？

周恩來眼見監察部批鬥王翰之勢越演越烈，曾試圖關照前部下。周恩來向「有關同志打了招呼」，表示「王翰即使有問題，也只能屬人民內部矛盾，作個檢討算了」。周恩來打招呼的「有關同志」是誰？是也屬其老部屬的錢瑛，抑或是地位在她之上的彭真？目前不得而知。監察部接連召開批鬥王翰大會期間，胡喬木曾向王翰轉告周恩來看法，並勸之主動自我批評以求過關，但是王翰堅持不願違心檢討。[57]

彭真的八屆三中全會講話將王翰的監察主張「事先監督」、「垂直領導」，定調是「同黨分庭抗禮，擺脫地方黨委的領導，干預黨對國家事務的領導」，在這「鐵帽子」之下，王翰恐已是插翅難逃；王翰不願退縮的態度，分外顯得冥頑不靈，彭真、錢瑛更是要對其祭以嚴厲的「家規」、黨紀。王翰被劃為「右派」後，錢瑛曾言「王翰缺乏黨內鬥爭的經驗」。不知她是否指涉王翰過於耿直、平日對直屬上級我行我素，遭難時仍不知政治變通，不曉「識時務者為俊傑」？

1958年2月27日到3月20日，中央監察委員會和監察部聯合舉行第七次全國監察工作會議。彭真在3月8日主持中央書記處會議，聽取王從吾（中央監察委員會副書記）和錢瑛彙報各自單位的整風運動情況，以及值在進行的全國監察會議情況。

彭真表示：「監察部的工作，總的方向是對的，缺點錯誤是一個指頭的問題。1955年監察工作方面，推廣蘇聯的『事先稽查，垂直領導』，作為試驗，是經政治局同意的，實踐證明不適合我國的國情，責任不在監察部」。彭真意在將錢瑛、監察部與「事先監督」、「垂直領導」政策及其責任加以切割；至於「一個指頭」的「缺點錯誤」，不言自明地就由王翰擔著，反正他此時也只能任人宰割而無任何辯駁的機會和餘地。

彭真也再談政法機關「反右派」的「要害問題」──嚴守、恪遵黨的領導

57　《王翰傳》編寫組，《王翰傳》，頁198-199。

（從中央到各級）：「黨組織是無產階級組織的最高形式，監察部、司法部、檢察院都要服從黨的領導；不只是服從黨中央，還包括各級黨委。把各級黨委拋開，服從黨中央就名存實亡。這個根本問題弄清了，其他問題就清楚了」。彭真也對中監委和監察部的職掌、監察工作的職務範圍，以及當前工作主軸和要務，一一加以指導。彭真最後勉勵黨國監察部門領導人「開好全國監察會議，依靠黨的領導，放手工作，不要束手束腳」。[58]

在第七次全國監察工作會議，「清除王翰右派反黨集團」被突出強調是：「監察工作上兩條道路鬥爭的巨大勝利，也是今後監察工作向前邁進的重要保證」。朱德、彭真到會肯定包括王翰劃「右派」案在內的監察工作成績。朱德雖貴為黨副主席，但是實際上說話算得上數的是彭真。

3月17日，彭真到會表示：「監察工作成績是主要的，缺點、錯誤只是一個指頭的問題」。為剛歷經「反右派」而驚魂未定的各級監察官員，安了一錠「靜心丸」。彭真也發言強調監察工作必須依憲領受黨的領導，絕非「高人一等」，何德何能得以對其他部門實行「垂直領導，事先監督」，如同對王翰的「反黨」主張再打上一耙。[59]

5月以錢瑛為首的監察部黨組做出〈關於右派分子王翰的處理決定〉。其中羅列王翰「罄指難書」的「右派」「罪狀」。其中指控王翰的「一套反黨主張」，即是其主張的「事先監督」和「垂直領導」，他也被指稱為推行這套主張而密謀「形成以他為首的反黨集團」。另外，王翰也遭控「詆毀黨領導的歷次政治運動」，曾言「每次運動開始都是反右，以後反左，最後搞不出什麼名堂」。這源於王翰一次向黨組織彙報自身思想動態，提及群眾運動成績雖大，卻總是留有問題、出現偏差。相關指控乃經過「反右派」批判的過度引申和不實加工，不過也確實反映王翰對群眾運動有所保留和懷疑。[60]這除了是王翰基於自身工作經驗談，或可能也受到老上級董必武主張不應再行群眾運動的影響。

王翰在彭真主導的政法系統「反右派」遭到鋪天蓋地批鬥、進而被打入政

58　《彭真年譜》，第3卷，頁295。

59　同上註，頁297。

60　《王翰傳》編寫組，《王翰傳》，頁200-202。

治另冊，周恩來為首的國務院只能追認，7月5日通過〈國務院關於處理右派分子王翰、曾昭掄、林漢達、黃琪翔、費孝通的決定〉。

　　隨著王翰被政治清洗，各地監察機關連帶遭受重大衝擊，個別省份的廳級監察機構竟有20%-30%的幹部被劃為「右派」，傷亡極其慘重。[61]有論者認為：時至1950年代中期，中國大陸已「基本形成了一整套行政監察體系」，同時「開始實行「『垂直領導』的原則，並逐步推行『事先監督』的方式」，「剛剛邁開了我國行政監察正規化、法制化建設的第一步」，但在1958年「便中斷了這一進程」。[62]這也是王翰政治出局的重要影響。

　　王翰被打為「右派」後，下放三門峽水庫勞動，歷盡艱辛。直到「文革」以前，未有資料顯示參與鑄成王翰鐵案的彭真曾對王翰問題和處置表示過同情或意見。王翰在社會底層受苦受難之時，張清華對之不離不棄、為之奔走申訴。張清華可知她前後兩任丈夫魏澤同、王翰都同遭彭真的政治狠手，而其兩段婚姻生活也受此牽連而不順？

　　與王翰夫妻皆曾有工作關係的周恩來，在「文革」期間先提出王翰案將來可能重新再議，後來更在其過問下，王翰1974年被摘下「右派」大帽並被接回北京就醫。王翰苦熬20年以後，方獲得平反，並於1979年獲任重新恢復的司法部顧問。同年中央組織部所作的〈複查改正結論〉表示：「經查，王翰曾主張在監察工作中實行垂直領導和事先監督。這是經國務院批准試行的，不能說是『反黨主張』」。[63]這可算是對1957年、1958年以此作為王翰「反黨」重要事證的彭真和錢瑛的否定。

　　王翰因多年身心受到摧殘，恢復工作沒多久，即在1981年1月2日去世。當年同意對王翰狠加批鬥的彭真，此時已重掌政法大權、擔任中央政法委員會書記，沒有參加王翰的追悼會，也無獻花致意。他在王翰生前和身後有無任何的示意、道歉，目前沒有資料可以說明。

61　丁抒，《陽謀：反右派運動始末》（修訂本）（香港：開放雜誌社，2006），頁236、314。

62　鄭謙、龐松等著，《當代中國政治體制發展概要》（北京：中共黨史資料出版社，1988），頁94。

63　《王翰傳》編寫組，《王翰傳》，頁202、220、223。

七、法院與司法系統「反右派」

彭真在司法工作座談會上，對法院和司法部門的不滿已是溢於言表。他直言：「最高法院裏現在還沒有搞出很多右派分子來，不是沒有。」[64]他也語帶憤恨地表示：「正因為有右的傾向」，「右傾理論也流行起來了」，最是礙眼的是「無罪推定論」，居然還被寫進行刑法草案第5條，「同志們可以看去，在法律判決發生效力以前，犯人是無罪的」。其狠斥道：「我說這個東西比資產階級的都右」、「我說世界上沒有這樣右的法律理論。竟然還自許為科學，還自許為法律科學」；「這樣一個右傾的思想在這個空氣中它才不翼而飛，流行得相當廣」，「聽說在高院裏面爭論了很久」。[65]

針對法院特別流行的「司法獨立」，彭真嗤之以鼻地稱做「自封為王」，並質問道：「那一條憲法講的司法獨立？我們只講法院獨立進行審判，只服從法律嘛」。他對憲法自作解釋：「還有政治領導嘛，憲法上還有一條工人階級領導嘛」。進而順理成章地強調工人階級的先鋒隊——黨對法院的政治領導：

> 從來沒有講法院、檢察院不受黨委的領導的嘛，我就沒有講過嘛！可是有些人可是喜歡這個，就是想跟黨分庭抗禮，獨立為王，這還有什麼黨的領導？沒有。我想在座的都可以去檢查。而且有些人叫喊黨政不分，以黨代政，黨法不分，以黨代法，用司法獨立抗拒地方黨委，攻擊我們無法可依，有法不依。這些右派言論，我們有些黨員裏邊，有一部分人也在那樣喊。我就奇怪你一個政法工作人員為什麼不強調黨委領導呢？[66]

彭真在同一講話的後面又三令五申「我們國家不是司法獨立」，宣稱法院是由各級人民代表大會選舉，當後者閉幕後，人民委員會行使其常委會部分職權，故而「是有責任監督法院的」，「法院應該受人民委員會的監督的」。並再次對「司法獨立」濫炸一頓、批之違法：「你這個自封為王、司法獨立是從那裏來的，那叫違法，法院沒有這一條。就是有些人，他是資產階級的徒弟，

---

64 〈彭真同志在司法座談會上的講話紀錄〉，頁1。
65 同上註，頁4。
66 同上註，頁7。

資產階級法律家的徒弟，自許有法律科學，拿這個同共產黨對抗，不是什麼值得推崇的科學，我們憲法沒有這一條。」[67]

（一）賈潛難逃恢恢黨網

彭真在八屆三中全會上疾言厲色地批評：

> 在司法行政和法院系統中，最突出的問題，是一部分人想借口「司法獨立」來擺脫黨、特別是地方黨委的領導，同黨分庭抗禮。並且用「無罪推定」論、「審判要有利被告」論，來抵制黨和國家的「有反必肅」的指示和削弱無產階級專政。[68]

彭真堅決主張法律和執法部門的階級屬性，堅持其應作為「無產階級專政的武器」。他循此認定「無罪推定」是「右傾的空氣下」荒謬絕倫卻時髦流行的理論，有利於敵人、惡人和壞人脫罪：

> 試想，對於一般犯人來說，他們既然已經由檢察機關批准或者由法院決定加以逮捕，已經由檢察機關偵查完畢提起公訴，甚至經過一審判了刑，怎樣還能「推定」他們是「無罪」呢？可是有些同志竟然擺著法律理論專家的姿態這樣主張，或者背誦這種謬論。按照這種謬論，溥儀、康澤之類的戰犯，都應該推定是無罪的，所有還沒有經終審判決的反革命犯、兇殺犯、強盜犯等等，不管他們的罪證是如何的鐵案如山，也都應該「推定無罪」。因為還沒有經過發生法律效力的最後判決啊，這是何等的荒謬！

彭真對其之風行，難抑怒氣地表示：

> 可是因為這種謬論很合乎思想右傾的人民、特別是資產階級右派的脾胃，所以竟然在我們的法學界和司法機關流行起來，並且受到推崇，教授

---

67 同上註，頁9-10。

68 〈彭真同志在三中全會上的發言稿（草稿）〉，頁18。

這樣教，學生這樣學，起草刑事訴訟法的同志們還要在實際工作中把它作為行動指針去推行。

彭真進而批評所謂的「審判要有利被告」論：「即審判要有利於反革命犯，有利於竊盜犯、凶殺犯、有利於強姦犯、貪污犯……的謬論」。他宣稱在其猖狂流行下，「有些檢察審判人員」竟「一味尋找對犯人有利的理由」，實是「站在犯人的立場為犯人開脫」。彭真還當場舉出審理強姦幼女、抓捕間諜的案子，如何受此「謬論」干擾、阻撓，以顯現其之乖謬。[69]

彭真在八屆三中全會上對法院系統林林總總的批評，包括瞄準：以「獨立」之名「來擺脫黨」、「無罪推定」、「審判要有利被告」，以及「超階級」「舊法觀點」。雖然沒有具體點名，但都可與正在火熱進行的高法院「反右派」相連繫。

高法院抓出的主要四位「右派分子」，分別是刑事審判庭庭長賈潛、研究室主任魯明健、刑事審判庭副庭長朱耀堂（以上皆為共產黨員），以及刑事審判庭副庭長林亨元（民盟人士，實為中共秘密黨員）。[70]截至1957年12月上旬，高法院連續舉行15次「反右派」鬥爭大會，對之批鬥與聲討。

賈潛根本沒有在整風「鳴放」期間發表意見，但還是成為高法院最「大尾」的「右派」，可見他早就被掛上號。其遭到批判、圍剿的主要事由如有：

一、「堅持反動的舊法觀點，反對中央的方針、政策和指示」。賈潛的「磚瓦論」又被翻出，稱其「主張舊法有繼承性，資產階級的法律可以參考」。[71]這可說是彭真1952年發起司法改革運動批判「舊法觀點」（當時即以賈潛為具體批判對象）的回歸和延伸。

二、以「審判獨立」、「獨立審判」為名，反對黨對審判工作的領導。賈潛被宣稱頑固堅持和蓄意傳播：「黨對法院工作的領導是通過制定法律來實現的。法律是人民的意志，也是黨的意志，審判員服從了法律，就等於服從了黨

69　同上註，頁14-16。

70　周恩惠，〈白髮寧吟老 悠然愛晚晴——訪全國政協常委、法制組副組長、民盟中央領導人、著名法學家林亨元〉，《法學雜志》，1987年第3期，頁26-27。

71　宋永毅主編，《千名中國右派處理結論和個人檔案》（紐約：國史出版社，2015），第3冊，頁25。

的領導。因此，審判員只需服從法律，再不必有什麼黨的領導了。」賈潛並堅
稱此乃憲法和《法院組織法》規定「人民法院獨立進行審判，只服從法律」的
立基由來。他表示：黨委對法院的領導，應限於政治思想領導，而不能過問審
判工作和具體案件，不然就是干涉「審判獨立」，違反憲法和《法院組織法》
的相關規定。[72]

賈潛被揭發在《法院組織法》公布後表示：「過去我們辦案『拜四門』
（意指請示黨委和徵求有關部門意見），今後不這樣做了」。他還表示：「黨
委都管了，還要法院幹什麼，死刑案件再上訴到最高人民法院就等於形式」。
賈潛遭到指正後仍堅稱：「審判獨立，我了解是按法律。中國法律不完備是依
政策辦事，不能獨立，將來法律完備了，審判也就獨立了」。

三、自恃掌握並賣力推銷「法律科學」，更運用其「無罪推定」、「有利
於被告」等「謬論」，為罪有應得者開脫或減罪，「篡改和削弱人民法院專政
的職能」，保護而非鎮壓敵人、寬容而非懲罰罪犯、打擊而非保護人民。賈潛
被譴責在具體審案時縱放重刑犯，1956年審判日本戰犯，也無理地為之縮短刑
期。[73]

賈潛上述的「政治錯誤」、「右派言行」，乃與彭真在八屆三中全會上對
法院的批評指涉高度重疊；彭真的全會講話甚至可言是對賈潛的隔空論法、空
中駁火和最後較量。彭真在中央書記處會議討論政法部門「反右派」時，極有
可能參與決定賈潛等法院首要「右派分子」的處置和發落。

1958年2月賈潛遭開除黨籍，被發配到北大荒勞動改造。他認份、不喪
志，在1960年代初獲准調返北京。曾讚譽賈潛是「我們的法學家」的周恩來，
將他安排在國務院參事室工作，低調平和過日。

1978年十一屆三中全會以後，賈潛終得恢復黨籍，並且「回鍋」政法陣
線，在1980年出任司法部顧問。賈潛老驥伏櫪，致力推進法學事業發展。賈潛
賦閒後極為讚賞彭真所言：「法律是一門科學，這裡面有很大的學問，要好好
研究。」[74]賈潛在1957年「反右派」受批、獲罪的一項指控是：「打著學習法

72 若泉、何方，〈不許篡改人民法院的性質——駁賈潛等人「審判獨立」「有利於被告」等謬
論〉，《人民日報》，1957年12月24日，版7。

73 宋永毅主編，《千名中國右派處理結論和個人檔案》，第3冊，頁26-27。

74 藍天，〈丹可磨而不可奪杰——訪原司法部顧問、著名法學家賈潛同志〉，《法學雜誌》，

律科學的幌子，企圖復活舊法，販賣他的舊法觀點」。賈潛之所以對彭真相關言論大為高興，可能欣慰於當年參與、甚至拍板決定扣其「右派」大帽的彭真，終於放棄己見，改而認同賈氏當年主張的「法律科學」（事實上，董必武也有相近看法──「法學是一門重要的社會科學」），有冤情得以雪、心志得以伸的感懷。

（二）魯明健抗拒黨對法院的領導

在高法院抓出的頭四位「右派分子」，賈潛之下即是研究室主任魯明健。魯明健從湖北上調北京以後，曾任政務院政法委員會參事、中央政法幹部學校黨委副書記兼辦公室主任。魯氏與董必武工作關係頗密，有曾擔任其秘書一說。高法院任職期間，魯氏在董必武直接領導下，協助副院長馬錫五、張志讓整理刑事、民事案件的總結經驗工作。

魯氏在高法院看似一帆風順。卻在「反右派」「翻船」。他被劃為「右派」的事由很多，例如遭控：攻擊1955年「肅反」運動；反對以「反右傾、搞運動」方針，打擊刑事犯罪分子；對反革命和其他犯罪分子偏於「從寬」、重教育改造過於懲辦；對國家專政職能持以「取消論」，即強調不應再獨鍾鎮壓職能，也要有組織經濟文化職能，法院應有「懲罰與教育」雙重任務，而非獨重前者，並須以「調整人民內部矛盾」為要務。

魯明健「以所謂『法制』抵抗黨對人民法院的領導」的「反動言論」（即質疑、批評黨的領導及其弊端），為數多而集中：

黨的領導對公安、檢察、法院「三機關相互制約和法院獨立進行審判的積極性，起了某些抑制作用」。

黨的領導是錯案產生的根源，黨經由聯合辦公室實現對法院的領導，「從形式上看是按照法律規定執行的，但實質上仍是『一攬子』的作法」。由此造成「往往容易犯主觀主義」、「削弱了互相制約作用」等「弊病」。

黨的領導是「肅反」運動中的「黑暗面」，還提出「黨委過問具體案件是值得研究的」。

關於黨領導下的群眾運動，「搞運動往往時間短，任務急，勢必造成一攬

子，妨礙依法辦事」，「如果搞運動是否會把幾年來辛辛苦苦建設起來的法制制度（意指《法院組織法》）又衝垮了」？[75]

　　魯氏直截批評「肅反」以至中共最拿手的群眾運動治理模式（他對運動會衝垮法制的擔憂，後來成為事實），對國家專政職能內容、專政硬軟手腕的不同側重；更重要的是，魯氏對黨以領導之名、實際插手法院具體工作的大表反對，恐都不見容於彭真。魯氏與董必武的密切工作交集，以及兩人政法主張的心照、近合（如群眾運動不宜再為），也不免讓人猜想高法院黨組在「反右派」高峰如此高調批判魯氏，是否有暗含批評董必武的用意？魯氏在1958年春被正式定為「右派」，待到平反、重返高法院任職已是1979年。

（三）「北京法院爛掉了」

　　彭真眼皮底下的北京市法院和司法部門，成了「反右派」「重災區」。

　　10月9日，《人民日報》刊出彭真審閱同意的社論〈在政法戰線上還有嚴重的鬥爭〉，其中指出：「在北京、廣州等地都發現有的右派分子充當了地方人民法院的審判員，公然為反革命分子開脫罪責；有的對反革命罪犯採取重罪輕判的方法，使該判死刑的只判了很輕的徒刑」。相關文字可看做是彭真對北京市法院部門的嚴厲批評，同時也是他對首都政法工作者發出的「反右派」動員令。

　　經「反右派」浪潮的強力拍打，北京市高級法院院長王斐然、中級法院院長賀戰軍，以及市司法局局長賀生高都被劃為「右派」。彭真在9月19日司法工作座談會上就直指：「有的地方，有的政法部門的某些環節，可以說是差不多爛掉了。比如說北京市的司法局就是如此。」[76]

　　有資料指稱：北京市司法部門劃了83名「右派」，佔其司法人員總數9.25%的比例。作為受災當事人之一的張思之，對相關「右派」人數的記述略有出入：「從整體上講，整個法院、司法局系統劃了六十幾個，包括王（斐然）、賀（生高）兩個主要頭頭，夠狠的了」。張思之更透露：彭真向毛澤東

75　宋永毅主編，《千名中國右派處理結論和個人檔案》，第4冊，頁32-34。

76　〈彭真同志在司法座談會上的講話紀錄〉，頁1。

報告「北京法院爛掉了」，毛澤東竟笑答「爛掉好哇，可以再搞一個嘛」。[77]
毛、彭之間的對話，感覺是彈指之間，強虜煙飛灰滅，打爛重建、大破大立，
好不「自在」與「氣魄」！

　　王斐然的情況值得一提。王斐然被認定為「右派分子」的「反黨反社會主
義主要言行」，包括：整風期間對黨曾發不敬之論；先是支持和縱容其「反黨
宗派集團」成員（特別是賀戰軍），在情勢不妙後又對之百般袒護、包庇，甚
至私訂「攻守同盟」以繼續向黨頑抗。另外，王氏也被指稱與賀生高各組「反
黨宗派集團」，彼此之間進行宗派鬥爭，嚴重破壞黨的團結、分裂黨。

　　法制問題和政法工作方面，王氏被安的一大罪狀是「反對黨對法院工作的
領導」。王氏被揭發在1955年曾表示：「現在審判獨立不起來，主要原因主要
是黨委干涉，現在區委干涉區法院，簡直連判決都不能下了」。次年還批評到
北京市委頭上：「市委不懂法律，有些事不好辦」。王氏遭指控「抗拒市委與
黨對抗」，具體事由主要是：他對市公安負責人馮基平不太「買帳」；彭真在
1956年指示北京市各單位檢查「官僚主義作風問題」，他沒有理睬市委所作布
達。

　　王氏在司法改革運動中被批評的「舊法觀點」錯誤，此時又被翻出來，稱
其曾主張「大膽參考偽六法」，也錯誤地「依靠、重用舊法人員」。

　　彭真在八屆三中全會上批評：法院和司法部門使用「無罪推定」、「審判
要有利被告」論，以抗衡黨國「有反必肅」指示與削弱無產階級專政。王氏也
被指控「大量散布」上述「反動觀點」。

　　王氏認為他參與在內的「鎮壓反革命」，「太嚴了」。他還遭控「攻擊人
民民主法制」，因為他將法院出現錯案原因歸咎為：「無法可依」、「有法不
依」。王氏具體言論有：「一、從領導到一般幹部法制觀點不強，不依法辦
事；二、幹部的法律知識欠缺；三、法制不完整，所有刑事案件都沒有法
律」。他並曾稱：「我們辦案子，只有框框，沒有格格」。[78]

　　王斐然被定為「右派」的歷程，也頗為曲折。王氏與彭真結識甚早，中共
大革命時期曾在石家莊一起從事革命（還有王鶴壽）；後來擔任晉察冀地區的

---

77 張思之口述、孫國棟整理，《行者思之》，頁147。

78 宋永毅主編，《千名中國右派處理結論和個人檔案》，第5冊，頁29-33。

高級法院院長，與彭真私交頗好。[79]王氏案子報送市委後，彭真一開始表示要予以保護，劉仁也說「王斐然是老實人，不是反黨的」。但是到1958年運動「補課」時，這名曾被彭真評為「北京黨內真正懂法律的」王院長，還是沒有逃過一劫，被戴上「右派」大帽而被迫去職。[80]王氏也成為北京市被劃為「右派」的最高級別幹部。

　　彭真對王斐然是否需要「戴帽」一事，為何改變態度？根據市委高幹配偶看法：「由於北京市幹部也必須劃上些右派，才能搪塞中央的要求，所以才拋出這一個的吧。這種辦法，各級都不能不如此」。[81]但或許還有另一可能：當彭真在政法領域高舉黨大於法的旗幟、加大「反右派」力道，自己旗下的王氏若未因強調法律重要地位與作用如「以法治國」、「審判獨立」、「法律面前人人平等」而受到懲處，恐怕難以服眾，尤其是對政法領域中那些由彭真自己煽起熱勁的運動積極分子。彭真為表示自身大公無私、沒有「賣瓷器的用破碗」，只好將之放棄。

　　劉仁在王氏被劃為「右派」後，特意請他至家中用餐、表達關心；彭真見王氏痛心檢討、洗心革面，之後也將其安排為北京圖書館副館長。

八、檢察系統重批「一般監督」、「垂直領導」

　　中共開始設計經營檢察工作時，基本上面臨自身鮮有累積、敵視否定國府和西方法律經驗，而只有蘇聯可資學習參考的情況。在檢察工作上，蘇聯式的「一般監督」、「垂直領導」和具體工作條例和辦法，中共要怎麼學、學多少？怎樣適度結合蘇式經驗和中共特性、中國國情？彭真在內的中共領導人以及檢察負責人，都是邊學邊看，不時穿插進行仿效、調整和揚棄。不料「一般監督」、「垂直領導」等問題，竟引起政治批鬥、組織清洗的軒然大波。

79　張思之口述、孫國棟整理，《行者思之》，頁94。

80　丁抒，《陽謀：反右派運動始末》（修訂本），頁251-252、313。

81　韋君宜，《思痛錄》（香港：天地圖書有限公司，2000），頁66。

（一）不重視「一般監督」到開口批評（1954年至1957年春）

1954年《檢察院組織法》正式上路以後，檢察工作重點應置何處，成為中央和檢察部門共同關注的焦點。彭真對師法蘇聯檢察而來的「一般監督」職權和任務，顯得興趣缺缺，認為可以試點、探索，但不宜當做檢察重點工作。其主要考量是：檢察工作的範圍應該量力而為，不急於鋪展業務；相對於「一般監督」內容模糊、又不甚熟悉，偵查、批捕、起訴等事務則有急於上馬的現實需要，期以由之改善既存的錯捕、錯押、錯判等司法問題。

關於如何看待、怎麼看重「一般監督」，以及由此而生的認識、做法分歧，「這實質是立法過程中思想認識分歧的延續」。彭真研議《檢察院組織法》期間，對蘇聯「垂直領導」、「一般監督」的檢察經驗抱持複雜心情：尊重學習但不全然信服，然而又不得不對之仿照，顯得有些莫可奈何。董必武甚至可能毛澤東都與彭真有不同看法；彭真藉由黨內分工政法和手上相應所握權力，可對檢察工作的政治領導和政策指導施加重要影響，甚而將之導引帶往自身心想的方向。

1955年1月，彭真聽取高檢院檢察長張鼎丞報告工作時表示：「檢察院必須很快普遍建立起來，首先把批捕人犯的工作擔負起來。『任何公民，非經人民法院決定或者人民檢察院批准，不受逮捕』這條法律（即憲法第3章第89條）必須兌現，必須執行。」他對「一般監督」問題指示：「只搞試點，搞經驗」。[82]

1954年底，高檢院為貫徹甫頒布施行的《檢察院組織法》，召開全國檢察業務工作會議，最後向中共中央上呈〈關於檢察業務工作會議情況和今後工作意見的報告〉。彭真利用審閱這一〈報告〉（1955年1月中），以及中央政治局開會就此討論（2月初），藉機表露自身政策主張，即宜採「雙重領導」（特別是各級黨委領導），以及應先行擔負刻不容緩的工作，而不急於推展「一般監督」。他在6月就強調檢察部門應在起訴工作、審判監督下功夫，認真將之擔起。[83]

---

82 《彭真傳》編寫組，《彭真傳》（北京：中央文獻出版社，2012），第2卷，頁882-883。

83 《彭真年譜》，第3卷，頁2、6、37-38。

　　如前所述（第五章），彭真因應「肅反」運動勃興，又要檢察機關配合運動發展需要而行事。隨著「肅反」度過高峰、逐步回歸正軌，彭真在1956年2月指示檢察工作，又著重要經營發展偵查監督、審判監督等業務，繼續對「一般監督」冷眼看待、甚至顯露好惡。彭真順沿自身對「雙重領導」的一貫偏好，也提出地方黨委要重視、加強領導檢察工作。[84]

　　3月6日，彭真針對檢察工作中存在照搬蘇聯經驗和做法的情況，尤指「一般監督」，不假辭色地對高檢官員表示：「現行的《人民檢察院組織法》，中央當時就覺得不滿意，但是缺乏實際經驗，準備做大的修改。如『一般監督』，檢察院是做不了的，就是在黨內，真正有這樣的水準，能夠搞一般監督的人也不多」。他強調批准逮捕、偵查起訴才須先做、做好；最後語氣不耐地表示：「過去你們的毛病就是能夠做、應該做的事情，不去積極提、積極做；做不到的事情，偏要提，因此，寫出來的東西空洞而不實際，這是受了教條的影響」。[85]

　　10月23日，彭真主持中央書記處會議論及檢察工作，對「一般監督」抱以否定態度，認為蘇聯本身未對其付諸實踐，雖聲稱「監督一切，實際是什麼都沒做」，也不宜作為中國檢察主要任務。[86]

　　彭真對「一般監督」設計的不以為然，甚有可能影響、進而促成中共中央對此設計的態度。1957年，劉少奇、彭真指示：「檢察院可以不做一般監督工作，但要保留一般監督職權，備而待用」。[87]或稱是：「檢察機關的一般監督工作基本上不要做，但要作為武器保持起來」。[88]

　　1957年1月13日，劉少奇對檢察工作予以指示，高檢院加以傳達：「現在國家機關幹部違法不是主要傾向，憲法頒布後，國家機關幹部都是擁護憲法並積極執行法律的，就是有些違法也是不自覺的。因此檢察院的主要任務是辦案，一般監督不是檢察院的工作重點」。4月中央書記處討論檢察工作時指

84　同上註，頁113。

85　同上註，頁115-116。

86　同上註，頁165。

87　周葉中、葉正國，〈我國憲法檢察制度若干關鍵問題辨析〉，中華人民共和國最高人民檢察院：https://www.spp.gov.cn/llyj/201510/t20151015_105862.shtml（2019年3月26日登入）。

88　宋永毅主編，《千名中國右派處理結論和個人檔案》，第5冊，頁62。

示：檢察機關的任務主要是辦案，應抓住批捕、起訴、出庭公訴、審判監督、勞改監督幾個環節，並對相關工作予以具體指示。[89]

中央書記處不但未將「一般監督」列入檢察主要任務，更針對「一般監督」、「垂直領導」（指其擺脫地方同級黨委領導）、「從監督出發」（指其為沒事找事），以及「教條主義」（照抄、照搬蘇聯的檢察制度）等問題，提出批評。[90]

中央書記處在整風醞釀階段對檢察工作加以指示，彭真應扮演重要甚至是主事角色，因為檢察事務歸其所管、屬其職掌，而且書記處對檢察的批評意見，也吻合他向來的檢察政策立場。

（二）將高檢內部分歧上綱、放大

張鼎丞從中央組織部副部長調任至高檢院檢察長後，立即著手院內人事安排和組織建設，摩拳擦掌地欲幹出一番事業。張氏精心組建的這支高檢院幹部隊伍，彭真在1956年第三次全國檢察工作會議，以「檢察院的領導幹部都是些老同志」，向毛澤東、劉少奇、周恩來、鄧小平介紹。[91]其言語之間頗有肯定之意。但僅在一、兩年之後，高檢院即遭到重創，這又與彭真重手清洗政見分歧者直接相關。

由於「一般監督」的相關職權寫入「五四憲法」、《檢察院組織法》，高檢院專設「一般監督廳」負責推行此事，其排序為「一廳」，可顯示對之重視。廳長、也是高檢院黨組成員的王立中，認真草擬完成「一般監督」工作計畫，準備發轉全國；各地也派出為數不少的檢察通訊員，協助施行「一般監督」工作。高檢院運輸檢察院副檢察長劉惠之，對推行「一般監督」也甚為積極。然而，針對一邊摸索、一邊試行的「一般監督」，檢察系統內部不是沒有異議之聲，譬如：批評其監督範圍太寬、對外國經驗抄搬而不符中國國情。

鑑此，張鼎丞委請梁國斌（高檢院黨組副書記，主管日常工作）調查「一般監督」實施情況。梁氏調查後認為1956年「一般監督」經常流於監督小事而

89　同上註，頁62-63。

90　孫謙主編，《人民檢察制度的歷史變遷》（北京：中國檢察出版社，2009），頁292。

91　《張鼎丞傳》編寫組，《張鼎丞傳》（北京：中央文獻出版社，1996），頁433、437。

「對國家機關的決議和命令卻幾乎沒有監督」。他因而提出「作用有限」結論，認為「一般監督工作在目前應當重質量不重數量」，必須與行政監督、人民訴願、刑事案件和民事案件「加以區別」；地方應先進行典型試驗，「首先在領導思想上劃清一般監督工作的內容、範圍和方法，然後有計畫地展開工作」。至於前陣子發展頗速的檢察通訊員，1957年要停止發展，而且應對現役者「進行整頓鞏固和教育提高的工作」。

1957年初，劉少奇、彭真對「一般監督」做出「備而不用或備而待用」指示，高檢院領導成員對「一般監督」的意見，更是趨於一致，同意將之暫置一旁。雖然王立中仍主張按照原定發展計畫，催促實施「一般監督」業務，但相關工作爭論並沒有形成政治爭鋒。梁國斌認為這僅是業務上的看法殊異，無須嚴加批評，更說不上要對之上綱上線批判。

然而，中央書記處、特別是彭真愈將「一般監督」等問題看得嚴重，隨著「反右派」浪潮衝向政法機關，彭真更將高檢內部針對「一般監督」、「垂直領導」問題的政策分歧，陡然升級為政治大批判。

9月19日，彭真在司法工作座談會上厲喝「檢察方面有這麼一種凌駕一切之上的一般監督」：「檢察院搞那麼個廳，搞那麼個司就能搞一般監督，那才怪哩！我們講過多少次，包括少奇同志直接講過了的，也解決不了。我就是要搞一般監督，我就是跟你這個黨搞個第二黨，跟你這個黨搞分庭抗禮，堅持這種意見的還不是三年兩年的黨員。中央許多負責同志講，我也講過，小平同志講過，少奇同志講過，都解決不了。」

他也針對「垂直領導」主張表示：「憲法上講檢察機關獨立行使職權（，）不受地方國家機關干涉，但是沒有講不服從黨的領導嘛。我們歷來都講過，我也講過，董老、瑞卿同志都講過雙重領導的嘛，那個講垂直領導了？」[92]

彭真的八屆三中全會講話劍指檢察院系統之處，即「一般監督」和「垂直領導」，重批其意在「同黨分庭抗禮」，甚至與黨外「大右派」黃紹竑聲氣相通，讓之以為可以有機可趁、有隙可乘：

在檢察院系統中，要同黨分庭抗禮的，是強調實行駕乎一切之上的所謂

---

92 〈彭真同志在司法座談會上的講話紀錄〉，頁7。

一般監督，並且用獨立行使職權和垂直領導，來擺脫地方黨委的丁頂和領導。試想，中央、省、市、自治區的檢察機關，如果不根據黨中央和省、市、自治區黨委的決定和指示，怎樣對國務院所屬各部門或者省、市、自治區人民委員會和它所屬的部門實行監督呢？擺脫了地方黨委的領導，實行所謂垂直領導，又怎樣對地方國家機關實行監督呢？實際上，能夠真正實行一般監督的，只有黨中央和地方各級黨委，檢察機關的一般監督，一般地說，大都是按照黨的指示，履行法律程序的一種形式。要想離開黨的領導實行所謂一般監督，不是妄想，就想利用一般監督同黨分庭抗禮。右派分子黃紹竑那樣熱心地強調一般監督，不是沒有原因的。[93]

劉惠之和王立中積極主張推行「一般監督」政策，劉惠之還遭指控：曾直接批評彭真斷言蘇聯檢察相關政策「實際是什麼都沒做」，乃與現實狀況不符。再加上他們各自與黃紹竑的「連結」（劉氏對黃氏就檢察工作的批評意見，甚表重視並曾於會議宣讀；王氏著文鼓吹「一般監督」，也引起黃氏關注和引用）。[94]在彭真發話狠批「一般監督」後，他倆自是交上厄運、在劫難逃。

張鼎丞奉命掀起高檢院「反右派」大浪時，還是盡可能地保護部分人員如辦公廳主任王桂五、「偵查監督廳」（「三廳」）廳長呂萬吉。他甚至還曾想保住王立中，但事態已非其能掌握而未成。張鼎丞沒被選入彭真掛帥的「聯合黨組」，恐即是認為他鬥爭不力而發出的政治警訊。

張鼎丞只能選擇盡快跟上過去延安中央黨校的老上級、現在「聯合黨組」書記彭真。張鼎丞為首的高檢院黨組將劉惠之、王立中當做「反右派」、批判「一般監督」的主要目標；對於「垂直領導」問題，張鼎丞召開黨組會議，提出取消檢察院的垂直領導體制，使之成為同級政府所屬。

彭真強勢領導、張鼎丞戮力配合之下，高檢院機關在1957年「反右派」劃定23名「右派」，其中有劉惠之、王立中、李甫山、白步洲、劉汝棫、王仁卿6名高檢院檢察員（1958年6月3日，全國人大常委會公告將之撤銷職務）。時

93　〈彭真同志在三中全會上的發言稿（草稿）〉，頁17。

94　宋永毅主編，《千名中國右派處理結論和個人檔案》，第3冊，頁217、220-221；第5冊，頁63-64。

至1957年11月底，全國檢察系統挖出536名「右派分子」，之後繼續猛增；1958年9月，高檢院報告揭示：全國的檢察機關共有一千五百餘人被劃為「右派分子」。[95]

1958年3月25日，彭真主持中央書記處會議討論高檢院黨組〈關於召開全國省、市、自治區檢察長會議情況向中共中央的報告〉。他對「一般監督」問題仍窮追猛打，指其「違背了公、檢、法機關互相監督的原則」。[96]

劉惠之被強行扣上「右派」高帽後，先被送到北大荒勞動改造，後來被分派到哈爾濱園林處、黑龍江省圖書館。劉氏盡公職守、自甘淡泊，只求重回黨內。1978年他終獲北京通知，可赴京辦理其政治問題的複查。「反右派」後，王立中被解職、謫貶至雲南，最後也苦盡甘來，盼得撥雲散霧之日。

1979年，對「反右派」進行糾正時，高檢院機關當年劃定的23名「右派」，有22名被認定錯劃，包括劉惠之、王立中等6名檢察員，以及助理檢察員以下幹部16人。[97]可見彭真、張鼎丞「反右派」時錯整檢察「忠良」。

1988年高檢院主編之《當代中國的檢察制度》，對半甲子以前的「一般監督」問題，有如下總結：「把主張做一般監督工作的幹部作為『凌駕在黨政之上』、『把專政矛頭對內』等『政治錯誤』進行批判，並打成右派，這顯然是不適當的」；「當時卻採取了簡單化的方法去解決思想認識問題和工作上的不同意見，以致傷害了幹部，這是一個值得吸取的深刻教訓」。[98]

從上述文字中不難看出：高檢院對當年由彭真、張鼎丞主導的政治批鬥，乃予否定。

95　《張鼎丞傳》編寫組，《張鼎丞傳》，頁478-479。

96　《彭真年譜》，第3卷，頁300。

97　閔釤、薛偉宏編，《共和國檢察歷史片斷》（北京：中國檢察出版社，2009），頁126。王立中平反後任職於雲南人民檢察院。

98　徐益初、民勝，〈關於檢察院一般監督的爭議〉，郭道暉、李步雲、郝鐵川主編，《中國當代法學爭鳴實錄》（長沙：湖南人民出版社，1998），頁114。

小結

　　1957年下半年中國大陸政法領域的「反右派」風暴，乃是中共將「反右派」運動鋪向全國的一個分支戰場。其對黨外「資產階級右派」猛追不捨，對黨內「右派分子」鬥到眼紅、殺到震天，較諸其他領域和部門，都是相當「拔尖」和醒目。彭真對政法領域「反右派」的指揮和經營，概分為黨外和黨內兩個軌道分進合擊。

　　彭真以中央書記處分管政法書記，以及中央法委主任委員身分，指揮政法領域的黨外「反右派」。他藉由中央統戰部和中國政治法律學會舉行的系列座談會，在政法界進行「釣魚」，作為「反右派」號角吹響後大舉「秋後算帳」的依據（其中多有刻意扭曲和羅織）。彭真在全國人大會議平台上，對準一向對中共政法政策與作為發表高論的黃紹竑；實際上，彭真將之當做在政法上對中共叫陣最力、最富威脅的黨外人士。彭真將黃氏公開污名與狠猛鬥垮，同時也摧毀後者不無建設性思考的政法改善建議。彭真也利用黨國宣傳喉舌，對遭其認定的政法界黨外異己人士與相關主張，連人帶論地登報批判，讓之在政法界無法立足，在社會上也不復清高、斯文掃地。

　　彭真為抓緊政法機關的黨內「反右派」鬥爭，親自領銜「政法陣線反右派鬥爭聯合黨組」，使出「反對黨的領導」和錯置專政工具矛頭指向（用於己而縱放敵，致使親痛仇快）的兩柄重釜，使勁砸向政法戰線的黨內同志，主要有監察部的王翰、高法院的賈潛和魯明健等人，與彭真有私人交情的北京市法院之首王斐然，以及高檢院的劉惠之和王文中。

　　彭真的一記「殺手鐧」，是將本屬同一條政治壕溝內的具體法律、政法分歧，有意醜化成「為虎作倀」——思想上被國府、西式「舊法」與機械仿蘇的「教條主義」所沾染、俘虜而不自知，不但驕其同仁，還奉為圭臬、執意推行，狀勢不將工作引上邪路不停手，從而為黨外「資產階級右派」覺得有空子可鑽，甚至援為內應和知音。從「動機與效果統一論」觀之，更被解析為開門揖盜、甚至「引清兵入關」，其罪錯豈不大矣、重矣！

　　彭真在政法領域一手捲起「反右派」風暴，讓大批非共和中共的法曹菁英和一般人士瞬眼獲罪於黨，哀鴻遍野。躲過這波政治獵巫者，有曲意奉承之人，更有因無法逃離此一「是非圈」，而只能選擇悶不吭聲、惟求平安過日者。

　　不無矛盾的是，彭真在政法領域兇狠批鬥「右派」的同時，也沒有拋卻既有的法制建設進程。「反右派」已經開打、鄧小平和彭真為之忙得不可開交之際，1957年6月26日，鄧小平主持的中央書記處會議，還討論彭真監製而成的刑法草案第22稿，彭真在會上建議「先原則通過，還要修改」。彭真實際掌理的全國人大常委會進而開會決定：將此一刑法草案發送正在進行的第一屆人大四次會議，向與會代表徵求意見，待人大常委會據之修改後發布試行；他也同在此會期間猛轟濫炸黃紹竑等「大右派」。彭真樂在其中的「反右派」造成之政治巨浪和方向突轉，卻又使得相關法制規劃難以真正施展，甚至命途多舛。

　　政法領域「反右派」期間，彭真主導批判許多所謂「右派」言論與主張，有不少都與董必武相關，甚至本來即為其法律觀點和政法主張。另外，彭真主攻並劃定的政法部門「大右派」，如監察部副部長王翰、高法院研究室主任魯明健等，過去都與董必武有工作交集，作為不同時期的直接下屬，也有政策觀點上的相近，不禁讓人有「打狗給主人看」之意圖。

　　有人代董必武受過的例子，還可見陳于彤的案例：如前所述（第五章），陳于彤與董必武工作關係綿長，就政法問題還曾與彭真直接爭論，有如為同在會上的董必武助陣。陳氏後來擔任司法部所屬的法律出版社副社長兼總編輯（社長葉篤義，皆係董必武親自提名）。在「反右派」洗刷下，陳氏被《人民日報》點名批判，被控「搞錢」、「非常腐化墮落」，在辦公室呼朋引伴打麻將，不到深夜不散（1958年1月27日）。眼見陳氏身處被劃為「右派」的危險，董必武對之力保，但因其昔日與彭真發生齟齬過節，最後仍被定為「右傾分子」、「蛻化變質分子」，遭受撤職下放勞動之災。[99]

　　董必武不是沒有感覺，但也無處可躲。果不其然，1958年中彭真又主導一場針對政法部門的政治整風，另有一批政法高幹遭到批判和清洗，董必武也自此退出政法領導圈，中共治下的法制發展更是一敗塗地，將是下一章的討論內容。

99　浦公百年誕辰紀念活動組委會，《在歷史的棋局中——胡春浦百年誕辰紀念文集》（運城，2013），頁175-176。

第九章

督率政法部門整風，再挫法制建設
（1958-1960）

　　彭真乘著政法領域「反右派」大勝的餘威，以及「大躍進」揚風而起的激勵態勢，1958年6月至8月，他配合中共中央在各領域進行整風的政治部署，發起政法機關整風，經由檢視過往、檢查思想和檢討人事，達致政治共識和組織汰換，從而在政法戰線上為建設社會主義「總路線」，預作準備、鼓足馬力、共襄盛舉。

　　本章旨在探討：挾著「反右派」取得壓倒性勝利的威勢，中共中央、彭真何以要大動作地對政法機關續行「整風」，召開大會檢討工作得失、反省自我缺失？其欲澄清的法律認識和矯正的政法問題為何？欲撻伐何種「錯誤路線」、高舉什麼樣的「正確路線」？政法各部門內，何人受批遭難？為何法院和司法部門「戰事」最為激烈，又為何會扯上黨國大老董必武？

　　彭真在政法機關整風，大樹大立黨委「絕對領導」（包括對政法機關以至具體案件），並支持特定政策與做法（如公安、檢察、法院「聯合辦公」），對既存法律和政法體制的衝擊為何？更至要的是，毛澤東對法制及其重要性的認知，如何受到「反右派」影響和「大躍進」氛圍催化，而出現質的變化？彭真又如何亦步亦趨、緊密相隨？

　　本章的論點為：彭真在政法領域的主導地位，因其獲任直屬中央政治局、中央書記處之下的中央政法小組組長，在組織上再加獲得確認和強化。彭真席不暇暖，在董必武出訪之際，立即布置政法系統整風，召集全國性的司法、檢察和公安會議。

　　彭真最用心於最高人民法院（簡稱最高法院或高法院）、司法部一同舉行的整風，這既與近幾年司法部黨組賣力推行法制、勇於提出改革方案，不忌得罪公安部門和地方黨委有關，也因為司法部、高法院最受董必武的政法思想與主張所影響，而與彭真愈加強調黨的領導的政治風向益形相左。經彭真居高臨下的指令和操作，司法部黨組瞬間陷入彭真不久前為將政法領域「反右派」推向高峰，而丟出的兩個政治大圈套，即忽視黨的領導、忽視無產階級專政，最後導致該黨組全軍覆沒的結局，創下中共建政以來中央單一部門黨領導組織全垮之首例。檢察系統的高層整風鬥爭，雖然沒如此慘烈，也有當事人被逼得身心俱疲，甚至還有尋短自盡的情況。

　　董必武雖然能自政法系統整風風暴安全脫身、逃過一劫，但是以董必武與慘遭彭真整風鞭撻的政法主張、政策之間的關係匪淺、互有聯繫，董氏的政法思想和主張，經此一役已幾近政治崩盤，他也識相提出辭去高法院院長，不再對政法問題高談闊論。

　　彭真接連推行的政法領域「反右派」、政法機關整風，也是中共建政以後試行法制建設、特別是「八大」又高聲要發展法制後的一個重大轉折點：初有的法制累積，幾乎因此散盡，其前景也隨人事震動而黯淡無光。政策、群眾運動治國的思路和做法，強勢地班師回朝，大當其道。

　　下文首先檢視彭真發起政法機關整風的可能動機，以及何以法院與司法系統整風為其重點，並最後將司法部黨組硬定為「反黨集團」；董必武又何以被搭連進去，彭真又怎樣技巧地讓他表面無傷，實則重創。接著介紹檢察部門高層整風批評和自我批評的情形。接下來探討中共層峰如何直白吐露對法制的無心，相關建制之後如骨牌般傾倒，以及倡建法制者的政治悲慘境遇。

一、司法系統整風：第四屆全國司法工作會議

（一）指示開會與動機目的

　　中共「大躍進」運動逐漸成形、氣氛愈加高漲的政治環境下，中央到地方的重要黨組織，紛紛按照1958年初以來毛澤東在南寧會議、成都會議高聲批判「反冒進」、反對右傾保守、高唱解放思想和破除迷信的做法和精神，總結過

去工作、擘劃未來願景。彭真領導的中央政法部門也不例外，如前一章所示，1958年2月底到3月中旬，監察部即搶先舉行第七次全國監察工作會議，彭真也到會指導。

　　1958年5月初，高法院黨組針對中共建政以來的司法工作，開始研究起草又稱為「務虛報告」的「八年總結」（其另稱為「博士論文」，最後定稿的全名是〈關於檢查八年來工作和今後意見的報告〉）。董必武因為即將出訪保加利亞、捷克、東德並順訪蘇聯，所以並無出席院黨組為此具體研議的會議，僅聽取關於「務虛報告」擬議框架的匯報，而無過問太多細節。[1]5月27日董必武前腳才走沒多久，彭真就開始介入和主導高法院黨組「務虛報告」的寫法和內容。6月4日上午，彭真召集中央政法部門負責人員，開會討論高法院黨組、高檢院黨組各自預定呈交中共中央的報告。[2]

Bundesarchiv, Bild 183-57000-0261
Foto: Ulmer, Rudi | 12. Juli 1958

圖9-1：1958年7月董必武出席東德統一社會黨第五次代表大會（一）。
資料來源：Bundesarchiv, Bild 183-57000-0261, Foto: Ulmer, Rudi, 12. Juli 1958. 轉自 Wikimedia Commons。

1　張愻，〈第四屆全國司法工作會議的來龍去脈及其嚴重影響〉，孫琬鍾、李玉臻主編，《董必武法學思想研究文集》（北京：人民法院出版社，2005），第4輯，頁416。

2　《彭真傳》編寫組（下略），《彭真年譜》（北京：中央文獻出版社，2012），第3卷，頁313。

Bundesarchiv, Bild 183-57000-0393
Foto: Ulmer, Rudi | 13. Juli 1958

圖9-2：1958年7月董必武出席東德統一社會黨第五次代表大會（二）。
資料來源：Bundesarchiv, Bild 183-57000-0393, Foto: Ulmer, Rudi, 13. Juli 1958. 轉自
Wikimedia Commons。

　　1958年春，毛澤東為強化黨的領導以推行「大躍進」運動，擴大中共中央
書記處（彭真為鄧小平的副手）的權力。6月10日，中共中央進一步地發布
〈關於成立財經、政法、外事、科學、文教各小組的通知〉。毛澤東8日在其
上加寫「這些小組是黨中央的，直隸中央政治局和書記處，向它們直接作報
告」，明確相關中央領導小組負責承上啟下、分工把口的重大職權。其中也明
定：中央政法小組由彭真出任組長，董必武、烏蘭夫、羅瑞卿、張鼎丞為組
員。[3]

_____

3　同上註，頁314-315。

　　根據中央政法小組的職權和人員配置，彭真明確掌握政法領導大權，公安、檢察和法院的最高負責人都在他之下。這可說是彭真繼出任政務院政法委中共黨組書記、中央法委主任委員、中央書記處內分管政法的書記，以及「反右派」期間的「政法陣線反右派鬥爭聯合黨組」書記後，其政法主管人地位的再次確認和再行強化。相對地，董必武對政法工作的主導性，在1950年代中期後已愈漸轉手給彭真。新成立的中央政法小組副組長是羅瑞卿，董必武僅是組員，地位還在羅大將之後。[4]

　　彭真「一朝權來手，就把令來行」。一方面，彭真為首的中央政法小組直接指導並加速高法院黨組對「務虛報告」的起草進程，並確定以「反右傾，批判資產階級法律觀點」作為內容基調。另一方面，彭真領銜的中央政法小組決定高法院和司法部一同召開第四屆全國司法工作會議，「檢查、總結八年來的工作」。[5]事實上，「反右傾，批判資產階級法律觀點」，也是此會的政治主旋律。

　　高法院和司法部比鄰而居，工作關係密切，高法院黨組（董必武院長、高克林副院長為正副書記）和司法部黨組（兩位副部長鄭紹文、陳養山為正副書記，史良部長為黨外人士，所以不在黨組之內）經常召開聯席會議，共議重要的司法工作問題。[6]從第四屆全國司法工作會議的政治走向來看，彭真顯然極不滿意司法部黨組先前過於傾向董必武及其法律思想和政法主張。

　　針對第四屆全國司法工作會議，「中央政法小組負責人」（很可能是彭真，或至少反映其意見）指示：「用整風的方法開會」；「要用很大的精力大鳴大放，把所有對最高法院和司法部的意見說完」，「要破的徹底」。第四屆全國司法工作會議即在彭真親掌之中央政法小組的直接領導下進行。[7]幾乎與

4　《董必武傳》撰寫組，《董必武傳（1886-1975）》（北京：中央文獻出版社，2006），下卷，頁965。

5　崔敏，〈董必武民主法治思想及其歷史命運〉，《甘肅政法學院學報》，2012年第5期，頁9。

6　張慜，〈老而彌堅，探索不已——我所敬重的王懷安同志〉，《中國審判》，2006年第10期，頁20。

7　張慜，〈第四屆全國司法工作會議的來龍去脈及其嚴重影響〉，孫琬鍾、李玉臻主編，《董必武法學思想研究文集》，第4輯，頁416。

第四屆全國司法工作會議同步，同樣在彭真領導下，公安系統和檢察系統也採用整風方法，分別召開第九屆全國公安會議、第四屆全國檢察會議。

中共整風旨在整治不良之風、整肅不肖之徒，期望經由批評和自我批評過程，辨明是非、認清方向，必要之時調整和清理組織，最後達致認識、思想和行動的統一。彭真是黨內整風的箇中高手，延安時期就身負重任、叱吒風雲；1957年全黨整風運動，也是他和鄧小平擔綱負責。彭真在1958年代表黨中央飭令政法系統開會整風，在人事和思想上必有所指，而且其問題嚴重、危害甚大，因此必須痛下決心，「要破的徹底」。

董必武是中共建政初政法工作首要負責人、法院系統掌門人，其政法主張和法律思想對整個政法領域影響甚大，法院和司法部門尤其為是，高法院和司法部受之薰陶、同之唱和，更顯而易見。第四屆全國司法工作會議決定召開的決策過程和正式開場之後的一個半月，董必武在東歐、蘇聯為外事所忙，看似是無暇過問，實則全然遭到架空。黨中央和彭真不是簡單地要董必武置身事外，而是趁機火力猛攻、掃蕩高法院、司法部內與董氏「臭味相投」者，也要對董氏進行不點名的缺席審判。有論者直言：「由於董必武兩個多月不在國內，這就為放開手腳清算他的民主法治思想創造了條件」。[8]

1958年6月23日，第四屆全國司法工作會議開幕。出席人員包括：省（市）一級的高級人民法院和司法廳（局）負責人士，部分軍事法院、中級法院、基層法院，以及司法院校的領導幹部，此外還有一些律師，總共440人。由於與會者眾，此會因而被稱作「全國司法幹部的一次大規模的整風會議」。[9]

約此同時，除了彭真在政法系統點火、發動整風批判，中共中央也對軍隊和「人民團體」（工會、青年團、婦聯）開展整風。前者由鄧小平坐鎮中央軍委擴大會議，指揮軍隊「反教條主義」；後者由書記處候補書記劉瀾濤主持批判過逝不久的賴若愚。四面烽火，此起彼落，好不熱鬧。

總體來看，1958年初夏到炎夏，毛澤東為首的中共中央在各領域發起整風，就是規劃藉之在各條戰線做好思想、政治和組織的梳理和準備，為已經形

8　崔敏，〈董必武民主法治思想及其歷史命運〉，《甘肅政法學院學報》，頁9。

9　崔敏，〈對法治建設有重大影響的兩件事〉，《炎黃春秋》，2015年第2期，頁25-26。

成的「總路線」、即將步入高峰的「大躍進」（以群眾運動為主體和載具），掃除障礙、加注活力、壯大聲勢。

彭真主持政法系統整風，雖然表面規模和牽涉人數並不突出，但是其不但關乎「刀把子」可否效忠並服務於黨國新定「中心工作」，更直接觸及深層次的國家治理思維和方法問題。特別是當毛澤東為首、彭真在內的黨中央決定「河歸故道」，重新啟動、起用群眾運動，作為建國興國的不二法門。1950年代前中期的法制摸索和累積，除了董必武重視並積極規劃，彭真見毛澤東也有此意，亦不無認真經營和試行；數年下來形成的制度律法、建制人事，以及思想觀念，反倒成為可能約束、箝制黨國再興群眾運動的有形累贅或無形枷鎖。彭真率領政法眾部屬行整風，就是要打掃乾淨此條戰線，讓之洗心革面，心無懸念地擁護、配合群眾運動的運作邏輯及其掀起的建設狂潮，並在其中立業立功。

（二）標示批鬥對象

第四屆全國司法工作會議中最直接的整風標靶，彭真心有所屬，即鄭紹文為首的司法部黨組。

鄭紹文面對彭真捲起的政法領域「反右派」狂浪不得不跟，而只能在能力範圍之內盡量減少運動傷害。彭真為督促司法部「反右派」，當面告知鄭紹文等司法部領導人：「青島會議上有的省反映，司法部右傾，黨領導不了地方的司法機關。要好好檢查一下。當前首先要把反右派鬥爭搞徹底，全國司法幹部中有不少右派，不搞徹底怎麼行？首先司法部領導人員，要和資產階級思想劃清界限」（1957年9月7日）。[10]彭真之後也出席高法院、司法部黨組一道召開的司法工作座談會，強調「政法戰線必須徹底開展反擊右派的鬥爭，使得我們政法各部門從思想上、政治上、組織上純潔起來」（1957年9月19日）。

鄭紹文面對彭真的政治施壓和耳提面命，在「反右派」上自然不能不使力，司法部打出幾個「右派集團」。[11]鄭紹文還加入批鬥監察部「大右派」王

10　《彭真傳》編寫組（下略），《彭真傳》（北京：中央文獻出版社，2012），第3卷，頁950。

11　熊先覺，《熊先覺法學文集》（北京：燕山出版社，2004），頁468。

翰的戰局，在報上發文〈王翰是個右派分子並不奇怪〉，揭發其「素行不良」
（1957年12月8日）。鄭紹文另外也高聲提出「必須徹底劃清新舊法的界
限」，以使法律工作、法學研究出現躍進。

即便如此，鄭紹文還是力能所及地對司法部下轄的法律出版社伸出援手。
法律出版社籠罩在「反右派」陰影，多人被盯上，鄭紹文乾脆將運動叫停。個
案處理上，出版社要員陳于彤因曾就法制問題與彭真力爭，而直接得罪之；陳
于彤被捲進「反右派」，董必武出面都保不住，鄭紹文又能奈何。至於出版社
另一成員郭秉毅身陷危局之際，鄭紹文先與老戰友連夜商量，緊急調動郭氏工
作，再找統戰部副部長徐冰幫忙，急將郭氏安插在國務院參事室，使之免於被
劃為「右派」的厄運。

鄭紹文對於疾風暴雨般的「反右派」、躁進不已的「大躍進」在政法領域
的衝擊，以及「以黨代法」、「公檢法三權合一」的做法與走向，有所異議，
終究難逃彭真「法眼」，彭真最後也沒有放過他。[12]第四屆全國司法工作會議
召開前夕，彭真領頭的中央政法小組開會，就要求鄭紹文在即將到來的會議上
檢查錯誤，並對之表示：「你不上陣，也要扶你上陣」。該小組後來不滿地指
控鄭氏：將司法部的錯誤，諉過於貫徹法院組織法和來自蘇聯的「教條」，而
完全不提自身應負的責任。

既然鄭氏不願順從，彭真為首的中央政法小組決定先從鄭氏的周遭人士下
手，安排在第四屆全國司法工作會議開始後，將去年「反右派」已被彭真領頭
的中央法委、「聯合黨組」要求檢討的王懷安、唐勁實，再加上王汝琪（黨組
成員、公證律師司司長），首先交付大會批判，「借以發動群眾，查明事實，
澄清思想」。[13]亦即集合會議群眾的力量，以此三人為破口，進而將揭發攻
勢、批鬥烈焰向上火燒鄭氏本人。

司法部黨組6名成員最後被一網打盡、無一倖免：鄭紹文、陳養山（黨組
正副書記、副部長），以及王懷安，劉尚之（黨組成員、部長助理），王悅塵
（黨組成員、辦公廳主任）和王汝琪。同樣在這波整風遭殃的除了唐勁實，還

---

12 浦公百年誕辰紀念活動組委會，《在歷史的棋局中——胡春浦百年誕辰紀念文集》（運城，
  2013），頁175-176。
13 〈中央政法小組關於司法部反黨集團問題的報告〉（1958年11月29日），頁8。

有教育司長宋子成、辦公廳副主任羅之光。

　　特別值得一提的是王懷安。王氏年輕時在四川大學攻讀法律，是中共黨內少數接受正規法律教育而長期擔任司法工作的人士。中共「入城」前，王氏在延安、哈爾濱擔任司法職務；中共建政以後，史良欣賞王氏工作能力和才幹，成功遊說沈鈞儒，將王氏從高法院「挖角」到司法部。王氏歷任司法部辦公廳主任兼人事廳廳長、司法部黨組副書記，參與起草法院組織法，在部內也一直受到重用。之後才到部任職的鄭紹文、陳養山，對王氏也甚為信任。

　　相對地，王懷安在延安時期曾因四川「紅旗黨」案而被認作特務，遭到誘捕關押，在「搶救」批鬥高壓下被迫做不實「坦白」；彭真基於審幹、反奸的領導機制和通報系統，還有他後來對組織人事的掌握，他必然知曉王氏相關政治遭遇和表現。彭真後來對王懷安這類幹部的任用，在大膽使用的同時（如制定法院組織法時，頗為倚重王氏），是否私地仍覺得對方有「案底」，而較易傾向對之另眼相看、放大檢視？特別是當王氏的法制意見、政法主張與自己愈見差別，彭真對他更是怒目切齒。

　　1956、1957年司法部派員至地方視察、複查工作，進而以之為基礎完成的重要政策性報告，王懷安皆深度參與，甚至主筆。一是1956年6月1日的〈關於檢查四川省江津、樂山、大邑縣法院鎮反工作情況報告〉，其基於王氏調查當地結果，內容要點是：批評公安、檢察、法院「通力合作協同作戰」雖好，但「分工負責，各把關口」不足；鑑於「肅反」錯案頻生，建議將「先批後審」（三機關幹部一起參與偵查階段預審後，即送黨委審批，之後再依之辦理起訴和審判手續），改為「先審後批」（公安先行預審，經過檢察起訴、法院審判的兩道審查，再將之報送黨委審批）。

　　王懷安的考量是：按照「先批後審」做法，黨委審批時，可能受到預審提供資料片面性的影響；若改作「先審後批」，黨委審批時，其根據的資料與意見，兼有公安偵查、檢察起訴所認定者，以及經法院甄別者，甚至還有被告對法院初審的意見；法院也可增加責任感，不像「先批後審」時易將審判敷衍了事，當做「走過場」。[14]

　　王懷安基於實地調查、縝密思考提出的「先審後批」，在高法院黨組、司

_____

14　熊先覺，《熊先覺法學文集》，頁648、650。

法部黨組聯合開會討論時，由王氏報告說明，最後兩個黨組也就此達成共識。[15]

　　另一是1957年6月15日的〈關於當前農村犯罪情況的報告〉，其基於司法部對湖南、山東、江蘇9個縣法院處理刑事案件情況的考察結果。內容指出：「勞動人民」犯罪的件數、比例上升，敵對分子、舊時社會渣滓的犯案數量與比重相形下降。映證符合黨中央對社會矛盾出現變化，而人民內部矛盾愈益突出的政治判斷。「勞動人民」的犯罪現象中，「幹部嚴重違法亂紀、侵犯人權」，數量之多足以單成一類。針對「勞動人民」犯罪的處理，基層幹部普遍存在懲辦情緒，慣採粗暴、刑罰以至鎮壓敵對階級分子的辦法，如此不但無助問題解決，反而易增民眾反感；另外也存在片面強調教育，而制止不力、判刑偏輕的偏向。

　　這一〈報告〉也為頻被批做「右傾」的法院加以辯解。例如：遭遇新情況而無足夠經驗應對；缺法可依。也批評一些地方幹部的慣用方法，即只要認為法院未配合其要求，便動輒責備法院「不為中心工作服務」、「右傾」。〈報告〉也催促公安部門採取配合行動：及早擬制治安行政法，並提請國家公布施行，以利法院有法令處理突出的普通違法現象；在此之前，公安部門則要採取臨時必要措施，擔當任務、負起責任。[16]

　　王懷安積極主張、最後成為高法院、司法部黨組一致同意的黨委審批案件制度改良方案——「先審後批」，以及他參與完成、最後成為司法部正式立場的〈關於當前農村犯罪情況的報告〉，在彭真監視的第四屆全國司法工作會議上，竟成滔天大罪，分別被指責為「反對黨的領導」、「反對無產階級專政」，即彭真在八屆三中全會提出內容模糊、包山包海的兩個「政治籮筐」。王懷安也遭到萬夫所指。

　　這除了直接肇因於：彭真、羅瑞卿為正副組長的中央政法小組，不接受「先審後批」政策主張和〈關於當前農村犯罪情況的報告〉內容基調。另外，還有其政治勾連效果：近可循之批判鄭紹文的司法部黨組識人不明而為奸人所乘（王懷安被指控為黨組「出謀劃策，充當『軍師』」），立場盡失而淪沉瀣

15　張懋，〈老而彌堅，探索不已——我所敬重的王懷安同志〉，《中國審判》，頁20。
16　熊先覺，《熊先覺法學文集》，頁629。

一氣；遠可沿之側面敲擊高法院黨組，甚至劍指董必武。

　　王懷安經過與董必武的公事互動和實際工作經驗，甚為認同董氏的政法思想和主張。例如：群眾運動已完成歷史使命，要讓位給法律、規章、制度，其之及早建立與完備，刻不容緩；黨政關係上，不應「以黨代政，黨政不分」，黨只能透過政府內的黨員、黨團進行活動、發揮作用，不能駕乎其上，直接指揮命令（董氏的「八大」講話為加強此一論述，原引用毛澤東相關言論，還被彭真刪去）。

　　王懷安、司法部黨組反對「鎮反」式的三家聯合辦案，並主張將「先批後審」改為「先審後批」，在一定程度上是董必武政法思想主張的開花結果。董必武對「鎮反」式的聯合辦案做法無甚好感，在蘇聯法學專家面前也不避諱表露（1955年9月8日）；[17]對「黨委審批案件」的具體設計，董必武主張「（法院）先審（黨委）後批」，不贊同「（黨委）先批（法院）後審」，在政法高層研議時，他雖為負責人，但意見卻沒有通過，讓其散會後生氣得兩手哆嗦。[18]司法部、王懷安有憑有據地提出佐證其政策建議合理的調查報告，董必武豈不快哉，董氏為首的高法院黨組對之有所同感、擇善而從，也是事之必然。

　　1957年4月21日，董必武以山東、廣東、安徽部分地區為例，向中共中央提出估判和建言（24日獲中央批轉）：隨著經濟、社會變動，治安社情已有所變，政法應對之策也須與時俱進、調整更新，不該動輒訴諸專政鎮壓，繼續沿襲「肅反」運動做法（公、檢、法合組政法辦公室聯合辦案），免得問題未解、卻矛盾激化。王懷安參與、司法部認證的〈關於當前農村犯罪情況的報告〉，與之所見略同、若合符節。從時序觀之，甚至有司法部〈報告〉受到董必武意見啟發、鼓舞的可能。

　　有心之人若以為：王懷安、司法部黨組及其上述若干政法主張，實為董必武「代打」，或甘為其之耳目、馬前卒。針對王懷安、司法部黨組發起一場政治狙擊，順藤摸瓜牽連下，可對董必武起到震懾作用，並讓之引發痛楚之感。

17　〈目前中國的法律工作概況〉，董必武文集編輯組，《董必武政治法律文集》（北京：法律出版社，1986），頁441。

18　李步雲，〈功業留青史　風範存人間——記陶希晉同志二三事〉，中國法學會董必武法學思想研究會編，《緬懷陶希晉》（北京：中央文獻出版社，2011），頁70。

（三）糾集整風隊伍

彭真為有效操控第四屆全國司法工作會議，經由設標立靶，還有糾集人馬參會，並對會議出題，要求與會者按之作文答卷。

彭真依其「有色眼光」已認定司法部黨組無一好人，故不能寄望由司法部自行進行整風。高法院向來與司法部工作關係密切，當然不能對該部嚴重的人事現狀和政治問題，視若無睹、見死不救。因此，高法院負責人得要在第一線承負「幫助」、領導友部整風的責任。

高法院院長、黨組書記董必武因身體年邁、力不如前，平時是「甩手掌櫃」；更關鍵的是，在黨中央、彭真的心裡、眼中，董必武在政法思想和問題上，不但不是潔白無瑕，反而可能正是司法部黨組政治徹底「崩壞」的主要根源，若找他督導司法部整風，無異緣木求魚，如同「請鬼拿藥單」。索性用計，趁董氏出國訪問而有所不備之際，果斷安排政治整風。

高法院三位副院長，高克林、馬錫五為中共黨籍，張志讓則是「高級民主人士」。高克林擔任高法院黨組副書記，實際肩挑高法院領導工作。高克林自山西省委書記調往最高人民檢察署任職以後，與彭真多有工作接觸，經常聽命於之、受命於焉。高克林從高檢署轉任高法院後，其作為該院副手，也受到彭真認證，可從他列席彭真擔任主任委員的中央法委會議上看出。彭真在中央書記處分管政法，並擔任中央政法小組組長，高克林更會聽從彭真號令。

另外，高克林在整風「鳴放」期間遭人指責：有時未能知曉、理解董必武的法律思想、政法看法。由此可見，高克林可能與董必武存在一些思想距離，可資彭真利用和爭取。高克林也有與董必武、司法部黨組人士意見相一致的時候，例如：1956年他也認為應將「先批後審」改為「先審後批」。這也會驅使高克林在第四屆全國司法工作會議緊跟彭真指揮棒，以劃清界線、自我洗白。

第四屆全國司法工作會議準備和進行期間，高克林實際當家的高法院黨組，在砲轟司法部黨組問題上，甚為配合在上督軍的彭真、羅瑞卿，稱之在其中銳意進取也不為過。

按照彭真的中央政法小組指示：「用整風的方法開會」、「要用很大的精力大鳴大放，把所有對最高法院和司法部的意見說完」。會議以大鳴大放、大辯論、大字報方式，對高法院、司法部工作進行檢查和批判。會議期間撰寫張

貼的大字報高達約一萬兩千張，與會者平均每人要交出近三十張大字報。[19]大字報的寫法與內容，如同中共整風的慣常操作、慣走偏鋒，首先彙整司法部黨組成員過往的各次會議講話報告、各地視察發言評論，以及批示文件和調查意見，然後再斷章取義、大炮大轟、上綱上線。

會議戰況激烈，形諸書面的大字報火力四射，現場交叉質問也砲火猛烈。指向批判者的揭發和逼壓，全然不講客氣。王懷安參加中共革命前、入黨後的行徑都得在會中交代，被當做「黑歷史」挖出。

為批鬥司法部黨組，會議整風的動員對象，除了法院、司法系統人員，還有公安部、檢察院人士前來「參戰」。

公安部、司法部在「鎮反」運動的成績、錯誤和方法評價上，存在明顯歧異，不時隔空交火。羅瑞卿的公安部殺氣騰騰地直指司法部「右傾」；從〈關於檢查四川省江津、樂山、大邑縣法院鎮反工作情況報告〉和〈關於當前農村犯罪情況的報告〉，也可感到司法部對公安「老大哥」也非罵不還口。因此公安系統來人見有機會可以放手批評司法部，自然踴躍不已。

檢察院方面，副檢察長譚政文正愁自己如何在高檢院整風過關（後面會敘及），仍花心力就1956年日本戰犯審判工作問題，對司法部黨組成員王汝琪進行攻擊，令她覺得無理和不平。

這種跨政法部門的「借將」相助，恐非高克林、高法院黨組所能獨自決定，合理推測應是彭真的中央政法小組統籌安排。事實上，第四屆全國司法工作會議、第四次全國檢察工作會議與第九次全國公安工作會議，時而各自進行，時而聯合舉行，正是由彭真領導的中央政法小組操控和指揮。

（四）設定議題、導引批判

彭真的中央政法小組對第四屆全國司法工作會議設定的批判主線，在6月上旬指導高法院黨組起草「務虛報告」時就已定下，即「反右傾，批判資產階級法律觀點」。如此可讓與會各造，包括高法院黨組、內部與會代表和外部增援人士，方向上有所歸依，批判上有的放矢。

從彭真的政治視角看來：法院和司法系統歷年出現「右傾」，指的是形之

19　崔敏，〈對法治建設有重大影響的兩件事〉，《炎黃春秋》，頁26。

於體的問題表徵和偏差行為；而「資產階級法律觀點」，則指藏之於內、驅策其行的錯誤根源。

第四屆全國司法工作會議結束後，高法院黨組向中共中央上呈〈關於第四屆全國司法工作會議的情況報告〉。按照中央政法小組指示，其中對會議大反「右傾」描述如下：

> 在司法戰線上曾犯過違反黨的方針的嚴重的原則性的錯誤，主要是右傾的錯誤。這就是1955年上半年發生的麻痺輕敵思想和對若干反革命罪犯該殺不殺、該判不判和重罪輕判的錯誤；1956年肅反複查工作中，過多地強調了檢查輕罪重判、不該判而判的錯誤，沒有同時注意檢查該判不判、重罪輕判的錯誤；1957年春天對毛主席正確處理人民內部矛盾問題的指示理解片面，在強調人民內部矛盾的時候，一度忽視了對敵鬥爭。我們的這些錯誤，都是由於中央和各級黨委及時指出，才比較快地得到了糾正而沒有發展到更嚴重的程度。[20]

至於「發生右傾錯誤的根源」，會議歸罪於「我們思想上受到資產階級法律觀點的影響」。[21]會中集中批判的「資產階級法律觀點」，〈報告〉的說明是：「會議通過檢查、批判，更加透徹地解決了人民法院的性質和任務、黨對法院工作的領導、審判工作的群眾路線等根本性的問題」。[22]

會上對三個「根本性的問題」的批判情況，分別如下：

關於人民法院的性質和任務，會上壓倒性輿論是：強調「專政論」——法院對犯罪者施加專政鎮壓，即是保護人民；駁斥法院職能的「兩點論」——要對敵專政，也須保護人民。[23]「兩點論」乃是因應1950年代中期以後，中共擬議擴大法制、要求審慎辨識、處理社會矛盾變化的政治趨勢下，法院與司法系

---

20 《董必武傳》撰寫組，《董必武傳（1886-1975）》，下卷，頁968。

21 同上註，頁967。

22 崔敏，〈司法部黨組何以被打成「反黨集團」——半個世紀前一起冤案的回顧與反思〉，「中國法學會董必武法學思想研究會2010年年會」，西安：中國法學會董必武法學思想研究會、陝西省高級人民法院，2010年10月11-13日，頁3。

23 《董必武傳》撰寫組，《董必武傳（1886-1975）》，下卷，頁974。

統對政法走向安排的構思和自我最新角色的尋求，看起來並未獲得政法「當道」力量青睞。

關於黨對法院工作的領導，會上批判特為猛烈。前一年的「反右派」，針對憲法規定的「法院獨立進行審判」，彭真在八屆三中全會提出政治「正解」（「是說法院獨立進行工作，並不是說法院的黨組和黨員可以向黨鬧獨立性」），並批判由之而起的「司法獨立」、「審判獨立」。在第四屆全國司法工作會議上，相關問題又被翻出，大火重炒一遍。王懷安主張、司法部黨組接受、高法院黨組也有共識的「先審後批」，在會上也同樣被指責為「反對黨的領導」、「向黨鬧獨立」、「以法抗黨」。[24]

關於法院審判工作的群眾路線，會中有聲音批評：對法迷信而自我迷失，不但自我受限、為其所制，並還勉強、為難其他政法部門照章行事。這不難意會是針對司法部黨組以至董必武而發，因為相關人士怨懟「鎮反」的公、檢、法聯合辦案，而極力主張政法部門之間既有分工協作，也有彼此制約。[25]

二、董必武的尷尬處境和大會發言

（一）「反右派」以來董氏的難堪和因應

1957年整風「鳴放」運動的發動，讓認為群眾運動已經完成歷史階段性任務的董必武，感到困惑和詫異；[26]在接之而起的「反右派」鬥爭裏，政法界內遭到嚴詞批判的「右派」言論，實際有不少是針對董氏法律觀點的責難。

董必武經常強調的「人民法院獨立進行審判，只服從法律」（這也明載「五四憲法」第78條），遭斥為「反對黨的領導」、「以法抗黨」；董氏認為法院兼具對敵人施以專政、對人民權利加以保障的職能（1954年《人民法院組織法》第3條亦有相似內容），卻被指是「妄圖改變人民法院的專政職能」、「篡改人民法院性質」；他倡導的「依法辦事」，遭批為「法律至上」、「法

24　同上註，頁976。
25　同上註，頁977。
26　同上註，頁951。

律萬能」的「資產階級法學觀點」；其主張借鑑國際經驗、學習法律科學，遭責是宣揚資產階級法律觀點。[27]

　　經彭真審閱後刊登的《人民日報》社論〈在政法戰線上還有嚴重的鬥爭〉（1957年10月9日），以及根本反映他八屆三中全會關於政法工作講話內容的《人民日報》社論〈克服政法工作中的兩種傾向〉（1957年10月14日），董必武的官修傳記就評道：「這些粗暴無理的指責，不但與客觀實際的事實不符，也與法律規定相違背。這種無理指責直接針對著董必武在政法工作中的許多正確觀點和主張」。[28]

　　董必武此時雖能隻身而退、毫髮無傷，但是其頭上已是政治烏雲密布，也知道必須與時調整。毛澤東的〈1957年夏季的形勢〉對政法工作提出批評意見，董必武感到銳不可擋，進而以之為準地闡述政法政策。1957年9月20日，董必武在各省市高級法院院長、司法廳（局）長會議（即司法工作座談會）講話，他詳細說明〈1957年夏季的形勢〉的意涵，並按之講述問題，包括：法院必須接受黨委領導；公安、檢察、法院既要相互制約、又要互相配合；當然還談及毛澤東批評的該判不判、重罪輕判問題。[29]

　　政法領域內主張或傾向董必武的法制觀點、政法主張而遭難者，大有人在，吉林省高級人民法院院長鮑廷干，就被吳德為首的吉林省委和省公安局長纏上。他們手持毛澤東的〈1957年夏季的形勢〉強逼鮑氏檢討。鮑氏覺得自身許多政法主張、法制觀點，都源自於董必武以至彭真，私下不禁抱怨董、彭兩人為何沒有向他透露中央層峰意向，而使之挨批。鮑氏殊不知董必武此時也陷入逆境，彭真則緊隨甚或是影響毛澤東，正要對政法界大加整飭一頓。

　　1957年10月初，鮑廷干藉由到北京參加會議求見董必武，將心中委屈向之傾吐，即自身忠實按照「中央司法機關下達的文件精神」執行，但卻遭指控犯錯，實是無法承擔，因而登門討救兵，祈求出面講公道話。董必武回覆鮑氏：自慚負責的政法工作出現嚴重錯誤，而寢不能寐；經過自我省思而體悟，「歸結起來是個黨性問題」。董必武還由此勸導鮑氏：「做工作必須通天入地」，

27　郝鐵川，〈法治與人治理念的對抗與衝突──新中國成立初期法制建設若干重大爭議問題述評〉，《東方法學》，2015年第1期，頁18。

28　《董必武傳》撰寫組，《董必武傳（1886-1975）》，下卷，頁949。

29　《董必武年譜》編纂組，《董必武年譜》（北京：中央文獻出版社，1991），頁478。

「通天是同黨委關係密切；入地是適合廣大群眾利益和要求」；「一個黨員，應該自覺地做黨的馴服工具。我看你跟你們那個省委關係很不好。你回去後就按這個路子檢討，檢查夠了分量，我看你還是能過關的」。鮑廷干聽話地返回吉林，希望以認真檢討換得政治過關。[30]想不到他換來的是一頂又厚又重的「黨內右派分子」大帽，11月吉林省委上報中共中央，次月即獲批准。鮑廷干頭戴這頂政治帽子，一直到1979年才摘掉。

　　董必武會見、打發鮑廷干之時，時值八屆三中全會舉行期間。董必武參加此一全會，[31]甚有可能也現場聆聽彭真在會上涉及政法工作的講話；再加上，彭真講話的部分內容直接關連董氏的法律主張和法院工作，勢必引起他的強烈關注。彭真在全會上表示：「在司法行政和法院系統中，最突出的問題，是一部分人想借口『司法獨立』來擺脫黨、特別是地方黨委的領導，同黨分庭抗禮」。連同經其審定的《人民日報》社論（〈在政法戰線上還有嚴重的鬥爭〉），皆顯示彭真對「司法獨立」持以相當負面的評價，甚而認為其被用來當做「擺脫黨」、「同黨分庭抗禮」的政治擋箭牌。這點可能特別引起董必武的不解和思考，甚至產生研究「審判獨立」、「司法獨立」的想法。

　　1957年11月26日，董必武心想經過歷史爬梳和各國比較（包括社會主義、資本主義國家），讓司法幹部對相關概念有「比較正確的理解」，特別是要認識「法院專門幹審判工作，不受行政機關的干涉」。[32]董必武是否也想要彭真、甚而毛澤東對同一問題也有「比較正確的理解」？董氏縱使有此意念，1957年12月14日中共中央批轉認可的高法院、司法部黨組之〈關於司法工作座談會和最高人民法院的反右派鬥爭情況的報告〉，其中指出：「任何借審判『獨立』，抗拒黨委對具體案件審批的想法和做法都是錯誤的，必須堅決給予糾正」。應會教他啞口無言。而之後迅速發展、成形的1958年「大躍進」，以及其對政法系統造成的躁動，恐怕也無法讓之平心靜氣地坐在桌案前鑽研深究。

　　董必武對「反右派」以來急遽變化的政治情勢和要求，既想跟從、但又存有思想差距的心理狀態，可見於1958年4月上旬的司法工作座談會期間，他對

30　阿沐，《新中國第一代法官——鮑廷干傳》（2001年4月），鮑氏網：http://www.10000xing.cn/x062/2018/0807114927.html（2022年3月10日登入）。

31　《董必武年譜》編纂組，《董必武年譜》，頁478。

32　同上註，頁479。

十個省市的法院、司法部門負責人的談話內容。

董必武回顧去年的司法工作座談會：「去年開司法會議，只是解決了一個問題，即要聽黨的話。那次會上我雖然講了兩個鐘頭的話，實際上最主要的就是講的這一點。這以後我們沒有發過什麼指示」。針對司法領域應景提出「大躍進」的規劃，董必武表示要務必緊從黨中央和地方黨委：「主要是靠地方黨委領導，假使上級法院與地方黨委的意見不一致，你們應該服從黨委。法院離開黨委的領導要想前進一步辦法是不多的」。[33]

董必武識時務地緊抓堅守黨的領導的政治大旗（毛澤東的〈1957年夏季的形勢〉和彭真的八屆三中全會講話對此都尤為強調），但是他仍掩藏不住一定的政治「本色」。針對「大躍進」風潮對政法工作的驅動和影響：地方上出現「幾無」（無反革命、無盜竊、無搶劫、無強姦，甚至是無民事糾紛）、「幾滿意」（辦案各造、當事各方對相關處置，皆心滿意足）的口號，辦案也出現指標追高、結案爭速，以及公安、檢察、法院為此聯合辦案的風向。董必武既明白表示相關政法口號：「是沒有根據的，錯誤的。看不到反革命的存在就要上大當，有亡頭、亡國的危險」；他也強調政法部門的各有分工，法院自成一道工序，負審判之責。董必武還指出：「法是人搞的，沒有什麼神秘，但法是科學」。[34]並且反對地方上出現取消司法廳（局）的意見。

董必武的以上談話經過整理之後，在一定範圍內進行傳閱。[35]彭真是否即時看到，若是又有何感想？彭真在政法領域打響的「反右派」攻勢，為了反擊黨內、外對公、檢、法聯合辦公、辦案做法的批評，愈加地再次擺向對此之支持；彭真對「幾無」等躍進式口號也不太認同並有指正，但較重引導、愛護政法部門的積極分子（以上兩點都可見於彭真後來在8月16日聯席會議上的講話）。另外，彭真指揮的政法領域「反右派」，批判黨外（法學界）、黨內（賈潛）故弄玄虛地佯稱法為科學，實質兜售反映舊時階級利益的反動觀點主張。董必武卻還不無逆潮流地繼續緊抱「法是科學」觀點，恐也教之雙眉緊蹙。

---

33 董必武，〈當前司法工作的幾個問題〉（1958年4月），《黨的文獻》，1996年第2期，頁70。

34 《董必武傳》撰寫組，《董必武傳（1886-1975）》，下卷，頁960。

35 同上註，頁961。

另外，毛澤東大反「反冒進」、狂推「大躍進」，董必武過去同意並積極支持周恩來、陳雲倡議的經濟「反冒進」，甚至主張清除「冒進」思想，難保不被算上一筆。[36]1958年初周恩來、陳雲因為「反冒進」問題而被整風整得七葷八素時，董必武的「反冒進」連同其政法本務，不也應該接受整風檢查嗎？

彭真領導的政法機關整風，特別是法院、司法系統部門整風，架設一個政治場子，以便施行「一石兩鳥」大戲，即既檢討、教訓這幾年在政法問題上愈顯得我行我素的司法部黨組，也要對在政法機關以至整個政法領域大有思想、政治影響的董必武示警，甚至上演一場頗具巧思、以他為標的之政治逼宮。

（二）董氏大會發言

董必武訪問東歐、蘇聯期間，特意了解當地政法建設情況、收集相關資料，並會晤法界人士如蘇聯最高法院負責人。[37]董必武滿腦子還是想如何借鑑他山之石，以增進中國的法制發展，沒想到等他回國的是一場表面上並非針對他而來、但卻讓之感到來意不善的政治惡鬥。

1958年第四屆全國司法工作會議在彭真督導下緊張地進行一個半月以後，8月7日，董必武才結束國外訪問、返回北京。對於前些日子以來政法部門的重要變化如：彭真率領中央政法小組號令公安、檢察、司法三大系統開會整風，以及第四屆全國司法工作會議的具體發展狀況。董必武不甚了解，僅聽聞會議情況的簡要介紹，處境甚是被動，對於會議的設定主題和整個走向，根本無能為力改變，遑論加以扭轉。[38]董必武至多能做的就是配合演出、發言表態、放低姿態、自承責任。

8月13日，董必武在第九屆全國公安會議、第四屆全國司法會議和第四屆全國檢察會議的聯席會議上發表講話。董必武在會上說一定要清除的「資產階級的東西」，這與彭真勒令批判的「資產階級法律觀點」，指涉內容一樣嗎？董必武可想到他自己會被牽扯進去？

第四屆全國司法工作會議和其他兩個「兄弟」部門的整風鳴放中，出現對

36 同上註，頁962。

37 同上註，頁963。

38 崔敏，〈董必武民主法治思想及其歷史命運〉，《甘肅政法學院學報》，頁11。

董必武與高法院工作的各種批評，董氏表示都概括承受、出面承擔：

> 　　在最高人民法院的工作中，我是個院長。實際工作是高克林同志和其他
> 幾位副院長做的。雖然是這樣，但很多重要事情是得到我的同意的，我是
> 知道的。高院有的事情做錯了，全部或部分錯了，責任主要由我負，不應
> 由他們負。當然他們也有責任。因此各位批評得對，我完全接受。部分對
> 的也很好，不對的也歡迎。主席說過，我們做工作的人，我們這些共產黨
> 人做工作不加點壓力是改不好的。壓力要從下面來，光靠上面是不行的。
> 我們歡迎你們來開會，歡迎你們對我們的批評，不管對不對，有意見說了
> 總比不說好。因此我們歡迎。[39]

　　董必武對彭真領銜中央政法小組指示的開會方法和「鳴放」結果，表示：
「我聽說這次會開得很好，這是新的方式，大鳴、大放、大字報在這三個會上
都運用了，而且鳴放中有很多很正確的意見，當然其中也有的是不正確或不完
全正確的，這是容許的」。至於哪些意見是正確、不正確或不完全正確，董必
武沒有具體說明，之後講話內容就轉去介紹其東歐、蘇聯之行。[40]
　　董必武的大會講話和此番表態，是否可以交差，使之在法院、司法系統整
風安然下莊？三天以後，彭真給了一個聽來認可、但又不免讓人心生政治遐想
的答案。

三、聯席會議的總結發言

　　8月16日上午，猶如政法部門「太上皇」、政法機關整風操盤手的彭真，
出席全國公安、檢察、司法三個會議的聯席會議，發表講話。彭真此一講話的
重要性，可見於高法院黨組在會後向中共中央上呈的〈關於第四屆全國司法工
作會議的情況報告〉，其中提到：「在會議結束時，彭真同志和羅瑞卿同志分
別就會議中討論的幾個根本性問題，作了重要報告，成為這次會議的基本總

39　《董必武傳》撰寫組，《董必武傳（1886-1975）》，下卷，頁966。
40　同上註。

結」。[41]

　　有文章指稱，彭真在此一講話中談到9個問題。[42]但因為講話紀錄在會後被要求繳回，[43]以下僅能以目前所能獲得的分散資訊進行綜整、介紹和分析。

（一）堅持黨的領導、準確實行民主專政

　　彭真開宗明義就是重申去年八屆三中全會提出的兩個「畫龍點睛的要害問題」，即應否由無產階級專政、要否黨的領導，只是前後順序調換而已。

　　彭真首先強調黨對政法部門及其工作的絕對領導：

　　　黨的領導是一切問題的核心。無產階級專政必須堅持黨的領導。有人承認無產階級領導，但不承認黨的領導。憲法總綱第一條寫了，中華人民共和國是工人階級領導的、工農聯盟為基礎的人民民主專政國家。共產黨是無產階級的先鋒隊，代表無產階級實現領導，這是馬列主義的基本道理。[44]

　　彭真並表示：「黨的領導當然包括中共中央和各級黨委的領導」。[45]他接著話鋒一轉批評道：

　　　許多同志犯錯誤就是在這個問題上，總要另搞一套，有個人的打算，不聽黨的領導。國家的一切事務，都需要黨在思想上政治上的領導。共產黨是無產階級的最高組織形式，無論工、農、商、學、兵、政，無論哪個方面，都要堅持黨的領導。否則，我們的社會主義事業是搞不成的。大政方針、政策是由中央決定的，黨中央的領導是根本的，當然，還有各級黨委

---

41 崔敏，〈司法部黨組何以被打成「反黨集團」——半個世紀前一起冤案的回顧與反思〉，頁3。

42 崔敏，〈董必武民主法治思想及其歷史命運〉，《甘肅政法學院學報》，頁11。

43 何勤華主編，《中國法學家訪談錄》（北京：北京大學出版社，2010），第1卷，頁363。

44 彭真，《論新中國的政法工作》（北京：中央文獻出版社，1992），頁124。

45 《彭真年譜》，第3卷，頁327-328。

的領導。[46]

　　彭真闡述的第二個問題是「民主與專政問題」。他表示：「對人民實行民主，對敵人實行專政。這個問題處理不好，就要犯政治立場的錯誤」。[47]其強調：「把敵人當自己人，實際上立場就沒有站穩，至少有一半站在敵人那方面去了；把人民當敵人，立場也錯了」；「毛澤東同志在延安就講了，對己要和，對敵要狠，首先是分清敵我，敵我問題是大是大非」；「對人民內部的是非問題，不能採取對待敵人那樣的辦法去處理」。[48]

　　在確實遵行黨的領導、正確執行「民主與專政問題」的兩個大而籠統的政治框框上，政法系統幹部因犯有錯誤而被劃作「右派」的激況，彭真在會上指出：公安部門佔比3.3%，檢察系統佔比4.5%，司法部門佔比更達到9.5%。[49]令人咋舌！彭真對其督導的政法戰線何以獵出大量「右派」表示：

　　　　為什麼政法戰線右派比別人多呢？假使你去搞一個農業生產合作社，你天天和自然界做鬥爭，有一些資產階級觀點也可以馬馬虎虎，也許暴露出來，也許不能完全暴露，假使在一個工廠，也可能不完全暴露出來，因為他在工廠和自然作鬥爭，或在商業部門，他也不完全暴露出來。而政法部門……只要處理問題，就反映了你的立場、觀點，右派觀點也比較容易暴露。[50]

　　政法戰線「死傷」如此慘重，彭真的政治好惡、好鬥、好戰，是否也是一個激化情勢、推波助瀾的重要原因？

　　1957年被「聯合黨組」書記彭真指控「另搞一套，有個人的打算，不聽黨的領導」，以及將專政武器矛頭錯置者，主要有：監察部王翰（「事先監

46　彭真，《論新中國的政法工作》，頁124。

47　《彭真年譜》，第3卷，頁328。

48　彭真，《論新中國的政法工作》，頁124-125。

49　《彭真傳》，第3卷，頁951。

50　最高人民檢察院無產階級革命派聯絡總站編，《彭真、羅瑞卿在政法（檢察）方面的反革命修正主義言行》（北京，1967），頁77。

督」、「垂直領導」）、高法院賈潛（法院獨立審判）、高檢院劉惠之、王立中（「一般監督」、「垂直領導」）。在這一回合，彭真改以中央政法小組組長身分，再提兩個「畫龍點睛的要害問題」，嚴加批鬥未能正確堅持黨的領導、專政方向的主攻對象，就是鄭紹文、陳養山為首的司法部黨組，還有自始至終未曾明指、道破的董必武。

（二）服膺中心任務、愛護積極分子

彭真在會上強調政法工作和部門的任務定位——必須服膺黨的中心工作並為之效命，他同時肯定過去在此一做法下的工作成績：「建國以後，沒收官僚資本、土改、鎮反等，完成新民主主義革命，是一個躍進；農業手工業合作化、資本主義工商業社會主義改造，廢除剝削制度，又是一個躍進。圍繞這些中心任務的政法工作都有躍進」。[51]行將衝上高峰的「大躍進」運動，自是彭真意欲政法部門當前努力緊跟、配合、效力的中心工作。

彭真對政法機關為跟上形勢而提出的相應「躍進」計畫，鼓勵、維持其沖天幹勁的同時，也試加引導以免流於嚴重失實。他針對政法部門「左派」、「領頭羊」公安部表示：「當前全國各地方的安全運動，也是一個很好的躍進。但是，各地提出的『五無』、『十無』等口號要力求符合實際鬥爭情況，力求科學一點，考慮周到一點」，「發現下面口號提得不對要糾正，但不要潑冷水」。[52]

1958年彭真在政法系統大搞整風時，如果說司法部黨組被他瞄準充作整風批鬥標靶，也是其他政法部門作為警惕、提防的負面教材；無疑地，羅瑞卿的公安部就是整風學習的標兵，亦是要仿效、推廣的正面案例。對司法部黨組要不留情面地鳴鼓攻之，讓之政治破產、臭名遠揚；相對地，對公安部表揚並激發其工作積極性和創造性之餘，也要適時引導，提醒之戒驕戒躁，從而更好地在政法工作上繼續扮演帶頭先鋒。

彭真對公安系統先前提出的「幾無」目標和口號，加以指正並指出其不適當之處：

51　《彭真年譜》，第3卷，頁328。
52　同上註。

總的提個什麼口號好呢，請同志們考慮一下，比如說是提無盜竊好，還是提徹底消滅盜竊好？你講無盜竊，突然有了，怎麼說得清呢？是自己打自己的嘴巴，還是說口號提錯了？但說肅清一切盜竊，就不同了。肅清、消滅是一個鬥爭過程，沒有肅清就繼續肅清。我們要充分估計到，還有帝國主義，資產階級也還沒有得到徹底改造，老的反革命肅清了，新的還會產生，鬥爭是長期的。我看，還是堅決肅清，徹底肅清，這種提法比較符合實際。同時，你說都無了，還幹什麼？就會把枕頭塞得高高地睡大覺，很容易使自己麻痺起來。過幾天又有了，又會驚慌失措了。[53]

較諸董必武在四個月前嚴厲批評「幾無」「沒有根據的，錯誤的」、「有亡頭、亡國的危險」，彭真言詞語氣較為和緩。彭真對羅瑞卿在他提點下改而提出的安全運動，公開加以肯定，並將之歸功於羅瑞卿。彭真繼而表示：「我們發現下面口號提得不對要糾正，但不要潑冷水，要同他們商量，怎樣提法好。要愛護這種積極性，這是可寶貴的，但要領導」。[54]

聯席會議的當天下午，羅瑞卿在第九次全國公安會議進行總結講話時，對於彭真上午講話的相關指導表示贊同、認為高明，也轉過來用之證明自身對公安部門領導的正確。[55]

（三）肯定聯合辦公

彭真在聯席會議上的講話中，對於政法領域、政法機關一直存在歧異看法的問題——公安、檢察、法院應否聯合辦公，直接表態予以贊成。他首先認為聯合辦公行之有年（例如「肅反」），應予肯定：

這個問題吵了多少年。聯合辦公，能不能去掉？去掉不了。解放以來，只要是運動，只要有中心工作，就聯合辦公。我們不是講唯物論嗎？聯合辦公的存在，不僅有可能，而且確實有需要。那麼多的案子，你辦你的，

---

53 《彭真與公安工作》編輯委員會編寫，《彭真與公安工作》（北京：群眾出版社，2010），頁136。
54 同上註，頁136。
55 同上註，頁136-137。

我辦我的，沒有直接碰頭商議，怎麼行呢？還不是大家聯合辦公！聯合辦公的經驗應該肯定。肅反就是十人小組，公安、檢察、法院、黨委和其他部門的幹部都有，比聯合辦公還更高級一點。事情辦好，群眾擁護，工作便利，怎麼不對呀？什麼是標準？最大多數人民的最大利益是標準。56

彭真接著針對聯合辦公做法經常受到的質疑——不利於公安、檢察、法院之間互相制約、各自履行職責，加以回應，強調「聯合辦公是直接協作，直接互相制約」：

聯合辦公，有沒有制約，有沒有協作？三個機關辦案你主張逮捕，我主張不逮捕，大家商議商議逮捕還是不逮捕；你主張這樣判，他主張那麼判，大家商議商議究竟怎麼判好，這也是互相配合、協作，互相制約，實事求是把事情搞準辦好。大家在一塊，有個對立面。有矛盾，在一塊商議解決，最後事情辦得不出錯誤，或者少出錯誤，就是這個目的。

聯合辦公是直接協作，直接互相制約。案子少了，就分頭去辦，必要時交換一下意見，也還是協作，也還是制約。該爭論的就爭論，這是正常的關係。該爭論的也不爭論了，有意見藏在肚子裡，這是剝削階級的庸俗的東西，不是無產階級的東西。互相制約還是要的，只要把事情真相弄清楚，有了原則，分頭去解決，風格就高了。這是共產主義的風格。57

彭真上述支持聯合辦公的言論，實同是對他自己兩年前在中央法委第一次會議（1956年7月6日）上之政策立場（即「鎮反」運動後就不要再採行聯合辦公），大為倒退，並成為中央最新立場。

彭真和司法部黨組、董必武在聯合辦公問題上，也就此正式分道揚鑣，亦為正在興起的公安、檢察、法院三家聯合辦案（實為黨委拍板、公安領頭）勢頭，添油熾薪。董必武傾心主張、司法部黨組也力倡並因此而獲罪的「先審後批」——在處理案件的過程中，讓法院可以相對於黨委控制、公安優勢之下，

56　彭真，《論新中國的政法工作》，頁128。

57　同上註，頁129。

發揮更實體的審判角色，長期銷聲匿跡、不見於世。

　　彭真支持聯合辦公的鮮明表態，第四屆全國司法工作會議自是應和。會議雖然沒有直接否定政法各部理應「分工負責、互相制約」的原則，但提出「支持第一，制約第二」口號。其中意蘊的變化，就是對彼此之間行以制約的要求，大形減弱。另外，可能也因為有彭真支持，會議肯定受到「大躍進」鼓動而湧現的聯合辦案趨勢，完全不甩董必武在四個月前的批評，甚至美其名是「破除迷信」，打破「繁瑣手續的訴訟程序」，以及宣稱公、檢、法三個機關「從上到下的趨勢是統一協作」。[58]

（四）狠批司法部黨組

　　熊先覺任職司法部，身任史良部長的業務秘書，「反右派」時被劃為「極右分子」，並被冠以司法部「右派骨幹」封號。熊先覺作為「老司法部」人員，多年後以當年經驗見聞和後天鑽研努力，撰文介紹1950年代後半期引發司法部強烈政治地震的第四屆全國司法工作會議。其中披露「中央政法領導小組負責人」會上發言的部分內容，反映中央對會議的定調式表態。[59]

　　熊先覺提到的「中央政法領導小組負責人」，甚有可能即是彭真的代稱。原因有：一、彭真是中央政法小組組長，亦即是此一小組首要負責人；二、彭真和羅瑞卿一起到會為會議作結論，熊氏提到羅瑞卿直呼名諱而無閃躲，因此「中央政法領導小組負責人」恐非指羅瑞卿。三、1958年司法部黨組遭到整風批鬥一案，後來被中共中央平反，鑄成此一錯案者自是難逃究責，但由於彭真地位隆崇，提之自是敏感和不便，故而不直呼其名（陳養山在1983年回顧此事，也將當年司法部的不幸都歸咎於羅瑞卿，稱之「認為司法部右傾，是反對公安部，反對羅瑞卿，就是反黨」，而同樣隻字不提彭真）。[60]

　　這名可能是彭真的「中央政法領導小組負責人」表示「今天我也來貼一張大字報」，進而指控司法部黨組：「變了顏色，褪了顏色」，「在黨組裡頭，雖然有是非輕重，但很難找到一個完全乾淨的、堅持黨的立場的同志」，「他

58　《董必武傳》撰寫組，《董必武（1886-1975）》，下卷，頁976-977。

59　熊先覺，〈1959年司法部被撤銷真相〉，《炎黃春秋》，2003年12期，頁30-32。

60　陳養山，〈我的一生〉，《紀念陳養山文集》編輯組，《紀念陳養山文集》（北京：中國檢察出版社，1993），頁84。

們不是插的黨的紅旗，黨組犯了路線上的錯誤」，「他們是個反黨集團，鄭紹文是反黨集團的頭子，插了個旗幟，反黨反中央。」[61]

「犯了路線上的錯誤」、「是個反黨集團」、「反黨反中央」，無一不是大得嚇人、也是極其致命的政治大帽。彭真深諳黨內政治生活，也有豐富整風經驗，當然深知「路線錯誤」指控的政治用意、分量與傷害。彭真被陳雲、高崗指控在東北犯有「路線錯誤」而憤恨不已（幸得毛澤東以「路線性」錯誤稍事緩頰），但倒是不手軟地對司法部黨組硬貼上「路線錯誤」的政治標籤。此外，彭真豈不知光光司法部黨組撐不起一條政治路線的場面，還是他根本心中另有鎖定的重量級人選？

「中央政法領導小組負責人」也在會上指控司法部黨組「反對無產階級專政」，引證的是王懷安別有貢獻、司法部正式發布的〈關於當前農村犯罪情況的報告〉，稱之：「一方面把敵我矛盾根本抹掉，另一方面是把矛頭對準幹部的違法亂紀」，「沒有階級觀點、沒有立場」，是「鼓吹階級鬥爭熄滅論」、「反對無產階級專政」。[62]批評政法機關錯置專政武器矛頭指向而造成親痛仇快，本即是彭真在此前一年為了將政法領域黨內「反右派」推向高峰所使出的一記政治重拳。同時擊出的另一記重拳，則是批評政法官員對黨的領導心不在焉、心懷貳念。

「官大學問大」，「中央政法領導小組負責人」的相關評論在會上無人膽敢質疑；但在45年後，熊先覺直言「這是嚴重的歪曲」。[63]

熊先覺文章刊出後數年，他在一次口述訪談中就不再拐彎抹角地指出：「1958年第四屆全國司法會議由當時的中央政法領導小組正副組長彭、羅主導，他倆做報告，說司法部爛了，犯了路線錯誤」。[64]

關山復（1958時任中共吉林省委書記處書記、分管政法）在1992年回憶：陳養山在延安時期的中央黨校內，「位居校領導骨幹之列」，但不像「老資格的『左』傾狂熱分子，極力推波助瀾」。他另外也表示：因工作之故，而曾讀閱1958年「政法權威人士」批判鄭紹文、陳養山「錯誤」的講話，「看來這又

61 熊先覺，〈1959年司法部被撤銷真相〉，《炎黃春秋》，頁30。
62 同上註，頁31。
63 同上註。
64 何勤華主編，《中國法學家訪談錄》，第1卷，頁363。

是一次不顧事實的粗暴鬥爭」。[65]關氏所說的延安整風期間黨校的「老資格的『左』傾狂熱分子」，以及1958年狠鬥司法部黨組負責人的「政法權威人士」，都不免讓人聯想到彭真！

1958年11月29日，中央政法小組向黨中央報送的〈關於司法部反黨集團問題的報告〉，必然受到監軍第四屆全國司法工作會議的彭真核可，可作為側面了解彭真在8月16日大會講話中涉及司法部黨組問題的參考。

中央政法小組這一〈報告〉直指鄭紹文、陳養山為首的司法部黨組：「這個反黨集團的徹底揭露，是司法戰線上整風反右派鬥爭的一個重大勝利」。

鄭紹文、陳養山此一「反黨集團」被指控犯有四項主要罪狀：「反對無產階專政」、「違抗中央司法建設方針」、「反對地方黨委對司法工作的領導」、「包庇右派分子」。根本不脫彭真在八屆三中全會提出的兩個「要害問題」，即忽視無產階級專政、忽視黨的領導（中央到地方黨委）。可見彭真對1957年政法領域「反右派」、1958年政法機關整風的政治批判主軸和議程，前後一致、有力貫穿。

第一，「反對無產階級專政」。具體列舉事項如有：對 1955年「鎮反」（即「肅反」）的必要性及其作法（聯合辦公室），頻予否定、批評和蓄意找碴。鄭紹文被控曾說：「黃紹竑揭我們鎮反的底，也不過萬分之幾」；王懷安也被批攻擊四川當地的「鎮反」。對於中央對政法工作提出「反對右傾」指示，反其道而行，以及對中央所提的「多留少放」決定（對於反革命犯和重大刑事犯刑滿後的處置問題），有所質疑。以史為例，向司法幹部宣揚「一套完全否定階級鬥爭的謬論」；〈關於當前農村犯罪情況的報告〉還將「專政鋒芒轉向人民內部」、指向革命幹部。

第二，「違抗中央司法建設方針」。具體列舉事例如有：圖謀讓「資產階級舊法觀點借屍還魂」，公然散播「司法獨立」、「無罪推定」、「有利被告」（以上彭真都在八屆三中全會予以批評）、「自由心證」、「上訴不加刑」、「律師為被告服務」等「謬論」。在幹部與經費管理上，主張「垂直管理」，如此「才能確保審判獨立，否則法院就不能不仰人鼻息」。不管劉少奇的指正，硬是曲解審判制度為「民主制度」，並錯誤堅持「必須按民主精神審

65 關山復，《風雲瞬息》（瀋陽：遼寧大學出版社，1994），頁68-69。

判」；漠視劉少奇對律師的工作定位（以「工農兵大多數人為服務對象」），而主張律師是「被告的保護者」，從而將律師工作引向「敵我不分、為敵人服務的道路」。

具有政策影響的重要問題，未向中央請示而自作主張、逕行下達，〈關於當前農村犯罪情況的報告〉即是如此；對中央的決議和指示，「採取極不嚴肅的態度」，經揭發有多件「沒有傳達討論和貫徹執行」。關於政法教育內容，政法幹校的教學比重，不聽命中央指示的「七分政治，三分業務」，而將六成以上規定為業務課程。

第三，「反對地方黨委對司法工作的領導」。即指控「司法部反黨集團強調司法工作的『特殊性』，反對黨委對司法工作的一元化領導，反對法院為中心工作服務」。具體列舉其多方面批評地方黨委的事項，包括：言稱黨委不懂法律、司法業務，因而不能領導法院工作。黨委為了達成黨中央認定必須優先執行的「中心工作」，而去抽調法院幹部參加的做法，被指稱是「拆機器，用零件」，並認為「法院錯案多發生在中心工作案件上」。抱怨黨委過於受到公安部門影響，僅根據其提供資料，就批評法院「右傾」，也有「公安局長是黨委委員，法院沒權，就得聽公安指揮」，以及服從黨委就等同是服從公安的非議。

從部長到部長助理，都被指控曾發話煽動下級司法幹部，意圖使得司法工作擺脫黨委領導。鄭紹文表示：「黨委決定了，審判員不同意也可向上級法院申訴」。王懷安則稱：「不能當豆腐院長」；劉尚之還公然宣稱：「做黨的馴服工具這話不確切」。他們為找到擺脫黨委領導的根據，還製發表格調查因黨委審批而造成的錯案數字。

另外，司法部「反黨集團」也遭控支持安徽省的司法幹部，攻擊、反對曾希聖為首的省委領導，並拒不執行其指示；而且當彭真獲悉安徽省委來信、指示查明情況，鄭紹文等人還思量對策對付。

第四，「包庇右派分子」。鄭紹文遭控袒護王懷安，「反右派」開打後，他對彭真為書記的「聯合黨組」保證王氏「手腳是乾淨的」，並且推延其檢討；在內部還說：「聯合黨組逼得很緊，只要我肩膀一鬆，司長中就有四個右派」。另外鄭紹文也被指控：制止司法部法律出版社「反右鬥爭的深入發展」，並對曾與彭真當面爭執的副社長陳于彤「一再包庇，長期不作處理的決

定」。[66]

四、董氏問題的巧妙處理

（一）會上點到為止，會後不無影射

彭真領導中央政法小組不留任何情面地將司法部黨組斥作「反黨集團」後，也「圖窮匕首現」，指向董必武。8月16日，彭真在聯席會議上表示：

有人講，法院是董老領導的，法院犯了原則性錯誤。董老犯了多少原則性錯誤啊？你說董老沒有一點錯誤，也很難講。你拿一個材料來，材料本身就是有問題的，結果他根據你那個材料去提意見，你那個材料本身就是不真實的。你說那個東西，董老也好，就沒錯誤？換個別人也一樣，那是個別問題。個別錯誤有，董老自己做了檢討的。但是從重大原則錯誤董老怎樣呢？董老不是這樣重大原則性錯誤。

有論者表示：彭真「這一段話，繞來繞去，不了解內情的人恐怕很難聽得懂。但身臨其境者，自然能聽懂弦外之音」。[67]若仔細對之分析，可以注意到：第四屆全國司法會議期間的整風鳴放，董必武及其領導的法院系統曾遭人抨擊，甚至被指責犯有「原則性錯誤」。彭真認為董必武確實犯有錯誤，董必武自身也檢討不諱，但彭真對他仍相當禮遇，稱其可能是被不實資料誤導而犯錯，而且錯誤性質也非屬重大原則性錯誤。至於董必武遭人所誤而犯下的非重大「原則性錯誤」，又倒底是什麼？王懷安在四川調研「鎮反」後提出、最後為高法院和司法部兩個黨組同意的「先審後批」，是否算得上一椿？彭真也沒明說。

彭真對董必武有錯點到為止，還緩頰幾句讓之安然退場，當然主要出自於對他參與創黨建黨、致力立國建國功勳的尊重。彭真真正重視的實質效果是：

66　〈中央政法小組關於司法部反黨集團問題的報告〉（1958年11月29日），頁3-8。
67　崔敏，〈董必武民主法治思想及其歷史命運〉，《甘肅政法學院學報》，頁11。

董必武轄下的司法系統，經過彭真坐鎮指揮近兩個月的整風鳴放，除了揪出「為惡多端」的「反黨集團」，更經由揭發、暴露，從而讓人辨別、辨清相關錯誤的重要思想根源——不言明、不點破地指向董必武的政法主張和法律思想，令之在政法領域形同破產、宣告出局。

另外，根據「文革」揭發資料，彭真在會上也曾表示：「XX是有威信的了，假使人民日報、新華社登了個中央的決定，說中共中央對XXX當最高法院院長怎麼怎麼的，你還能當得下去嗎？毛主席也是一樣」。[68]被隱去的人名，是否為董必武呢？如果確實如此，彭真這樣提到董必武，其意又為何？

第四屆全國司法工作會議落幕之後，中共中央批准包括此一會議情況報告的6份文件，其批語表示：「政法戰線上幾年來是存在著兩條路線的爭論的。這次司法、檢察和公安會議把這場爭論中的一些根本性問題弄清，求得一致的正確的認識，是完全必要的」。[69]如此一來，將中共建政以來黨內針對法律思想、政法主張的差異和分歧，嚴重看待到視做「路線鬥爭」的程度與高度。[70]

彭真拍板所定的司法部「反黨集團」，其政治過錯再怎麼罄竹難書，其涉案人員的政治職位、級別和影響，都仍是有限，要提出並推行一條具全局性負面影響的「錯誤路線」，恐也不具這種政治本事。

司法部「反黨集團」被控「錯誤的」政法主張和實踐，同董必武的相近、類似和疊合，以董必武對推行法制的態度認真、長期一貫和主張成套，以及他的資深黨內地位和在政法領域的威望影響，彭真在政法機關發動「大規模的整風」、展開「兩條路線的爭論」，其矛頭指向，自然不僅只是司法部兩位副部長而已，而極可能涵蓋董必武，甚至以之為真正靶心。[71]

就會議文件本身，也有令人心生此一政治聯想的內容文字。其中提到：「一些法院幹部『死摳法律條文』，『對法有了迷信』，使法成了自己的一個『緊箍咒』」；「把法神秘化、偶像化，成了束縛自己對敵鬥爭手腳的繩索，

68　最高人民檢察院無產階級革命派聯絡總站編，《彭真、羅瑞卿在政法（檢察）方面的反革命修正主義言行》，頁5。

69　《董必武傳》撰寫組，《董必武傳（1886-1975）》，下卷，頁967。

70　崔敏，〈司法部黨組何以被打成「反黨集團」——半個世紀前一起冤案的回顧與反思〉，頁7。

71　同上註，頁9。

有時還想強加於人，束縛兄弟部門的手腳」。由此可見，彭真指揮1958年政法機關整風，司法部是主要戰場，但並不限於之，也涉及「一些法院幹部」。

董必武作為法院系統之首，著重強調「依法辦事」、「有法可依」、「有法必依」（其「八大」講話就是代表），前述所謂的「一些法院幹部」，是否就包括董氏？[72]就算沒將董氏納入在內，「一些法院幹部」之所以會流於「死摳法律條文」、「對法有了迷信」，將法變成自身受制的一道「緊箍咒」，認真追查起來，恐也不難可以追究到董氏頭上。

至於批評「把法神秘化、偶像化」，對於向來強調、倡導法律的科學性、專業性和有待研究的董必武（其「八大」講話中有集中表述），是否有針對性？另外，指控「一些法院幹部」將法律搞得神秘兮兮、視若偶像神祇的錯誤傾向與做法，「有時還想強加於人，束縛兄弟部門的手腳」。則很容易讓人作如此理解：公安、檢察、法院三家之間，若過於拘泥所謂的法定程序和分工制約原則，只會讓政法「兄弟部門」（實指經常帶頭之公安）的一身好功夫，難以施展。據此怪罪下來，向來批評因「鎮反」需要而成立三家聯合辦公室的董氏，恐也無法全身而退。

中央政法小組在〈關於司法部反黨集團問題的報告〉，還向黨中央指出：鄭紹文、陳養山「都有思想萎頓、政治衰退和在黨內看風色、搞投機的共同點」。有論者表示：作為司法部黨組正副書記的鄭紹文、陳養山，被指控「在黨內看風色、搞投機」，自然不可能是往下看司法部黨組成員、部長助理王懷安的「風色」，因為王懷安至多是「出謀劃策」的「軍師」。「夠格」到讓鄭紹文、陳養山「在黨內看風色、搞投機」的對象，其黨內地位與職務自是較司法部黨組負責人來得更高。[73]

司法部黨組要人若真的「在黨內看風色、搞投機」，中央政法主要領導人必然是其首重經營、亟思鑽營的目標人物。既然彭真、羅瑞卿在全國司法工作會議上對司法部黨組痛下重手，顯然，鄭紹文等人根本與之話不投機，遑論對之搞投機；剩下的中央政法領導人，不就是董必武嗎？中央政法小組在前述呈送黨中央的〈報告〉最後叱責鄭紹文：「直到現在他同右派之間的界線是否已

---

72 同上註。

73 同上註，頁9-10。

經劃清，還是成問題的。至於在黨內如何看風色、搞投機等，則毫無檢討」。[74]這是責怪鄭氏沒有在這方面「吐實」、「坦白」，不願牽扯董氏？

王懷安被彭真的中央政法小組醜化成司法部「反黨集團」「大名鼎鼎」的「軍師」，對於影響自身政治命運以至國家法治發展前景甚巨的第四屆全國司法工作會議，自是極為關心，重視回顧其來龍去脈，致力發掘其台前幕後。王懷安作為司法部「反黨集團」最後一位離世者，他留下的歷史證詞，就道出董必武才是政法機關整風的真正政治清算目標：「清算政法系統兩條路線爭論的目的實際是要清算董老要用『完備的法制』來代替群眾運動的思想」。[75]

熊先覺也表示：「第四屆全國司法會議由中央政法領導小組正副組長彭、羅主持，名為總結司法部執行司法工作的問題，實際是清算以董老為首的法治路線，他們圍剿『法治』，致迄今還有人對『法治』和『法制』分不清楚」。[76]

（二）司法部黨組問題定性，以及相關人士「兩樣情」

應該如何看待和定位司法部黨組政治錯誤的問題性質？董必武即便身處困境，仍仗義執言，認為司法部黨組被揭發的各項錯誤，部分屬於認識問題，部分則是工作失誤，故以「反黨集團」定性不妥。[77]董氏如此為之，既有按事情是非曲直的就事論事，也不排除他同情、甚至同意司法部黨組被彭真、羅瑞卿視作罪錯極大的諸多政法政策、主張和作為。

中央政法小組仍堅持按「反黨集團」論處，並上報黨中央獲准而定案。[78]可以想見彭真、羅瑞卿應該是此一小組內堅持主張將司法部黨組打為「反黨集團」者，作為小組內的多數聲音、甚而變成代表意見。

第四次全國司法工作會議直接癱瘓司法部黨組，「反黨集團」罪名下，鄭紹文、陳養山、王汝琪、王悅塵、劉尚之、唐勁實、宋子成、羅之光的黨內、外職務多遭撤銷，行政降級並受黨紀處分；王懷安甚至被劃為「極右分子」，

74　〈中央政法小組關於司法部反黨集團問題的報告〉（1958年11月29日），頁10。
75　孫琦，〈王懷安先生訪談錄〉，《環球法律評論》，2003年第2期，頁177。
76　何勤華主編，《中國法學家訪談錄》，第1卷，頁362。
77　姚華飛，《秘戰英雄陳養山》（北京：中共黨史出版社，2018），頁196。
78　同上註。

遭開除黨籍並押受監督勞動。會後也殃及一批地方上的司法幹部。[79]

　　鄭紹文被彭真主導的這場政法整風整得灰頭土臉、丟官去職，從中央部門領導被重貶成廣西柳州鋼鐵廠行政科副科長。他黯然離京赴桂時，唯有兩人送行：一是在經貿系統任職的早年戰友，另一是司法部部長史良。政法部門的黨內同志竟無一人前來。話說回來，誰又膽敢與「反黨集團」頭子離情依依，而自找麻煩呢！

　　彭真領導的1957年政法領域「反右派」、1958年政法機關整風，對於史良而言，也是有驚有險的政治歷程。中共將其開國首任司法部部長一職贈予史良，並讓她在政務院政法委享有一席之地，史良也樂於效忠並配合中共，支持「鎮反」運動，努力推行司法改革運動，彭真也曾對之表揚。然而，1957年整風、「反右派」，史良對運動做法有所意見，也對政法具體執行面有所建言，而有被定作「中右」的風險。[80]史良因而在「反右派」浪濤中，如在彭真著力批判黃紹竑一事上，盡力表現以挽回政治失分。

　　接踵而來的第四屆全國司法工作會議，整個司法部黨組被彭真劃為「反黨集團」，司法部的行政負責人史良豈是潔白無瑕、無可指摘？史良在彭真聯席會議講話的次日（8月17日），就在大會上檢討，將自身過去基於法律專業提出的正確政策建議，譬如：讓改造好的舊司法人員、舊律師、法學界資深教授得以適才發揮。自我唾棄地由白的講成黑的，一律說成是「資產階級立場、資產階級思想沒有徹底改造，在思想深處還沒有絕對服從黨的領導」。[81]可能史良也覺得自身的部長官銜即將不保，在曲終人散之際，向被彭真、羅瑞卿鬥得渾身是傷的鄭紹文揮手告別、略表致意。

　　王懷安被貶作「狗頭軍師」，境遇更慘。他被押送至北大荒，在冰天雪地中被迫挖水渠、修水利，好在心境豁達，方能挺過心理、生理的兩重煎熬。

　　彭真率領中央政法小組嚴密督陣下，第四屆全國司法工作會議最後取得「大破大立」成果：破獲司法部「反黨集團」——整個黨組加上3名正司級幹部，破除董必武的法律思想和政法主張，並破滅眾多司法幹部對之的信仰；樹

79　郝鐵川，〈法治與人治理念的對抗與衝突——新中國成立初期法制建設若干重大爭議問題述評〉，《東方法學》，頁19。

80　周天度、孫彩霞，《史良》（北京：群言出版社，2011），頁356。

81　同上註，頁358。

立黨對政法工作的「絕對領導」，確立法院作為「黨的馴服工具」定位。[82]

〈關於第四屆全國司法工作會議的情況報告〉指出：

> 人民法院必須絕對服從黨的領導，成為黨的馴服工具。……把政法工作嚴格置於黨的絕對領導之下，主動地向黨委反映情況，請示和報告工作。法院工作服從黨的領導，不僅要堅決服從黨中央的領導，而且要堅決服從地方黨委的領導；不僅要堅決服從黨的方針、政策的領導，而且要堅決服從黨對審判具體案件以及其他一切方面的指示和監督。[83]

留在政治舞台者如高克林，謳歌彭真主導之政法機關整風、「兩條道路的鬥爭」的政治果實，讚譽這場政治鬥爭取勝的意義。黨外的高法院副院長張志讓也高度好評：

> 1957年至1958年第四屆全國司法工作會議這一期間，確立了法院工作幾個基本性的原則：一、法院工作服從黨的絕對領導，不僅要堅決服從黨中央的領導，還要堅決服從當地黨委的領導；二、法院工作堅決走群眾路線；三、法院通過審判活動為階級鬥爭、為黨的中心工作、為社會主義建設服務；四、幹部參加勞動。[84]

五、高檢院黨組整風和全國檢察工作會議

（一）檢察系統整風大致情況

張鼎丞經過彭真指正，自慚有「右傾」之誤而努力緊跟，1957年最高人民檢察院「反右派」作戰有後來追上之勢；他在1958年也希冀繼續緊隨彭真主導

82　崔敏，〈對法治建設有重大影響的兩件事〉，《炎黃春秋》，頁26。

83　同上註。

84　張志讓，〈我為黨的事業竭盡自己一切力量〉，陳夏紅編，《法意闌珊處：20世紀中國法律人自述》（北京：清華大學出版社，2009），頁178。

的政法機關整風。檢察系統整風嚴肅執行、全不馬虎，批評和自我批評甚為深入，檢討層級直達高檢院黨組重要成員。其可分為兩個階段：一、高檢院黨組「務虛會」；二、第四次全國檢察工作會議。

1958年6月下旬以前，高檢院黨組已召開超過十次的「務虛會」，可說是黨組施行整風，其造成的政治壓力已非「和風細雨」，有「問題」在身、被認為犯有「錯誤」者，須得在「務虛會」關門檢討。高檢院黨組成員、副檢察長譚政文，是被鎖定的主要批判目標。

彭真居上督導、張鼎丞直接指揮之下，第四次全國檢察工作會議從6月23日開至8月18日為止。張鼎丞在會上表示：「高檢有人總是搞監督的監督，這是教條主義」！這無疑是賡續彭真在檢察系統「反右派」對「一般監督」的批評。

張鼎丞鼓勵、動員檢察工作會議與會者勇於提出批評意見。揭發批評的大字報不久就貼上、貼滿，主要矛頭對準「三廳」廳長呂萬吉，批判砲火也指向已在「務虛會」吃苦頭的譚政文。

呂萬吉在高檢院「反右派」高潮中險些落難，幸有張鼎丞出手相救，但在這回高檢院整風，張總檢察長不再「袒護」，看來要將之「拋出」，任其死活。呂萬吉失望、痛心，留下「我沒有錯誤，如果有錯誤也是在錯誤領導下犯的錯誤」字條後，便服藥自殺。令眾人吃驚，甚至引發非議：大字報高潮乃係高檢院掀起，豈料逼死一條人命，可見高檢院內部之複雜。後續的會議氣氛因為發言人數驟減而變得冷清許多。會上原本下一步指向譚政文的批判攻勢，也就來不起勁了。[85]

呂萬吉以死抗議，但死後仍不得安寧，被冠上「漏網右派」之名，其高檢院檢察員職務也被全國人大常委會撤銷（1959年9月17日）。1979年呂氏的案子才被改正，這已是他身故超過20年之後的事了。

趙文隆與呂萬吉同時被撤銷高檢院檢察員身分，據其自稱：譚政文被彭真、羅瑞卿和張鼎丞視做整風批鬥對象，他不敢為之講話，而遭到譚政文忿恨。與譚政文早年交好的周興（其早年犯有販售鴉片之錯，在譚氏關照下方得以過關；他在1959年被正式任命為副檢察長，在高檢院內擔任如先前梁國斌的

---

85 趙文隆，《檢察官的生涯》（鄭州：海燕出版社，1997），頁140。

「二把手」工作），為替老恩人出氣，便硬將趙文隆扣上「叛徒」大帽，送交組織嚴厲處分。趙氏也因此歷盡下放勞動改造的磨難。[86]

第四次全國檢察工作會議「總結了八年來檢察工作上兩條路線的鬥爭，清算了資產階級思想和各種錯誤思想」。會議經過整風洗禮和激發後，通過〈檢察機關的今後任務〉。其中提到：「我們檢察機關在過渡時期的總任務就是：貫徹總路線，保衛總路線」（第1條）；「把檢察機關置於黨的絕對領導之下，是我們貫徹總路線、保衛總路線的根本保證」（第50條）。服膺並服務黨國的中心工作，強調包括檢察在內的政法機關，必須置於「黨的絕對領導」之下，都是彭真在政法各部力行整風的追求目標。

（二）譚政文遭批、梁國斌檢討

譚政文的革命資歷深，上井岡山、闖中央蘇區、走「長征」，在延安擔任保衛公安工作，並以經驗所得著有審訊專書。胡耀邦多年以後對此仍津津有味地回憶和稱讚。中共接管並定都北平初期，譚氏在市長葉劍英和市委書記彭真的直接領導下，出任公安局長，負責維持首都治安秩序，迅猛打擊新生政權的立即或潛在威脅者。中共中央決定葉劍英主政廣東，譚氏也隨之南下；基於愛才惜才的考慮，彭真有所不捨，也無法留之在京。

譚氏到最高人民檢察署（院）工作，乃是周恩來推薦和決定，主要基於審判日本戰犯工作的需要。譚氏處理此事的優異表現，使得周恩來進而決定由之擔任處理日本戰犯指導小組組長。譚氏向上直接承受周恩來領導，向下牽頭檢察、法院等人員合署辦公，負責起草起訴書、判決書、辯護詞與公訴詞。彭真最後負責統整、把關上述重要的法律文書內容。其間，彭真也應與譚氏工作互動頻繁。

大審日本戰犯按中共所意完成後，譚氏的工作重心移轉至草擬檢察的重要工作條例與實施細則。譚氏認為：「執法過程中切忌以感想代政策，也不能以政策代法律，尤其不能習慣於用運動來取代依法辦案」。另外，他借鑑蘇聯檢察經驗時也提醒：「不要以為洋尼就是香的」，蘇聯在科技、工業上確有長處，但是在農業、軍事、尤其是政法，其教訓比經驗多，中共在此領域具有的

86　同上註，頁141。

獨特優勢，反教蘇方望塵莫及。譚氏按以上思維，用心起草檢察工作條例。[87]

整風、「反右派」的急速發展，對檢察部門和工作帶來重大衝擊，批判「右傾」、「教條主義」和「舊法觀念」，不絕於耳。在此政治態勢下，「一般監督」經過高檢院黨組討論和試驗，更重要地按照劉少奇、彭真的指示，已定位為「備而不用或備而待用」。然而，根據黨中央論斷，「基本不作，僅作為武器掛起來的一般監督」，竟成為「被右派假借來反對黨對檢察工作領導」的事由。彭真在八屆三中全會上說道「右派分子那樣熱心地強調一般監督，不是沒有原因的」，就代表這種態度。熱衷推動「一般監督」的檢察官員也因此獲罪、被劃為「右派」。這些都讓譚氏困惑和痛心。[88]

批判之火不久也直接延燒到譚氏頭上。譚氏私下向趙文隆抱怨：彭真、羅瑞卿和張鼎丞對自己不滿，欲藉「務虛會」整他。譚氏先前分工負責擬制的檢察具體工作條例，他怨稱竟被「中央認為這是出右派的總根子」。[89]

譚氏內心縱有諸多不服，高度壓力下，6月5日在高檢院黨組「務虛會」針對其「右傾」、「教條主義」問題進行檢討。7月29日，他還得到第四次全國檢察工作會議接受更大範圍的檢察系統幹部、「群眾」批評，在公眾面前「自曝其短」。譚氏在大會上檢討其自1955年以來的「一些嚴重錯誤」，自承過去傾向支持「一般監督」、未能看清檢察工作的「兩條道路鬥爭」，以及批評群眾運動。[90]由此可以反映彭真為何找之麻煩，以及其有何「辮子」可抓。

梁國斌原是張鼎丞的高檢院副手，1958年2月已轉任公安部副部長、黨組成員，但是他也被要求回來參加高檢院黨組「務虛會」，檢查工作、接受批評。7月28日，梁氏以「前高檢院副檢察長」身分在第四次全國檢察工作會議上發言。

對彭真尤為批判的「一般監督」，梁氏在1957年初建議將之煞車，本來應可平安過關，但因為有人批評他「右傾」——對王立中和劉惠之力推「一般監

87 唐姍姍，〈生若直木 過如利劍——最高人民檢察院原副檢察長譚政文〉，燕岳安主編，《忠魂鑄劍：譚政文誕辰百年紀念》（北京：中國青年出版社，2011），頁97-98。

88 同上註，頁98-99。

89 趙文隆，《檢察官的生涯》，頁138。

90 唐姍姍，〈生若直木 過如利劍——最高人民檢察院原副檢察長譚政文〉，燕岳安主編，《忠魂鑄劍：譚政文誕辰百年紀念》，頁102-103。

督」沒有意會嚴重、厲聲喝止。梁氏便在會上交代承認自己存在「過分遷就等待」錯誤；當領導層內部就此出現意見不一致，也「表現了不應有遷就和妥協」。

梁氏最後表示：「彭真同志在黨的三中全會上和張老在這次工作上批評的『忽視專政、忽視黨』的錯誤，對我本人來說，也是有責任的；就全國檢察工作中發生這種錯誤傾向來說，我更要負重大責任」。[91]梁氏所提的彭真在八屆三中全會對政法工作「忽視專政、忽視黨」的指責和針貶，正是這波政法部門整風批判必須奉行的最高政治指針。

梁國斌、譚政文在會議期間屈居自我批評和被人批評的位置，不甚好受，但所幸沒有淪落到司法部鄭紹文、陳養山等被冠以反黨集團罪名、遭到撤職下放的地步。彭真對梁國斌、譚政文還是給予「寬待」，所任職務未有變動（譚氏經此挫折，屢次被迫檢討，抑鬱不快、有苦難言，於1961年底病歿）。

可能自彭真看來，較諸高檢院高層犯錯之人，司法部黨組思想言行的「離經叛道」乃到無可挽回的地步，而且「蛇鼠一窩」自成體系已久。彭真更深層的政治計算是：隱身幕後、在司法部黨組之上者，仍高居廟堂、影響者眾，趁此「一鍋端」，以斷其左臂右膀，陷之於孤立處境，不戰而屈人之兵。

檢察系統高層整風自然也浮現積極分子，高檢院副檢察長兼軍事檢察院檢察長黃火星就是一例。黃氏發言提到對蘇聯軍隊相關做法短暫仿效後迅速揚棄，以示及時的迷途知返和對蘇聯經驗的批判省思，並強調「鬥爭經驗證明，檢察機關必須置於黨的絕對領導之下，才能更好地發揮它的專政作用」。黃氏檢視過往後，對軍檢工作今後發展提出意見，著重對黨委領導的信從不移，以及要自覺與軍內其他兄弟部門配合行動。[92]都是對彭真號召政法系統整風的積極對表。黃氏的積極配合和適時響應，自為中央上級注意和肯定。1960年底，張鼎丞因健康問題告假，黃氏獲命主持高檢院的日常工作。

1958年夏彭真統一指揮的中央政法機關「整風」，按其整治規劃結束後，

---

91 鄭赫南，〈劫波渡盡丹心存——最高人民檢察院原副檢察長梁國斌〉，王松苗主編，《檢察生涯：高檢院二十七位卸任副檢察長訪談錄》（北京：中國檢察出版社，2011），上冊，頁141、145。

92 王彥釗，〈軍檢事業開拓者——最高人民檢察院原副檢察長兼軍事檢察院檢察長黃火星〉，王松苗主編，《檢察生涯：高檢院二十七位卸任副檢察長訪談錄》，上冊，頁231-232。

高法院、高檢院、公安部黨組向中共中央呈送各自所開全國會議情況的報告；
「兩高」（高法院、高檢院）黨組另外也提交其高層檢查工作、思想整風的
「務虛報告」。前述政法報告連同羅瑞卿對公安會議的總結報告，經過中共中
央書記處（10月4日）、中央政治局（10月10日）開會討論（彭真不但皆與
會，還可能因掌理政法、直接督導這三場整風會議，而發言有聲、「有
料」）。10月17日，中共中央原則批准這6份文件，並決定將之下發至縣委閱
讀（軍隊系統發到師黨委）。中央批轉文件的指示內容，除了前面提到之「政
法戰線上幾年來是存在著兩條路線的爭論的」，或有影射董必武之意；另也提
出「有事辦政法，無事辦生產」。[93]這成為「大躍進」時期政法工作的一項重
要方針和口號，而具體提出者係劉少奇。[94]

六、人治主張大獲全勝、法制建設煞車叫停

（一）層峰輕法和停止立法

　　1958年8月北戴河會議以發動全國大煉鋼鐵運動而著稱，毛澤東和劉少奇
也在此會提出對中國法制發展造成破壞性影響的意見。

　　8月24日，毛澤東語帶肯定地表示：中共解放軍經過開會整風後，使得
「軍隊大躍進已經起來了，可以搞各種名堂」；[95]之後提到彭真全權主持、勝
利告捷的政法部門整風：「公安、法院也在整風」。毛澤東進而開始發表其
「法律觀」：「法律這個東西，沒有也不行，但我們有我們這一套，還是馬青
天那一套好，調查、研究、就地解決，調解為主，大躍進以來，都搞生產，大
鳴大放大字報，就沒有時間犯法了，對付盜竊犯不靠群眾不行」。

　　劉少奇在旁插話：「到底是政治，還是人治？看來實際靠人，法律只能作

93　〈中共中央批轉最高人民法院黨組等關於司法、檢察、公安會議的報告等文件的指示〉
　　（1958年10月17日），中央檔案館、中共中央文獻研究室編，《中共中央文件選集（1949年
　　10月-1966年5月）》（北京：人民出版社，2013），第29冊，頁170-171。
94　最高人民檢察院無產階級革命派聯絡總站編，《彭真、羅瑞卿在政法（檢察）方面的反革命
　　修正主義言行》，頁26。
95　李銳，《大躍進親歷記》（海口：南方出版社，1999），下卷，頁112。

辦事的參考。南寧會議、八大二次會議、北戴河會議的決定，人家去辦就是法。上海梅林公司搞『雙反』，報上一登，全國展開」。

毛澤東接著表示：

> 不能靠法律治多數人，多數人要靠養成習慣。軍隊靠軍法治人，治不了，實際上是1,400人的大會（按，指58年軍委擴大會）治了人。民法刑法那樣多條誰記得了？憲法是我參加制定的，我也記不得。韓非子是講法治的，儒家是講人治的。我們每個決議案都是法，開個會也是法，治安條例也是靠成了習慣才能遵守；成為社會輿論，都自覺了，就可以到共產主義了。我們各種規章制度，大多數，90%是司局搞的，我們基本上不靠那些，主要靠決議、開會，一年搞四次，不靠民法刑法來維持秩序，人民代表大會、國務院開會有他們那一套，我們還是靠我們那一套。這是講上層建築部分。[96]

中共兩位最高領導人在黨內高層會議公然展露對法律及其作用的鄙夷態度。毛澤東後來甚至還說：「要人治不要法治，《人民日報》一篇社論，全國執行，何必要什麼法律」。[97]

毛澤東在北戴河灘對憲法、法律不以為然的講話，全然忘卻其本人1954年6月14日關於憲法的講話：「通過以後，全國人民每一個人都要實行，特別是國家機關工作人員要帶頭實行，首先在座的各位要實行。不實行就是違反憲法」。中國大陸的法律專家感嘆道：「這兩個講話在時間上只隔4年，但在內容上相差多麼遠」。[98]另有論者也說：「中央主要領導人在北戴河會議上公開宣稱不要法治的講話，是我國法制開始停滯、倒退的重要標誌。從此以後，法治建設在實踐中已全面走向倒退」；「歷時多年努力，已呼之欲出的重要法律」，也為此被否定。[99]

96　同上註，頁113。
97　石碧波，〈法治：建國路上的兩難選擇〉，《炎黃春秋》，2004年第2期，頁76。
98　許崇德，《中華人民共和國憲法史》（福州：福建人民出版社，2005），上卷，頁264。
99　蔡定劍，《歷史與變革：新中國法制建設的歷程》（北京：中國政法大學出版社，1999），頁94。

　　彭真在政法領域大反、大批「右派」以後，似也不是將立法問題拋諸腦後，而曾從肅清「舊法」需要上，強調「立新以破舊」。1958年初，他在全國人大常委機關司局長以上的黨員幹部會上表示：

> 　　要肅清舊法觀點，可不簡單，需要經過長期的反覆的鬥爭。同時，光批判舊法觀點還不行，還得趕快把新法，把我們自己的法立起來，佔領法律陣地。有了新法觀點，才能徹底肅清舊法觀點。主席說過「不破不立」，破和立是對立的統一，是辯證的關係。破了舊的，才能立起新的；另方面，立了新的，才能徹底破除舊的。[100]

　　然而，毛澤東、劉少奇在北戴河「論法」之後，彭真對立法的興趣即刻大減。彭真被指稱在1958年9月對其全國人大重要助手張蘇（法案委員會主任委員兼常委會副秘書長）、武新宇（法案委員會委員）表示：「根據北戴河會議精神，立法沒有什麼可搞的了。連調處委員會都值得考慮了，無可調處了。法律、指示、決議、號召、社論究竟有什麼區別？新立什麼法很難講」。[101]

　　彭真和其領導的中央政法小組自也聞風而動、配合行事，竟將已準備多時、數易其稿的重大立法事項，加以停止。1958年12月20日，中央政法小組向中共中央提交〈關於人民公社化後政法工作一些問題向主席、中央的報告〉，其中表示：「我們商定的原則是，凡是不適用的，一律不要用，可以衝破舊的，創造一些因地制宜、簡便易行的新制度；凡是還適用的，就應繼續適用。刑法、民法、訴訟法根據我國實際情況看來，已經沒有必要制定了」。[102]中國大陸重要的基本法立法工作──特別是刑法、民法和相關訴訟法，因而嚴重受阻和遭到擱置。此一〈報告〉正出自彭真的手筆。[103]

　　既然立法工作叫停，負責立法事務的全國人大常委會機關也相應縮編。

---

100 最高人民檢察院無產階級革命派聯絡總站編，《彭真、羅瑞卿在政法（檢察）方面的反革命修正主義言行》，頁76。

101 同上註，頁9。

102 鄭謙、龐松等著，《當代中國政治體制發展概要》（北京：中共黨史資料出版社，1988），頁99。于一夫，〈「以黨治國」面面觀〉，《炎黃春秋》，2010年第7期，頁4。

103 中國大陸中共黨史研究者（M君）提供的資訊（北京，2011年8月）。

1954年全國人大常委機關成立時有120人，之後因應議會和立法工作的需要和開展，增加至360人；1958年精簡人事，遽減至剩下59人，而被精簡者多被送至地方工作。[104]彭真主持全國人大常委機關工作，機關減員高達5/6，勢必為其主導或經之許可。

彭真做事向有朝氣、幹勁，一旦有目標、決心和權力，即積極找人設事、擴編隊伍。彭真之所以甘於讓其一手組建的全國人大「班子」大幅裁減和散夥，最主要肇因於毛澤東在北戴河的輕法講話，而且他也致信中央表示無須再繼續起草制定重要的基本法。既然「自廢」全國人大的立法「武功」，其常委機關自然無需這麼多人。

雖然彭真對離開全國人大、轉任他職的工作人員表示：「希望你們在新的崗位上繼續加強學習，特別是對法律知識的學習，今後國家還要搞法制，總有一天你們是要回來的。」[105]但是這番慰勉的話，何年何月兌現？他沒有許諾、也無保證。不過，大批裁員後果是立即而明顯的。全國人大機關人員回憶：「刑法的起草，從機關精簡後一度停了下來」。[106]

彭真在全國人大常委立法工作中倚重的一名助手，當其子女思考選擇大學報考科系問題時，他可能已經知曉彭真在內的黨內高層對法律、立法工作已興致缺缺，便囑咐子女要考讀文科，不要學法律。[107]

1959年廬山會議期間，毛澤東的重要「秀才」胡喬木、田家英在「神仙會」階段遊山玩水時，激烈議論、極為不滿國家至今仍缺乏重要的基本法刑法、民法，而一切都由首長定奪。[108]他們知道「主公」毛澤東和政法重臣彭真這時已將立法完全拋諸九霄之外？根據吳冷西所言，他在廬山期間建議加快制定法律以完善法制，卻得到毛澤東冷漠回應：「你要知道，法律是捆住我們自己手腳的」。[109]

隨著中共在1957年政法領域「反右派」、1958年政法部門整風，以及同一

---

104 顧昂然，《回望：我經歷的立法工作》（北京：法律出版社，2008），頁43。
105 《彭真傳》，第2卷，頁867。
106 顧昂然，《回望：我經歷的立法工作》，頁43。
107 中國大陸中共黨史研究者（I君）提供的資訊（電話訪問，2020年1月）。
108 吳冷西，《回憶領袖與戰友》（北京：新華出版社，2006），頁251。
109 朱正，《反右派鬥爭全史》（台北：秀威資訊科技股份有限公司，2013），下冊，頁194。

過程中對法律的愈益貶抑，中共治下出現立法數量銳減、立法內容貧瘠的情況。

（二）董氏不留任高法院、不再過問政法

　　從1950年代中期起，董必武自感年邁、身體欠佳，自覺應交棒給年富力強者，可能因為他和毛澤東、彭真之間的政法分歧，尚未尖銳化到讓後者認為已到不可調和的程度，因此其辭職意見未獲中央同意。但之後由於政治環境快速轉變，使得董必武從主動讓賢變成更多地是被動辭職、被迫交權。特別是經歷1957年政法領域「反右派」、1958年政法機關整風，明瞭黨中央對他的法制主張和政法工作有所不滿，也痛惜不少受之影響的司法要員遭到嚴批。另外，毛澤東、劉少奇在北戴河會議顯露出對法治和法律的不以為然，恐亦令之增添不如歸去之感。

　　1958年10月、1959年3月，董必武致信黨中央，請求不再推薦他為高法院院長。毛澤東最後對來信批道：「中央已建議董必武同志當人民共和國副主席」。4月下旬第二屆全國人民代表大會第一次會議上，董必武如期被選為國家副主席，高法院院長由謝覺哉接替。

　　經過1957年、1958年彭真主導的政法領域「大風暴」，以及毛澤東對董必武的「明升暗降」，董必武與中共法制、政法工作還稍微沾上邊的就只剩下：以中國政法學會會長身分，接待前來中國訪問的外國法律工作者。董必武轉而將心思精力放在推廣植樹造林。彭真對待董比武如黨國耆老，關心其健康和醫療。

　　相對地，彭真對中共政法的大權緊握，牢不可破，未因其不再擔任中央政法小組組長而受到影響。1958年10月10日，中共中央決定免除彭真中央政法小組組長職務並任命羅瑞卿擔任此職。彭真卸下中央政法小組官銜，絕非其辦事不力、怠忽職守。如前所述，他才立有大功——成功督戰政法系統整風、清理組織隊伍、批判錯誤思想（不點名地針對董必武）。彭真之所以不續任，自與1958年以來中央書記處被毛澤東大幅擴權、承擔具體布署「大躍進」運動的重責有關。事實上，彭真這時正忙於指揮、調度中央相關部會和地方黨委，堅決貫徹全國鋼鐵產量「翻一番」的高指標。

　　羅瑞卿事多繁忙，遲至1959年5月8日才接任中央政法小組組長。在此之

前，彭真能者多勞地繼續兼管小組重要工作。1958年12月20日中央政法小組向中共中央提交建議停止重要基本法立法工作，乃由彭真執筆經手，就具體反映。

羅瑞卿接掌中央政法小組不久前的4月二屆人大一次會議上，新獲選為國務院副總理，顯示其政治地位上升；但是他在黨內仍只是中央委員，遠不能企及原組長彭真。彭真是政治局委員，亦是中央政法小組直屬的中央書記處「二把手」，在書記處又分管政法。彭真對政法工作的巨大政治影響繼續依舊在，不因其不再擔任中央政法小組組長而有什麼減損。這種政治格局和組織上下指揮關係，在羅瑞卿轉赴中共中央軍委工作、改由謝富治出任中央公安部部長和中央政法小組組長以後，也繼續保持直至「文革」爆發。

由於董必武在創黨、建政的勞苦功高，毛澤東、彭真縱使對董必武不滿，而欲批判其法律思想、政法主張，多少得遮遮掩掩地迂迴進行，處理其職位也注意影響。針對周恩來、董必武的重要政法助手陶希晉，就完全不講客氣。陶氏在彭真掀起一波波的政法風暴中載浮載沉，其任職局長的國務院法制局還在1959年6月整個被撤銷，好比「拆廟趕和尚」，最後他在同年夏廬山會議掀起的「反右傾」運動，成為政法系統批判的重要標靶，1960年被謫貶廣西。原司法部人員評道：「反『右傾』主要是反黨內，把董老的法治主將陶希晉也清除了」。[110]

有「文革」批判資料指稱：「董老在黨的八次代表大會發言稿是陶希晉同志起草的，董老的發言批評了彭真主持的政法工作的錯誤和問題，後來彭真就對陶希晉同志進行打擊，將陶下放到廣西」。[111]

（三）廢置監察部、司法部和律師制度，以及「兩高」黨組虛驚一場

1957年、1958年處於政法機關政治風暴中心的監察部和司法部，在1959年4月28日遭到裁撤，原司法部主管的工作由高法院管理。

監察部方面，王翰被錢瑛當做政治眼中釘，在「反右派」中遭到無情拔

---

110 何勤華主編，《中國法學家訪談錄》，第1卷，頁362。
111 原北京市委機關毛澤東思想紅旗兵團，《大野心家、大陰謀家彭真罪惡史（1925-1966）》（北京，1967），頁32。

除，部內官員爭相吹捧：「監察工作走了一個之字形，從正確到邪路，直到錢部長手裏又扭過來，才走上正路」。沒想到監察部在不久之後更被帶上一條絕路。1958年「大躍進」勃興背景下，錢瑛表示：「人民公社化了，以後沒有人違法亂紀了，用不上監察工作了」。[112]錢瑛為首的監察部黨組10月向中共中央呈交報告，既檢查該部過去「脫離黨的領導」「錯誤」，也提出：「監察機關是各級黨委、政府維護國家紀律的一個辦事機關，黨的監察機關和政府的監察機關的性質、任務、作法基本上是一致的，因此建議將監察部合併到中央監察委員會，採用一套機構、兩個招牌的辦法」。監察部黨組此一猶如「自尋死路」的報告，中共中央閱後認可批轉。[113]彭真對此自是知情也予以同意。

1959年4月23日，彭真在第二屆全國人大一次會議主席團第二次擴大會議談道：「對撤銷監察部和司法部的說明是：幹部違法亂紀問題，共產黨內有監察委員會，行政處分，各部都有專人管，經驗證明單設一個監察部沒有必要」。[114]

監察部「自毀長城」、彭真代表中央欣然同意撤銷該部之後，在中央一級，監察部之業務及所屬人員，直接併入中共中央監察委員會，在省、市、自治區一級，監察廳（局）歸併至同級黨的監察委員會。監察部原本向政府部門和重要企事業單位派出的行政監察組織，搖身轉變為黨中監委的派出機構。

有論者評道：「國家行政監察機構向黨的監察機構的歸併，實質上是行政監察權收歸到黨的系統，這是黨政不分在行政監察方面的表現」。這種新制度安排將兩種行政監督——國家監察機關的直接監督和黨的監察機關的間接監督（經由國家行政機關內的黨組、黨委與黨員，對之施行監督），合而為一、統歸後者。亦即黨的監察機關同時負擔黨自身和國家行政機關的監督工作。本來發展就較為遲晚、尚須補強的國家監察機關及其職能建設，則無得賡續、遭到廢置。

事實上，黨的監察機關無法有效「通吃」黨和國家兩個龐大科層組織及附隨其中之各級幹部人員的監督工作。監察部撤銷未及三年，地方上就有人反映：黨的監委機關面臨負擔過重、管轄過泛，包辦代替但包不好、也包不了的

112 李建彤，《反黨小說《劉志丹》案實錄》（香港：星克爾出版有限公司，2007），頁151。
113 鄭謙、龐松等著，《當代中國政治體制發展概要》，頁94-95。
114 《彭真年譜》，第3卷，頁397。

問題，造成國家機關紀律削弱的情況，故建議恢復國家監察機關。[115]

　　針對司法部存續問題，1958年4月的司法工作座談會，董必武表示：司法行政和法院各自分設、有所分工。但是董氏主張在中央顯然已不太算數。他在幾個月後既無力阻擋司法部整個黨組被彭真、羅瑞卿打成「反黨集團」，隔年也無法阻止司法行政部門遭到裁撤命運。

　　彭真在前述的1959年二屆人大會議上指出：

> 　　法院和司法部，一個管審判，一個管司法行政和幹部，分開，工作有很多不便，應當撤銷司法部，把司法行政和幹部管理工作併到各級法院去。但事情牽涉到法院的組織法。如大會同意撤銷司法部，法院組織法由全國人大常委會作必要修改。[116]

　　司法部被廢，部長史良又能怎麼辦呢？她無奈說道：「國家法制建設很重要，我個人認為司法部是法制建設的一個重要部分，但我擔任的是部長，黨有打算是全面的，加以撤銷，我個人應該聽從黨的政策辦事」。[117]史良無有遲疑地服從組織安排，赴任第二屆全國人大常委會委員。史良新崗位的頂頭上司，照樣是彭真。司法部被提出應予恢復設置，則是20年以後的事了。

　　與政法相關的律師行業，從「反右派」暴風以來即陷入困蹇之局。1957年「反右派」以前，中國大陸的律師職業已有初步發展。彭真在八屆三中全會狠批「無罪推定」。「無罪推定」因而被定為是「資產階級『反動觀點』」，「不利於無產階級專政，是階級立場不穩的表現」，故而對之掀起一場大批判，相關主張者遭受批鬥、被迫檢討。注重運用「無罪推定」、「疑罪從無」等刑事訴訟理念進行辯護的律師執業者，以至此一行業，猶如被判下重刑，兩千多名律師在運動中有口難辯，高達90%淪作「右派」政治賤民。

　　1958年彭真主導的政法機構整風整出的司法部「反黨集團」，將律師工作引入歧途，乃是其一項罪狀。史良在第四屆全國司法工作會議上，還檢討自身

---

115 鄭謙、龐松等著，《當代中國政治體制發展概要》，頁95-96。
116 《彭真年譜》，第3卷，頁397。
117 周天度、孫彩霞，《史良》，頁359。

曾建議稍加開放空間和機會，以讓「舊律師」參加律師工作。時至1959年，各地的律師機構被撤銷，律師制度實遭廢置。1980年代初中共大審林彪、江青兩個「反革命集團」，又是彭真讓律師重新粉墨登場，為此一職業重燃一線生機。

此外，1958年彭真在政法機關厲行整風批判以後，檢察和法院系統更加遵從黨中央和地方各級黨委的絕對領導，對於彭真力倡的「聯合辦公」，也更加認命地各安其位，領受公安系統的實質當頭地位而不敢逾矩、造次。

「大躍進」期間在「有事辦政法，無事辦生產」的方針與口號下，各地政法隊伍遭到精簡，不少地方區縣的檢察、法院機關，或與公安機關合併，或直接歸併從屬於之。這種發展趨勢在「大躍進」已步履蹣跚、難以為繼的1960年秋冬，竟還延燒到「兩高」檢法機關。

1960年10月21日，中央政法小組響應中央精簡號召提交方案，並於11月11日獲之同意。 按此，中央司法三家機關各自的官署牌子雖然依舊，但實行合署辦公，而高檢院、高法院本有的黨組將不復存在，只能派出一人參與公安部黨組；「兩高」獲准保留的人力，也只剩維持其基本組織運作和工作。張鼎丞為首之檢察系統大加反彈，張氏更在1961年1月21日直接向劉少奇、彭真請命。好在中央「回神」改變原有決定，高檢院、高法院各自黨組恢復設置並直接向中央負責，猶如從鬼門關前走了一遭。

小結

彭真坐鎮指揮的1957年政法領域「反右派」和1958年政法各部整風，重挫法律在中國政治治理的地位，強力擠壓其發展空間，並對相關黨內、外人員造成嚴重打擊。

1957年政法領域的「反右派」運動和鬥爭，有很大的一部分涉及中共與政法界非共人士之間，就法律觀念本身，法律在國家治理、社會規範上的應有地位認識，以及中共建政以來重要政法作為的得失評價，包括：執政黨對政法工作的領導方式和體制設計、立法、司法、運動式執法、對國民政府法律和司法人員的處置等問題。所進行的一次總較量和大攤牌。

　　1958年政法機關整風，則是延續前一年政法機關黨內「反右派」的另一場政治批鬥加賽。主要內容是：在黨中央支持下，彭真、羅瑞卿為正副組長的中央政法小組，對政法部門之內存在的一條「嚴重錯誤」的思想、政治「路線」，施以全面檢查和檢討。

　　中共聲稱要追求和建造「人民的法律」、「革命的法律」，但高層內部卻在一系列的法律見解和政法運作問題上，存在或隱或顯的實質歧異，糾纏數年後終而搬上檯面、直接對決。譬如：法律的階級排他性、工具性、專政功能性（唯一或是兼有其他），立法方式與速度急緩，黨對政法運作執行的強勢和介入程度，政法「刀把子」的矛頭指向、蘇聯模式之取捨（如「垂直領導」、「一般監督」）……等。

　　中共主體的法律觀、政法觀，「不打不相識」地從「兩面出擊」過程中擇取、凸顯、釐清、成形和確立。一、經由黨外政法「反右派」的思想清剿，同西方和中國「前朝」的法律認知和實踐，進行全然分割與決裂；二、黨內相異的政法思維和傾向（基於各自不同的涉法淵源、養成過程、往昔革命經驗、政策偏好而形成），藉由政法整風的思想深挖，致使彼此之間的較勁白熱化和最終底定。

　　彭真在政法領域「反右派」、政法機關整風的「連續作戰」中，指揮若定、擊中要害，再次證明他不愧是毛澤東信託的整風高手和政治助手。彭真在羅瑞卿襄助下，以隻手毀滅司法部黨組的方式，對董必武造成掃清外圍、兵臨城下之勢，迫之知難而退。這相似於延安整風審幹期間，彭真在中央黨校內追逼來自國府統治區的黨代表為「紅旗黨」，以對負責督管相關黨組織的周恩來（時為南方局之首，董必武為重要助手），營造上下夾擊的危局，有助毛澤東在高層整風中逼迫周恩來棄甲曳兵。

　　董必武對「新中國」法制建設的規劃與憧憬，例如：國家管理的理念與方式上，要以法制替代群眾運動；執政黨的職責是立法宜速並求全，有法必依且講嚴；黨對政法部門、司法工作的領導，要有術、有節，不能簡單包辦和直接命令，要讓政法部門有一定機會、空間和自主性，依法行使職權（「先審後批」）；政法部門各自要謹守法定權責，同時重視實體和程序（反對「鎮反」式聯合辦公）；法律和司法部門可用來治民，也應護民，並用以懲治不法官員幹部。自此從黨國政治議程中遭到強行撤換和棄置。

　　彭真的政策偏愛則勝出：法律和政法部門為黨國所權宜使用，服膺其中心工作並主要作為專政工具，黨對政法部門及其執法，有更大而實質的領導角色和介入程度（如「雙重領導」、「先批後審」，在「絕對領導」的名下更增加力道）；在黨的領導下，政法部門更側重於彼此協作對敵，而非分工制約。黨國的政法實踐和作為，瑕不掩瑜，乃屬正確，不容對之說三道四。

　　彭真主導、猛推的政法領域「反右派」、政法機關整風，一意執著地倒掉其偏狹認定的政治「髒水」（所謂「右派」、「反黨集團」、「資產階級法律觀點」），也將新生尚幼的初步法制耕耘，幾近打翻、受到重創。

　　彭真成功施行「打在司法部黨組之身，痛在董必武之心」的策略，也幫毛澤東一個大忙：將毛澤東一度嘗試引入法律與制度，作為黨國運作、國家治理重要機制和憑藉的政治摸索和試驗，順勢畫下句點。

　　彭真對建設法制的認真態度與積極程度，基本取決於毛澤東的意向與喜好，雖然他有時也會趁隙加入自己的政策偏好。彭真對法制的認識與重視，確實與倡行法制不遺餘力的董必武存有差別，而且益發顯著。彭真對黨的領導更加強調，例如：對黨與法制的關係，更側重主從說和工具論；堅持「雙重領導」、「先批後審」；主張優先著手黨的中心工作，不要太著力內部監督等。如此可能更符合毛澤東對發展法制的心意和設想，或不排除對之會有所影響。

　　毛澤東經過1957年整風運動，特別是「反右派」激戰（嚴厲批鬥打擊任何不信服、或可能脫離黨的領導的傾向），大大增固其要緊抓黨的獨佔統治的意志。毛澤東眼見彭真在政法領域「果真」抓出數量醒目的「右派」，以為黨內、外實際存在「以法抗黨」的危險；彭真接續在政法機關整風中咬定司法部黨組是不折不扣的「反黨集團」，更讓之認為黨內有人以建設法制為名義，處心積慮地收羅門徒，而且已根深葉茂、形成門戶，須得速予剷除。

　　同時，毛澤東又因推行整風、「反右派」的得心應手，重燃對本來摯愛又拿手的群眾運動的熱望，並也認定法制不濟事，無法與高效的運動治理相比，而且法制甚至還會對他本身施政和黨開展群眾運動造成羈絆。經過前述一年半載的變化，毛澤東展露對法制疏離、輕蔑的程度，猛然一退，還較彭真為甚，而彭真也未有遲疑地跟從。他一旦聞知毛澤東在北戴河灘上冷言低估法律作用，便完全將法制建設拋至九霄雲外，而躍身成為一名群眾運動的狂熱支持者。

　　毛澤東為首的黨中央意想經由黨紀貫徹、群眾動員，以實現「三面紅旗」

對烏托邦式綺夢的追求。彭真在政法方面已盡職地為之事先鋪路和提供方便：已有的法制初具基礎，大為失效，如風中殘燭；成形的法制推進聲量，幾乎禁聲，還人人自危；原定的法制建設規劃，全部停擺，更不進反退。針對官員幹部行事，原有法制至少可能提供的低限度監督、制衡功能，也幾近失靈。勃然興起的「大躍進」、人民公社化運動，如入無法約束之境，得以更加狂野奔馳而不受控。彭真則獲享重權，在中央前沿直接參與指揮群眾運動建國，法制問題已不在關切事項之內，上其心頭的是鋼鐵指標、糧食產量和人民公社。

第十章

高舉「三面紅旗」，飄揚首善之區
（1958-1960）

　　1950年代中期，中共擺動在探尋法律制度新路和戀棧群眾運動舊道之間，以致於出現1954年立憲立法不久，1955年「肅反」運動即起，1956年中共「八大」又再倡法制建設的起伏波動。1957年整風、鳴放運動的啟程，顯示中共政治探路再次易軌，如巨浪橫行的「反右派」將黨至上的領導地位擴至絕對，同時收緊黨對各領域部門的管控與宰制。黨外政界和黨內「政法口」先前對完備法律制度、完善以法治理的政策主張，大遭誅討，被譏稱標新立異以離黨、仗恃依法以抗黨，相關傾向人士大量成批地被掃入政治賤民底層，倖存者也惶恐莫再敢談，另外亦有識相、見利而急向中央效忠、對表者。

　　毛澤東監視上述政治過程中，也出現自我認識的重大位移和變化：從原初願意嘗試引法治理，到逐漸疑慮法遭移用而拒黨，再到法既無益、更是擾黨。約此前後，毛澤東深信當初革命勝利倚重的群眾運動，也可依循黨的領導下，在解放幹群生產積極性、建設社會主義宏圖上，再立千古之功，因此無須費心寄望法制。彭真對此也亦步亦趨，視之為正途、正道。

　　1958年毛澤東主導發起「大躍進」運動，乃是中共以群眾運動方式，從事社會主義建設的重要經濟嘗試和舉措。其內容包括：「建設社會主義的總路線」，工業、農業「大躍進」，以及「人民公社化」，因此又被稱做「三面紅旗」運動。

　　「大躍進」運動為時三年，1958年初在「反冒進」批判聲中逐漸成形，同年夏天的中共中央政治局擴大會議（通稱北戴河會議）掀起運動高峰——發動

全民大煉鋼鐵運動和人民公社化運動。從1958年冬至1959年中，中共對運動「糾『左』」而使之略有降溫。然而，1959年夏中央政治局擴大會議（和其後的中共八屆八中全會，通稱為廬山會議），毛澤東怒而發起「反右傾」鬥爭，打斷先前數月對運動的「糾偏」努力，讓之重新肆無忌憚地發展，掀起第二回「大躍進」，直至1960年底。「大躍進」運動肇禍極大，人命損失數以幾千萬計，成為中共全面執政以來的一大敗績。

本章將專述彭真推行「三面紅旗」運動的角色與活動，至於彭真在1959年廬山會議及隨後的全黨「反右傾」運動中的重要角色，將專門集中在第十一章介紹。

本章旨在探討：「大躍進」運動醞釀和形成過程中，彭真的政治意向為何？運動又為其帶來什麼政治機遇與表現機會？「大躍進」的「以糧為綱」、「以鋼為綱」，以及推行人民公社制度的核心主張，彭真所持的政治態度為何，有何具體作為？他如何在中共首都付諸實行，又如何在北京市興建宏偉建築，為國家妝點門面、為運動壯勢立威？其上述作為又造成什麼政治後果和影響？

本章的主要論點為：毛澤東批判「反冒進」、鼓吹「大躍進」的理念和意圖，彭真信從並力行。毛澤東擴增中央書記處權力的安排，讓彭真直接參與中央對運動的全局指揮和政策執行，更直接挑起督戰1958年大煉鋼鐵運動的重責。彭真對「大躍進」政策的努力投入和執著態度，還可以從他領導和管理北京市運動加以觀察。農業和工業「大躍進」上，彭真冀望北京市盡己所能地參與仿效、做出貢獻。他為了向十週年國慶獻禮並展現「大躍進」速成精神，也不辱中央使命短期完成所謂「十大工程」。另外，在農村和城市人民公社問題，彭真在北京市更是積極主動地培育、創造、總結「先進經驗」，以供中央參考，進而向全國推廣。彭真在北京市推行運動不遺餘力，致使首善之區也出現欲速不達、弊病叢生的後果，特別是造成缺糧饑饉危機，只能以鄰為壑地自別處調糧化解險情。

下文首先介紹彭真參與批判「反冒進」、提倡「大躍進」並以之為榮的情況，其次是彭真在「大躍進」運動啟動之時權位大為提升，並且在中央具體負責督導全國大煉鋼鐵運動情況，以及對地方的推促作用，接續分別介紹他在北京市推行農業「大躍進」、工業「大躍進」、興建中央交付的國慶建設工程，

以及對農村、城市人民公社的主張和實踐。

一、參與批判「反冒進」、提倡「大躍進」

　　1958年毛澤東發起「大躍進」運動，企圖短時之內改變中國落後的經濟面貌。毛澤東醞釀進而發動「大躍進」的過程中，大力批判1956年周恩來、陳雲主導的經濟「反冒進」政策。毛澤東不滿周恩來、陳雲講求穩健、均衡的經濟主張，也不悅地以為他們利用國務院壟斷經濟決策工作。另外，周恩來、陳雲推行「反冒進」政策，乃得到劉少奇、鄧小平程度不一的支持，亦即相關議題上，毛澤東在中央核心層內不明言地處於少數地位，這恐怕也為其不樂見而欲批判和改變。

　　1957年秋八屆三中全會上，毛澤東因「反右派」運動打得如火如荼，改變「八大」對中國社會主要矛盾的判斷，亦即從原本的「人民對於建立先進的工業國的要求同落後的農業國的現實之間的矛盾」、「人民對於經濟文化迅速發展的需要同當前經濟文化不能滿足人民需要的狀況之間的矛盾」，改為主要矛盾仍是無產階級與資產階級之間的矛盾、社會主義道路與資本主義道路之間的矛盾。毛澤東也在此會開始批評「反冒進」，稱之掃掉「多、快、好、省」口號、「農業發展綱要四十條」（《1956年到1967年全國農業發展綱要（草案）》）和促進委員會。[1]

　　「八大」布置的「一線」、「二線」領導陣勢，唯毛澤東一人在「二線」，並可自由游移，至於「一線」領導人主要有劉少奇、周恩來、陳雲、鄧小平和彭真。彭真的中央職務分工未含經濟，本來就無甚與聞「反冒進」政策，甚至可說是「一線」內與「反冒進」牽涉最少者。當毛澤東開始批評「反冒進」，彭真自然不受關連、無須承擔責任，更在實際工作中、行動上表現對「反冒進」的不予認同。

　　毛澤東、鄧小平出訪蘇聯期間，經過彭真審閱，[2]1957年11月13日《人民

1　中共中央文獻研究室編，《毛澤東年譜（1949-1976）》（北京：中央文獻出版社，2013），第3卷，頁223。

2　《彭真傳》編寫組編（下略），《彭真年譜》（北京：中央文獻出版社，2012），第3卷，

日報》首版刊出〈發動全民，討論四十條綱要，掀起農業生產的新高潮〉社
論。其宣揚《1956年到1967年全國農業發展綱要（修正草案）》（八屆三中全
會討論、修改，10月26日《人民日報》公布），並期望以之為勵，大力推進農
業生產和豐收。其中有一段頗具政治含義的文字：

> 　　有些人害了右傾保守的毛病，像蝸牛一樣爬行得很慢，他們不了解在農
> 業合作化以後，我們就有條件也有必要在生產戰線上來一個大的躍進。這
> 是符合於客觀規律的。1956年的成績充分反映了這種躍進式發展的正確
> 性。有右傾保守思想的人，因為不懂得這個道理，不了解合作化以後農民
> 群眾的偉大的創造性，所以他們認為農業發展綱要草案是「冒進了」。他
> 們把正確的躍進看成了「冒進」。他們不了解所謂「冒進」是沒有實際條
> 件，因而是沒有成功可能的盲目行動。而我們在1956年的躍進卻完全不是
> 這樣，是有很多可以實現的條件，因而取得了巨大的成績。否則，就無法
> 說明，為什麼1956年我國遭受了嚴重的自然災害，而糧食產量卻超過了大
> 豐收的1955年100多億斤。

　　彭真審定的社論批評「右傾保守」思想和人士：不了解出現「大的躍進」
乃符合客觀規律，1956年的「躍進」就充分反映這種「躍進式的發展」，而且
錯誤地視「農業發展綱要四十條」是「冒進了」、將「正確的躍進看成了『冒
進』」。顯示彭真發表社論時就不無懷有一種響應批評「反冒進」、支持「躍
進」的政治心跡和表態用意。半年後批判「反冒進」、宣講「大躍進」已成為
政治主流和時尚，彭真對這篇社論也甚為自我強調與標榜，特別是文中對使用
「冒進」詞語不以為然，明確主張以「躍進」一詞取而代之。
　　《人民日報》下一篇高調批判「反冒進」的頭版社論，是1957年12月12日
〈必須堅持多快好省的建設方針〉。這篇是毛澤東主持起草，動筆在他訪問蘇
聯以前，定稿於行畢返國之後。[3] 社論寫作期間，毛澤東在蘇聯的見聞，讓其

頁269。

3　中共中央文獻研究室編，《毛澤東傳（1949-1976）》（北京：中央文獻出版社，2003），上
　　卷，頁766。

心生「東風壓倒西風」之感，也興起「超英趕美」之志。

　　毛澤東在社論中對「多快好省」「國民經濟發展的方針」大唱讚歌，稱「第一個五年計畫的實踐結果」證明其切實可行，包含在內的1956年也「有一個很大的躍進」。毛澤東對「反冒進」批判一番，基本重述他在八屆三中全會的意見：

> 　　在去年秋天以後的一段時間裏，在某些部門、某些單位、某些幹部中間颳起了一股風，居然把多快好省的方針颳掉了。有的人說，農業發展綱要四十條訂得冒進了，行不通；有的人說，1956年的國民經濟發展計畫全部冒進了，甚至第一個五年計畫也冒進了，搞錯了；有的人竟說，寧可犯保守的錯誤，也不要犯冒進的錯誤，等等。於是，本來應該和可以多辦、快辦的事情，也少辦、慢辦甚至不辦了。這種做法，對社會主義建設事業當然不能起積極的促進的作用，相反地起了消極的「促退」的作用。

　　另外，毛澤東在最後也預示：始自1958年、行將開始的「二五」計畫，就要按「多快好省」的建設總路線行之。

　　從1958年起，毛澤東為了讓經濟建設能按照自己心意進行，安排一系列高級幹部會議，對「反冒進」政策及其代表人物進行整風批判。胡喬木回憶：毛澤東在浙江杭州召開一次專門針對周恩來的小型整風會議，出席者就毛澤東、彭真而已，胡喬木作為秘書參加。胡氏表示：「這次會議集中批評總理，是先打個招呼，就是要批你，題目就是1957年預算問題，打擊了群眾情緒，潑了冷水」。[4]

　　如果胡氏記憶無誤，毛澤東找彭真在杭州一起批評周恩來，顯示他認為彭真值得信賴，沒有涉入「反冒進」問題，在政治、政策上與之相近、相通；此外，毛澤東當然亦知曉彭真是嫻熟整風批判的老手，延安整風期間曾參與批判周恩來，熟悉此道，便要他再操舊業。

　　杭州打響批周恩來、反「反冒進」的排頭炮以後，後續在南寧、北京、成

4　金冲及，《一本書的歷史：胡喬木、胡繩談《中國共產黨的七十年》》（北京：中央文獻出版社，2014），頁180。

都、漢口的高層會議接著對「反冒進」連番炮轟，周恩來、陳雲，以及涉入「反冒進」的李富春、李先念、薄一波，皆居於挨批的劣勢處境。

　　被稱做掀起「大躍進」序幕的1958年1月南寧會議，毛澤東當眾表揚上海市委第一書記柯慶施的文章，並當場質問作為總理的周恩來可否寫得出來，更說「你不是反冒進嗎？我是反反冒進的」。[5]毛澤東的相關言行，無異是對批判「反冒進」、批判周恩來及其助手，大開政治綠燈，其他人自是聞風而動、蜂擁齊上。薄一波回憶：「會上，康生是得彩的，柯慶施、李井泉（中共四川省委第一書記）是很積極了，對總理的批評其態度是使人難堪的」。[6]周恩來被迫檢討認錯，劉少奇也對涉入「反冒進」承擔責任。[7]

　　彭真全程出席南寧會議，[8]他在會中所為何事？其官方年譜和傳記皆無任何說明。目前所能得到資料，僅是彭真在會中曾與其他高幹一同看閱關於三峽水庫工程應否「上馬」的爭論文章。[9]南寧會議的出席人員名單，乃由毛澤東親擬；受到「欽點」與會的彭真，對於會議批周恩來、批「反冒進」的「重頭戲」，豈可能完全緘默無語、袖手旁觀？以彭真1957年底審定《人民日報》社論的政治意向、他曾與毛澤東一道在杭州批評周恩來的行徑，再加上南寧會議高層整風的明確方向和鎖定目標，以及黨內高層政治運作的邏輯，彭真幾無可能在南寧會議上為周恩來緩頰、辯護，甚至可以推測彭真在會中也參與批判，差別只是他投入批判程度，是否像康生般「得彩」、有否如柯慶施、李井泉般「很積極了」。

　　南寧會議結束後，彭真一方面代表黨中央，向未與會的華北、東北各省市領導人傳達會議精神。另一方面，他也負責向北京的中共中央委員與候補委員、黨政軍各部負責人傳達南寧會議精神。

　　毛澤東痛批「反冒進」之處，有一項是認為其存在思想方法錯誤，即過度

5　薄一波，《若干重大決策與事件的回顧》（修訂本）（北京：人民出版社，1997），下卷，頁662。

6　林蘊暉，《烏托邦運動——從大躍進到大饑荒（1958-1961）》（香港：香港中文大學出版社，2008），頁23。

7　中共中央文獻研究室編，《毛澤東傳（1949-1976）》，上卷，頁774。

8　《彭真年譜》，第3卷，頁280。

9　丁東、李南央，《李銳口述往事》（香港：大山文化出版社有限公司，2013），頁331。

強調平衡，從而束縛自身手腳。彭真緊隨毛澤東，可以理解和「參透」毛澤東的思路。他在高層傳達時得以「比較系統地介紹了毛主席在這方面的思想」，強調不斷地以先進經驗打破原有平衡，但不因此故步自封，而是再接再厲，繼續驅策前進。[10]

彭真進而根據毛澤東所主張之相對的、暫時的、革命的和積極的「平衡哲學」，指導、推動「反保守、反浪費」運動。這一運動乃是全民整風運動的部分和延續，目標是經由檢查工作、整頓風氣、發動群眾、爭比先進、鼓起幹勁，以促進生產和各領域大躍進的發展和高潮，可視為「大躍進」運動的前哨和先聲。

2月24日，彭真在中央書記處召集的高幹大會上對各部百官表示：要以鞭打快牛的方式打破原來平衡，藉之帶動萬馬奔騰以達致新的平衡。他也在會上號召廢除各種束縛生產力發展、群眾積極性和創造性的規章制度。[11]

3月8日至26日，毛澤東又移駕率師到四川成都召開高幹會議（通稱成都會議）。會上批「反冒進」不絕於耳、讚「毛主席」響徹雲霄、頌「大躍進」聲貫全場。彭真沒有出席成都會議，而在北京主持書記處工作。[12]這除了反映中央黨國日常工作還需有人維持，彭真得以擔負此責；他在批判「反冒進」、頌揚「大躍進」，以及最重要的緊隨毛澤東的問題上，乃讓毛氏放心，因而無須到會再做表態。

二、「躍進」首先使用權的歸屬：從毛遂自薦到共享其榮

毛澤東在中央高層整風鞭打「反冒進」和代表人士，同時為「大躍進」運動鳴鑼開道。毛澤東尤為欣賞「躍進」一詞，好奇其從何而來、由誰「發明」使用，更在高層間予以探問並聲稱「要頒發獎章」。

事後來看，1957年6月26日，周恩來在第一屆全國人民代表大會第四次會議上作的〈政府工作報告〉，應該是中共重要官方文書首次針對「冒進」之說

10　薄一波，《若干重大決策與事件的回顧》（修訂本），下卷，頁672。

11　《彭真年譜》，第3卷，頁290-291。

12　同上註，頁294。

而提出「躍進」一詞，並以之形容1956年情勢發展。相關文字是：

> 1956年，伴隨著社會主義改造的高潮的到來，我國的社會主義建設有了一個躍進的發展，經濟事業和文教事業的發展規模和速度，都大大地超過了五年計畫的前三年，有些甚至超過了前三年增長的總和。
>
> 這些情況，都說明我們不但需要而且有可能加快建設的速度。1956年的計畫就是適應這種情況，採取了躍進的步驟，而且在各方面取得了如前所說的巨大成就。

周恩來上述肯定1956年是「躍進的發展」、「躍進的步驟」的文字，乃針對「有些人」（所謂「右派」）懷疑中共治下「社會主義建設的成就」，以及抨擊1956年經濟規劃是「全面冒進」而來。

然而，毛澤東認定：周恩來正是1956年「反冒進」「首犯」；若無「反冒進」半路阻撓，經濟表現會更好；黨外「右派」也趁機拿「反冒進」批評中共治理經濟冒失，故而需要調整。面對毛澤東的盛怒，周恩來自1958年起在中央高層已被痛批一段時日，在高度壓力下甚至自動請辭，當他聽到毛澤東查問究竟何人首先使用「躍進」字詞，只能笑而不語、不便發聲。[13]

周恩來在1957年〈政府工作報告〉中為反擊「1956年全面冒進了」的批評，堅稱該年「有了一個躍進的發展」，毛澤東不但知情，在南寧會議上表揚柯慶施文章、為難周恩來時，話鋒一轉，也提到周氏這篇報告，還稱之「是一篇馬克思主義的文章」。[14]毛澤東在高層查問何人、何文首先使用「躍進」一詞，不知是否有些明知故問？

薄一波提供一段令人玩味的相關「小插曲」，其發生在1958年5月25日的八屆五中全會和次日開始的中央政治局擴大會議。薄氏回憶：5月25日，彭真向毛澤東呈送1957年11日13日的《人民日報》社論，「說明最早使用『躍進』一詞自此始」。[15]如前所述，此一《人民日報》社論是彭真審定的〈發動全

---

13 薄一波，《領袖、元帥、戰友》（北京：中共中央黨校出版社，1991），頁71。

14 中共中央文獻研究室編，《毛澤東傳（1949-1976）》，上卷，頁771。

15 薄一波，《若干重大決策與事件的回顧》（修訂本），下卷，頁669。

民，討論四十條綱要，掀起農業生產的新高潮〉，其中有批評「冒進」、主張
「躍進」的文字。彭真在社論刊登半年後主動向毛澤東報送此文，是想向毛澤
東證明其在反「反冒進」、倡行「躍進」，不但不落人後，更是拔得頭籌，而
欲報功領賞嗎？

彭真同日還打電話給北京市委機關報《北京日報》社長范瑾，要之檢查該
報有無刊登關於「反冒進」、「一長制」（蘇聯式的企業領導制度，強調由專
人集中領導企業並承擔所有責任）的文章。范瑾旋即在隔天市委常委會議上傳
達彭真指示。[16]彭真是想證明其治下甚嚴，他領導的北京市委未曾沾染「反冒
進」錯誤？

5月26日上午，毛澤東閱讀彭真報送的1957年11月13日《人民日報》社論
後，欣然寫信給中央政治局、中央書記處所有成員、各省市區黨委第一書記，
以及參加中央政治局擴大會議的人士，正面肯定彭真的「發現」和「發明」：

> 重看1957年11月13日《人民日報》社論，覺得有味，主題明確，氣度從
> 容，分析正確，任務清楚。以「躍進」一詞代替「冒進」一詞從此篇起。
> 兩詞是對立的。自從「躍進」這個口號提出以後，反冒進論者閉口無言
> 了，「冒進」可反（冒進即「左」傾機會主義的代名詞），當然可以振振
> 有詞。躍進呢？那就不同，不好反了。要反，那就立刻把自己拋到一個很
> 不光彩的地位上去了。此文發表時，我們一些人在莫斯科，是國內同志主
> 持的，其功不在禹下。如果要頒發博士頭銜的話，我建議第一號博士贈與
> 發明這個偉大口號（即：「躍進」）的那一位（或者幾位）科學家。[17]

然而，一樣在5月26日，彭真將周恩來的1957年〈政府工作報告〉呈送毛
澤東，並寫道：「主席：『躍進』一詞，在這個報告已經用了」。[18]也就是彭
真在為時一日後即放棄宣稱「最早使用『躍進』一詞」始自於其審定的《人民
日報》社論，而將「發明權」和首先使用的政治「桂冠」歸於周恩來。

---

16 《彭真年譜》，第3卷，頁310。
17 中共中央文獻研究室編，《毛澤東年譜（1949-1976）》，第3卷，頁361。
18 薄一波，《若干重大決策與事件的回顧》（修訂本），下卷，頁669。

　　彭真何以如此呢？是他不敢獨攬發明首用「躍進」一詞的盛名、獨享這一「不在禹下」的功勳，抑或是他自行意識到或是被動地經別人提醒：周恩來實際上較諸於自己還早公開使用「躍進」一詞？彭真這種「拾金不昧」、「物歸原主」，不知是否也是有意要給此時處境困難的周恩來，些許遲到的政治加分與暖意？

　　不知周恩來如何知道此事（彭真致毛澤東的第二封信），5月26日夜，周恩來趕忙致信毛澤東，同時附上1957年〈政府工作報告〉，並註明「第9頁和第14頁上，提到1956年建設是躍進的發展」。周恩來對毛澤東確認其1957年〈政府工作報告〉確有使用「躍進」一詞，但他自視有罪之身，莫敢「丑表功」，而仍強調自身犯有「反冒進」嚴重錯誤：

　　　　我又將這個報告讀了一次，覺得我當時的中心思想是維護社會主義，反擊右派，從建設的實績上，肯定了1956年的建設是躍進的發展，拋棄了對1956年建設是「冒進」的錯誤估計。但是，我當時還沒有意識到反「冒進」是方針性的錯誤，因而也就沒有認識多快好省的方針和農業綱要四十條可以促進社會主義建設，使其成為由量到質的躍進。我在這次黨的會上發言，說那時是「開始覺醒」，經過了三中全會、杭州、南寧、成都三次會議的整風，和接觸了一些群眾實際活動，才真正認識到這條社會主義建設總路線的正確和力量。這是合乎實際情況的，因而我在這半年多的整風中，思想並無抵觸，只是深刻地感到自己思想認識的落後。[19]

針對「躍進」一詞首先使用的歸屬和認證問題，周恩來的回覆和看法是：

　　　　這也足以說明為什麼在我的政府工作報告發表後只能起批判右派的作用，而對1956年建設是躍進的發展的估計並不能起促進社會主義建設的作用。必須在《人民日報》去年11月13日和12月12日（必須堅持多快好省的建設方針）兩篇社論根據三中全會主席宣告的精神進行號召後，才能起動

19　李丹慧，〈也談以「躍進」一詞代替「冒進」一詞從何開始〉，《當代中國史研究》，1999年第2期，頁90。

員輿論、促進運動的作用。從這裡可以看出一個真理，單單選詞相同，這是形式問題，主要地要看立的什麼旗，破的什麼邪。《人民日報》兩篇社論是立的多快好省和農業綱要四十條的大旗，破的反「冒進」而「促退」的歪風邪氣，所以能夠提綱挈領、勢如破竹地促進社會主義建設。因此，我認為《人民日報》這兩篇文章有同樣價值和功勞。[20]

從上可以看到周恩來的政治高明和手腕：第一，他對其1957年〈政府工作報告〉的相關段落字句，不敢居功，從出發動機和政治影響上，自我加以批評和貶抑，強調其徒具形式、不足與議。

第二，周恩來將相關政治榮耀主要歸於毛澤東。周恩來指出：《人民日報》1957年11月13日社論〈發動全民，討論四十條綱要，掀起農業生產的新高潮〉和12月12日社論〈必須堅持多快好省的建設方針〉，皆「立的多快好省和農業綱要四十條的大旗，破的反『冒進』而『促退』的歪風邪氣，所以能夠提綱挈領、勢如破竹地促進社會主義建設」，因而「有同樣價值和功勞」。

如上所提，1957年11月13日社論乃是彭真審定而成，並由他毛遂自薦給毛澤東，獲之認證為「以『躍進』一詞代替『冒進』一詞從此篇起」。周恩來當然不會忤逆，主張繼續維持原論。然而，周恩來也沒有讓其一枝獨秀，而是同時提出毛澤東主持起草的〈必須堅持多快好省的建設方針〉。周恩來明瞭此篇社論主要出自毛澤東手筆，稱讚它就實同是稱讚毛澤東。

另外，周恩來也強調：這兩篇《人民日報》社論都是「根據三中全會主席宣告的精神進行號召」，也就是歸因於毛澤東在八屆三中全會上登高一呼，首先對「反冒進」錯誤發出批判之聲、正義之鳴。

第三，周恩來同時注意維護彭真作為反「反冒進」積極分子的地位和熱情。彭真主動獻文給毛澤東，周恩來自不可挫折其欲爭作反「反冒進」先鋒的心志與期待，更何況毛澤東也已對之公開嘉獎。周恩來順勢承認彭真在反「反冒進」、高揚「躍進」上有「先知先覺」之功，多少可回報彭真提醒毛澤東其1957年〈政府工作報告〉。不過，周恩來也沒有讓彭真獨占鰲頭，而是讓之享有恰如其分的「價值和功勞」。

---

20 同上註。

　　毛澤東閱讀周恩來這封對上級拳拳盛意、對同僚謙謙自遜的說明信後，5月27日近午囑咐鄧小平，將之複印並即刻發送給參加中央政治局擴大會議人士。[21]

　　經過彭真、毛澤東、周恩來的信件往返，彭真審定的社論〈發動全民，討論四十條綱要，掀起農業生產的新高潮〉，雖然無法以最早使用「躍進」一詞自居，但是其先是榮獲毛澤東的大加肯定——「覺得有味，主題明確，氣度從容，分析正確，任務清楚」、「其功不在禹下」，接著獲致周恩來的加註稱頌，彭真如果為此自豪、引以為傲，也不無政治源由和基礎。

　　恐非巧合地，有「文革」批判資料指控彭真：「把自己打扮成反對反冒進的『英雄』，到處吹噓他是『反對反冒進的』，吹噓他讓《人民日報》寫了一篇批評反冒進的社論。」[22]

三、政治權位水漲船高、負責督戰大煉鋼鐵

（一）中央書記處凌駕在國務院之上

　　毛澤東大批「反冒進」，也對組織權力進行重大調整：從中央到地方，權力向同級黨委集中。毛澤東下令原先主在負責黨務工作的中央書記處，開始管控政府和經濟工作。1958年2月17日，彭真在書記處會議上傳達其指示：「中央書記處對國務院和各部委的工作要管起來」。彭真表示：「今後，國務院各部門要向書記處反映情況，書記處只抓原則，不批文件」；同時建議周恩來或陳雲一定要有一人留在北京處理國務院的工作，「不然，都歸到書記處，情況不熟悉」。[23]隨著彭真很快熟悉情況、進入角色，他便繞過國務院正副總理，直接對政府部門發號施令起來。

　　按照毛澤東的權力安排和組織調整，中央書記處在「大躍進」蓄勢待發之

21 楊繼繩，《墓碑——中國六十年代大饑荒紀實》（香港：天地圖書有限公司，2012），下篇，頁703。

22 原北京市委機關毛澤東思想紅旗兵團，《大野心家、大陰謀家彭真罪惡史（1925-1966）》（北京，1967），頁38。

23 《彭真年譜》，第3卷，頁288。

際政治分量與權力大為擴增：5月25日八屆五中全會將書記處書記譚震林增選為中央政治局委員（另兩名新科政治局委員是柯慶施、李井泉）。另外，增選李富春、李先念為書記處書記，也就是將國務院分管經貿工作的兩位李副總理，直接納入書記處行列，充實其管理經濟的陣容和能量。雙李本來就是「八大」政治局委員，自此，書記處共有鄧小平、彭真、李富春、李先念和譚震林5位政治局委員。八屆五中全會另一項重要人事安排，可能讓彭真隱然感到不安，因為他在東北的「對頭」林彪，被增選為中央副主席、政治局常委。

　　6月10日，同在毛澤東主導下，中共中央又成立直屬於中央政治局和中央書記處的各領導小組（財經、政法、外事、科學、文教；彭真即以中央政法小組組長身分指揮政法機關整風），分片包管政府的相關部會和工作。讓書記處和國務院之間形成更緊密的上下連結關係。

　　毛澤東也形諸文字規定：「大政方針在政治局，具體部署在書記處」，「對大政方針和具體部署，政府機構及其黨組有建議之權，但決定權在黨中央」，「具體執行和細節決策屬政府機構及其黨組」。亦即中央書記處除了直接職司處理黨中央日常工作，更負責按照政治局決定之「大政方針」進行「具體部署」；再進而監督國務院有否按其「具體部署」進行「具體執行和細節決策」。承上啟下的書記處儼然成為一個新的權力中心。

　　中央書記處內僅在中央總書記鄧小平之下的彭真，其權位也伴隨書記處擴權而水漲船高。再加上，鄧小平對彭真的放手使用，以及他經常視察地方，讓彭真常有機會主事。1958年中央書記處召開42次會議，彭真就主持16次，而其中多與經濟問題有關，[24]經濟工作是彭真過去在中央鮮有涉足的領域。彭真因「大躍進」獲享大權，他對運動中節節升高的糧食、鋼鐵生產指標也堅信不疑、表露熱情，並且負責協助中央將它們轉化為現實。

　　1958年夏北戴河政治局擴大會議將「大躍進」推上首波高峰——掀起人民公社化運動和全民大煉鋼鐵運動（順應彭真領導政法機關整風大勝之勢，毛澤東、劉少奇也在會議期間做出極不利於法制發展的談話）。彭真沒有參加北戴河會議，而是留在北京主持書記處工作，同時為其主導的政法機關整風順利收尾，並為首都北京市「大躍進」動員造勢。但是北戴河會議發動大煉鋼鐵運動

24　《彭真傳》編寫組、田酉如，《彭真傳略》（北京：人民出版社，2007），頁225。

的決策，則是由他扮演中央監軍執行的重要角色。

（二）大煉鋼鐵「總調度」

中共中央在北戴河會議將1958年鋼鐵生產指標定為1,070萬噸（對內湊整數而是1,100萬噸），是1957年鋼產量535萬噸的兩倍。1958年鋼產指標定案時，當年僅剩4個月，卻還有2/3的份額尚須完成，時間緊迫、工程艱鉅。

如同1957年「反右派」運動做法，彭真以中央書記處領導人身分，在1958年9月、10月，頻頻召開全國電話會議，催促國務院相關各部和地方各省不惜一切代價完成中央分配的鋼鐵生產指標。

彭真為熟悉冶煉鋼鐵事務，進而代表中央書記處「抓任務」、擬定「具體部署」方案，他主要與國務院負責工業交通事務的副總理、國家經濟委員會主任薄一波，以及中央冶金工業部部長王鶴壽共事和搭配。薄一波、王鶴壽是引導毛澤東莽撞做出追求鋼鐵高指標決策、又不智地將之公然宣告而騎虎難下的重要關係人。彭真和薄、王有時先行在書記處開會討論，然後再一起現身中央電話會議指揮各地黨委要人。

彭真針對大煉鋼鐵研擬的「具體部署」方案，有時在中央電話會議舉行之前就報送毛澤東審閱（或同時給予劉少奇、鄧小平，但沒有送交周恩來、陳雲等其他中央常委），有時則是在中央電話會議結束後，即直接向毛澤東面報、打電話或寫信報告。由此顯示他與毛澤東密切互動和音訊相通。事實上，「大躍進」開始後，走上中央「一線」直接領導經濟的毛澤東，經由中央書記處掌控全國大煉鋼鐵運動，主要就透過彭真；鄧小平在這一問題上問虛不問實、抓梗概而少問細節，沒有彭真深入和了解。

彭真對大煉鋼鐵鑽研一陣子後，9月24日致信毛澤東，頗有信心地表示：「看來全年1,100萬噸的任務是肯定可以完成的」。[25]後面將可以看到，彭真對1958年大煉鋼鐵「數字管理」的縝密籌劃，並非只心滿於準時達標，更有心於超前達標、實質超標。從毛澤東迅速批准彭真工作布置，或對之未予異議，也可見他對彭真工作表現的滿意。

彭真在中央電話會議上進行「具體部署」並施予工作指導以後，他也緊接

---

25 《彭真年譜》，第3卷，頁342。

著參加周恩來主持（陳雲或也參加）的鋼鐵生產緊急匯報會，與聞後續的「具體執行和細節決策」。然而，著眼於「軍情緊急」、一心爭逐煉鋼效率，彭真乾脆直接指示國務院的冶金工業部、煤炭部、鐵道部、林業部等部長，甚至不顧忌諱地召集前述國務院高幹，到其台基廠住所開會討論。[26]彭真在大煉鋼鐵運動期間，被人非正式地稱做「總調度」。此一稱謂不無調侃意味，因為彭真在國務院沒有任職，卻直接調度、指揮政府經濟官員，樹大招風，「代替了國務院的工作，引起一些人的非議」。[27]

「大躍進」運動以前，中央經濟官員主要聽命國務院正副領導人周恩來與陳雲；周恩來的辦公所在地中南海西華廳，百官雲集，熙熙攘攘。反「反冒進」後，西華廳門口羅雀，好不寂寥，平日公務纏身不得閒的周恩來，竟可有空打桌球排遣，鮮明反映周恩來經濟大權的旁落和轉手。如果說毛澤東帶頭反「反冒進」、批評周恩來引發的「以柯（慶施）代周」之說，僅止於一種流言蜚語，周恩來的總理職位經過1958年6月9日中央政治局常委擴大會議討論後得以繼續保留，而彭真在「大躍進」、尤其是大煉鋼鐵運動奔馳向前的過程中，實質介入管理國務院經濟工作，卻是實實在在地瓜分周恩來的「相權」。無怪乎有人認為：彭真在延安整風期間曾經對周恩來有所質疑和批評；「大躍進」期間彭真又插手管理政府工作，可能讓周恩來對彭真的不滿，又記上一筆。[28]

彭真在「大躍進」運動中政治獲益、經濟獲權，他的政治「冤家」陳雲見此應也不甚好受。陳雲被指責犯有「反冒進」錯誤，被迫交出經濟實權；相對地，彭真頗為神氣地在書記處指點經濟工作、召集國務院相關部門負責人到家共商大煉鋼鐵事宜。兩人之間政治地位與經濟影響一消一長的變化，當然逃不過眼尖的下屬官員。

王鶴壽與彭真結識於中共大革命時期的石家莊工運，但王鶴壽與陳雲工作關係更為緊密，跨越中日戰爭時期的延安、國共內戰時期的東北，再到中共「進城」以後的北京。高崗活躍政壇時，王鶴壽也參與相關高幹的背後議論、

---

26 中國大陸中共黨史研究者（N君）提供的資訊（北京，2015年8月）。

27 劉政、張春生，〈從歷史的幾個重大關節看彭真和毛澤東的關係〉，《領導者》，2013年總第51期，頁146。

28 中國大陸中共黨史研究者（C君）提供的資訊（北京，2013年8月）；中國大陸中共黨史研究者（L君）提供的資訊（北京，2015年8月）。

私下閒話；針對高崗、陳雲不喜歡的彭真，王鶴壽也樂聽高崗對其評頭論足、說三道四。[29]然而，根據「文革」批判資料，王鶴壽眼見彭真在「大躍進」地位突顯、在大煉鋼鐵運動更成為其頂頭上司，便機伶地邀請彭真出席指導冶金部活動，[30]注意整理印發其視察評論，[31]並對之「竭力吹捧」。[32]王鶴壽對彭真表現得熱絡、殷勤，除了其政治上為人勢利，也不無藉機尋求政壇有力之士奧援，以助擴張鋼鐵產業、履行部門職務的盤算。

　　1962年中共「七千人大會」期間，陳雲批評：在鋼鐵的指標問題上，「王鶴壽和我歷來有分歧。有些人到書記處找幹勁，到總理那兒講困難」。[33]可能多少看不慣王氏在大煉鋼鐵時對彭真的積極靠攏。

四、中央電話會議動員煉鋼

　　彭真在1958年9月8日、9月16日、9月25日、10月9日，以及10月23日召開、主持中央電話會議，對地方各省、政府有關部門一再施加壓力並監督其鋼鐵生產進度，最終促成中共誇下海口的出鋼1,070萬噸年產指標。

　　彭真開會講話內容和指導策略，主要如下：

　　一、大力強調毛澤東大煉鋼鐵決策的重要和正確，即時傳達他對之能否落實的高度關心和最新指示。

　　9月8日中央電話會議上，彭真傳達：「毛主席要求9月15日前後鋼鐵生產有個大的躍進」。[34]彭真也懂得拿毛澤東的意見，為自己所做的「具體部署」

29　林蘊暉，《重考高崗、饒漱石「反黨」事件》（香港：香港中文大學出版社，2017），頁129。

30　鋼院革命造反公社八一八戰鬥隊、冶金部聯合戰鬥團政策研究室革命造反戰鬥隊，〈將王鶴壽揪出來鬥倒鬥臭——大叛徒、反革命修正主義分子王鶴壽罪惡史〉，紅代會北京鋼鐵學院革命造反公社《新鋼院》編輯部，《新鋼院》，第42-43期，1967年9月4日，版6。

31　冶金部機關「無產階級革命派大聯合委員會」主辦，〈反革命修正主義分子王鶴壽罪惡史〉，《冶金戰報》，第3期，1967年11月10日，版6。

32　〈將王鶴壽揪出來鬥倒鬥臭——大叛徒、反革命修正主義分子王鶴壽罪惡史〉，紅代會北京鋼鐵學院革命造反公社《新鋼院》編輯部，《新鋼院》，第41期，1967年8月28日，版4。

33　張素華，《變局——七千人大會始末》（北京：中國青年出版社，2006），頁106。

34　《彭真年譜》，第3卷，頁337。

背書。他在9月25日電話會議尾聲說道：

> 電話會議開始我講的那幾點意見，本來是給毛主席寫的一封信。剛才主席那裏打了電話來，他說他同意那些看法和意見，要我們就按那些意見來辦。同時，他說要和各省市書記商量一下，要大家好好的、認真的抓一下鋼鐵問題，他認為任務是能完成的，有希望的。[35]

彭真在10月9日會上注重說明毛澤東決定「抓鋼」的過程和思慮：

> 人不吃糧時一切都完啦，工業沒有鋼也完啦，一切也談不到，工業沒有鋼一切也空談。主席講，多少年的摸索我們發現工業要「以鋼為綱」。那不是1,070萬噸公布不公布的問題。今年躍進，明年要更大的躍進。鋼趕不上，全部計畫都會落空，電、煤、鐵路、石油，一切都落空，這是關鍵。所以主席作檢討也是作檢討啦，實際他幾年來也拼命地抓糧食，因為過去糧食沒有解決。至6月19日，他找王鶴壽同志談了以後，他就開始抓鋼，因為鋼是我們工業上的大綱。人活著要吃糧食，一切工業也要有糧食吃，它們的糧食就是鋼。今年我們躍進，明年還要更大的躍進，這一項任務把各省市黨委書記壓得很重，那真是睡不好覺，眼熬紅了，但這項任務非要死抓不行……。[36]
>
> ……主席有個意見：一手抓糧食，一手抓鋼鐵。人要吃飯就是糧食，工業吃飯就是鋼鐵。兩個糧食缺一不可。[37]

二、積極鼓吹土法高爐煉鋼，樹立標兵，敦促其他地方官員向之學習。

黨中央設定的年產1,070萬噸鋼的目標，中國大陸已有的現代化鋼鐵廠就算馬力開足、日夜加工，也無法獨力完成任務，動員各級幹部和民眾參加土法煉鐵煉鋼，因而應運而生、正式登場。9月25日，彭真在會上就向各地推薦山

---

35 〈9月25日中央電話會議紀錄彭真同志的總結發言〉，廣東省檔案館，檔號219-1-27，頁84。
36 〈彭真同志在10月9日中央電話會議上的講話〉，廣東省檔案館，檔號227-4-1，頁11。
37 同上註，頁12-13。

西、河南的成功經驗：

> 在煉鋼方面，用小型土法群眾煉鋼這個問題，一般還未解決，有很多人光相信洋的，光相信洋辦法，不願搞土的。山西省已經從9月21日開始發動小型土法煉鋼，並且已經開始見到效果，回頭還可以請陶魯笳同志講一講是怎樣用小、土、群煉鋼的。河南也開始用小土群煉鋼，不然是不可能取得這樣大的成績的，雖然現在還不是那麼穩定，但不成問題。這是鋼產量能不能迅速提高的關鍵問題。假如現在不開展這種萬事不求人的小型土法煉鋼，而光靠洋辦法大型的，要完成任務是很困難的。群眾很希望能多搞一些，但是如光搞洋的大的，廣大群眾幹部根本幫不上手，有勁也使不上，乾著急。大家想一想：是大中小結合呢還是只搞大的呢？是土洋結合呢還是光搞洋的？這是真正的工業方針問題，大中小結合實際上是走不走群眾路線的問題。真正要全黨全民辦工業，煉鋼就要搞大中小結合，土洋並舉。[38]

10月9日，彭真又宣講土法煉鋼的必要性，並且再次推薦「大躍進」、大煉鋼鐵的積極分子河南省委第一書記吳芝圃的做法。

> 我們鋼鐵生產有這麼一個問題，究竟大的好、小的好；土的好，洋的好。當然大的好，誰說大的不好；當然洋的好，好是好，就是來的慢，而且它不容易聽話，它實在不聽你的，好像名角唱戲一樣，一點辦法也沒有，你把它裝備起來，它就不聽話，它高興就生產，不高興就出事故，這是我們掌握不了它，是它掌握我們……。吳芝圃同志他是這樣打算的：三個爐子有一個生產，那兩個爐子一個休息、一個修理，那這樣搞得多了，鋼還不是上去啦。大高爐不能這樣，一個上班、兩個休息，好像八小時工作，一天三班制。所以小、土、群有這個好處。[39]

38　〈9月25日中央電話會議紀錄彭真同志的講話〉，廣東省檔案館，檔號219-1-27，頁80。

39　〈彭真同志在10月9日中央電話會議上的講話〉，頁12。

彭真不但用軍隊和民兵之間的協作關係，形容土法煉鋼的不可或缺，更強調其具有中國特色、獨步全球。

> 和我們的軍隊一樣，一個是野戰軍，比較大的，比較科學的；但也有些地方武裝，如小轉爐等，大也不大、小也不小，它們是積少成多；再一個是民兵、民兵基幹隊。真正打仗光有民兵沒有野戰軍不行，光有野戰軍沒有民兵也不行。我看就是這麼一個關係……。光搞洋的搞不上去，同時土的也要提高，提高技術不是就上去了嗎？要提高技術，也要改善設備，生產管理也要改善。中國冶金學煉鋼和世界煉鋼不一樣，土法煉鋼是出自中國的，中國煉鋼成一派。[40]

三、要求各省市和重要鋼鐵大廠制定各項短程生產計畫，並定時向中央報告，如此既使中央掌握全局，也令各省區、單位不敢鬆懈。

9月8日，彭真指示：「今後請各省、市、自治區把鋼鐵生產計畫，按每1天、每5天、每10天列個進度表，爭取每5天提前完成一天。每個單位也要列一個進度表」。他這時只要求「各個大廠每天的報表要送冶金部和黨中央」，尚未要求各省市如此辦理。[41]到了9月25日，彭真對地方各省就盯得更緊了，提出：「請各省、市、自治區制定每月、每週、每日鋼鐵的生產指標和具體措施，並且每天把生產結果報告中央」。[42]他告訴毛澤東此舉目的就是為了督促鋼鐵生產。[43]

彭真「為了救急，為了在最短時間使鋼躍上去」，在電話會議極力推銷土法煉鋼，但對大、中型的正規鋼鐵生產也未鬆手，強調：「大中小也不要忽略，兩個都搞起來，鋼任務就有保證」。[44]

鞍山鋼鐵廠承擔1958年全國鋼鐵生產總體指標的1/3，事關成敗大矣，彭真不坐待其致電向中央報告生產進度，他和鄧小平幾乎每日打電話給鞍山黨委

---

40 同上註，頁12-13。

41 《彭真年譜》，第3卷，頁337。

42 〈9月25日中央電話會議紀錄彭真同志的講話〉，頁83。

43 《彭真年譜》，第3卷，頁343。

44 〈9月25日中央電話會議紀錄彭真同志的講話〉，頁81。

書記，詢問其前一日的生產狀況。[45]

　　四、緊盯鋼鐵生產進度，制定階段性必達的生產指令。

　　彭真主持中央書記處會議討論，並與薄一波、王鶴壽研議後，他在9月25日電話會議上提出：月底要達到日產鋼6萬噸、鐵10萬噸的生產目標。

　　　我們希望在29日，無論如何到月底，當然越早越好，能日產10萬噸以上的鐵，6萬噸鋼，能產12、13萬噸鐵、6萬噸以上的鋼那就好了，覺也睡得好些了。這樣10月份就可生產180萬到200萬噸鋼，300萬到400萬噸鐵。這樣大話就可以說了，而且大話真正是有氣魄的，而不是空話。[46]

　　他進而解釋此一規劃動機：「主要是一個政治影響，也是打下一個好基礎」：

　　　9月29日搞那麼一天，鋼產6萬噸以上，鐵產10幾萬噸，裝車裝3萬5，這是什麼意義呢？這是對下一個月生產的一個預演。假如在29號達到這樣一個結果，證明你有這樣的生產能力了，可以從各方面檢查我們的工作，這是很有意義的。同時，還有一部分人缺乏信心，認為我們這樣的速度是不可能的，這樣的人還不是一個兩個，假如29號有這麼一天，就能鼓舞人心，提高信心。[47]

　　為了讓9月29日能達到日產鐵10萬噸的目標，彭真和薄一波想到的方法，就是找10個省，各自認領、放出一個日產1萬噸生鐵的「大衛星」。選擇在29日，有同時為中共建政9週年表達慶祝之意。薄一波解釋：「衛星什麼時候放？9月29號放為好，28號也可以。30號放出來晚上統計不上，報紙上登不出來」。[48]

　　經過彭真的激勵和操作，以及地方大員的固寵求榮、互相攀比，最後有8

45　楊榮甲，〈楊士杰人生的兩件大事〉，《炎黃春秋》，2011年第3期，頁54-55。

46　〈9月25日中央電話會議紀錄彭真同志的講話〉，頁83。

47　〈9月25日中央電話會議紀錄彭真同志的總結發言〉，頁84-85。

48　〈9月25日中央電話會議記錄薄一波同志的講話〉，廣東省檔案館，檔號219-1-27，頁87。

個省志願充任出鐵萬噸的「突擊隊」。彭真會後即打電話至杭州向毛澤東報告，讓之知悉和放心：

> 大家信心很足。四川現在每天都有800萬至1,000萬人上陣。9月份未完成的任務，10月份可以補上去。從9月底起，河南、河北、湖南、湖北、山東、山西、四川、江蘇8個省，每天都可出鐵1萬噸以上。這樣，到月底每天就可能出鐵10萬噸，鋼9萬噸。鐵的問題現在看來到月底大體可以解決。現在主要是抓鋼。詳細數字正著人整理。[49]

9月25日「這次電話會議以後，全民大煉鋼鐵的群眾運動迅猛地開展起來」。[50]

彭真深諳氣可鼓而不可瀉，打鐵趁熱、乘勝追擊。10月3日，鄧小平主持的中央書記處會議上，彭真表示：在日產量步步上升之下，可考慮提前在11月底或12月上旬，完成1,070萬噸鋼的目標。[51]彭真此議等同縮短鋼鐵指標的完成期限，變相加重各級黨委限期煉製生產鋼鐵的壓力。彭真的意見最後成為書記處決策。在同一會上，鄧小平對大煉鋼戰展現的豪氣，乃與彭真旗鼓相當，他表示：「要搞2,000個年產1萬噸的小高爐，將來實際上主要靠這個東西！」[52]

10月9日，彭真在中央電話會議上對各省要員表示：「總之要保證這個、保證那個，要全力保證，拼命也要保證。今天國務院有關部門在這，要全力保證，12月10日搞1,070萬噸，有些地方超過，有些地方不能完成，但我們還有20天迴旋餘地⋯⋯。」[53]各地黨委都表態同意卯足全力、攜手兌現。

為提高和穩定鋼鐵生產量，以提前達到1,070萬噸的鋼指標，中央書記處飭令王鶴壽設計「高產週」（10月15日至21日）的生產計畫：日產鋼7-8萬

---

49 《彭真年譜》，第3卷，頁343。

50 馬齊彬、陳文斌等編寫，《中國共產黨執政四十年》（增訂本）（北京：中共黨史出版社，1991），頁153。

51 《彭真年譜》，第3卷，頁346。

52 《彭真傳》編寫組（下略），《彭真傳》（北京：中央文獻出版社，2012），第3卷，頁979-980。

53 〈彭真同志在10月9日中央電話會議上的講話〉，頁11。

噸、鐵15-20萬噸。彭真、王鶴壽也將之提交10月9日中央電話會議。王鶴壽表示：

　　最後要講的問題，國家經委和中央書記處討論提出，怎樣使鋼鐵生產水平提上去。上月29、30號放高產「衛星」時，鐵的產量29萬噸、鋼58,000噸，但是放了以後又降下來了，這裡邊是有各種原因的。根據這種情況中央書記處提出能不能想辦法在一個禮拜中，即10月15-21號，7天的時間內，把鋼鐵的生產提高到一定的水平，而且要穩定下來。現在提出這個水平是什麼呢？就是在15-21號全國鋼的產量能不能提高或穩定在7-8萬噸，能提高7-8萬噸，不僅對10月份的計畫有保證，且對11月份的計畫完成更有保證。鐵呢？15-21號全國能不能提高並設定在15萬噸，或更多一些到20萬噸這樣一個水平，看這個意見能不能辦到，請各地考慮。[54]

　　彭真、王鶴壽要求各省、大廠針對「高產週」規劃一一報數和許諾。電話會議結束後，彭真刻不容緩地以書信向毛澤東報告：

　　主席：今日下午中央召開了全國電話會議。各省、市、區黨委一致同意：一、12月10日完成年產鋼1,070萬噸的任務（各省、市、區具體保證的數字是1,100萬噸）。二、本月15日至21日，爭取穩定地日產鋼7萬至8萬噸；日產生鐵15萬至20萬噸。現將各省、市、區已同意的具體分配數字送上。[55]

　　毛澤東從彭真報告中聞知1,070萬噸的鋼指標可提前完成，必感欣慰。彭真積極倡議並領軍爭取提前成功達標的奮發作為，也可突顯其欲在毛澤東跟前立功以博取歡心。

54　〈王鶴壽同志在10月9日中央電話會議上的講話〉，廣東省檔案館，檔號227-4-1，頁15。
55　《彭真傳》，第3卷，頁980。

五、推促地方大煉鋼鐵

彭真經由對大煉鋼鐵運動的強勢管理，在中央與地方之間關係互動和政治運作獲致一個特殊地位。他強力又帶技巧的監督，使得各省領導人處於緊繃精神狀態，從而對屬地爭煉鋼鐵多加幾把勁。

1957年「反右派」運動期間，毛澤東認為江蘇省委第一書記江渭清「反右」不太積極，指派彭真向之「打招呼」。1958年9月20日，毛澤東在南京當面要江氏在江蘇煉出100萬噸鐵，其面有難色、語帶保留；第二天在毛澤東追問下，江氏方勉為其難地表示將盡力為之。[56]這讓毛澤東有所不快。

不知是毛澤東主動告知彭真，抑或是彭真從側面聞知，彭真在9月25日電話會議上表示：「主席到南京看到鋼鐵任務完成得不好，很著急，因為這是全國的問題，鋼鐵搞不上去，別的也就搞不上去」。[57]彭真在前一年是私下提醒江渭清要積極「反右」；然而，在大煉鋼鐵這一回，彭真則是在電話會議上當著眾省領導人之面（耳），表達黨主席對江蘇表現不甚滿意，讓江氏顏面盡失、好不尷尬。

江氏為了在其他省市面前扳回面子，更為能向毛澤東交代，毅然向中央電話會議報名，決定江蘇參加9月29日當天放出產鐵萬噸的「大衛星」計畫。在「小土群」齊上陣，「連鐵門鐵欄杆都拆下來煉鐵了」，江蘇終於成為日產生鐵「萬噸省」。大煉鋼鐵運動產出鐵、鋼的質劣不合使用，還有造成的嚴重浪費和經濟損失，江氏晚年想到也直搖頭。[58]

彭真主持的中央電話會議，也讓廣東省委第一書記陶鑄按捺不住，投入大煉鋼鐵熱潮。彭真9月25日召開電話會議，陶鑄次日在廣東省召開電話會議傳達並動員省內各級幹部。陶鑄不滿彭真在延安審幹中批鬥其妻曾志，中共建政初年，他也與王鶴壽一起說彭真的不是。但在大煉鋼鐵運動衝刺的關頭，往日恩怨都得拋諸腦後，聽命行事。陶鑄在省委電話會議上表示：

56　江渭清，《七十年征程——江渭清回憶錄》（南京：江蘇人民出版社，1996），下卷，頁426-427。

57　〈9月25日中央電話會議紀錄彭真同志的講話〉，頁83。

58　江渭清，《七十年征程——江渭清回憶錄》，下卷，頁427-428。

　　中央昨天開電話會議，整整開了9個鐘頭，各省都作了匯報，彭真、薄一波同志都作了重要指示。現在看來，全國鋼鐵情況不錯，有進步。根據中央同志說，鋼1,070萬噸可能超過。中央要求29日全國要放鋼鐵衛星，即是鋼日產6萬噸以上，鐵日生產10萬噸以上。現在鋼只2萬多噸，鐵4萬多噸。鋼要增加2倍，鐵要增加1倍多，要求各省29日12點鐘向中央匯報。昨天當時報告的有8個省，他們保證29日日產萬噸鐵，各地勁頭都很大。同時毛主席做了指示，說一定要把鋼的任務超額完成。我們黨來領導還是可以的，現在要求各級黨委大力抓，認真的把鋼鐵抓起來。按主席指示：凡是搞不好的就是黨委沒有抓起來。廣東就是沒有抓好，昨天就無法報告。[59]

彭真在中央電話會議上製造和操作各省比較、競爭的壓力，成功刺激陶鑄，促之「見賢思齊」。陶鑄表示：

　　人家是躍進，廣東省是向後退的，問題就嚴重在這裡。不抓緊，廣東要完成20萬噸鋼就有危險。十天來費這樣大的勁還是躍不上去，到底是什麼原因，請同志們講一講，我們要想辦法解決。全國都完成任務，唯獨廣東完不成，我看這話就很難講了。廣東條件並不差，到處是鐵，煤差了一點，但也有，木炭也有，森林不算少，煤中央很支持，把我們當作了重點，送煤給我們，如果完成不了就不好說了。昨天聽了全國各地的電話匯報，又看了我們的日報表，我是很憂慮的。有什麼辦法呢？只有開電話會議和同志們商量一下，看有什麼好辦法，辦法總是有的。
　　我想最重要的還是黨委還沒有真正抓，過去很多事說明只有黨委認真抓，沒有什麼問題是解決的不了的，所以我認為還是黨委沒有認真抓，狠狠抓，拼命抓。[60]

陶鑄急中生智，就算跟不上「先進」兄弟省分放「鋼鐵衛星」，廣東放放

59　〈9月26日省委電話會議上陶鑄同志的講話〉，廣東省檔案館，檔號219-1-27，頁103。
60　同上註，頁105。

煙火、跟著熱鬧總行吧。陶鑄表示：「為什麼人家躍進得快，而廣東那麼慢？」「昨天中央講了又講，當然我們搞一萬噸是困難的。昨天省委臨時商量了一下，人家搞個萬噸省，我們廣東29日搞個千噸省，行不行？一個省等於別人一個縣，我看應該辦到的」。[61]根據《人民日報》10月2日次版報導，廣東用「土辦法和小高爐」，略為超過這個「低標」，煉出1,700多噸生鐵與360多噸鋼。

陶鑄一時混過彭真9月底代表中央捲起的大煉鋼鐵攻勢，但是次月還是被捲進去，更搖身成為「弄潮兒」之一。彭真在10月主持召開兩場中央電話會議，不斷緊逼鋼鐵生產。「中央一位領導同志」更直接來電催問陶鑄：「為什麼廣東大煉鋼鐵放不出衛星來？」[62]這位中央領導同志到底是誰，不得而知，但彭真對陶鑄應該也有同樣疑問和不耐。

有著作指出，陶鑄在10月中央電話會議上曾表示：土高爐煉鐵是弄虛作假，白白浪費煤炭，建議降低鋼產量指標，停止弄虛作假。[63]不知其說法依據為何。陶鑄就算有此發言，最後也完全反其道而行。在黨中央聲聲催下，陶鑄坐不住了，激發出理性計算下的政治瘋狂。

11月1日，陶鑄在廣東一口氣動員700萬人以上，各以上萬計的高爐、土坏爐、磚瓦窯、石灰窯、水泥窯、陶瓷和煉鐵爐，同時升火齊燒。最後省委宣稱當天煉出的生鐵，「就超額完成了全省今年的任務」，同日鋼產也「比過去全省鋼的最高日產量增長了4倍多」，還豪氣聲稱：在廣東「煉鐵的規律已基本上被黨和廣大人民所掌握。有了這一條，今後就可以命令自然界拿出鐵來」（《人民日報》11月4日二版）。

陶鑄為首的廣東省委此時講得大有氣魄，事後回顧難堪窘迫。1962年「七千人大會」期間，陶鑄明指中共中央、尤其是中央書記處，應該要擔負「大躍進」錯誤的主要責任，也批評中央書記處檢討「不深刻」。[64]陶鑄對中

61 李子奈，〈調查日記談點大煉鋼鐵〉（2017年11月16日），地方文革史交流網：http://difangwenge.org/read.php?tid=17140&fpage=14（2020年3月5日登入）。

62 鄭笑楓、舒玲，《陶鑄傳》（北京：中共黨史出版社，2008），頁270。

63 宋連生，《總路線、大躍進、人民公社化運動的始末》（昆明：雲南人民出版社，2002），頁145。

64 張素華，《變局——七千人大會始末》，頁71。

央書記處火氣這麼大，不禁讓人猜想，陶鑄在1958年大煉鋼鐵被彭真、書記處逼得「人急跳梁、狗急跳牆」，千天以後，他是不是回頭想跟書記處算這筆「鋼鐵賬」。

同屬中南地區的湖北省委第一書記王任重，1984年仍清楚記得大煉鋼鐵運動期間，彭真在三更半夜的中央電話會議上緊催煉鋼煉鐵的情形：

> 那時全國大辦鋼鐵，彭真同志是書記處書記，政治局委員，他隔那麼一兩天就開一次電話會，總是在夜晚十點以後開電話會，一開開到下三點，叫各省匯報，大辦鋼鐵上了多少人呀，出了多少鐵呀，天天就問這個。那時我們真苦惱，你說全國都在大辦，特別是河南成績很大，老放衛星⋯⋯。[65]

王任重不知是忘了還是故意不說：1958年9月下旬，他與其他7名狂熱的地方大吏，主動承包彭真在電話會議上提出一省日產1萬噸生鐵的「大衛星」任務。

1958年秋冬，彭真除了召開和主持中央電話會議，督促各地抓緊煉鋼任務，他也循由同樣機制和方法，分別聽取並指導各地黨委有關人民公社發展、農副產品安排，以及城市生活供應等問題。1959年上半年也有類似情況。換言之，在「大躍進」運動期間，彭真經常作為代表中共中央出面連結和指導地方黨委的重要人物。

六億神州盡煉鋼，中共傾全國之力在1958年12月中達到年產鋼1,070萬噸的指標，雖然比彭真的規劃略遲一週左右。12月19日，彭真對前來拜會辭行的羅馬尼亞大使表示：「到本月17日全國已生產了1,071萬噸鋼，到明天不管完成多少，就準備向全世界公布鋼產量的數字了，以後十幾天生產的鋼就可算作是對明年的準備」。他並指出：「反正不需要15年就能趕上英國了」。[66]

三天後的《人民日報》（12月22日）頭版頭條公告：「1958年我國人民奪

---

65 王任重，〈對湖北「大躍進」的若干回憶〉，中共湖北省委黨史研究室，《「大躍進」運動（湖北卷）》（北京：中共黨史出版社，2004），頁462。

66 〈彭真市長接見羅馬尼亞駐華大使魯登科談話記錄〉，中華人民共和國外交部檔案館，檔號109-00866-01（1），頁2。

取1,070噸鋼的大戰已經告捷。據冶金工業部12月19日為止的統計，今年全國已經生產鋼1,073萬噸，比1957年的鋼產量535萬噸增加了一倍掛零。」

彭真為中共成功達成1958年鋼產指標感到自豪，還須得應付羅國大使對土法煉鋼成品的狐疑和追問，聲明「其實有些土鋼質量也很好」。他還以陝西、山東、山西用自身生產土鋼修建土鐵路為例，強調「目前國家不能生產很多鋼鐵和機車的時候，就應該讓地方上自己搞」，作為一種過渡，有必要「大小結合」、「土洋結合」。[67]

彭真在外國使節面前努力為大煉鋼鐵運動、土法煉鋼大加肯定和辯護。但「文革」期間冶金部造反派揭發：1958年12月27日，彭真應王鶴壽邀請到冶金部參加大煉鋼鐵展覽會時曾說道：「6,000萬人上山，這也是一時的現象，各地為了完成生產任務，非突擊一下不可。我和王鶴壽同志一起出去時，別人一提6,000萬人，我就不搭話」；「現在農民搞了鐵，拉走了等於交了公糧，吃不上窩頭，吃不上麵」。[68]

如果彭真確有如上感觸，他有無想到自己9月、10月數度召開中央電話會議，要各地不惜民力進行土法煉鐵煉鋼，爭放「大衛星」、追求「高產週」，更在10月上旬積極主張推前於12月10日完成1,070萬噸鋼指標並爭向毛澤東打包票，不正都是逼著各地動員千百萬農民上山「突擊一下」？

六、助長首都郊區農業「浮誇風」

（一）力圖跟上農業「大躍進」形勢

中共中央1958年發起「大躍進」運動，乃基於對農業大幅成長和潛力無窮的置信。「大躍進」醞釀之時，彭真對北京市的農業生產一開始也表現得頗為積極。1958年2月23日至26日，北京市委舉行農業勞動模範、積極分子大會，以及市、區、鄉、社四級幹部會議。相關會議召開被指稱是為「郊區農業拉開

67　同上註，頁3-4。

68　鋼院革命造反公社八一八戰鬥隊、冶金部聯合戰鬥團政策研究室革命造反戰鬥隊，〈將王鶴壽揪出來鬥倒鬥臭──大叛徒、反革命修正主義分子王鶴壽罪惡史〉，紅代會北京鋼鐵學院革命造反公社《新鋼院》編輯部，《新鋼院》，第42-43期，版6。

了農業大躍進的序幕」。[69]2月26日，彭真在閉幕會上對兩千多名與會者表示：「把整風堅持到底，大家徹底打掉官氣、暮氣、闊氣、嬌氣和驕氣，開展反浪費、反保守，比先進、比多快好省的群眾運動。大家用最高的標準來要求自己，哪裡先進就要向哪裡學習。努力為爭取提前實現四十條綱要而奮鬥」（《北京日報》1958年2月27日首版）。

彭真更具體要求各區開展生產競賽，以畝產糧食「過黃河」、「過長江」為目標，亦即按「四十條綱要」要求，畝產達到或超過500斤或800斤以上，甚而爭取成為「千斤社」。[70]彭真此時為北京市農業「大躍進」「拉開序幕」，無疑與毛澤東在中央高層厲聲反「反冒進」、批評國務院經濟工作的政治情勢直接相關。彭真希望在農業上以具體規劃和行動，證明自身和治下北京市欲打破「反冒進」保守、搶當「大躍進」先進的決心。

然而，之後短短數月，農業要大躍進、大發展的聲浪，在全國各地一波接一波，糧產數字被越抬越高，畝產數千斤已不足為奇，甚至出現號稱畝產上萬斤者。在此背景下，彭真對北京市農業提出的「過黃河」、「過長江」、「千斤社」目標，相形就顯得保守和過時。

各地農業生產指標急遽攀升的過程中，負責主持全國農業工作的譚震林（中央政治局委員、中央書記處書記、國務院副總理），不但對此樂觀其成，更進一步鼓吹和加碼，也將目光投注到北京市農業狀況。因為1958年小麥夏收情況，北京市據實呈報畝產130斤，在全國各地上報的夏收畝產排名敬陪末座。譚震林決定對北京市當面施壓，促之盡快跟上。7月4日，譚震林出席北京市郊區區委書記會議，批評北京市農業跟不上全國「大躍進」形勢，更對郊區農業提出具體要求——要滿足北京市全部副食品需要，以及1959年沒有低產作物。[71]譚震林甚至還批評：「你們上不上？你們明年的產量究竟是多少？如果你們沒有一個數字，那麼我看中華人民共和國的首都是不是要搬家？」後來他乾脆到市委找彭真談話。[72]

69　中共北京市委黨史研究室編，《社會主義時期中共北京黨史紀事》（北京：人民出版社，1997），第3輯，頁156。

70　《彭真年譜》，第3卷，頁291-292。

71　中共北京市委黨史研究室編，《社會主義時期中共北京黨史紀事》，第3輯，頁216-217。

72　張道一，〈我在北京親歷的一些歷史事件與反思〉，中共北京市委黨史研究室編，《風雨征

譚震林的黨內地位在彭真之後，彭真從1945年起就擔任中央政治局委員，譚震林到1958年八屆五中全會才被增選為政治局委員；「八大」中央書記處人員排名，彭真、譚氏也分居第2位和第4位。譚氏1958年夏之所以膽敢向彭真領導的北京市施壓，可能原因有：譚氏主管農業，他要求北京市調升農業生產指標，乃在其職權範圍之內；更重要的是，按照毛澤東「以糧為綱」的「大躍進」構想，以及他在「大躍進」伊始拔擢譚氏升任政治局委員的安排，即是要譚氏在糧食高產上大作文章、好好表現。易言之，譚氏就北京市農產問題向彭真的北京市委施壓，工作上既師出有名，政治上也有所憑藉。

其次對於當時全國各地震天價響的農業「大躍進」戰績和氛圍，以及譚震林對首都農業生產情況不佳的批評，不免也受到影響和感染，開始心浮氣躁。彭真對全國農業大增產、大豐收的消息加以盛讚，[73]甚至對到首都學習的解放軍將領表示：「吃不飽」、「吃不好」的時代過去了，在北京「儘管吃就是了」。[74]他也回頭批評北京市農業「幹得不好」、「實際是下游」。[75]

其次，1958年北京市先後合併河北省9個縣，大幅擴增農業人口和農副產品的供應基地。郊區農村人口從八十餘萬激增至超過281萬，耕地也從二百一十多萬畝擴大3倍多，累積至將近740萬畝。[76]隨著郊區農地擴大和農業經濟規模加大，發展京郊農業成為彭真責無旁貸的一件工作。他或許也想藉助譚震林之力，驅動北京市創造農業「大躍進」。7月28日，彭真主持召開北京市農業會議，譚氏出席表示：「北京不管種什麼，都要全國第一」，批評郊區一些地方莊稼種得不好，更直指市委農業官員「幹勁不足、火力不夠，是下游」。[77]

促使彭真積極行動的原因，當然還有毛澤東。8月13日，毛澤東行經北京市郊時，順道參觀當地農業生產情況。毛澤東在參訪過程中明白顯露他對農業

程》（北京：中央文獻出版社，2013），頁166。

73　《彭真傳》，第3卷，頁967。

74　邱會作，《邱會作回憶錄》（香港：新世紀出版及傳媒有限公司，2011），上冊，頁336。

75　滿運來主編，《北京日報社大事紀要（1949-2002）》（北京：北京日報社，2002），頁84。

76　趙凡，《憶征程》（北京：中國農業出版社，2003），頁66。

77　《彭真年譜》，第3卷，頁325。

高產的好感和期望。[78]彭真麾下北京市的農業，若再不思振作，真的可能淪落為全國農業「大躍進」的「尾巴」，不符北京首都地位，讓他在毛澤東面前臉上無光。彭真想到的辦法就是召開群眾大會，進行政治動員。

（二）召開農業動員大會

彭真為開好農業動員大會，8月13日召開北京市各區（縣）黨委書記會議，[79]並在會上流露急迫心情：「郊區的糧食產量不高，今年小麥每畝平均產量搞了130斤，這怎麼行呢？搞個群眾路線，大家討論討論」。[80]彭真決定親自上陣領導群眾。

8月17日，北京市委在天壇公園召開農業「大躍進」誓師大會，與會的市、區、鄉、社幹部達到15,000人。彭真到會講話，將會議氣氛帶上最高峰。他表示：在「總路線」下，「全國鼓起幹勁以後」，「和全國先進地區比較，我們郊區比較落後」。更直言：「壞事就是今年郊區比較落後，咱們北京這麼多黨員、團員、農民、幹部、知識分子就甘心落後嗎？不行！大家看到莊稼長得不好，地頭上插白旗，心裡舒服嗎？別說你們不舒服，我看了都不舒服」。其呼籲要做好秋收前的田間管理，也要大舉投入1959年小麥種植，並強調：「明年再不能搞中游，要爭上游」。[81]

如何使小麥增產？彭真列舉的措施，都不外乎當時風行、但後來證明未必有效的「農業八字憲法」，包括：平整土地、興修水利、深翻土地、多施底肥、密植、選用優良麥種等。他進而強調要破除對農業「操作規程」的迷信，認為只要能「使我們多快好省地增產的」經驗和措施，就應採用和發揚，並建議每個區、社、隊、組都要培植試驗田（《北京日報》1958年8月18日首版）。

關於小麥畝產指標，彭真鼓動各區、縣書記要「消滅一二三（千斤），爭取四五六（千斤）」。針對昌平區委書記張俊士提的畝產3,000斤規劃，彭真當眾予以難堪，不耐地對張氏說道：「為什麼別人都消滅了一二三，你還有

78　趙凡，《憶征程》，頁69。

79　《彭真年譜》，第3卷，頁327。

80　《彭真傳》，第3卷，頁973。

81　北京市檔案館、中共北京市委黨史研究室編，《北京市重要文獻選編（1958年）》（北京：中國檔案出版社，2003），頁702、705。

3,000斤？最後是坐飛機還是當烏龜你自己考慮。」張氏在眾目睽睽巨大壓力下，不得不當場表態保證畝產4,000斤。相對地，順義縣委書記宣稱要畝產10,000斤，彭真立即點名表揚。[82]

根據時任北京市農業負責人趙凡的回憶，彭真在會上還提出：「砍掉右傾保守，樹高產思想，力爭郊區農業站在全國最前列！」他鼓動兼施壓後，「大會的氣氛越來越緊張熱烈，群情振奮，口號連天，躍進的調子越來越高，生產指標越報越高」。[83]彭真舊屬後來也不諱言：「這是一個非常典型的『假大空』大會」。[84]

農業增產問題上，相對於頭腦開始失去理智的彭真，市委第二書記劉仁倒是保持一定清醒。市委工作人員後來即評價：「當時北京市的幹部中，思想狀態並不那麼清醒的大約是多數。市委的領導人中，也許只有劉仁是心裡最有數的」。[85]農業「大躍進」誓師大會舉行之時，劉仁因外出而無與會。劉仁得知此會在彭真操作下出現罔顧實際的高估產、高指標現象，就向彭真提出異議。彭真聞後請劉仁召集市委常委會研究，之後彭真指示市委農村工作部通知各縣、區，根據自身情況重新訂定農產計畫。[86]

但是需要強調的是，彭真在天壇農業「大躍進」誓師大會掀起的農業估產「浮誇風」，一旦被鼓譟起來，一時也難以制止，甚至在農村基層持續發展和蔓延。市委的《北京日報》後來就先後報導周口店試驗田畝產10,000斤到100,000斤、通縣永樂店畝產三萬兩千多斤的消息。[87]《北京日報》放出這兩顆農業「高產衛星」，沒有事先經過彭真為首的市委領導同意，恐怕也不太可能。

更何況彭真雖然要各地根據自己實際狀況訂定糧產指標，但是他仍繼續公

82 同上註，頁706。
83 趙凡，《憶征程》，頁70。
84 張道一，〈我在北京親歷的一些歷史事件與反思〉，中共北京市委黨史研究室編，《風雨征程》，頁166。
85 同上註，頁165-166。
86 中共北京市委《劉仁傳》編寫組，《劉仁傳》（北京：北京出版社，2000），頁381。
87 中共北京市委黨史研究室，《中國共產黨北京歷史》（北京：北京出版社，2011），第2卷，頁215。

然表露對北京市農業豐產、高產的殷切盼望。天壇農業「大躍進」誓師大會後的半個月，9月2日，彭真在市委常委會議上依舊指示：「農業產量，明年要大躍進，各種農作物，特別是道路兩旁要有大面積的豐產田和小面積的高產試驗田」。[88]北京市農業官員和幹部見到彭真這種偏好「數大就是美」的態度，他們設定糧產指標時，縱使不會漫天亂喊產量，也知曉多多益善才保險。

（三）《前線》發刊後熱度猶存

1958年11月25日，彭真為北京市委主辦的理論刊物《前線》撰寫發刊詞〈站在革命和建設的最前線〉。這一發刊詞從題目到內文，都寄託彭真對北京市工作的指導理念和深切期盼。親近彭真的著作和人士，經常援引其中文字：

> 我們要改造現實——改造社會，改造自然。可是我們卻不能感情用事，不能憑靈機一動的「本能」辦事，不能按照片段的材料和表面現象辦事，更不能像風箏、氫氣球一樣，隨風飄蕩，即跟著空氣辦事。總之，不能違背客觀規律，任意亂幹。[89]

藉以強調當「大躍進」「還在勢頭上」，「主觀唯心主義和『左』的思想傾向還很嚴重」，彭真就「鮮明地堅持了實事求是的精神」。[90]

但是相關說法忽略毛澤東從1958年11月初以來即開始思考對「大躍進」稍微降溫的政治動向，而彭真對此知之甚詳，也掌握到可以略為「合於常規」的政治時機。另外，參照彭真接續對北京市農業的指導言行，更可顯得相關說法的言過其實；後面也可以看到：在農村人民公社何時向更高一級的所有制進行「過渡」上，彭真表現得比毛澤東還躁進、莽撞。

1958年12月19日，彭真對羅馬尼亞大使饒有信心地表示：關於1958年全國糧食產量，「我們7,500億斤的估計是可靠的，可能還會多一些」（後來經核實後總計約4,000億斤，浮報了3,500億斤）。另外，彭真表示今年的農業豐產

---

88 《彭真年譜》，第3卷，頁332-333。

89 彭真著、中共北京市委編，《站在革命和建設的最前線——彭真同志關於北京工作的言論選編》（北京：北京出版社，1992），頁254。

90 《彭真傳》，第3卷，頁989。

只是典型試驗，明年將全面推廣；他以北京市為例，認為市郊大部分土地經過今年深翻土和密植後，「明年的麥子就會長得好些」。事實上，同年彭真即曾派一位秘書在八寶山附近找地進行深翻土、密播種的生產試驗，並獲知實驗效果不濟。[91]

　　1958年底，彭真也大陣仗地延請17個省市的農業勞動模範（計202人），留駐北京市協助高產試驗，並願意提供、滿足其生產所需的條件和物資。這些勞模卻在1959年初就紛紛求去，此事最後也不了了之。[92]彭真從中應可察覺：各省農業勞模和各地高產捷報的存有不實。然而，中共中央在1958年底對1959年全國糧食產量設定的目標，高達10,500億斤（最後實收約3,400億斤，僅及其1/3）。彭真對此異想天開的離譜數字不但沒有異議，1959年3月16日，還在郊區五級幹部會議上指示北京市要按之承擔糧食生產任務。[93]這算不算是「隨風飄蕩」、「跟著空氣辦事」？北京市郊的農業生產在1959年並沒有出現彭真所預期的高產佳績。他在7月13日強調糧食畝產增加數十斤，但也承認先前「說了空話」。[94]

　　時至1960年，彭真對北京市郊的糧食產量，仍有估產太高、流於冒失傾向，以致出現糧食生產指標調降後，還是無法達到的窘況。針對1960年北京市的糧食產量，1960年4月，彭真在市委書記處會議上提出：「糧食生產能否爭取達到21億斤，甚至更多，要認真研究」。[95]亦即較諸1959年的14億斤，要多增產50%，明顯失實並浮誇。北京市委之後將糧產指標調降至16億斤；6月10日，彭真審閱年度生產計畫時仍強調：「如果沒有特大的自然災害，這些指標是可能完成達到或可超額完成的」。[96]9月，劉仁在市委擴大會議上坦言：

91　中國大陸中共黨史研究者（F君）提供的資訊（北京，2011年7月）。

92　〈對在北京種試驗田缺乏信心，十個省的勞模返回本省〉，新華通訊社編，《內部參考》，第2691期（1959年1月22日），頁8-20。

93　北京市檔案館、中共北京市委黨史研究室編，《北京市重要文獻選編（1959年）》（北京：中國檔案出版社，2004），頁150。

94　〈在7月13日全市工業系統黨員幹部會議上彭真、賈庭三同志的講話提綱和記錄〉，北京市檔案館，檔號001-015-00209，頁72。

95　《彭真年譜》，第4卷，頁17。

96　〈彭真同志修改過的關於北京市1960年國民經濟計畫和1959年財政收支決算、1960年財政收支預算草案的報告〉，北京市檔案館，檔號001-006-01658，頁13。

「北京糧食指標原訂16億斤，肯定達不到」。[97]

彭真在三年農業「大躍進」，尤其是農業估產和指標設定，相較於譚震林的誇誇其談、嚴重脫離現實，乃是「小巫見大巫」。彭真私下以「譚大炮」稱之。[98]但綜前所述，彭真對北京市農業問題也是有失冷靜和務實。他之所以如此，既受到外在政治風向影響（催逼農業飛躍邁進），也因其本人內在意識形態篤信（人民公社集體經濟大助解放生產力）。

七、推促首都工業「大躍進」

（一）工業規劃和生產動員

中共定都北京市後，將之定位為政治與文化中心；再加上，中共基於戰爭可能爆發考量，將工業投資主要安排在京漢鐵路以西的地區，而北京市不在此投資布局以內。因此，「一五」經濟計畫期間的國家工業投資中，北京市雖有新建工業項目，但總體上仍甚是薄弱。北京市比較有規模的石景山鋼鐵廠，也設備老舊、急須投資更新。

北京市要如何發展工業，一直是彭真思索、牽掛的問題。他在建政初期即指示市委要有專人研究工業政策。[99]「大躍進」運動主張大幅建設、擴張工業，提供北京市發展工業的難得機會。彭真、劉仁和市委主管工業的書記鄭天翔，對此皆躍躍欲試，希望藉機一舉改變首都工業發展落後、貧瘠的現象。根據「文革」揭發資料，彭真就曾表示：「石鋼的擴建，就誤了兩年，就是因為過去頭上有緊箍咒和蓋子，說什麼京漢線以西。其實北京正跨在京漢線路上嘛！第二個五年計畫（1958-1962）再不發展就沒有意思了」。[100]

1958年3月成都會議期間，彭真特地安排劉仁向毛澤東報告北京市欲趁勢

---

97 滿運來主編，《北京日報社大事紀要（1949-2002）》，頁108-109。
98 中國大陸中共黨史研究者（F君）提供的資訊（北京，2011年7月）。
99 王大明，〈紀念我終生難忘的老領導鄭天翔同志〉，《鄭天翔紀念文集》編寫組編，《鄭天翔紀念文集》（北京：人民法院出版社，2014），頁27。
100 原北京市委毛澤東思想紅旗兵團編，《舊北京市委彭真反革命修正主義集團罪惡活動大事記（1949-1966）》（北京，1967），頁23。

發展工業的意見。毛澤東聽取彙報後予以肯定，同意北京市發展現代工業，實質解除過去「京漢路以東不發展大工業」的規定；[101]毛澤東並要求北京市委提交具體規劃。

5月初，由鄭天翔起草、劉仁把關，最後經過彭真審閱後，[102]北京市委向中共中央呈送〈市委關於北京市工業發展問題向中央的報告〉。其指出：北京市1957年工業總產值（包括中央國營）約21億元，佔全國工業總產值的3.2%，未及上海的1/6，僅有天津的1/2。北京市發展工業口號是「爭取在10年內根本改變首都工業的落後面貌，趕上天津」。[103]然而，隨著「大躍進」氣氛越加濃郁，中共中央對「超英趕美」設定時程愈益縮短下，彭真、劉仁也心急地加速起來。他們6月下旬完成〈關於北京市工業建設問題向中央的報告〉，將口號改為「苦戰3年，大幹5年，把首都建成現代的工業基地」。[104]

彭真和北京市委的工業發展規劃，著重強調發展冶金工業、機械電機製造工業、化學工業、紡織工業。其中，擴建或新建石景山鋼鐵廠、北京鋼廠和北京特殊鋼廠被置於顯目位置。石景山鋼鐵廠的擴廠增產計畫，就獲得一心執迷鋼鐵增產的毛澤東好評。8月北戴河會議期間，毛澤東即舉石景山鋼鐵廠每期倍增的產量計畫為例，說明「群眾積極性」在促進生產上的重要影響。[105]

為激勵北京市工業「大躍進」發展，前述的農業「大躍進」誓師大會後的第四天，8月21日，彭真同樣以天壇為址，召開工業、交通運輸業「大躍進」誓師大會。彭真在會上首先介紹市郊農業「大躍進」情形，特別重提他「消滅一二三（千斤），爭取四五六（千斤）」的主張，示意北京市工業不能落後於農業，也一定要有追求高額生產指標的壯志。

彭真接下來呼應正在舉行的北戴河會議，強調大煉鋼鐵重要性：中央最近

101 張其錕、儲傳亨，〈風範永存〉，《鄭天翔紀念文集》編寫組編，《鄭天翔紀念文集》，頁39。

102 〈市委有關北京市工業發展規劃向主席、中央的報告〉（1958年5月3-7日），北京市檔案館，檔號00255-05-001，頁15-19。

103 北京市檔案館、中共北京市委黨史研究室編，《北京市重要文獻選編（1958年）》，頁346、349。

104 中共北京市委《劉仁傳》編寫組，《劉仁傳》，頁367。

105 李銳，《大躍進親歷記》（海口：南方出版社，1999），下卷，頁111-112。

一而再地提高1958年的鋼鐵生產指標，乃因為「中國人很多，沒有鋼。美國幾千萬人，1億噸鋼，你就沒有？你地大、物博、人口多，就540萬噸鋼？」正由於中國的鋼鐵生產遠遜美國，所以遭之欺侮和壓迫，台灣更因此被其侵占。中國唯有在工業取得大幅躍進發展後，才能改變這種被壓制的局面。彭真最後要求每個單位都要經由辯論方式，鼓振幹部和工人的幹勁，提出新的生產計畫並督促執行，終極目標就是超越美國。[106]

彭真曉以大煉鋼鐵的國家利益和發展工業的現實利害後，北京市工業系統代表莫不義憤填膺、摩拳擦掌。例如：北京鋼廠代表表示：「我廠完全擁護彭真同志的報告」，「保證完成黨和國家交給我們年產13萬噸鋼的任務。1斤也不會少，爭取15萬噸」。提出鋼鐵增長計畫、風光地引起毛澤東注意的石景山鋼鐵廠，其代表也說：「我們完全擁護和響應彭真同志的指示」，並立誓「用不斷革命精神，提出新躍進計畫，努力克服落後，力爭上游，爭取站到全國先進的前列」。[107]經過彭真在天壇的號召和動員，北京市也隨即投入全國大煉鋼鐵運動，共同為生產1,070萬噸目標奮鬥。

（二）北京市大煉鋼鐵情形

彭真在中央綜攬大煉鋼鐵運動的生產全局，也緊密注意北京市的鋼鐵生產。1958年8月底開始的大煉鋼鐵運動，北京市被分配20萬噸鋼的生產指標。北京市的鋼產任務配額，在全國鋼鐵生產總目標中僅佔很小比例，但對該市鋼鐵生產能力而言，任務相當吃重。因為時至1958年7月底，北京市僅累積生產2.5萬噸鋼，同生產任務還相距17.5萬噸。鑑於煉鋼情勢急迫，彭真在市委成立「大煉鋼鐵領導小組」，並指定劉仁擔任組長。

劉仁對煉鋼問題剛開始抱持重「洋」輕「土」態度，即對土法煉鋼較無興趣，甚至曾通令限制其推行範圍。北京市委「開始跟得不緊」的態度還遭「中央批評」。[108]彭真積極介入下，劉仁才一改對土法煉鋼的消極態度。

106 〈彭真同志在北京市工業躍進大會（天壇大會）上的講話及賈庭三同志的報告〉，北京市檔案館，檔號001-015-00167，頁14-16、18、21-22。

107 〈各個黨委書記發言稿〉（1958年8月23日），北京市檔案館，檔號001-015-00167，頁54、64-65。

108 孟志元，〈志元記述〉，中共北京市委黨史研究室編，《並不遙遠的記憶》（北京：中央文

　　首先、對彭真而言，他在中央指揮、力推各地採行土法煉鋼，若治下北京市對此法表現得意興闌珊，他恐怕難以服眾。其次、由於北京市正規鋼鐵廠的生產能力實在有限（石景山鋼鐵廠等正在修建，尚未大量投入生產），根本無法單獨達致中央規定指標，因此求諸土法煉鋼也是勢在必行。

　　彭真9月25日主持中央大煉鋼鐵電話會議時，對四川動員大量民力印象深刻，他會後給毛澤東的報告即指出「四川現在每天都有800萬至1,000萬人上陣」。彭真由此覺得北京市可以向之師法，10月初指使劉仁派人前去西南地區視察土法煉鋼經驗。[109]彭真表明支持土法煉鋼後，10月7日市委通令全市開展「小、土、群」煉鋼運動。

　　10月23日，彭真主持中央電話會議，聽取12個省市負責人報告鋼鐵生產事宜，其中也包括北京市。可能在電話會議中領獲彭真指示或是受到其他省市表現的刺激，北京市26日動員70萬人參加煉鋼活動。因為當天適逢週日，故有「鋼鐵星期天」之稱。全市當月共建成1.9萬個小高爐，連北京市委機關後院空地也「煉了起來」、動手「炒鋼」。[110]

　　另外，為讓毛澤東近身感受土法煉鋼熱潮和「人民群眾的發明創造」，彭真約此前後也派秘書找相關「行家」協助在「中南海」內建成一座土煉鋼爐，並運來焦炭、生鐵開始運轉煉鋼。毛澤東也曾前來視察。[111]

　　由於大煉鋼鐵「軍情緊急」，再加上市委首長彭真在中央坐鎮號令，不能讓之跌股，這段期間每天凌晨1點，劉仁聽取具體負責執行煉鋼任務的副市長、工業部部長賈庭三彙報生產進度；賈氏報告結束後，接著安排次日煉鋼計畫。日復一日高壓下，賈氏甚至因此心臟被逼出病來。

　　大煉鋼鐵運動短時之內雖能急速推進北京市鋼鐵產量，但是為蒐集煉鋼所需原料，許多房屋、殿宇、農具遭到破壞，生活炊具也被砸爛。另外，由於缺少原料和參與民眾並無掌握煉鋼技術，運動產出的鋼也有品質低下、合格率低問題，甚至被譏笑為「豆腐渣鋼」。北京市將士用命之下，到1958年底，全市

獻出版社，2013），頁336。

109 劉涌，《政法春秋——政法戰線一老兵回憶》（北京，2003），頁184。

110 孟志元，〈志元記述〉，中共北京市委黨史研究室編，《並不遙遠的記憶》，頁336。高戈，〈九十載甘苦志不移〉，中共北京市委黨史研究室編，《風雨征程》，頁36。

111 葉子龍，《葉子龍回憶錄》（北京：中央文獻出版社，2000），頁218-220。

全年生產鋼15.9萬噸，其中合格的僅約12萬噸，與年產20萬噸的鋼產指標仍有一段不小差距。[112]

北京市1959年的鋼鐵生產能力，因為有石景山鋼鐵廠擴建完成、迅速投產的助陣而大為增強（彭真和市委為確保石鋼工程按期完工和投產，派發電報給13個省市求援，爭取所需物資）。惟中央交付北京市不切實際的50萬噸鋼鐵指標任務，北京市最後雖努力生產38萬噸鋼，但仍沒有達標。「大躍進」第三年，北京市仍舊雄心沖天，提出1960年鋼產目標54萬噸（較1959年增長42%），如此不顧一切，只為遂行多鋼強國壯志。[113]

（三）相關工業政策問題

北京市1958年大煉鋼鐵和擴大工業投資，直接造成兩個問題，而這與彭真的領導脫不了干係。

一、對農業生產和副食品供應造成擠壓效應。1959年7月6日，彭真對蒙古人民共和國大使介紹北京市情況時坦言：「去年在勞動力安排上也有缺點，基本建設、水利、深翻地和煉鋼等集中的勞動力過多了些，在秋收時有不少人去煉鋼了，結果秋收中有不少浪費，不少花生、白薯、棉花丟在地裡，沒有收好」。[114]彭真不好意思向外賓明說的是，北京市將精力、人力傾斜挹注在鋼鐵、工業生產，輕忽、荒廢副食品生產，從1958年底至1959年春造成市民排隊搶購，相關現象還引起毛澤東批評。

1958年以來，中共不斷對內、對外聲稱中國經濟生產如何地大躍進；諷刺的是，首都民眾在採買蔬菜、副食品和日用百貨時，竟然大排長龍、購買困難。[115]毛澤東聞知後在1959年5月21日指示鄧小平：由中央書記處召集北京市委，就市場供應問題加以討論。彭真在書記處和北京市都有要職，對此自是尷尬，次日即自我批評「對群眾生活用品生產確有點疏忽。北京人口已近700

---

112 中共北京市委黨史研究室，《中國共產黨北京歷史》，第2卷，頁216。

113 同上註，頁216-217、241。

114 〈彭真同志接見蒙古駐華大使談話記錄〉，中華人民共和國外交部檔案館，檔號106-00133-04（1），頁3。

115 〈北京市糧食、副食品供應緊張，飯館、旅店擁擠〉，新華通訊社編，《內部參考》，第2640期（1958年11月22日），頁35-37。

萬，副食品不足，是個大問題，連牙籤、筶帚、髮卡也供不上，群眾都有反映」。[116]北京市為解決此一問題，緊急從外地調運食品和物資，進行計畫分配、定量供應，以及安排專人負責組織生產。[117]經此缺菜風波以後，北京市委一直注意全市蔬菜（特別是大白菜）供應，將之視為一件不能掉以輕心的「大事」。

二、因急於擴張工業、執意追求工業產值，造成若干不小負面作用。北京市因為工業建設急於求成，「大躍進」初期對於引進工業的類別性質、大小規模、配套措施（用水、用地、用電）、區位安排（市內或是城市邊沿、郊區），以及污染防治等問題，皆未經周密評估和審慎規劃，即大舉引進項目、設廠開工。

「大躍進」方興未艾的1959年春，北京市委針對當時出現供水緊張問題指出：「過去在安排工業建設的同時，沒有充分估計到水的作用，因此，造成比例失調的現象，這是一個重要的經驗教訓」。[118]北京市城市規劃管理官員後來也承認：「在這些問題上出了很多失誤，甚至是錯誤。污染這麼嚴重，缺水嚴重，能源消耗太大」。[119]彭真在相關問題上也有一個認識緩慢變化，甚至有所反覆的過程。

彭真起初僅單方面側重強調工業產值短期成倍增長。1958年3月11日，彭真針對工廠設址問題指示：「今後城內工廠的設置，應積極安排」。[120]同年9月2日，他在市委常委會議上下令：「北京市工業總產值明年力爭翻一番」。[121]這無疑鼓勵市委工業幹部只顧大幹快上、追求產值，不論項目良莠，也不問效果代價。1959年7月6日，彭真很自豪地跟蒙古大使介紹「大躍進」以

116《彭真年譜》，第3卷，頁403-406。

117〈政治掛帥、計畫分配、安排生產：北京市委三管齊下扭轉市場供應緊張局面〉，新華通訊社編，《內部參考》，第2698期（1959年1月30日），頁12-16。

118〈與工業建設的同時，相應興建水源工程，北京、遼寧二地積極扭轉供水緊張的局面〉新華通訊社編，《內部參考》，第2721期（1959年3月5日），頁5-7。

119周永源，〈新中國成立初北京城牆存廢之爭〉，李海文主編，《彭真市長》（太原：山西人民出版社，2003），頁181。

120〈賈星五同志關於限制在城區內開設動力在三馬力以上工廠問題的處理經過向彭真同志的報告及彭真同志的批示〉，北京市檔案館，檔號002-010-00114，頁1。

121《彭真年譜》，第3卷，頁332-333。

來北京市工業產值大步跨進的情況：「北京解放時工業總產值是1億7,000萬元，去年增加到46億元，今年前六個月已達到30億，工業是有發展的」。

　　俟彭真注意到問題嚴重性，業已是首都開展「大辦工業」近一年以後的事。1959年3月8日，彭真在市委書記處會議上指出：「工業，北京以後要搞現代化的，不要『饑不擇食』，上一些技術落後與首都不相稱的工廠」。[122]他甚至以中共延安時期的紅軍老幹部為急尋配偶、不加選擇，而在之後懊悔不已為例，強調「現在要選擇了，不夠水準的工廠就不要搞了，否則將來要造成被動」。[123]即便如此，彭真在7月仍不無矛盾地向北京市的工業企業幹部示警：「鬆勁情緒和右傾保守思想是當前威脅我們更好地完成全年任務的主要危險」。[124]

　　再加上，由於1959年夏「反右傾」運動和其後另一波「大躍進」再起，北京市委在1960年工業生產規劃上繼續偏重產值和數量。經彭真事先審定後，1960年5月5日，劉仁在市委工業交通系統五級幹部會議上宣告：在1959年產值70億元基礎上，訂定1960年完成95億元的目標，甚至提出「四本賬」「翻一番」，即構想140億元，並請工業部門幹部「考慮能否做到」。[125]北京市走出這種工業發展偏向，要直到運動結束的經濟調整時期。

八、監造「十大工程」

　　中共在1958年自認找到「大躍進」這一條最適合中國的社會主義發展道路，1959年又逢建政十週年，可言喜上加喜。中共中央計畫擴大慶祝十週年國慶，並展現「大躍進」精神和成就，其國慶獻禮方案即以「大躍進」主張的高速方式，利用一年左右的時間，在首都北京市建成「十大工程」（也常稱為「十大建築」）。幾經調整後，「十大工程」最後定為：人民大會堂、中國革

122 同上註，頁382。
123 彭靜雲，〈彭真——北京現代工業的奠基人〉，李海文主編；《彭真市長》，頁292-293。
124 《彭真年譜》，第3卷，頁421。
125 北京市檔案館、中共北京市委黨史研究室編，《北京市重要文獻選編（1960年）》（北京：中國檔案出版社，2004），頁438。

命和中國歷史博物館、中國人民革命軍事博物館、全國農業展覽館、北京火車站、北京工人體育場、民族文化宮、北京民族飯店（因位居西長安街，最初名稱是長安飯店）、釣魚台國賓館、華僑大廈。另外，為盛大慶祝十週年國慶，中共同時也計畫擴建天安門廣場。由於人民大會堂、中國革命和中國歷史博物館規劃沿著天安門廣場興建。因此，天安門廣場擴建乃與相關工程同步進行、相互配合。

國慶建設工程落腳北京市，就由彭真領導的北京市承建，並成為該市「大躍進」的一個重點內容（人民大會堂被市委看做是「天字號」工程）。彭真被中共中央任命為首都建設籌備委員會主任，負責統籌相關事宜。他在市委成立「十大工程領導小組」，具體分工情況是：劉仁負責「抓總」，統管全面、也與聞設計和施工；萬里領導市政府負責建築本體；鄭天翔負責後勤、物資供應和交通運送。[126]

彭真也相當器重趙鵬飛。趙鵬飛原參與北京市城市建設工作，彭真1954年調之為自己的辦公室主任。彭真為集中力量建設「十大工程」，1958年成立北京市城市建設委員會，以統一指揮市內有關部門，並且親自點將趙氏出任該委員會主任。[127]彭真在「十大工程」設計和施工過程中，經常透過趙氏了解情況、表達意見。彭真後來譽其為「十大建築的台柱子」。

關於築造國慶「十大工程」的政治目的和意義，彭真在1958年9月2日市委常委會議上，強調「要把我國大躍進的面貌表現出來，要立即進行準備」。同年秋彭真也對趙鵬飛等人表示：其如期完工，將可「顯示社會主義的優越性和全國廣大人民群眾的革命幹勁，鼓舞和動員人民多快好省地建設社會主義」。[128]

彭真謹慎準備和處理「十大工程」設計問題，注意聽取、傳達中共中央和黨內上級意見。反映國慶工程規劃的縮小模型和參考影片，彭真親予過目、把關，率領負責官員前赴中央書記處彙報，進而呈報中央政治局做最後審定。彭真指導下屬設計國慶工程具體方案，首重傳達毛澤東的看法和期許，也甚為強

126 馬旬，〈懷念敬愛的老領導鄭天翔同志〉，《鄭天翔紀念文集》編寫組編，《鄭天翔紀念文集》，頁45-46。
127 趙鵬飛，《雪泥鴻爪話當年》（增補本）（北京，2006），頁185-186。
128 《彭真年譜》，第3卷，頁333、344。

調周恩來作為「十大工程的總設計師」角色。彭真除了想藉此表達對周恩來的尊重之意，並基於對其具有相關領導才幹的了解，或也是他實質分佔周氏「相權」後的「抓大放小」，甚至是補償心理。

圖10-1：彭真（左一）與毛澤東（左二）、周恩來（後排右二）等人討論天安門擴建等國慶工程。
資料來源：Wikimedia Commons。

　　彭真除了注意轉達上級意見，也會表達個人設計主張。他曾因為掛心國慶工程設計問題，在視察山西途中臨時將設計人員從北京召至太原，當面聽取彙報並給予指示，亦曾交代秘書代之聽取關於民族飯店的門窗設計彙報。

　　彭真為讓國慶工程按時完工，以不辜負中央對他和北京市的期待，他在施工過程中密切緊盯建造進度，進行指揮協調，也設定竣工期限。1958年鋼產指標1,070萬噸已入袋之下，12月16日，彭真指示劉仁、萬里、趙鵬飛等：「歷史博物館、革命博物館、軍事博物館、農業展覽館、美術展覽館五項，預計

1959年2月中完成整體結構，爭取6月前完成，然後集中力量突擊人大會堂。要爭取提前完成，必要時抽調工業建築力量」。

1959年2月24日，彭真在市委書記處會議上指出：國慶工程以天安門前的大會堂、博物館、北京火車站和長安飯店最為緊張。他指示：工程現已進入「衝鋒陷陣」階段，要與有關部門商訂進度計畫，所需材料開列清單向國家計委提出。請上海、天津、瀋陽來人訂好合同，並派人前去工廠監督，力爭8月20日竣工。[129]

彭真有時也會親臨工地現場視察並發號施令。他對人民大會堂大門中間柱距問題，偏好中間廊柱較寬的中國風格，反對採取西方的廊柱等距設計。1959年1月，他不管廊柱已基本被安置定位，當場指示趙鵬飛設法加大中間廊柱距離，趙氏只好領導技術人員想出修改對策，以達其要求。[130]

由於「十大工程」的質量問題攸關國家門面，1959年1月12日，彭真在慶祝建國十週年籌備工作領導小組會議上指示：「各項建築都要強調質量第一，保證百分之百的安全」。[131]建造過程中也特地交代人民大會堂的「堅固程度要不亞於故宮」。[132]

趕建人民大會堂的過程中，建材質量問題一度影響、耽擱工程進度。鞍山鋼鐵公司負責冶煉、軋製的鋼材，因為不符質量標準而不堪使用。[133]萬里和王鶴壽等人研究後，要求鞍鋼重新組織生產；原訂組裝大會堂屋架的計畫，不得不因此展期後延，1959年2月2日，萬里寫信向彭真報告兼抱怨。[134]這如實反映大煉鋼鐵運動重量甚於重質的弊病。彭真之後到鞍鋼視察，特別囑咐要確實履行提供國慶工程鋼鐵的任務：「北京天安門工程所需的鋼材，給了你們很大的壓力。希望你們以總路線精神來完成為建國十週年的紀念工程所承擔的光榮任

---

129 同上註，頁362、378-389。

130 趙鵬飛，《雪泥鴻爪話當年》（增補本），頁208-209。

131 《彭真年譜》，第3卷，頁371。

132 馬句，〈彭真和北京城市建設〉，李海文主編，《彭真市長》，頁201。

133 〈當前全國鋼鐵生產為什麼沒有完成計畫？〉，新華通訊社編，《內部參考》，第2713期（1959年2月21日），頁3。

134 〈萬里同志關於人大會堂屋架鋼材質量不合要求嚴重影響施工進度的報告〉，北京市檔案館，檔號002-011-00128，頁1-3。

務」。[135]

　　彭真在人民大會堂完工後，為檢驗、確定其內部樓層的負荷承載力，還特別請北京軍區調派一個師在二、三樓試坐，甚至以上下跳躍的方式測試。

　　彭真參與監製的「十大工程」，最後準時地一一落成。它的順利完工對值在進行的「大躍進」具有重大宣傳意義，直接被中共當做運動具體成就並反映其巨大政治威力。1959年10月8日，彭真在慶祝「十大工程」完工的宴會上表示：「首都各大建築工程的勝利完成，首先應歸功於黨的英明領導。它是大躍進的成果，是黨的總路線的偉大勝利」。「十大工程」雖非彭真領導的北京市獨力完成，但因為其座落北京市，自然被歸類為首都的運動重要政績。彭真就表示：「我們首都的建設取得了偉大的成績」（《人民日報》1959年10月9日4版）。

圖10-2：人民大會堂。「大躍進」時被彭真為首的北京市委看作是「天字號」工程。
資料來源：作者攝影。

---

135 《彭真年譜》，第3卷，頁409。

　　對彭真而言，「十大工程」也為之起到政治宣傳和加分作用。萬里總結「十大工程」成績時，當提到「黨和國家領導人的親切關懷和具體指導」，將彭真和周恩來並置，強調：「周總理、彭真市長曾數次到國慶工程工地視察，親自審查設計等」。[136]

　　彭真在北京市繳出國慶工程這紙亮麗成績單背後，其實也付出一些代價。由於急著修建相關工程，原有民房拆除後的住民安遷問題未盡妥善，而引發民怨。萬里為此在1959年1月31日向周恩來寫檢討報告，坦承主管單位「訪問了1,297戶搬家市民，其中，有意見的就有491戶」。[137]亦即有超過1/3以上的拆遷戶懷有怨言。9月中旬的北京市三屆人大二次會議上，彭真也表示歉意：「為了修建國慶十週年的一批工程，拆民房比較急，一部分人沒有安置好，或搬遷後使職工上班、學生上學不方便，我們向他們賠個不是，道個歉，請代表們轉達」。[138]

　　由於彭真監造首都國慶工程績效卓著，中共中央1959底又責成彭真領銜的北京市辦理一項緊急工程任務——以7個月的時間，將中共高幹經常前往開會、休憩的北戴河大肆翻修，具體內容包括：修建會議禮堂、建設30間高級別墅，以及配套的道路工程和水電、暖器設備設施等。[139]著眼於「大躍進」步入第三年後總體經濟已出現凋敝之勢，這個北戴河工程可說是豪華、甚至近乎奢侈。但北京市仍然以高效執行力完成任務，圓滿地向中央交差。

九、積極看待農村公社過渡

　　1958年8月北戴河會議，除了發動大煉鋼鐵運動，也決定在全國農村普遍建立人民公社。彭真領導的北京市聞風而動，惟恐落於人後。這也反映他對相

---

136 中共北京市委黨史研究室編，《社會主義時期中共北京黨史紀事》（北京：人民出版社，1998），第4輯，頁127。

137 〈萬里同志關於1958年北京市拆遷工作的檢查報告〉，北京市檔案館，檔號002-011-00125，頁1-3。

138 《彭真年譜》，第3卷，頁436。

139 趙鵬飛，《雪泥鴻爪話當年》（增補本），頁270-271。

關政策的積極支持。1958年8月下旬至9月，僅約略一個月的時間，北京市郊區即實現「人民公社化」，原來兩千三百多個農業合作社合併成73個人民公社。北京市郊區公社與其他地方公社無異，崇尚「一大二公」原則，採行「組織軍事化，行動戰鬥化，生活集體化，吃飯食堂化」。[140]實行公社制度直接產生的不良效應和弊病，即「共產風」、浮誇風、生產瞎指揮風、強迫命令風、幹部特殊化風等「五風」，北京市農村公社也無可倖免。

　　1958年底至1959春，毛澤東為首的中共中央經由一系列中央會議的討論，對人民公社問題進行糾偏。主要內容包括：明確公社性質屬於社會主義集體所有制而非全民所有制；區分公社內不同層級（公社、生產大隊和生產隊）各自的所有制，特別是強調以生產隊為核算基礎，而公社和生產大隊不得任意為之。彭真皆參與中共中央的相關討論。然而，中共領導層討論農村公社從集體所有制轉變成全民所有制的時機和時間問題時，彭真的態度比毛澤東還樂觀甚至躁進，這也對他具體指導北京市郊公社政策造成影響。

　　1958年北戴河會議的設想為：「少則3、4年，多則5、6年」的時間，人民公社即可從集體所有制向全民所有制過渡。但隨著「人民公社化」運動實行後造成諸多混亂，毛澤東開始重新思考，認為原有時間構想為時過短，甚至有「犯了冒險主義錯誤」之虞。但是1958年11月21日中央政治局擴大會議（通稱武昌會議）討論時，劉少奇、彭真卻仍主張「快些過渡」、「趁窮過渡」。

　　劉少奇對「總路線」、「大躍進」和人民公社大大脫離現實的政策構想，不但加入浮想聯翩的行列，還成為其強而有力的鼓吹者。針對本已不符實際的「超英趕美」目標，他喜不自勝地向下表示可以縮短時間提前「趕上英美」，[141]進而能「趕過整個歐洲（包括蘇聯）」，更宣稱：「中國進入共產主義，不要好久，你們大多數可以看到共產主義」。[142]劉氏對農業大增產、大豐產的消息不疑有他，還認為既然如此，農地種植一半即可，另一半可以休

---

140 趙凡，《憶征程》，頁70。

141 〈少奇同志7月4日在石景山鋼鐵廠的情況〉（1958年7月4日），北京市檔案館，檔號001-015-00164，頁10-11。

142 〈少奇同志在石景山發電廠的談話〉（1958年7月5日），北京市檔案館，檔號001-015-00164，頁62。

耕；[143]在人民公社醞釀的過程中，劉少奇對之的運作設想也吹得天花亂墜；[144]將農村公社在不長時間內進一步推向全民所有制，也企望早成。

彭真在武昌會上當毛澤東之面表示：「轉得太快也不利，不要太快也不要太慢」；「農村公社化了，工業化了，向全民所有制轉得太慢了，到農民富了以後再轉也不利」，「搞慢了不利」。[145]他進而強調：

> 我們搞了土改，就搞大合作，又搞公社，只要每人到150-200元就可以過渡，太多了，如羅馬尼亞那樣，農民比工人收入多時就不好轉了。把「三化」（機械化、電氣化、園林化）壓低，趁熱打鐵，早轉比晚轉好，3、4年即可過渡。

易言之，彭真不但仍認為應繼續維持北戴河會議設定的過渡時間表，更主張為時較短的「少則3、4年」。毛澤東聽聞彭真意見後，有些不以為然地表示：「照你的講法，18年建成社會主義大有希望」。[146]最後，在毛澤東主導下，中共中央在1958年底改而主張：相關過渡需要15年到20年或者是更久的時間。但是彭真仍懷有人民公社應早些時間過渡到更高階段的想法，並希望北京市郊公社可以扮演引領角色。

1959年3月16日，彭真在郊區五級幹部會議上表示：「北京是首都，各區、各縣是郊區，將來總要最早搞全民所有制，總是要比較早實行機械化、電氣化，耕地、播種、鋤地、澆地、收割都用機器、拖拉機，運輸用汽車」。[147]或許正因為彭真認定人民公社過渡至全民所有制僅是時間早晚問題，而且北京市郊公社又要「敢為天下先」，當地公社應要掌有一定的生產資本為發展基礎，並為不遠以後的過渡問題預作準備。他在同一會上就強調：人民公社內部

---

143 金冲及，《一本書的歷史：胡喬木、胡繩談《中國共產黨的七十年》》，頁110。
144 薄一波，《若干重大決策與事件的回顧》（修訂本），下卷，頁756-757。
145 《彭真年譜》，第3卷，頁357-358。
146 林蘊暉，《烏托邦運動——從大躍進到大饑荒（1958-1961）》，頁376。
147 北京市檔案館、中共北京市委黨史研究室編，《北京市重要文獻選編（1959年）》，頁154。

無須對1958年下半年發生的「共產風」進行算帳。[148]亦即當時公社從下轄生產大隊和生產隊抽調、甚而據為已有的設備、物資，不用退賠給原生產單位。

對於彭真「慷他人之慨」的態度，郊區的基層生產隊和農民反彈甚大，迫使他在不及一個月後（4月9日）改變公社「不算舊帳、不搞退賠」的態度。[149]但是彭真希望市郊公社早日向更高階段發展的傾向並未因此而放棄。1959年夏盧山會議導致政治情勢從「糾左」丕變為「反右傾」，彭真在相關問題上又故態復萌，從而對北京市郊的農村公社經濟造成另一波衝擊。

盧山會議後又再次強調發展公社一級的經濟分量和角色。彭真在北京市郊的相關作為，不但不遑多讓，甚至想領頭搶先。彭真強調人民公社制度在改善農業經濟的明顯效用，[150]進而主張公社要大力發展社隊工業和養豬事業；另外，彭真和譚震林配合，在京郊開始試辦全民所有制性質的人民公社。

1959年12月，經彭真和譚震林商量後，北京市委在郊區選定11個人民公社（以經濟發展較好的幾個國營農場為基礎）轉變成全民所有制。這在全國範圍內的獨特性和實驗性，譚震林表示：「這11個公社是全國第一批全民所有制，現在全國沒有一個公社轉的，基本社所有制也還沒有考慮，這11個公社可說是一個試點，北京把11個公社都轉了，這就不是一般的問題」。彭真、譚震林試辦人民公社全民所有制的政治考量，從譚震林對有關公社負責幹部的講話中可以見端倪。他說：「我們沒有向主席報告，只是和彭真同志商量的，昨天才給少奇同志打了一個招呼」；[151]「你們要好好把這11個公社辦好，收入大大增加了，你們明年寫一個報告給主席，說服他窮轉的好處，富轉的好處，他看了這個優越性就好說了，光我們說服不了他」。[152]

綜上所言，北京農村公社過渡上，彭真和譚震林乃自行決定行動。他們的

148 同上註，頁140。

149 彭真，〈對郊區人民公社生產小隊長以上幹部的講話〉，北京市檔案館、中共北京市委黨史研究室編，《北京市重要文獻選編（1959年）》，頁200、207-208。

150 〈北京郊區三百二十多個窮隊改變經濟面貌〉，新華通訊社編，《內部參考》，第2899期（1959年11月1日），頁14。

151 〈譚震林同志在郊區11個轉全民所有制公社黨委書記會上的講話〉（1959年12月23日），北京市檔案館，檔號001-014-00513，頁2、9。

152 〈譚震林同志在紅星、石景山、沙河、永豐、良鄉公社彙報會議上的插話記錄〉（1959年12月18-19日），北京市檔案館，檔號001-014-00513，頁6。

用意是在北京市郊盡快做出成績並獻呈毛澤東，讓之知曉「窮過渡」、「早過渡」的好處。事實上，這一政策實驗方向與彭真在一年前武昌會議上提出的公社過渡主張如出一轍、繼續延伸。

　　1959年底至1960年初，毛澤東對人民公社向前過渡發展問題，也曾出現急躁傾向。因此，彭真、譚震林在北京市郊的政策試點可能一度投合毛澤東心意。但是1960年3月毛澤東針對一些地方因推展公社過渡而重現1958年下半年的「平調風」和「共產風」現象有所批評和警告後，[153]彭真指示市委高幹：現階段先將正在進行的11個農村公社過渡試點鞏固、總結經驗，後續如要「再擴大，須經過市委批准」。至於市郊農村其他的人民公社，他仍繼續強調：「農村要辦工業，公社一級都可以辦。農業要實行機械化，耕作、灌溉、加工、養豬等等，都要實行機械化。各縣要自己搞，自力更生」。[154]

　　彭真夥同譚震林在北京市郊公社進行向全民所有制過渡的實驗，因重颳「共產風」，「不僅束縛了各方面發展經濟的積極性，也挫傷了職工和社員的勞動積極性」，最後以失敗收場。[155]另外，他鼓勵在市郊公社進行的各種「大辦」（工業、水利、養豬），又重蹈1958年秋冬在農村經濟上所犯的錯誤——公社農民任務繁重，備多力分，反而無法專注致力農業生產，甚而對之造成嚴重影響。[156]

十、努力籌建城市公社

　　1958年北戴河會議發起全國農村人民公社化運動後，城市是否也要相應建立人民公社的問題，中共中央一開始曾鼓勵試辦。彭真領導的北京市雖不若河南省那樣衝動，僅三天就宣布省會鄭州市公社化，但也蠢蠢欲動，試辦數個城市人民公社。然而，由於農村公社問題叢生，亟待應付處理，不久之後，毛澤東決定暫緩城市建立人民公社的計畫。1958年11月8日，彭真在中央書記處會

153 中共中央文獻研究室編，《毛澤東傳（1949-1976）》，下卷，頁1043-1044、1053-1056。
154《彭真年譜》，第4卷，頁7。
155 中共中央文獻研究室編，《社會主義時期中共北京黨史紀事》，第4輯，頁180。
156 中共中央文獻研究室，《中國共產黨北京歷史》，第2卷，頁241。

議上傳達：「城市公社還沒有摸出一條路子。毛主席說，上海、北京不要搞快，以免給全國增加壓力，但可以組織社會勞動力參加生產」。[157]

根據毛澤東的「組織社會勞動力參加生產」指示，彭真的北京市到同年12月中旬，已累積組織約15萬名原本沒有參加生產的職工家屬（其總數約25萬人）到工廠或在家從事生產（彭真對羅馬尼亞大使所言）。但他仍想在城市公社問題上有進一步作為。彭真或許篤信「共產主義是天堂，人民公社是金橋」，也認為北京市既為首都，在城市公社問題「摸出一條路子」乃其職責所在，便決定在北京市細心培養若干典型，為之後城市公社正式登場先行鋪路。

1959年3月16日，彭真召集數位市屬幹部談話，其中包括石景山鋼鐵公司（即石景山鋼鐵廠，1958年8月15日改名）黨委書記和西城區委第一書記。彭真表示：「公社的組成形式，可以有所不同，有的以街道為主，有的以工廠、學校為主。四季青公社也可以試一個點」。關於這些不同形式的城市公社實驗，他直言：「要從實際工作中找出一條通向共產主義之路」。[158]按中共官方意識形態宣傳，共產主義社會的重要標誌就是消滅所謂「三大差別」（城鄉之間、工農之間，以及腦力勞動和體力勞動之間差別）。彭真安排的城市公社試點正是為之而來。

石景山鋼鐵公司主導下，嘗試結合大型工廠和周邊農村組成城市公社，為消弭「城鄉差別」和「工農差別」積累經驗；位在首都西郊的四季青公社，由於受到中國人民大學協助，因此可以看做是高校和農村共組城市公社以探索消除「腦體差別」。另外，西城區是北京市城區面積最大的行政區，其可以摸索如何由市內街道組建城市公社。彭真培養這些城市公社試點，尤其是石景山公社和西城區街道公社，在隔年初中共中央開始推行城市人民公社運動時，即被包裝成北京市的成功典型經驗。

1960年2月至3月，中共中央重啟城市人民公社化運動，彭真自然知曉此一政治動態。2月中旬，他還曾偕同鄧小平代表中央視察河南鄭州試辦的城市人民公社。3月9日，中共中央做出〈關於城市人民公社問題的批示〉，指出應以積極態度組織實驗和推廣城市人民公社，並將鄭州和哈爾濱的試點經驗作為參

---

157 《彭真年譜》，第3卷，頁355。

158 同上註，頁386。

考附件。彭真希望北京市在城市人民公社議題上也盡快採取行動並及時展現成績。

　　〈關於城市人民公社問題的批示〉發出前一週，3月1日，彭真就在市委常委會議上指示：「城市食堂還是要一步一步地搞，城市食堂首先是參加集體生產的勞動者需要」。3月4日，彭真更親自召集城內各區領導幹部座談，要其將街道居民組織起來、加以管理，使之參加集體生產、工作、學習和生活。他最後強調：北京市街道公社模式「總結經驗後，開大會介紹，可以樹立起來一面旗幟」。[159]

　　3月10日，也就是〈關於城市人民公社問題的批示〉公布次日，彭真去年當面交代試辦街道公社的西城區經驗，被刊登在省部級以上高幹閱讀的《內部參考》。[160]此一安排或也顯示：彭真不想讓河南等地的城市公社經驗專美於前、獨佔風采。

　　3月下旬，毛澤東在天津召開的中央政治局擴大會議上指示：「不管大城市、中等城市、小城市，一律搞人民公社」。進一步大力推促城市人民公社運動。彭真在中央和北京市皆積極響應毛澤東號召。中央方面，經彭真審閱後，3月31日《人民日報》首版刊登〈一定要繼續躍進，一定能繼續躍進〉社論，對城市人民公社大為讚揚。[161]

　　北京市方面，彭真4月2日向劉仁交代成立城市公社的步驟、政策和注意事項。例如：不要急於打亂、棄置原本的基層管理系統；先將所謂都市「貧雇農」（職工家屬和一般人士）納入公社，其他階級、階層人員暫不考慮；帳目必須清楚、注意會計人員素質問題……等。[162]彭真、劉仁為加速城市公社組建速度，指示《北京日報》集中宣傳報導、介紹成功案例，以製造逼人態勢，掀起運動高潮。果不其然，彭真製造的強大政治壓力下，4月24日，北京市就宣布實現城市人民公社化。[163]然而，彭真並不滿足於此，有心將北京市運動經驗

159 《彭真年譜》，第4卷，頁6-7。
160 〈北京市西城區大搞群眾運動組織人民經濟生活〉，新華通訊社編，《內部參考》，第3000
　　期（1960年3月10日），頁5-7。
161 《彭真年譜》，第4卷，頁12。
162 同上註，頁13-14。
163 滿運來主編，《北京日報社大事紀要（1949-2002）》，頁101。

加以總結，欲以此「樹立起來一面旗幟」。

　　4月20日，彭真主導完成〈中共北京市委關於城市人民公社工作問題的報告〉，並呈報給毛澤東為首的中共中央。其主要介紹北京市組建街道公社經驗：「首先組織生產，然後組織生活」；「首先組織城市的『貧雇農』、『下中農』」；「在開始組織公社的時候，不要貿然打亂城市政權的基層組織系統」……等。[164]基本上將彭真對北京市相關運動的指示和意見，加以綜整和重新表述。

　　彭真此番努力成功獲得中共層峰的認可和青睞。5月11日，中共中央批示：「北京市委關於城市街道人民公社工作問題的報告很好。報告中所提出的政策、步驟等問題，對目前正在發展城市人民公社的地區是有普遍指導意義的。特將北京市委的報告轉發各地，希望很好地研究並參照執行」。[165]

　　彭真領導的北京市城市人民公社化運動，相較中國大陸其他城市，有「管理和領導比較嚴密」的特色。[166] 1960年6月10日，彭真審批市委文件信心滿滿地強調：北京市的城市人民公社「發展是健康的、迅速的」，此一制度必將促使社會主義建設「大躍進地發展」、「徹底地改變城市人民的政治面貌」。[167]事實上，北京市同樣很快即遭遇公社化的副作用。就以彭真囑咐試行、被當做模範宣傳的西城區街道公社為例，1960年底該區公社即被揭發存在突出的「共產風」和「幹部特權風」問題，包括：公社無償佔用多間居民房屋、借用居民家具和廚具不還，幹部對社員頤指氣使和生活上多佔便宜而引發民眾不滿等問題。[168]

　　整個北京市的運動實施後果也多有問題。北京市官方對此一歷史的紀錄是：「由於不斷發生平調事件，侵占居民財物，加上公社體制帶來諸多矛盾，

164 北京市檔案館、中共北京市委黨史研究室編，《北京市重要文獻選編（1960年）》，頁406-411。

165 同上註，頁403。

166 李端祥，〈對北京城市人民公社歷史的考察〉，《北京黨史》，2005年第1期，頁17。

167 〈彭真同志修改過的關於北京市1960年國民經濟計畫和1959年財政收支決算、1960年財政收支預算草案的報告〉，頁4、29。

168 〈北京市西城區街道公社的「共產風」〉，新華通訊社編，《內部參考》，第3151期（1960年12月21日），頁19-20。

主觀設想與客觀實際不符，得不到群眾的擁護，城市人民公社很快冷落下來。」[169]

1960年彭真在北京市公共建設的重大「手筆」，乃與他在首都積極領導的城市人民公社運動相關。彭真認為城市公社成立後，既要組織居民生產，又要安排居民生活，因而有大量的用房需求，包括：供生產用的廠房，解放婦女勞動力的托兒所和食堂。1960年4月初，彭真指示：「要突擊蓋一批生活用房，包括幾層樓的宿舍」。他更具體提出同年要在城內的東城、西城、崇文、宣武四個區，以及東側的朝陽區大興房舍，以建成100萬平方米為目標。[170]

但是彭真的建設方案企圖過大、過急，結果也未如人意。因為工程龐大，所需投資和原料，市委和政府只能提供一半，彭真要各區委自行籌集、生產另一半，更建議盡量採取土法煉鋼方式，自力更生地生產生鐵、鋼材、水泥，並爭取超出計畫、多修多建。[171]

在倉促上馬、限時完成，資金、原料又有重大缺口之下，這批市民用房存在設計簡陋、質量低下的問題，相較此前一年落成的氣勢恢弘、金碧輝煌的「十大建築」，實有如天壤之別。彭真多年後行經朝陽區，見到「大躍進」時期所蓋房舍（當時更顯斑駁不堪，準備拆除、重建），也不禁感慨：「那時是我們這些人頭腦發熱」。

小結

「三面紅旗」運動是中共中央中斷法制建設進程、全面回首擁抱群眾運動的轉折節點與集中表現。另外，也可言是：中共脫離嘗試不過數年的正常管理新軌，回歸過往制式治理舊道。從中央到地方的各級黨幹對此好不熟悉、極為拿手；實踐結果也如常地只爭朝夕、奮不顧身，同時也不計人力、資源等各類損失。

---

169 中共北京市委黨史研究室，《中國共產黨北京歷史》，第2卷，頁225。

170 《彭真年譜》，第4卷，頁14。

171 中共北京市委辦公廳整理，〈關於修建居民住宅的幾點意見〉（1960年4月15日），北京市檔案館，檔號131-001-00105，頁1-2。

　　彭真在1957年、1958年先後領導政法領域「反右派」、政法機關整風，強力壓縮法制相對於黨的領導的自我發展空間，並使得黨內、外主張擴大法制者在政治上難有餘地自容、存活。這為毛澤東為首的中共推行「大躍進」、「人民公社化」、大辦水利……等群眾運動，消去任何可能要求有法辦事、依法行政、重民權益的政治「雜音」。彭真對法制建設的追求（本來就比董必武來得有限），也煙消雲散，代之以對最高領袖號召的無比信服，以及對其擘劃之烏托邦綺夢的濃情迷戀和焦灼迷惘。同樣不可低估的是，驅使彭真賣力高擎「三面紅旗」的其他重要因素，可能還有：彭真在中央「一線」內深受毛澤東器重，而得以共同手操大權，指點各路運動、激揚發展指標。

　　彭真對中央經濟全局的領導工作，本無太多機會聞問。毛澤東為強化黨的一元化領導而擴張中央書記處權力，彭真竟可以大刺刺地直接調集政府有關部門、督令各地黨委，竭盡所能地共立大煉鋼鐵勳績，也堂而皇之地過問其他經濟和生產事務。陳雲後來指稱彭真奪了周恩來的權，不正也是為自己的計畫經濟「沙皇」地位不保而叫屈！

　　毛澤東發動「大躍進」運動的目的之一，是希望發揮地方積極性，使之盡展生產潛能，一同投入國家建設。事實上，毛澤東也以各地運動的積極表現程度，作為評比的關鍵標準。各省市擔心被中央視為敷衍了事、辦事不力，又加上彼此政治攀比，故皆爭先恐後、競顯神通。彭真身兼北京市領導人，對該地運動發展自是緊抓不放、不敢輕忽。他同時也承擔北京市一舉一動備受中央矚目、不能浪得首都虛名的壓力。

　　中共中央主張農業和工業「大躍進」，彭真領導北京市悉心配合（他在中央針對同一問題的立場，也應可由之反映）。他1958年親自開會鼓吹農業高產指標，動員投入大煉鋼鐵行列，並藉機發展當地相關部門與產業。北京市工業「就是在這個時候搞起來的」。[172]市政建設上，彭真欣然接受中央交付的首都速建國慶工程任務，全力為「大躍進」提供一個立竿見影的例證。

　　彭真領導下北京市的運動發展，乃與「大躍進」運動的總體走向和跌宕起伏緊密相連。1958年底至1959年中，毛澤東主導下的運動「糾偏」（雖較此前有所降溫，但仍屬「高燒」狀態），因為1959年夏廬山會議「反右傾機會主

---

172 周永源，〈新中國成立初北京城牆存廢之爭〉，李海文主編，《彭真市長》，頁183。

義」鬥爭而驟然中斷，甚而逆轉、掀起來勢更猛的第二回「人躍進」（主要表現在1959年底至1960年）。「反右傾」、「繼續躍進」的號角聲響下，彭真、北京市委對首都1960年糧產指標、鋼鐵指標和工業產值設定，以及發展郊區公社全民所有制和推行城市公社，都相應提出華而不實目標，未幾即面臨跳票或付出慘痛代價才勉強兌現。

「大躍進」難以為繼、甫告結束的1961年7月，彭真招認1958年底《前線》發刊詞倡言要走「群眾路線」和認真「調查研究」，他自己「看到了，說出來，沒有做到，就等於沒有看到，沒有說」。[173]1964年彭真視察東北也說：「1958年，毛主席提出多快好省的總路線、大躍進時，我的腦子也發過熱」。[174]

導致「大躍進」運動一波未平一波又起的盧山會議和隨之突起的「反右傾」運動，彭真所作所為和相關影響，將在下一章專論。

173《彭真年譜》，第4卷，頁138。
174宋毅軍，〈彭真與三線建設〉，中共北京市委黨史研究室編，《研究與憶往：北京市紀念彭真誕辰110週年文集》（北京：北京出版社，2013），頁158。

第十一章

廬山批彭德懷，下山「反右傾」
（1959）

1959年夏，中共中央政治局委員、軍事委員會副主席、國務院副總理兼國防部長的彭德懷，在廬山上寫信給毛澤東，陳述其對「大躍進」運動的看法。毛澤東為此大怒，發動「反右傾」鬥爭嚴厲批鬥彭德懷和意見與之相近者，繼而將「反右傾」擴大為一場政治運動。在為時半年多的「反右傾」運動，遭到嚴厲批判和被劃作「右傾機會主義分子」的幹部和黨員超過300萬人。

「反右傾」運動禍害極其嚴重：政治上，中共高層政治益加向毛澤東一人獨裁的方向傾斜並使得黨內鬥爭更為激烈、無序；經濟上，中共先前對「大躍進」所做的降溫努力被打斷，讓之更加肆無忌憚發展。中國大陸經濟因而瀕臨崩潰邊緣，更可怕的後果是大規模的死亡隨之而來。中共官方向來對此有所隱瞞和折扣，但也招認1960年的人口總數，較前一年整整短少約有1,000萬人之眾。[1]

本章旨在探討：毛澤東在「大躍進」第二年發起「反右傾」前後，彭真的政治態度為何？廬山會議的「反右傾」鬥爭，他有何作為？「反右傾」繼而推向全黨以後，又扮演什麼角色？特別是他擔任領導要職的中央部門和北京市的運動發展，其介入的具體情形為何？

本章的論點為：毛澤東在廬山會議上做出「反右傾」決策以後，此時代替鄧小平主持中央日常工作的彭真，即是「反右傾」主要執行者。這也是彭真襄

---

1 胡繩主編、中共中央黨史研究室著，《中國共產黨的七十年》（北京：中共黨史出版社，1991），頁367-369。

助毛澤東對施行法制初嘗輒止、終而擇定群眾運動作為治國方略後，為維護毛澤東黨內獨尊領導地位而積極效力的一次守衛戰。

　　彭真在廬山上跟隨毛澤東一起狠批所謂「右傾機會主義者」；他也審時度勢地提供建議，讓會議盡快如其所意地發展。彭真下山後多方面參與、督導「反右傾」運動。中央黨政部門、軍隊、首都及其高校以至地方的運動，都可見到他積極任事、一旁煽動的身影。彭真盡力達到毛澤東欲將「反右傾」加溫、擴展的期望，也注意總結推廣運動經驗，以讓其他部門參照效仿。

　　下文首先檢視彭真登廬山前夕、上山後會議轉入「反右傾」前後的政治活動情況，接著分別介紹會後他對軍隊、中央機關、北京市、首都高校和地方「反右傾」運動的參與情形。

一、上山前維護「總路線」、警告「右傾」「洩氣」

　　1958年底，毛澤東注意到「大躍進」出現一些脫離實際現象，帶頭進行糾正偏向的工作。但需要強調的是，在「大躍進」有所降溫階段，毛澤東和彭真在內的其他中共要人，並無質疑運動正確性，目的是讓運動能更健康、有力地向前開進；也慎防糾偏過程中出現對運動幹勁消散、不振的情形。彭真在「大躍進」問題上對毛澤東亦步亦趨，讓之甚為信任。1959年6月5日，鄧小平因跌倒導致腿部骨折。毛澤東聞訊後即指示：鄧小平療傷養病期間，由彭真主持中央書記處工作。[2]

　　幾經調整後，1959年6月13日，毛澤東主導中央政治局會議接受陳雲意見，確定當年度鋼產指標降至1,300萬噸，糧產指標也調降至4,500億斤。毛澤東委託彭真領導中央書記處提出宣傳方針相應轉變方案。

　　彭真對「總路線」、「兩條腿走路」、五個「並舉」（工農業、輕重工業、中央與地方、大中小、土與洋）運動分針，乃一心肯定、悉心維護，強調「這些是我們的思想陣地」須予堅守，宣傳上要內外有別、分寸不同，使之與執行中出現的缺點錯誤（如「放開肚皮吃飯」、「大兵團作戰」）區別開來，

2　《彭真傳》編寫組編（下略），《彭真年譜》（北京：中央文獻出版社，2012），第3卷，頁410。

「不要搞得漆黑一團」（6月14日書記處召集的宣傳工作座談會）。他並重申「總的說缺點還是一個指頭的問題」（23日書記處會議）。[3]

中央高層開會討論宣傳問題時，政治局候補委員、外交部副部長張聞天發出不甚和諧的聲音，在6月20日劉少奇主持的政治局會議、23日彭真主持的書記處會議上，皆「發言主張講實情，把目前的困難和我們工作中的缺點向人民講清楚，認為掩飾缺點並不能鼓勁」。張聞天發言受到中央宣傳部部長陸定一、薄一波的反對，遭責備為「講喪氣話」、「是對形勢估計悲觀的一種右的論調」，並「強調要在兩條戰線上開展鬥爭」。張氏不甘示弱地與對方爭執，對被「扣帽子」甚是氣憤。[4]彭真現場目睹爭執有無表態，不得而知，但他對張氏應該留有對情勢看法較為保守、消極的印象。

經毛澤東提議，1959年7月初中共中央在江西廬山召開政治局擴大會議；此一會議和緊接召開的中共八屆八中全會，通稱廬山會議。毛澤東舉行此會目的是：一邊總結運動實行以來的經驗，一邊忙裏偷閒、休憩充電，故又稱「神仙會」。彭真留守中央處理黨國日常工作，而無去江西開會。

7月13日，彭真在北京市白紙坊禮堂對全市工業系統黨員幹部講話，強調經過一陣子的運動糾偏後，當務之急是如何防止右傾洩氣，振起幹勁、再續躍進。

彭真針對形勢問題信心滿滿地說「有利方面和不利方面，其實很簡單，沒有什麼不利的」，繼而表示：

> 不利條件上，第一洩氣，不少單位、不少幹部一聽到這個空氣就減了一半，人一減勁、鼓勁就差很多。1957年洩過，反冒進。糧食過去每年不下百分之幾（3-4%），去年說7,500億，沒有，確實沒有，但增產30%。我說20%，也是古今中外沒有的。

彭真接著信手拈來舉出三例，說明「通過鼓足幹勁」可促進生產效果：

3　同上註，頁412、415。

4　中共中央黨史研究室張聞天選集傳記組編，《張聞天年譜》（北京：中共黨史出版社，2000），下卷，頁1144。中國大陸中共黨史研究者（O君）提供的資訊（北京，2007年1月）。

一、鞍山鋼鐵廠「開了一週會」，鋼產「增加五十多萬噸」；二、北京市工業產值，「去年天壇大會時，37億說完不成，結果46億」；三、北京市平均每畝糧食產量，「今年200斤以上，去年120斤，高80斤，你看差多少」。

他接著指出：

> 現在主要的危險是右傾、是洩氣，指標降低越低越好。指標是動員群眾的作用，調動一切積極性。到處打聽人家差多少，不要當氫氣球，過去一聽哪裡侵犯中農，大家就都侵犯，1955年一說反冒進就都反冒進。……過去指標不實，是個危險，所以要放在可靠基礎上。……現在是總路線，也沒有反對總路線（右派除外），還是鼓足幹勁、力爭上游，與多快好省不可分割，當然某一些時間抓一下質量是必要的。……總路線是對的，只是在執行中誇大了某一面。……這就要摸底，設備、技術力量、原材料怎麼樣？不要亂聽空氣。……聽空氣要聽6月13日中央的指示。去年是大躍進，今年還是大躍進。去年好鋼840萬噸，這是很大躍進。

彭真進而提出「兩種躍進指標」：「一種是實事求是的，鼓足幹勁，可以達到指標」，「落實、實事求是，按照總路線的指標，就是真的躍進指標」。「另一種是越低越好、不合總路線，這是使中國永遠落後下去的指標，這是機會主義的指標，指標問題上要進行兩條路線的鬥爭」。他還說：「我國政治上不被動，被動的是工業落後，我們黨要努力克服這個被動，氣不能洩的，否則對敵人有利」。[5]

因為彭真抱持「現在主要的危險是右傾、是洩氣」的認識，所以毛澤東在不到十天以後突然決定在廬山發起「反右傾」鬥爭時，他不致於需要太大的「思想轉彎」。事實上，彭真在廬山會議後，很強調他的這次白紙坊講話已提出「現在主要的危險是右傾、是洩氣」，以示其政治的先知先覺。

---

5 〈在7月13日全市工業系統黨員幹部會議上彭真、賈庭三同志的講話提綱和記錄〉（1959年7月13日），北京市檔案館，檔號001-015-00209，頁71-74。

二、上山擔任會議分組討論主持人

廬山會議原定議程即將結束之前（原本規劃7月15日散會），彭德懷有感會議未能對「大躍進」問題暢所欲言，甚至存在一種不讓講真話的壓抑氣氛，便在7月14日寫信向毛澤東表達看法。毛澤東稍作考慮後，將彭德懷來信批轉給與會人士，並下令通知先前沒有上山的重要幹部前來開會。

7月17日，彭真抵達廬山，經由周恩來介紹知道彭德懷致信毛澤東的情況。要如何看待彭德懷的信呢？彭真表現得非常謹慎，注意聽取各方意見，但不顯露自己內心所想。

彭真首先詢問北京市委第二書記劉仁和自己秘書的意見。劉仁和彭真秘書皆只認為彭德懷的信「有些話過了一點兒」，彭真聽後不表態作聲。其次、彭真注意聆聽各方意見和議論，派遣秘書參加會議各個小組會和閱讀會議簡報，彭真還另外召集在北京的其他秘書前來廬山幫忙。彭真在保持耳聰目明的同時，繼續秉持「沉默是金」、以靜制動原則。[6]彭真這種政治謹慎，使之順利度過從毛澤東印發彭德懷信件到他公開表態以前的政治敏感期。

毛澤東形成意念進而下定決心批判彭德懷的過程中，他對彭德懷多年積累的惡感、對自身主導而成的「三面紅旗」不容詰問，是可能主要「內因」；旁人慫恿和耳語，則可能是一項重要「外因」。若干「經濟協作區」負責人，就大力強化毛澤東對彭德懷廬山來信和言行的敵視。[7]

從7月17日彭真登上廬山到23日毛澤東公開開罵彭德懷近一週的時間，彭真與毛澤東直接接觸的情況，以及其對後者政治心意可能施加的影響，目前所得資料尚不能對此提出解答。但是毛澤東要彭真在後續廬山會議扮演一定政治角色，則是清晰可辨。

毛澤東對彭德懷做出正式表態之前，採取兩個重要步驟：

一、與黨中央核心高層人士通氣。毛澤東沒有召開政治局常委會議討論，但是他在22日下午召集劉少奇、周恩來和林彪，議事5小時；[8]朱德未受邀請。

6　《彭真傳》編寫組（下略），《彭真傳》（北京：中央文獻出版社，2012），第3卷，頁998-999。

7　吳冷西，《回憶領袖與戰友》（北京：新華出版社，2006），頁255-257。

8　中共中央文獻研究室編，《毛澤東年譜（1949-1976）》（北京：中央文獻出版社，2013），

毛澤東這次開會的目的可能是對其隔日批判彭德懷、「反右傾」講話預先招呼。[9]

　　二、安排彭真參與會議分組討論的領導工作。20日凌晨1點到3點半，毛澤東聽取楊尚昆報告會議討論情況，並加以評論和指示。同日，楊尚昆向周恩來、彭真、李富春和胡喬木傳達毛澤東的凌晨談話內容。[10]21日夜11點到次日凌晨3點，彭真和楊尚昆一起聽取會議各小組討論情況的彙報，以掌握會議最新動態狀況。[11]從22日起，彭真進一步接替周恩來，主持廬山會議的討論工作。[12]此一會議安排勢必需要毛澤東決定或得之同意。

　　毛澤東的可能考量是：廬山會議的討論工作改由彭真負責，周恩來主要心力轉至具體領導落實年度經濟生產計畫；會議走向突轉，思想整風、人事整肅將成為新的議程，彭真這方面經驗豐富、容易上手，而且與預定主要批判對象過去早有交手經驗。廬山會議「苦主」之一的李銳（水電部副部長、毛澤東的兼職秘書），歷經艱辛、劫後餘生後，經常對人提起：彭真接手主持廬山會議分組討論後，氣氛大變。[13]

　　毛澤東23日在全體大會上發表講話，痛批彭德懷立場「右傾」，也連帶敲打那些支持彭德懷信件內容的黨人：張聞天、中央書記處書記、中央軍委秘書長兼總參謀長黃克誠、湖南省委第一書記周小舟等人。之後毛澤東更誣指相關人士組織「反黨集團」，廬山會議自此掀起「反右傾」鬥爭帷幕。毛澤東指示下，彭真助之在會上推行、開展「反右傾」議程。

　　毛澤東對廬山會議主要採取分組討論並交叉安排大會的方式進行，各組組長由七大「經濟協作區」主任擔任，包括：華東柯慶施、西南李井泉、東北歐陽欽、西北張德生、華北林鐵、華南陶鑄和中南王任重。隨著會議發展（後來召開中央全會），分組的方式與數目有所變化，但主要還是從這些方面大員中挑選出任各組組長或副組長。

第4卷，頁111。

9　舒雲，《林彪傳》（紐約：明鏡出版社，2016），下冊，頁250。

10　楊尚昆，《楊尚昆日記》（北京：中央文獻出版社，2001），上冊，頁412-413。

11　《彭真年譜》，第3卷，頁423。楊尚昆，《楊尚昆日記》，上冊，頁413。

12　李銳，《廬山會議實錄》（第3版）（鄭州：河南人民出版社，2000），頁121。

13　中國大陸中共黨史研究者（M君）提供的資訊（北京，2011年7月）。

　　毛澤東坐鎮整個廬山會議，也經常直接召集由地方大員擔任的分組組長開會與商，但他也不願事必躬親，也想藉機休養、找人同遊和伴游，例如王任重和劉少奇妻子王光美。毛澤東委任彭真在第一線督管會議「反右傾」議程，使會議朝其所願的方向發展和結束。

　　彭真與各組正副組長相當熟稔，特別是「大躍進」以來彭真經常透過電話會議，代表中央與其聯絡、促之行事，1958年秋冬大煉鋼鐵運動期間的夜間通話，歷歷在目、記憶猶新。彭真與各路「英豪」這回合力再戰廬山，讓「神仙會」轉變成「護神會」——維護「英明神武」的毛澤東及其力倡的「三面紅旗」，也可默契配合。

　　毛澤東在25日下午召集彭真和各組組長開會，對會議做出四點指示：一、「敞開來講」；二、「既要對事，也要對人」；三、「現在要反右，因為現在右傾抬頭了」；四、「要劃清界限」。[14]毛澤東就是要彭真與各組長在26日協力升高會議批判的溫度和火力。黃克誠、李銳憶此都甚為有感，稱之為「會議的另一個轉折點」、「會議的一個關鍵日」。

　　彭真聽從毛澤東指令，領軍各組組長引導會議討論，他也具有一些操作空間和政治影響。彭真為讓會議「反右傾」打擊火力，聚集在被毛澤東公開點名批判的彭、黃、張、周等人身上，以逼他們早日就範，提出將中央「秀才」和「右傾機會主義分子」作區隔處理。所謂「秀才」指的是為毛澤東和中央服務的重要政治秘書和寫手胡喬木、陳伯達、田家英，以及《人民日報》總編輯兼新華社社長吳冷西。「秀才」們在廬山會議初期非議「大躍進」政策，並且對地方運動情況多有批評而和當地領導人發生衝突。例如：田家英得罪李井泉，陳伯達開罪福建省委第一書記葉飛。

　　廬山會議開始「反右傾」後，這些「秀才」惶惶不可終日，處境岌岌可危。彭真與楊尚昆商量後，提出不要對「秀才」鳴鼓而攻之的建議，並為毛澤東所接受。[15]彭真或是揣測到毛澤東對這些長年為之服務的「文膽」，仍有眷顧、懷舊之情，但不好說出口。從操辦會議的角度，此舉也多有益處。

　　彭真藉由保「秀才」之策，第一，可以縮小會議打擊面，將批鬥火線集中

---

14 中共中央文獻研究室編，《毛澤東年譜（1949-1976）》，第4卷，頁116。
15 蘇維民，〈楊尚昆談廬山會議〉，《百年潮》，2008年第1期，頁15。

在「右傾機會主義」主要人物，以免會議因分散焦點而拖長時間。第二，也可以直接起到分化作用，讓「右傾機會主義」「欽犯」益加感到勢單力孤。第三，借用「秀才」特長，要之在文字上為「反右傾」辯護發聲。胡喬木在會議後期就受命撰寫一篇強調毛澤東英明領導的文章，以說明「右傾機會主義」對之質疑的其心可議；回到北京後，彭真交代陳伯達從理論高度撰寫一篇批判彭德懷的文章。[16]

三、加入常委會批判彭德懷行列

7月31日和8月1日，毛澤東主持召開政治局常委會議，細算彭德懷「錯誤」並將之定性。出席者有：毛澤東、劉少奇、周恩來、朱德、林彪，還有彭德懷、彭真和賀龍；黃克誠、周小舟、周惠、李銳旁聽。彭真出席這兩次中央常委會議，參與圍攻彭德懷，顯現他享有「不是常委的常委」、實質位居副總書記的重要地位。

彭真在開會以前，交代處於「待罪之身」的李銳作會議紀錄。李銳後來表

圖11-1：李銳。
資料來源：作者攝影。

示此乃一件好事，為相關歷史留下重要見證。[17]以下彭真在常委會議上的發言內容，皆出自李銳記錄。彭真在會上確切執行毛澤東所提「對事也對人」方針，不單狠批彭德懷在廬山上對「大躍進」的質疑和批評，對於他參加中共革命以來的種種問題，也翻箱倒櫃般通批一遍，而且還要深究、追查其言行背後的政治居心和動機。

16 陳曉農編纂，《陳伯達最後口述回憶》（香港：陽光環球出版香港有限公司，2005），頁177。
17 李銳提供的資訊（北京，2011年7月）。

7月31日常委會議上，毛澤東針對彭德懷信中對「大躍進」運動的質疑予以強力辯護，彭真則在一旁幫腔。例如：針對人民公社化運動，毛澤東對彭德懷說明中國農民很容易接受合作化的道理後，彭真就說：「去年公社化等不到由點到面。」[18]也就是人民公社為農民喜聞樂見，因此不待官方循序漸進部署，短時內即迅速建立，彭真治下的北京市郊即是如此。毛澤東、彭真的說法實是對公社化運動推行過程中強大的行政壓力視而不見。彭真另外也表示：「國際上，兄弟國家不談公社，就是對我們的懷疑。」[19]

8月1日常委會議上，大多數時間仍由毛澤東發言批判彭德懷，林彪和劉少奇也攻勢連連，彭真則不時對彭德懷放出冷箭，起到配合批判的輔攻作用。

一、彭真以捍衛最高領袖的姿態，指控彭德懷在廬山上居心不良，蓄意將政治矛頭對準毛澤東，存心向之究責。如前所述，彭真仔細地掌握會議各組發言簡報，他有心綜整彭德懷言論的「痛腳」，並加以質問：

> 你在西北小組講：人人有責，包括毛主席，個人威信不等於黨的威信。說毛主席的話亂傳一氣，盲目服從。說到處第一書記掛帥，削弱集體領導。1,070萬噸鋼的指標是個人決定。說下毛毛雨，送材料又不看。這些箭靶子射誰？[20]

二、彭真重翻彭德懷的歷史老帳，藉以說明彭德懷在廬山「犯上」、另立旗幟，並非孤立現象，而是過去早有先例，甚至可說是「慣犯」，並慶幸黨內向由毛澤東掌舵，而非彭德懷做主號令。

彭德懷在廬山會議前期曾提及延安時期華北地方工作座談會的往事，覺得當年受到不合理對待，甚至氣言當時被「罵娘40天」，此次要在廬山予以回敬。華北地方工作座談會乃是1945年毛澤東幕後操控、彭真擔任主要批判砲手的彭德懷批鬥會，前後計有二十餘次、歷時約40天。其批彭德懷火力之猛、上綱上線之高，彭真1954年也承認有所不妥和過火。

18　李銳，《廬山會議實錄》，頁188。

19　同上註，頁188。

20　同上註，頁199。

　　彭德懷在盧山挑起此一延安舊事，當年主事者毛澤東、彭真恐怕都心裏不快，甚至覺得是衝己而來。毛澤東開始批判彭德懷後，口頭上雖說此次要滿足彭德懷回罵娘40天的願望，但實則是要讓他重溫華北地方工作座談會的那場惡夢。

　　彭真在8月1日常委會議中，重提華北地方工作座談會批判彭德懷的重點「鬧獨立性」，再連結此次盧山的劍指毛澤東：

> 　　開始對你信仰高，慢慢感覺不對頭，跟中央不對頭。搶先思想，組織觀念得要。為何要為全國性、世界性的問題講話？（毛澤東：發了這個指示？）發現鬧獨立性，動搖對你的信心。1937年開始我逐漸信仰毛主席，感覺你那套不對。首先是你的黨性，同中央搶先。1937年12月傳達王明的東西，我強調奪取領導權。這次在火車上講匈牙利事變。（毛澤東：思想之混亂可觀，我們怎麼能同匈牙利比？）信是個綱領，一條路線，重點在後一部分，目標是毛主席。[21]

　　值得注意的是，彭真批評彭德懷時提到自己從1937年就開始信仰毛澤東，也自我標榜對王明錯誤主張早有看法。

　　彭真也對著彭德懷講：

> 　　反對個人崇拜，有無此想法？你有大功勞，但一切功勞離不開黨和群眾。否則，頂大當個唐生智、程潛。毛主席的路線已得到證明，基本上已證明總路線的正確，也應服從。（劉少奇：彭的功勞也是來自這條路線。）反過來，過去幾次路線按照你的辦，現在可試驗，原來是狂熱性，可以設想是什麼結果。[22]

　　彭真將毛澤東和彭德懷加以比較並做出結論：政治路線上，毛澤東、彭德懷兩人的高下立判。因為毛澤東從過去歷史實踐到指導、孕育出當前「大躍

21　同上註，頁207。

22　同上註，頁208。

進」政策的「總路線」，都屬正確。相對地，過去若按彭德懷的主張行事，結果必然失敗，才是真正的「小資產階級的狂熱性」。彭德懷給毛澤東的信中使用這個具有刺激性的政治詞彙，彭真用之來反批彭德懷，顯然是要讓之難堪。

　　三、彭真力求跟進毛澤東，對彭德懷的政治人格和未來動向提出批評和質疑。毛澤東早時稱許彭德懷直率、樸素的性格，像三國時代的武將張飛；但毛澤東在廬山批彭德懷一貫心懷不軌，便改口說其是「內有二心，外似張飛」。彭真聞後也說彭德懷此點「迷惑人」，並指出周小舟就是被之蠱惑而站錯隊。他進而在毛澤東為首的中央常委面前向彭德懷表示：「同志在一起，應肝膽相照。這麼多元帥支持你，是由於主席，但換不出你一條心。張飛，能換心的。歸根結底，宇宙觀和黨性的根本分歧。」[23]也就是說彭德懷無法與他人赤誠相待，實是浪得張飛的虛名，按中共整風追求的宇宙觀改造和黨性確立，更是不合格。

　　另外，毛澤東對於號令三軍、軍功鼎盛的彭德懷，總是存有疑忌。毛澤東在廬山直接挑明並直問彭德懷敢否簽字擔保，不在他身後造反。彭真也對彭德懷提出同樣疑問和要求。[24]

四、追查「斯大林晚年」和批判張聞天

　　8月2日，中共開始召開八屆八中全會。8月6日夜，毛澤東找彭真討論全會編組問題，決定將原本6個小組改編為3個臨時小組，各約五十餘人：柯慶施為組長（代組長曾希聖）的第二組；李井泉為組長的第四組；張德生為組長的第五組。柯慶施組批鬥張聞天、周小舟，李井泉組專攻彭德懷，張德生組對付黃克誠。7日起即按此編組開會。[25]此一分組措施被評作：「這個形勢就是集中力量批鬥彭、黃、張、周四人」。[26]新編各組組長和組員照旨辦事，克盡職守地揭發和批鬥，個別活躍者如羅瑞卿就3個組都跑，砲火四射。彭、黃、張、

23　同上註，頁206、208。

24　同上註，頁197、315。

25　中共中央文獻研究室編，《毛澤東年譜（1949-1976）》，第4卷，頁137。

26　李銳，《廬山會議實錄》，頁271。

周被整得七葷八素，百口莫辯。

　　主持會議分組討論的彭真，緊盯會議討論情況，見機擇定會議揭發出來的「斯大林晚年」問題，作為批判「右傾機會主義分子」的重要突破口。毛澤東指控彭、黃、張、周暗組「軍事俱樂部」，試圖要推翻以他為中心的現行領導，但這一指控一直沒有得到直接、有力的揭發資料佐證。協助毛澤東督導會議進展的彭真，對此也甚為關注。

　　8月10日上午，黃克誠和李銳在會場上被「革命群眾」逼得供出曾在7月23日夜私下議論過毛澤東是否可能存有像蘇聯史達林（中國大陸譯作「斯大林」）晚年獨斷妄行的問題。彭真當機立斷，視之為可坐實毛澤東指控彭德懷等人秘密謀反的關鍵「證據」。彭真即與柯慶施、李井泉等商議決定，就此一新「事證」打鐵趁熱、乘勝追擊，在同日午後和晚上繼續追查。[27]果然在會上不斷強力逼供之下，被控涉案者如周小舟皆難以招架。[28]

　　值得一提的是，李銳在「大躍進」初期被毛澤東延攬為政治秘書，一時頗出風頭；但廬山「反右傾」後，他即陷入政治危境。康生在會中聽聞彭德懷提到高崗曾就延安審幹問題批評彭真，插話道：「彭真同志在延安審幹是正確的，高崗想利用這個口號打擊彭真同志，利用一些對延安審幹不滿的人，團結起來反對彭真同志，李銳就是一個」。李銳沒有被彭真納入受保護的「秀才」之列，甚至還被當做會議揭發、批判的重點對象。這或與兩人在延安整風中有不愉快的互動經驗相關。[29]

　　彭真協助毛澤東處理廬山會議「反右傾」的後續政治「程序」問題。「右傾機會主義者」在會中政治高壓下不得不低首認錯後，還要公開檢討自我錯誤並表態接受對自己的政治批評和指控。彭真負責監審他們所作的檢討內容，以確認其不是試圖瞞混過關。

　　彭真對立有彪炳戰功又握有兵符的彭德懷，已不甚客氣；對於書生味濃郁的張聞天就更毫無客氣。張聞天在延安整風中被指責犯有「教條主義」嚴重錯誤，這在自言是「既非教條主義、又非經驗主義」的彭真看來，恐怕本來就看

27　中國大陸中共黨史研究者（M君）提供的資訊（北京，2011年7月）。

28　李銳，《廬山會議實錄》，頁280-289。

29　李銳，《廬山會議實錄》，頁252。與李銳的交談（北京，2013年8月）。

不太上眼。國共內戰初期張聞天在東北曾同彭真爭得面紅耳赤，站在陳雲、高崗、林彪那邊，彭真對之就更無好感了。

張聞天在廬山上被毛澤東定為錯誤路線的人物後，彭真對張聞天甚為嚴厲，8月13日聽其大會檢討報告後當眾批評：

> 我看張聞天同志今天的講話有這麼個問題：開始講的態度還值得歡迎，帽子戴得也比較老實，承認是反黨，反中央，反總路線，反毛澤東同志，這些都講了。但一聽到下面，就很不老實了。
>
> 你是一個政治局候補委員，你覺得黨不信任你，對黨不滿。你政治局委員是對全會負責的，你究竟在全會裡表示什麼態度？你值不值得中央全會信任？你是信任中央全會，還是不信任中央全會？你如果在中央全會採取隱瞞態度，還想把你們的反動根子留著，準備乘機再起，這個問題怎麼解決？所以，我勸你，既然有了好的開頭，表示願意檢討，承認是反黨、反中央、反總路線、反毛澤東同志，就不要企圖再用欺騙的方法，混過關去。混不過去，問題已經很清楚了，你留著這個毒根子，對你沒好處。你講了，「你們」怎麼樣，「我們」怎麼樣，我們一邊，你們一邊，這就是說，我們之間有一道防線。[30]

彭真參與制定廬山會議的決議和公報，毛澤東也要求他對之作最後把關。彭真也逼使黃克誠簽字承認。[31]

廬山會議之前和期間，曾對「大躍進」出現的經濟紊亂、浪費和失調現象有所批評，而「錯誤」還不到「右傾機會主義」程度的人士，例如：中央書記處書記、國務院副總理李先念和中央「秀才」們。他們的檢討問題在下山後也繼續由彭真督管。李先念寫完檢討後，交付彭真審閱和處理。[32]中央「秀才」們則兩次被彭真找去談話，與揭發材料進行核對，甚至到彭真住處寫檢討。[33]

---

30 李銳，《廬山會議實錄》，頁310-311。

31 黃克誠，《黃克誠自述》（北京：人民出版社，1994），頁315-316。

32 《李先念傳》編寫組、鄂豫邊區革命史編輯部編寫，《李先念年譜》（北京：中央文獻出版社，2011），第3卷，頁179。

33 蘇維民，〈楊尚昆談廬山會議〉，《百年潮》，頁15。陳曉農編纂，《陳伯達最後口述回

五、勸止劉少奇限縮「反右傾」、交送毛澤東理論「槍炮」

　　毛澤東在廬山上決心批判彭德懷後，劉少奇和彭真在內的其他中共要人一樣當面嚴斥彭德懷，私底下的政治動作也頻頻。劉少奇勸說黃克誠對彭德懷反戈一擊，將彭德懷正面之事說成反面的；他也要粟裕到會上申訴彭德懷在去年中共中央軍委擴大會議上如何對其批鬥。劉少奇對彭德懷鬥到「還站起來當面批，並拍了桌子」。[34]

　　但是劉少奇還是想到廬山這股猛然的「反右傾」，恐會對從去年底就開始逐步進行的運動糾偏工作產生不利影響。劉少奇故而認為批判彭德懷應該只在較小範圍的上層進行，同時另外下發一紙繼續在下層反「左」的文件。

　　劉少奇囑咐胡喬木起草相關文件時，胡喬木卻堅持劉少奇應要先同毛澤東談過方能有所動作，從而引起劉少奇不快；劉少奇堅持胡喬木先寫出文稿，他再跟毛澤東溝通。胡喬木擔心此時正處於盛怒的毛澤東，聽聞劉少奇的上層「反右傾」、下層繼續「糾左」的提議，不但不會接受，甚至會認為劉少奇政治意志不堅定，恐怕「也要牽〔連〕進去」。[35]

　　胡喬木熟悉黨內高層人際關係和政治權力傾斜方向，認為彭真是可以勸阻劉少奇的人。胡喬木的主要考量可能是：彭真與劉少奇有長期工作關係，特別是共事於毛澤東身邊，兩人比較能夠深談。更重要的是彭真的政治分量：彭真自延安即與毛澤東形成深厚的政治信任和關係，而且彭真的高層政治影響力在「大躍進」開始後僅在毛澤東、劉少奇、鄧小平之後。此時鄧小平在北京臥床療腿，毛澤東、劉少奇之後能說得上話的就屬彭真了。彭真知道胡喬木的來意後，答應出面與劉少奇相談。維護層峰團結、避免將帥失和，應也是彭真接受胡喬木請託的主要考慮。劉少奇、彭真談話後，劉少奇決定放棄原先想法。

　　對於彭真在廬山上勸退劉少奇一事，彭真的官方傳記僅說不知彭真如何成功勸說劉少奇，並強調「按照黨的組織原則和彭真的一貫作風，他也不可能把與劉少奇談話的內容告訴其他人」，[36]但卻不問彭真相關行動的政治後果。

　　憶》，頁177。

34　童小鵬，《風雨四十年》（北京：中央文獻出版社，1996），第二部，頁387。

35　《胡喬木傳》編寫組編，《胡喬木談中共黨史》（北京：人民出版社，1999），頁377-378。

36　《彭真傳》，第3卷，頁1001。

中共編定的《中國共產黨的七十年》不無遺憾地表示：

> 在7月23日毛澤東發表講話後，劉少奇曾主張把反右傾的決議只發到省一級，另搞一個繼續糾正「左」傾錯誤的決議發到縣以下單位。這個主張在當時的條件下，沒有能在黨中央提出來。反右傾決議逐步傳達到全黨，在全國範圍內展開一場大規模的反右傾鬥爭。一大批幹部、黨員遭到錯誤的批判，不少人被認定為「右傾機會主義分子」，受到不應有的組織處分。[37]

易言之，這本中共官史示意：劉少奇欲將「反右傾」局限在上層而在下層繼續糾「左」的意見，「沒有能在黨中央提出來」，從而錯失限制「反右傾」橫行、蔓延的機會。這一論點若能成立，那麼成功勸阻劉少奇的彭真，是否是好事而誤事、多事而害事？毛澤東後來曾頗為惋惜劉少奇的相關意見未能適時提出，彭真聞後不知作何感想？

另外，1959年8月15、16日，也就是八屆八中全會的最後兩天，毛澤東兩次批文並附上資料給與會人員，他在其上對廬山會議這場鬥爭做了一番「理論」解釋和總結，對之後黨內高層政治發展產生重大的負面影響。彭真也參與此事，為毛澤東做相關思考和表述提供可借題發揮的文字由頭。

事情起於沒有上廬山開會的劉瀾濤。劉氏在彭真等人被召赴江西以後，奉命留在北京代理主持中央書記處日常工作。8月2日，廬山政治情勢已是明朗、八中全會正式召開的首日，在京留守的劉氏可能不甘寂寞，為顯示自己心繫中央、與之同心，便將他之前帶領編輯的《馬克思主義者應當如何正確地對待革命的群眾運動》，附信寄給彭真。劉氏在信中表示：「為了學習和研究毛主席指示的精神，我同我周圍工作的兩位同志選擇節錄了毛主席和列寧有關如何正確對待革命群眾運動的若干論述。」他對彭真寫道：「這本小冊子，是由我編好後，經團中央同意後印的，現送上一份，請有暇時看看。」[38]

37　胡繩主編、中共中央黨史研究室著，《中國共產黨的七十年》，頁366。

38　中共中央文獻研究室編，《建國以來毛澤東文稿》（北京：中央文獻出版社，1998），第8冊，頁448-449。

　　彭真收到以後，想必認為劉氏送上的「奇文」足堪與毛澤東「共賞」，因為這份小冊收錄毛澤東在湖南農民運動（1926）、華北土改運動（1948）、農業合作化運動（1955）的講話，以及「革命導師」列寧數篇文章的相關論述，正切合廬山會議的題旨——重批「右傾機會主義分子」竟敢質疑「大躍進」、「人民公社化」運動的功效，以及1958年起擯棄發展法制、擁抱群眾運動的治國理念和途徑。彭真向毛澤東轉呈小冊的「舉手之勞」，果真激起後者的盎然興味。

　　8月15日，毛澤東向全會發文〈關於如何對待革命的群眾運動〉，樂於推薦此冊：「不知是哪一位秀才同志辦的，他算是找到了幾挺機關槍，幾尊迫（擊）炮，向著廬山會議中的右派朋友，乒乒乓乓地發射了一大堆連珠炮彈。」毛氏拍案叫絕，甚至引為知音的是：「革命祖師爺」如何批判、嘲笑叛徒，以及社會上那些喜歡對共黨事業幸災樂禍、製造恐慌的資產階級、小資產階級。毛氏邀請彭德懷等「分裂派和站在右邊的朋友們」一起拜讀、討論「這個集納文件」，事實上迫不及待地想將之套用在他們身上，甚至觸發其階級鬥爭理論的「升級」。

　　針對毛氏不無歡欣地提問「是哪一位秀才同志辦的」，彭真當天致信毛氏表示：「那個文件係劉瀾濤同志和其他兩個同志選集的，印時把北京來信漏掉了，沒有把劉瀾濤同志的信一道印上去。現送上給你看。」[39]也就是彭真即刻向毛氏說明編輯小冊的「他」，乃是劉瀾濤。彭真沒有掠人之美，而是給予過去華北局、晉察冀老戰友、現今書記處同事劉瀾濤一次雖未到會卻仍能政治露臉的機會。

　　8月16日，毛氏再向全會發文〈機關槍和迫擊炮的來歷及其他〉（劉氏贈彭真小冊，以及彭真給毛氏說明的兩封信，附印在後），開頭就表揚小冊是劉瀾濤「發大熱心，起大志願，弄出來的」。接著講述他對階級鬥爭理論的最新「創見」：

　　　　廬山出現的這一場鬥爭，是一場階級鬥爭，是過去10年社會主義革命過程中資產階級與無產階級兩大對抗階級的生死鬥爭的繼續。在中國，在我

39　同上註，頁447-448、454。

黨，這一類鬥爭，看來還得鬥下去，至少還要鬥20年，可能要鬥半個世紀，總之要到階級完全滅亡，鬥爭才會止息。

舊時代遺留下來殘存於相當大的一部分人們頭腦裡的反動思想，亦即資產階級思想和上層小資產階級思想，一下子變不過來。要變須要時間，並且須要很長的時間。這是社會上的階級鬥爭。黨內鬥爭，反映了社會上的階級鬥爭。這是毫不足怪的。[40]

毛澤東認為如此可對1953年高、饒問題、1959年彭、黃、張、周問題的發生，即何以「昨日還是功臣，今天變成禍首」，提供理論上的依據。然而，毛氏自我感覺良好地以為「發展了社會主義時期階級鬥爭的理論」，實則「把社會主義時期的階級鬥爭進一步嚴重地擴大化了」。尤其是「混淆了黨內鬥爭和社會階級鬥爭的界線」，「把階級鬥爭引入黨內乃至黨的高級領導層」，「埋下了把社會主義時期階級鬥爭、政治鬥爭的主戰場逐漸轉移到黨內的種子」。[41]

彭真在去年夏督軍的政法部門整風，猛將司法部黨組整個打翻，中央政法小組在1958年11月29日報送黨中央的〈關於司法部反黨集團問題的報告〉（勢必經過彭真過目甚而由之審定），就已指稱「司法部反黨集團的形成，正是社會階級鬥爭在黨內的反映」。[42]只是遭其指控、批鬥的對象並未屬於特別高階者。盧山會議後未及7年的時間，彭真也栽在毛澤東這種將階級鬥爭引申到黨內高層的理論「發展」與「創新」，而從昨日權臣淪為今朝罪魁。

彭真在盧山會議轉手交送毛澤東「幾挺機關槍，幾尊迫（擊）炮」（即劉瀾濤編輯的《馬克思主義者應當如何正確地對待革命的群眾運動》）一事，彭真的官方傳記隻字不提。劉氏後人則強調：其父所編小冊乃「醞釀多時，閱讀很多著作」，並寄送給彭真，而「絕對不是為了盧山會議批判『右派朋友們』專門『突擊編印』、『連夜突擊，搞出的材料』」。[43]

40　同上註，頁451-452。

41　薄一波，《若干重大決策與事件的回顧》（修訂本）（北京：人民出版社，1997），下卷，頁900-901。

42　〈中央政法小組關於司法部反黨集團問題的報告〉（1958年11月29日），頁9。

43　思濤，《劉瀾濤生平紀事》（北京：中國文史出版社，2010），頁83。

六、與聞軍隊高層調整和「反右傾」

　　彭德懷在廬山上被猛烈圍剿、政治破產後，交出兵符乃事之必然。毛澤東決定由林彪接掌彭德懷的軍事職務。對彭真而言，彭德懷去職並非壞事，因為兩人在延安整風有不愉快的經驗，彭德懷又與自己的政敵高崗交好，高崗就對他說過彭真的不是。彭德懷檢查交代與高崗的關係時表示：「高崗到朝鮮去了兩次，談到彭真，對延安審幹有意見」。[44]1959年8月30日，李井泉表示：彭德懷還與高崗互相利用，向人傳播彭真、薄一波、安子文等「要篡黨」，「後台」是劉少奇。[45]另外，對彭真來說，彭德懷有鼎盛軍功，桀傲難馴，也難以相處。

　　只不過走了彭德懷，卻來了與自己有東北宿怨的林彪，彭真恐怕感到不是滋味，但也只能無奈接受。毛澤東決定林彪主軍，縱使他人提出異議也無法改變。彭真對此甚為清楚，因為廬山鬥爭大勢底定後，彭真代表黨中央向未與會的黨內高幹通報會議情況並徵求人事調動意見。彭真電話連絡羅榮桓元帥時，這名林彪戰時老搭檔表示：國防部部長外事任務繁重，以林彪身體情況，似不宜擔任此職，進而建議由賀龍出任。彭真向毛澤東彙報羅氏意見，但未被其採納。[46]

　　黃克誠的軍委秘書長、總參謀長等職，隨著彭德懷罷官也飛了。經林彪提名、毛澤東同意，由公安部部長羅瑞卿接任。毛澤東口中的「羅長子」，在這次廬山風雲中對「右傾」錯誤者和嫌疑者，實施跟監盯哨、加以痛批嚴打，不愧其大公安職分。若論功行賞，也不為過。然而，羅瑞卿從軍旅轉至公安戰線已達10年，當被告知要回到軍隊工作，不免有些忐忑不安。

　　彭真、羅瑞卿在政法上密切合作並培養良好關係。他很積極地勸進羅瑞卿勇於膺任軍隊要職。根據「文革」揭發材料，羅瑞卿準備從公安部前往總參履新時表示：「彭真勸我去，彭還說，你不去掌握軍權，誰去？任務雖重，但也

44　李銳，《廬山會議實錄》，頁252。

45　〈井泉同志傳達八屆八中全會關於彭德懷反黨集團決議的報告〉（1959年8月30日），頁16。

46　《羅榮桓傳》編寫組，《羅榮桓傳》（第2版）（北京：當代中國出版社，2006），頁341。

有好處，可以多接近書記處，多接近鄧小平，多取得他們的指示。」[47]

廬山會議後，8月18日至9月12日，中共舉行中央軍委擴大會議繼續批鬥彭德懷、黃克誠。沒有擔任任何軍職的彭真，以代理主持中央書記處的身分，參與此次軍隊系統「反右傾」大會的籌備和領導工作。

第一，彭真負責撰寫中共中央和中央軍委決定召開此次軍委會議的通知稿。其強調會議目的是：「為了傳達討論和貫徹執行黨的八屆八中全會關於保衛黨的總路線、反對右傾機會主義而鬥爭的決議和其他決議」。

第二，8月12日，彭真偕同毛澤東召集負責軍隊人事和思想工作的中央書記處書記暨總政治部主任譚政和副主任蕭華，就預定召開的中央軍委擴大會議先期進行討論。[48]軍委會議開始後，彭真27日出席毛澤東主持的中央政治局常委擴大會議，一同聽取該會情況彙報，[49]以確定其按照「反右傾」方向發展，致力肅清彭、黃在軍中多年累積的聲望和影響。

第三，彭真出席中央軍委擴大會議和外事會議的聯席會議，以中央要人之姿在會上講話。中央軍委擴大會議進行的同時，外事系統也舉行一場旨在批判張聞天的會議。黨中央特別將這兩個系統的與會人員集中一起，由中央領導人出面演說，以進一步統一認識。

現身會場並公開發言的中央領導人除毛澤東、劉少奇、周恩來，彭真也在列。彭真的官方傳記和年譜對此沒有紀錄。在場聆聽的張聞天秘書何方清楚記得彭真在會上公然鼓吹對毛澤東的個人崇拜：

> 我覺得他〔彭真〕還講得比較輕鬆。內容記不住了，但有一點記得很牢，就是他說的：我給同志們介紹一個「偷懶」的辦法，不要想的太多，毛主席一切都給我們想好了，你照著辦就行了，何必去想入非非，離開了毛主席的革命路線。這自然不是他的原話，但這個意思我一直記著。到文化大革命初期，毛澤東批他不讀書不看報，我就想起了他的這次講話，後

47　〈羅瑞卿的罪惡歷史〉，紅代會中國科學技術大學《東方紅》編輯部，《東方紅》，第51期，1967年9月16日，版2。

48　《彭真年譜》，第3卷，頁429。

49　中共中央文獻研究室編，《朱德年譜》（新編本）（北京：中央文獻出版社，2006），下冊，頁1746。

來也經常聯想到。[50]

圖11-2：何方。
資料來源：作者攝影。

第四，彭真在軍委擴大會議期間參與對朱德的約談工作。

朱德雖然是中央政治局常委，但是在盧山會議批判彭德懷時，他出於對戰友的憐惜之情，只就彭德懷的信件內容發言，不忍對之苛責。毛澤東當場抬腳、摳摸鞋面，以示朱德是「隔靴搔癢」，讓他滿臉通紅，無法繼續講下去。

下了盧山，中央軍委擴大會議續整彭、黃，朱德也被要求到會檢討。9月10日上午，為了「協助」朱德做好預定在大會上的檢討，彭真和周恩來、陳毅、賀龍約朱德談話。當晚，毛澤東召集上午談話的原班人馬，並另加劉少

---

50 何方提供的資訊（北京，2011年8月）。何方，《從延安一路走來的反思——何方自述》
　　（香港：明報出版社，2008），上冊，頁317-318。

奇、羅瑞卿開會。經過前述密集的政治工作後，朱德在11日大會上低首檢討，並遭林彪當面斥責是「老野心家」、「想當領袖」、「實際上沒當過一天總司令」。[51]

中央軍委擴大會議結束後，彭真一方面代表黨中央繼續掌握軍隊內部「反右傾」運動執行情形。例如：11月9日，彭真主持召開中央書記處會議，聽取總政治部的運動彙報。[52]另一方面，受毛澤東之託，彭真和楊尚昆負責彭德懷的安置問題。他們最後將彭德懷安排在中央高級黨校，要其虛心省過、潛心學習。

圖11-3：1955年9月彭真（前排左1）在中共將帥授銜儀式宣讀命令。
資料來源：Wikimedia Commons。

51 中共中央文獻研究室編，《朱德年譜》，下冊，頁1747。
52 《彭真年譜》，第3卷，頁455。楊尚昆，《楊尚昆日記》，上冊，頁442。

圖11-4：1959年10月彭真（前排左5）與中央領導人、高級將領在天安門城樓。
資料來源：Wikimedia Commons。

七、監管中央部門「反右傾」和處理薄一波「右傾錯誤」

彭真從廬山返抵北京後的次日（8月20日），即主持召開中央書記處會議，決定要盡速對中共中央直屬機關副處長以上幹部和國家機關黨組成員，傳達八屆八中全會的會議情況和精神，以讓他們早識「廬山真面目」。

楊尚昆的緊急張羅下，8月21日下午，相關傳達會在中南海懷仁堂召開。彭真、周恩來親自到會講話。[53]28日上午，彭真主持的中央書記處會議，指定候補書記劉瀾濤、楊尚昆以及中央組織部部長安子文、公安部副部長徐子榮，「注意」中央直屬機關、中央國家機關兩個黨委學習廬山會議決議的問題。楊尚昆平時就負責指導兩個機關黨委工作，同日下午即進行布置。[54]事實上，彭真後來就主要依靠楊尚昆在中央黨政機關內推行「反右傾」運動。然而，因為當時中共中央和彭真個人的精力，主要集中在籌備即將到來的「十年大慶」。所以相關部門機關的運動在10月以後才逐漸開展起來。

53　《彭真年譜》，第3卷，頁431-432。楊尚昆，《楊尚昆日記》，上冊，頁421。

54　《彭真年譜》，第3卷，頁433。楊尚昆，《楊尚昆日記》，上冊，頁423。

　　10月20日上午，中央書記處召集中央黨政部門（包括工人、青年、婦女工作的全國領導機關）正副部長和北京市黨政領導幹部，在中南海懷仁堂開會。彭真作「反右傾」的專題報告，希望藉此動員黨政高幹，推進中央部門的運動。

　　關於「右傾機會主義進攻」的問題性質，彭真言其是「十年來社會主義和資本主義兩條道路鬥爭的繼續」，「到廬山會議是個總爆發」；[55]並指出反對其進攻對於捍衛「三面紅旗」的關鍵意義：「自中央提出總路線、大躍進和人民公社以來，一部分富裕中農和資產階級感到資本主義的根子被挖掉了，就要試一下和共產黨較量。如不嚴肅批判，總路線貫徹不了，大躍進不能實現，人民公社不能鞏固。」他強調對「右傾機會主義分子」「批判要提到原則高度」。[56]

　　就實際的運動操作而言，彭真所言並非是批判要按照事情的是非曲直原則進行；相反地，其意指批鬥一旦鎖定特定目標和對象，所有質問、揭發都要緊扣著有關的政治指控，或是力將兩者上牽下連（亦即沒原則地上綱上線），使被批判者在眾口鑠金、三人成虎下難以全身而退。聽聞彭真的運動號令後，楊尚昆同日即「約國家機關黨委和中直黨委彙報」，以一一掌握各部門的運動進度。[57]

　　讓彭真、楊尚昆不敢懈怠的是，毛澤東對於中央黨政部門「反右傾」運動的緊密關注。由楊尚昆擔任主任的中共中央辦公廳，其編印的《情況簡報》登載中央部會的運動情況。毛澤東從中獲閱國家機關各部門的鬥爭報導後，10月22日直接批示彭真和楊尚昆，問及黨屬中央各部的運動情形，更要求：「請你們抓緊辦一下，使這個鬥爭深入下去。」[58]毛澤東的此一指示為中央黨政部門「反右傾」起到加溫作用；它也明白標示彭真和楊尚昆是具體的統籌、執行者。

　　彭真和楊尚昆「抓緊辦一下」的具體做法，即在中直機關和國家機關各找一個運動「典型」，細心觀察和指導，再以之為範例推廣，要其他單位效尤、

55　《彭真傳》，第3卷，頁1001。

56　《彭真年譜》，第3卷，頁450-451。

57　楊尚昆，《楊尚昆日記》，上冊，頁438。

58　中共中央文獻研究室編，《建國以來毛澤東文稿》，第8冊，頁557。

跟上。他們在中直機關選的是中央工業工作部，在國家機關裏則選取輕工業
部。

　　這兩個部門的副部長高揚和宋乃德，因為對「大躍進」出現的問題多有批
評，「反右傾」開始後即成為部門內的運動標靶。楊尚昆甚為重視輕工業部的
鬥爭，10月下旬至11月上旬，他不但專門和國家機關黨委相談，後來又再約請
之彙報「反右傾鬥爭情況」，更安排國家機關黨委、中直黨委召開聯席會議，
聆聽輕工業部「反右的經驗交流」。楊尚昆為將中央工業部的鬥爭增溫，也特
地召集安子文和中央工業部兩位副部長李立三、于江震談話。[59]

　　眼見中央黨政部門「反右傾」漸入「佳境」，11月9日、10日，彭真主持
中央書記處會議，聽取中央直屬機關、中央國家機關兩個黨委彙報運動進展情
況。他表示：

　　這次運動主要解決黨內問題，黨外不進行。黨內主要對象是「當家作
　　主」的領導幹部，內容以兩條道路鬥爭，社會主義教育為綱；對總路線，
　　人民公社的態度是分水嶺和試金石。這個問題解決了，天下大定，其他問
　　題放在次要地位。[60]

　　以當時中央黨政機關內如火如荼的運動發展來看，主要的批判對象確實皆
是彭真所言的「『當家作主』的領導幹部」，如前述的中央工業部副部長高
揚、輕工業部副部長宋乃德，還有國家計委副主任賈拓夫，以及水電部副部長
李銳等。更重要的是，彭真說有關問題的解決攸關「天下大定」，所以其他議
題都得為之讓路。此話不但可以看做是他對批鬥前述犯有「右傾錯誤」人士的
認可，還有強調其迫切並催促行之的意思。

　　彭真講話中雖也提到：在當前運動鬥爭對象中，為數大量的是性質較輕的
人民內部矛盾問題，對之的鬥爭方式要和風細雨、誠懇熱情、擺事實講道理。
但是從彭真接續的話來看，這僅是他將運動推向另一波高峰前為自己預留政治
台階，以示事先已予以提醒而對有關政治後果概不負責。因為彭真話鋒一轉，

59　楊尚昆，《楊尚昆日記》，上冊，頁439，441-442。
60　《彭真年譜》，第3卷，頁455。

指出運動「要抓住兩頭。既不要過火，又不能不發動群眾。」「北京市和中直機關中，也有對無產階級思想格格不入的幹部。毛主席嗅覺靈敏，一回到北京就感到不舒服。所以北京市要把運動搞透，『把司令部、參謀部搞好』。」[61]

事實上，中共政治運動一旦啟動，發動群眾忘私、忘我地投入是題中必有之義，不如此，參加運動之各方的政治面目無法呈現、分流，黨就無法從中進行分類、排隊和拉打。因此，運動過火根本在所難免。更何況，彭真都說毛澤東已聞嗅到「右傾」異類藏諸於中央高參部門，不竭力除之，怎能向之交代？彭真說要把運動「搞透」、「搞好」，無異是要中央黨政部門繼續深挖「右傾機會主義分子」到底。然而，做到多少才是透頂？彭真卻沒有說出明確底線。「寧左勿右」的政治氛圍下，下級幹部自然傾向多抓挖一些「右傾」嫌疑犯會比較保險。

國家機關黨委（書記龔子榮）對於回報沒有鬥爭對象的單位，就批作是「清水衙門」；對於運動進展稍緩的單位，就批之為「落後單位」；針對想要提早結束運動的單位，就稱之抱持「差不多思想」。[62]窺測上意和層層加壓之下，運動溫度更是筆直爬升。

按照彭真把「司令部、參謀部搞好」的指令，11月中旬，楊尚昆先赴中直機關黨委開會，「布置目前反右傾鬥爭」，然後召集安子文和中央工業部內部負責主持批判高揚的李立三談話。對於國家機關的運動，楊尚昆除單獨過問總工會的「反右傾問題」，也聽取國家機關黨委彙報整體運動進度。彭真恪遵毛澤東「抓緊辦一下」的運動指示，11月21日下午，他和楊尚昆再次聽取中直機關黨委和國家機關黨委彙報「反右傾」運動情況，歷時3個鐘頭。[63]

自10月下旬起，彭真幾次緊盯、楊尚昆親自動手下，中央黨政機關的「反右傾」運動在大約一個月時間就出現益加激越的發展，引起毛澤東興趣。中央辦公廳整理刊登的運動報告，說明國家機關的運動「群眾發動得愈加廣泛、深入」，「重點批判對象增加，批判也更加深入、細緻」，以及「領導核心健全

61 同上註，頁455-456。

62 〈中央國家機關黨委關於反右傾整風運動的初步檢查和積極進行甄別工作的意見〉（1962年4月10日），宋永毅主編，《中國反右運動數據庫》（香港：香港中文大學中國研究服務中心，2010）。

63 楊尚昆，《楊尚昆日記》，上冊，頁443~445。

有力或者已經得到改進的單位」佔八至九成。毛澤東閱後覺得值得一看，還向妻子江青和秘書推薦。[64]

　　領毛澤東之命監管中央黨政部門運動的彭真，出於職責要求，也念及運動發展有成而有心呈獻上級，常會報送運動進度簡報給毛澤東。毛澤東對彭真送上的中直機關「反右傾鬥爭」重點對象的統計饒有興致，還要彭真隨時選送一些運動相關的資料文件讓之讀閱。[65]這也反映中央部門的運動發展過程，毛澤東統交彭真、楊尚昆經管，他自己重在驗收運動結果。

　　毛澤東流露出的欣賞和放心，又進一步鼓勵彭真、楊尚昆對已屬明顯過熱的運動勢頭不願收手，進而在11月底至12月中之間，頻率更高地聽取中央各機關的運動彙報，包括：中央工業部、外交部、水電部、全國婦聯、中央高級黨校……等。[66]彭真也揀選中央黨政部門有效的運動經驗和鬥爭心得，請示毛澤東擬以中央名義批轉給各地、各級參考和仿效。[67]

　　彭真和楊尚昆在1959年最後一季經營的中央黨政部門「反右傾」運動，挨批對象的具體人數問題，可見諸1960年1月15日獲中共中央批准的中央直屬機關黨委、中央國家機關黨委〈關於在反右傾鬥爭的整風運動中犯有錯誤同志的處理問題的請示報告和關於劃分右傾機會主義分子的標準和處理原則〉。

　　該文件披露：此二黨委所屬黨員中，在運動中被列為重點批判對象者共有1,900人，佔黨員總數61,559人的3%；被列為重點「幫助」對象者共計2,714人，為比例的4.4%。重點批判對象中職等在司局長以上（黨中央直屬機關是12級以上）的黨員幹部有287人，佔同級黨員幹部的9.3%。[68]這些數字的一部分最後定名為數個「反黨集團」。例如：中央工業部打出以高揚為首的「反黨集團」；輕工業部挖出以宋乃德為首領的「反黨宗派集團」；國家計委有賈拓夫帶頭的「反黨集團」；外交部的運動成果是「張聞天反黨宗派集團」；水電部交出的成績是由李銳領銜的「反黨集團」。

64　中共中央文獻研究室編，《建國以來毛澤東文稿》，第8冊，頁594。

65　同上註，頁587。

66　楊尚昆，《楊尚昆日記》，上冊，頁447-449、452。

67　《彭真年譜》，第3卷，頁460。

68　馬齊彬、陳文斌等編寫，《中國共產黨執政四十年》（增訂本）（北京：中共黨史出版社，1991），頁176。

　　彭真監管的中央黨政部門「反右傾」運動，對於全國範圍運動的重要影響，除了強硬展示中共中央對「反右傾」絕不馬虎的決心，基於這些中央部會運動經驗制定的「右傾機會主義分子」6條劃線標準和4項處理原則，黨中央也向全黨、全國批轉，使之實質成為中央統一下發的範本。[69]然而，相關劃線標準的內容甚為抽象、空泛，讓各地、各級黨幹有很大的自我權衡和裁量空間，助長「右傾機會主義分子」帽子濫戴、亂扣的情況。

　　彭真、楊尚昆聯手督陣的中央部門「反右傾」運動，其造成的政治衝擊力竟還外溢波及薄一波。

　　1958年底，薄一波與彭德懷曾在湖南共吐對「大躍進」、高估產的苦水；1959年廬山會議不久之前，他先後去煤炭部（5月30日）、外交部（6月13日）、北京軍區（6月15日）和鐵道部（6月17日）作報告，也對「大躍進」運動有所批評（這無礙於他在6月下旬的中央高層會議上批評張聞天）。薄氏還交代薛暮橋（國家統計局局長）幫助整理旨在說明「大躍進」經驗教訓的文稿，作為他預定在廬山開會的發言內容。然而，薄氏被召去廬山後，聞知風向不對（經余秋里、習仲勳提醒），即轉而批判彭德懷以求政治脫身。

　　下廬山後，薄氏不無刻意地致信毛澤東，分享山西家鄉公社化後令之「感到十分興奮」的工農增產榮景，以及當地公共食堂普遍建立和群眾情緒高昂情況；他也認真、積極投入中央對工業生產的具體部署工作（續倡群眾運動方式），以證其支持「繼續躍進」的熱情不減。不料在中央機關「反右傾」鬥勁昂揚（為彭真所鼓起）之下，薄氏仍被「秋後算帳」。

　　10月28日，國家機關黨委書記處致信彭真、楊尚昆，指控薄氏在6月煤炭部的講話「實際上起了洩氣的作用」，而受到有「右傾保守思想」者的歡迎，並強調「在此反右傾思想之際，覺得有向你們反映的必要」。[70]如此顯示彭真、楊尚昆在中央機關力推「反右傾」，成功激發並湧現運動積極分子，而且中央上級對其揭發「義舉」，也須予正視和回應。事實上，中央上級據此開展調查，進而發現薄氏在外交部等其他單位的講話，存有更多、更重的「錯誤」

69　同上註。

70　胡長水，〈對「大躍進」的深刻批評與總結——記薄一波廬山會議前關於「大躍進」問題的數次講話〉，《黨的文獻》，2001年第1期，頁80。

言論。國家機關黨委書記處將薄氏前述「錯誤」言論，「整成材料上報」（堅持全面摘錄，而不特意選摘其中正確的部分以為之開脫），薄氏因而被中央認作犯有「右傾錯誤」，必須進行檢查。[71]彭真則「受中央領導同志委派」出面要薄氏作檢查。[72]

然而，經過半個月，薄氏堅持自己主要犯有程序上的錯誤，即到有關部會講話事前未請示、事後也沒報告，而拒不檢討其內容觀點問題。11月16日，「一位中央領導代表中央」約談薄氏，再一次指出其「錯誤」的嚴重性並強調：「你的錯誤和彭德懷是一樣的，不過在會上掩飾下來了。說什麼你也得檢討。廬山會議上秀才們都承認錯誤了，都寫了，你不寫不行啊！」另外也向薄氏表示：如果其承認錯誤，可以保護趕快過關。[73]

以彭真作為「反右傾」運動的中央主要督導者，以及正由其直接處理中央「秀才」檢討問題，這名「中央領導」有否可能是彭真，也就是中央再次派他出馬對薄氏施壓？事實上，彭真若任由薄氏繼續抗拒實質檢討，不但向下對揭發問題的國家機關黨委說不過去，向上自也無法向中央層峰交代。可以設想的是，以毛澤東對北京「司令部」「反右傾」進度的重視，以及對國家機關黨委運動「勁頭很大」的欣賞，當然還有他一向對薄氏此般高階幹部思想動態的盯牢不放，薄氏「右傾錯誤」的定性和勒令要之檢討的決定，恐非毛氏本人決定不可。

「中央領導」11月16日與薄氏所作的面對面談話，立場更加強硬（直指後者「錯誤」與彭德懷一樣嚴重），但也全非僵死（只要其自承錯誤，仍給予出路）。這一偏硬又不失軟的策略收效甚速，隔天薄氏就完成檢討報告，呈報毛澤東為首的黨中央審閱。他在文中承認自己先前相關講話「有嚴重錯誤」，「對市場上所發生的暫時困難情況，講得過分嚴重，有片面性」，「用詞用句有走火的地方」等。11月25日，毛澤東在此報告上畫圈示可，劉少奇、周恩來、鄧小平等也依樣畫圈，薄氏終得以度過此一政治險關。[74]

---

71 同上註。

72 薄一波《若干重大決策與事件的回顧》（修訂本），下卷，頁898-899。

73 胡長水，〈對「大躍進」的深刻批評與總結——記薄一波廬山會議前關於「大躍進」問題的數次講話〉，《黨的文獻》，頁80。

74 同上註。

八、領導北京市「反右傾」

（一）在燕京貫徹「反右傾」

8月25日至9月5日，彭真的指示和領導下，北京市委召開全體委員擴大會議。出席者除43名市委委員和12名候補委員，還有市級黨政機關、各區縣委、各主要產業系統、高校、醫院及文藝團體的負責人450名列席會議。可說是北京市的高、中級幹部齊聚一堂。

會議的進行過程是：彭真的市委副手劉仁首先傳達八屆八中全會批判彭德懷、反對「右傾機會主義」的精神。會上播放毛澤東、劉少奇在廬山會議的講話錄音後，與會人員一起學習廬山會議的各項公報和決議。會議在文件學習的基礎上，檢查市委的領導，並得出「一致認為市委執行黨的總路線是堅決的，在這次大風浪中是站住腳的，對右傾歪風是頂住的」結論。另外，集體討論如何結合北京市情況貫徹和落實「反右傾」。

會議進行期間，為擴大此會影響並動員下級黨幹，8月29日至9月2日，又由劉仁和蔣南翔向全市縣、團級以上的黨員幹部一萬四千多人進行傳達。[75]

彭真在會議尾聲作總結報告，提出：「必須利用這次機會在全黨普遍進行一次消毒，在全體黨員幹部中普遍檢查、揭發、批判右傾思想、右傾情緒、右傾活動，徹底肅清資產階級右傾機會主義思潮的影響，提高思想覺悟。」[76]此番言語預示他主管的北京市將經歷一場「反右傾」政治風暴。

市委擴大會議結束後兩天，9月7日，彭真為首的市委為證明毛澤東發起「反右傾」運動的及時和必要性，以及其產生的強大政治威力，向中共中央提交一份書面報告。其中批評所謂「右傾保守思想」導致北京市5月至7月工業生產的下降。反觀開始「反右傾」後的8月，首都工業即恢復「大躍進」態勢：該月份的工業總產值超過計畫的15.2%，較諸受「右傾保守思想」籠罩的7月份增加19%；鋼和鋼材產量也都創造是年最高紀綠。雖然經濟情勢已恢復，但

---

75 中共北京市委黨史研究室編，《中國共產黨北京市重要會議概要》（北京：中央文獻出版社，2006），頁63-64。

76 中共北京市委黨史研究室編，《社會主義時期中共北京黨史紀事》（北京：人民出版社，1998），第4輯，頁80-81。

是對於先前颳「右傾歪風」者，市委強調絕不輕縱，並表示市委擴大會議後要「進一步在黨員幹部中揭發和批判右傾思想」。[77]彭真說到做到，幾乎與他監管的中央黨政機關「反右傾」運動發展同步，北京市「反右傾」運動在10月至11月也步入高潮。

12月2日，彭真上呈〈中共北京市委關於開展反右傾整風運動向中央的報告〉，指出：運動首先在全市17級以上的黨員幹部一萬六千餘人中進行。截至11月底為止，已發現重點批判對象949人，佔參加運動總人數的6%。其中包括：市府的正副局長11人（佔同類幹部135人的8.1%）、高校正副領導人23員（佔同類幹部167人的13.8%）、大型企業的正副書記和廠長20人（佔同類幹部262人的7.6%），區縣黨委的正副書記5人（佔同類幹部83人的6%）。[78]由此可見首都中間階層幹部遭到慘重打擊的程度。

另外，市委「反右傾」運動報告提到：北京市所屬單位中，運動搞得比較好約有六成，尚待努力或成效低落者還有四成。[79]為了讓運動推行成效不彰的單位能盡快動起來，彭真雖在12月25日市委會議上表示「右傾機會主義的帽子要盡可能少戴，要防止擴大化」，但仍強調：「整風要進行到底，特別是中央和市委管的兩千多幹部，要搞清楚，輕裝前進。」[80]看來北京市黨幹掌握到彭真講話的重點和真意，該市「反右傾」運動在之後愈來愈熱。

最後計有8,203名黨員幹部受到批判處分，其中被當做重點批判對象者達到2,771人。前面彭真所說的北京市所屬的「中央和市委管的兩千多幹部」，最後受到批判處分者則有223名，[81]亦即約近1/10的比例，打擊面不可謂不大。

值得注意的是，彭真領導的北京市委高層，沒有像其他省份那樣揪出身分高階的「右傾機會主義分子」。有「文革」批判資料指出，彭真在1959年底的一次市委會議上曾表示：中共中央委員會中抓出8名右傾機會主義分子，他領

77　《彭真年譜》，第3卷，頁435。

78　北京市檔案館、中共北京市委黨史研究室編，《北京市重要文獻選編（1959年）》（北京：中國檔案出版社，2004），頁868-869。

79　同上註，頁869。

80　《彭真年譜》，第3卷，頁460-461。

81　中共北京市委黨史研究室編，《社會主義時期中共北京黨史紀事》（北京：人民出版社，2000），第5輯，頁80。

導的北京市委領導班了內一個都沒有。[82]事實上，彭真這種頗為自豪的北京市委政治正確形象——他自己為首的市委領導有方，面對「右傾」亂流時不曾動搖遲疑，自始至終都信念堅定。其中部分是以冷血犧牲忠誠的下級所換來，而被彭真和北京市委拿來「血祭」的幹部名叫鄒魯風。

（二）鑄成鄒魯風冤案

彭真、北京市委向中共中央上呈的「反右傾」運動報告裏，位居頭號「右傾機會主義分子」的是北京大學副校長兼黨委第一副書記鄒魯風。彭真為首的市委對鄒氏「犯行」描述如下：

> 他在負責指導人民大學、北京大學共同組成的河北薰城、河南魯山、信陽人民公社調查組時，打著「科學研究」、「實事求是」、「堅持真理」的幌子，背著兩校黨委，私自竄改調查工作方針，不去闡明人民公社的優越性，而是專找岔子，布置調查組專門蒐集工作中個別的、暫時的、已經克服了和正在克服著的缺點和問題，加以誇大和渲染，攻擊說：「人民公社超越了生產力的發展水平」，「中央對形勢的估計過分樂觀」，「黨的政策違反了經濟規律」，「1958年的缺點很大，傷了元氣，教訓慘痛」。他野心勃勃，自以為既有馬列主義理論，又掌握了人民公社大量的實際材料，妄想總結1958年的「教訓」，糾正中央的「偏向」，作出有「歷史意義的貢獻」。[83]

率領人大、北大兩校聯合調查組的鄒魯風，真的如此膽大妄為地違背兩校黨委指示，專挑河南、河北農村公社的弊病而不闡明其優越性？彭真、市委又為何要將之打成首都第一號「右傾機會主義分子」？實際情況是，鄒魯風案是一個不折不扣的政治冤案，他並無違背組織紀律而自行其是、自以為是。其之「入罪」實是彭真領導的市委為證明自身政治正確，夥同兩校領導人共謀而

82　原北京市委機關毛澤東思想紅旗兵團，《大野心家、大陰謀家彭真罪惡史（1925-1966）》（北京，1967），頁47。

83　北京市檔案館、中共北京市委黨史研究室編，《北京市重要文獻選編（1959年）》，頁869-870。

成。

　　鄒魯風原任人民大學副校長，是一位對黨緊跟的忠心幹部，向來積極響應黨的號召：黨要在校園整風，他唯恐落於人後；黨要加強校園思想控制，他親力親為。鄒魯風的積極性和向上心，也為上級注意並刻意栽培。他在1959年春調任為北京大學副校長。鄒氏到校不久即擔負重任——領導北京大學和人民大學聯合組成的河南、河北人民公社調查組。

　　這個有上百人之眾的兩校調查組，其組團下鄉考察的緣起是：兩校領導人北大黨委書記陸平、人大黨委書記胡錫奎，咸認為「大躍進」有些過於激進，應適當予以調整，希望藉由調查組了解地方實際狀況，並將考察所得呈供上級參考。這些高校黨幹選擇河南魯山、信陽和河北藁城三地作為調查點，與當地公社辦得早、名聲大，具有一定代表性有關。

　　鄒氏和調查組深入農村基層後，發現人民公社根本不像當地官方宣傳般先進、優越和有活力，決心要將所見所聞詳實記錄。鄒魯風和調查組的所作所為，北京市委並非毫不知情。事實上，鄒氏在調查期間跟市委高層保持密切聯繫，並獲之同意和支持。他也將相關情況告知調查組成員，讓之放心繼續調查公社問題。[84]

　　鄒氏所率調查組結束考察後，將調查結果整理成冊、將觀察心得書寫成文後報送市委，相關資料更直接送達彭真個人。[85]鄒氏可能心想自己實事求是、據實以報，是做了一件黨員應做之事。不久，他被市委任命為新成立的北京市經濟學會理事會會長，也可見市委對其之滿意。沒想到盧山會議風向一轉、情勢丕變，鄒氏突然遭遇他參加中共革命以來最大的政治劫難。根據鄒氏的人大同事李新（後來中共黨史研究室副主任）的說法，鄒氏根本是被彭真的北京市委出賣和構陷：

　　　　北京市委（特別是彭真）非常重視考察團的報告，準備拿到即將召開的盧山會議上表功。因為那時在盧山會議上，毛主席一定要糾正「左」的錯

84　汪子嵩，〈1959年「反右傾」運動中的一件個案——憶人大、北大兩校「人民公社」調查組〉，《縱橫》，2005年第11期，頁16。

85　〈斬斷劉、鄧、彭、陸伸進人大的黑手〉，中國人民大學三紅，《人大三紅》，第19期，1967年5月6日，版2。

誤，誰知盧山會議後期的八屆八中全會，忽然由糾「左」一變而為反「右」，反對彭德懷、張聞天的「右傾反黨集團」，於是全黨全國都展開了反對右傾機會主義的鬥爭。北京市委為了表現他們反右傾特別積極，便把人民公社考察團的那批材料作為罪證，把鄒魯風和考察團中的骨幹都打成「右傾反黨分子」。[86]

彭真和市委是怎樣將鄒氏拋向「反右傾」的赤焰熱火呢？首先，市委所屬刊物《內部情況簡報》突然將鄒氏領導調查組整理而成的資料刊載出來，並冠上「人大、北大部分師生惡毒攻擊三面紅旗」標題。[87]其次，前述的彭真動員全市投入「反右傾」的市委擴大會議舉行期間，9月2日劉仁向下傳達該會精神時，點名鄒氏所率的調查組，批判其調查報告反對人民公社。緊接著市委和北大、人大負責人陸平和胡錫奎合謀共商出一套假說詞：兩校組成調查組前去豫、冀從事人民公社調查前，雙方黨委決定調查方針是闡明、凸顯公社制度優越性，而非講其缺陷和不是。鄒氏率隊蹲點調查，不但不按之行事，更背道而行，把公社講得一無是處。[88]

面對上述突如其來的發展，鄒氏吃驚不已。他一向對黨忠心不貳，在領導兩校調查組活動期間，也注意和市委高層保持通氣，自認獲黨的了解與欣賞。想不到彭真、劉仁居然事後完全不認帳，還倒打一耙。兩校黨委負責人先前跟鄒氏一道熱心議論「大躍進」和人民公社政策，為了自保，也感念彭真、劉仁將他們同鄒氏切割，而想要主動爭取表現，便一改過去和氣態度，擺出一副義正詞嚴的冷峻面孔，開始向鄒氏問罪起來。鄒氏在悲憤、失望下服食安眠藥自殺。

鄒氏雖死，對他的缺席批判照樣進行。其領導的調查組成員也在「反右傾」大小鬥爭會中面臨嚴厲批鬥，甚至還被強制要求重返當初調查地點戴罪立功。他們回去後，特別是在河南信陽目睹大量饑饉死亡，但鑒於鄒氏下場和

86　李新，《流逝的歲月：李新回憶錄》（太原：山西人民出版社，2008），頁433。

87　劉武生，〈一樁不堪回首的往事——參加人大、北大兩校人民公社調查組的回憶〉，《縱橫》，2006年第3期，頁60。

88　李震中，〈鄒魯風調查人民公社之禍〉，《炎黃春秋》，2009年第7期，頁14-15。

「反右傾」震撼教育，卻只能罔顧事實，繼續向北京大唱人民公社讚歌。[89]

一位被當做鄒魯風的「爪牙」、歷經相關批判的倖存者，後來才領悟其遭遇此番苦難的原因：彭真和北京市委為表示自身一貫擁護「三面紅旗」，便急忙從下級中抓（拋）出反對「三面紅旗」「典型」，以達「捨車馬，保將帥」目的，鄒氏和兩校調查組就被拿來「祭旗」了。[90]

九、督促首都高校「反右傾」

彭真和北京市委除了深度涉入、幕後主導鄒魯風案，對北京高校的「反右傾」運動發展，也特別關注、別有期待。北京市高校群聚，是全國高等教育的中心，彭真希望繼北京市在1957年「反右派」運動中成功樹立一個高校黨內「反右」樣板，即清華大學打出一個以其原黨委書記袁永熙為首的「反黨集團」，首都能在「反右傾」運動的高校戰場再創新功。

盧山會議的政治精神下傳後，彭真為首的市委領導人召集包括北京大學（陸平）在內四所高校黨委書記開會。這些高校黨幹在會中被問到各自校內有無「右傾機會主義者」存在，如果自認沒有，就得當場立下保證書，市委再派人到校檢查，不然就立即回校開展「反右傾」。[91]彭真、市委的強勢作風和急切指示，讓首都高校黨幹莫不急忙投入「反右傾」戰局。揭發、批鬥「黨員專家」就是首都高校運動最重要的「發明創造」。

陸平在北大抓挖「黨員專家」不遺餘力，就算有人為受批者說項，也不領情。就陸平看來，校內具有中共黨籍的教學和研究人員中，對「大躍進」有所批評和非議、對政治運動過多過頻有意見，以及對「紅」「專」比例和要求看法與黨不同者，皆須加以批判、處分。[92]

---

89 同上註，頁12。

90 汪子嵩，〈1959年「反右傾」運動中的一件個案——憶人大、北大兩校「人民公社」調查組〉，《縱橫》，頁17。

91 陸平，〈歲月鈎沉——回憶資料匯集〉，《陸平紀念文集》編委會編，《陸平紀念文集》（北京：北京大學出版社，2007），頁276。

92 同上註，頁277。

彭真為首的市委給黨中央的「反右傾」運動報告，將文教部門內的三類人視作「黨員專家」：一、「自認帶著『業務』入股」的「新入黨的老專家」；二、「轉業的老幹部」掌握業務知識後「思想蛻化」；三、黨在「解放」後培養的青年知識分子，因其「資產階級個人主義思想」未獲改造，學得一技之長「就翹尾巴，反對黨的領導」。彭真、市委對之撻伐：在「黨外的資產階級專家」經過「反右派」鬥爭名譽掃地後，竟敢出面為「資產階級」利益代言，「向黨爭奪領導權，主張『黨內專家治校』，重彈『外行不能領導內行』，『政治掛帥是說空話，靠政治造不出電子計算機來』的老調。他們自恃有資本，以特殊黨員自居，看不起黨組織，看不起政治工作，看不起群眾，反對群眾運動，給群眾運動潑冷水」。[93]

根據〈中共北京市關於高等學校揭發出一批有嚴重資產階級思想的黨員專家向中央的報告〉（1959年12月8日）：截至12月初，北京主要高校的運動成績是北京大學技壓清華大學：北大參加運動的128個黨員教師骨幹中，「有不同程度的資產階級個人主義思想，忽視政治的40人，佔31%，有嚴重資產階級思想，以專家自居不服甚至反對黨的領導被列為重點批判對象的有27人，佔21%，其中情節嚴重，經過批判仍然悔改很差的5人，佔4%。」清大則在174個黨員教師骨幹裏，揭出17員，約佔其比例9.7%。[94]相較兩年前「反右派」時蔣南翔的清大獨占鰲頭，陸平的北大總算在此次「反右傾」扳回一城。

彭真對上述首都高校運動結出揭討「黨員專家」的豐碩果實甚為滿意，在16日寫信給毛澤東，告之欲以中央名義批轉此一文件。[95]彭真對首都高校「反右傾」運動經驗的自產自銷，獲得毛澤東認可。1960年1月6日，中共中央將之批轉。

彭真在北京市自創高校反「黨員專家」的運動經驗，以及對其「乖張劣行」的判別標準，經過他舉薦向全國推廣後，即成為他省學習、模仿的對象。湖南省文化教育系統「反右傾」鬥爭即宣稱要查找當地的「黨員專家」。

93　北京市檔案館、中共北京市委黨史研究室編，《北京市重要文獻選編（1959年）》，頁873。

94　同上註，頁903。

95　《彭真年譜》，第3卷，頁460。

十、推促地方「反右傾」

彭真代理主持中央書記處工作時，對地方「反右傾」運動既表關心，也覺得有必要貫徹力行。1959年11月，彭真表示：「有的省，一部分幹部對1957年反『反冒進』不滿，對總路線、人民公社吹陰風。這個問題不解決，總要出問題。」[96]針對地方「反右傾」運動發展，彭真亦負有指揮、推促的職責並發揮重要影響。其途徑是在書記處主持開會、做出指示，以及針對地方黨委請示予以回覆和裁示。

彭真與其代理主持的書記處，對甘肅「反右傾」運動產生推波助瀾的效果。中共甘肅省委第一書記張仲良在河西走廊不顧代價地力推「大躍進」，導致民不聊生，他卻不以為意，對外、對上都佯裝無事。張仲良參加盧山會議期間，代理主持省委工作的書記、副省長霍維德，向中共中央反映甘肅普遍缺糧、浮腫病嚴重和人口外流實情。張仲良覺得顏面盡失、霍維德不可饒恕，自盧山返回甘肅後，便高舉「反右傾」大斧猛劈霍維德及相關「嫌疑人」，還在1959年9月11日致信毛澤東表示：甘肅基於八屆八中全會精神，在糧食增產、徵購和安排上如何地奮發有為、卓有績效。

張仲良在甘肅對盧山會議「反右傾」現學現賣，還迅速繳出「反右傾」、促生產成績，使得毛澤東「龍心大悅」，並在9月14日批示彭真：以中央名義覆電甘肅省委並「指出省委這個報告是正確的」。彭真從中可以明確知曉毛澤東肯定與支持甘肅「反右傾」、繼續「大躍進」，也由此決定自身政治舉止。

彭真除了「奉旨」在9月17日以中央名義回覆嘉勉張仲良為首的甘肅省委，同時轉發其他省級黨委參考，也有其他對張仲良加以鼓勵、鼓舞的政治動作。9月16日夜，彭真主持中央書記處會議，內容事關八屆八中全會向下傳達問題，還有「討論處理各地右傾機會主義分子及反黨集團的方針和具體意見」。[97]緊接著會議，楊尚昆又與在蘭州軍區、甘肅省委常委任職的張達志談話。[98]甘肅「反右傾」運動可能就在書記處會上或會後提出與討論。

甘肅省委辦公廳人員在1962年透露：「省委派人向中央書記處匯報甘肅反

---

96 同上註，頁456。
97 同上註，頁437-438。
98 楊尚昆，《楊尚昆日記》，上冊，頁429。

右傾問題時，書記處提出『甘肅的黨內鬥爭為什麼如此頻繁尖銳？』後來中央書記處的同志自己作了答覆說：甘肅躍進幅度大，落後勢力強，並說甘肅反的好，量大質高，馬列主義水平高。」[99]這位「中央書記處的同志」，無論是彭真、楊尚昆或其他書記處成員，都應可反映彭真當時傾向對之嘉許的思想狀況，同時也給張仲良的「反右傾」作為大加鼓勁。

張仲良懂得鸚鵡學語、拾人牙慧，為自己在甘肅大「反右傾」加以合理化，並且找到進一步撒網大抓的憑據。他表示：「黨內鬥爭頻繁尖銳正是反映了甘肅更窮更白、落後勢力強大的特點，是完全合乎規律的」；「右傾機會主義分子比右派更惡毒、更危險」；「不管敵我問題、思想問題，都是『白旗』，統統都要扯下來」。[100]張仲良在甘肅猛推「大躍進」的助手、對其造成嚴重問題又粉飾太平的省委書記何承華，連同省農村工作部部長萬良才、省委宣傳部部長阮迪民，也「根據中央書記處負責同志的思想」，在甘肅省委機關刊物發表〈甘肅黨內鬥爭為什麼如此頻繁、尖銳〉文章。[101]於是乎前述的甘肅省委辦公廳人員認為「甘肅的錯誤中央有責任」。

張仲良為首的甘肅激進黨人另外也獲知彭真與書記處同僚對「反右傾」運動加油打氣的指導意見。彭真指示：「批判要深刻，無論是在老戰友、同事，甚至是夫妻之間，都應該要按照我們的原則辦事」。譚震林也說：敵人盤踞在上層，「這次鬥爭要讓我們與一些老戰友分手！」[102]

彭真代表黨中央認可、審定地方「反右傾」運動斬獲，可見於安徽和福建案例。中共安徽省委書記、副省長張愷帆，針對當地推行「大躍進」出現的種種現象甚為擔憂；1958年12月底，彭德懷到安徽視察，張愷帆陪同，兩人對「大躍進」問題談話投機。1959年7月初，張愷帆在安徽無為縣為拯救缺糧民

99 〈甘肅省級單位十九級以上黨員幹部學習討論擴大的中央工作會議文件中對中央、中央有關負責同志和中央有關部門提出的意見〉。
100 楊繼繩，《墓碑——中國六十年代大饑荒紀實》（香港：天地圖書有限公司，2012），上篇，頁125。
101 何承華、萬良才、阮迪民，〈甘肅黨內鬥爭為什麼如此頻繁、尖銳〉，《紅星》，1959年第11期（總第17期），1959年11月1日，頁1-7。
102 Frank Dikotter, *Mao's Great Famine: The History of China's Most Devastating Catastrophe* (London: Bloomsbury Publishing, 2010), p. 100.

眾，緊急發放糧食，也毅然責成縣委立即執行「三還原」：吃飯還原（停辦公共食堂，允許農民回家吃飯）、自留地還原，以及房屋還原（許可農民返家居住）。

省委第一書記曾希聖不顧戰友之情，在廬山向毛澤東狀告張愷帆在無為的「膽大妄為」，張愷帆因而被毛澤東點名是「右傾機會主義分子」、「混入黨內的投機分子」，也自然成為安徽「反右傾」的眾矢之的。張愷帆和陸學斌（省委候補書記、宣傳部長、副省長）遭控為「反黨聯盟」。

安徽省委內部對應否開除張愷帆黨籍莫衷一是，曾希聖也拿不定主意，決定請示中央，即打電話向彭真請示。彭真在電話中表示他對張愷帆不了解，反過來對曾希聖說：「你是第一書記，民主集中嘛，你的意見呢？」曾希聖回覆「開除也可以」。[103]就在彭真與曾希聖簡短通話、前者徵詢並授權後者之後，張愷帆的黨票就被開除了。

針對福建推行「大躍進」造成的諸多問題，例如：糧產「浮誇風」造成糧食「高徵購」、農村基層民眾對政策不滿而導致「幹群關係」緊張。中共福建省委書記、常委、省長江一真多有批評。省委第一書記葉飛將江一真、魏金水（省委書記、省監委書記）當做福建「反右傾」首號目標批鬥。彭真代理主持的中央書記處，由楊尚昆、劉瀾濤出面聽取福建省委報告此事。

葉飛為首的福建省委整理江一真案情上報中共中央，其中不無用計。江一真基層調查聽聞農民抱怨「聽共產黨的話，大聽大死，小聽小死，不聽不死」，他開會講話加以轉述，以示民怨沸騰。福建省委為突顯江一真政治問題的嚴重性，刻意將農民怨言栽作是出自江一真之口。彭真代表中央審閱報告，生氣地批道：「一個共產黨的高級幹部，竟然能說出這樣的話，不是『右傾』是什麼？」[104]葉飛在福建指控、推出的江一真、魏金水「反黨集團」，便獲得中央認證。

103 張愷帆口述，宋霖記錄整理，《張愷帆回憶錄》（合肥：安徽人民出版社，2004），頁373-374。

104 鍾兆雲，〈江一真風雨雷電中的一根筋〉，《同舟共進》，2013年第7期，頁31。

小結

　　始於1959年廬山會議的「反右傾」運動，不但中斷中共對「大躍進」採取的種種降溫措施，更為這個烏托邦式政策起到另一波強力推進作用，讓整個國家進一步深陷經濟危機，並嚴重加劇大饑荒蔓延的程度和幅度。

　　彭真在這段時期代替鄧小平主持中央書記處工作，廬山會議期間和其後皆竭力配合毛澤東推行「反右傾」：彭真先在廬山上積極響應毛澤東對彭德懷等人展開的政治鬥爭，捍衛毛氏獨尊的政治地位和政策發言權，使之爾後更能專斷妄為。彭真繼而在下山後將「反右傾」以政治運動形式猛烈推向各領域和部門。

　　彭真得到書記處同僚特別是楊尚昆的協助，領導、監管中央黨政各部「反右傾」執行狀況。彭真重視毛澤東的「抓緊辦一下，使這個鬥爭深入下去」批示，也銘記其所說的中央衙門存有令之不舒服的「異味」。彭真以書記處會議為平台或用直接召集的方式，聽取中央黨政機關的運動彙報，並先後指示「批判要提到原則高度」、「要把運動搞透」、「把司令部、參謀部搞好」，莫不對中央各部「反右傾」運動起到加壓作用。其激起的政治急浪竟也拍打薄一波，彭真還代表中央促之檢討其「右傾錯誤」。

　　中央部門超過7%的黨員成為重點批判和「幫助」對象，最後也清理出好幾個「反黨集團」。運動如此「成效卓著」，讓毛澤東頗感滿意。另外，彭真也與聞軍隊「反右傾」，並在中央軍委批鬥彭、黃大會上鼓吹對毛澤東的個人崇拜。

　　彭真在北京市竭力炒熱「反右傾」運動，以跟他身為運動中央指揮官的職分相襯。彭真坐鎮下，京畿地區運動也「成績斐然」。他召集市委高幹開會進行運動動員，以齊一思想、鼓動鬥志；為證明自身領導的市委對「大躍進」始終一致、絕無貳心，竟將市委知情並支持的北大、人大人民公社調查組，硬生生推入「反右傾」烈焰火海。領導兩校調查組的鄒魯風悲憤交加下自我了斷。

　　另外，彭真催促首都高校黨幹創造、總結揭發批判校內「黨員專家」的運動經驗。他向中央推銷首都高校的此項運動發明，讓之成為全國高校必須模仿的標竿。

　　中央各部和北京市「反右傾」運動中，獲得彭真之助而免被貶入政治另冊

者，雖亦有之，如中央高級黨校校長兼黨委第一書記楊獻珍、任職中國人民大
學的李培之（王若飛遺孀）；但較諸因之直接或間接遭難的人數，實遠不可相
比。彭真盡職地協助毛澤東在中央黨、政、軍部門以及首都強力掃蕩「右傾機
會主義分子」（後來證實多為冤案），同時也示警、「教育」其他黨幹，不要
再對「大躍進」指指點點，相反地要集思廣益、為之挺身而出。

　　彭真管理、煽起的運動風暴，讓中央「司令部」和「參謀部」氣氛緊張、
噤若寒蟬，中央朝中和官僚部門對新一輪「大躍進」都不敢異議，盡是一味迎
合，讓之任性發展直到一敗塗地。彭真對地方省份「反右傾」運動的涉入參
與，也可見諸甘肅、安徽和福建。

　　驅策彭真在「反右傾」中表現得積極有勁，甚至激進行事的原因為何？毫
無疑問地，崇信毛澤東是最主要的原因──以其政治斷言為判別標準、以其政
治號令為行動準繩。毛澤東聲稱彭德懷批評「大躍進」不單代表資產階級質疑
和攻擊相關政策，更是意圖推翻現行領導集體的陰謀活動。彭真照單全收毛澤
東的整套說詞，甘於擔任整風打手，齊力編造一個以彭德懷為首的「反黨集
團」。彭真回到北京後，對毛澤東「反右傾」意旨不敢輕慢，在各級黨幹間大
批、大整對「大躍進」有所不信和有所不敬者。

　　彭真認真執掌「反右傾」大旗，也不能排除個人政治利害計算和考量。毛
澤東主導下，鄧小平、彭真率領中央書記處躍乎國務院之上，獲命督率黨政各
部推進「大躍進」。彭真初嘗過問經濟和政府工作的大權，實為「大躍進」直
接受益者。在廬山，「大躍進」連同有關人事權力安排若如毛澤東所言遭到
「右傾機會主義分子」挑戰、甚至有被推翻之虞，彭真自難以坐視不管。下廬
山後，彭真或也想把握主持書記處的難得機會，冀望從領導「反右傾」運動中
力爭表現，以獲得層峰進一步激賞。

　　1960年5月9日，彭真在北京市委工業交通五級幹部會上簡要回顧「反冒
進」、「大躍進」和「反右傾」過程。可以注意到彭真不無標榜自己：「反冒
進」時，他領導有方，「北京市委沒反」；1958年「有個大躍進」，「大辦鋼
鐵、農業大辦水利、上千萬人上山（不下9,000萬），有人攻擊，頂住了」，
在白紙坊（1959年7月13日）即有先見之明地提出「指標落實後，主要危險是
右傾鬆勁」。他也強調廬山會議發動「反右傾」的正面作用─使得1959年秋冬
至1960年其講話的當下，都呈現持續躍進的蓬勃情勢；還指出1960年第一季

「國際形勢很好，國內也很好」，「工業全體都好」，並再次強調「反右傾」的積極意義：「不反右，沒有今天這樣子」。[105]

但是1960年「繼續躍進」帶來的災難性結果，讓毛澤東也不得不反思「反右傾」是否有所不當。最後，毛澤東所作結論是：廬山會議上「反右傾」正確無誤，問題在於不應大張旗鼓地繼續向下擴散，致使誤傷多數。彭真也隨毛澤東調整部分看法和做法。

一方面，彭真在1961年、1962年和鄧小平一起甄別處理「反右傾」在內的政治運動冤案和錯案，其中有他和北京市委製造的北大、人大兩校聯合調查組案。鄒魯風因為自殺而被開除黨籍，遲至1979年才獲翻案，但彭真從未有所表示。

另一方面，對於引發「反右傾」的「禍首」彭德懷，彭真繼續遵循毛澤東的政治觀點立場。1959年夏從廬山下來後，彭真、楊尚昆奉毛氏之命同彭德懷聯繫，彭真對彭德懷表示：「廬山會議對你鬥爭過分了一些」。這是廬山政治風暴後，黨中央首次有人對彭德懷如此言之，使其內心不免波動。[106]但是彭真其實仍認定廬山會議和其後對彭德懷所做的嚴重指控，如陰謀反黨和裏通外國。[107]甚至在「大躍進」後經濟危局尚未完全扭轉的1962年夏，他就以習仲勳同彭德懷、高崗政治掛勾為由，積極參與對習仲勳的政治批鬥、定罪和整肅。

---

105 〈彭真、劉仁同志在市委工業交通五級幹部會議上的講話提綱及修改稿〉（1960年5月9日），北京市檔案館，檔號001-015-00432，頁34、42。

106 《彭德懷傳》編寫組，《彭德懷傳》（第2版）（北京：當代中國出版社，2006），頁391。

107 王焰主編，《彭德懷年譜》（北京：人民出版社，1998），頁787。

第十二章

經濟調整最緊跟，大反「三風」打頭陣
（1961-1962）

　　中共動員全黨進而驅動全國上下賣命的「三面紅旗」運動，乃是毛澤東為首的中共中央屏除原有的正規治理與法制規劃，改用群眾運動方式推進各路政策，期以神蹟般的速度建設社會主義「新中國」，也為「神州大陸」步入共產主義新天地造橋鋪路。

　　彭真不但未覺初具法制基礎、原定法制建設期程被束諸高閣有何不妥，更怡然自得、政治得志於狂躁不安的工農業「大躍進」、「人民公社化」等群眾運動。「大躍進」期間，彭真在黨內的實質權位，因為其擔任副手的中央書記處職權被毛澤東大為擴增，「彭老八」在中共黨政運作、運動治理中的政治影響，恐僅次於毛澤東、劉少奇和鄧小平（他在書記處對彭真特為倚重和放權，彭真也毫不客氣和顧忌）。至於其他4名中央常委，朱德本處於半賦閒狀態，林彪在1959年廬山風雲後也主要抓軍隊工作，而本來在中央「一線」執掌經濟事務的周恩來和陳雲，因「反冒進」而有錯在身、權力弱化，特別感受到彭真的「侵門踏戶」。

　　彭真在中央夜以繼日地調遣各部和各地，共同協力又競相追逐生產高指標，他在毛澤東領導高層議事時，也極力主張農村人民公社應趁早、趁窮、趁熱過渡、升級到更大、更公的組織體制，連毛澤東都覺得有失急躁。彭真在黨中央、中央政府所在的當代「京都府」，也張燈結綵喜迎「總路線」、「大躍進」和「人民公社化」，一時之間，工廠進駐、工地林立、高爐架設、房舍修建，幹部群眾不分老幼投產，公社實驗不分城郊四起，好不熱鬧，一幅欣欣向榮之景，直到缺糧餓肚、缺乏物資的現實警鐘紛紛響起。

　　中共中央（彭真作為其中要員）高舉飄揚「三面紅旗」三年後，無論其主觀願望再怎麼豪情壯志、人定勝天、氣吞山河，就是「認認真真地犯錯誤」，導致經濟凋敝、饑饉遍野、多方失調和兵疲馬困。「三面紅旗」運動造成的大規模死亡事件，1960年底終於紙包不住火，驚動中共中央，運動到1961年也難以為繼，不得不進行多方面的政策調整。

　　本章欲探討的問題是：彭真如何從「三面紅旗」運動的前線指戰員，變成收拾運動災難的奔前救火隊？中央政策調整和摸索過程中，彭真與其他要人之間有多大的一致與分歧？毛澤東從一度坐困愁城、心中無數，到心有定見、再提階級鬥爭的過程中，彭真如何與之契合和配合，從中又如何嘗試追求自我政治偏好？

　　本文的主要論點為：彭真是「大躍進」運動的重要信從者、主要受益者、強力執行者。運動陷入泥沼後，危機紛至、國事如麻，彭真與其他中共首領一道費心耗力地尋找解方、扭轉危局。彭真對經濟止跌回升較為樂觀，對政策調整也較為審慎和堅守，他的看法和立場在中央「一線」內雖居於少數地位，但卻與毛澤東高度吻合，而受之進一步賞識。毛澤東在高層掀起反「黑暗風」、「單幹風」和「翻案風」的政治大浪，彭真因與毛澤東在政治、政策上所見近同而風頭出盡，治黨論政時理直氣壯，與人互動時更是強勢逼人，檯面下可能曾意圖為難周恩來、陳雲和李先念，檯面上直是批鬥習仲勳的主要鋒將。

　　後面的章節安排是：彭真如何解決首都十萬火急的缺糧問題，以免影響行政中樞運作，他又如何看待人民公社政策調整問題，以刺激農業生產，又不失政治底線。檢討「大躍進」得失的「七千人大會」，以及中央領導層評估經濟情勢和相應對策選擇上，彭真的意向和行為為何，在「一線」內有何獨特之處，更重要的是，同毛澤東有多大程度的合拍。毛澤東表露政治喜怒和政策好惡後，彭真如何得勢、踴躍於相關政治批判和人事鬥爭。最後討論「大躍進」後的政法調整和後繼乏力。

一、緩解首都缺糧危機

（一）保證首都糧食供應不綴

　　毛澤東發動農業和工業「大躍進」運動，彭真在首都北京市殫思獻力、獻策。他親自在天壇召開大會，鼓吹農業高產指標，逼壓各區縣幹部當場表態；也動員全市投入大煉鋼鐵行列，並藉機爭取引進多項投資和工程，發展當地工業，並按時完成國慶「十大工程」。北京市城鄉人民公社的制度實驗，更可見彭真的企圖心：既安排市郊農村公社試行全民所有制過渡，也彙整市區城市公社經驗上呈中央，一躍變為其他城市效仿楷模。

　　北京市推行的「大躍進」政策，也多受全國注意。例如：水利方面，最著名的是1958年興建十三陵水庫，彭真和毛澤東在工地共同參加勞動的合照，即拍攝於此；彭真「文革」下台後，其身影也就不復見於相片中。政法方面，彭真提出將該市的社會治安和政治情況，「搞得像玻璃板、像水晶石、像鏡子一樣」。

圖12-1：1958年5月彭真與毛澤東在北京十三陵水庫工程。
資料來源：Wikimedia Commons。

　　彭真在北京市落實「大躍進」運動，致使高估產、高指標、強壓力的政策弊端（引發經濟失調、擠壓農業、物資短缺、犧牲質量），以及人民公社制度的內在弊病（易生「一平二調」和生產消極），都在京畿地區出現。

　　「大躍進」運動最引人詬病的嚴重後果，是造成大規模的饑饉和死亡。事實上，北京市也被籠罩在缺糧餓肚的陰影。當地農業生產沒有出現彭真許諾的「大躍進」奇蹟，不但無法實行自給，反而更加仰賴外地糧食調運和供應。讓糧食情勢益形惡化的重要原因是：彭真在北京市大力發展工業、大興土木，引進眾多勞力，進一步增加該市糧食消費的需求和總量。全國農業生產普遍不佳，對城市供給時缺時緊，大不如前。1960年孟夏，北京市糧食庫存一度只能供銷7天，甚至發生全市有40萬人患有浮腫病的急況。如何讓首都供糧維持在基本水平而不致斷炊，自是彭真欲穩定首都情勢的首要考驗。

　　一、調他地糧。北京市作為首都，動見觀瞻影響甚鉅，中共將之列入優先照料的少數對象。1959月1月3日，彭真在中央電話會議上表示：「糧食中央只管四個單位，出口、軍隊，上海、天津、北京、遼寧；其他的都請各省自己解決…。」[1]北京市在大饑荒陰影下幾度瀕臨斷糧危險，中央寧可挖東牆補西牆，也要力保該市糧食基本供應。彭真在「大躍進」中後期即開始果斷厲行此一政策。

　　時約1959年12月19日，彭真在一次黨中央召開的緊急救災電話會議上，「態度嚴肅、語氣很重」地表示：「省裏死了人是一個省的問題，北京死人是中華人民共和國的問題」。他更直接指令已出現饑荒的貴州省，緊急調糧1億斤給北京市應急。[2]1960年彭真也以同樣理由，多次電話催促西南局李井泉，要本身缺糧的四川省送交糧食給北京市。[3]彭真努力下，北京市缺糧的燃眉之急，每每化險為夷；其直接後果就是導致調糧省分的人命損失。劉仁、鄭天翔皆心知肚明，事後唏噓不已、甚感不安。

　　彭真當然也知道一心保北京糧食供應付出的生命代價。李井泉因為大量調糧離川、造成當地多人死亡而遭到責難。彭真對李井泉表示：「四川不是那幾

<hr>

1　〈彭真同志在中央元月三日召開的電話會議上的講話〉（1959年1月3日），頁5。

2　王民三，〈1959-1960年貴州糧政日記〉，《炎黃春秋》，2010年第8期，頁48。

3　《彭真傳》編寫組（下略），《彭真傳》（北京：中央文獻出版社，2012），第3卷，頁1007。

年調很多糧食出來，你也要撤職」。[4]亦即「天府之國」在李氏治下死人多數，確屬嚴重過失，但因其押送川糧保京都和其他要鎮，算得上立一大功，足折抵其相關過失，中央因此決定保其烏紗帽。

二、吃進口糧。1960年底，陳雲向中共中央建議從外國進口糧食，以應付前所未有的糧荒。前一、兩年還相信中國農業出現高產奇蹟的毛澤東，也不得不向冰冷現實低頭，同意陳雲意見。中共如何安排、分配這些緊急進口的「救命糧」？除了將之急忙調往饑荒「重災區」和補充國家糧食庫存外，就是要保證北京、上海、天津，以及重工業基地遼寧的糧食供應不中斷、脫銷。[5]

彭真主管的北京市就極為慎重地安排相關接運任務（鄭天翔具體負責），從船隻入港卸貨起就著手運輸和安全工作。[6]此乃因為糧荒甚是嚴重，運送進口食品至北京的火車，經常在半路上即遭遇逃荒農民、小孩，甚至鐵路員工的盜竊。[7]幸得國家特殊照顧，進口糧食有效減緩北京市糧荒，舒緩該市饑饉急情。然而，值得注意的是，北京市獲利於進口糧食政策，有助稍減「父母官」彭真的心理壓力；但是他卻一直對此一政策持以審慎、保留態度，希望盡早終止。

1961年初，從第一批進口糧食抵達中國不久，彭真就在中央高層會議上強調：對之「不要期望過高，頂多指望5%」。他上呈中央政治局常委的經濟問題報告也直指：「絕不能指望它解決多少問題，不要把作用估計高了，否則是危險的」。同年秋，彭真提出爭取在1963年秋收後，不再自國外進口糧食；1962年2月，他又主張：「在全國要動員增產節約，爭取提前不吃進口糧」。彭真之所以對進口糧食態度保守，自然包括認為中國經濟要獨立自主、糧食安全不依賴外力的強烈愛國心理，亦懷有進口糧食花費外匯、擠佔進口工業所需物資份額的現實考量。[8]或也不可排除此一政策是政治對手陳雲提出之故。

4　〈李井泉關於與彭真、賀龍、陶鑄、鄧小平關係的檢查〉（1967年1月31日），頁4。

5　中共中央文獻研究室編，《陳雲傳》（北京：中央文獻出版社，2005），下冊，頁1231。

6　鄭天翔，《回憶北京十七年》（北京：北京出版社，1989），頁11-12。

7　〈運往北京的進口食糖途中不斷被盜竊〉，新華通訊社編，《內部參考》，第3265期（1961年9月6日），頁14。

8　《彭真傳》編寫組編（下略），《彭真年譜》（北京：中央文獻出版社，2012），第4卷，頁99、104-105、132、153、171-172。

　　1961年到1965年，中共不間斷地每年自國外進口糧食約500萬噸。[9]沒有像彭真呼籲的提早一、兩年停止進口。

（二）糧食分配和安排

　　彭真一邊努力處理、解決北京市糧食供應、輸入問題；量入為出下，他也對首都糧食分配和消費問題，做出原則性規定。

　　彭真參與中央事務、得以綜觀全局，看到糧食問題嚴重和大規模饑荒到來。1961年2月19日，他提交中央政治局常委的報告就指出：「整個城鄉的糧食情況極為緊張」，各省區間調入調出「越來差額越大」。如何渡過大災荒？彭真建議中央制定、發布專門文件，「號召全國上下齊心協力，艱苦奮鬥，節約用糧，勒緊褲腰帶」。2月26日，彭真代表中央審定文件就特別加寫：

> 使城鄉全體人民，都深刻地認清連續兩年特大災情的嚴重，大家節衣縮食，千方百計地實行瓜菜代，大家自覺地，半勞動的少吃點糧，不勞動的更少吃一點，以保證勞動的人，特別是重勞動的人有必要口糧，保證生產的正常進行，以免因勞動力減弱而造成新的災荒，這是當前全黨和全體人民的共同任務。[10]

　　彭真在北京市的糧食政策，基本按照他在中央所提意見行之。

　　一、節約用糧。北京市壓縮糧食銷量，藉此稍減首都在國家統銷制度下所佔糧食份額，以示共赴國難，彭真親自參加市委動員工作。北京市民一開始聽從號召紛紛提出壓縮自我糧食定量額度。然而，隨著饑情更加危急，市民糧食定額統一遭到進一步減量，變成被強迫的性質。[11]另外，糧食減量下，為保持身體熱量和避免體力消耗，彭真也以市委名義指示夜間不加班辦公。

　　二、按照勞動輕重配糧，以保證生產正常進行。彭真為讓生產保持穩定和持續，要求市委優先安排生產第一線，特別是重工業、重體力勞動者的飲食生

9　中共中央文獻研究室編，《陳雲傳》，下冊，頁1231。

10　《彭真年譜》，第4卷，頁99、104-105、107-108。

11　中共北京市委黨史研究室編，《社會主義時期中共北京黨史紀事》（北京；人民出版社，2000），第5輯，頁73。

活。他表示：「一定要安排好井下工人的吃飯和飲水問題」。[12]市政府對之按月每人額外補助肉、油、酒，以及可防止浮腫的黃豆。[13]鄭天翔回憶：「在三年暫時困難期間，市委對井下工人、爐前工人、礦山工人、有毒有害條件下工作的工人的生活安排，經常研究」。[14]讓「工人老大哥」感到黨國特別關懷和照顧，維繫其向心力和光榮感，也應在彭真考量之內。

　　三、實行「瓜菜代」。中共為因應饑荒，主張民眾用瓜菜代替糧食，以及發展具營養價值的替代性食品。彭真積極提倡「代食品」可見：1960年底，胡喬木向彭真推薦哈爾濱製造的人造肉（由洋芋和人造肉精合成，宣稱有足夠蛋白質）。因為糧食情勢緊急、刻不容緩，彭真閱信後即請劉仁、萬里研究和試行。[15]

　　糧食安排和分配的細節決定和實際布置事宜，彭真統交劉仁處理。劉仁作風務實、做事縝密，對糧食分配各項環節，「都做了周密細緻的全面安排」。市委如此精打細算，首都糧食供應「缺口」方得以緩解，沒有釀成進一步人命傷亡。

　　在減緩北京市居民的副食品短缺問題，彭真也力能所及地照顧首都民眾的飲食習慣。名作家老舍向彭真反映北京人夏天愛吃拍黃瓜沾芝麻醬、冬天過年嗜吃花生、瓜子，希望滿足此一需要，彭真也設法解決，讓市民在食物緊缺時稍稍解饞。[16]相關舉措多少也可讓民眾覺得日子如常，有助安定民心。計畫經濟、限量供應下，彭真對特定群體如井礦工人、劇團人員伸以援手和額外補助，皆令之甚為感激、久久不忘。然而，誠如北京市商業工作人員所言：「北京的商品自給率很低，絕大部分〔副食品〕需要從外省市組織貨源」。[17]彭真對首都特定人員的分外慷慨和大方，究其實質恐也是由其他地方買單。

12　同上註，頁145。

13　張起林，〈彭真同志關懷北京礦工〉，《緬懷彭真》編輯組編，《緬懷彭真》（北京：中央文獻出版社，1998），頁337。

14　鄭天翔，《回憶北京十七年》，頁15-16。

15　〈彭真同志對人造肉問題的批示文件〉（1960年12月15日），北京市檔案館，頁1。

16　王燕玲，〈老舍與彭真的傾心交往〉，中共北京市委黨史研究室編，《彭真在北京》（北京：中央文獻出版社，2002），頁109。李海文、王燕玲編著，《世紀對話——憶新中國法治奠基人彭真》（以下簡稱《世紀對話》）（北京：群眾出版社，2002），頁277-278。

17　曹慧聰，〈我經歷的三年困難時期〉，《北京支部生活》，2012年17期，頁55。

　　眾人縮衣節食、苦撐待變時期，彭真的飲食情況和待遇如何？根據其廚師回憶，以彭真的重要黨政地位，享有所謂「特別供應」，他並不推辭或要求減量，而表示：「咱們不能特殊化，供應給咱們多少就多少」。亦即欣然接受組織的特殊待遇，但不會索要規定補給範圍以外的食物。然而，相較一般百姓在最艱困時僅月領半斤肉，彭真每月從專門供應站可獲領3斤肉，[18]在用食和生活上算是寬裕許多。

　　在全國經濟困頓時期，彭真的身體並無受到太大影響，也沒有出現浮腫情況。[19]根據當時負責彭真醫療保健的護士所言，彭真平常飲食很少講究，所以不難應變、調整；再加上他本來就身強體健，足堪考驗。此位護理人員也承認彭真「吃飯飯量相當大」。[20]很難想見，若無「特供」支持，身長魁梧的彭真又怎能耐饑抗餓。

　　在全民餓肚的歲月，彭真甚為注意對外形象問題。他1961年出訪外地時，囑咐身邊工作人員減重，生活上不能有特殊待遇，以免落人口舌。1962年更將本來在家用餐的女兒，打發至學校吃飯，說是「應該和大家在一起」。[21]彭真此番安排既有教育千金共體時艱、與民共苦的用心，或也有宣揚彭家子女無享特權、與庶民並無差別的用意。

二、部分調整公社政策

（一）面對公社問題態度（1960年底至1961年初）

　　1958年北戴河會議發動人民公社化運動，彭真領導的北京市郊區迅速響應組建公社。彭真別出心裁之處是積極推進農村公社從集體所有制向全民所有制轉變。

　　彭真對人民公社崇尚的「一大二公」信念——公社的規模愈大愈好、功能愈全愈好，所有制的公有程度越高越好、越進步，有時比毛澤東還更躁進。

18　李海文、王燕玲編著，《世紀對話》，頁395。

19　中國大陸中共黨史研究者（J君）提供的資訊（北京，2014年11月）。

20　李海文、王燕玲編著，《世紀對話》，頁401。

21　傅彥，〈哀思父親彭真〉，《緬懷彭真》編輯組編，《緬懷彭真》，頁479。

1958年深秋毛澤東改變心意，覺得要適度放慢過渡速度和步伐；但彭真和劉少奇仍一度堅持原本趕早過渡的計畫；廬山會議「反右傾」後，他更與譚震林逕自在北京郊區進行全民所有制過渡試點，希冀以實績促使毛澤東重拾趁早實行過渡的構想。

實行公社制度後直接產生的「五風」弊病，北京市郊無可倖免。首都農民生產情緒低落、生產效率低下，再加上「高徵購」影響，「吃不飽、吃不好」而面有饑色。彭真透過秘書調查，親見郊區農民食用口糧的品質粗糙、難以下嚥，也不禁嘆息搖頭。[22]

彭真為盡快改變北京郊區農業生產不濟、農民生活困塞的情況，首先調任趙鵬飛為專管農業問題的副市長，當面要他直接深入郊區調查，以掌握農村第一手狀況。「大躍進」期間彭真受命中央領導興建國慶「十大工程」，他當時甚為倚重趙鵬飛具體執行，此時希望執行能力強、工作效率高的趙氏可以協助盡速扭轉北京周邊農村的黯淡局面。然而，因為中央政策未能「對症下藥」，無法「藥到病除」、迅速收效。

1960年底，中共中央震驚於死亡人數高達百萬的河南「信陽事件」，開始進行農村政策調整。針對農村出現生產停滯、漠視人命的嚴重問題，毛澤東認為「階級敵人」見縫插針和從中作梗是關鍵原因，堅決主張對人民公社進行整風和整頓，以完成未竟的「民主革命」。「農業十二條緊急指示」和以之為基礎的〈關於農村整風整社和若干政策問題的討論紀要〉應運而生。其強調：所有公社在整風整社運動中必須徹底檢查和糾正「五風」；進行「三反」（反對貪污、浪費、官僚主義）；徹底清查、檢討「大躍進」期間出現的「一平二調」亂賬，並予退還、賠償。[23]

彭真認同毛澤東的政治判斷——河南信陽慘案之所以發生，乃因當地社隊遭到潛藏敵人把持和蓄意破壞；全國出現類似「癥候」的地方，「病灶」也是如此。也贊同和推薦毛澤東的政策做法——緊抓、結合整風整社、生產救災，以及群眾生活。他也親自安排秘書前去北京郊區實地改造一個存有嚴重問題的

22　中國大陸中共黨史研究者（J君）提供的資訊（北京，2014年11月）。

23　林蘊暉，《烏托邦運動——從大躍進到大饑荒（1958-1961）》（香港：香港中文大學出版社，2008），頁645。

所謂「三類隊」，並將此喻作「拿碉堡」，亦即向敵人佔領據點展開攻擊，務必將之重新奪回。此一秘書忠實按照彭真指示，將他所駐生產隊的原負責人視作敵仇批鬥。

毛澤東、彭真對農村問題根源所持的「人謀不臧」判斷，以及對此採取無情揭發批鬥的簡單粗暴手法，雖一時有助抑制農村「五風」，但因為以階級鬥爭角度解讀和當做敵對分子處理（如判處徒刑），對農村基層幹部造成過度打擊。更重要的是，他們沒有從人民公社制度本身去查找問題成因。直到毛澤東帶頭和要求下，彭真和其他鉅官要人親赴基層調查，方從制度面做出補強與調整。

（二）政策調整有破有守（1961年春至1962年）

1961年初，毛澤東有感於「大躍進」期間各級幹部對基層實情不甚了了、制定錯誤政策，乃因為走馬看花，沒有真正深入調查，便號召全黨大興調查研究之風。針對人民公社內部的「平均主義」問題——主要表現在生產大隊之下的生產隊之間，以及生產隊內的人際之間。毛澤東在3月13日寫信給彭真在內的中共領導人，要求對之做進一步調查和改正。毛澤東在信中點名鄧小平、彭真去北京郊區調查，並對他們略加批評，意指這兩位中央書記處領導人此前在沒有認真調查、心中無數的情況下，即對農業政策盲加指揮。彭真和鄧小平見信後，承認毛澤東所言甚是。

彭真在19日中共中央工作會議的中南、華東小組會上坦言：其所在的中央書記處調查研究不足，作為毛澤東、中央政治局常委會助手也有缺失，他自己在「總路線」高照這幾年存有「熱多冷少」的缺點。[24]鄧小平和彭真不敢敷衍，次月動身下鄉調查。

彭真這次京郊調查認真、仔細，不像同行的鄧小平注意「勞逸結合」、還安排打牌消遣。彭真多次召集市委幹部和村社人員座談，真心想從公社現行制度和政策中查找問題所在。彭真調查的中心思想是：將農民對「集體經濟的積極性充分調動起來」，[25]使之不再生產乏勁無力和生活強制無奈。他提出的一些主張有些是改變他自己早先看法和做法，如社隊規模縮小和權力下放；有的

24 《彭真年譜》，第4卷，頁113。
25 同上註，頁121-123。

則是勇於突破先前政治界線如公共食堂和供給制問題。

　　彭真在「大躍進」期間追求規模宏大、集體所有制程度高的人民公社體制，1959年底主動試辦全民所有制公社，京郊農村建制在1960年也處於不斷擴大趨勢，從而一再助長「共產風」──公社和生產大隊可任意抽調下屬單位的人力和資源。彭真在1961年春親身調查後，坦承在社隊規模問題「過去有些胡思亂想」，挫傷社員積極性。他改而主張縮小社隊規模，[26]並將權力逐級下放：統籌分配收益的基本核算單位，是縮編後的生產大隊；負責組織生產的包產單位，是戶數減少後的生產隊（甚至可以包產到生產組，即生產隊以下戶數更少的組織）。認為如此「農民就看得見、抓得住、管得了、信得過了」。[27]

　　彭真此時尚未認識到收益分配、組織生產的權責分屬生產大隊和生產隊的不妥：生產隊負責監督勞動，但分配收益卻聽由生產大隊決定，自身勞動果實可能被同一生產大隊下的其他生產隊平分。1961年底，中共方確認基本核算單位下放至生產隊。

　　公共食堂和供給制在「大躍進」期間被毛澤東視作必須堅持的「共產主義因素」。公共食堂被稱為公社心臟；吃飯不要錢、「按需分配」的供給制，透過食堂的統一安排兌現，兩者關係密切。彭真治下的北京郊區對公共食堂的支持熱度，基本上緊跟當時政治情勢。

　　中共中央強調食堂重要性時，彭真在北京郊區辦食堂的力度就相形加大。廬山會議期間，毛澤東再次強調公共食堂在農村人民公社中的核心地位。會後各地又興起一陣成立公社食堂風潮。北京市雖然不是衝在最前面，但也不惶多讓。時至1959年底，北京市郊食堂數字較諸廬山會議前增加約50%；參加食堂的戶數比例（約80%）和所佔人數比例（約50%），在全國範圍內也排在前端。[28]1960年毛澤東再次強調推廣食堂，首都郊區在這方面又有進一步發展。

　　彭真在1961年調查中發現公共食堂對民眾造成諸多生活不便，飲食單一貧乏，管理上也易有浪費。他亦體認到供給制未見得有利貧下中農，反而是家庭

26　〈懷柔縣農村典型調查及彭真同志的批示〉（1961年4月12日），北京市檔案館，頁1。

27　張彭、趙有福，〈憶彭真同志的懷柔縣農村調查〉，《緬懷彭真》編輯組編，《緬懷彭真》，頁234。

28　〈八中全會後農村公共食堂有顯著的發展〉，新華通訊社編，《內部參考》，第2922期（1959年11月29日），頁14。

人口數較多的地主、富農得利；供給制的實質影響超過基於工作表現的工資制，讓社員普遍覺得無論勤懶、衣食一律，因而難有幹勁。強硬續辦這兩項政策，有違主流民意。

除了上述調整社隊規模和內部權力、重議食堂和供給制的必要性，彭真和鄧小平也對糧食徵購和餘糧分配、生產評計和獎勵、耕畜農具所有權、供銷社和手工業恢復，以及家庭副業等問題，提出看法和建議，並在5月10日聯名致信毛澤東。彭真、鄧小平在京郊調查後對農業所提政策建議，特別是讓百姓自行決定是否續辦公共食堂，甚受民眾歡迎，「一夜之間解散食堂，事不過夜」，甚至稱之為「第二次解放」。[29]

「大躍進」期間中共農村政策的嚴重脫離實際，實在罔顧農民的意願和利益。彭真、鄧小平立基調查結果的政策調整，猶如為當地跌到谷底的農村經濟注入一股活水，使之漸有起色、止跌回升。其政策影響也因毛澤東批示傳閱各地，以及併入《農村人民公社工作條例》（通稱《農業六十條》）修正草案內容，進一步惠及全國其他地方。[30]

彭真思考農村政策調整問題的重要出發點是：政策調整既要有助緩解當前經濟困局，政策效果也要裨益於集體經濟發展，特別是維持和強固人民公社制度。這即是他政策調整的政治堅持和底線。

彭真基於「鞏固集體經濟」考量，對開放自由市場、活絡農產品流通政策，有所保留、甚而加以否定。他認為此法會「助長資本主義的自發勢力，助長單幹」。身邊秘書（張道一）對自由市場的正面觀察和評價，彭真沒有接受；陳雲幾次電話指示北京市開放自由市場，他也悍然不理。

針對等同讓公社制度瓦解的包產到戶，彭真在北京市更不予採納。安徽省因曾希聖的獨斷專行、激進冒失，而成為「大躍進」「重災區」，非正常死亡人數達400萬之眾（彭真與此恐非毫無關係）。[31]曾希聖為急於扭轉頹勢，

29 李海文、王燕玲編著，《世紀對話》，頁301-302。

30 林蘊暉，《烏托邦運動——從大躍進到大饑荒（1958-1961）》，頁690-691。

31 曾希聖在安徽強推「大躍進」運動，彭真對之政治助陣的情形，例如：1957、1958年支持曾氏整肅當地政法官員並將相關部門緊抓在手，作為其推進運動的「利器」；1959年支持曾氏在皖大「反右傾」，特別是對其「首犯」張愷帆的政治處置。1960年2月，彭真偕同鄧小平視察湖北、河南、安徽等地，在皖期間，曾希聖對他們殷勤款待，贏得鄧小平的正面評價：

1961年春在皖推行包產到戶，並寫信告知包括彭真在內的中央領導人。

彭真認為北京市郊區集體經濟發展較好、較快，強調應從加強生產隊管理著手以促增產。他還特別交代劉仁向縣（區）委書記傳達其看法和決定，不要仿照安徽，堅守公社體制。劉仁也確實履行，對市郊黨幹強調「對毛主席的話，要好好聽、會聽，不能用咱們自己的思想去理解」，藉以諷刺曾希聖在包產到戶問題未能真正聽懂、領會毛澤東對之不太樂見的真實心意。劉仁最後強調：「安徽省有他們的情況，北京郊區不要提倡」。[32]

1962年春末夏初，中共高層間一度將包產到戶視為可考慮的農村政策選項，直到毛澤東表態嚴斥「單幹風」為止。彭真在此過程中對包產到戶一直表達反對立場，使之享有「政治正確」的優勢地位。他後來也對首都郊區在困難時期「沒有鬧單幹」而頗感自豪，[33]也不無誇耀地向其他地方領導人如李井泉介紹：北京市的農業增產情形、不開放自由市場，以及劉仁對公社的「堅定」立場。

圖12-2：1961年9月毛澤東批可彭真呈報的國營工業企業管理文件。
資料來源：中國國家博物館展覽，作者攝影。

　「別處很困難，你們安徽不錯嘛，小康」。同年有人寫匿名信給彭真，反映曾氏為首的安徽省委不顧民眾死活、大造賓館，而省會卻有許多行乞、搶飯者遊走街頭。9月13日，中央辦公廳竟然將此信轉給安徽省委，曾氏震怒下令查辦寫信者。尹曙生，〈讀曾希聖給中央的檢查〉，《炎黃春秋》，2013年第1期，頁27。這是彭真對曾氏在皖工作的支持或縱容？

32　趙有福，〈彭真與京郊農村「社教」運動〉，李海文主編，《彭真市長》（太原：山西人民出版社，2003），頁12。

33　原北京市委機關毛澤東思想紅旗兵團，《大野心家、大陰謀家彭真罪惡史（1925-1966）》（北京，1967），頁97。

三、「七千人大會」敢言為擁護毛澤東

　　1962年初中共中央召開「七千人大會」，對「大躍進」進行檢討。劉少奇在會議期間勇於突破既有政治界線：未依照毛澤東設定、慣用的運動成果評比（成績佔有九個指頭的比重，問題僅是餘下的一個指頭而已），也突出強調「人禍」肇事成因，從而抒發與會幹部情緒並活絡討論氣氛。劉少奇雖小心翼翼維護毛澤東領袖威信和「總路線」正確性，但是可能毛澤東仍認為劉氏言論不那麼悅耳和令之寬慰。

　　彭真在「七千人大會」最引人注目之事，莫過於他直接指出毛澤東在「大躍進」中犯有錯誤、也要檢討。1月18日，大會報告起草委員會討論「大躍進」錯誤的責任問題，彭真表示：

　　　　我們的錯誤，首先是中央書記處負責，包括主席、少奇和中央常委的同志，該包括就包括，有多少錯誤就是多少錯誤。毛主席也不是什麼錯誤都沒有，三五年過渡、食堂都是毛主席批的。我們對毛主席不是花崗岩，也是水成岩。毛主席的威信不是珠穆朗瑪峰也是泰山，拿走幾噸土，還是那麼高。現在黨內有一種傾向，不敢提意見，不敢檢討錯誤，一檢討就垮台。如果毛主席的百分之一、千分之一的錯誤不檢討，將給我們黨留下惡劣影響。省、市要不要把責任擔起來？擔起來對下面沒有好處，得不到教訓。從毛主席直到支部書記，各有各的帳。書記處最大錯誤是沒有調查研究。[34]

　　中國大陸政界元老（薄一波）或是研究者多認為彭真敢言而予稱讚；還有論者意有所指地暗示：彭真作為劉少奇「頭號大將」，其講話向毛澤東究責的背後，恐有劉少奇指使的影子。[35]然而，前述兩種論評恐皆流於表面、簡單，而另有其他較具可能性的解析和詮釋。

　　第一，彭真對毛澤東長期忠心不貳，他對毛澤東發起「大躍進」運動既心

---

34 張素華，《變局——七千人大會始末》（北京：中國青年出版社，2006），頁108。
35 高文謙，《晚年周恩來》（紐約：明鏡出版社，2003），頁90。

悅誠服，個人也從中獲益並負責執行。彭真實在沒有什麼「顏面」和「資格」
對毛澤東追責，他有時情緒激越、空想聯翩，還較之尤甚。正如彭真話中提到
的1958年夏人民公社「三五年過渡」決策，毛澤東在三個月後感到有些操之過
急，還是彭真當其面繼續堅持原定的急躁時間規劃。

　　第二，彭真面對「大躍進」出現嚴重問題，特別是人民死亡消息不斷，曾
暖心地試圖慰藉毛澤東，他努力幫之找「下台階」，又怎麼會對之咎責？1961
年1月，中共八屆九中全會期間，彭真致信毛澤東，附上清朝光緒年間山西南
部發生嚴重災荒、大批人因而餓死的資料（此即彭真山西家鄉的歷史情況，在
當地原有住民飢荒餓死或棄室逃荒下，彭真的祖輩移居至此）。他在信中表
示：

　　　　這份材料整理得還可以。光緒三年（1877年）晉南是一個大災年，光緒
　　　二年和四年也有天災。在這三年災荒中，晉南有些縣死人在三分之二以
　　　上。除此件所用材料外，有些縣志還有記載。從現在發現的碑文看，當時
　　　河南一部分地區的災情和死人的嚴重程度也差不多。從此件可以看出當時
　　　對連續三年的大災荒是無法對付的。[36]

　　彭真想讓毛澤東覺得：大災荒造成大量死亡，中國封建時代早有前例，毛
澤東不要太掛於心，以免傷神傷身？而且相對於大清王朝對大災荒一籌莫展，
「新中國」所幸有人民公社的「偉大創造」，尚可與「陰晴不定」的大自然抗
衡，不然死傷會更為慘重？彭真對蘇聯、東歐使節就是如此辯解。[37]另外，彭
真提到「以史為鏡」，或也提供毛澤東、黨中央一個政治靈感：隨同「大躍
進」出現的大飢荒，可以怨天怨地，怪罪於自然災害、極端氣候！

　　第三，鄧小平、彭真領導的中央書記處，籌備「七千人大會」時曾呈報毛
澤東一份工作檢討報告，其中積極攬責在身，同時高度肯定毛澤東領導的正

36　《彭真傳》編寫組、田酉如，《彭真傳略》（北京：人民出版社，2007），頁229。

37　"Zapis' besedy s chlenom Politbiuro TsK KPK Pyn Chzhenem i sekretarem TsK KPK Van Tszia-
　　sianom" [Record of Conversation with a Member of the CC CCP Politburo Peng Zhen and CC CCP
　　Secretary Wang Jiaxiang], August 23, 1959, in Rossiiskii gosudarstvennyi arkhiv noveishei
　　istorii（RGANI）, fond 5, opis 49, delo 233, listy 237-49. Joseph Torigian提供。

確。鄧小平、彭真如此悉心護主，反而讓毛澤東覺得不好意思。1962年1月11日，鄧小平在書記處會議上傳達毛澤東的意見：「毛主席說，你們的報告，把我寫成聖人，聖人是沒有的，缺點錯誤都有，只是占多少的問題。不要怕講我的缺點。」

彭真在同一會上表示：

> 總結經驗教訓時，要把中央和政治局有些常委包括進去，中央的責任第一是書記處，第二是部分常委，書記處的責任比常委多的多，但各有各的責任。我同意毛主席的意見，他的責任也不要迴避。因為有些事他們知道，他們參與，但檢討中不包括他們，第一不符合事實，第二會造成錯覺，凡是中央領導都沒有錯誤。[38]

這可能是彭真在一週後（18日）膽敢發言說毛澤東有錯、有帳的重要背景。

第四，細究彭真提及毛澤東的具體錯誤問題，皆是「大躍進」後毛澤東曾在黨內作過自我批評的事項，彭真並無越界多提。

第五，彭真提到毛澤東已自我坦承不諱的錯誤，意要突顯毛澤東的領袖威信崇高依舊，還可能因其正視己過、知過能改，而更為人所佩服、敬仰。彭真在前述1月11日的書記處會上，談到他認同毛澤東的「不要怕講我的缺點」意見，即表示：「我們都承認實事求是，領導人如有缺點錯誤，也要實事求是，不講不足為訓，講了不會動搖我們對他們的信仰，反而會更加提高他們的威信。」[39]相反地，下級一味對之迴避、遮掩，反而欲蓋彌彰、無法取信於人。坦率言之又點到為止，才是真心維護領袖之正策。

彭真政治秘書張彭後來回憶，彭真在起草委員會發言後當天對他表示「今天我把話都講了」，並概略重述講話內容。彭真繼而又強調：「毛主席的威信不是珠穆朗瑪峰，也是泰山，刨一點土，無損於毛主席的偉大；毛主席的威信

38　張素華，《變局——七千人大會始末》，頁110。
39　同上註。

像滄海，舀出點水，無損於毛主席的偉人啊！」[40]彭真情真意切地捍衛毛澤東的領袖地位和政治威信，由此可見一斑。

基於上述推論或是根據口述訪問所得，不無存在一種可能：或即毛澤東示意彭真為之。[41]

過去較少關注的是，彭真提到中央集體、毛澤東個人有錯之時，也提到要包括劉少奇的錯誤。彭真發言時，毛澤東並不在場，劉少奇則是當面在座。對於彭真直率的發言，劉少奇聞後只表示中央較諸地方責任為先、為重，而無檢討其自身所犯具體錯誤。[42]

彭真在「七千人大會」期間論及毛澤東錯誤的言論說出口後，隔日雖有「老夫子」陳伯達就此提問（彭真也正經解釋其用意），但在短時或是較長時間內，都沒有跡象顯示毛澤東對此生氣。他之後在「七千人大會」上講話，還表示：「講工業，不是我，而是少奇同志、小平同志、彭真同志」。[43]亦即視彭真與劉少奇、鄧小平一樣，比他自己更懂得工業管理，這又可能同其不忘情彭真在1958年大煉鋼鐵運動的「總督導」角色有關。

即便1966年彭真被毛澤東下令打倒以後遭到全面否定，其從政歷史被翻箱倒櫃地徹查多遍，他在「七千人大會」論及毛澤東有錯、有責一事，也從未被翻出批判。事實上，「七千人大會」結束後，1962年上半年的經濟調整過程，彭真在中央「一線」內是政策主張與毛澤東最為相近者；相對地，這也是彭真與劉少奇、鄧小平共事以來政策殊異最大的一個階段。

彭真另一件與「七千人大會」有關的爭議之事，即所謂「暢觀樓事件」，「文革」中被大肆宣傳為一樁彭真陰謀反對毛澤東的地下活動。然而，事情起因和實況是：毛澤東和中央書記處醞釀「七千人大會」之時，曾命令調查「大

---

40 張彭口述、張文良整理，〈實事求是彭真留給我們的最寶貴的精神財富——在彭真身邊工作期間的感受〉，中共北京市委黨史研究室編，《研究與憶往：北京市紀念彭真誕辰110周年文集》（北京：北京出版社，2013），頁260-261。

41 錢庠理，《歷史的變局——從挽救危機到反修防修（1962-1965）》（香港：香港中文大學出版社，2008），頁89-93。劉政、張春生，〈從歷史的幾個重大關節看彭真和毛澤東的關係〉，《領導者》，2013年總第51期，頁148-149。

42 張素華，《變局——七千人大會始末》，頁109。

43 同上註，頁173。

躍進」時期由中央發出或批轉的政策指示和文件，以釐清、辨明政治責任；具體由陳伯達負責、楊尚昆提供協助。

　　1961年底，彭真為兼聽則明並進一步掌握情況，指示北京市委專門派人重新檢視「大躍進」運動的相關政策文件，最後由他信任的鄧拓實際主持此事，地點選在暢觀樓，即北京動物園內一處市委常用的會議場所。[44]市委人員在調查討論過程和最後書面結果，沒有、也莫敢非議毛澤東，至多提到毛澤東在農業生產浮誇風問題上了譚震林的當。市委組織的暢觀樓文件調查結論，最後送給彭真，而無報送黨中央，當然也不可能被用來當做一枚攻擊毛澤東的政治炸彈。

四、「一線」政策分歧中獨樹一幟

（一）對經濟情勢不同估判

　　「七千人大會」結束以後，1962年2月下旬起，主持中央政治局的劉少奇領導「一線」領導人積極著手經濟調整。陳雲的判斷和主張——經濟情勢仍屬嚴重困難，需要「傷筋動骨」地大幅調整和需時4、5年恢復元氣，獲得劉少奇、周恩來（實際主持中央財經小組，組長陳雲因病常請假）和鄧小平的認同和支持。[45]彭真仍持以毛澤東在「七千人大會」的估計，即「最困難的時期已經過去」。

　　彭真在中央「一線」討論過程中經常發出有別於陳雲的意見。2月26日，陳雲、李富春、李先念在國務院報告會上作經濟問題講話，聽眾對陳雲講話反應最為熱烈，認為具體可行、切合時弊。中央書記處開會討論時，彭真認為不應獨厚陳雲，也須同時傳達兩李講話。鄧小平聞後立即拍板：「這個事簡單，三個人的講話，一起都傳達」。

　　劉少奇聽聞書記處討論意見後，認為陳雲講話最為實用，應專門下發各級

44　傅頤，〈重尋「暢觀樓事件」的真實〉，《中共黨史研究》，2008年第5期，頁43-44。

45　中共中央文獻研究室編，《鄧小平傳（1904-1974）》（北京：中央文獻出版社，2014），下卷，頁1232。

幹部學習，並決定在其住處西樓開會討論。彭真在會上不認同陳雲認為經濟情勢繼續惡化的看法，直言這不同於毛澤東在「七千人大會」的估計。劉少奇不以為然，仍舊贊同陳雲意見，更主導採用「非常時期」提法，以概括、凸顯經濟情勢嚴峻。

另外，對於如何表述當前經濟階段和任務，彭真也不贊成陳雲主張使用的「恢復時期」，導致會上出現使用「恢復時期」或「調整時期」的討論，鄧小平加以折衷：「對外講調整時期，對內講我們進入一個恢復時期」。

劉少奇注意到彭真的意見頻頻、常有異議，一度考慮將彭真的不同觀點寫入中央轉發陳雲等人講話的指示。[46]

劉少奇除了認同、支持陳雲的經濟看法，更同意讓陳雲重掌經濟決策大權。陳雲的經濟管理權力經過毛澤東1958年的安排已轉交中央書記處。彭真在書記處經常協助或代替鄧小平對經濟問題進行「具體部署」，甚至召集經濟部門官員到其住處議事。陳雲在劉少奇支持下，重拾經濟決策權；相形之下，因「大躍進」機運而初嘗過問經濟大權的彭真，不知作何感想？

值得注意的是，經彭真審閱後發表的4月17日《人民日報》頭版社論〈團結奮鬥爭取新勝利〉，對經濟情勢持以正面看待：「目前，雖然在我們面前還有一系列的艱巨的工作要做，但是，總的說來，最困難的時期已經過去，國民經濟情況已經開始好轉」。[47]相關文字或許反映彭真欲安定人心，但也顯示他對此一問題繼續堅持原有看法，並且不忌將之表諸於黨報。

圍繞在經濟調整問題的爭論，也隨後出現在5月中央工作會議（各地中央局書記出席）。劉少奇主持會議基調乃依照陳雲的經濟調整思維；會上主題是周恩來相應提出的具體政策方案。根據列席的鄧力群回憶，會上僅有二人對周恩來報告「有不同意見」：華東局第一書記柯慶施和「北京的同志」。他倆「主要是對那個時候困難的估計有沒有那麼嚴重、城市的職工回鄉一千多萬人是不是需要那麼多，表示懷疑」。其他地方的中央局人士都同意周恩來的意見與安排，[48]並指出上海、北京不覺問題嚴重、進而不認為需要採取相關調整措

---

46 鄧力群，〈關於西樓會議的回憶〉，《百年潮》，2012年第3期，頁12-14。

47 《彭真年譜》，第4卷，頁189。

48 《中華人民共和國史稿》編委會匯編，《鄧力群國史講談錄》（北京，2002），第7冊，頁147。

施，正因為京、滬有其他地區支援、確保供應無虞，而倖免於斷炊之險。柯慶施和「北京的同志」聞後無話可說。[49]

鄧力群隱諱其名的這位「北京的同志」，從其較不認為情勢嚴重困難的立場，基於北京市的大城市觀點和意識、膽大發言、力排眾議所反映出的位高權重，以及彭真全程出席會議的情況，[50]此人有可能是彭真意見的代言人，甚至是彭真本人。

劉少奇在會議最後表態支持採用周恩來、陳雲的調整構想和政策方案；鄧小平也表示「沒有不同的意見」，主張按之執行。[51]後面將看到：1962年3月至5月，劉少奇數次嚴厲批評「大躍進」的政法工作，也曾當彭真之面，對他在1957年、1958年主導的政法領域「反右派」、政法機關整風後果，頗有微詞。這除了因為「反右派」以降彭真領導政法工作確實存有過而無不及的問題，是否也與彭真在經濟調整上屢屢提出不同意見，甚至在中央會議上當面「頂」劉少奇、周恩來（李井泉「文革」所作交代），而讓劉少奇頗為氣惱而借題發揮、藉機敲打？

針對經濟情勢估計問題，1962年前半年彭真和劉少奇、周恩來、陳雲、鄧小平之間看法存有差別，同年初夏進而出現彭真向鄧小平陳述意見、施加影響的情況。7月2日，中央書記處會議論及幾位地方中央局領導人對前一段時間總是談論錯誤、困難「有意見」，並提到根據柯慶施、陶鑄轉述的毛澤東意見：「恐怕講錯誤差不多了，講困難是否也差不多了，以後要講克服困難」。[52]彭真對鄧小平表示「講困難缺點到此為止，應轉為積極方面」，並強調「這是相當重要的事」。鄧小平應道：「我傾向這樣」。[53]亦即鄧小平從原先對情勢較為審慎悲觀的立場，有所轉變。

值得進一步分析的是，彭真在不及兩週以前（6月20日、21日）因陪同北

49　鄧力群，《鄧力群自述（1915-1974）》（北京：人民出版社，2015），頁380。

50　《彭真年譜》，第4卷，頁194-195。

51　鄧小平，《鄧小平文選》（北京：人民出版社，1994），第1卷，頁318。

52　中共中央文獻研究室編，《毛澤東傳（1949-1976）》（北京：中央文獻出版社，2003），下卷，頁1230-1231。

53　《彭真年譜》，第4卷，頁204。

韓外賓到武漢，而與毛澤東、柯慶施、陶鑄、王任重見面；[54]鄧小平在這段時間似未有機會與毛澤東、相關地方大員相見。易言之，在中央書記處會議上得以轉述毛澤東最新意向和地方大吏態度傾向，或有可能就是彭真。此一推測若是無誤，顯示彭真意在向鄧小平「通氣」、「打招呼」，同時也不無是一種政治施力，要後者知所進退。

（二）對包產到戶看法迥異

1962年經濟調整期間，除了對經濟情勢有不同評估，彭真和中央「一線」多數領導人另一個重大政策分歧，就是如何看待農村包產到戶等問題。

關於人民公社制度問題，從1961年春到1962年初夏，可以注意到彭真和鄧小平從想法一致到有所區別。針對人民公社內部的結構主體和核算單位問題，鄧小平、彭真原本偏向以生產大隊為主，1961年春遭到毛澤東批評，甚而被要求下鄉實地調查。鄧小平、彭真之後跟隨毛澤東支持將領導生產和經濟核算權力下放生產隊。針對安徽主張試行包產到戶，彭真也指示北京市不要依樣畫葫蘆，鄧小平也緊跟毛澤東對之予以否定。

1962年「七千人大會」期間，曾希聖因為推行包產到戶遭到批判，1月25日，鄧小平表示：關於人民公社問題，「當然跟主席走，一定有希望」。[55]2月7日，鄧小平審閱人民公社的中央文件，認為維持「以生產隊為基本核算單位，實行以生產隊為基礎的三級集體所有制」，無需長達「40年」，可縮短成「至少20年內」；毛澤東閱後反而覺得「以改為『至少30年』為宜」。[56]亦即鄧小平對公社「根本制度」表現得比毛澤東還有信心，認為可在較短時間帶領中國農業「過關」並朝向更高級的組織形式發展。但是3月底以後鄧小平的態度有所變化。

3月29日，鄧小平主持中央書記處會議對河南、山東農業復耕問題指示：「原則是哪種辦法在哪些地方見效快，就用哪種辦法。不要拘泥於形式，不要擔心個人多了，集體少了」；「無非是單幹，單幹也只有百分之十幾。出點富

54　同上註，頁201-202。

55　張素華，《變局——七千人大會始末》，頁111-112。

56　中共中央文獻研究室編，《鄧小平年譜（1904-1974）》（北京：中央文獻出版社，2009），下冊，頁1690-1691。

裕農民也不怕」。[57]這反映其「對調整農村政策的新的思想認識」。[58]彭真也出席會議，但不知他的發言內容。

劉少奇不知是受鄧小平影響，或同樣覺得農村經濟情勢窘迫必須放寬政策救急，他在5月中央工作會議提出允許若干重災省分約20%的土地「單幹」；他還指示：針對鄧子恢的「一套意見」（適當擴大自留地、飼料地、借地等「小自由」；適合包產到戶的地區，就讓農民為之），中央書記處「研究後再議」。[59]

鄧小平在6月可能受到鄧子恢、李富春、毛澤東秘書田家英等人的影響，愈加接受包產到戶主張。陳雲較諸鄧子恢、田家英更進一步地提出分田到戶，並在同月下旬與鄧小平交換意見。鄧小平表示：「分田到戶是一種方式，可以用各種各樣的方式」。[60]劉少奇、林彪也在田家英、陳雲的影響下，鬆動原有的政策立場；周恩來的態度則較為模糊。[61]

相較於鄧小平、劉少奇短時內大幅度地立場擺動和轉變，彭真倒顯得「立場堅定」、「始終如一」。彭真在5月中央工作會議不無針對性地表示要「堅持按勞分配」以「鞏固集體經濟」，從而防阻「出現變相單幹，擴大私有部分」；他並強調「不抓好」「鞏固集體經濟」，「調整也不可能抓好」。[62]6月19日，彭真在北京市黨代表大會上表示：「有人想單幹，舊中國幾千年的單幹有什麼好處？想私商好，幾千年私商有什麼好？」[63]彭真反對包產到戶、「單幹」的立場，可說是旗幟鮮明、眾所周知。

如前所述，彭真6月20日陪同外賓前去武漢，次日與毛澤東、柯慶施等會面。毛澤東、柯慶施在武漢曾專門交談農業問題，[64]柯慶施勸說毛澤東人民公

57 同上註，頁1697-1698。
58 中共中央文獻研究室編，《鄧小平傳（1904-1974）》，下卷，頁1239。
59 楊尚昆，《楊尚昆日記》（北京：中央文獻出版社，2001），下冊，頁165、169。
60 中共中央文獻研究室編，《鄧小平年譜（1904-1974）》，下冊，頁1712。
61 鄧力群，《鄧力群自述（1915-1974）》，頁436。
62 《彭真年譜》，第4卷，頁194-195。
63 〈彭真同志在市第四屆一次人民代表大會上的講話記錄〉，北京市檔案館，檔號001-006-02077，頁16。
64 中共中央文獻研究室編，《毛澤東年譜（1949-1976）》（北京：中央文獻出版社，2013），第5卷，頁107-108。

社問題不能再行後退，即核算單位降至生產隊就是政治底線。[65]彭真反對包產到戶、「單幹」，是否在武漢與毛澤東、柯慶施交換意見，甚至彼此交相強化原有反對包產到戶立場，不得而知。

　　薄一波回憶：6月下旬中央書記處開會討論安徽「責任田」問題，「會上贊成和反對的各佔一半」。鄧小平態度正面地表示：「在農民生活困難的地區，可以採取各種辦法，安徽省的同志說，『不管黑貓黃貓，能逮住老鼠就是好貓』，這話有一定的道理。『責任田』是新生事物，可以試試看」。[66]中央書記處在6月23日、27日開會議事。彭真24日才陪同北韓人士返回北京；其官方年譜也沒有說明他是否出席27日書記處會議，所以未嘗得知他是否參加6月下旬書記處就包產到戶的熱烈討論，以及其中形成涇渭分明的政治態勢。

　　7月2日的中央書記處會議，除了前面提及彭真對鄧小平直抒經濟情勢看法，在恢復農業生產問題上，可辨析出兩人也有殊異考量和隱然交鋒。鄧小平表示：「不管是黃貓、黑貓，在過渡時期，哪一種方法有利於恢復生產，就用哪一種方法」，「我贊成認真研究一下分田或者包產到戶」，「過渡時期要多種多樣，退的時期退夠才能進」，「要實事求是，不要千篇一律」。[67]

　　相對於鄧小平為求恢復農業度過當前難關、生產組織形式可不拘一格的思考，彭真思慮的焦點是：如何在維持現有公社體制下調整政策，避免「集體經濟要垮」。他表示：「這幾年，包括毛主席的話，也不那麼靈了，因為其中包括不正確的，許多問題是沒有經他反覆研究被迫決定的。我們書記處的同志，不要亂出點子。沒有調查研究出點子，這是很大的教訓」。[68]彭真在「七千人大會」期間曾批評「小平帶頭，沒有調查研究」；他這時不無可能是向鄧小平和書記處同僚示意「不要亂出點子」，而包產到戶、分田即其未明說的「餿主意」。

　　關於包產到戶等問題，書記處內立場傾向鄧小平或與之一致者有李富春、楊尚昆；彭真也非孤家寡人，譚震林、王稼祥、李先念同是傾向維持現存公社

65　中國大陸中共黨史研究者（I君）提供的資訊（北京，2014年11月）。

66　薄一波（下略），《若干重大決策與事件的回顧》（修訂本）（北京：人民出版社，1997），下卷，頁1119。

67　中共中央文獻研究室編，《鄧小平文集（1949-1974）》（北京：人民出版社，2014），下卷，頁146。

68　《彭真年譜》，第4卷，頁204。

體制。鄧小平沒有採納彭真的「鞏固集體經濟」、慎防「集體經濟要垮」意見，不但已開始思索、煩惱現實中要如何重新分配土地，[69]更在7月7日共青團三屆七中全會，就農村生產組織問題公然提出「黃貓、黑貓」一說，意指其主張形式靈活、多樣，[70]讓聽眾興奮不已。

五、反「單幹風」、「黑暗風」與毛澤東契合

毛澤東在武漢與柯慶施等人交談農業問題，北返周遊各地途中又聽聞地方官員、駐地將領對生產情勢的樂觀言語，更加堅定反對包產到戶決心。他7月6日返京後即讓田家英、陳雲、劉少奇甚為難堪。

毛澤東自豪其領導的中共，無論在社會主義改造和社會主義建設皆別樹一幟地走出自我道路；想不到作為中國農村社會主義道路的核心制度設計——人民公社，建立未滿4年，就面臨倒退和崩解的可能，而自己的副手、親信不但沒有挺身制止，反而點頭應許，令之勃然大怒。

田家英首先被毛澤東質問得張口結舌、無法回嘴。陳雲主動求見毛澤東，表示分田到戶不會產生兩極分化、也不會影響徵購，恢復只需4年，不如此則需8年。[71]毛澤東未予陳雲好臉色，甚至可能對之尖銳批評。[72]毛澤東更當面嚴斥劉少奇：「為什麼不頂住」，「你壓不住陣腳了？我死了以後怎麼辦？」[73]鄧小平聞知毛澤東的立場後急忙交待胡耀邦收回他對共青團的「貓論」講話。

毛澤東火氣未消，在北戴河舉行的中央工作會議（7月25日至8月24日）批判對經濟情勢估判悲觀的「黑暗風」、倡議包產到戶和分田的「單幹風」，以及對先前政治批鬥不服的「翻案風」（尤指彭德懷，後來波及習仲勳）。

毛澤東7月上旬動怒表態後，劉少奇、鄧小平等旋即跟上和自我檢討。陳雲更請假養病，缺席北戴河會議；毛澤東之後召開中央常委會再也不找陳雲，

69 鄧力群，《鄧力群自述（1915-1974）》，頁437。
70 薄一波，《若干重大決策與事件的回顧》（修訂本），下卷，頁1119。
71 中共中央文獻研究室編，《毛澤東傳（1949-1976）》，下卷，頁1230。
72 鄧力群，《鄧力群自述（1915-1974）》，頁438。
73 黃崢執筆，《王光美訪談錄》（北京：中央文獻出版社，2006），頁288。

其白此離開中央決策核心。

　　彭真相較多數中央「一線」領導人的灰頭土臉，因其政策主張與毛澤東吻合、貼近而身處政治順境。中共中央尚未移師北戴河開會以前，7月21日，毛澤東、江青和彭真、張潔清兩對夫婦並肩觀看京劇。[74]顯現此時毛澤東和彭真於公於私皆關係親暱。

　　北戴河會議期間，劉少奇倡議、毛澤東同意成立中央工作會議中心小組會議（彭真在內共22名高幹組成），以便暢所欲言、深入討論。毛澤東在其中數次發表重要講話引導會議方向。8月13日，彭真在羅瑞卿之後發言。

　　羅瑞卿講話時猛批「單幹風」和「黑暗風」，毛澤東與之一搭一唱。羅瑞卿批評安徽一名宣傳幹部（錢讓能），因為其堅稱不實行包產到戶，農業就不能恢復。如此引起毛澤東「同仇敵愾」：「為什麼江西沒有搞單幹，就搞得好呢？山東破壞得厲害，為什麼恢復得很快呢？河南情況也有好轉嘛！搞得好的情況，各省都有。北京10個縣今年就可以恢復到1957年，有的就沒有恢復的問題」。[75]如此顯示：彭真提供北京市郊農業行將恢復的消息，被毛澤東引為一具體正面實例，佐證其經濟好轉、根本無須包產到戶的看法。

　　8月11日，彭真秘書王林將其在市郊通縣所見生產恢復情況，以及其妻同鄉從蘭州到北京一路觀察的生產復甦景況，向彭真報告。彭真次日批示北京市委要員看閱、處理。[76]彭真有否報喜般地告知毛澤東，愈益強化其對經濟情勢看好的認知和信心？

　　彭真在8月13日小組會議首先稱許毛澤東重新高倡階級分析的正確和作用：

> 　　現在思想極其混亂。少奇同志、小平同志講了，對階級鬥爭、情勢、三面紅旗要不要？不從階級看，看不清。主席提出，我們就清楚了。如對赫

74　戚本禹，《戚本禹回憶錄》（香港：中國文革歷史出版社，2016），上冊，頁275-276。

75　中共中央文獻研究室編，《毛澤東年譜（1949-1976）》，第5卷，頁133-134。中共中央文獻研究室編，《毛澤東傳（1949-1976）》，下卷，頁1246。

76　〈市農機局關於降低機耕費收費標準的請示及彭真同志的批示、財政局對降低機耕費收費標準要求財政彌補虧損意見的報告及有關材料〉（1962年8月11-12日），北京市檔案館，檔號002-014-00160，頁2-4。

魯曉夫三無主義那一套，如用馬列主義、階級分析就看清楚了，就可以劃清界線。但對這些問題，我們同志中思想有分歧，不只是表現在這次莫斯科裁軍和和平大會，平時就有。[77]

　　彭真以陸定一提供資料為例，指稱「黑暗風」、「單幹風」在中共高幹間蔓延、瀰漫：「北京一個80人的高級幹部訓練班，其中有半數以上的人反對講成績是主要的。不把形勢講到黑暗一團，單幹就搞不成嘛」。彭真緊接著「活學活用」毛澤東的階級鬥爭視角，剖析「單幹風」源由：

　　講到階級、階層，頭腦就清楚了。階層的反映很重要。赫魯曉夫（Nikita Khrushchev，台灣譯為赫魯雪夫）還是階層，南斯拉夫開始是階層，現在出現了階級，出了資本家。你說富裕中農是不是我們的人，當然要說是，但他就跟貧農、下中農、工人一樣，也不是。這問題反右派時清醒了一下，以後就又不清楚了。

　　毛澤東聞後扳指細數：「反右派經過58、59、60、61、62年，已經經過五年了」。彭真繼而表示：「生產隊有壞幹部鬧單幹」。[78]此一對話或許促發毛澤東後來提出對農村普遍推行社會主義教育。
　　針對經濟規劃問題，彭真批評：「現在指標越來越低，愈少愈好」。毛澤東接應道：「走向反面，現在開始回升。總不能愈少愈好，愈低愈好，愈黑暗愈好」。鄧小平接續插話，針對陳雲在上半年經濟調整中提出的「短線平衡」表示：「恐怕也有問題」。[79]如此既引起毛澤東對陳雲「短線平衡」主張的好奇，更引來彭真對陳雲的一番痛批。
　　「短線平衡」是1962年3月7日陳雲在中央財經領導小組第一次會議提出，內容是：按照當年生產能量，並且動用必要庫存和穩定進口，使得供給和需求之間互相適應；經由短線經營以取得真正綜合平衡，正是鑑於「大躍進」以來

77　〈主席在核心小組會上的插話和羅瑞卿、彭真等同志的講話〉（1962年8月13日），頁11。
78　同上註。
79　同上註，頁13。

慣用長線規劃以求平衡，卻往往落空的教訓。在此情況下，經濟計畫指標必須可靠且留有餘地。[80]

陳雲的「短線平衡」在中心小組會議上被解釋給毛澤東和其他與會者以後，李井泉、柯慶施不約而同地表示「蘇聯、美國任何國家都有缺點」，意指中國「大躍進」的經濟規劃縱然有些缺失，也是事屬難免，無須大驚小怪。彭真賡續發言、應題發揮：「短線平衡就不是八字方針」，也就是指認陳雲的經濟主張不符中央提出的「調整、鞏固、充實、提高」方針，而且「這樣短線一輩子都是短的」。[81]彭真主張拋棄陳雲的「短線平衡」，努力實行「填平補齊」，[82]也就是要優先補強經濟短板和建設弱項。

彭真進而指出：「現在照抄外國與自力更生的矛盾解決了，現在的矛盾，是按第一個五年計畫、照抄蘇聯一套好，還是我們搞一套國際經驗與中國實踐相結合的經驗好？有人說，58年以來我們搞得一套都不對，爭論得很厲害」。[83]彭真指涉陳雲對蘇聯的計畫經濟模式抱殘守缺，卻不珍視中共自身的「大躍進」創舉。

毛澤東在中央高層大反「黑暗風」，特別不苟同陳雲的看法。7月20日，毛澤東還未動身去北戴河開會以前，召集各中央局第一書記開會表示：「有人說恢復農業要8年時間，如果實行包產到戶有4年就夠了，你們看怎麼樣？難道說恢復就那麼困難？這些話都是在北京的人說的。下邊的同志說還是有希望的」。[84]毛澤東口中的「有人」、「在北京的人」，主要就是陳雲，當然還有附和其意見的劉少奇、鄧小平，而彭真就無此「嫌疑」。

8月11日，毛澤東在中心小組會議表示：「對形勢的估計，還是今年1月擴大的中央工作會議的估計對。現在有人講農業恢復要什麼5年至8年，不要說那麼多年嘛，要有點希望，講得那樣長，就沒有希望了」。[85]在座的彭真聽聞至

80　陳雲，《陳雲文選（一卷本）》（香港：人民出版社、三聯書店（香港）有限公司，1996），頁343-345。

81　〈主席在核心小組會上的插話和羅瑞卿、彭真等同志的講話〉，頁14。

82　《彭真年譜》，第4卷，頁211。

83　〈主席在核心小組會上的插話和羅瑞卿、彭真等同志的講話〉，頁14。

84　中共中央文獻研究室編，《毛澤東年譜（1949-1976）》，第5卷，頁116-117。

85　同上註，頁132。

此不知會否略帶自豪地環視劉少奇、周恩來和鄧小平，特別是他在2月、3月之交即曾提出經濟情勢估計應仍以「七千人大會」估計為準，而當面與劉少奇意見相左。

那麼到底需要多少時間方能恢復經濟？毛澤東並非閉門造車而是多方探問。毛澤東特別欣賞河南洛陽地委書記紀登奎的看法，因為紀氏認為只要政策得當，僅需2、3年，不然要3至5年。毛澤東曾公然比較紀氏和陳雲的觀點，讓陳雲牢記在心而對紀氏有負面觀感。[86]毛澤東點名要紀氏參加北戴河會議，[87]可能是要他到會代表中低層幹部看法和心聲，以反襯許多高層領導人脫離群眾、背離實際。

根據訪談所得，毛澤東也曾徵詢彭真意見，問之預估經濟大約需時多久可以恢復，彭真答以2至3年。[88]彭真較諸「一線」其他領導人來得樂觀，比較符合毛澤東的心理期待。毛澤東對地委書記紀登奎尚且如此重視和讚賞，彭真想必也得之不少歡心。

8月15日北戴河中心小組會議上，毛澤東表示：「瞎指揮我們不幹了，高徵購改正了，農業恢復時間會快一些，恐怕再有兩年差不多了，主要是今明兩年，64年掃尾。不會像原來想的那樣，要搞恢復階段、發展階段，但估計要謹慎些」。[89]毛澤東2至3年恢復的時間估判，彭真對之有多少影響？彭真是否會有「英雄所見略同」之感？

六、政治得勢而與人不善

1962年盛夏，彭真在政治、政策上與毛澤東高度地「心有靈犀」，在高層當紅，走路有風。他也可能趁勢對其素不欣賞的黨內要人故意作難，反映其「得志就猖狂」、「恨小非君子」的政治個性。

86　Ezra F. Vogel, *Deng Xiaoping and the Transformation of China* (Cambridge MA: The Belknap Press, 2011), pp. 730-731.

87　中共中央文獻研究室編，《毛澤東年譜（1949-1976）》，第5卷，頁117。

88　中國大陸中共黨史研究者（F君）提供的資訊（北京，2014年8月）。

89　中共中央文獻研究室編，《毛澤東年譜（1949-1976）》，第5卷，頁135。

（一）對周恩來態度不遜

　　周恩來在毛澤東批判「黑暗風」時處境有些尷尬、甚至不利。周恩來和劉少奇一樣在經濟調整問題上全力支持陳雲，也代替病中的陳雲實際主持中央財經小組工作，並按之經濟主張具體規劃經濟調整方案。周恩來在5月中央工作會議就主導推出三項重大措施：一、為減緩城鎮糧食、副食品供應壓力，繼1961年，要再壓縮城鎮人口千萬；二、調降工業生產指標10%至20%，決心關、停、併、轉整頓後仍成效不彰的企業；三、壓縮基本建設規模，使之從1,800項減至1,000項以內。

　　兩個月後的北戴河會議期間，中央政治局決定由周恩來主持城市工作會議（7月30日至8月24日），負責領導國務院有關部門和北京、天津、上海、武漢、廣州、重慶、瀋陽、西安負責人共25人，討論執行落實5月中央工作會議的調整措施。彭真具有雙重角色：既協助周恩來主持城市工作會議，也藉機反映北京市以至其他要城的地方聲音。

　　如前所述，5月中央工作會議上，除了柯慶施表達異議，彭真可能也對周恩來主持的城市調整方案有些保留。北戴河會議期間，從彭真在中央工作會議中心小組會議和城市工作會議的發言，以及他對北京市委經濟工作的指導內容來看，可以注意到：彭真認為「大躍進」的確下放太多經濟權力，在經濟調整時「不收回不行」；但是隨著情勢不再如先前般嚴峻，應允許地方和企業留有部分機動權以促之「搞活」。他也要求北京市委進行調查並準備資料。

　　毛澤東批判「黑暗風」，以及城市工作會議兩位主持人周恩來、彭真調整「調子」不全一致，皆可能促使各城首長不願全盤接受周恩來5月主導而成的中央攤派方案，導致城市工作會議議論紛紛、雜音四起，稱是「傷筋動骨」、「大傷元氣」，甚至不指名地責備主持調整的周恩來。周恩來引導會議難度大大增加，不得不反覆解釋說明。田家英、吳冷西為周恩來在會中所受委屈極為憤慨，尤其是有人使用難以入耳之語影射周恩來。[90]周恩來這時還生病，[91]可說是屋漏偏逢連夜雨。

90　吳冷西，《回憶領袖與戰友》（北京：新華出版社，2006），頁199-200。

91　中共中央文獻研究室編，《周恩來年譜（1949-1976）》（北京：中央文獻出版社，1997），中卷，頁493。

北戴河會議期間，彭真和周恩來之間除了「黑暗風」和經濟調整程度問題有所差異，兩人在知識分子屬性問題上看來也有所別。1962年上半年，周恩來在陳毅協助下有意改善中共和知識分子關係，提出要為之脫去「資產階級」大帽、戴上「勞動人民」冠冕。

彭真在8月13日中央工作會議中心小組會議上表示：

> 對資產階級分子這幾年有左的，動輒給人家戴帽子，不把思想與世界觀分開。但資產階級知識分子還是有的。現在的知識分子，多數是無產階級知識分子，一部分介乎無產階級知識分子和資產階級知識分子之間，也有一部分是資產階級知識分子。不能資產階級還存在就沒有資產階級知識分子了。

毛澤東在旁插話：「講意識形態是資產階級知識分子」。[92]彭真的上述講話不禁令人聯想其對周恩來相關主張的針對性。

另外，根據李井泉近距離觀察和事後回憶，1962年彭真曾在中央會議眾目睽睽之下，直接「頂」過劉少奇、周恩來，讓之印象深刻；而且可能彭真對周恩來「頂」得過猛過兇，讓李井泉都有些看不下去，並為此向彭真「提過意見」。至於彭真「頂」周恩來的具體時地，不得而知。

彭真當周恩來之面驅趕馬洪一事，可側面反映：此時政治意氣風發的彭真，較不顧忌地表達自我喜惡和情緒，而不太注意周恩來感受，甚至顯得對之有失尊重。馬洪是高崗在東北局、國家計委的助手，而被列為高崗「五虎上將」、遭到降職懲處，薄一波不計馬洪過去曾跟從高崗批評自己的前嫌，將之調入國家經委工作。然而，彭真對馬洪人事任命案多次反對，薄氏只好將他收留在經委擔任研究工作。北戴河會議期間，周恩來主持討論中央文件的一次會議上，彭真見到馬洪在座，當場喝斥「怎麼這個人也能參加會議」，更發怒甩門震碎窗戶玻璃，只為將馬洪逐出會場。周恩來見此不悅地表示：「你（彭真）不要影響我的情緒！」[93]

---

92 〈主席在核心小組會上的插話和羅瑞卿、彭真等同志的講話〉，頁12。

93 馬雅，《大風起兮：馬洪傳——中共高層政爭內幕》（紐約：明鏡出版社，2014），頁123-

　　商業部部長姚依林「文革」中對彭真的政治揭發顯示：彭真在1962年夏對周恩來恐怕不僅只是態度不佳。1967年1月31日，姚依林表示：1962年仲夏孟秋，彭真找他談話四次，有兩次在北戴河會議期間，另兩次在中共八屆十中全會階段（預備會議和全會本身）。其中涉及周恩來的主要是前兩次談話。

　　第一次談話時，彭真向姚依林打聽周恩來「是否經常抓財經工作的問題」。可能彭真認為財經工作出現嚴重紕漏錯誤，具體分管財經的李先念、全面主管經濟的陳雲有責，領導國務院全局工作的周恩來也脫離不了干係。第二次談話時，彭真對姚依林表示：「過去有一個時期，聽說沒有資產階級知識分子了，現在聽說又有資產階級知識分子了，這就好了」。[94]這與彭真在8月13日發言中提及知識分子問題之處有所吻合。

　　1985年12月15日，姚依林回憶1962年北戴河會議：「會上對周總理壓力很大，有些人攻擊周總理，有些人看風向，黨內鬥爭十分激烈」。[95]此一觀察又是否與他「文革」時對彭真的揭發內容相連？

　　周恩來在政治上也非一盞省油的燈。他先與劉少奇、鄧小平商量，最後得到毛澤東同意，使中央常委會達致共識：階級鬥爭不能妨礙經濟調整進行；經濟調整的具體措施「非落實不行，不落實不散會」。[96]

　　1962年8月17日，周恩來在中央工作會議中心小組會議上，既對其先前「把困難說得多了一些」作自我批評，也適度辯解是「認識困難，克服困難」，而非「悲觀失望，一片黑暗」。[97]毛澤東在周氏發言時插話肯定：「調整工作是見效的，大家是有信心的」。劉少奇也表示：上半年壓減城鎮人口的任務如期完成，糧食供應負擔因而大為減輕；過去強調困難嚴重性，才促成大幅減員決心。[98]

　　125。

94　姚依林，〈關於我和彭真的關係〉（1967年1月31日）。

95　姚錦，《姚依林百夕談》（北京：中國商業出版社，1998），頁167。

96　吳冷西，〈回憶1962與周恩來的一次談話——吳冷西訪談錄〉，《黨的文獻》，2006年第4期，頁25。

97　中共中央文獻研究室編，《周恩來年譜（1949-1976）》，中卷，頁494。

98　吳冷西，〈周恩來在四年調整時期的重大貢獻〉，中國共產黨新聞：http://cpc.people.com.cn/BIG5/69112/75843/75873/5167246.html（2020年8月6日登入）。

　　毛、劉二人評論讓周恩來從「黑暗風」批判中獲得解脫，也讓他在北戴河繼續貫徹5月中央工作會議的經濟調整措施，得到強力政治支持。城市工作會議的後半階段，也就相對較為順利。彭真頗關注、欲著墨的知識分子政治定位問題，毛澤東也沒有向周恩來發作。彭真在經濟調整時期與周恩來存有政策分歧，若曾試想找他麻煩，也無法遂其所願。

（二）對李先念、陳雲欲加找碴

　　彭真與李先念在黨內關係、政策主張存有距離和隔膜，主要原因就在李先念與陳雲的交情深入和理念相近。1937年李先念率領「西路軍」殘部敗逃新疆，陳雲出面接迎，兩人公私關係自此建立；1954年李先念從中南上調中央，接替鄧小平出任財政部部長，他以陳雲為師學習管理經濟工作，兩人關係更加緊密，在之後經濟政策上也高度相似和重疊。李先念在「反冒進」跟著周恩來、陳雲犯錯誤；「大躍進」「糾偏」階段以至1959年廬山會議前期，他也是更多地著重談論運動偏失問題（其向中央所作檢討，還經過彭真之手）；1962年上半年李先念作為中央財經領導小組副組長，對經濟情勢同樣悲觀看待，用心協助周恩來、陳雲推行經濟調整。

　　「大躍進」後若干具體財經政策，彭真與李先念也有觀點差異。周恩來、陳雲和李先念一致主張自國外進口糧食以緩解國內糧荒，彭真則總是強調不要過分誇大其作用、莫可對之產生依賴，並要盡早停止。關於農村自由市場開放問題，陳雲、李先念傾向開綠燈放行，彭真則否（李氏與彭真在反對包產到戶上倒是可能較為相近）。1962年夏李先念因為遭到毛澤東批評而不甚好過。彭真如果想趁機刁難李先念，不是沒有政策認識分歧的緣由，另外同時還有聯動敲擊陳雲、甚至周恩來的政治效果。

　　7月中旬，毛澤東一方面因為包產到戶主張在中央高層流行而大發雷霆，質問：「是走集體道路呢，還是走個人經濟道路？」另一方面，他也強烈批評中央部會存在不與黨中央保持通氣，而自行其事、自以為是的「分散主義」，其中就特別點名國家計委和隸屬李先念財貿系統的商業部。[99]

　　北戴河會議將農村、財貿和城市工作列作主要議程。毛澤東對財經、商業

99　楊尚昆，《楊尚昆日記》，下冊，頁196。

工作的批評，到北戴河開會以後有增無減。8月10日中心小組會議上，毛澤東批評李先念領導的財貿部門遲未妥善處理與農民等價交換的問題，對中央早先提醒置若罔聞。[100]因為相關財貿政策失察和失調，造成對農民的嚴重剝削和強取豪奪，毛澤東更直批商業部是「破壞部」。[101]

李先念面對毛澤東的「天威」盛怒，首先率「財經口」各部認錯；其次做足自我批評，坦承犯有「看問題多，看困難多」的「職業病」，對困難情勢估計「可能過分一些」，但非「一團漆黑」，而且相信困難僅是一時，前途仍舊光明。[102]再來卯足幹勁研議毛澤東關心的重大財貿議題，包括：等價交換、物價、自由市場和糧食進口。他也奉命參與制定商業工作的指導文件。

彭真在北戴河會議期間對財貿問題頗為用心，聽取彙報、參與討論。[103]北戴河會議期間，讓彭真喜的是，毛澤東與之立場相近，也認為進口糧食要壓減；恐使之不樂的是，毛澤東恩准開放自由市場。

根據姚依林「文革」中對彭真的揭發，彭真在北戴河會議和緊接在後的八屆十中全會，打著心懷不善的主意，除了前面所提的針對周恩來，他還上下打量李先念和陳雲，圖謀對之進行政治襲擊。如果姚依林的揭發確有其事，或可設想彭真之所以找上他，遠可能上溯兩人過去在晉察冀有上下共事關係（彭真為黨委書記，姚依林為秘書長），近可能是姚依林對經濟調整情勢看法，與自身相近、偏屬樂觀（姚依林還曾被劉少奇批評是「樂天派」）。另外，姚依林領導的商業部這一陣子被毛澤東批作「分散主義」、「破壞部」，可能內心脆弱，易被唆使。

根據姚依林的「文革」說詞，彭真在北戴河會議首次找他談話，詢問陳雲使用何人、其領導財經工作有何經驗，以及1953年財經、商業工作錯誤的底蘊。彭真也問到李先念經常向何人報告財經工作問題，以及他領導財經工作的經驗。彭真在第二次談話時，對姚依林大講一通毛澤東的「發展經濟、保障供給」主張，還說毛氏此一方針時而被貫徹執行、時而則不。彭真在北戴河兩次

100 中共中央文獻研究室編，《毛澤東年譜（1949-1976）》，第5卷，頁131。

101 《李先念傳》編寫組、鄂豫邊區革命史編輯部編，《李先念年譜》（北京：中央文獻出版社，2011），第3卷，頁485。

102 同上註，頁485-487。

103 《彭真年譜》，第4卷，頁212-213。

談話以後，姚依林都隨即報告李先念。

北戴河會議結束、班師回朝北京以後，彭真第三次約見姚依林，首先問到李先念、陳伯達起草商業工作文件情況，特別是其間有無分歧、討論是否正常。姚依林回憶：

> 隨後他就對我說，現在黨內正在進行一場大鬥爭，鬥爭的規模很大，比1959年反彭德懷的鬥爭還要大。你應該在中央全會上作一個發言，講商業工作的問題，不僅要講商業部的問題，而且要講商業各部的問題。不僅要講今後，而且要講過去的經驗教訓。現在許多人不聽主席的話，你們財貿部門就有人不聽主席的話，聽說怨氣很大。我可以舉得出名字，現在就是不舉名字。

彭真為何會找上姚依林，要他在即將召開的中共八屆十中全會上「造」李先念、財貿系統的「反」呢？姚依林表示彭真強調對之的信任，而且還抬出鄧小平：

> 因為你是擁護主席的，過了社會主義關的，所以我才對你講這些話。有些地方同志不信任你們，問你們是否可靠。我和小平都說，你是可靠的，至於有缺點錯誤是另外一回事。希望你好好考慮，作一篇好的發言，如果你想同我商量，過幾天你還可以找我來商量。

彭真最後又向姚依林提問一些具體問題，例如：「是誰主張在河南用3斤糧食換1斤烤煙的，是誰主張用7尺棉布換1斤棉花的」。[104]有論者指出此即針對陳雲而來。[105]

第三次談話後，姚依林也立即告知李先念，徵求其同意後，即向周恩來報告彭真的三次談話內容。姚依林解釋：「為什麼要向總理匯報呢？因為第三次談話已經不是一個不正常的問題了，而是在拉我，授意我向某些中央負責人進

104 姚依林，〈關於我和彭真的關係〉。
105 司馬清揚，《周恩來與林彪》（紐約：明鏡出版社，2012），頁161。

行攻擊」。[106]李先念、姚依林決定向周恩來報告彭真暗中遊說行徑，除了事涉周恩來，在陳雲以病躲禍以後，周恩來就是他們最直接的政治庇護了。

李先念若聯想到：他早年在新四軍第5師的兩名部屬王翰（監察部黨組副書記、副部長）與鄭紹文（司法部黨組書記、副部長），已先後在彭真主導的政法部門「反右派」和整風中倒台。現在彭真狀似殺上門來，是否也被嚇出一身冷汗？

根據姚依林描述，數日之後，彭真又找他談話。彭真見面即質問此前兩人談話何以「外流」：

> （彭真）一開頭就說，我聽說你把我說的告訴總理和小平了。我說，沒有告訴小平，告訴了總理。他問：你對總理說了些什麼？我說：就是你講的那些。他問：總理有什麼表示？我答覆，總理說：你自己多考慮，實事求是。

彭真接著一改之前試圖策動姚依林對財經系統進行「窩裡反」的態度，轉而向其強調黨內團結：

> 聽說你們討論商業工作問題的決定意見已經一致了，這就好了，可以少說許多話了，黨內可以團結一致了。你在全會上的發言，可以90%講今後工作問題，只要用10%講講過去就行了。黨內要團結。我上次找你談話，主要是聽說先念在小組會上講得好，你講得不大好，所以找你談談。

姚依林不滿彭真指稱他表現不佳，也迅速向李先念、周恩來通報彭真的第四次談話。[107]

如果確實如姚依林「文革」證詞所言，彭真暗地鼓動姚依林在八屆十中全會上發言批判財貿工作，以達政治損傷李先念、陳雲以至周恩來的「一石三鳥」之效，彭真又為何突然收手？周恩來將彭真找姚依林密談情況告知鄧小平

---

106 姚依林，〈關於我和彭真的關係〉。

107 同上註。

（彭真問姚依林是否將談話之事告訴周恩來和鄧小平），要鄧小平節制他的書記處副手彭真？或是毛澤東、劉少奇已輾轉得知彭真相關所為並不表認同，而讓彭真知難而退？

　　李先念在八屆十中全會上對財貿商業工作的報告、其亡羊補牢制定的政策文件，以及具體工作安排，分別獲得毛澤東、鄧小平稱許。[108]使得李先念終而能從1962年夏政治風波安然脫身，彭真就算欲找之糾纏也只得作罷。

七、八屆十中全會振振有詞

　　9月27日上午，彭真在中共八屆十中全會上發言，首先砲轟「黑暗風」：

　　「七千人大會」後，出現了一股「冷空氣」。對大躍進以來的工作持三種態度：一是正視檢查和改正工作中的缺點錯誤，總結經驗教訓。這種人不發生立場、方向問題，但缺乏調查研究。二是抓住工作中的缺點錯誤，標榜自己正確，颳各式各樣的翻案風。三是一些右派分子，幸災樂禍。在這樣的精神狀態下，有一部分人認為倒退就合乎馬列主義，經濟發展指標越低越好，速度越慢越好，對生產產生了不利的影響。

　　彭真批判「黑暗風」時也提醒：「過去我們曾犯過瞎指揮、高指標、違反綜合平衡和『五風』等錯誤，切不要重犯，但不要因為現在有右，又出『左』」。[109]

　　薄一波回憶：「在十中全會最後一天，有的同志發言批評說：現在是越低越好，越少越好，越慢越好，越黑暗越好，把大躍進說得越不像話越好，越鬆勁、越單幹越好。今後5年不能光講是恢復」。相關講話還當場引起毛澤東同感：「今後5年不只是恢復，一定要有所發展」。[110]薄一波僅以「有的同志」

108 中共中央文獻研究室編，《毛澤東年譜（1949-1976）》，第5卷，頁155-156。《李先念傳》
　　編寫組、鄂豫邊區革命史編輯部編，《李先念年譜》，第3卷，頁494。
109 《彭真年譜》，第4卷，頁216-217。
110 薄一波，《若干重大決策與事件的回顧》（修訂本），下卷，頁1110。

相稱，而無明說姓名，但是將其回憶與《毛澤東年譜》互相比對，包括：發言日期、場合，以及毛澤東插話時機和內容。此一嚴屬批評「黑暗風」的「同志」，很可能就是彭真。[111]

彭真在全會上為「三面紅旗」強力辯護，堅稱其「倒不了」：

> 沒有人民公社，不依靠集體經濟，能渡過三年困難嗎？能興修這麼多水利嗎？工業方面，是不是躍進要「三比」，鋼產量三年內由535萬噸，增長到1,800萬噸，機械設備由4,100種增加到9,600種，設備自給率由60%增加到85%以上。問題是我們搞過了頭，口張得太大。因此，不應當把三年困難都推到工作中的缺點錯誤上。[112]

彭真強調毛澤東倡議的「社會主義建設總路線」正確無誤，而是執行環節出紕漏，並自承有過失：

> 毛主席提出的總路線、總方針是普遍真理，必須結合實際，全面貫徹執行，要下功夫調查研究，弄清條件，需要發揮創造性，有所發展。除個別人外，過去我們大家接受了毛主席提出的方針，但是沒有好好研究，有的沒有全面地調查研究，貫徹執行。我就是一個。[113]

彭真自我批評後轉而嚴詞批評「恢復論」，這應可看做是他對陳雲的缺席批判：

> 有同志強調「恢復到1957年」，這不符合「八字」方針的要求。它一是認為大躍進一切都搞壞了，需要倒退。二是「恢復」以什麼為標準？如農業，地區間有差別，有的地區產量一直有發展；有的地方受了災，災後提「爭取豐收」更為確切。至於工業，更不能提「恢復」的口號，難道說鋼

---

111 中共中央文獻研究室編，《毛澤東年譜（1949-1976）》，第5卷，頁159。

112 《彭真年譜》，第4卷，頁217。

113 同上註。

的品種，我們要從850種退到三年前的320種嗎？我們能從自己設計、自己製造、安裝再退到依靠蘇聯嗎？能從總路線、大躍進的道路再恢復到照搬蘇聯，搞教條主義嗎？總之「恢復論」給不了我們武器和信心。[114]

彭真最後講到階級鬥爭和建設工作的問題：

> 幾年來，一條痛苦的經驗是，我們的建設工作常常被國內外的階級鬥爭所干擾，特別是1959年的廬山會議和1960年的反修鬥爭，某種程度上掉進了階級鬥爭的陷阱，今後絕不能重複。這次全會以相當大的精力對付階級鬥爭，是必須的、正確的，但是全黨主要是縣以上幹部切記不要再重複這種錯誤。[115]

彭真在1959年廬山會議期間和下山後的「反右傾」，都如猛虎出閘、銳不可擋；劉少奇在廬山上一度考慮向毛澤東建議：推行政治「反右傾」的同時，經濟續行「糾偏」。但是劉少奇與彭真相談後，即放棄此一想法。「反右傾」也確實壓倒、中止經濟「糾偏」工作。1960年的對外「反修鬥爭」，彭真亦扮演經常代表中方出頭與蘇共相爭的角色。

彭真的全會發言提醒不要重複掉進階級鬥爭陷阱的錯誤，除了有親身政治實踐、知曉後果得不償失，而做的自我省思和更新認識；更重要的是，階級鬥爭必須抓、但經濟調整不能放，乃是中央層峰記取教訓後形成的政治共識——由劉少奇倡議、周恩來和鄧小平支持，最後為毛澤東認可。

彭真在全會批評「黑暗風」、「恢復論」，豈會放過他高調反對的「單幹風」？彭真的官方傳記和年譜對此保持緘默、隻字不露。有論者指出：八屆十中全會最後一天幾位領導人批評「單幹風」，都比毛澤東嚴厲，毛澤東的講話調子倒是相對溫和。[116]當日發言者有彭真、柯慶施、李富春和劉瀾濤。

彭真強力反對包產到戶和分田、嚴厲批判「單幹風」，毛澤東知之甚詳也

---

114 同上註。

115 同上註。

116 逄先知，〈毛澤東和他的秘書田家英〉，董邊、譚德山、曾自編，《毛澤東和他的秘書田家英》（北京：中央文獻出版社，1990），頁71-72。

給予讚賞。有資料指出：1962年10月，田家英曾對中央辦公廳工作人員傳達八屆十中全會情況。其中提到毛澤東批評「單幹風」時表示，在困難當前，黨內有三種人：動搖害怕者如鄧子恢；幸災樂禍者有彭德懷；「堅決克服困難、不動搖」者有林彪、周恩來、彭真、柯慶施、李井泉和陶鑄。[117]

柯慶施、李井泉和陶鑄是地方大員，以緊隨、迎合毛澤東的激進政策主張為名。中央領導人方面，毛澤東點名表揚的中央常委只有林彪和周恩來（中辦人員詫異毛澤東沒提到劉少奇、鄧小平），另一個就是中央常委之外的彭真。

事實上，對於包產到戶和分田，這三人程度還是有差別：林彪曾被陳雲遊說而短暫動念；周恩來有保留但沒堅決抵制。彭真則一直將之看做「滑溜坡」、「搞資本主義」而加以反對和批判。更重要的是，彭真因此而獲得毛澤東的充分信賴。[118]

劉少奇之子劉源後來曾以彭真在1960年代初不支持包產到戶、分田到戶為例，強調彭真對毛澤東「一直很尊重」、「盡力緊跟」，並指出彭真「和毛主席的觀點比較一致」。[119]由此也可襯托出當時毛澤東和彭真之間的政治合拍程度，乃高過於劉少奇和彭真之間。

彭真在中央「一線」內猶如「一枝獨秀」的表現，也讓比較激進的黨人刮目相看、佩服欽羨。譚震林在「文革」中表示：「在三年困難時期，陳雲、鄧小平都犯了錯誤，就是彭真是促進的」。[120]李井泉「文革」時也說：「大概是在大躍進以來，一個時期內，在一些問題上，接受了彭真的影響」；「我過去對彭真有過好感」，因為其「在困難的時候敢『頂』，還有能力」。[121]

最後，必須指出：彭真在中央高層會議上以強硬反對包產到戶、分田的政治相貌著稱，並自感光榮，堅定批判「單幹風」。但是他對於陷入「單幹風」

---

117 戚本禹，《戚本禹回憶錄》，上冊，頁282-283。

118 劉政、張春生，〈從歷史的幾個重大關節看彭真和毛澤東的關係〉，《領導者》，頁151-152。

119 黃崢執筆，《王光美訪談錄》，頁391。

120 〈譚老闆答記者問〉，首都紅代會北京農業大學《東方紅公社》主辦，《新農大》，第21期，1967年6月10日，版2。

121 〈打倒李井泉〉，李正中輯編，《文革史料叢刊第一輯》（台北：蘭臺出版社，2015），第4冊，頁330-331。

爭議的中低層幹部，處理態度倒是較為和緩。

　　河北省副省長胡開明係彭真的晉察冀舊部，他被毛澤東認定為對包產到戶阻擋不堅決，而點名批評，甚至要他到中央會議發表「高見」。[122]彭真答稱胡氏已作檢討，無須再到中央會上陳述，有技巧地對他「保了一下」。[123]

　　彭真在處理中共中央辦公廳《群眾反映》事件、《人民日報》房山調查組事件，也有類似放之一馬情況。田家英在中央辦公廳編辦《群眾反映》，曾以專刊形式同時介紹贊成和反對包產到戶的文章資料。譚震林欲藉批判「單幹風」找他麻煩，而被彭真制止：「你有意見可以，但不能去追查人家呀。如果他們什麼都不反映，我們怎麼知道底下的情況」。[124]《人民日報》社派調查組至北京市郊房山縣蹲點調查，被當地幹部指控涉嫌鼓吹包產到戶，彭真也簡單打發、助其過關。[125]

八、參與反「翻案風」、批鬥習仲勳

　　關於1962年夏習仲勳問題的形成和處置，閻紅彥的告狀、康生的誣陷、毛澤東的認可，以及劉瀾濤的擴大事端和株連，乃較為人熟知。事實上，彭真偕同鄧小平對此事也扮演積極、重要的角色。

（一）習仲勳、《劉志丹》問題提出

　　習仲勳出身於陝北共黨，與劉志丹、高崗有生死與共的經歷。劉志丹死後，習氏和高崗一直保有深厚的戰友情誼。在毛澤東支持下，高崗在延安時期出任中共西北局最高領導人，在西北革命歷史中也享有榮譽地位，出身另一支陝北土共的閻紅彥不服而向上申訴，未獲理睬。高崗之後轉赴東北，向中央推

122 李桂花，〈胡開明「上書」毛澤東保薦「三包到組」責任制始末〉，《黨史博采》，2009年第1期，頁40-42。《毛澤東年譜（1949-1976）》，第5卷，頁136。

123 老鬼，《胡開明——大饑荒中為民請命的河北省副省長》（香港：新世紀出版及傳媒有限公司，2013），頁214。

124 戚本禹，《戚本禹回憶錄》，上冊，頁251-253。

125 金鳳，〈調查報告和政治氣候——記北京郊區「包產到戶」的調查〉，人民日報史編輯組編，《人民日報回憶錄（1948-1988）》（北京：人民日報出版社，1988），頁163-169。

薦習氏接任西北局書記。第二次國共內戰期間，習氏與彭德懷共事西北、相處融洽。

中共建政初年，習氏「進京」任職，政治鋒頭雖不若高崗「一馬爭先」，兩人仍保持密切聯繫。高崗出事後被勒令在家檢討、接受調查。習氏因為與高崗私交甚篤，不免受到異樣眼光；但是他努力配合中央指示，盡職勸說高崗「認錯」、「認帳」。中央層峰有意不擴大打擊，習氏因而獲得「有意識保護」（鄧小平語），而不被繼續追查和追究。毛澤東要習氏卸下「包袱」、放手工作，其也認分、認真協助周恩來處理政府事務。

毛澤東在1959年廬山會議上將彭德懷和高崗定調為合謀的「反黨集團」，過去因為高崗關係而遭到政治牽連和連坐的幹部，如所謂高崗「五虎上將」張秀山、張明遠，被召至北京集中開會，被責令交代彭德懷與高崗的政治「勾結」。[126]高崗遺孀李力群也成為被重點調查的對象。

原高崗秘書、國家計委副主任安志文（其兄中組部部長安子文），因為他配合中共中央揭發、處理高崗問題，轉而被交辦負責在第一線聯絡和監管高崗夫婦。廬山會議後安志文找李力群談話，要求她就其所知交代高崗與彭德懷、習仲勳等人關係。安志文和李力群之間的談話錄音，中央書記處成員李富春、楊尚昆和安子文還曾一起聆聽。[127]彭真豈會不知曉、不關心此事？李力群晚年回憶：彭真也親自出馬找之談話，意圖從其口中獲得他有興趣的資訊。[128]

李力群1959年證詞主要揭發高崗、彭德懷和習仲勳之間的「反黨活動」和「不軌」言行，例如：她聲稱習氏秘密向高崗通風報信。因為高崗已死、彭德懷也已成「死老虎」，李力群的揭發內容對仍在臺上的習氏較具政治殺傷力。但是習氏在廬山會議謹言慎行，而沒有被「盯上」，李力群提供的文字「砲彈」也只好暫時存參，等其真正被派上用場，就是三年後習氏在中央會議上被批判主持撰寫「反黨小說」《劉志丹》（上冊）。

《劉志丹》小說的作者是劉景範之妻李建彤，即劉志丹弟媳。李建彤為寫

126 習仲勳，〈懷念張秀山同志〉，中共中央黨史研究室編，《習仲勳文集》（北京：中共黨史出版社，2013），下卷，頁1307。
127 楊尚昆，《楊尚昆日記》，上冊，頁429。
128 李肅，〈1949之後：高崗遺孀喊冤〉（2007年12月28日），美國之音：https://www.voachinese.com/a/a-21-w2007-12-28-voa61-58265657/1073623.html（2022年3月25日登入）。

書遍訪西北「老幹部」，收集資料也徵求意見，訪談對象包括：習仲勳、賈拓夫，以及在西北歷史上與高崗、習氏素來不睦的閻紅彥。

閻紅彥反對李建彤為劉志丹寫傳，認為應該要以西北另一革命領袖謝子長為題。習氏認為西北歷史複雜，再加上高崗敗亡殷鑑不遠，何必自惹塵埃、沒事找事，所以對李建彤的撰寫計畫也不表贊同。但是李建彤鍥而不捨、努力寫作，本來態度保留的劉景範轉而支持，更出面勸說習氏對之也予以支持。習氏終而鬆口，認為「要寫就寫好」，並具體建議小說要迴避政治禁忌，不要觸及高崗，也要符合政治時宜地體現、彰顯毛澤東的英明領導。[129]

李建彤的《劉志丹》部分章節，1962年夏開始在報刊連載，立即引起閻紅彥不快，他在7月23日與習仲勳通話，表示不同意出版該書（習氏將其意見轉告李建彤）。另外，閻紅彥也連發數箭：

一、閻氏以其政治影響力，電話要求相關報刊停止登載《劉志丹》。他也嘗試規勸李建彤修改內容和放棄出版，遭到後者嚴拒，兩人不歡而散。二、閻氏串聯在西北革命歷史問題上與之立場相近者，如賀晉年和吳岱峰，共商處理《劉志丹》對策。[130]三、閻氏聯絡和報告中央政治局候補委員、中央文教小組副組長康生，要之關注和協助處理此事。[131]四、8月17日，閻氏致信楊尚昆，簡述自身看法，並提請中央書記處看閱其信，關注此事。[132]五、8月22日，閻氏看望中央書記處候補書記兼西北局第一書記劉瀾濤，表達其對小說「有原則上的不同意見」。

經過閻氏努力奔走，北戴河會議後期《劉志丹》問題已在部分高級領導人間，成為一個茶餘飯後的話題，也獲得一定迴響。8月22日，彭真、劉瀾濤、林鐵、李葆華共進晚餐，餐後一起觀賞河北梆子表演。眾人在中場休息時間閒

---

129 李建彤，《反黨小說《劉志丹》案實錄》（香港：星克爾出版有限公司，2007），頁84、97、106-107、244。習仲勳，〈永遠難忘的懷念〉，中共中央文獻研究室編，《習仲勳文集》，上卷，頁493。

130 李建彤，《反黨小說《劉志丹》案實錄》，頁50-51、115。

131 薄一波，《若干重大決策與事件的回顧》（北京：中共中央黨校出版社，1993），下卷，頁1095。

132 李原，《只唯實：閻紅彥上將往事追蹤》（昆明：雲南人民出版社，2003），頁174。

來話聊，賀龍就針對過分宣傳劉志丹等問題提出意見。[133]

另外，康生接獲閻氏陳情和舉報後，先要求中央宣傳部在全國範圍內停止刊載《劉志丹》，自己也進行查訪，如8月20日約劉瀾濤談論李建彤的小說問題。[134]8月24日，康生致信楊尚昆表示：「《劉志丹》這本小說替高崗翻案，把劉志丹思想凌駕於毛澤東思想之上。這不是一個單純的文藝寫作問題，看來是帶有政治傾向性的，是以習仲勳為首的一些人組織秘密反黨小集團，利用小說反黨」。[135]康生並要求中央書記處查處此事。[136]

康生之所以見獵心喜，對習仲勳痛下毒手，可能出於兩人歷史上的政治分歧。習氏妻子齊心後來表示：康生在延安時期偏激的整風、審幹運動，以及國共內戰時期激進的土改政策，都受到習氏抵制。[137]齊心說詞或也反映習氏認知。

習氏受周恩來之託在北京留守「看家」，而無參加北戴河會議。會議接近「鳥獸散」時，習氏才到北戴河稍作休息。北戴河會議後期圍繞在《劉志丹》問題上的政治動作頻頻，以及高層逐漸浮現對之的議論，習氏可知嗎？

8月26日，八屆十中全會預備會議在北京召開。《劉志丹》問題也從北戴河轉回北京繼續延燒。

（二）毛澤東、鄧小平和彭真支持批判意向

無論是閻紅彥或康生都要求中央書記處介入和處理《劉志丹》問題，書記處沒有等閒視之。楊尚昆是分管工、青、婦事務的後補書記，而規劃《劉志丹》寫作和出版的工人出版社，隸屬於全國總工會；刊載《劉志丹》部分章節的《工人日報》、《中國青年報》，分屬於全國總工會和共青團的機關報。北

---

133 思濤，《劉瀾濤生平紀事》（北京：中國文史出版社，2010），頁120。

134 同上註。

135 張志功，《難忘的二十年——在習仲勳身邊工作的日子裡》（北京：解放軍出版社，2014），頁12-13。

136 薄一波，《若干重大決策與事件的回顧》，下卷，頁1095-1096。

137 齊心，〈我與仲勳風雨相伴55個春秋〉，《習仲勳革命生涯》編輯組編，《習仲勳革命生涯》（北京：中共黨史出版社、中國文史出版社，2002），頁658。

戴河會議結束後，楊尚昆即趕回北京，安排人員調查相關單位。[138]書記處正副領導人鄧小平、彭真自然也捲入其中，而且程度頗深。

《劉志丹》的爭議和相關指控，直接涉及習氏，非同一般。中央書記處向毛澤東報告並尋求其裁示，是符合組織程序、政治原則的做法。

根據康生1967年9月的說法，毛澤東很快就有所表示：此屬「用筆桿子殺人」、「進行反黨活動」，「混在黨內、繼續冒充革命的人」藉由「寫政治小說」，「找我們算帳」。毛澤東找康生談論《劉志丹》的時間，可能在康生致信楊尚昆後的第三天，即八屆十中全會預備會議剛開始之時。[139]如果康生說詞屬實，毛澤東若已表認同對準《劉志丹》和習仲勳的告狀，又為何沒有立即對之發出攻擊令？可能原因是毛澤東這時首重關心、處理的問題：一是對農村包產到戶和其主張者鄧子恢的批判，另一是彭德懷的「翻案」。前一個問題關乎中國社會主義建設的倒退與否，後一個問題直接觸及毛澤東的黨內領導威信和地位。

1962年初中共「七千人大會」上，劉少奇代表中央指稱：彭德懷秘密從事「反黨小集團篡黨」，並與外國人在中國進行「顛覆活動」，所以不能平反。彭德懷聞後極為憤慨，奮筆疾書完成長篇申訴信，即《八萬言書》，在6月上報黨中央。8月22日，彭德懷又再次致信中央和毛澤東，催促對之重啟調查。

毛澤東在北戴河會議期間幾度發出對彭德懷的批評和不滿，他批判「翻案風」就舉之為例。八屆十中全會預備會議「頭一個多星期重點討論」農業文件、批評鄧子恢的「單幹風」。[140]9月3日，毛澤東開會決定將批判彭德懷意圖「翻案」作為會議重要議程，下令各小組討論彭德懷的6月、8月來信。[141]

彭德懷的彪炳戰功，以及現實證明他1959年盧山會議的示警不無道理，皆讓毛澤東感到芒刺在背，必須優先處置。毛澤東可能為了避免分散會議鬥爭焦點和火力，暫且先將習仲勳和《劉志丹》問題置諸一旁，待批判彭德懷已成勢以後，再將之排入會議議程，一案緊接一案，以示「翻案」成風、成災，迫使中央必須痛加回擊。

---

138 蘇維民，《楊尚昆談新中國若干歷史問題》（成都：四川人民出版社，2010），頁125-126。
139 溫相，《高層恩怨與習仲勳──從西北到北京》（香港：明鏡出版社，2008），頁498-499。
140 鄧力群，《鄧力群自述（1915-1974）》，頁434。
141 思濤，《劉瀾濤生平紀事》，頁120。

　　中央書記處主要負責人鄧小平和彭真，各自對習仲勳和《劉志丹》問題的政治意向為何呢？鄧小平是高崗倒台的重要關係人，也是閻紅彥的戰時「老長官」和西南局「老上級」，公私互動密切、友好。閻紅彥舉發《劉志丹》暗藏扭曲歷史傾向和美化高崗問題，據其身邊工作人員回憶，鄧小平自始即予肯定和鼓勵，曾在李井泉、閻紅彥面前表示：「老閻吶！你辦了一件大好事。堅持下去！」[142]另外，毛澤東在北戴河會議上嚴厲批判的「黑暗風」、「單幹風」，鄧小平都有涉入，或因而可能想在批判習仲勳、《劉志丹》上力求表現以戴罪立功。鄧小平、習仲勳在西藏問題的複雜人事糾葛，或可能也是一項原因。

　　彭真在同一問題上亦可能有更強烈的個人動機。彭真、高崗互相視為死敵，高崗自殺後，彭真餘恨未消，甚至遷怒於其舊屬如馬洪。彭真與習仲勳在歷史上鮮少在同一單位共事（七屆一中全會後，兩人曾很短暫地作為中組部正副部長，之後即分赴東北局、西北局），「進城後」在中央工作上雖有一些交集（如民族統戰），似也無太多個人情誼。相對地，習氏與高崗交好交心，彭真是否因此對之懷有芥蒂，不得而知。彭真與高崗的陝北對頭閻紅彥熟識，同處延安中央黨校，1959年廬山會議後還勸其上任雲南省委第一書記。閻氏揭發《劉志丹》企圖為高崗評功叫好，彭真易生同仇敵愾之感；習氏、劉景範被指控是此一小說的背後主謀，彭真對他們心生惡感和敵視，不難想見。更何況，一旦聞知毛澤東認同相關政治指控，並認定習仲勳等人與高崗、彭德懷沆瀣一氣，可能更加堅定彭真欲去之而後快的心志。

　　八屆十中全會預備會議發起和展開批判習仲勳和《劉志丹》，就是鄧小平、彭真遵從毛澤東旨意，經由中央書記處討論、領導和安排。

（三）全會預備會議大批習仲勳和《劉志丹》

　　9月初閻紅彥閱畢《劉志丹》，再次致信楊尚昆和中央書記處，直批「利用宣傳劉志丹的名義」，實為重新宣傳和肯定高崗當年篡改捏造以其為領袖的西北歷史。閻氏進而具體建議：一、將此書印發給預備參加中央全會的「西北老同志」讀閱；二、由中宣部針對此書舉辦一次座談會，以3至5天時間討論

---

142 李原，《只唯實：閻紅彥上將往事追蹤》，頁4。

書中涉及的原則性問題。[143]

　　中央書記處（鄧小平、彭真）沒有採納閻氏所提召開座談會建議，或有兩方面考慮：一、如前所述，毛澤東決定先攻、主打彭德懷的「翻案」問題，無暇另辦研究《劉志丹》問題和西北革命史的座談會；二、習仲勛和《劉志丹》問題恐不能以簡單座談討論方式解決，而須經激烈揭發和鬥爭，才能在政治上明辨是非、厲行賞罰。

　　遵照毛澤東的會議進程指示，十中全會預備會議的各分組全力批判彭德懷，不消幾天就已成功掀起對其嚴厲討伐的浩大聲勢。薄一波就稱「不亞於1959年廬山會議那一次」。[144]

　　彭德懷的「翻案風」被壓制得差不多，接下來就該處理習仲勛、《劉志丹》的「翻案風」。9月8日鄧小平主持、彭真出席的中央書記處會議，除了討論生產問題，也談論對《劉志丹》問題的「處理辦法」。[145]恐非時間巧合，針對習仲勛和《劉志丹》的批判攻勢也在同日開始打響，這背後不無可能有書記處的巧心引導。

　　閻紅彥9月3日致信建議書記處舉行《劉志丹》座談會，書記處雖沒接受，但可能正是在其示意和鼓勵下，閻氏9月8日在西南組首度以《劉志丹》問題向習仲勛發難，並獲得康生唱和。閻氏表示：在當前國內、國外氣候下，各路人馬都藉機出動鬧「翻案」；《劉志丹》乃是習仲勛「主持」寫成，「是利用宣傳劉志丹來宣傳高崗」。康生質問：「現在的中心問題，為什麼要在這個時候來宣傳高崗？」閻紅彥和康生的發言在大會「總72號簡報」刊出，而為全體與會者週知，引起「爆炸性轟動」。[146]這可能就是鄧小平、彭真在書記處開會想出的「處理辦法」之一。

　　習仲勛聞知閻紅彥、康生公然批判他後，忐忑不安，直說李建彤不聽勸告，為之製造麻煩，也向秘書抱怨：雖早知有人對小說有意見，「但沒有想到有人會在中央的大會上把這個事情上綱上線」，「說我借寫劉志丹為高崗翻

143 同上註，頁174-175。
144 薄一波，《若干重大決策與事件的回顧》，下卷，頁1093。
145 思濤，《劉瀾濤生平紀事》，頁120。
146 薄一波，《若干重大決策與事件的回顧》，下卷，頁1096。

案，則是無中生有」。[147]

9月中旬開始，會議各組批判彭德懷搞「翻案」之餘，開展批判習仲勳和《劉志丹》，將之作為批判「翻案風」的另一標靶。[148]劉瀾濤為首的西北組在批判習氏問題上扮演主攻角色（僅陝西省省長趙伯平仍認為「仲勳是個好同志」）。[149]西北是劉志丹、高崗和習氏的起家之地，也是習氏立下事功之處，與在地人士關係綿密，欲刨習氏政治老底、毀其勢力根基，就必須由西北組負責。習氏出身西北，可能也分到此組。對劉瀾濤和組內的「積極分子」而言，對習氏決不縱放，使之插翅難逃，實亦是自證黨性、爭榮固寵的難得機會。

西北組討論內容從「集中討論鄧子恢的錯誤」（9月5日），到「開始討論彭德懷翻案問題」（9月8日），再到「討論彭德懷、《劉志丹》一書的問題，開展對習仲勳問題的討論」（9月13日）。[150]劉瀾濤接續在批攻習氏問題和策略上，也注意向鄧小平、中央書記處報告和徵求意見。

康生在預備會議上也加碼提出：「習仲勳勾結劉景範、李建彤夫婦，授意他們炮製反黨小說《劉志丹》，為高崗翻案。習仲勳是這一事件的掛帥人物，是反黨大陰謀家、大野心家」。[151]閻紅彥在9月8日西南組批評習仲勳和《劉志丹》後，又繼續在小組會介紹出版社和其他有關人士提供的背景資料。[152]可以想見這些都是支持其論點、不利習氏的資料。

中央書記處為進一步炒熱會議對《劉志丹》的討論，也適時發送中宣部有關此書資料供與會者參考。[153]其可能具有的「傾向性」，恐怕又會增加會上對《劉志丹》作者、主要「嫌疑者」和可能關係人的憤慨。

習仲勳眼見西北組和其他各組對自己的批判聲浪越來越高、愈益失實，在10日致信劉瀾濤，說明《劉志丹》不是自身主持撰寫（此信在當天的會議簡報上刊出）。習氏更決定直接致信中央為己澄清，強調這一小說非其主持，連帶

---

147 張志功，《難忘的二十年——在習仲勳身邊工作的日子裡》，頁12。

148 薄一波，《若干重大決策與事件的回顧》，下卷，頁1096。

149 《習仲勳傳》編委會，《習仲勳傳》（北京：中央文獻出版社，2013），下卷，頁314-315。

150 思濤，《劉瀾濤生平紀事》，頁120-121。

151 張志功，《難忘的二十年——在習仲勳身邊工作的日子裡》，頁13。

152 李源，《只唯實：閻紅彥上將往事追蹤》，頁175。

153 中共中央文獻研究室編，《鄧小平年譜（1904-1974）》，下冊，頁1724。

的政治指控和罪名根本不是事實。[154]

9月13日，習氏與劉景範、李建彤討論後，在秘書協助下完成信件並呈送中央。習氏如釋重負，以為事態可以在他本人寫信解釋後平息；當晚中秋舞會上遇到康生，也主動向之說明自身沒有主持撰寫《劉志丹》，康生笑而不語。[155]可能康生對習氏已有定見，故以笑臉敷衍，更有可能的是，他覺得自身針對習氏發起的政治攻擊，已獲中央（從毛澤東到鄧小平、彭真）認同，勝券在握，可以談笑用兵。

出乎習氏意料之外，他寫給中央的說明信第二天居然刊登在會議簡報上。顯然會議主持者（鄧小平、彭真或甚至是毛澤東），沒有接受習氏說明，不想私了，而是決定交付會議「群眾」公評、甚至公審。習氏的自我澄清信在會上公布後反應不佳，被看成是態度不良、負隅頑抗，使之又招致一波批判。9月17日西北組上午、下午的會議，都在討論習氏問題。[156]

批習的內容已超出《劉志丹》問題，有人指稱鄧小平指使張經武（本屬西南局，中共西藏工作委員會書記）會上指控習氏過去要范明（來自西北局，原任西藏工委副書記，1958年被鬥垮）將百餘名有問題人員帶進西藏，危害甚大。范明現今也是習氏唆使來京鬧「翻案」！[157]

9月18日，周恩來約見習仲勳，陳毅、劉瀾濤參加。[158]周恩來等人是向習氏打招呼，要之面對越演越烈的政治風暴必須挺住，莫步上高崗自絕人世的後塵？

9月19日，會上突然公布李力群在1959年廬山會議後揭發高崗、彭德懷、習仲勳的資料。習氏官方傳記評道：「把這樣的材料公布出來，其用意就是要加重習仲勳的『罪責』，同時也表明要對習仲勳下手了」。[159]如果是康生提

154 中共中央黨史和文獻研究院、中共陝西省委員會編，《習仲勳年譜（1913-2002）》（北京：中央文獻出版社，2024），第2卷，頁423-424。

155 賈巨川，〈習仲勳冤案始末〉，愛思想：https://www.aisixiang.com/data/38363-2.html（2020年9月28日登入）。

156 思濤，《劉瀾濤生平紀事》，頁121。

157 范明，《范明回憶錄》（香港：新世紀出版及傳媒有限公司，2021），第3冊，頁1194、1306、1333。

158 思濤，《劉瀾濤生平紀事》，頁121。

159 《習仲勳傳》編委會，《習仲勳傳》，下卷，頁281。

出，習氏官方傳記豈會放過點其昭彰「惡名」的機會。如前所述，李力群的揭發資料乃是1959年中共中央關注、緊盯下而形成，所以也不可能是任職地方的閻紅彥掌握。會上是如何將之公布的呢？參照李建彤回憶，可能是由知情甚至直接過問李力群相關揭發的彭真出手。

李建彤表示：「1962年，我的小說被康生點名後，中央政治局委員彭真把某些人的揭發材料拋了出來」。相關的揭發材料指控：高崗和彭德懷從事「反黨活動」，私下非議劉少奇的土地政策；習氏不同意揭發彭德懷，表示「高崗出了問題，拉扯長征幹部幹甚麼？」劉景範也在習氏住處表示「不能胡拉扯！」由此以證：習氏和劉景範蓄意包庇彭德懷。李建彤同時透露彭真拋出揭發資料時的言語態度。彭真表示：「就是等這一天的，你們果然寫起了小說」，「這個揭發早就有了，中央寬大，是觀察你們，看改正不改正。結果你們誰也不改，反而合夥寫了反黨小說，這賬要一塊算了」。[160]

如果李建彤的說詞無誤，可見彭真的認知是：一、習氏原本即是「高崗反黨集團」要員，在高崗問題爆發、多行不義終自斃以後，他與劉景範蓄意掩護、包庇此一「反黨集團」的另一「首謀」彭德懷。二、習氏作為「高崗反黨集團」成員，黨中央當初寬大為懷，給予自新機會，習氏卻本性難移、死性不改，竟然以寫小說的方式進行反撲。

何以上述揭發資料和政治發展「加重習仲勳的『罪責』，同時也表明要對習仲勳下手了」？閻紅彥、康生批判習氏時，主要指控他為高崗評功擺好、洗刷形象，並自抬身價，圖以繼承「西北王」的政治權杖。但是當中央將李力群揭發資料在會上公布以後，習氏問題嚴重性大大升級：習氏不僅僅是為已死的高崗鳴冤叫屈而已，在高崗生前，習氏即與他和彭德懷狼狽為奸、密謀反黨，更辜負黨中央對之的網開一面，而繼續執迷不悟、一錯再錯，終至無法挽回、需要「老賬」、「新賬」一起算的地步。

經此操作，彭德懷藉「萬言書」「翻案」和習仲勳用《劉志丹》「翻案」二事，不但可合併看做連串成風，更「揭破」相關當事人彼此關係的密不透風，以及其近期政治「蠢動」確如暴雨疾風。而反「翻案風」的原有優先議程——批鬥彭德懷，也可因此注入「新風」（新偵辦方向和事證）而助火續

---

160 李建彤，《反黨小說《劉志丹》案實錄》，頁10-11。

燃。困坐居所的彭德懷，不解上述的政治邏輯，當獲知習仲勳也被捲入因之而起的反「翻案風」，還喟嘆：「怎麼他也出事了，我的問題怎麼把他也連累了」。

果不其然，在中共中央拋出重磅揭發資料、帶引風向之下，會議「群眾」從指控習仲勳、賈拓夫、劉景範組成「反黨集團」，進一步升級為批判「彭、高、習反黨集團」、「西北反黨集團」，指稱《劉志丹》就是集團「反黨綱領」。[161]康生和劉瀾濤甚至當場要習氏交代誰是其「反黨集團」成員，習氏有心「供出」的「名單」都是政治已經出事、遭到組織處理的西北籍人士，因而遭到康生怒斥狡猾，劉瀾濤則要習氏在次日上午交代。當晚鄧小平、周恩來等人代表中央聽取各分組會議情況報告，針對習氏為首的「反黨集團」成員問題，周恩來表示「不要往下追了」，會上批鬥因此繼續鎖定習仲勳、賈拓夫、劉景範。[162]

習氏在會場上陷入難堪無力、百口難辯的情況，但又不甘違心承認種種加諸在己的指控，便向周恩來請假，以靜心思考、檢查錯誤。[163]

9月18日，中央辦公廳發出成立「關於以彭德懷同志為首的反黨集團問題的專案審查委員會」通知：「政治局常委決定：組織專案審查委員會問題及名單，將提交八屆十中全會通過。在全會通過之前，委員會即可開始工作」。[164]會場上針對習仲勳和《劉志丹》問題已激起「革命義憤」和捲起聲討聲浪，對之立案審查，也變成會議民心所向。

9月22日，鄧小平主持、彭真參加的中央書記處會議，為即將召開的八屆十中全會預作準備。劉瀾濤在開會前向鄧小平報告西北組最新的開會批判狀況，[165]以供書記處決策參考。同日，中央決定成立「習仲勳專案審查委員

161 薄一波，《若干重大決策與事件的回顧》，下卷，頁1096。

162 林牧，《林牧自傳：燭燼夢猶虛》，文革與當代史研究網：https://difangwenge.org/forum.php?mod=viewthread&tid=19005（2020年9月30日登入）。

163 《習仲勳傳》編委會，《習仲勳傳》，下卷，頁282。

164 中共中央黨史研究室張聞天選集傳記組編，《張聞天年譜》（北京：中共黨史出版社，2000），下卷，頁1215。

165 思濤，《劉瀾濤生平紀事》，頁121。

會」，由康生負責。[166] 叮能即是在這次書記處會議議定。9月24日，即八屆十中全會的首日上午，「習仲勳專案審查委員會」就已實際在中南海居仁堂成立。[167]

9月23日，也就是預備工作會議的最後一天，鄧小平向毛澤東提交調整中央書記處成員的報告（可能也經過22日書記處會議討論）。其中建議八屆十中全會補選陸定一、康生、羅瑞卿為書記處書記。這反映鄧小平、彭真領導的書記處肯定康生在習仲勳問題上的政治機敏、眼光銳利，立有大功一件。毛澤東同日批准認可。[168]

（四）全會繼續嚴批和其後追查處理

9月24日至27日，中共正式舉行八屆十中全會。毛澤東在開幕講話中批判「翻案風」：「近來有一股平反之風，無論什麼都要平反，那是不行的。我們的方針應當是：真正搞錯了的，要平反；部分搞錯的，部分平反；沒有搞錯搞對了的，不能平反」。他口中的「沒有搞錯搞對了的，不能平反」，即指彭德懷。[169]

毛澤東緊接表示：「現在不是小說、刊物盛行嗎？利用小說來進行反黨活動，這是一大發明。這是搞上層建築」。「凡是推翻一個政權，總要先造成輿論，總要先搞意識形態方面的工作。無論革命也好，反革命也好，他先要搞意識形態」。[170]這無疑講的是習仲勳和《劉志丹》。

薄一波回憶：毛澤東講話時口念康生遞上的紙條「利用小說進行反黨活動，是一大發明」。亦即意指康生居心叵測地導引毛澤東「開金口」，再惡意地將之任意利用和擴大曲解。[171]習氏夫婦的回憶也是如此描述和認知。[172]毛澤

---

166 范民新，〈16年的苦難歷程〉，《習仲勳革命生涯》編輯組編，《習仲勳革命生涯》，頁499。

167 思濤，《劉瀾濤生平紀事》，頁121。

168 中共中央文獻研究室編，《鄧小平年譜（1904-1974）》，下冊，頁1725。

169 薄一波，《若干重大決策與事件的回顧》，下卷，頁1093。

170 中共中央文獻研究室編，《毛澤東傳（1949-1976）》，下卷，頁1254-1255。

171 薄一波，《若干重大決策與事件的回顧》（修訂本），下卷，頁1130-1131。

172 習仲勳，〈永遠難忘的懷念〉，中共中央黨史研究室編，《習仲勳文集》，上卷，頁493。

　齊心，〈我與仲勳風雨相伴55個春秋〉，《習仲勳革命生涯》編輯組編，《習仲勳革命生

東的官方傳記倒是「大方」指出：「毛澤東把上述論斷用到當時的文藝界，用到習仲勳等人身上，則是用錯了」。[173]

另外，毛澤東也明確提到中央已成立針對彭德懷、習仲勳的專案審查委員會，並決定「彭、習、張、黃、周」不具資格參加會議。[174]習仲勳的官方傳記宣稱是康生在9月24日提出彭德懷、習仲勳等5人「不必要再參加會議，國慶節也不上天安門」。這一樣是欲將習氏遭受政治苦難全部歸罪於康生一人。事實上，康生縱有「通天本領」，但也無法「一手遮天」；康生在習氏問題上「使壞」，沒有得到毛澤東拍板同意，以及鄧小平、彭真的書記處步步張羅，他實在也無法順利得逞。

八屆十中全會上印發事關鄧子恢的資料文件、彭德懷的申訴書信，以及《劉志丹》小說，「自然是供批判用的」。[175]為期四天的全會，其過程和結果如與會的廖漢生所言：「這次全會批判了『以鄧子恢同志為代表的主張單幹的方向性錯誤』，粉碎了『彭德懷反黨集團的翻案和新的進攻』，揭出了『習仲勳為首的高崗餘孽陰謀反黨活動』」。[176]

劉少奇在全會最後一天的發言（毛澤東偶在旁邊插話），直接代表中央對習氏問題的最終定調。劉少奇表示：「利用我們暫時的困難，向黨發起進攻，企圖推翻黨中央和毛主席的馬列主義領導，這就是彭德懷、習仲勳的態度」。他進而說道：「彭、高、習是無原則的陰謀反黨集團」，其「反黨綱領」有「廬山會議彭德懷的意見書」和「這次8萬言的信」，而「《劉志丹》80萬言書也是綱領」。

他最後表示：「我們這次會議揭發了彭、習反黨陰謀，是我們黨的一個偉大勝利」；「我國如果彭、高、習的陰謀實現了，也要復辟，實際上回到了半封建、半殖民地的老路上，性質與蔣介石一樣，形式上可能不同」。[177]劉少奇

涯》，頁658。

173 中共中央文獻研究室編，《毛澤東傳（1949-1976）》，下卷，頁1255。

174〈在八屆十中全會上的講話〉（1962年9月24日），毛澤東，《毛澤東思想萬歲》（北京，1969），頁435-436。

175 黃克誠，《黃克誠自述》（北京：人民出版社，1994），頁325。

176 廖漢生，《廖漢生回憶錄》（北京：解放軍出版社，2003），續卷，頁178。

177 叢進，《曲折發展的歲月》（北京：人民出版社，2009），頁383-385。

對習氏不假辭色的批評，除了是要展現中央對習氏政治錯誤嚴重的集體共識，恐怕不少還是源自他與高崗之間的政治過節和延伸牽連。

承前所述，彭真在中央開會揭發、批判習氏的過程中直接參與相關決策和具體部署，甚至可能代表中央出面拋出極不利習氏的李力群揭發資料，使之政治處境更是艱辛。彭真的相關政治活動不僅止於此。李力群在1971年11月1日揭發林彪的資料中提到：

> 八屆十中全會時叛徒彭真、安子文、徐子榮即借保護為名，將我軟禁起來，找我談話說，你59年揭發的材料，這次在八屆十中全會上公布了，習仲勳這一幫人恨你，是不是還有人怕你知道他們與高崗的關係，也恨你，對你下毒手，很難說，書記處的意見，為了你人身安全，你不要上班，將你保護起來。

彭真還對李力群說：「西北習仲勳這些人的情況，你揭的很好，使黨中央了解他們之間的內幕」。[178]如果李力群說詞屬實，可見彭真正面肯定李力群1959年對習氏的揭發內容，清楚其在1962年中央會議的公布情況，以及猛力推進批判習氏的作用。

彭真從李力群身上得到狠準打擊習氏的資料，可能還想擴大戰果，滿足自身所欲。李力群供稱：彭真還追問她高崗在東北與誰最好、接觸最多，更拐彎抹角探問高崗與林彪的關係。李力群不禁聯想：這或與彭真、林彪早年的東北「鬥爭」有關。[179]

根據李建彤所言，八屆十中全會以後，彭真在安子文陪同下曾召集劉景範談話，要他坦承不諱、坦白招認自身與習氏的嚴重錯誤和罪行。針對習氏等人政治問題的中央專案審查委員會此時已經成立運作，彭真還親自出馬約談劉景範，可見他對此案的高度重視、濃厚興趣。

彭真見到劉景範即說：「你寫的《劉志丹》是一本反黨小說，竄改了歷史，為高崗樹碑立傳，是為高崗翻案的」。完全重申並肯定八屆十中全會對習

178〈李力群同志揭發林彪罪行的材料〉（1971年11月1日），頁19。
179同上註，頁19、22。

仲勳、劉景範問題的定罪和定性。另外，彭真指控「習仲勳是裏通外國的」，並認為習、劉兩人的真正罪狀是深涉高崗問題：「這本小說不過是導火線。高崗反黨集團的問題，過去中央採取不擴大的政策，沒有徹底解決，這次要徹底解決了，你要徹底交代問題。你們都是反對毛主席的」。[180]

　　彭真的說法實同於9月19日八屆十中全會預備會議上突然拋出李力群1959年揭發資料（可能也是彭真為之）以加重習氏「罪責」的翻版，也就是控訴和斷定劉景範和習氏本已深陷高崗反黨活動，卻不知悔改，繼續鋌而走險，終於在小說問題栽了跟斗。

　　劉景範與高崗關係深遠，他在1953年財經會議上批評「新稅制」是「路線錯誤」；高崗出事以後，劉景範便首當其衝，相關發言被視為「反黨活動」，被列為重點審查對象，職位遭到重貶三級，從政務院監察委員會黨組書記跌至地質部副部長。彭真對高崗「仇大苦深」，看待劉景範可能已是「越疑越像」，《劉志丹》問題被「揪出」以後，更認為是「人贓俱獲」。彭真要劉景範徹底交代「高崗反黨集團」問題，以打開進攻習氏的缺口，並未成功。劉景範面無懼色地回覆：「從前傳說的那些話，高崗說毛主席都知道。他們在會上的發言都是經過毛主席同意的」。[181]劉景範如此「不受教」，先被迫停職檢查，1963年被送去中央黨校學習，1965年秋後被安插到全國政協擔任閒職。

　　彭真約見劉景範時，對習仲勳大扣「寫反黨小說」、「為高崗翻案」、「裏通外國」、「高崗反黨集團」、「反對毛主席」罪名。彭真在其他正式場合，如中央統戰部部務擴大會議上（1963年4月19日）提到：「現在國際共產主義運動中沒有一個國家的黨不存在左派同修正主義的鬥爭，包括馬列主義政黨在內」。他自問自答道：「中國黨內有沒有？當然有，高、饒、彭黃張周，現在彭習反黨集團」，並強調「這些是裏通外國的反黨集團」。[182]彭真到底在什麼具體問題上，一再指控習仲勳「裏通外國」？彭真另外也在邊疆治理問題

---

180 李建彤，《反黨小說《劉志丹》案實錄》，頁18-19、62。

181 同上註，頁19。

182 〈彭真在中央統戰部部務擴大會上的發言〉（1963年4月19日），宋永毅主編，《中國大躍進—大饑荒數據庫（1958-1962）》（香港：美國哈佛大學費正清中國研究中心、香港中文大學中國研究

中心，2014）。

上批判習仲勳，傳話稱之是班禪的政治後臺。[183]彭真有無直接約談習氏本人，目前沒有資料可以說明。

1965年毛澤東指示「對那些有過錯誤的同志，應當分配適當工作」。他指派彭德懷到「三線」任職，也請中央書記處對習仲勳等人做出相應安排。書記處開會討論時，彭真建議將賈拓夫留在北京，分配出任石景山鋼鐵公司副經理。[184]習氏沒有得到這種特別關照，而須離開首都前去洛陽礦山機器廠擔任副廠長。

毛澤東在1962年批判習氏和《劉志丹》，以及從中形成的「理論觀點」，「給中國的文藝事業乃至整個思想界也帶來很大的損害，導致後來的所謂在意識形態領域實行無產階級專政的嚴重後果」。[185]彭真對此一政治鬥爭全心認同、樂此不疲。想不到未及四年，彭真在另一樁指控文藝創作懷有不可告人之影射意圖的政治事件（批判吳晗新編歷史劇《海瑞罷官》），自己就踢到鐵板，而成為「文革」滔天巨浪的首批波臣。習氏自言在「文革」時「已是『死老虎』，但還是照樣批鬥」，而他在鄧拓問題上還為彭真說話。[186]

「文革」後習氏才撥雲散霧見青天。1979年8月4日，中共中央認可批轉中央組織部〈關於為小說《劉志丹》平反的報告〉；1980年2月25日，中共中央下發〈關於為「習仲勳反黨集團」平反的通知〉。

習氏回顧自身1962年「反黨小說」冤案，最常指責的是「理論權威」康生。值得注意的是，1983年9月17日，習氏私下表示：「彭真從不檢討」。[187]他是因為清楚明瞭1962年他政治遭難時彭真在其中扮演的活躍角色，但彭真卻從未對他表達過歉意有感而發嗎？

---

183 中國大陸中共黨史研究者（P君）提供的資訊（北京，2019年8月）。

184 周維仁，《賈拓夫傳》（北京：中共黨史出版社，1993），頁206。

185 中共中央文獻研究室編，《毛澤東傳（1949-1976）》，下卷，頁1255。

186 《習仲勳傳》編委會，《習仲勳傳》，下卷，頁305、313。

187 李銳，《李銳日記》，第13冊，1983年9月17日，頁58。

九、法制短暫回眸、運動再成主流（1962年及其後）

（一）協助劉少奇調整政法而自有保留

「大躍進」引發中國大陸前所未有的大饑荒，與此同時，各地也出現大肆濫捕、胡亂判刑的情形。這無疑與1957年以來中共政法工作愈加激進的走向，特別是彭真主導的政法部門「兩條路線鬥爭」大批判、大整頓，直接相關。

劉少奇在中央「一線」心急如焚地主持經濟調整，也對「大躍進」以來的政法工作進行審視和檢討。1962年3月17日，劉少奇在湖北武漢約見前任、現任公安部部長羅瑞卿、謝富治，以及省委第一書記王任重，嚴屬批評「大躍進」以來政法工作的執行實況和後果：「主要是混我為敵。下面不按照法律，縣、公社，甚至大隊用長期拘留、勞改、勞教等辦法，不知折磨死了多少人」。

4月28日，劉少奇聽取謝富治、高法院院長謝覺哉等人彙報工作。劉少奇對1957年、1958年彭真代表中央主持的政法領域「反右派」、政法機關整風批判及其後果，也有所反思。他直指：「這幾年公安機關服從黨委領導下犯了這樣大錯誤，你們可以說，這幾年在黨的絕對領導下犯了『左』傾錯誤。這一條一定要說」。[188]

劉少奇進而點評：在黨的絕對領導之下，法院、檢察工作有所不足，彭真之前在兩部門的大反「右傾」，也有過頭之虞。他亦表示：「檢察、法院要加強使他們真正能夠執行職務。三家上下垂直領導要搞一點，法院要獨立審判」。最後再次強調：政法部門、尤其是檢察和法院不應全然置諸在黨委的絕對領導，公、檢、法之間也須互相制約。[189]

5月23日，劉少奇約見中央政法小組成員，討論全國政法工作會議準備事項，特別是預定提交會議的〈關於1958年以來政法工作的總結報告〉。彭真參加在座並予插話。劉少奇的講話重點接續4月28日談話，呼籲「黨委不要審批具體案子」（除了極個別者），而讓法院、檢察有更大的裁量空間與執事角色。

劉少奇認為「大躍進」期間地方發生濫捕濫抓，乃與檢察部門沒有從事

---

188 鄧力群，《鄧力群自述（1915-1974）》，頁410-411。

189 劉少奇，〈在總結四年政法工作時的談話〉（1962年4、5月），人民出版社資料室編，《批判資料：中國赫魯曉夫劉少奇反革命修正主義言論集》（北京，1967），頁263、265。

「一般監督」有關：「一般監督不是主要任務」，但對「明顯的違法亂紀的事」不能全無作為；批評的是「把檢察院駕凌於國家之上」，而非「完全反對一般監督」。他對黨委對政法機關的絕對領導問題，再次表露批評之意，並主張不再使用「絕對」兩字，不然對於走偏鋒的「青海的高峰、安徽的曾希聖也要服從了」。[190]

彭真在1957年政法領域大「反右派」、1958年政法部門大行整風所欲強調突出、要求屬行的一項方針政策，即是黨與政法部門之間應屬於令到行止、不打折扣的絕對領導和被領導關係；批判法院「獨立審判」，強調黨委對具體案件的領導（雖然不是每件都要過問，但是想要過問即可為之）。也是彭真對檢察部門大批「一般監督」和垂直領導問題，並且力主公、檢、法「聯合辦公」，致使檢察、法院功能不彰，甚而虛化。

曾希聖在安徽得以恣意操用政法機關助行暴政，不正是彭真在1957年政法部門黨內「反右派」中大力強化地方黨委掌控當地「刀把子」的正當性，以及1958年政法機關整風中著意為曾氏為首的省委「打抱不平」而所「慣壞」。另外，彭真乃是中央書記處的政法書記，「大躍進」期間政法工作流於極端和明顯錯誤之處，他亦難以切割（面對「大躍進」後的社會騷亂情況，謝富治欲採較為激進的公安鎮壓方針，彭真則認為問題根源是「饑餓起盜心」，宜謹慎區別處理，而在1961年出手抑制謝氏的政策主張）。

劉少奇上述對政法工作的嚴厲批評，在一定程度也可看做是對彭真相關工作的指正；其中當然也有劉氏自身的政策反思。他在1957年初對檢察的「一般監督」職權，的確提出「備而不用」，但彭真強烈批判相關政策和主張者時，也未見他阻攔，直到出了事才說話；1958年8月，他也響應毛澤東表示：「到底是法治，還是人治？看來實際靠人，法律只能作辦事的參考」。「大躍進」時期政法工作的爭議方針與口號──「有事辦政法，沒事辦生產」，亦是由之提出（彭真、羅瑞卿接著高喊）。劉氏也未免讓人有事後諸葛之感。

劉少奇對政法工作的批評和指正，彭真點頭稱是並插話：

　　本來有規定，行政拘留只有公安機關才有權，捕人起訴只有檢察院有

權，判刑只有法院才有權。但這幾年沒有執行，今後三機關要按自己的職責辦事。

今後，要發個宣傳提綱。我們不是沒有法，還是有法的，當然還不完備。但這幾年對已有的法都不執行，你們自己搞亂了。今後要規定，公、檢、法三機關辦的事，別人不能辦。政法工作當然主要靠政治領導，但不能規定了法律不用。凡是按法律辦事的，錯誤不大；不按法律辦事的，錯誤就大。[191]

彭真指示政法部門：「要將這幾年的條例規定做個檢查，一是哪些東西規定正確的，沒有執行；二是基本正確的，有些地方還不完備、不正確；三是中央先後發的指示，有哪些不妥當，可以提到中央來重新修改」。另外，他表示：「政法三機關的工作，自己的錯誤自己檢查，不屬於自己的可以反映給中央。這幾年三機關分工制約少了，還可以加強一點」。[192]

從目前所得的彭真講話內容，完全不見自我批評，而是如其所言的「你們自己搞亂了」，似乎此前幾年政法工作的亂象，乃與他本人無關。事實上，彭真以中央「欽差大臣」之姿指揮的政法領域「反右派」和政法部門整風，強力製造一個極不利於政法部門依法履行職責，以及嚴重限制法律正常發揮和發展的制度環境，甚至還提出停止基本法的立法工作。

劉少奇雖然不無批評彭真的政法領導表現，但他仍指示謝富治為首的中央政法小組：〈總結報告〉稿「寫出來後送書記處，還送彭真」。由此可見，黨中央還是信託彭真主管政法這一攤工作。6月底，中央政法小組將進一步修改的〈總結報告〉呈報劉少奇；劉少奇於7月10日批示鄧小平：「此件我看過一遍，覺得還可以，請書記處審核處理。」鄧總書記兩天後指示楊尚昆：「請印提書記處會議，並告彭真同志好好看看。」[193]

劉少奇對於按其思路撰寫並經中央書記處與彭真幫忙審核的〈關於1958年

---

191 同上註，頁271-272。

192 《彭真與公安工作》編輯委員會編寫，《彭真與公安工作》（北京：群眾出版社，2010），頁157。

193 中共中央黨史和文獻研究室、中央檔案館編，《建國以來劉少奇文稿》（北京：中央文獻出版社，2018），第11冊，頁257-258。

以來政法工作的總結報告〉，感到滿意並認可。然而，因為1962年北戴河會議突然掀起反「三風」，導致政治氛圍丕變，此一文件就不太適宜向全黨、全國下發。

10月18日，全國政法工作會議召開（為期近一個月，於11月15日結束）。宛若「政法口」「堂主」的彭真，批示將〈總結報告〉作為會議文件，印發給出席人員，冀望藉之起到澄清觀念、啟迪思想的作用。

針對黨對政法部門和工作的領導問題，〈總結報告〉最後是否按照劉少奇的指示寫上「這幾年在黨的絕對領導下犯了『左』傾錯誤」，因為目前尚未取得完整資料，所以無法確定。與此相關地，劉少奇認為：在〈總結報告〉內，關於今後「政法機關絕對服從各級黨委領導」的表述，「恐怕不寫絕對兩字好」。最後是否照之辦理，也無得確認。然而，11月12日，彭真出席全國政法工作會議講話，對黨的領導仍甚為強調（他前一日與政法各部首席官員就講話內容和其他政法工作問題進行討論，顯示其有備而來）：

一、繼續堅持「反右派」在政法領域的一大結果──從中央到地方的政法部門，都必須置諸並服從於同級黨委的領導；遵循黨委領導的程度，顯然不能重蹈「大躍進」時期的不論是非曲直、不顧所有規範地完全唯上、唯命是從，但仍必須執行黨委決定（如有疑義可報上級），甚至應該更積極自覺地尋求黨委領導。

二、黨委在領導政法部門及其工作時，仍須緊緊「抓大」（「方針問題、政策問題、牽連全局的問題、一定時期的打擊方向等重大問題，或者三個機關解決不了的問題」）的同時，略為「放小」（「不干涉具體辦案」）。只是所謂「不干涉具體辦案」，也仍存有很大的模糊性，因為在具體實踐上，黨委仍可經由審批和過問案件，施加重大而實質的影響。

彭真對政法調整工作有所限度（涉乎其政策偏好、政治面子，以及1962年夏與毛澤東政策主張較為契合而順心、自信），還可見於：他在11月12日講話中，繼續堅持先前對熱衷推動「一般監督」者的批判，仍然強調如果將「一般監督」作為中心，就會轉移檢察工作任務的中心，而「不是以階級鬥爭為中心了」，並且回顧1957年劉少奇指示張鼎丞要以批捕、起訴為中心的情況。[194]

---

194 孫謙主編，《人民檢察制度的歷史變遷》（北京：中國檢察出版社，2009），頁242。

另外，彭真1958年一手鑄成的司法部「反黨集團」案，1962年經中央監察委員會審查後認為：涉案幹部工作有過錯，但無反黨事實，「反黨集團」結論應予撤銷。謝富治為首的中央政法小組有所異議，就此請示中央書記處，獲之「批示原結論暫不改，可適當撤銷處分」，致使此案甄別程度有限。[195]彭真是幾年前此案的主導者，又是書記處內分工政法的書記，書記處這番立場至少是顧及、參考，甚或可能是反映彭真的態度，即對承認已錯的未見情願、拖泥帶水。彭真之後針對陳養山的工作安排問題，也不太尊重後者意願，而將之分發至氣候不適宜其身體狀況的寧夏。[196]

（二）隨毛澤東興之所至而為：刑法草案任意措置至「楓橋經驗」產出

「大躍進」引發的種種大混亂，讓以毛澤東為首的中共中央感到情況著實失序，完全罔顧法律的後果也極其慘重。1962年初的中共「七千人大會」後，停頓超過三年的重要基本法立法工作才又重啟。1958年夏，毛澤東對法律的重要性和作用表示不以為然，彭真即迎合地建議停止立法；「大躍進」後的彭真一樣聽從毛澤東的旨意行事，決定行止。

1962年3月22日，毛澤東表示：「刑法需要制定，民法也需要制定，沒有法律不行，現在是無法無天。不僅要制定法律，還要編案例，包公、海瑞也是注意親自問案，進行調查研究的」。[197]毛澤東開了「金口」又承認法律規章有所作用後，4月28日，劉少奇批評「這幾年主要是混我為敵，什麼機關都可以捕人、打人」，也相隨提出：「現在要搞些章程出來，沒有章程，秩序就會搞亂。民法也要搞。刑法草案是否很快修改一下，提請人大常委會討論試行。現在不搞不行，有了這個東西比沒有好。」[198]

按照劉少奇思路撰寫、彭真協助把關的〈關於1958年以來政法工作的總結報告〉也指出：「法制確實有不完備的地方」，有些「迫切需要的法律」，「還沒有制訂出來」，具體提出「首先把過去已經起草的刑法草案立即討論修改提交黨中央」，並要求準備起草必要的法律、法令，檢查修正已經頒布

---

195 姚華飛，《秘戰英雄陳養山》（北京：中共黨史出版社，2018），頁199。
196 同上註，頁190。
197 中共中央文獻研究室編，《毛澤東年譜（1949-1976）》，第5卷，頁94。
198 鄧力群，《鄧力群自述（1915-1974）》，頁411-412。

者。[199]

　　彭真向下傳達：「毛主席講，不僅刑法要搞，民法也要搞」。[200]他進而領導和督促中央政法小組，特別是謝富治（組長兼公安部部長）和武新宇（全國人大常委會副秘書長、法案委員會副主任委員），重拾刑法起草工作（接續1957年曾規劃發布試行的刑法草案第22稿），最後形成刑法草案第33稿。1963年2月17日，彭真審閱刑法草案後提出修改意見；4月1日將刑法草案和中央政法小組相關報告呈報毛澤東、周恩來和鄧小平：「此件已經過多次修改，我看可以了。擬由人大常委審議後下達試行，將來修改後再提人大通過公布」。[201]

　　彭真將刑法草案第33稿報送毛澤東為首的中共中央審閱後，毛澤東的反應可謂冷淡，實則將之棄置一旁。5月5日，毛澤東對北韓的法律工作人士表示：「社會主義的法律工作是一項新的工作，至今我們還沒有制定出社會主義的民法和社會主義的刑法，需要積累經驗」。[202]如此是否反映：4月初彭真覺得內容可行而呈送毛澤東審定的刑法草案，自毛氏看來，恐是未達標準、未臻成熟，而不足以稱是已「制定出社會主義的刑法」？毛澤東在「大躍進」災後一時看似注意法制破壞造成的嚴重問題，並且重提法律的必要性，但由於其本人越加緊繃的階級鬥爭神經，以及對群眾運動的執著偏愛，特別是他此時心心念念的社會主義教育運動，法制建設只不過是其「頭腦中轉瞬即逝的念頭，談談而已」，仍不脫「法律虛無主義」。[203]

　　更具體地說，毛澤東並不贊成刑法在內的法律在黨國近期內甚至中長程的社會治理、人民教育改造工程上，扮演重要角色。親歷這一過程的鄧小平在1978年表示：「過去『文化大革命』前，曾經搞過刑法草案，經過多次修改，準備公布，『四清』一來，事情就放下了。」[204]

---

199 同上註，頁422。

200 顧昂然，《回望：我經歷的立法工作》（北京：法律出版社，2008），頁44。

201 《彭真年譜》，第4卷，頁247-248、256。

202 中共中央文獻研究室編，《毛澤東年譜（1949-1976）》，第5卷，頁215-216。

203 蔡定劍，《歷史與變革：新中國法制建設的歷程》（北京：中國政法大學出版社，1999），頁103、105。

204 高銘暄、民勝，〈我國刑法典誕生的曲折歷程〉，郭道暉、李步雲、郝鐵川主編，《中國當代法學爭鳴實錄》（長沙：湖南人民出版社，1998），頁107。

　　在經濟調整持續進行而國民經濟逐漸轉危為安的背景下，毛澤東的思考重點轉向如何推行城鄉社教運動，希冀扭轉、防止之前經濟困難期間出現的種種背離社會主義原則現象，例如：包產到戶、貪污舞弊、圖謀私利。另外也要防範各級幹部腐化「變質」和社會主義江山「變色」、「變修」的危險。1962年12月8日，中共中央書記處（彭真參與）議定今冬明春在全國城鄉進行社會主義教育的工作。

　　毛澤東擬經由城市「五反」（反對貪污盜竊、投機倒把、鋪張浪費、分散主義、官僚主義運動）、農村社教運動，反對和預防國內修正主義的政治規劃，彭真在此被賦予重要的職責。城市「五反」方面，1963年3月中旬，中央書記處設置一領導小組（各「口」派人參加），統籌監管中央機關的「五反」，就由彭真主持。農村社教運動方面，其政策指導文件起草工作，毛澤東初始也交付彭真負責。1963年4月底、5月初，彭真在杭州帶領6位中央局第一書記柯慶施（華東）、李井泉（西南）、李雪峰（華北）、劉瀾濤（西北）、陶鑄（中南）、宋任窮（東北），以及浙江「東道主」江華和帶職蹲點湖南的胡耀邦，開會討論。

　　由此可見，毛澤東經過1962年夏反「三風」鬥爭，對彭真尤為賞識和倚重。毛氏或也可能想藉由親自督導彭真制定社教運動文件，讓後者知曉自己的最新政治考量和政策喜好。特別是彭真本來應毛氏之意完成、提交的刑法草案，以及其蘊含的依法治理方向——彭真在1963年初審改刑法草案時，指示要在法條中明文重罰利用職權貪贓枉法的幹部人員，對嚴重危害社會主義的犯行，量刑也不宜偏輕，免得「束縛無產階級手足」；這在一定程度上可看做：刑法在社教運動懲治對象的處理、涉及更全面的犯罪行為規定及適當懲罰，甚而對人民進行教育，將扮有重要角色。毛氏已經徹底拋諸腦後、擱置不理；彭真見此苗頭也未有猶疑、敏銳相應。

　　彭真提交刑法草案初滿一個月，他遵命率領地方大員討論、主持而成的社教運動文件初稿，毛澤東也沒有滿意。根據李雪峰回憶，毛氏評道：「你們做工作可以，你們不能作秀才」，「還是交給秀才們搞吧」！彭真自我批評主持文件不力，也反映他偕同方面大員討論的共同感受，即從1962年北戴河會議以來「跟不上主席」，以及地方的先進單位。

　　如前所述，彭真在1962年經濟調整過程中，無論在中央「一線」內和較諸

各地要員，皆算得上是與毛澤東在政治、政策上跟得最緊、與之最合拍者，如果彭真這一陣子也有「跟不上主席」的困惑，除了在社教運動文件制定上未能確實掌握毛氏的政治設想外，他個人在法律的迫切作用與制定期程上，或也有未諳毛氏變動心意的窘迫之感。

面對有心緊跟自己、卻又感跟不太上的彭真等人，毛澤東的回覆是：「噢！就是不唱天來不唱地，只唱《香山記》」。而他要眾臣們齊心齊唱的這齣《香山記》，就是以階級鬥爭為中心工作的群眾運動。毛氏責成陳伯達捉刀，最後形成〈關於目前農村工作中若干問題的決定（草案）〉，即「前十條」。彭真之後奉毛氏指示，「到南方幾個省跑一跑」（實際行程還及於陝西），其調查結果和所獲資料，成為1963年9月鄧小平、譚震林主持、田家英起草〈關於農村社會主義教育運動中的一些具體政策問題（草案）〉（「後十條」）的重要基礎。

彭真聽取各地社教運動彙報時指示：針對涉貪、手腳不淨的黨幹，「辦法是正面教育，『洗手洗澡』，懲前毖後，治病救人」，其檢討改正後，可納入應予團結的多數（95%）；即便是施加孤立的少數（5%），「其中有些也可以爭取教育過來」。發動群眾揭發，經過群眾鬥爭後才可採取政法抓捕作為，「要在群眾運動的基礎上依法逮捕」；「運動中要盡量少捕人。運動中一律不殺人」；堅決要求退賠，「但處分要少，法律制裁要更少」。

彭真也強調政法機關配合運動操作和發展的需要行事，例如：按黨委指令按兵不動或待命行動；由單位內部動員坦白，而非由公安進行傳訊（1963年7月4日，北京市委發出的通知）。群眾運動、思想教育為主，「法律制裁是輔助手段」（9月19日，他在中共中央工作會議全體會議上講話）。針對貪污盜竊、投機倒把分子，「貫徹教育為主、懲辦為輔，揭發批判和退賠從嚴，組織和法紀處分從寬的精神，一般可以作為人民內部矛盾處理」（11月22日，北京市委給中共中央、華北局報告）。[205]

彭真對社教運動的相關意見，顯而易見地盡可能比照毛澤東的政策主張（主要經由當面聽聞後者教誨，領會其文件批示修改和有關講話）。毛氏對社教運動的重要理念是：對付反革命分子和貪污浪費分子，要依靠群眾力量，而

---

205 《彭真年譜》，第4卷，頁269-270、272-274、282、291、301。

不能單靠行政、法律的辦法；政法部門必須和黨的工作、群眾的工作配合；經由群眾專政，即實行監督、鬥爭和教育，階級敵人有被教育改造的可能，效果比簡單地捉、殺更有利；革命幹部經由群眾監督揭露和參加勞動，也可防堵其投機牟利、鋌而走險。[206]

　　彭真在這一階段參與指導社教期間，對政法、法律的配套、從屬定位，許多雷同於他先前在1951年「鎮反」、1955年「肅反」期間的政法主張，如政法工作與部門必須服務於黨國中心工作和群眾運動，法律（數少而遠不完備）因應運動發展邏輯伸縮使用。刑法何時定案和上路問題，彭真已不再提及；協助毛澤東推廣其心儀的浙江「楓橋經驗」，成為他在1963年底、1964年初優先處理的社教兼政法要務。

　　1963年11月21日，毛澤東聽取汪東興（公安部副部長、中共中央辦公廳警衛局局長）報告謝富治預定在全國人大會議上所作的發言內容（〈依靠廣大群眾，加強人民民主專政，把反動勢力中的絕大多數人改造成為新人〉），由於正合他的政治脾胃，次日閱後批示給謝富治和彭真：「此件看過，很好。講過後，請你們考慮，是否可以發到縣一級黨委及縣公安局，中央在文件前面寫幾句介紹的話，作為教育幹部的材料。其中應提到諸暨的好例子，要各地仿效，經過試點，推廣去做」。[207]所謂「諸暨的好例子」，乃指浙江省諸暨縣楓橋區形成、總結的社教運動經驗，即少捕、依靠群眾專政、說理鬥爭，就地改造四類分子（地主、富農、反革命分子、壞分子），矛盾不上交。

　　彭真對毛澤東的指令豈敢慢待，而是積極認真辦理。他兩次修改謝富治的發言稿，也領導謝氏為首的公安高幹議定〈中共中央關於依靠群眾力量，加強人民民主專政，把絕大多數四類分子改造成新人的指示〉（1964年1月14日），轉發、推薦謝氏等政法要員的講話和「楓橋經驗」，[208]稱職履行中央書記處二把手兼分管政法的職責。「經彭真同志為中央搞好」（劉復之語）的前述〈指示〉，[209]其中批評：「有不少同志不善於發動群眾，依靠群眾力量，通

206 中共中央文獻研究室編，《毛澤東年譜（1949-1976）》，第5卷，頁271、282、302。

207 同上註，頁283。

208 《彭真年譜》，第4卷，頁300-301。

209 劉復之，〈彭真指導政法工作的政策思想〉，《彭真生平思想研究》編輯組編，《彭真生平思想研究》（北京：中央文獻出版社，2008），頁176。

過說理鬥爭，去制服敵人，對他們實行專政，而習慣於單純依靠公安、司法機關，採取簡單的辦法去解決問題」。[210]

毛澤東為首的中共中央認證並推廣（彭真經手包裝）的「楓橋經驗」——針對「反動階級」擇定群眾專政、教育改造的方式，既體現與滿足毛氏對社教運動的基本構想，同時也以之取代甚至否定側重使用法律處置的途徑。「楓橋經驗」在全國「上市」的背景下，1964年1月28日，毛氏對阿爾及利亞人士表示：「搞法律工作，專門在法律條文上做文章是做不出來什麼的。主要不是靠法院判決和監獄關人，要靠人民群眾來監視、教育、訓練、改造少數壞人。」[211]彭真響應毛澤東指示重拾立法的努力（完成刑法草案），毛氏將之置之高閣，彭真就算有所惋惜，他更關切的是緊緊追上毛氏的最新政治思路，並且以繼續受之器重和委託負責實施而深感光榮，至於「大躍進」劫後中央重思法制需要的認識因此而中斷，恐非他所優先考慮。

1965年8月8日，毛澤東會見幾內亞外賓時表示：教育、法院、檢察工作「都正在改造過程中」，民法、刑法、訴訟法「大概還要15年」才頒布。犯罪者需要教育和改造，「慢慢來，不性急」，相信「絕大多數的人是可以進步的」，而相關經驗未來將要寫進法典。[212]毛澤東如同再次示意：彭真在1963年4月呈之審閱的刑法草案，並未政治合格，而必須在未來補上中共對人民教育、改造的經驗。對於毛澤東如此輕言隨興地長期延擱重要基本法的面世時間，彭真聞後態度為何、有無表態，不得而知。

毛澤東講此話之時，其所知情的批判吳晗的文章正在上海秘密準備中，毛氏未必全然清楚他欲藉此引領中共革命這艘大船具體駛向何方，但就像1959年他在廬山上對吳冷西等所言的，他很明白絕對不能讓法律捆住其自身的政治手腳。無巧不成書，中共治下的刑法也約略在15年後通過、施行，而且正由彭真具體操持成事。只不過中國已歷經「文革」浩劫，彭真自己也經歷倒台、坐牢和流放長達13年。

---

210 中央檔案館、中共中央文獻研究室編，《中共中央文件選集（1949年10月-1966年5月）》（北京：人民出版社，2013），第45冊，頁16。

211 中共中央文獻研究室編，《毛澤東年譜（1949-1976）》，第5卷，頁309。

212 同上註，頁519。

小結

　　中共領導人在經濟調整時期逐漸自烏托邦式強國夢醒覺，煞費苦心地想帶領全國百姓自其一手造成的經濟危局中脫身。「三面紅旗」政策有哪些和多少需要繼續堅持，或作必要修改揚棄？當前低迷情勢是否已經到了盡頭，多久和如何才能恢復往日榮景？成為高層內部迫在眉睫的嚴肅課題，從中也出現觀點主張的歧異。

　　彭真一如既往地緊從毛澤東，竭盡心思幫助他整治全方位訴諸群眾運動造就的「爛攤子」。他還貼心呈報歷史荒災饑饉資料，以示史有前例，並提供天災肇禍的成因解釋，減少其愧疚之感（如果毛澤東心有此感）。彭真在高層閉門會議提出不應諱言毛澤東也有過錯，絕非對之不敬或別有居心，而是出於對毛氏的高度尊崇，堅信「君子之過也，如日月之食焉」，「更也，人皆仰之」，而且百官也會群起效之，坦誠認錯、重新振作。事實上，毛澤東也未曾為此責怪彭真。

　　另外，毛澤東目睹「大躍進」期間多地肆意妄為（正是其好大喜功、自比「秦始皇」不讓講價所逼出），又重新念及法制作用，彭真也遵旨迅速恢復停擺數年的立法工程。彭真後來又聽聞毛澤東延後發展法制，而又將之放下。

　　毛澤東更在乎並受用的是：1962年上半年中共黨內上層出現政策意見分歧，中央「一線」領導人中就屬彭真與毛澤東最為貼合。包括：對經濟情勢估計和恢復時間預判，以及反對包產到戶。

　　當毛澤東卯勁批判「黑暗風」和「單幹風」，相較於劉少奇、周恩來、陳雲和鄧小平的深涉其中，彭真都沒有「沾染」而顯得大出風頭。毛澤東將陳雲打入政治冷宮，東北爭論以來幾番遭到陳雲壓抑的彭真，總算可以鬆一口氣。北戴河會議期間，彭真可能自恃正確、理直氣壯，對周恩來直來直往、較少掩飾，對李先念、陳雲也可能曾意圖為難。反「翻案風」方面，特別在中央集體對習仲勳政治擒殺過程和其後，彭真也有一定角色。

　　彭真在中央高層義正嚴詞批判「三風」，不無得意地自認站在政治正確、歷史潮流的一方，而光榮地與毛澤東在政治上須臾不離。毛澤東上綱極高地以階級鬥爭你死我活、綿延無絕的革命理論，領頭中央高幹檢查、檢討經濟調整期間所颳「歪風」和瀰漫「邪氣」。彭真也有樣學樣地欲在其分管的統戰工作

中發起整風。

　　1958年彭真在政法系統內大搞整風，掀翻司法部黨組，也逼迫董必武落荒而逃、遠離政法。彭真從1962年夏起鎖定中央統戰部部長李維漢，李氏不像董必武有中共「一大」代表的政治「金身」護體，歷史上也犯有嚴重「左傾」錯誤，彭真如何在統戰工作上對其硬扣「階級鬥爭熄滅論」大帽，將是下一章討論內容。

第十三章

分管統戰工作，主持批判李維漢
（1956-1965）

　　毛澤東曾言中共革命取得勝利，主要賴以「三大法寶」——統一戰線、黨的建設和武裝鬥爭。三者之中，統一戰線還被置於首位，可見其之重要和關鍵。從中共角度而言，統一戰線通常指的是：中共如何定位和經略自身所屬無產階級與其他階級、階層和重要社會群體（social groups）的互動關係。

　　彭真1944年被任命為中共中央城市工作部（含括原本的中央統戰部職權）部長，1956年在中央書記處負責分管統戰工作和部門。彭真實是中共早期統戰工作最活躍和投入的中央領導人之一。這也是一個側面適足反映：彭真在以毛澤東為核心運轉的「新中國」政治，乃是甚受器重的台柱。

　　本章欲處理的問題有：彭真為何和如何參與操持中共統戰「法寶」重任？他在「文革」前愈趨激進的中共統戰政策發展中怎麼自處和行事，有何執著與彈性？何以配合其政壇得勢並增添政治得分，又造成什麼政治影響？

　　本章的主要論點為：「文革」前的中共統戰工作，彭真經常代表黨中央出面，對中共重要統戰對象直接施行統戰工作；彭真在中央負責聯繫、甚而具體分管統戰部門及其工作；他以黨國領導人身分負責督管和執行針對不同群體的統戰政策。綜前所言，彭真因而是毛澤東治下中共統戰工作的重要執行者之一，其與「文革」前中共重大統戰工作和政策的成敗得失，密不可分、負有重責。

　　最能顯現彭真在統戰領域的管控之心和獨佔之態，就是他藉著自身在經濟調整問題上與毛澤東立場緊密而鋒頭甚健，對中央統戰部部長李維漢的政策主

張大肆清算，其中既有彭真以階級鬥爭切入的小題大作，翻臉如翻書的詭詐心
機（如民族政策），也有他硬行曲解李氏言論（民主黨派內部領導組成性
質），以及對方放棄己見卻仍抓住不放（資產階級改造所需時間規劃）的蠻橫
作風。這是彭真在政法領域成功剷除董必武的影響和勢力後，又在統戰領域稱
心排斥既有要角。周恩來擬將其擔任的全國政協主席職位交予彭真，足見他在
統戰工作上再加揚升的勢頭，以及毛澤東對其的背後撐腰。

　　本章的內容安排，除此前言外，有六個部分：首先說明彭真對中共早期統
戰工作的與聞情況，以及他在黨內參與分管統戰情形。接下來依序探討彭真監
管執行中共不同階段的統戰政策，以及針對西藏的統戰工作。接著檢視1962年
毛澤東在北戴河高唱階級鬥爭旋律後，彭真對李維漢的窮追猛打，以及他在
「文革」前夕對統戰局面的求穩表現。在結論的部分，簡單探討彭真「文革」
前經營統戰的結果效應和所具特色。

一、對統戰的初期投入和執掌分工

（一）早年參與統戰情形

　　1949年中共建政以前，周恩來主要負責與國民政府周旋，並在其統治區內
從事統戰活動，因此是較為人知的中共統戰代表人物。彭真也是具有豐富經驗
的統戰工作「老手」。彭真在1930年代中期擔任中共北方局組織部長時，曾在
北平向當地「文化界的進步人士」解說、宣揚中共擬議的創建抗日民族統一戰
線方針，建立往後進行統戰的人際網路（如許德珩）。

　　1930年代後期至1940年代初，彭真領導中共晉察冀抗日根據地期間，摸索
實行政權建設的「三三制」，實際累積與當地所謂右翼階級和中間分子的互動
經驗，並對之加以理論總結。1944至1945年，彭真在延安先後獲命中央城市工
作委員會主任、中央城市工作部部長，而原本中央統戰部的任務、業務，被納
入該部職責。易言之，彭真曾一時是中共統戰工作的主要負責人之一。

　　中日戰爭結束、彭真趕赴東北任職，周恩來在1946年兼任中央城市工作部
部長，李維漢為副部長。1948年9月，中共中央決定將該部改名中央統一戰線
工作部，負責管理對國統區、少數民族、政權統戰以至海外華僑的工作，而由

李維漢擔任部長，在黨中央則出周恩來主管統戰工作。彭真之後參與統戰工作，最經常互動的黨內要人就屬周恩來和李維漢。

圖13-1：李維漢。
資料來源：Wikimedia Commons。

　　中共建政初年，彭真雖然沒有在中央統戰部任職，也無負責分管，但他仍大量參與統戰事務，這也反映中共統戰工作的多面和吃重。
　　一、政權統戰方面，1949年中共主導召開第一屆中國人民政治協商會議（具有最高權力機關性質，中共領導下有多黨、多方參與），並經其程序認可下成立中央人民政府（聯合政府形式）。彭真當選政協會議全國委員會委員、中央人民政府委員會委員，並出任政務院政法委員會副主任。無論在政協會議機構或是政務院政法委員會，他都與黨外人士頻繁互動並積極對之開展統戰工作。
　　對於黨中央在新成立的中央人民政府網羅諸多非共人士、「出讓」不少國家「名器」，黨內不免有一些牢騷和怪話，彭真也要出面勸說，強調相關人事

安排對台灣的統戰用意：

> 在台灣的同志們送來的情報，很多人等在台灣觀望，他們認為主席是毛主席不成問題了，主要是看副主席，他們以為副主席也都是我們的人，至少也是左傾的人，他們不安心，以為台灣站不下腳要往南美洲跑。他們天天聽廣播，一聽到副主席中有張瀾、宋慶齡、李濟琛，於是他們就不準備走了。就因為他們代表一部分右，所以才要他，因為他們是右的階級，你說看看不順眼，但有人看看他很順眼哩，要以布爾塞維克的標準來衡量那就是黨代表會不是政協了，因為這是聯合政府，是四個階級組成的政府，就要四個階級的代表在政府內，這是符合於當前革命任務的。

彭真還引述毛澤東的話：「同志們說有了他們，政府看看不純，就是有點不純，毛主席說他當中央政府主席是第二次了，第一次中華蘇維埃主席，純倒是很純，但卻弄成一個二萬五千里長征，現在實在不願意再跑了，雜就雜一點吧！」[1]

雖然仍有黨員幹部對彭真的政策說明不以為然，例如：認為就算「不團結」這些非共人士，「革命也不至失敗，我們決不會再來個二萬五千里長征」；甚至還有人指稱彭真的報告「是對幹部的打擊」。[2]但是基於黨紀和出於黨性，他們也只能服從中央的統戰安排。

1954年，中共主導舉行第一屆全國人民代表大會，讓其取代政協成為國家最高權力機關；同年底舉行的第二屆政協會議，直接轉為體現中共領導下多黨協商合作制的機構，以及作為中共對各黨、各方續行統一戰線的政治平台，李維漢就稱之為「黨派性的統一戰線組織」。

彭真獲選為全國人大常委會副委員長兼秘書長，毛澤東將其實際管理工作交予彭真，指令由他直接向黨中央負責並報告重大問題。彭真也在轉型的全國政協獲任副主席並兼任秘書長一段時間，因而成為中共對全國人大、政協的具

1　〈彭真同志報告〉（1949年11月18日），北京市檔案館，檔號001-006-00059。
2　〈黨代表會議分組討論彭真同志關於統一戰線問題報告的綜合彙報〉（1949年11月27日），北京市檔案館，檔號001-006-00059。

體操盤者和實際監守人。彭真循由「兩會」機制，經常代表中共與重要非共人士、各種群體代表進行溝通、周旋和統御。彭真的「兩會」統戰角色，之後歷經1959年的二屆人大、三屆政協，以及橫跨1964、1965年的三屆人大、四屆政協，直到1966年「文革」爆發為止。

二、首都統戰方面，1949年至1956年，彭真另一個工作重心是擔任北京市黨政領導人。北京市群聚全國高知名度的民主人士、高級知識分子和為數眾多的各界菁英人士、前國府軍政人員，對之統戰成效大小與否，其影響不限該市。彭真特地在北京市委成立統戰辦公室，並由他的政治秘書崔月犁出任主任，負責聯繫。

另外，直接關乎中共統戰工作的政策如：針對工商業者的「五反」運動和「社會主義改造」，以及針對知識分子的「思想改造」運動，首都北京皆是中央優先屬意的「試點」單位，彭真的北京市委在志成「標兵」的心理驅動下，也努力取得令中央滿意的成績。首都的先進統戰做法和經驗，在中央認可下經常成為「模範」，進而推向全國。

彭真無論在政權統戰或首都統戰，都注意身體力行，期以盡其一己所能發揮和獲致個人統戰的功效。實際上，他也提出：統戰工作繁重，不能僅靠統戰部門，而需各級黨委齊力動手。同時，他也嚴格要求下屬，牢記統戰「無小事」。彭真耳提面命其個人秘書，不能怠慢黨外人士的來訪，以免不利統戰關係。彭真一旦聞知重要黨外人士未受到其所屬等級的生活待遇，會藉機大作文章，將之作為「負面教材」廣為通報，對相關工作人員和統戰負責幹部施以「機會教育」。針對發生嚴重失禮的統戰事故（例如最高國務會議的會議通知漏發給孫中山遺孀宋慶齡，導致她未能按時與會），他也下令徹查和嚴懲。

彭真擅於統戰手腕和藝術，既能讓統戰對象感到彼此信任、氣氛寬鬆，也可對統戰對象的錯誤行止，進行嚴肅而適度的批評。至於讓中共起疑其懷有政治貳心者，彭真則主張祭出專政鐵腕。例如：張東蓀在中共兵不血刃地進據北平立有貢獻，並以民盟身分獲任中央人民政府委員會委員。但是當中共認定張東蓀與美國方面暗通款曲，彭真即力主將之逮捕。[3]彭真在1957年9月的司法工

3　戴晴，《在如來佛掌中：張東蓀和他的時代》（香港：香港中文大學出版社，2009），頁433。

作座談會上還提到此案：「張東蓀，大家都曉得是叛國案，抗美援朝剛決定，他即把情報送給美國，我們的預算是祕密的，他卻送給美國了。」[4]

彭真熟稔中共統戰工作的基本理念和原則，在內部講話時提醒黨員幹部：在與非黨「民主人士」朝夕相處共事時，必須堅持對之領導、促之改造的自覺性，免得反遭其影響。

（二）中央參與分管統戰、民族工作

彭真固定列席中共「八大」政治局常委會，因而可以與聞中央事關統戰的重要決策；他在中央書記處除了被指定協助鄧小平「負總責」，也被分配負責聯繫統戰、政法和港澳部門的工作。彭真在此前數年進行政權統戰、首都統戰的績效有成，以及在同一過程中經常與中央統戰部密切配合和高效協作，可能是中央此時決定交託彭真分管統戰部門的重要因素。

中共施展統戰工作的重要據點——全國人大常委會、中共表演統一戰線的主要舞台——人民政協，以及中共統戰工作的具體主管機關——中央統戰部，自此更受彭真的指揮、管轄和節制。彭真和中央統戰部的具體互動情形如後：

因為彭真是統戰部的直屬上級，李維漢經常打電話給彭真或是現身其住所，向之請示或共同討論統戰事宜。[5]李維漢和統戰部組織籌辦的全國統戰工作會議，彭真皆到會予以正式報告，李維漢和統戰部視之為黨中央對統戰工作的最新旨意和指導。統戰部召開重要的座談會時，該部領導人也會專門向彭真匯報。統戰部上呈中央審核的文件，彭真先行過目、擬定如何處理，或代中央擬寫批語。統戰部人員經常聽聞彭真指示的傳達，鄧小平的指示倒是少見。另外，根據民族系統人員觀察，彭真在統戰工作的重要場合，同李維漢講話時表現得頗為尊重；步入會場、即將就座之時，也會對「蒙古王」兼統戰部副部長的烏蘭夫表示謙讓，但是當他代表中央開始致詞就不再表現客氣。[6]

彭真除了領導「兩會」和統戰部，他在中央書記處也負責分管亦屬統戰工作範疇的民族工作。彭真先前經由其麾下的全國人大民族委員會，組織對全國

4　〈彭真同志在司法座談會上的講話紀錄〉（1957年9月19日），頁8。
5　中國大陸中共黨史研究者（J君）提供的資訊（北京，2014年11月）。
6　中國大陸中共黨史研究者（P君）提供的資訊（北京，2019年8月）。

少數民族問題的調查，為中共後來對之進行民主革命預作準備；彭真分管統戰部門後，隸屬政府的國家民族事務委員會也歸其所管。

　　彭真在「文革」前中共對台灣、香港的統戰工作，亦有一定深度的涉入。

圖13-2：1965年7月彭真（左1）與周恩來（左4）、賀龍（左2）在機場接迎李宗仁（左3）。
資料來源：Wikimedia Commons。

二、監管執行中央統戰政策

（一）整風、「反右派」到步入「大躍進」

　　1956年中共宣稱完成社會主義改造、國家進入社會主義時期，中共「八大」在此背景下召開，劉少奇代表黨中央作的〈政治報告〉，申明統一戰線將繼續存在的理由，指出要保持「工人階級同民族資產階級的聯盟」，「應當採

取共產黨和各民主黨派長期共存、互相監督的方針」，並要求「黨員必須同黨外工作人員建立起良好的合作共事關係」。然而，中共「八大」統戰工作方針在次年即與現實政治發展出現嚴重脫節。

1956年開始醞釀、1957年成形推出的整風運動，可言是毛澤東嘗試調整、重新定位中共與黨外統戰關係的重要舉措和試驗，由彭真負責督率中央統戰部具體落實。彭真通令中央統戰部鬆綁對民主黨派的政治控制，也指示要給予全國人大、政協較大政治空間；接著彭真會同中央統戰部邀請黨外名人參加座談，促其對黨發表建言。不久之後，彭真與該部蓄意引人上鉤，遂行毛澤東「引蛇出洞」詭計，再猛然翻臉、反手回擊。彭真還將已鎖定的「右派」標靶人選，置於由其操控的全國人大平台上大加圍剿和污名化。

對於毛澤東、彭真而言，1957年大反「右派」並非中共已不講或棄置統一戰線，而是突顯中共依其喜惡自行對統戰對象重新進行政治排隊、選擇區別對待（聯左、打右、拉中）。其間表現的隨心所欲和突然劇變性，讓中共對黨外統戰的政治信用大為遞減。經過此番整風、「反右派」的統戰教育和教訓，中共和黨外的統戰關係也從過去至少維持的表面和諧，變為主從不等、上下懸殊的「貓鼠關係」。

另外，在對「右派」震天價響的討伐聲中，毛澤東為首的黨中央改變中共「八大」對中國社會的重要判斷——人民迫切改善生活的願望和落後的生產力之間的矛盾，再次認為無產階級和資產階級之間的鬥爭才是主要矛盾。此後，「階級鬥爭」、「兩條路線鬥爭」思維，一再干擾中共統戰工作，使之出現左右擺盪、時緊時鬆情況，直到「文革」爆發。

因應1958年「大躍進」揚起，彭真在7月16日代表中共中央對統戰部門講話，針對民主黨派、資產階級及其知識分子問題表示：經過整風、「反右派」，對之鬥爭已有收效，「他們中間多數人才逐漸老實起來，覺得吃飯就要靠無產階級」，「他們別無出路」，「中間許多人有比較大的進步」。[7]他強調鬥爭要適可而止：「反右後，他們交了心，作了自我批評，鬥的也已經差不

7　中共中央統一戰線工作部東方紅公社、中央統戰、民委系統聯合委員會材料組編（下略），《彭真在統一戰線、民族、宗教工作方面的反革命修正主義言論彙編》（以下簡稱《彭真統戰工作修正主義言論》）（北京，1967）。

多了」；若按黨員標準，當然「還差得遠」，但不能寄望經由這次整風就「改得跟我們一樣」，整風之後還會有，「我看這次整得差不多了」、「應當結束」，「要他們閑一下，鬆一鬆，不要把弦繃的那麼緊，弦繃緊了，也不一定能奏出好聽的音樂」。[8]

彭真進而指示：「現在不是盡愛扭著去風呀、交心呀，批評與自我批評呀，不要繼續一直搞這個，這個應該告一段落了」，而要驅策非共政黨、人士和知識分子以「實際行動」投入「總路線」，鼓起「為社會主義、為工人階級、為工農兵、為六億人民服務」的「積極性」，[9]從其本業和領域「轉向為社會主義建設服務的實踐」。[10]

然而，正因為整風、「反右派」對黨外力量和人員造成嚴重打擊和震懾效果，「大躍進」期間，他們對於悖離現實的政策和出現的物資短缺現象，雖不乏怨言，但也不敢公然提出異議和挑戰。

（二）對李維漢改造計畫的想法變化

1958年「大躍進」熱潮下，李維漢領導中央統戰部提出「大躍進」式的統戰工作規劃：以5年或更多一點時間，完成改造進而消滅資產階級，使之腦體裡外「煥然一新」，猶如重新做人並能以「新人」面貌重新問世；以及將民主黨派的領導層加速徹底改造，使之成為社會主義性質的政黨。彭真閱後批示擬予同意，劉少奇、鄧小平也核閱認可。[11]如此顯示彭真在內的中央「一線」領導人曾一度與中央統戰部一樣「頭腦發熱」。但不久之後，毛澤東、周恩來、鄧小平、彭真對此就有不同看法。

毛澤東、周恩來認為「團結面要寬一點」，要求將目標提法改做「為社會主義服務的政治團體」。[12]彭真可能較早耳聞層峰意見，他代表中央書記處審

8　〈彭真同志在中央統戰工作會議上報告紀錄〉，廣東省檔案館，檔號216-1-122。

9　《彭真統戰工作修正主義言論》。

10　李維漢，《回憶與研究》（北京：中共黨史資料出版社，1986），下冊，頁850。

11　《彭真傳》編寫組（下略），《彭真年譜》（北京：中央文獻出版社，2012），第4卷，頁258。

12　平杰三，《我的一生：平杰三回憶錄》（以下簡稱《我的一生》）（北京：華文出版社，1999），頁254。

閱李維漢主持的改造規劃時，做出相應修改。根據彭真1963年所言：1958年6月中央統戰部的「報告中說：『把民主黨派從資產階級性的政黨，改造成為社會主義性的政黨』，我改為『……基本上改造成在共產黨領導下的為社會主義服務的黨派」。另外，彭真也延長中央統戰部原有的改造時間規劃：「至於5年工作目標，我把年限也改了，把5年改為5年到10年，給你們加了一番，我當時想，10年達不到，再延長就是了」。[13]

　　彭真對李維漢所提的在一定時間期限內完成改造民主黨派的規劃，表示懷疑，1963年他自言早於1958年7月10日致信毛澤東、劉少奇，指出：統戰部「問題的關鍵，是把民主黨派改造成為社會主義性質的政黨，從中央到地方建立起社會主義的領導核心，而且時間是5年，我覺得是不妥當的」。[14]1958年9月，彭真更繞開李維漢，直接找統戰部幾位副部長到其寓所談話。他針對民主黨派改造問題表示：

　　　　民主黨派一萬年也不能改造成為社會主義性質的政黨。當它完成根本改造的目標，階級消滅了，政黨也就消滅了。社會主義政黨，就是無產階級先鋒隊，只能是共產黨，不會有其他政黨，工會、共青團還不能有先鋒主義，民主黨派哪裡能變成社會主義性質的政黨。

　　1958年正是毛澤東強調一元化黨領導之際，彭真擔任副職的中央書記處擴大「以黨領政」的權力，他也在中央政法各部強推整風，嚴厲批判對黨的領導有所不敬或不服的傾向和人士，也自然而然地看不慣他分管的中央統戰部提出任何可能「稀釋」中共獨占領導地位的政策主張。

　　彭真對李維漢領導統戰部提出改造民主黨派的目標和期程，不以為然，但他表面看似態度開明，只提到統戰部應多加觀察，再行訂定目標。實際上，彭真不吐不快，還直接寫信給統戰部，信中將李氏的改造目標——要在民主黨派內從中央到基層組織建立社會主義的領導核心，也就是以左派為核心，左派加

13　《彭真統戰工作修正主義言論》。

14　〈彭真在中央統戰部部務擴大會上的發言〉（1963年4月19日），宋永毅主編，《中國大躍進——大饑荒數據庫（1958-1962）》（香港：美國哈佛大學費正清中國研究中心、香港中文大學中國研究中心，2014）。

中左分子佔優勢，上綱上線地講成要將「民主黨派變成我們國家社會主義的領導核心」。[15]

李維漢這時提出失於急躁、顯得過「左」的統戰政策目標和規劃，在4年之後（1962年）毛澤東大唱「階級鬥爭」極其嚴峻又將長期存在的情況下，轉而被指稱是漠視抹煞「階級鬥爭」、喪失階級立場的「右」的錯誤。彭真一躍成為批判李維漢的主要策動者。

（三）「大躍進」和經濟調整時期

「大躍進」期間中共為趕建社會主義、全心「衝經濟」，而不欲在統戰工作上輕啟戰端。彭真代表中共對黨外擺出寬大為懷、願予人自新機會的狀貌。1959年4月24日，他在政協會議上表示：若干名人「右派」如龍雲、章伯鈞、黃琪翔，檢討態度佳，可恢復其先前遭撤銷的部分榮譽性職務，「給人以改造的出路」，也體現「治病救人」方針。[16]

同年夏秋，廬山會議批鬥彭德懷而引發的「反右傾」運動（彭真是中央主要執行者），毛澤東為首的中共中央有意不將此一政治運動擴至黨外；另外，為慶賀中共十年國慶並示其執政不念舊惡，也提出特赦戰犯和為右派「摘帽子」問題。彭真都直接經手、參與處理。

1960年4月23日，中共繼續高擎「三面紅旗」衝刺背景下，彭真指示統戰部副部長：資產階級的改造，特別是「階級立場、世界觀的改變談何容易」，須「給以時間」，對之鬥爭要有張有弛、有緊有鬆。[17]「總的情況是現在不要搞大的運動，還是搞和風細雨，搞神仙會」，「只要跟著我們走，跟不上一點沒有關係」。[18]

「大躍進」不得不偃旗息鼓後，中共在經濟調整時期的統戰工作方針是：調整、緩和中共與黨外各方的政治關係，以利於黨國專心處理、安全度過經濟危機。此一統戰方針即由彭真負責實行。

1961年4月2日，彭真審閱統戰部年度工作安排時批示：「系統地調查研究

15　平杰生，《我的一生》，頁254、320。

16　《彭真統戰工作修正主義言論》。

17　《彭真年譜》，第4卷，頁21。

18　《彭真統戰工作修正主義言論》。

各階層、各類型資產階級和資產階級知識分子及其他統戰對象的思想、政治動向。」密切關心黨外勢力心態和動態的同時，他指示「按照黨的方針政策，檢查和改善同這些黨外人士的共事關係」。[19]為何要改善同黨外的「共事關係」？彭真清楚曉得：當前經濟惡化情勢，中共難脫干係，黨外群體和人士私下議論和批評，只能由之而去。缺糧饑荒情況下，中共若對統戰各類對象採取鬥爭強硬姿態，無法理直氣壯、也無暇與之纏鬥；統戰工作的當務之急是設法穩住統戰對象情緒，避免其藉機生事，更要促之同舟共濟。

　　彭真和統戰官員提出的具體統戰對策有：

　　一、政治上注意改善待遇：根據表現安排職務，過去處理不當者予以復職、家屬子女不受牽連。盛大舉辦辛亥革命50週年紀念座談會，表彰民族資產階級的歷史功績並對相關政治耆老進行拉攏。

　　二、經濟上特別施予照顧：強調對接受改造的資本主義工商業者繼續發放定息；副食品供給上，對高級知識分子、黨外人士提供特別照顧，讓之感受「黨的溫暖」。[20]

　　三、做法上側重寬鬆氣氛：經常為「民主人士」舉辦小型表演和舞會，准許攜家帶眷、闔家光臨，使之在歌舞昇平中認為局勢好轉。邀請黨外人士參加座談，協助中共「總結十多年的經驗」。中共強調實行「三不主義」（不打棍子，不抓辮子，不扣帽子）、「神仙會」。然而，在1957年曾經上當過的人私下表示：「現在哪裏還有神仙！大家都是孫子」。[21]

　　彭真也利用公開講話的機會向黨外人士喊話：「什麼時候，中國有這樣的大團結呢？兩年大災（今年又是一個災年）沒有人造反，你看，就是沒有人造反，包括工人、農民、知識分子、民族資產階級，什麼時候有過這樣的團結？」他也提醒在嚴重經濟困難面前，要認清大局，以防誤入政治歧途：「看形勢也往往容易被局部現象所迷惑，把大的忘了，思想便走入了歧路，當然這不會引入地獄，但是卻走入歧路」。[22]

19　《彭真年譜》，第4卷，頁116。

20　《彭真年譜》，第4卷，頁142。李維漢，《回憶與研究》，下冊，頁869-870。

21　章詒和，《最後的貴族》（香港：牛津大學出版社，2004），頁362。

22　〈彭真同志在市人民委員會、市政協常委聯席會議上的講話〉（1961年7月21日），廣東省檔案館，檔號216-1-286。

　　1960年代初「大躍進」重挫後的「非常時期」，彭真及其領導的統戰部門對黨外統戰對象表現得較和顏悅色、笑容可掬，政經統戰多管齊下也成功讓之繼續臣服於中共領導，而不敢胡思亂想，更不要說有任何輕舉妄動。但是彭真有時仍會流露出不甚客氣的一面。例如：當有情資顯示特定黨外人士可能預謀潛逃、離國出走，彭真正式找他們約談，正色逼其表態。[23]由此可見，中共在此階段對黨外人士雖有物資優待、政治禮遇，但也祕而不宣地對之繼續嚴密緊盯。

　　中央統戰部主辦的《零訊》簡報，專門蒐集中共重要統戰對象的私下言行、動態，僅限於中共高層傳閱，讓其有玩黨外於股掌之上之感。1963年4月，彭真在統戰部高幹會上囑咐所屬官員、幹部：針對需待改造的剝削階級，「一有動向即向中央反映」，並表揚「《零訊》工作是做得不錯的」。

三、參與西藏治理和統戰

　　彭真一直參加中共中央對西藏的政治設計和政策管理。中共在西藏的領導機關內部出現嚴重的看法分歧：西藏工委書記張經武、副書記張國華主張對西藏的改革要下馬放緩，對達賴要信任；另一副書記范明則認為改革要盡快上馬，須抬高班禪地位。此一政治官司在1957年打到北京，原由中央統戰部主持開會討論，但因雙方爭論過激，致使李維漢根本無法置喙，只能呈報中央求助。彭真與周恩來、鄧小平聽取相關匯報，彭真也作出多次指示，最後更出面召集爭執兩方徹夜開會談話，表態支持張經武、張國華的意見。[24]范明與兩張鬥僵，更因惹惱鄧小平，而在次年被定為「反黨集團頭子」、「極右分子」。如第十二章所述，1962年鄧小平還利用范明問題批鬥習仲勛。

　　西藏在1959年爆發反對中共統治的大規模抗爭，達賴也因而出走。彭真在次年5月30日向捷克大使解釋：

　　　達賴喇嘛，給了他人大常委會副委員長和西藏自治區籌委會主任的重要

23　章詒和，《最後的貴族》，頁363-365。
24　中國大陸中共黨史研究者（D君）提供的資訊（北京，2015年8月）。

職務，飯票是頭等的，比我們還高。他怕改革，毛主席親自跟他說，可以推遲進行。在解放西藏的協議中，本來規定對藏軍及藏幣要進行改革。他們說不要改，我們就推遲。跟他一起走的如索康等人，我們也都給了飯票和選票，但結果他們還是要造反。我們和他們講過，西藏要改革，但是通過和平的方式，進行贖買，達賴也舉手贊成過，但他最後還是反對改革。現在，除了叛亂分子的土地、房屋、農具及牲畜等財產沒收以外，其他人的都是進行贖買，然後再分給農牧民。西藏只120萬人口，130萬平方公里的土地，而全國有6億5,000萬人口，960萬平方公里的土地。我們的解放軍有好幾百萬，而西藏只有1萬多反動武裝，就是在拉薩及其附近，我們的軍隊也比他們的多好幾倍，即使在這種力量對比的情況下，給他們那樣好的條件，他們還是要造反。

彭真還表示：「西藏我們準備了兩手，一方面準備和平過渡，另一方面也準備用武力解決。如果只準備和平過渡，不在那裏住上幾萬軍隊，那就會被他們趕了出來，而我們在西藏的幹部也會被殘酷地殺害」。[25]

達賴離開西藏後，彭真轉為積極爭取班禪。1959年秋，彭真在新落成的北京人民大會堂主持全國政協、北京市政協聯合舉行的萬人大會，專門聽取班禪等西藏領導人報告。彭真還設宴款待班禪，冠蓋雲集，場面盛大。[26]

班禪之後不滿「大躍進」時期西藏的激進改革及其對藏人造成的災難，而在1962年上書周恩來表達批評和建議，彭真也是他陳情反映對象。[27]周恩來指派李維漢、習仲勳與班禪座談，最後共同起草四份政策性文件。彭真肯定其是「好文件、是符合黨的分針政策的」。[28]

約此前後的全國民族工作會議，李維漢主張扭轉近幾年政府民族政策的偏差情況，班禪也呼籲和響應。彭真代表中央到會講話，充分肯定會議成績，稱之發揚民主、暢所欲言，今後要堅持下去；也承認先前工作有「左」的錯誤，

25　〈彭真同志及夫人接見捷克駐華大使布希尼亞克及夫人談話記錄〉（1960年5月30日），北京市檔案館，檔號2-20-11853。

26　〈1959年彭真同志宴請班禪及其隨員晚會〉（1959年10月24日），北京市檔案館館。

27　降邊嘉措，《十世班禪喇嘛傳記》（香港：開放出版社，2008），頁145。

28　平杰三，《我的一生》，頁313。

因而發生有違黨的民族、宗教政策之事，必須確實予以糾正。彭真進而宣稱：李維漢是「民族問題」的「專家」、「權威」，他的意見「也是我們大家的意見，中央的意見」。[29]

　　1962年6月上旬，彭真還直接與班禪、阿沛・阿旺晉美（西藏自治區籌備委員會副主任）相談，試圖化解班禪疑慮。彭真讚勉其「經過考驗」、「歷史是光榮的」，也寄望對方願意代表覺醒的工人、農民，更下定決心「在黨和毛主席領導下共同建設社會主義和共產主義」。彭真甚至還對班禪表示：「我們需要合作一輩子，我是不相信來世的，若有來世的話，我們來世還要一齊合作共事，講十年、百年、千年、萬年合作到底」。[30]

　　根據劉春（時任國家民族委員會副主任和黨組副書記、同時兼任中央統戰部副部長）的旁觀與回憶：在對待班禪及其看法主張上，彭真、李維漢各自講話，意思「不完全相同」。李氏較多自我批評、承擔責任，肯定班禪講話並向之道歉；彭真基本肯定中央政策正確，側重認為是執行失準和過火，另外他也配合中央歷經「大躍進」後思及法律作用的氣氛，提出憲法、法律對民族問題所作規定，必須貫徹執行。[31]

　　兩個月後，在毛澤東大批「三風」、大講階級鬥爭背景下，彭真對班禪的態度即從「柔中帶剛」轉變成：懷柔全無、剛強盡出。他在8月中旬黨內高層會議上表示應該對班禪嚴加反駁。

　　1963年4月19日，彭真在中央統戰部部務擴大會議上，其話及班禪的言論批判性十足：「必須瞭解在西藏的宗教不是我們的武器，先是達賴的武器，後是班禪同我們鬥爭的武器，並沒有成為我們的武器」。也就是指控班禪利用藏人對他的宗教迷信向中共抗衡。

　　彭真更表示：「但當尼赫魯向我們進攻時，班禪卻向我們發動了猖狂的進攻。今天在西藏的鬥爭，主要是對班禪的鬥爭，對他非鬥不行」。[32]換言之，彭真以至中共中央對班禪氣不打一處來，除了覺得他在1962年「不安分」地抨

29　降邊嘉措，《十世班禪喇嘛傳記》，頁133。

30　《彭真統戰工作修正主義言論》。

31　劉春，《關於民族工作的回顧》（修改稿）（2001），頁247-249。

32　〈彭真在中央統戰部部務擴大會上的發言〉（1963年4月19日），宋永毅主編，《中國大躍進——大饑荒數據庫（1958-1962）》。

擊中共對藏區的治理和政策，露出所謂「反動階級」、「西藏農奴主集團」頭目的尾巴，也在於其上書的時間點，正值中國、印度之間邊境緊張、對立升高之際（是年秋更變成戰爭開打），懷疑其存心與覬覦「中華錦繡江山」的尼赫魯進行政治唱和，對「祖國」施以內外夾擊。最後彭真不忘交代：「宗教是他的武器。但人民群眾對他還有迷信，像抽鴉片煙一樣，有癮，我們要慢慢來」。[33]

彭真對班禪失望後，轉而用心爭取阿沛‧阿旺晉美，希望透過他「批判教育」班禪，讓之明瞭「是他領導黨，還是黨領導他」，並指示「對班禪的對的要鼓勵。錯的要批評、鬥爭」。[34]班禪在西藏遭到嚴厲批鬥並被定性為「叛國集團」，彭真還代表中共中央直接傳話批判班禪，指控其政治後臺是習仲勳。[35]班禪在西藏受到高壓批判，日子難過，甚至有人主張扣減其薪水。彭真聞後指示「不在乎那麼幾個錢！要經常找班禪談談」，相關批鬥才稍有降溫。

彭真為獎勵阿沛‧阿旺晉美竭力應合中共治藏政策，1965年參與議定由阿沛‧阿旺晉美出任西藏自主區人民委員會主席，並提出讓他入黨，還特定為之在首都物色豪宅、備齊傢俱，甚至親自到府檢查確認，讓這名藏族領袖深受感動。

四、發起批判李維漢

（一）北戴河批評和徐冰裡應外合（1962年夏至年底）

中國大陸猶未完全步出經濟危機之際，毛澤東1962年夏又大唱階級鬥爭、強調要「日日講、月月講、年年講」，使得黨國政治氛圍又趨緊繃，中央的好事之人也藉機對統戰工作發出批評，更關鍵的是，由此引發毛澤東的不悅。

毛澤東等「中央領導同志」在北戴河工作會議對統戰工作提出三項批評：

一、關於民主黨派的性質。會上有人表示：「這個時期，黨內有的同志對

---

33 同上註。

34 《彭真統戰工作修正主義言論》。

35 中國大陸中共黨史研究者（P君）提供的資訊（北京，2019年8月）。

民主黨派的性質有錯誤的解釋，說民主黨派已經改變了性質，是社會主義性質的了，可以改組為一個核心領導。民主黨派是社會主義政黨，也是社會主義核心力量」。[36]此一批評實等同彭真先前致信統戰部的重要內容（其不無是對李維漢相關政策主張的自行延伸和曲解），可以猜想發言者若不是與彭真同感，就是受之影響，甚或根本是彭真本人。

更關鍵的是，上述議論引發毛澤東關注和批評：「民主黨派改組為核心領導，共產黨也是核心領導，那麼我們國家就有兩個核心領導，這是完全違反馬克思主義的。那不是有兩個核心力量？豈不是要聯合執政了？」[37]這時竟還有人加油添醋地在旁應道：「共產黨只能變成外圍了」。[38]

二、關於西藏問題。會上有人批評統戰部在對班禪工作上，「旗幟不鮮明，遷就」。[39]彭真就是其中一人。8月13日北戴河中央工作會議小組會議上，彭真提出「黨內思想混亂」問題，他以統戰工作為例表示：「在我們國內給右派平反，班禪到處罵我們，沒有人駁」。[40]

三、關於統戰部工作重心和傾向。有人會中批評該部「重安排，輕改造」。[41]彭真在北戴河會中針對統戰工作提出：資產階級是我們在過渡時期的改造對象，各民主黨派也是改造對象。[42]他是否就是對統戰部抱持這種批評意見？

中央統戰部正副部長對中央領導人的批評和指正，自是誠惶誠恐、慎重以對。首席副部長徐冰在八屆十中全會上解釋該部欲在民主黨派內部建立社會主義核心領導，而非想使之變成全國的社會主義領導核心。李維漢也發言自我批評並表示返回部裏後會檢查相關政策思想。毛澤東聞後說道：「李維漢同志現身說法，我也有錯誤。人是可以分析的，所謂聖人不犯錯誤，那是形而上學。

36　平杰三，《我的一生》，頁315。

37　平杰三，《我的一生》，頁315。〈主席在核心小組會上的插話和羅瑞卿、彭真等同志的講話〉（1962年8月13日），頁1。

38　江平主編，《當代中國的統一戰線》（北京：當代中國出版社，1996），下卷，頁410。

39　平杰三，《我的一生》，頁315。

40　〈主席在核心小組會上的插話和羅瑞卿、彭真等同志的講話〉，頁10-11。

41　平杰三，《我的一生》，頁315。

42　〈彭真在中央統戰部部務擴大會上的發言〉（1963年4月19日），宋永毅主編，《中國大躍進——大饑荒數據庫（1958-1962）》。

不管犯任何錯誤的人，只要認真改正，我們就歡迎。」[43]

　　毛澤東態度和緩，感覺事態趨緩，想不到未幾又情勢升高。徐冰和另一位副部長平杰三專門造訪「中央主管統戰工作的負責同志」，意欲針對統戰部所受批評加以解釋。可是這名「中央主管統戰工作的負責同志」充耳不聞、沒有接受，更直指「統戰部的工作和毛主席的指示是對立的，應該檢查統戰工作」。[44]此人有無可能正是彭真？彭真在中央書記處分管統戰，指控統戰部意圖將民主黨派變成全國的社會主義領導核心，也源自他的信，繼而在北戴河會上被蓄意發揮，更獲得毛澤東認證而政治發酵。無論這位中央負責人士是否為彭真，李維漢和統戰部之後的政策檢查和政治檢討，最常見到的中央領導人就是彭真。

　　從1962年10月起，徐冰藉由按照毛澤東最新指示檢查該部工作之機，開始質疑、責難李維漢1956年以來的領導方向和統戰主張，特別指控他先前規劃在不長時間內消滅資產階級、改造民主黨派的計畫，嚴重違背毛澤東「階級鬥爭」長期存在、不減反增的政治論斷。徐冰不管自身與先前統戰工作的深度與聞和關連，積極扮演對之批判角色。徐冰得以政治脫身，進而槍口掉頭轉向，應與其和鄧小平、彭真互動密切、友好相關。

　　鄧小平同意批判李維漢，既有政策之別，亦可能有私人之因，包括：李維漢在江西蘇維埃時期對鄧小平有奪妻之恨；徐冰則先是鄧小平在莫斯科中山大學同班同學，後來則成為連襟。[45]彭真與徐冰結識於1930年代中期的北方局，往來親暱，徐冰私下還以「老彭」喚之。[46]

（二）策動副部長倒戈（1963年初）

　　徐冰在統戰部帶頭整風，雖有鄧小平、彭真支持，但卻遇到不小阻力。例如：平杰三就曾幾次與徐冰引經據典地進行爭論。[47]這也反映部內傾向李維漢的政策主張或是同情其遭遇者並非少數。彭真為打開批判局面，親自出手。平

43　平杰三，《我的一生》，頁315。

44　同上註，頁316。

45　李曙新，〈鄧小平的幾個大學同學〉，《福建黨史月刊》，1997年第11期，頁12。

46　郝建國，〈彭真餐廳講「大事」〉，《百年潮》，2011年第4期，頁29。

47　平杰三，《我的一生》，頁319。

杰三回憶：彭真夜裡來電向他表達不滿統戰部政策思想檢查進度牛步。彭真在電話尾聲更質問平氏：「是跟毛主席走還是跟李維漢走？」彭真此言無異是將問題簡化、升高至要跟隨或反對毛澤東的地步，兩者必須擇一。平副部長方感事態嚴重，不得不屈服壓力，同意自我批判。[48]

彭真電話施壓平杰三初步奏效後，1963年1月19日，他召集徐冰、平杰三、張執一、薛子正、金城等人談話，旨在引導這些統戰部副部長如何重新認識和從嚴檢視李維漢主持的統戰工作。

彭真表示：統戰部沒有犯「路線錯誤」，但是確實與中央有意見分歧、認識不一致之處。他指出：「應當好好討論，提高認識。黨派工作、工商聯工作、民族工作、右派工作，都有不一致的意見。十中全會後，就應該清楚了。」進而羅列如後具體問題：5年或者更多一點時間消滅階級；把民主黨派改造成社會主義領導核心；民主黨派可以改造成為社會主義性質的政黨；右派可以甄別平反；對班禪的看法與估計。他強調：「如果把上述問題聯繫起來，統戰局面會成為什麼樣子？不從思想上檢查認識清楚，怎好工作。大家敞開思想，深刻地討論一下。」[49]

彭真對統戰工作爭論的誰是誰非，謙稱「我講的話有80%是正確的就差不多了」，也看似態度開放：「無非是三種情況：有的，你們意見對，我（中央）改錯了；有的，你們意見錯了，中央改對了；有的，彼此都是對的。如此，思想就解放了。」[50]實際上，以「中央」自居的彭真不吝表露自我定見，要統戰部副座們對準看齊。

一、資產階級改造和消滅問題，彭真不諱言曾經短暫同意統戰部所提的5年規劃：「1958年，5年消滅階級，我改了，報告過中央」。但他強調不久即改變想法並表示：「對消滅階級，不是5年、8年、10年，這個爭論不是主要的，主要的是對資產階級的估計問題」。[51]也就是以八屆十中全會高舉的階級鬥爭理論為準，指責統戰部沒有認識到無產階級、資產階級之間對立的長期性和激烈度。從這裡可以看到：彭真可寬以待己地改正認識，卻嚴以律人地不容

48　同上註。

49　同上註，頁320-321。

50　同上註，頁321。

51　同上註，頁321-322。

許原倡者（李維漢）隨之改正認識？

　　二、民主黨派改造和目標問題，彭真表示：「我有過一封信，你們也抄了，到現在還有爭論，還可以討論，如果中央錯了，中央可以改。應該整理一下思想」。[52]此處所提之信，即是前述彭真寫給統戰部、批評其欲將民主黨派改造成「國家社會主義的領導核心」的信件，這一扭曲原意的說法，還進一步引發毛澤東在北戴河會議上批評統戰部。彭真口頭上雖說若有錯即可改，但在這次講話的後面還是自認正確、錯在對方：「把民主黨派改造成社會主義性質的政黨、改造成社會主義領導核心的提法是錯誤的。我看你們的問題還沒有展開，從你們的談話可以看出來」。[53]

　　三、改造「右派」和對之甄別、「摘帽」問題，此事原是響應毛澤東指示，由彭真領導統戰部啟動和推行，鄧小平、彭真在中央書記處也持續予以督導。但是當統戰部欲進一步鬆綁的規劃在北戴河會議期間被毛澤東批評，彭真、書記處即轉而對之批評和限縮。

　　彭真警告統戰部副部長們：「今天統戰對象是資產階級左派和中派。把資產階級右派包括在統戰內部就右了；把中派劃出去，則『左』了」。「右派工作統戰部要管，但右派不包括在統一戰線內部。右派反黨，反社會主義，和我們已經沒有同盟問題。統戰部門的同志無產階級敏銳性要更高，否則就會吃虧。」[54]免得他們對「右派」甄別過度熱心，誤觸政治紅線而不自知。

　　四、對班禪的政治評估和應對之策，包括：李維漢、習仲勳與班禪座談後，專門起草調整民族政策的指導性文件，以及李維漢主持、班禪響應的全國民族工作會議。也皆是彭真本來知情、明言肯定，但他後來卻反轉為批評者的情況。

　　隨著1962年夏北戴河情勢趨緊，而出現責怪統戰部對班禪「旗幟不鮮明，遷就」之聲，彭真也批評「班禪到處罵我們」，卻無人加以反駁。黨中央即批評先前與班禪會談「旗幟不夠鮮明，理不直，氣不壯，軟弱無力」，並重新訂定對之以鬥爭求團結的方針。[55]1962年9月24日，彭真還曾代表中央召集李井

52　同上註，頁320。
53　同上註，頁321。
54　同上註，頁320。
55　同上註，頁313、315。

泉、李維漢、西藏負責人等開會，「談談對班禪的方針問題」。彭真已絕口不
提他在民族工作會議稱讚李維漢是「民族問題」的「專家」、「權威」，更不
再講李氏意見「也是我們大家的意見，中央的意見」。他直批「是非不明，旗
幟不鮮明，整個的班禪工作是這樣」，還尖銳地說：「罵人會形成習慣，挨罵
也會形成習慣，挨罵挨慣了」。[56]即斷定並批評李維漢先前是錯誤地聽任班禪
責怪。

　　彭真這時（1963年1月19日）囑咐統戰部副部長們省思：「對班禪採取什麼
態度？對平叛採取什麼態度？對新疆邊境問題怎樣看法？」[57]彭真要統戰部就少
數民族工作檢討的意思，在其言語中呼之欲出：「認識上的錯誤，有方向性的；
有非方向性的，有原則的，有非原則的。例如關於民族工作上的一些問題，是
否認識不一致，是中央錯了，還是部分同志錯了，不能糊塗。」[58]既然負責班
禪工作的李維漢、統戰部受到批評，連結前面所述，班禪自然吃盡苦頭。

　　彭真此次對統戰部副部長的談話，之後在部務會議上傳達和討論，部裡官
員據此檢查思想、檢討作為。

（三）安排對李氏「缺席批判」（1963年春）

　　中共八屆十中全會以後，彭真一再推促統戰部深入檢查和嚴厲批判李維漢
的統戰思想和政策，並鼓勵徐冰等人對之「窩裡反」，作為「苦主」的李維漢
當然知悉。1963年1月下旬，在上海養病的李氏返回北京過春節，致信求見彭
真，期以當面澄清和溝通。春節後彭真同意見面談話，李氏藉機向彭真解釋，
也作自我批評並交換意見。

　　李維漢表示欲回部檢查並接受批評，彭真要之回滬繼續養病。彭真雖然語
帶輕鬆地說：「你們討論的問題要簡單可簡單，要複雜就複雜，就是那麼幾個
問題」。[59]但他的打算是：李氏缺席不在場，有利於徐冰領導統戰部繼續深挖
李氏統戰理論、政策的「錯誤」。

　　彭真沒有答應李氏參加統戰部檢查會議，卻要他到部講話，表達如後之

---

56 劉春，《關於民族工作的回顧》，頁203。
57 平杰三，《我的一生》，頁321。
58 同上註，頁322。
59 同上註。

意：「一是讓大家敞開討論，不要顧慮；二是已經解決了的問題就不要爭論；三是現在有什麼爭論的求得一致；四是理論性質問題可以以後慢慢研究」。李維漢因而在2月2日到部務會議上轉述其與彭真談話和上述四點。[60]如果彭真要統戰部開展思想整風，而且已設定李氏作為檢討對象和整風標靶，他又要李氏自己現身會場點火和動員，然後本人即離席，以便整風進行。這是否像四年多前彭真在政法工作上對付董必武的翻版？

中央統戰部前後連續召開35次會議，對李維漢及其「錯誤」的統戰思想大加批判，彭真也中途插手和指導，但是動員效果如何呢？徐冰領頭批判，不在話下。鄧小平、彭真的中央書記處譽其為「統戰部內的紅旗手」，使之更是義無反顧、勇往直前。劉春批判李氏不留餘力，也甚為搶眼。[61]即便積極分子賣力演出，會場砲聲隆隆，但根據平杰三觀察：「在以後的會議討論中，大家在一些問題上仍然沒有取得一致的看法，不少同志不贊成對一些正確的政策、理論簡單地予以否定，對指向李維漢同志的批評抱有疑問」。[62]這顯然未達彭真期待，他因而做了一個重大的政治動作。

五、對李氏問題的「剩勇追窮寇」

（一）大會動員講話批判李氏「階級鬥爭熄滅論」（1963年4月）

4月19日，彭真以中央要員之姿親臨中央統戰部擴大的部務會議上講話。[63]他一開頭說「我現在來貼一張大字報」，像極了1958年「中央政法領導小組負責人」（可能也是彭真）在第四屆全國司法工作會議上的講話用句，其當時在會上直批司法部黨組是「反黨集團」。

彭真對著台下大小統戰官員表示：今天其所說的，「對不對，請大家討

60　同上註，頁322-323。

61　中國大陸中共黨史研究者（P君）提供的資訊（北京，2019年8月）。

62　平杰三，《我的一生》，頁323。

63　彭真在此會上的講話內容，除非另有註釋說明，皆出自：〈彭真在中央統戰部部務擴大會上的發言〉（1963年4月19日），宋永毅主編，《中國大躍進──大饑荒數據庫（1958-1962）》。

論。對的大家就接受，不對的我就收回。我也有些意見要同大家談一談」。彭真接著直奔主題：「你們這幾年來存在的一些重大原則問題」，其原本估計「在十中全會後，可能容易解決一些」；但出乎意料地，開了35次會議竟仍未完全取得一致。他覺得原因有三：

一、會議「沒有真正抓住問題的核心和關鍵」，而應予緊抓的「核心和關鍵」就是：必須真正弄清何是、何非以後，方能思想統一。

二、「歷史問題把現在的中心問題纏住了」。其意指：近幾年針對統戰理論、工作的討論、分歧過程，一直糾纏不休，以至影響、耽擱對當前「中心問題」的理解和實行。

三、「是非還沒搞清楚，就去扯責任問題」，導致愈講愈不清。

彭真以上講得情真意摯，但事實上，他這次就是要說盡李維漢的政治是非，並以他自己（代表中央）以為的是非，作為會議唯一的是非標準。關於「歷史問題」，他自身的相關認識演進過程，經過說明即可，不應被查究；而他對李氏統戰理論、政策摸索過程的回顧，卻死纏爛打，即便李氏已拋棄原先見解（如以數年為期改造資產階級），或對遭誤解者（特別是針對「社會主義的領導核心」的張冠李戴）已予澄清和解釋。彭真的政治算盤是：俟前述的「是非」按其意弄清，「歷史問題」也照其願被拆解，李氏個人應負政治責任也就人盡皆知、無從推卸。

針對近年統戰指導思想和工作的重要議題和爭論，彭真表示：「有些問題是經主席看過的，有些是經過常委同志看過的，有些是經過書記處的。應該根據什麼呢？」他強調「應根據中央最後的指示為準」，繼而回顧自己對李維漢消滅資產階級等規劃的態度變化過程：

> 1958年6月25日，統戰部給鄧小平和我的信中提到：5年或更多一點時間消滅階級；把民主黨派的領導成分建立起社會主義核心和左派與中左聯盟的政治優勢。我批了擬予同意，劉少奇、鄧小平同志也核閱了。同年10月7日，我在批閱全國統戰工作四級幹部會議給中央的報告時，推翻了自己的看法。[64]

64　《彭真年譜》，第4卷，頁258。

彭真對李維漢呈報中央審閱的統戰設想和規劃，有哪些更新的看法？

針對李氏為首的中央統戰部提出的「把資產階級性質的政黨改造成為社會主義性質的黨派」，彭真將之改為「基本上改造成為在共產黨領導下的為社會主義服務的黨派」。兩者之間的差異，彭真強調在於：一、黨的領導問題（他在其分管的政法部門，慣常以此為題做文章）；二、民主黨派不是社會主義性質政黨的問題。

針對李氏為首的中央統戰部提出的「各黨派從中央到基層的各級組織，基本上建立起鞏固的社會主義領導核心」。彭真將之改為「基本上建立起鞏固的接受共產黨領導的核心」。兩者之間的差異，如其所言「基本問題是個黨的領導問題」。更具體地說，民主黨派的各級組織首先必須無條件地「接受共產黨領導」，而「鞏固的社會主義領導核心只有共產黨一個」，民主黨派何德何能坐享此一政治核心地位（彭真指控李維漢意將這些「政治花瓶」小黨抬升至與中共平起平坐、同為「社會主義領導核心」。但這並非李氏相關倡議的本心）。

彭真還表示：「民主黨派從中央到地方建立起社會主義的領導核心，同社會主義政黨，究竟有什麼區別？」他斷言兩事「是聯繫在一起的」。

統戰部（實即李維漢）聞知彭真在內的中央領導人有所異議後，刪去原先的「5年消滅階級」提法，彭真卻認為對方只是「換湯不換藥」。因為他覺得：李維漢提出同樣以數年時間將「各民主黨派變成為社會主義政黨」、「又寫上了社會主義性質的政黨」，即仍不脫、不離「5年消滅階級」的主張。彭真甚至表示：「這是一個思想連串下來的」，「這說明你們思想未弄通」。

彭真對自身看法變化的解釋是：「反右派」階級鬥爭激烈的體會和受到毛澤東在成都會議上所說「資產階級對新中國是『半心半意』」的影響（作者按：這在時間上恐都發生在他「批了擬予同意」之前）。彭真強調「資本家由剝削剩餘價值的人變成勞動者」，非屬容易，必須經過一再鬥爭，漸次改變其頑劣的「資產階級立場」。[65]

彭真不無帶有警告意味地表示：「我粗枝大葉，曾經同意過你們的意見，後來改變了。作為研究發展過程是可以的，但不要採取『打官司』的辦法查責

---

65 同上註。

任。」66亦即統戰部討論相關政治責任，不能追查到他身上，因為其只是短暫迷途，而且貴在自覺知返。彭真還帶上一句「少年的馬克思和後來的馬克思不同」。他是自比馬克思？另外，彭真也自以為：他異於「始作俑者」李維漢的迷而不悟、死性不改，因此須從思想上對之嚴肅深究。

彭真直言不諱地指出中央統戰部當前存在的主要問題：「你們的中心問題是消滅階級問題，民族、宗教問題掌握不夠穩，出現了一些問題，也是階級鬥爭問題，就是階級觀點不明確」。

毛澤東經過1957年「反右派」、1959年廬山會議和八屆八中全會「反右傾」、1962年北戴河會議、八屆十中全會反「三風」歷程，其階級鬥爭理論的發展、升級和擴大，彭真爛熟於心，在此會上即「用馬列主義的立場、觀點、方法去分析當前的階級動態」。

他表示：「這幾年資本主義思想那樣氾濫」，一方面，放眼當今社會，「不但是老的資產階級依然存在，而且又生長出一批新的資產階級分子和一股資本主義勢力，出現了那麼多貪污盜竊分子」。另一方面，「階級鬥爭是十分激烈的，反映在各國黨內」（這即是1959年彭真在廬山交送毛澤東如「機關槍」、「迫擊炮」的文字資料，觸發其連通社會階級鬥爭、黨內鬥爭的理論靈感結果），中共內部就先後發生「高饒反黨集團」、「彭、黃、張、習反黨集團」的政治風波。所謂「習」，就是半年多以前十中全會及其預備會議的最新黨內鬥爭戰果——習仲勳反黨小說問題，後來擴大為「彭、高、習陰謀反黨集團」。

彭真強調：「從現實看，從前途看，從蘇聯經驗看，從我們的經驗看，階級鬥爭總是要經過多少次反覆的，還要經過幾十年，甚至上百年。上百年也是有限的年限，不是遙遙無期的。客觀上存在消滅不了，主觀上想消滅也消滅不了。」彭真不是純粹坐而論道，而是以此為鋪墊，向李維漢擲出重磅炸彈——示意其「過早宣布消滅階級，就是階級鬥爭熄滅論」。67

彭真表示：「過早的消滅階級，就是階級熄滅論，就是不要階級鬥爭」，「最主要的是從當前實際情況不符合。消滅階級不是5年，也不是10年，而是

66　同上註。
67　《彭真年譜》，第4卷，頁258。

幾十年以致〔至〕上百年，所以還是統一於毛主席的口徑」。他亮出毛澤東在去年北戴河會議的階級鬥爭講話，欲叫李維漢徹底降伏。

彭真又把短期消滅階級、「社會主義政黨」問題勾連起來。他表示：「社會主義政黨問題同消滅階級問題是有聯繫的」。民主黨派出於其天生階級本性，在大勢所趨下，雖會對無產階級及其「先鋒隊」表現得歸順，實則虛以委蛇、不願真正就範，去老老實實地接受改造。「真正的社會主義政黨只能是無產階級先鋒隊」，其獨一無二、壟斷性質的政治領導地位，好比「只此一家，別無分店」。「如果資產階級消滅了，民主黨派成了社會主義政黨」，它們反倒樂得擁有社會主義招牌作其政治「裝潢」。

彭真大批李維漢是「階級鬥爭熄滅論」，就是希望對之釜底抽薪，讓其在革命理論和中國實際上，都無法立論、立足。

針對民族、宗教工作因「掌握不夠穩」以致產生問題，彭真高揚階級鬥爭大旗對之指正，當然是有的放矢，即劍指李維漢提出的宗教及其人士可為社會主義服務（即通稱的「社會主義宗教」，並非出自其口），以及「社會主義民族」的觀點主張。

彭真強調：包括平定叛亂、西藏班禪，以及新疆問題，「都要從階級鬥爭來看」。他表示：「宗教是鴉片，是一定歷史階段的產物」；「宗教代表剝削階級，為剝削階級服務的，是被用來欺騙和麻痺勞動人民的」。並指出：我們現已掌握社會命運，但還須進一步發展「戰勝自然的力量」、提高科學文化，群眾才會逐漸不信教，使宗教逐漸趨於消滅。在此發展過程中，一定要設法削弱宗教力量，但也不能操之過急。另外，彭真聲明：「民族問題也是階級問題」，無論在新疆、西藏，都是其「上層」「同我們有矛盾」。彭真在前述談話中都舉班禪為批判標靶。他最後提醒統戰部：在宗教、民族問題上，務必要有「明確的階級立場、觀點和階級分析方法，才能有明確的階級政策，才能明確團結誰、打擊誰、孤立誰，才能少犯錯誤」。

彭真在講話最後肯定中央統戰部執行中央路線、並非「獨立王國」，工作饒有成績，但也說「在若干原則問題上認識不一致」。他強調：「現在有十中全會為依據」，要按之統一認識。並表示：「我講的話對的就接受，不對的就取消，但是我認為對的我還保留。你們討論後，寫一個報告來，中央批准後才算數」。

徐冰根據彭真所言的「仍然沒有解決問題」、「會議沒有抓住問題的核心」，特別是「把資產階級的改造估計得太容易了」。[68]再繼續加開5次部務會議批鬥李維漢，終而在1963年5月27日向中共中央報送〈關於中央統戰部幾年來若干政策理論性問題的檢查總結〉（簡稱〈專題報告〉，其內容即以彭真的4月19日講話為基礎）。毛澤東閱後認可並加寫批語後，1964年1月中共中央將之批轉和下發。針對李維漢第一回合的政治批鬥，至此告捷結束。

值得一書的是，李維漢1957年一度規劃提出以數年時間改造資產階級，使之達到消滅程度，一旦聞知彭真在內的中央書記處從原初同意到不予同意，「就刪掉了這個提法」。[69]彭真卻纏住李氏的片段「歷史問題」，死咬不放、猛力批評，甚至升級斥為「階級鬥爭熄滅論」，徐冰再有樣學樣地糾眾圍攻李維漢，最後寫入〈專題報告〉並作為其首要內容，獻媚中央。想不到這讓愈益強調階級鬥爭的毛澤東有文章可做，甚而對他從1957年「反右派」以後一路以來，將「階級鬥爭長期性」看得越加慘烈、綿長的政治傾向與認知，從旁起到助長作用。[70]

李維漢評論道：「毛澤東同志審閱了這個〈專題報告〉，對報告的第一部分『關於消滅資產階級的問題』作了具體修改，把消滅資產階級的時間說得更長了，把幾十年改為『甚至幾百年的時間』。這就使理論上『左』的失誤更加發展了」。[71]如果說中央統戰部的相關作為，確實讓毛澤東在「理論上『左』的失誤更加發展了」，追根究底其中當然也有彭真的一份「貢獻」。

另外，彭真在1963年的統戰部高幹會上，硬是將李維漢的理論主張與赫魯雪夫的「全民黨」理論牽扯在一起（中共批此說改變蘇共的無產階級性質，並無視其長期存在的必要性）。彭真表示：如果中國聲稱短期內可消滅階級（李維漢經中央指正後即已刪去）、將民主黨派改造為「社會主義政黨」，赫魯雪夫自然可以宣稱：蘇聯已存在、歷經四十幾年，理所當然地能建成沒有階級的社會，而執政黨也可作為「全民黨」。[72]彭真上述對李、赫兩人所做的「連

68　平杰三，《我的一生》，頁323。
69　李維漢，《回憶與研究》，下冊，頁886。
70　同上註，頁886-887。
71　同上註，頁876-877。
72　〈彭真在中央統戰部部務擴大會上的發言〉（1963年4月19日），宋永毅主編，《中國大躍

結」，猶如指控李維漢竟然「為虎作倀」，免費當了赫氏、蘇聯「修正主義」錯誤理論政策的幫凶。

尤有甚者，彭真批評李維漢主張「階級鬥爭熄滅論」（過早聲稱消滅階級，實即不要階級鬥爭）和「社會主義政黨」，會使人失去警惕而將階級觀點加以模糊、遲鈍。而彭真又強調：「修正主義就是把馬列主義的立場、觀點、階級分析模糊起來」，因此必須「使我們的階級警覺更銳敏而不是更遲鈍，特別是統戰部」。[73] 由上不難可以導出：李維漢的相關理論政策，本身具有「修正主義」模糊階級鬥爭觀點、分析的「重嫌」。徐冰心領神會，之後可能即據此批判李氏在中央統戰部行以「修正主義」。這是否進而「證明」甚而加劇毛澤東在理論上、現實上對中共黨內存在嚴重「修正主義」的政治認知？

（二）繼續追擊李氏和株連整肅張執一（1963年下半年至1965年初）

彭真指令李維漢繼續養病，以便統戰部將之續做標靶，放手進行思想整風。李氏根本無心養病，閉門專心著述，力求以毛澤東在北戴河會議上的階級鬥爭長期存在論為座標，檢討自我不足，更放棄原先階級消滅為期不遠的主張，重新看待、解讀時勢。1963年7月上旬，李氏返部連天做一題為「兩大對抗階級，兩條道路的鬥爭」，直指黨外人士在政治和思想上出現一次「大反覆」，亦即從1960年底到1962年中這段期間，出現懷疑「三面紅旗」正確性和社會主義優越性，以及批評國家政策的錯誤言論。[74]

李維漢欲將階級鬥爭大刀劈向黨外，以表自身心向中央的政治企圖和舉措，反倒是由彭真出來制止和滅火。同年12月的全國政協三屆四中會議的閉幕會上，彭真表示：所謂「大反覆」，僅是「很少一部分」，而且「既然反覆了再反過來就是了」，無須緊張，黨的統戰方針仍是：「從團結的願望出發，經過批評鬥爭，在新的基礎上達到新的團結」。他強調多數人「大有進步」的判斷「沒有錯」。[75]

李維漢嘗試反轉立場、戴罪立功的努力，不但彭真不領情，毛澤東更不在

進——大饑荒數據庫（1958-1962）》。

73 同上註。

74 平杰三，《我的一生》，頁333。

75 平杰三，《我的一生》，頁334。《彭真統戰工作修正主義言論》。

乎。1964年上半年，毛澤東三次點名批判中央統戰部。2月9日，毛氏對紐西蘭共黨人士表示：「統戰部是同國內資產階級打交道的，但是裡面卻有人不講階級鬥爭，要把資產階級的政黨變成社會主義政黨」；3月，毛氏聽取薄一波等匯報插話道：「統戰部除徐冰同志以外，都要把資產階級的政黨變成社會主義的政黨，定了5年計畫，軟綿綿的軟下來了，就是要向資產階級投降」。橫跨5月、6月的中央工作會議期間，他又再次點了中央統戰部的名。[76]

徐冰主導的中央統戰如獲「尚方寶劍」，從8月起又對李維漢掀起第二回合的政治批鬥。9月19日，徐冰傳達毛澤東批示：「徐冰同志：希你堅持階級立場，團結大多數同志，叫他們千萬不要動搖」。批鬥李氏因而更是筆直升溫：開會對之進行「面對面」鬥爭，公開批判其「投降主義」、「修正主義」路線（如前所述，彭真去年4月的到部講話中，即對此隱含批評）之罪，具體概括為「一短五社」錯誤：短期消滅民族資產階級，社會主義政黨，社會主義統一戰線，社會主義民族，宗教可為社會主義服務，社會主義合作共事關係。[77]

彭真去年的到會講話，主攻「一短」和「五社」中的「社會主義政黨」（連同「社會主義的領導核心」），敲打民族、宗教問題，也著墨不少於應如何與「剝削階級」、「改造對象」互動（百般叮嚀要有高度的階級警覺、銳敏性，保持清醒頭腦，又要對之有耐心，善於同其接近，並有長期抗戰準備），並略微提及社會主義統一戰線問題。他對該部批判李氏的定調作用，無庸置疑。

李維漢為保住黨籍，面對於各項針對他的失實政治指控（包括彭真硬扣於他頭上的），只能放棄抵抗，概括承受。[78]

前後歷經一年有餘的批鬥後，李維漢在1964年底被冠以「階級鬥爭熄滅論」（1963年4月彭真提及）、「投降主義」（源自毛澤東在1964年3月的評語）的罪名而遭到撤職，從中央統戰部部長到全國人大副委員長、常委，以及全國政協副主席、常委職務，無一存留。經彭真鞭策而批鬥李氏不遺餘力的徐冰，論功行賞下正式接任中央統戰部部長。

彭真鬥爭、搞垮李維漢的政治過程中，除了曾電話施壓、召集統戰部副部

76 平杰三，《我的一生》，頁325。

77 同上註，頁326。

78 李維漢，《回憶與研究》，下冊，頁877。

長談話、親赴中央統戰部加重對李氏的批鬥火力，他也曾召開過中央統戰部司處以上人員會議，傳達中央批李的最新指示。根據劉春回憶：彭真曾在眾目睽睽下當面批評李維漢慣犯錯誤，使得李氏在極其難堪下負氣離場。[79]劉春也表示：徐冰「上面的領導人是彭真，因他分管統戰部的工作。如果不是彭真在那裏領導，我看徐冰也不會那樣做的」。[80]

另有資料指稱：彭真指使徐冰利用周恩來與李維漢之間的矛盾，也就是將李維漢非議周恩來是「庸庸碌碌的事務主義者」一事，向周氏告狀，驅使之支持批判李氏。徐冰開會酣戰李氏之時，即有周氏在會場外幕後督戰之說。[81]另外，周氏也曾詢問劉春有關李氏的檢討態度情況，可見其對此事的關切。[82]

彭真為何如此執著批鬥李氏及其統戰政策主張？毛澤東授意行事，或是彭真探知其對李氏存有不滿而投其所好？或是彭真影響甚至惡化毛澤東對李氏政策主張的認知與觀感？毛澤東批評統戰部欲將民主黨派作為社會主義政黨和全國社會主義事業的核心力量，不就甚有可能受到彭真引導？

彭真有否可能欲藉由對李氏雞蛋裡挑骨頭，以突出自身的政治正確，尤其是毛澤東在1962年夏北戴河高唱階級鬥爭、對1963年4月初其呈送的刑法草案興味索然，他正可拿李氏開刀以自我證明在階級鬥爭上嚴肅認真、嫉惡如仇？彭真作為分管統戰的中央書記處書記，自認有把關之責，因而在統戰領域內斷不容出現任何政治偏差和邪門歪道？另外，有無可能他也是無法見容統戰領域存在另一權威人士，就像是他先前在政法領域極力排除董必武的思想和政治影響？

中央統戰部具體分管政協事務的副部長張執一，雖然與李維漢之間存有政策看法歧異，但對於徐冰大批李氏有所保留，認為應由集體承擔責任、不能全部歸咎於李氏一人，他不願接受彭真籠絡，更是直接開罪於彭真，不久即在社會主義教育運動（「四清」）風浪中「落馬」。張執一擔任黨組書記的政協機關，被公安部揭發、上報中央書記處，遭控「爛掉了，為資產階級服務，放香港電影、跳化裝舞」。有資料指稱：彭真既當面指導徐冰處置張氏問題的策略

79　中國大陸中共黨史研究者（D君）提供的資訊（北京，2015年8月）。
80　劉春，《關於民族工作的回顧》，頁269。
81　墨誕，《統戰風雲（1949-1983）》（香港：藍月出版社，2019），頁251、253。
82　劉春，《關於民族工作的回顧》，頁274-275。

步驟（先將其停職以便群眾揭發，結論定下後再按組織程序予以撤職），也直接「點將」平杰三負責率領工作組到政協機關對之進行調查、批鬥。[83]

全國政協主席周恩來對旗下的張執一挨整，也不予反對。他發言批評政協機關，並交代平杰三要在政協「搞革命化」，[84]甚至要求平氏領隊的工作組重點調查張執一的政治問題，而非其生活問題。張氏自認此乃肇因於：昔日戰友王翰被劃為「大右派」時揭發其曾評論「總理是個事務主義者」（實為轉述他人議論），周氏聽後可能對之留下不佳印象，而在這次政協「四清」發作。[85]1964年12月20日，中共高層開會討論社教問題時，周恩來在會上列舉三名「非搬開不可」的中央機關黨員領導幹部，就是中央統戰部的李維漢、政協的張執一，以及彭真的早年牢友、北方局、晉察冀舊部——建築工程部部長劉秀峰。[86]

張執一的統戰部副部長、政協機關領導職務，最後皆被撤銷，僅保留政協委員資格，但是他堅持不願接受組織判予的政治結論——控訴他在政協走「和平演變」的道路，推行「為資產階級服務的投降主義方針」。其早年工作的上級董必武婉轉批評他「不懂黨內鬥爭」，可能因為他曾見識、領教彭真的政治厲害，更何況張氏這回也同時惹得周恩來不高興。

六、統戰表現的政治影響

（一）獲薦接任政協主席

彭真在「文革」前緊跟中央布置、忠實執行統戰工作的表現，包括對黨外

83　墨誕，《統戰風雲（1949-1983）》，頁251、267。

84　平杰三，《我的一生》，頁336。

85　墨誕，《統戰風雲（1949-1983）》，頁401。」

86　毛澤東，〈在中央工作會議小型座談會上的講話〉，宋永毅等編，《中國文化大革命文庫》（香港：香港中文大學中國研究服務中心，2002）。劉秀峰與彭真關係密切，他在社教運動、城市「五反」中政治遭難，主要是薄一波主事、周恩來贊同；而薄氏所為又是在中央書記處的統一控管之下（彭真主持相關領導小組），彭真對劉秀峰問題的具體態度和角色為何，值得玩味。

炮火四射的「反右派」和對黨內無限上綱的人事批鬥。毛澤東為首的中央上級予以肯定，可從周恩來的態度得到反映。周恩來是主管統戰的中央政治局常委，從1954年起兼任全國政協主席。彭真是周氏的重要統戰助手，可見於他經常偕同周氏與重要黨外人士談話。另外，周氏甚為重視且親自聯絡的重點統戰對象如宋慶齡，當有重大事情需要告知並徵求意見，周氏若無法前往，就會委託彭真、鄧穎超出馬。[87]

　　1964、1965年之交舉行的第四屆政治協商會議，周氏對黨外人士表示：他有意讓彭真接任政協主席，但此事因為彭真願以政協副主席身分代理一切具體工作，而不居主席之銜而作罷。[88]全國政協本是集中表現中共統戰思維的制度設計和象徵設置，中共統戰「大師」周氏欲將所任政協主席一職交付彭真，在一定程度上即認可彭真長年來的統戰成績，並認為其具有資格「接棒」（兩人在批鬥李維漢、張執一問題上有共識並協同）。周氏提出「讓賢」、讓位政協主席，絕無可能是他個人對彭真的私相授受，毛澤東至少知情甚至同意，若稱彭真的統戰業績讓毛澤東龍心大悅，應該也不為過。只是彭真在1966年成為「文革」首波「祭品」後，相關政治傳承構想便流產、遭棄。

（二）部內批判叫停和黨外「鬆一鬆」

　　彭真積極主導和一再催促批鬥李維漢，徐冰和其他統戰高官也對李維漢鬥紅了眼，李氏項上烏紗帽飛了，徐冰等人對批鬥李氏仍顯得意猶未盡，彭真認為批判流於「論多證少」，也有出面緩和情勢的需要。

　　1965年8月，彭真指示統戰部：「統戰部在批判李維漢同志的錯誤之後，形勢很好。關於召開統戰會議的請示中對批判李維漢問題的分量太大了，不要老在思想上扭住這個問題，特別是抽象地批判不要再多搞了」。[89]9月彭真又對統戰部發話：「批判鬥爭李維漢，並沒有給什麼人戴帽子，中央統戰部在這個問題上是搞得穩的。多數同志是認識問題，李維漢是中央委員，中央統戰部長，許多人對他有盲目性」。他也說：「不要以為出了李維漢就抬不起頭

87　童小鵬，《回憶與思念：童小鵬文集》（福州：福建人民出版社，2002），頁400。

88　梁漱溟，〈周恩來總理──如我所知者〉，《文史參考》，2010年第1期，頁59。

89　《彭真統戰工作修正主義言論》。

來」。[90]

　　實際上，狠批李維漢造成的政治震動，對統戰部門仍是餘波盪漾。平杰三表示：「此後，這一批判在全國系統展開」，「株連了各級從事統戰工作的同志」。[91]

　　另外，受到李維漢、張執一被政治清洗的負面影響，中共統戰工作趨於偏激，讓黨外人士感到思想緊張和空間壓縮。全國人大副委員長、政協副主席陳叔通就表示：「像李部長這樣犯錯誤，那我們這樣的人都該槍斃了！」[92]彭真見到此一發展，便在1965年8月指示徐冰、統戰部對黨外「民主人士」採取「鬆一鬆」的方針。

　　彭真表示：國家「變色」與否的關鍵在黨內，因而必須優先「集中力量整黨內」。「目前形勢對黨外夠緊張了，要有意識地鬆一鬆」，「對民主人士的鬥爭暫時停下來」，他們在「困難時期」「說怪話，背後罵娘」在所難免，不要追究，「還是多做正面教育」。[93]

　　9月16日，彭真聽取各省市統戰部部長座談會情況，從中知曉「四清」製造的政治壓力波及各地統戰工作，統戰幹部也紛紛提問應如何對待和處置黨外人士。彭真為將「四清」背景下的統戰工作推上穩健正軌，做出如下指示：

　　一、「四清」欲整重點是「黨內走資本主義道路的當權派」，除非黨外「民主人士」有現行反動行徑，不然「不整他們」。[94]

　　二、「民主人士」若從事「現行資本主義活動」，「是要整的」；然而，他們「多數是跟黨走的」，如有「三和一少」、「三自一包」「資產階級政治思想」，也是自然之事，「不要讓他們非清不可」，主要須施以教育而「不搞鬥爭會」。「他們思想上的弦已經很緊了，當前的方針是要鬆一鬆」，「你再不鬆一鬆，弦就要斷了」。[95]

90　同上註。

91　平杰三，《我的一生》，頁327。

92　柯靈，〈緬懷李維漢同志〉，中央統戰部《李維漢紀念集》編寫組，《李維漢紀念集》（北京：華文出版社，1998），頁375。

93　《彭真統戰工作修正主義言論》。

94　《彭真年譜》，第4卷，頁437-438。

95　《彭真年譜》，第4卷，頁438。《彭真統戰工作修正主義言論》。

　　彭真主張對黨外「鬆一鬆」的統戰指示，被人指是「打一打，再揉一揉」的做法，常用之下易生反感；而且礙於總體上愈加緊縮的政治走向，未能真正鋪展和實施。

小結

　　彭真在中共統戰工作的歷史地位與作用問題，尤為顯著的階段就屬中共建政後到「文革」前，他既是中央統戰政策的重要執行者之一，在黨內亦參與督管統戰工作。

　　彭真直接分管統戰近十年的時間，也是中共統戰政策向「左」奔馳的階段：中共以外的「參政」小黨和其代表的相關群體，歷經「反右派」聲討撻伐，有如驚弓之鳥，面對中共對之磨刀霍霍的改造宏圖，也好比待宰羔羊；中國大陸少數民族及地區，這時期也遭遇跌跌撞撞的改造歷程；中共統戰部門系統和幹部隊伍在「文革」爆發前幾年就已為「階級鬥爭」陰霾纏擾不休，陷入內閧互鬥局面。中央統戰部以「『左傾』錯誤的發展」，定位和描述前述震盪起伏、愈加激進的政治過程，彭真無役不與、領頭衝鋒，無疑是毛澤東領導下的主要推手。

　　民盟的梁漱溟撰文回憶周恩來：極其聰明、能幹，在「品德行誼」上，「有善可稱，無疵可指」。梁氏也提及：「彭真是能力高強的，卻不免專橫跋扈」。[96]這既可視為梁氏與周恩來、彭真經年統戰互動後的個人觀察、感受和比較，在一定程度上應也可看做周恩來、彭真各自統戰「道行」有差、效果有別的一種反映。

　　1962年至1964年針對李維漢及其統戰主張的政治批鬥，「文革」後中共中央認定為錯案，1979年3月摘除過去強行加諸統戰系統的政治大帽，即「執行投降主義、修正主義路線」；1980年11月，中共中央批准中央統戰部〈關於李維漢同志問題的複查報告〉，針對當年指向李氏的政治批判表示：「在理論上和政治上是違背馬列主義、毛澤東思想的，在組織上是違背毛主席關於黨內鬥

96　梁漱溟，〈周恩來總理——如我所知者〉，《文史參考》，頁58-59。

爭的方針和方法的教導的」。也宣布糾正與撤銷當年針對李氏的錯誤政治處
分。[97]

　　李維漢晚年回憶這場政治惡鬥，完全未提彭真和其火上加油的種種行徑，
算是以德報怨，特意給彭真留下政治情面。平杰三表示：「歷史已經證明，對
李維漢同志的這兩場批判是錯誤的」，「對理論政策的是非，不是以實踐為標
準來衡量，而是以是否符合『以階級鬥爭為綱』為轉移。嚴肅的探討被粗暴的
批判所代替，是非被顛倒了」。[98]承其所述，是否可以說：大力鑄成李氏錯案
的彭真，就是憑恃「以階級鬥爭為綱」的政治主流標準，以及懷有心計、不含
好意的政治操作，以「粗暴的批判」輾壓李氏的統戰理論、政策探索？

　　彭真在「文革」前中共統戰工作居於受毛澤東、黨中央高度信任的統領地
位，也成功剷除李維漢在統戰系統長期累積的政治影響而稱霸其中，甚至周恩
來都提出將政協主席交由彭真接任。與以上同步發展的是：彭真在「文革」前
中共對外關係的多方涉入和扮演要角，這是下一章要討論的內容。

97　李維漢，《回憶與研究》，下冊，頁887。
98　平杰三，《我的一生》，頁327。

第十四章

廣泛參與外事，反對「蘇修」衝先鋒（1956-1966）

　　彭真在「文革」前長期獲得毛澤東為首的中共中央重用，在多項工作中扮演要角，他是否也參與中共對外工作？1980年代初期，中共歷史機構負責撰寫的彭真簡歷明白指出：彭真在「文革」前「經常會見各國共產黨代表和各國國家領導人及各階層人士，並多次出國訪問，增進了中國人民和各國人民之間的了解和友誼」。[1]1997年彭真去世後，5月3日《人民日報》首版公告的〈彭真同志光輝戰鬥的一生〉，也提到：「建國後17年中，他作為以毛澤東為首的黨和國家領導集體的成員」，在十個方面「嘔心瀝血，作出了重大貢獻」，而「外事工作」就名列其中；更進一步說明他「代表黨和國家，會見過許多國家的朋友和同志，出訪過許多國家，多次參加涉及國際共產主義運動重大問題的會議和會談」。

　　本章欲處理的問題有：中共「文革」前對外領導工作上，彭真與聞情形如何，參與的對外具體活動主要有哪些，政治效果又為何？他的對外工作表現，對其自身產生什麼政治影響？

　　本章的主要論點為：「文革」前中共對外關係和工作上，彭真並非是一無足輕重的角色。彭真是毛澤東進行外交決策時召集開會、諮詢意見的少數人士之一；他身任中央書記處第二號領導人，經常直接參與領導中共黨政對外部門工作。彭真的主要對外活動有：在中蘇兩黨反目的過程中，不負上級所望盡責

1　中共山西省委黨史研究室編，《彭真生平大事年表》（北京：中共黨史出版社，1992），頁61。

扮演「黑臉」向蘇方強勢交涉；盡心向外賓進行政策宣傳，也藉由出訪爭取國際同情和支持；盡力主持首都外交，積極配合中央對外部署並為之宣傳、造勢。彭真悍然反蘇和活躍能幹的外交形象，在國內、國外皆受到注意，更在中共高層間獲得好評，令之在「文革」前夕的對外事務上有更大的聲量。

　　本章的內容安排，除此前言外，有六個部分：首先說明彭真與聞中共對外事務的身分和職位，以及他如何參與中共對外決策和管理的過程。接下來逐一探討彭真在中共對外關係上的具體活動：協助處理中蘇雙邊關係；對外介紹和辯護中共政策；出國訪問以鞏固邦誼；施展首都外交以配合中央外交攻勢。接著檢視彭真「文革」前對外工作表現受到的各方評價及其政治影響。在小結部分簡單探討影響彭真「文革」前對外行為的主要因素。

一、參與對外決策和領導工作

（一）列屬最高決策圈、參與領導對外部門

　　毛澤東在中共軍隊事務和對外工作上堅持「大權獨攬」。周恩來長期分管外交工作，即曾面諭涉外幹部：要謹記「授權有限」、「重大問題必須主席決策」，否則就有犯錯之虞。毛澤東在中共對外決策的主導地位和權力壟斷，乃無庸置疑。然而，毛澤東在對外決策「大權獨攬」，指的是其主導議事、拍板定案，並非他一人閉門造車。事實上，毛澤東做出重大對外決策之前，會有一個討論醞釀、聽取意見的過程。他經常召集最高領導層，「議論天下大事」，而且要實質討論，不欲來者只是簡單附和、鸚鵡學舌而已。[2]

　　毛澤東召集少數人討論重大國際問題和中央對外決策，主要包括他親自主持召開中央常委會議或常委會擴大會議，或者是舉行更機動的小型聚會。然而，無論毛澤東選擇哪一種開會形式和方式，彭真都時常在座與會。

　　「文革」前長期作為中共領導人俄語翻譯的閻明復，熟悉中央高層的對外決策過程，即認為彭真乃屬「決策人」，地位僅在毛澤東、劉少奇、周恩來、

2　王力，《王力反思錄》（香港：北星出版社，2001），上冊，頁343-344。

鄧小平之後。[3]事實上，彭真對中共對外決策過程的活躍參與，實質是一個側面具體反映他在中共政治佔有的重要地位。

中共對外關係主要分做兩個部分：一是黨對黨外交，屬於黨自身的對外交往工作，具體主管部門是黨所屬的中央對外工作聯絡部；另一是政府對政府外交，屬於政府系統的外交工作，具體主管部門是國務院所屬的外交部。探討彭真如何參與領導涉外部門和相關工作，可依此分類介紹和探討。

黨對黨的外事關係方面，彭真可以參與領導和發揮，主要基於他在中央書記處僅次鄧小平的第二號地位。中共甚為重視與其他國家共黨的交往：如果對方已是執政黨，就是該國的核心領導力量；如果對方是在野黨，也是該國未來革命的主導力量。按組織關係和上下領導原則，中聯部直接接受中央書記處領導，負責處理中共對外的黨際交往。亦即書記處是中聯部向中央請示和匯報工作的主要對象，中聯部必須聽命書記處並按之部署推行對外工作。

當中聯部向書記處尋求指示，鄧小平直接做出裁決時，出於對彭真的政治信任或是減輕工作的考量，通常也會將文件轉給彭真過目，要其知曉情況、幫忙把關或補充。[4]鄧小平請假或請彭真代理主持書記處工作時，彭真更直接代表書記處對中聯部提請中央考慮的外事問題做出裁示。

另外，中共所轄的「群眾團體」（包括共青團、全國總工會和全國婦聯）對外推行所謂的「人民外交」活動，乃由中聯部統一管理。彭真以中央書記處領導人身分，或一度作為書記處內兼管工、青、婦工作的書記，也會對「群眾團體」重要對外交往活動直接或間接施行領導。

政府對政府的外交關係方面，彭真得以與聞其領導工作，主要肇因於1958年初毛澤東安排中央書記處監管國務院各方面工作，以加強「以黨領政」。中央書記處第二號書記彭真因而有過問政府外交的機會和條件。在此情況下，周恩來領導的政府外交工作，直接受到中央書記處鄧小平、彭真的指揮和節制。

周恩來領導政府外交工作時，出於對中央書記處新增職權的尊重，他對外

3　閻明復，《閻明復回憶錄》（北京：人民出版社，2015），頁125。

4　〈中聯部、外交部關於接待途經我國參加越勞「三大」和越南國慶的兄弟黨代表團向中央的請示報告〉（1960年8月23-24日），中華人民共和國外交部檔案館，檔號117-00606-01(1)，頁1。〈關於各兄弟國家黨政代表團自越南返國途經我國時的接待方案〉（1960年9月6-7日），中華人民共和國外交部檔案館，檔號117-00606-01(1)，頁7。

交部呈報中央的工作意見做出處理和批示後，基本上都會提請鄧小平、彭真核閱；[5]周恩來有時視事情的重要性非同一般，轉給鄧小平、彭真核閱的同時，還會敦請劉少奇和（或）毛澤東審閱。[6]這可從中共外交部過去開放檔案中獲得不少例證。

　　在事涉政府外交工作的中共中央文件傳閱過程中，彭真可能事先已與周恩來經由電話或見面交談討論，並形成共識。因為周恩來和彭真同是工作到午夜，幾乎同步收發和審閱中央傳閱文件。周恩來、彭真之間幾乎每日半夜經由電話長時「討論國內外重大事件，交換工作意見」。[7]因為彭真已知曉相關政府外交工作問題，所以他核閱周恩來批轉來的中央外交文件時，有時尚未聽完秘書報告文件內容或是自己簡單翻閱文件後，即表示知情此事並圈可。[8]

　　另外，中共外交部安排、設計國際活動時，著眼於彭真的重要地位和象徵意義，有時規劃彭真參加外交活動。這種關乎彭真本人的文件自會直接報送予之，徵求意見。彭真閱後即批示，甚至以中央領導人身分指導相關外事活動安排。具體例子如迎接到訪中國的蘇聯外賓，[9]或是駐北京北韓使館宴會的中方出席人選問題。[10]

　　針對重大外交問題如中共、印度之間的領土爭端、邊境衝突，外交部副部長曾湧泉曾到彭真住處，專門向其報告，輔以地圖說明。[11]

　　透過上述的組織過程和管理模式，從1950年代中期延續到1966年「文革」

5　〈關於駐外使館今年國慶活動的注意事項〉（1963年9月19日），中華人民共和國外交部檔案館，檔號117-01665-01，頁21。〈關於法國國慶招待會的請示〉（1965年7月12日），中華人民共和國外交部檔案館，檔號117-01770-01，頁1。

6　〈周總理在國慶招待會上的講話（二稿）〉（1963年9月29日），中華人民共和國外交部檔案館，檔號117-01665-01，頁28。〈關於陳毅副總理在法國國慶招待會上講話稿的請示〉（1965年7月11日），中華人民共和國外交部檔案館，檔號117-01770-01，頁14。

7　岳祥口述，熊根琪、楊洋整理，〈在彭真同志身邊工作的歲月〉，《百年潮》，2012年第9期，頁48。

8　中國大陸中共黨史研究者（N君）提供的資訊（北京，2015年8月）。

9　〈關於迎送蘇聯黨政代表團人員的請示〉（1960年8月27-28日），中華人民共和國外交部檔案館，檔號117-00606-01(1)，頁9-10。

10　〈關於朝鮮大使為紀念中朝友好合作互助條約簽訂三週年舉行宴會的請示〉（1964年7月9-10日），中華人民共和國外交部檔案館，檔號117-01157-01，頁10-12。

11　中國大陸中共黨史研究者（J君）提供的資訊（北京，2014年11月）。

爆發為止，彭真在中共黨政系統的對外工作上，一直發揮要而不顯的實際領導作用。

（二）重視對外資訊取得

彭真在參與中共對外決策和領導工作時，其一般如何取得、吸收事關國際事務和黨際關係的資訊？首先、由於彭真是中共高級領導人，中央辦公廳每日會送給彭真個人辦公室各項重要資料（固定時間外，有時也會臨時派送）。其中就有涉外問題資料。中共重要涉外部門外交部、中聯部、新華社也都向其呈送有關資料；駐外使館亦會不時送來電報。面對如此龐大的涉外事務信息，工作甚為繁重的彭真，自無暇一一過目。彭真便要求秘書負責先期過濾、挑選，擇要讓其讀閱或直接向他報告。秘書選取標準是：優先擇取重大國際要聞，以及指明給彭真審閱或是要之回覆或配合者。彭真通常利用午休或夜晚看閱這些涉外資訊。[12]

彭真參與中央領導，有時代理主持中央書記處工作，而有「了解掌握國內、國際動態」的工作需要。彭真1959年專門選找一名秘書協助。此一秘書是當時北京市委工作人員中唯一具有研究生學歷並熟諳英文者。他到任後的一項專門工作就是負責每日翻閱、摘整《參考資料》主要外電消息，另外也閱讀英文新聞資料，以知悉西方情勢。最後在晚間向彭真匯報，有時也陪之談論國際問題。彭真聽取秘書匯報時，最注意有關中蘇關係和其他「兄弟黨」的情況和動向。彭真藉由這種安排，形成每日追蹤寰宇動向的習慣。這在中共高層間並不常見，甚至可以推論：彭真是中共高幹群體裏最積極留心國際脈動的少數人之一。

彭真非常重視、在乎涉外重要消息和動態的掌握，嚴格要求身邊工作人員務必助他「及時掌握第一手材料」。彭真在中央討論研議對外事務，當毛澤東或其他領導人議論某事、自己卻沒有掌握到有關情況，他在會後即責問秘書：「為什麼我不知道這件事情，有沒有電報材料？為什麼不送給我？」令後者特別緊張。[13]此乃因為彭真如果沒有事前知曉重要國際情報，他在中央議事時就

---

12 岳祥口述，熊根琪、楊洋整理，〈在彭真同志身邊工作的歲月〉，《百年潮》，頁48。
13 同上註。

無法進入狀況、參與討論，從而失去發言權。例如：1963年中共第一艘自製萬噸遠洋貨輪「躍進號」發生沈船事件。毛澤東、周恩來緊急就此進行討論，彭真因完全不曉此事新聞而無法置喙，令之甚為尷尬、被動。散會後，彭真即追問秘書有無漏失相關訊息。[14]

　　中蘇關係是中共對外關係的「重中之重」。中蘇關係陷入緊張以後，有關蘇方來信、反應和動作，中央辦公廳會連夜整理文件，並在早上9點以前送至各中央領導人的辦公室。但是彭真經常在凌晨1、2點就親自打電話詢問相關負責人員。[15]這反映彭真做事認真的態度，而他也可藉此掌握政治先機。

二、協助中央處理對蘇關係

（一）歷經雙邊關係生變過程（1956-1959）

　　蘇共中央方面早期對彭真的印象恐怕不是太好。1940年代蘇聯常駐延安人員認為：彭真是整風運動的積極擁護者和確鑿的反蘇分子。[16]中共建政不久，蘇聯派駐中國專家團的領導人科瓦廖夫（Ivan Kovalev）呈報給史達林的報告，也指稱彭真有親美反蘇傾向。[17]高崗倒台之後，劉少奇、周恩來向蘇聯大使通報，還特地為彭真澄清，說科氏認為彭真親美反蘇乃遭高崗讒言陷害。[18]

　　中共建政初期，彭真較少參與中央一級的對外關係，他對蘇方較多的接觸是與首都莫斯科，以及派遣中國的蘇籍專家、顧問團。[19]彭真有時也會與蘇聯

14　中國大陸中共黨史研究者（J君）提供的資訊（北京，2015年8月）。

15　閻明復，《閻明復回憶錄》，頁342。

16　Peter Vladimirov, *The Vladimirov Diaries, Yenan, China: 1942-1945*（New York: Doubleday & Company, Inc., 1975），p. 375.

17　"Report, Kovalev to Stalin Report (December 24, 1949)," Woodrow Wilson Center: http://digitalarchive.wilsoncenter.org/document/113441（2016年3月5日登入）。

18　"From the Journal of Ambassador Pavel Yudin: Memorandum of Conversation with Liu Shaoqi and Zhou Enlai (March 9, 1954)," Woodrow Wilson Center: http://digitalarchive.wilsoncenter.org/document/111377（2016年3月5日登入）。

19　李越然，《中蘇外交親歷記》（北京：世界知識出版社，2001），頁55。

駐中共大使會面。例如：1953年初，彭真向對方介紹中國知識分子的崇美、反蘇傾向，以及中共對此進行的思想改造工作。[20]

隨著彭真對中央政治有更大的參與，他以中央領導人身分參與對蘇關係就愈益頻繁。例如：彭真在黨內負責政法工作，亦是全國人大常委會工作的實際負責人，在制憲立法上，他作為協請蘇方提供修改意見的中方聯絡對象。[21]

1950年代中期，中共欲藉甫成立的全國人大對外進行議會外交，爭取加入「國際國會聯盟」（Inter-Parliamentary Union，中共譯作「各國議會聯盟」），即成其優先對外要務。彭真將之定位為「半官半民、官多於民的國際政治性的上層統戰組織」；所提「工作方針和策略」是：「團結中立（中立國、立場中立議員），分化西方，爭取動搖，影響群眾（受資產階級影響者），孤立美帝」；宣稱預期益處有：抵制台灣參加、有利聯合國席位問題，以及藉之從事國際統戰工作。[22]圍繞在此事上的外交角力，彭真曾代表中方致電感謝「蘇聯最高蘇維埃給予了莫大支持」。[23]中共本來對成功加入此一組織審慎樂觀，結果遭受美國的帶頭抵制而長期未果；中共最終順利圓夢入會，要遲至近半甲子後的1984年彭真擔任全國人大常委會委員長任內。

1956年、1957年之交，彭真也率領一支人數頗眾、陣容可觀的中國代表團（包含全國人大、北京市人民委員會兩團），訪問蘇聯和東歐五國。他此次訪蘇的時間點，正值中蘇友好關係開始出現微妙變化之際。

1956年初，蘇共召開「二十大」。赫魯雪夫對外推出「和平共處」、「和平競爭」、「和平過渡」；對內嚴厲批判史達林的錯誤和問題。毛澤東為首的中共中央對赫氏相關政策頗不以為然，認為帝國主義邪惡本質不改，因此在對外交往不可一廂情願，爭取和平的同時，不能放棄武力和訴諸暴力革命的準

---

20 "Memorandum of Conversation, Soviet Ambassador in China, A.S. Paniushkin, with the Chair of the City People's Government in Beijing, Peng Zhen, 6 January 1953（February 2, 1953），" Woodrow Wilson Center: http://digitalarchive.wilsoncenter.org/document/116803（2016年3月5日登入）。

21 〈盧涅夫致彭真函：蘇聯對中國憲法草案的修改意見〉（1954年3月20日），沈志華主編，《俄羅斯解密檔案選編：中蘇關係》（上海：東方出版中心，2015），第5卷，頁31-34。

22 《彭真傳》編寫組（下略），《彭真年譜》（北京：中央文獻出版社，2012），第3卷，頁51。

23 〈彭真致亞斯諾夫電：感謝蘇聯在國際議會聯盟接納中國問題上的幫助〉（1956年3月26日），沈志華主編，《俄羅斯解密檔案選編：中蘇關係》，第6卷，頁198。

備；中共認為史達林功大於過，不能全盤否定。東歐特別是波蘭、匈牙利，出現思想混亂和民眾鬧事，就是因為蘇共冒然批史所致。彭真在1956年底至1957年初的蘇東行，無可避免地與蘇方人士觸及相關問題。

1956年底彭真先訪蘇聯、再訪東歐；1957年初他離開東歐回程行經蘇聯，又短暫停留訪問。對於彭真到訪，赫魯雪夫數次予以接見，以示重視彭真一行，也表露出對他個人的看重，認為其是中共重要領導人物。[24]彭真在此行中發言強調：「中國要走的道路——就是蘇聯所走的道路」；「蘇聯——社會主義陣營各個國家的唯一中心」；「蘇聯——社會主義陣營的堅強堡壘」。他還特別指出：進一步鞏固雙邊團結和友誼的必要性問題。[25]

彭真面對赫氏積極推銷其對外政策和批史觀點，含蓄而有節制地陳述中共立場。彭真在行程中曾參謁史達林陵墓獻花、造訪其故鄉，其政治意義不言可喻。因為中蘇關係尚屬友好平和，縱使雙方觀點存在歧異，但彼此皆有意克制、避免爭論。[26]

彭真在捷克期間，曾發回一份絕密電報給「主席、中央」，報告其訪蘇情況：

> 蘇聯從上到下，從幹部到群眾，都十分重視中蘇團結。這次對我人大代表團的破格接待，黨和國家的主要負責同志的親切交談，並且招待代表團看原子彈、氫彈和導彈試驗等三個電影也是一個證明。此外，他們現在處境有困難，需要中國支持。

他也表示：蘇方高層人士對於中共中央所倡之「十月革命道路」，以及社會主義陣營「以蘇聯為首」的提法，甚表重視和滿意。[27]

彭真此行對蘇聯的觀感和判斷——蘇方有求於我、吾黨方針政策到位，對

---

24 李越然，《中蘇外交親歷記》，頁118。閻明復，《閻明復回憶錄》，頁301。

25 〈費德林與劉曉談話紀要：中國人大代表團訪蘇情況〉（1956年11月24日），沈志華主編，《俄羅斯解密檔案選編：中蘇關係》，第7卷，頁102。

26 李越然，《中蘇外交親歷記》，頁134。

27 彭真，〈訪蘇情況彙報〉（1956年12月6日），中華人民共和國外交部檔案館，檔號109-01101-01，頁1-2。

於毛澤東的對蘇認知，以及對雙邊關係的看法，可能造成什麼影響？

1957年底，毛澤東赴蘇參加十月革命40週年慶祝活動、出席社會主義國家共產黨和工人黨代表會議與64國共產黨和工人黨會議，中蘇關係有所回溫，但是此一好景持續不長。

1958、1959年諸多問題的積累和影響下，中蘇之間的嫌隙逐漸深化並擴大成裂痕。例如：蘇聯對美國採取較和緩的姿態，中共認為這形同與虎謀皮；蘇聯則認為中共昧於時代發展、好鬥成性。蘇聯提出軍事合作構想如組建共同艦隊和設立長波電台，中共認為傷害其主權，蘇聯則覺得中共大驚小怪、小題大作。中共與印度發生邊界爭論，蘇聯官方通訊社發表聲明表示中立，中共認為蘇聯喪失階級立場、胳臂向外彎。中共在社會主義建設問題上先後發起整風運動和「大躍進」運動，標榜自我探索、意圖後來居上，讓蘇聯頗不是滋味；中共則不滿蘇方對此非議和不予看好。

上述事態發展過程中，每當中蘇高層舉行會談，彭真通常參加在座，也會插話質問蘇方人員，讓之印象頗深。1959年10月2日，藉著赫魯雪夫親率代表團至北京參加中共十年國慶大典的機會，兩黨舉行正式會談。雙方針對多項問題直率交換意見，並發生嚴重爭執，彭真也加入戰局，言詞尖銳、態度激動。蘇方紀錄就特別註明彭真發言時的氣急暴怒。[28]

（二）站在雙邊衝突公開化第一線（1960）

中蘇之間的裂痕持續擴大，1960年中國承辦的世界工聯理事會會議和羅馬尼亞舉行的國際共黨會議，兩黨衝突走向公開化。彭真是主要當事人，扮演極為重要的角色。

1960年6月5日至9日，世界工聯第十一次理事會會議在北京召開。中共中央注意到蘇聯代表主導的會議報告草案，除了反映蘇聯的對外主張，更對中共當下推行的人民公社、大躍進、大煉鋼鐵政策加上引號，被中方認為是蓄意為之、意在否定。6月24日彭真對此表示：「這無疑是企圖煽動中國人民反對我們黨的總路線，正是因為這幾點──人民公社、大躍進和小型煉鋼──組成了

28　"Discussion between N.S. Khrushchev and Mao Zedong (October 2, 1959）," Woodrow Wilson Center: http://digitalarchive.wilsoncenter.org/document/112088（2015年10月31日登入）。

我們總路線的根本基礎。」[29]是可忍，孰不可忍，包括彭真在內的中共領導人在會議首日夜宴上向會議代表表達中方立場，蘇方人員當場抗議退席。由於中共中央移至上海開會，彭真奉命留守北京、代理主持中央書記處。之後中共在世界工聯理事會的工作方針和發言內容，就統由彭真領導和監督。[30]彭真指揮下，中方在會上與蘇方針鋒相對，會下積極活動爭取他者。最後，彭真同意王稼祥（中央書記處書記、中央對外工作聯絡部部長）建議而略為讓步，會議最後通過一紙中共尚可接受的決議。[31]

中共利用世界工聯理事會場合，首次正式對外說明兩黨觀點歧異，並在國際組織論壇上率先公開彼此分歧，策動其他與會者挺中、反蘇。蘇共領導人對此極為惱火，認為中共犯忌在先（如從事派別活動），要其迷途知返，[32]便提出藉6月羅馬尼亞舉行黨代表大會、多國共黨聚首之機，交換意見。

中共中央預感屆時勢必有場惡仗，必須選將迎戰。原定出席代表是柯慶施（中央政治局委員、華東局第一書記），因其心臟不好而作罷，最後毛澤東欽定彭真出馬。步入1960年代，中共領導層逐漸高齡化，健康和體力不如以往。彭真相形之下有身強體壯、精力充沛的優勢，足堪負荷緊張的對外鬥爭和繁瑣的對外交往。更重要的是，彭真向為毛澤東信任和重用，參與制定、負責執行中央方針和政策，熟稔黨的政治理論主張，對於中蘇歧異的來龍去脈也明瞭在心。彭真行前，毛澤東對之面授開會方針：「堅持團結，堅持原則，摸清情況，後發制人，據理辯論，留有餘地」。[33]

果不其然，彭真前往羅馬尼亞途中、短暫停留莫斯科時，即同蘇共領導人針對多項問題短兵交接、互不相讓；布加勒斯特會議上，彭真更遭遇赫魯雪夫策劃、領導的政治圍攻。中共主要內外政策與舉措，近從世界工聯理事會爭論，上溯中共發起韓戰的角色，皆遭貶責。彭真在巨大壓力下，無論在中蘇兩黨會談，直接與赫魯雪夫對話，或是出席大會活動，皆不甘示弱，頑強回駁。

29 閻明復，《閻明復回憶錄》，頁567。

30 《彭真年譜》，第4卷，頁33-34。

31 徐則浩，《王稼祥年譜（1906-1974）》（北京：中央文獻出版社，2001），頁479。閻明復，《閻明復回憶錄》，頁554-555。

32 沈志華主編，《中蘇關係史綱》（北京：新華出版社，2007），頁277-278。

33 李越然，《中蘇外交親歷記》，頁198。

蘇共代表認為彭真有機會澄清質疑和解釋立場，卻說詞老調重複。[34]

彭真在會中表現的剛強不屈，獲得中共中央高度肯定。毛澤東在會後不久評論：布加勒斯特會議是一場蘇共「圍剿」和中共「反圍剿」的鬥爭；面對「龐然大物」赫魯雪夫，「還是把他頂住了」。[35]不知為何，阿爾巴尼亞勞動黨第一書記霍查（Enver Hoxha）在後來的日記（1967年1月7日、1977年9月8日）中，卻指稱彭真在此會上態度躊躇、膽怯。[36]

中共從世界工聯理事會主動進擊到布加勒斯特會議拒不退讓（彭真皆站在鬥爭最前沿），讓赫魯雪夫怒不可遏，憤而在1960年7月突然宣布撤回駐在中國的蘇聯專家，中蘇衝突從黨際關係進一步蔓延至國家關係。

1960年9月、10月，鄧小平、彭真兩度率團前往莫斯科談判，為預定年底舉行的國際共黨會議先行交換意見和準備前置作業。11月，彭真作為劉少奇、鄧小平擔任正副團長的中共代表團重要成員，參加81國共產黨和工人黨代表會議。劉少奇在1966年6月27日說：「彭真參加了一些國際反修鬥爭，我和鄧小平同志出去，都帶他一道去的，是想在鬥爭中培養他」。[37]彭真在1960年三度隨同劉少奇、鄧小平出國與蘇共交涉時，他確實並非是一般團員，而是深度參與代表團對外鬥智談判和對內決策事宜。

彭真在9月、10月的兩次莫斯科之行，配合鄧小平強勢迎戰蘇共談判代表。彭真大談自己在布加勒斯特會議受到蘇共「突然襲擊」之苦，控訴蘇方對待中共不是平等的兄弟黨，他還說自己在布加勒斯特會議的境遇，猶如是「被圍攻的兒子」。蘇方人員則反過來指控彭真夥同鄧小平、周恩來在北京的世界工聯理事會「背著蘇共中央在進行反對我們黨的活動」。鄧小平與蘇方代表舌劍唇槍，彭真一旁幫腔，兩人一搭一唱，好不默契。鄧小平發言被對方打斷

---

34 沈志華主編，《中蘇關係史綱》，頁282。

35 閻明復，《閻明復回憶錄》，頁588。

36 Enver Hoxha, *Reflections on China I: 1962-1972: Extracts from the Political Diary*（Tirana: The 8 Nëntori Publishing House, 1979），p. 333. Enver Hoxha, *Reflections on China II: 1973-1977: Extracts from the Political Diary*（Tirana: The 8 Nëntori Publishing House, 1979），p. 641.

37 〈劉少奇在中共中央召集的民主人士座談會上的講話〉，宋永毅等編，《中國文化大革命文庫》（香港：香港中文大學中國研究服務中心，2002）。

時，彭真見狀質問：「你們還讓不讓我們的團長講下去！」[38]

　　在11月的各國共產黨和工人黨代表會議，中共中央的安排是：由鄧小平、彭真擔任談判第一線人員，劉少奇居於第二線。蘇聯安排中共代表團起居問題時，也將彭真和劉少奇、鄧小平等同看待，讓之獨享一座別墅。[39]中共代表團訪蘇期間，臨時遭遇特殊情況、必須當場進行處置時，彭真與劉少奇、鄧小平共同討論、研商對策。例如：北越領導人胡志明（Ho Chi Minh）曾自作主張，半夜突然求見，意圖在中蘇共之間進行調解。劉少奇、鄧小平、彭真一起會商後，決定拒絕胡志明欲作調人之舉。

圖14-1：1950年代中期彭真（右4）與陳雲（右1）、董必武（左2舉右手者）、宋慶齡（右3持花者）歡迎胡志明（左3合掌者）來訪。此圖顯示彭真參與中共對外工作，而他與相關人士在其他政策領域也有直接關係。彭真與董必武在政法、法制上雖有合作，但更多的是競爭以至交鋒；「大躍進」開始後，彭真也介入陳雲主持的經濟工作，並與之多有政策歧異；宋慶齡則是彭真在統戰工作的重點對象。

資料來源：Wikimedia Commons。

38　閻明復，《閻明復回憶錄》，頁620-632，638-651。

39　吳冷西，《十年論戰——1956-1966中蘇關係回憶錄》（以下簡稱《十年論戰》）（北京：中央文獻出版社，1999），頁370、380。

　　中共代表團此次參加國際共黨會議期間，關於負責擬議大會重要文件的起草委員會工作，中共通常由彭真帶隊參加。中共在此會最後階段採取策略是：以不怕破裂、不惜流會的強硬姿態，逼使蘇共退讓。也是由彭真出面實行此計，他藉由細故向蘇方代表發難，要脅退出會議，迫使對方接受中共若干條件和要求，以換得會議表面平和收場。[40]劉少奇會後對蘇聯進行國事訪問，為1960年中蘇之間不斷的衝突暫時劃下句點。

　　毛澤東在1961年初曾評論：「我們黨有九十幾個中央委員，只有4個人出面和蘇方對罵，這就是彭真、康生、胡喬木，加一個鄧小平。」毛澤東並表示有此4人出面與蘇方對陣，可以讓他和其他副主席「留一手」，亦即使中共中央保有升級迎戰空間，或欲作緩和時的迴旋餘地。[41]

（三）參加兩黨交涉和論戰（1961-1965）

　　即便經過1960年幾番激烈較量，毛澤東對蘇共領導人仍持以「鬥而不破」立場和抱以「治病救人」心態，尚未將之視做寇讎。1961年初，彭真出席中共第五次全國外事工作會議，說明中央對國際情勢的新近看法和立場。他語帶藐視地稱赫魯雪夫「與美國勾勾搭搭，替美國塗脂抹粉」，但仍注意傳達中央對蘇的政策基調：「蘇聯搞壞，我們也沒有面子，沒有光彩，把蘇聯搞壞，對我們有什麼好處？蘇聯出亂子，對我們、對世界革命都不好的。應該不出亂子好。」他更強調：「蘇聯不能離我們，我們也不能離蘇聯。有的人說，與兄弟國家不好接觸，與民族主義國家，亞、非國家好接觸，這不對，兄弟國家比敵人是好呢？還是壞呢？總比敵人好。」[42]

　　1961年10月，蘇共召開「二十二大」。中共派出以周恩來、彭真為正副團長的中共代表團。由此反映：1960年先後在布加勒斯特、莫斯科與蘇共領導人交鋒、塵戰的彭真，受到毛澤東信任並再次倚重。蘇共「二十二大」期間，赫魯雪夫高聲撻伐史達林，也大肆責罵阿爾巴尼亞，攻擊其冥頑不靈又特立獨行。這對向來維護史氏功績、同情阿國的中共而言，自難接受。中共也懷疑：

40　同上註，頁405-406、411-413。

41　同上註，頁440-441。

42　王棟，〈中蘇關係研究的理論與歷史〉，《國際政治科學》，2009年第4期，頁78、85。

蘇共大批阿國，不無針對中共指桑罵槐的用意。經請示中央，周恩來以參加重
要會議為由提前離蘇返國，改由彭真代理團長，繼續參加蘇共大會。

　　彭真歷經多次與蘇共領導人針鋒相對的場面，經驗老道、無所畏懼。彭真
自言在會中以雙手平置桌面、拒絕鼓掌的身體語言，明確表達反對蘇共相關做
法。[43]彭真在會議期間訪問列寧格勒，針對當地負責人聲明擁護蘇共中央主
張，忍不住還嘴：蘇共「二十二大」批阿爾巴尼亞、反史達林，只會使親者
痛、仇者快。[44]

　　彭真雖然站在與蘇共相爭的前線，但是並非殺得滿眼通紅、完全深陷其
中，返國前囑咐中共駐蘇大使劉曉：「儘管兩黨爭論很激烈，但兩國關係還要
保持友好」，要多做友好工作。彭真表示中蘇「改善關係的因素仍然存在
著」，因為各自皆有此需要。[45]彭真不好明說的是，此時中國大陸正受困於
「大躍進」造成的泥沼，一時也實在無暇與蘇共死纏爛鬥。

　　中蘇關係之後又因如下問題而波瀾再起，包括：如何對待阿爾巴尼亞、新
疆發生大量民眾逃往蘇聯事件、蘇聯認為1962年中印邊界衝突責任在中方，以
及蘇共幕後操縱下東歐數國黨代表大會對中共群起而攻……等。

　　從1962年底起，中蘇政治爭論更多地以文攻、筆伐方式進行。中共為此成
立一個隸屬中央政治局常委會的中央反修文件起草小組（康生、吳冷西為正副
組長）。起草小組所寫文稿先由鄧小平主持會議討論修改，再報送中央常委審
定。鄧小平主持的審稿會議，彭真都會參加。有時因應緊急需要，為方便領導
並催促起草小組修改稿件，鄧小平和彭真還會住進其辦公地點釣魚台賓館。彭
真對中共「反修」文章的與聞，也可證諸劉少奇在1966年所言：「我們中央寫
了許多反修文章，是康生主持的班子搞的，文章發表以前，我們看過，也都送
彭真看。」

　　「反修」文稿上呈毛澤東為首的中央常委以後，毛澤東有時會召集若干中
央領導人討論，彭真也經常在列。例如：1963年6月，中共中央發出〈關於國
際共產主義運動總路線的建議〉，以25點的形式，條列中共迥異於蘇共的意識

43　吳冷西，《十年論戰》，頁479。

44　閻明復，《閻明復回憶錄》，頁722。

45　劉曉，《出使蘇聯八年》（北京：中共黨史出版社，1998），頁139。

形態主張。毛澤東很重視這紙通稱「二十五條」的綱領式文件，他定稿之前對內召集劉少奇、鄧小平、彭真等討論，對外徵詢北韓、北越領導人意見。

赫魯雪夫看到中蘇之間急遽升溫的批判態勢，建議兩黨舉行高級會談以停止公開論戰。1963年7月5日至20日，中共中央派出以鄧小平、彭真為正副團長的代表團前去莫斯科談判。彭真認為蘇共邀約不懷好意：「把我們罵夠了，不外乎就是來這招兒，要求停止論戰，堵我們的嘴，不讓人民知道事實真相和我們的觀點。」事實上，鄧小平、彭真奉命赴蘇的談判索價極高——蘇共必須先承認錯誤，方可休戰，蘇共也難以接受。[46]不令人意外地，會談中雙邊針對國際共產主義重大問題，各執己見、嚴拒對方觀點，猶如一場「聾子對話」。[47]彭真和鄧小平回國時受到英雄式歡迎，毛澤東親自接機，認可他倆堅定反對「蘇修」立場。其後，中蘇之間又掀起一波意識形態爭辯高潮。中共在此階段陸續發出所謂「九評」，以及對蘇共中央的信件往來，彭真也都參與討論。

1963、1964年，中共對蘇方亦刻意炒作歷史、領土問題。中方未必想向蘇方索回過往失地，而是欲藉此凸顯其霸權行徑其來有自，可溯及前身；中方作為受害最深的苦主，要求蘇方賠不是、自承理虧在先，而自身則可穩站道德制高點。然而，中共相關舉動卻直接挑動蘇方極其敏感的政治神經，從而讓雙邊關係治絲益棼。

在此過程中，1963年3月上旬，彭真先與鄧小平、康生一起討論修改相關社論文章，斥責「沙皇俄國」等「帝國主義和殖民主義國家」曾「猖狂地侵略中國」，強迫「舊中國政府」簽訂許多不平等條約。1964年7月10日，毛澤東與日本社會黨人士談話，談及蘇聯佔領他國領土問題，包括中國、日本、德國、羅馬尼亞、波蘭，以及芬蘭。他還表示「我們還沒跟他們算這個賬」。上述談話三天後（13日）在日本見報，立即引起各方矚目。

7月14日，彭真向毛澤東呈送《沙俄侵占中國領土示意圖》，並寫道：「這是帝俄侵占中國154萬平方公里領土的示意圖和說明。斯大林時期占去的唐努烏梁海17萬平方公里不在內。帕米爾中部的1萬平方公里也不在內。」[48]

46　李越然，《中蘇外交親歷記》，頁240。

47　沈志華主編，《中蘇關係史綱》，頁336-337。

48　《彭真年譜》，第4卷，頁343。

彭真此舉是應之所求，或欲阿其所好、證其所言，不得而知，但他之後也藉由毛氏所提的領土問題言論，挑撥蘇聯與波蘭的關係。蘇方就認定：這是中共近期精心策畫「旨在使社會主義陣營和共產主義運動在『泥沼中』越陷越深，使兄弟國家脫離蘇聯」的「戰略步驟和行動」的一部分。[49]

10月6日，彭真接見波蘭代表團，針對對方欲求證毛澤東是否確有向日本訪客提到蘇、波之間的領土問題，彭真表示：「在有關邊界的問題上中國政府支持波蘭人」。他也在這一場合，語帶玩笑地闡述中方在中蘇邊界談判上的政策立場：「我們中國人是教條主義者，可在現在的情況下我們是修正主義，因為我們在修正馬克思、恩格斯、列寧，就是說我們不要求歸還這些領土。」

彭真與波蘭人士晤談時還提到：「我們現在遭到原子武器的威脅，目前蘇聯、美國、英國和加拿大擁有原子武器，但這只是時間問題。他們有腦袋、雙手，用兩條腿走路。他們造出了原子彈，那我們也會造出原子彈。我們應該有原子彈。」他強調：「如果我們造不出原子彈，他們就要消滅我們。」[50]彭真提到中國急切感受的「核威脅」，並表示中共自製原子彈只是時間早晚而已，除了反映他對國家安全的憂患意識，或還可能是一種心理折射：當下正處於原子彈試爆最後準備階段，其內心既期待又焦急。

十天後（10月16日），周恩來代表中央宣告首顆原子彈已在當日爆炸成功。中共黨國上下歡欣鼓舞之際，平日感情甚篤的彭真夫婦反倒出現一點兒小彆扭。因為張潔清怨怪老伴：居然在事前完全沒有對她透漏半點口風，讓其得便提前知道此事的即將到來。

對中共就像好事成雙，同樣在1964年10月中旬，赫魯雪夫因政變而下台。11月，中共派出以周恩來、賀龍為首的代表團赴蘇進行政治試探，不料發生蘇聯國防部長馬利諾夫斯基（Rodion Yakovlevich Malinovsky）敬酒時脫口建議賀龍推翻毛澤東的政治風波。毛澤東在北京召集劉少奇、鄧小平、彭真密切關注事態發展。彭真與他人無異，對此表現得甚為憤慨。[51]彭真生氣最重要的原

49　〈契爾沃年科與策伯格米德會談紀要：中國試圖離間蘇蒙關係〉（1964年10月7日），沈志華主編，《俄羅斯解密檔案選編：中蘇關係》，第10卷，頁394-395。

50　〈契爾沃年科與克諾泰會談紀要：中國對中蘇邊界問題的立場〉（1964年10月8日），沈志華主編，《俄羅斯解密檔案選編：中蘇關係》，第10卷，頁396。

51　吳冷西，《十年論戰》，頁862。

因，自應是出於維護毛澤東的忠心和政治表態，但可能也連結到他1945年擔任中共東北局書記時的不愉快過往，因為當時馬氏率領蘇聯紅軍進佔東北，蘇軍曾揚言用坦克車逼使彭真撤出瀋陽。彭真對這起親身領教的蘇聯「大國沙文主義」經驗，一直耿耿於懷。[52]

中共中央對敬酒事件追究不已，並據以判斷蘇共新領導團隊執行「沒有赫魯雪夫的赫魯雪夫主義」（毛澤東發送給周恩來的指令和判斷，彭真皆過目、同意）。[53]彭真後來在他國共黨面前，也傳播蘇共新領導與赫魯雪夫並無二致的觀點。[54]

中蘇關係在赫魯雪夫下台後未見起色，步入1965年更繼續低盪。中共強力反對蘇共未與其達致共識以前，即召開國際共黨會議。1965年2月，毛澤東接見蘇聯部長會議主席柯西金（Aleksey Nikolayevich Kosygin），還特別指出彭真是反對最力者之一。[55]蘇共對中共意見置若罔聞，3月仍執意舉行，讓中共甚是光火，兩黨關係幾近破裂。

彭真對於新任蘇聯大使的提議——恢復莫斯科、北京之間互派代表團的交流活動，則表示接受，並稱將來有可能實現。[56]

三、勤於接見外賓宣傳政策

（一）經常會見外賓和所負任務

「文革」前彭真極為忙碌，集各項重要工作於一身，其女兒表示周恩來曾說：在中國就屬他自己和彭真最忙。彭真到底為何而忙？「文革」資料揭發他

---

52 李海文、王燕玲，〈秘書張道一談彭真與毛澤東1963年後的關係〉（2002年9月29日），人民網：http://www.people.com.cn/GB/shizheng/252/9114/9116/20020929/834027.html（2015年10月30日登入）。

53 吳冷西，《十年論戰》，頁864-865。

54 閻明復，《閻明復回憶錄》，頁880。

55 吳冷西，《十年論戰》，頁916。

56 〈拉賓與彭真會談紀要：建議恢復莫斯科與北京的交流活動〉（1965年11月9日），沈志華主編，《俄羅斯解密檔案選編：中蘇關係》，第11卷，頁160-161。

曾言：「中央的事情很多，又有人大常委會的工作，又要接待外賓。」可見接見會晤外賓的外事活動，在他整體工作中所佔比重和分量。

中共中央「一線」領導人中，彭真會見外賓的頻率、次數，以及接待對象的種類，都相當突出。周恩來主管政府外交、也參與黨中央對外活動，接見外賓的數量和密集度，彭真自難與之相提並論。但是較諸劉少奇和鄧小平，彭真實也不惶多讓，甚至後來居上。接見重要國賓、黨賓時，彭真通常與毛澤東、劉少奇、周恩來、鄧小平一同會見，或是陪同毛、劉單獨與之見面。當較為次要的外國黨賓客來訪，通常由鄧小平和彭真出面應對，以節省毛、劉精力，不使之疲勞奔命；當黨賓重要性又次一級時，大多就由彭真出面接見、中聯部領導人陪同。按此原則，彭真會見黨賓的範圍和人數，就已比鄧小平還大、還多。另外，彭真兼任全國人大常委會副委員長，也要經常接見為數不少的外國國會訪問團、國會議員或其他各種類型的國外來人；彭真的北京市長身分，還讓他增加一批因首都外交遠道而來的外賓。

彭真代表中共黨國接見大量外國訪賓，僅只是履行外交禮儀上的送往迎來？實則不然，彭真與外賓晤談，負有重要政策宣傳任務。外國使節訪客甚為關心和好奇中共對外政策、立場和動向，以及中國大陸情勢和走向。然而，並非所有外賓都可求見毛澤東、劉少奇或周恩來、鄧小平。彭真與聞高層決策、年富力強，正可出面應答提問和周旋。事實上，他能言善道、反應敏捷、知識面廣，參與多方面工作，與外人應答過程中，可以從容、嫻熟地提供許多具體、切題細節，豐富政治、外交說帖內容，讓外人比較容易了解和接受。

彭真稱職地作為中共對外「化妝師」，可輔以時人時語證明。1954年彭真以北京市首長身分接見英國代辦，後者就對彭真談話所表現的機智風趣、冷嘲熱諷、信心滿滿印象深刻，並且認為與其說彭真是一名城市管理者，不如說他是一名政治領袖來得適切。[57]1957年，英國一份外交文件也指出：彭真與外賓談論問題時展現的精神奕奕、自信不拘和了然於胸，讓人感到已位居高層的他，未來還有更上一層樓的可能。[58]

---

57 "Notes on Leading Personalities in China (1955)," The National Archives, United Kingdom, FO371/114984, p. 36.

58 "Notes on Leading Personalities in China (1957)," The National Archives, United Kingdom, FO371/127263, p. 29.

圖14-2：1959年彭真（後排左1）與毛澤東（前排左4）、劉少奇（前排左2）、鄧小平（前排右
2）、王稼祥（後排右2）、楊尚昆（後排左3）會見義大利共產黨代表團。
資料來源：Wikimedia Commons。

（二）談話宣傳重點內容

　　彭真對來訪外賓進行政策宣講和辯護，最經常提及兩大主題：中共國內政
策和中蘇關係爭論。

　　一、對外介紹中共建設社會主義的政策主張，並為其實行後果加以辯護。

　　1956年蘇共「二十大」批評史達林後，包括彭真在內的中共領導人認為蘇
聯社會主義發展模式存在弊端，中共必須揚長避短，進而尋求中國自己的建設
道路。此後，中共逐漸推出有別蘇聯的政經政策，包括「雙百」政策、整風運
動，以及「大躍進」運動。針對中共這些國內政策的殊異評價，乃是中蘇交惡
的重要原因之一。彭真接見外賓，尤其是外國共黨人士，就格外為中共政策辯
解，甚至不惜扭曲事實。

　　如前所述（第七章），針對1957年毛澤東從初始用心整風，到驚覺各方指
責歷歷，方才惱怒翻臉、進而暗施「引蛇出洞」的過程和轉折，彭真知之甚
詳。他次年卻對東德使節表示：中國的資產階級一直對中共領導有所不服、尋
機反撲；中共中央準確掌握敵情，一開始就計畫捕打「老鼠」，「打開一個

洞，讓它們鑽出來，然後把洞堵住圍打」。因此整個事態發展完全在中共指掌之中。他在國際友人面前作選擇性回顧，只為掩飾中共當時一度陷入被動尷尬局面，免得讓蘇共說嘴、訕笑。

彭真自始至終都是「大躍進」運動積極擁護者和主要執行人。外賓熱於詢問的問題，包括：大煉鋼鐵生產土鋼的品質疑慮、漫天宣傳的農業奇蹟真實性、農村和城市建立人民公社情形，以及運動推行過程出現的生產波動和物資緊張等。彭真都不厭其煩地詳予回覆，並多以瑕不掩瑜、前景可期加以維護。[59]

1959年盧山會議後，彭真對內協助毛澤東推行「反右傾」運動，大力批鬥、挖掘「大躍進」質疑者；對外負責代表中共中央向各共黨國家大使介紹盧山會議情況並轉交會議決議文件。由於彭德懷在1950年代初期統帥中共軍隊，在朝鮮半島逼和以美軍為首的聯合國部隊，聲名遠播整個社會主義陣營。其何以一夕之間從戰爭英雄變成「反黨集團」頭目，這是彭真此段時間頗費唇舌向外賓說明的問題。彭真對阿爾巴尼亞大使的解釋是：出現「右傾機會主義者」，是因為他們的革命意志不堅定，以及社會上既存階級鬥爭在黨內高層政治中的反映。[60]這出自毛澤東在盧山的「理論」解釋，而其又受彭真提供的文件所影響（毛氏以機關槍、「迫擊炮」稱之）。

「大躍進」難以為繼、經濟困頓已全面浮現之時，彭真與外賓談話焦點，轉為如何對外解釋中國經濟困局成因。其解釋無外乎中共官方標準的三點論：基層領導變質或遭壞人篡權，前所未見的大規模自然災害，以及蘇聯的落井下石。其中，彭真最常對外賓講的是自然災害問題，他一時有如氣象解說員，每每將中國大江南北的旱澇情況詳介一番，1961年6月，他會見東德新任大使時就是如此。[61]不過，參照後來的氣象研究，彭真對三年天災因素的強調，恐是

59　〈彭真市長接見羅馬尼亞駐華大使魯登科談話記錄〉（1958年12月19日），中華人民共和國外交部檔案館，檔號109-00866-01(1)，頁2-7。〈彭真市長接見羅馬尼亞大使巴爾步‧查哈勒斯庫談話記錄〉（1959年2月25日），中華人民共和國外交部檔案館，檔號109-00911-10(1)，頁1-8。〈彭真同志和朱德委員長接見蒙古駐華大使沙拉布談話記錄〉（1959年7月6日），中華人民共和國外交部檔案館，檔號106-00133-04(1)，頁1-3。

60　〈北京市長彭真接受阿爾巴尼亞駐華大使巴利里辭行拜會談話紀要〉（1959年8月28日），中華人民共和國外交部檔案館，檔號109-00906-06(1)，頁1-2。

61　〈彭真同志會見德國新任駐華大使黑根的談話〉（1961年6月9日），中華人民共和國外交部檔案館，檔號109-03762-07，頁2-3。

誇大不實的政治辯詞。[62]彭真為了讓外界對中國國內局勢有信心，對外賓絕口不提普遍存在的嚴重饑荒，他即對前述東德大使強調「有組織的鬧事沒有」，也就是中共在中國大陸的統治固若磐石。[63]

二、對外說明中蘇關係的問題癥結，尋求第三方認同和支持。

隨著中蘇爭論升級以至對峙局面的逐漸成形，彭真與外賓談話更多地加入控訴蘇方言行悖理不義的內容，努力凸顯中方作為受害者的處境。

彭真個性直率、敢言敢說，膽敢與赫魯雪夫當面爭執，赫氏之下的蘇共領導人，更是不在話下。彭真在其他共黨或國家政治人物面前，火力全開直陳蘇共種種不是。阿爾巴尼亞在東歐直接面對蘇聯龐然政治壓力，卻堅不屈就，中共視為天涯知己。彭真在阿國大使面前痛批蘇共從高崗問題起就抱有顛覆中共的不良意圖，並表示：「彭德懷反黨集團」乃是中共中央定案並業已正式通告各國共黨，但赫魯雪夫居然還稱彭德懷意見正確，「這不是赫魯雪夫公開支持彭德懷反黨集團嗎」？[64]彭真也對羅馬尼亞大使指控：1962年新疆發生數以萬計的民眾跨界出走事件，乃是蘇聯背後煽動、慫恿所致。[65]

彭真在外賓面前大談蘇聯對中國社會主義建設的居心不良和存心破壞，包括：他對前述羅國使節抱怨蘇聯出口中國許多的機器，關鍵部分「夾住不給」；[66]也向日本人士表示：蘇聯1960年突然撤走專家、撕毀合同、停止援助，是造成中國經濟困難、不得不進行調整的一項要因。[67]彭真也對告別辭行的阿爾巴尼亞大使指稱：蘇聯駐中大使不知天高地厚地「給我們上課」，竟想教導他和毛澤東如何辨別社會主義、共產主義的差異。[68]

62　楊繼繩，《墓碑——中國六十年代大饑荒紀實》（香港：天地圖書有限公司，2012），下篇，頁649-659。

63　〈彭真同志會見德國新任駐華大使黑根的談話〉（1961年6月9日），頁6。

64　〈彭真同志接見阿爾巴尼亞駐華大使馬利列談話記錄：關於阿蘇關係問題〉（1961年8月18日），中華人民共和國外交部檔案館，檔號109-03747-04，頁3-4。

65　〈彭真同志接見羅馬尼亞大使喬烏治談話記錄〉（1963年4月21日），中華人民共和國外交部檔案館，檔號109-03897-04，頁11-13。

66　同上註，頁9。

67　〈彭真同志接見第二批日本工業展覽會友好訪華團談話記錄〉（1963年10月24日），中華人民共和國外交部檔案館，檔號105-01216-07，頁5。

68　〈阿爾巴尼亞駐華大使帕里夫蒂向彭真同志辭行時談到國內情況和同蘇聯的關係等問題〉

　　彭真對外賓陳述的中蘇問題，有真有假、有虛有實，至少有部分是不實的外交詭辯。舉如：蘇聯單方面撤回專家和中斷協定，確有其事，但言之為中國經濟危機的成因，恐不符事實。因為經濟困難根本源於「大躍進」政策本身的嚴重弊病；當時尚有的蘇聯專家和協定，多與國防工業有關，對中國經濟發展的直接影響不大。[69]

　　正由於彭真對外講話所具的高度官方代表性，蘇方有時還會特意探聽其談話內容，以了解中共對外最新舉止的虛實。前述的彭真與波蘭代表團會晤（1964年10月6日）後兩天，蘇聯、波蘭各自駐中國的大使即相會分享所聞。

　　步入1960年代以後，開展經營與非洲國家的關係，成為中共對外重點工作。中共一方面看好並希望擴大非洲「反殖民主義」浪潮，削弱西方國家在非勢力；另一方面，中共欲與蘇聯爭奪對「第三世界」革命運動的主導權，積極推銷中共世界革命主張。在此背景下，彭真頻繁接見來自前「黑暗大陸」的使者和客人。他在會見中著重闡述中共對非洲問題的看法，也經常提到中國不惜勒緊褲帶、加速償還對蘇債務，藉以強調中共外援政策不同於蘇聯的唯利是圖、條件苛刻。[70]

　　彭真對非洲外賓進行政策宣傳時，除了正襟危坐、侃侃而談，他偶也會採取較靈活、輕鬆的形式。1965年3月8日，彭真在機場歡送全國人大訪問非洲代表團，與參加送行的數位非洲國家使節談話。他宣傳「我們有色人種聯合起來反抗他們白人，結成統一戰線」，也當場邀請對方觀賞由中共海軍編排演出的話劇《赤道戰鼓》。彭真表示：其內容旨在反映剛果「人民反帝、反殖鬥爭和他們的風俗、生活習慣」，「是否演得符合實際狀況，得由你們黑人兄弟來判斷」。彭真當場交代外交部副部長喬冠華安排此事。[71]

　　彭真親自審定邀約計畫，由彭真夫婦聯名邀請非洲9國使節於3月25日前赴

　　（1961年6月9日），中華人民共和國外交部檔案館，檔號109-03747-05，頁6-7。

69　沈志華，《蘇聯專家在中國》（北京：新華出版社，2009），頁314-315。

70　〈彭真副委員長接見並宴請肯尼亞非洲民族聯盟代表團談話記錄〉（1963年9月6日），中華人民共和國外交部檔案館，檔號108-01279-01，頁2-3。

71　〈彭真副委員長、薄一波副總理和剛果（布）、馬里、加納駐華大使，及幾內亞駐華大使館臨時代辦在機場歡送我人大代表團時的談話〉（1965年3月8日），中華人民共和國外交部檔案館，檔號117-01468-05，頁23-25。

人民大會堂參加宴會和晚會。[72]他幾乎宴請所有常駐北京的非洲各國代表，此一外交陣仗不可謂不大。其希望藉由美酒交杯、舞臺表演的軟性方式，向非洲嘉賓傳達中共對非洲開展「反帝、反殖鬥爭」的強烈支持。

圖14-3：1965年彭真（右4）與鄧小平（右3）、康生（右1）迎接古巴社會主義革命統一黨代表團。1960年代前半葉，中共與蘇聯進行外交競爭時，古巴是其重要的爭取對象。1962年以後，康生取代王稼祥，深入參與中共外事工作，而與彭真多有密切合作。彭真私底下提到康生，還以「康老」稱之。康生後來嚴重影響、減損毛澤東對彭真的政治信任。
資料來源：Wikimedia Commons。

四、出國訪問爭取友邦支持

（一）出訪性質和任務

　　彭真「文革」前多次率團出國訪問，行跡遍及多國：北至蘇聯，西及東歐諸國（1956年底也曾踏足南歐義大利，參加該國共黨代表大會），東達北韓，南到越南和印尼。其出訪次數在中共高級領導人中位排前列，僅在周恩來之

72　〈關於彭真同志宴請非洲國家駐華使節和招待觀看「赤道戰鼓」的請示〉（1965年3月23日），中華人民共和國外交部檔案館，檔號117-01468-05，頁14-15。

後，而與劉少奇、鄧小平不相上下。

　　彭真訪問形式可概分為兩類：一、政黨訪問，也就是彭真以黨領導人身分率領或參加中共代表團出訪。1960年彭真率團前往羅馬尼亞參加布加勒斯特會議，1960、1961、1963年，彭真跟隨劉少奇、周恩來、鄧小平赴蘇聯參加兩黨會談、蘇共大會和國際共黨會議，皆屬此類。相關的訪問情況，前面多有論及，此處不再贅述。另外，出於反「蘇修」互通聲息需要，彭真也會單獨或連同其他中共領導人，作為中共特使臨時造訪北韓、北越，與其最高領袖短暫交換意見後即返國。

　　二、議會外交，也就是彭真以全國人大常委會副委員身分，率團出國進行訪問。彭真雖然不是全國人大委員長，但是劉少奇擔任委員長期間，即由彭真實際主持人大工作。朱德1959年接任委員長，但由於年事已高，又被毛澤東認為批評彭德懷有所遲疑、表現不力，彭真亦出面對朱德談話、指正，因此實際上沒有發揮領導作用，而由彭真主控人大工作及其對外活動。

　　針對議會外交的目的和重要，彭真在1957年曾予以說明：「作為一個國家的最高權力機關和各國人民意志的集中的代表者的各國議會，如果加強彼此間的直接聯繫，溝通各國人民間的感情和了解，並且把維護世界和平事業擔當起來，那麼各國議會是可以做出自己的重大貢獻的。」[73]彭真領銜帶團的議會外交出訪，主要包括：1956年底至1957初訪問蘇聯和東歐五國，1962年訪問北韓和北越，以及1965年訪問印尼。

　　必須強調的是，中共和其他社會主義國家雖強調「人民至上」，但其實最在乎「黨的領導」，議會通常流於「橡皮圖章」之譏。彭真帶領全國人大代表團造訪他國，每每得以獲得接待國最高領導人的接見，對方實際著眼於彭真在中共黨內的重要地位，而非其人大議會職位。彭真出國進行議會外交時，也一定都會肩負黨中央委託的外事任務，這較諸議會之間的國際交往更為重要和關鍵。

　　例如：1956年、1957年蘇聯、東歐之行，中共中央在行前交代彭真的訪問任務是：觀察相關國家的社會主義建設經驗、介紹中共政策、建設和改造經驗，以及在「波匈事件」後增進東歐穩定和社會主義陣營團結。[74]彭真訪問南

73　閻明復，《閻明復回憶錄》，頁305。

74　同上註，頁266。

斯拉夫期間，也臨時接到黨中央指令，緊急向其最高領導人狄托（Josip Broz Tito）轉達中共欲與南國共黨共同發起召開國際共黨會議的提議。[75]只是此事因狄托意興不高而打消。

　　1962年，彭真帶領全國人大代表團頻頻對外出擊：4月23日至5月3日訪問北韓；9月30日至10月11日訪問北越。彭真這兩次人大議會外交，分別獲得北韓、北越最高領導人金日成、胡志明的熱情接見。彭真訪問的最重要目的，當然遠高於加強彼此議會聯繫、溝通兩國人民感情；實際上，黨中央交付彭真的核心任務是：觀察、拉攏這兩個分居東北亞、東南亞的鄰國友黨，使之在愈益激化的中蘇對立情勢中選擇倒向中共。

圖14-4：1961年7月彭真（中排右1）與周恩來（前排右1）、劉少奇（中排右3）、鄧小平（中排右2）、羅瑞卿（後排右3）會見金日成（前排左1）。
資料來源：Wikimedia Commons。

　　根據匈牙利外交人員觀察，彭真在訪問北韓期間盡其所能地頌揚金日成個人，以及其追求的自給自足經濟政策，讓金氏龍心大悅，更傾心於中共；[76]匈牙利臨時代辦也估判：北韓當時對社會主義陣營態度的略作調整，可能受到彭

75 伍修權，《回憶與懷念》（北京：中共中央黨校出版社，1991），頁310。

76 Balázs Szalontai, *Kim Il Sung in the Khrushchev Era: Soviet-DPRK Relations and the Roots of North Korean Despotism, 1953-1964*（Stanford: Stanford University Press, 2006），p. 185.

真訪問期間建議的影響。[77]

　　彭真自平壤發給「中央、主席」的絕密電報表示：「朝方對我代表團極為親切熱烈。從車站歡迎、拜會崔庸健（按：北韓最高人民會議常任委員會委員長）、金日成同志接見、群眾歡迎會等情況來看，朝方非常強調黨的聯繫。朝方主要黨政領導人都出場接待」；「對我代表團安排各項活動，都不是單純作為人大代表團對待，而是按黨政代表團的規格辦理的」。彭真另外強調：金日成等人談話中，「表現對修正主義痛恨已極，反修正主義極為堅決」。[78]另外，胡志明也囑咐彭真帶回「北京親友如相問，一片冰心在玉壺」的詩句（《人民日報》將之刊載於1962年10月11日頭版）。如此顯示彭真的兩次議會外交沒有空手而返，不負中央所望。事實上，彭真成功的國會外交，也為隔年國家主席劉少奇出訪北越、北韓，進行重要鋪路工作。

圖14-5：1963年6月彭真（右1）陪同毛澤東等人會見北韓最高人民會議委員長崔庸健。當中共在國際上積極組建反蘇聯修正主義戰線之時，毛澤東在國內也已從「大躍進」後短暫省思法制的需要，又轉回到以階級鬥爭為中心的群眾運動。彭真則按其心意變化，4月呈報刑法草案而未受理睬，即轉而投入制定社會主義教育運動的指導文件，深恐「跟不上主席」。
資料來源：Wikimedia Commons。

77　"Report, Embassy of Hungary in North Korea to the Hungarian Foreign Ministry (August, 1962），" Woodrow Wilson Center: http://digitalarchive.wilsoncenter.org/document/112774（2016年3月5日登入）。

78　〈彭真同志關於朝方接待、接見情況〉（1962年4月24日），中華人民共和國外交部檔案館，檔號203-00563-01。

（二）1965年印尼行

　　彭真「文革」前最後一次外交出訪活動是1965年的印尼行。1965年適逢印尼共產黨建黨45週年，由於印尼共與中共關係良好，在國際共產主義運動中頻頻唱和、互相聲援，中共中央決定派遣彭真率領中共代表團前赴印尼參加相關活動，以示祝賀和支持。以彭真在中共政治和外事愈益重要的地位，中共中央也想藉由委派彭真領隊，表達中共對印尼共的高度重視和期待。另外，彭真在國際共黨會議或中、印共兩黨互動中，經常與印尼共領袖艾地（D. N. Aidit）、魯克曼（M. H. Lukman）有公事接觸，進而形成熟稔的個人關係，由之出面維繫兩黨關係，也顯得順理成章、得心應手。

圖14-6：1963年9月彭真（後排右2）陪同毛澤東等人會見印尼共產黨中央主席艾地。
資料來源：Wikimedia Commons。

　　針對中共指派彭真參加印尼共黨慶的計畫，印尼外交部和其駐北京使館鑑於彭真在中共黨內蒸蒸日上的地位和影響，皆建議蘇卡諾（Sukarno，中國大陸譯為蘇加諾）為首的印尼政府採取主動，藉彭真赴印尼參加共黨黨慶之機，正式邀為國賓，同時對印尼進行友好訪問。[79]中共欣然接受印尼政府對彭真一行提出的訪問邀請。彭真的印尼行因而從原本的政黨外交，變成兼具黨際交往和政府交往的雙重性質和任務。[80]

　　彭真的印尼行從5月21日開始至6月5日結束，為時半個月。彭真訪問印尼期間行程滿檔，會見了朝野各派重要人士，對印尼政府和印尼共黨邀約和活動，皆無偏廢。政府外交方面，彭真讚揚蘇卡諾政府提出的執政方針「在政治上具有主權，在經濟上自力更生，在文化上具有特性」，期許兩國在反帝國主義、反殖民主義並肩前進。彭真拜會印尼政要阿里·沙斯特羅阿米佐約（Ali Sastroamidjojo，1955年時任印尼總理，是萬隆會議的發起人之一），中共去年「連續爆炸兩顆原子彈的成就」，成為重要話題。彭真感謝對方在中共核試成功後所說好話，強調「我們爆炸原子彈的目的在於打破少數國家的核壟斷和核訛詐」。當對方表示「在原子技術方面印尼要向中國學習」，彭真回覆：「我們有了就等於你們有了」。[81]

　　共黨外交方面，彭真致力推促印尼共黨在抵制蘇聯修正主義、反抗美國帝國主義，繼續與中共保持高度一致。5月25日，彭真在印尼社會科學學院對印尼共領導人和民眾發表的講話，最能彰顯中共此時的世界觀和國際觀，以及自我定位和政策追求。

　　彭真的演講要點是：一、「當前世界的主要矛盾」是受壓迫的亞洲、非洲、拉美，和美國為首的帝國主義之間的矛盾，但是「赫魯雪夫修正主義」對此視若無睹、罔顧事實；二、「美帝國主義是完全可以打敗的」，「赫修」卻散布悲觀論調和失敗情緒；三、「現代修正主義是帝國主義的新的社會支

79　中華人民共和國駐印尼大使館，〈印尼政府邀請彭真同志為國賓〉（1965年5月19日），中華人民共和國外交部檔案館，檔號117-01427-01，頁130-132。

80　〈關於彭真同志應邀為印尼國賓事〉（1965年5月20日），中華人民共和國外交部檔案館，檔號117-01427-01，頁134-135。

81　〈彭真副委員長拜會印尼臨時人民協商會議副議長阿里·沙斯特羅阿米佐約談話要點〉（1965年5月25日），中華人民共和國外交部檔案館，檔號105-01915-09。

柱」，因為「赫修」對革命力量起到瓦解、分裂、破壞、麻痺作用，因而對
「美帝」和「各國反動派」起到「別動隊」的策應作用。四、「馬克思列寧主
義者要善於透過現象看清本質」，特別是能看清赫魯雪夫的繼承者仍是修正主
義者；五、「在什麼基礎上才能真正團結對敵」？就是蘇共領導必須「拋棄赫
魯雪夫修正主義，回到馬克思列寧主義的道路上來」。六、奉行馬克思列寧主
義者如中共和印尼共，必須「永遠要當革命的促進派」，奮勇前進。彭真在講
話中頻頻援引馬克思、列寧、毛澤東的言論，以示其立論有據，也巧心引用艾
地的講話，以表客主同心。[82]

圖14-7：1965年5月彭真（左1背對者）率團訪問印尼期間會見艾地。
資料來源：Wikimedia Commons。

82　彭真，《在印度尼西亞阿里亞哈姆社會科學學院的講話》（北京：人民出版社，1965），頁
　　1-30。

彭真停留印尼時，也會見同樣訪印的朝鮮勞動黨代表團、日本共產黨代表團。彭真與北韓團長朴金喆談話時，既誇獎「印尼共是最大的黨之一。它把馬列主義同印尼的具體情況結合得很好」，也盛讚蘇卡諾「堅持反帝」，「是印尼共的朋友，也是我們的朋友。他最近反對帝國主義的行動，比一些不像樣子的共產黨人要好得多。斯大林在論列寧主義基礎裡曾提到，反帝要有廣泛的統一戰線，印尼就有了這樣的統一戰線」。他更呼籲：「幫助印尼共鞏固和發展同蘇加諾的合作是大家的重要任務之一」。此議獲得朴氏的共鳴。[83]

彭真訪問印尼期間的表現，印尼共領導人甚感滿意。7月24日，艾地跟同是參加羅馬尼亞黨代表大會的鄧小平、康生表示：關於印尼共45週年慶祝活動，「中國同志給了我們很大的幫助，以彭真同志為首的中國代表團很積極」。[84]但是印尼政局隨後的突然生變，讓彭真以至中共長年苦心經營的中、印共兩黨關係付之一炬，瞬間化為烏有。

彭真訪問印尼期間，參加印尼共場面盛大的慶祝和遊行活動。或有感於該黨過度暴露實力，恐會招致敵對勢力防備和襲擊，彭真先是提醒艾地要防止和應對突變，並建議安排兩組領導團隊，分處「地上」和「地下」；繼而向艾地強調：「在形勢大好的情況下，要看到逆轉的可能，要有兩手準備，吸取歷史上兩次被迫轉入地下的教訓」。[85]然而，不知艾地有否採納彭真建言，抑或是根本準備不及，僅約百日之後，印尼軍方涉入的「九卅事件」猛然爆發，印尼共猝不及防，短時內即被連根拔起、滿門抄斬。不久前才被印尼共奉為上賓的彭真，聞知此一變局恐是百感交集、嘆息不已。

83　〈朴金喆同志拜會彭真同志的談話記錄〉（1965年5月22日），中華人民共和國外交部檔案館，檔號106-01479-10，頁3-6。

84　〈鄧小平同志會見艾地同志的談話記錄〉，中華人民共和國外交部檔案館，檔號109-02838-02，頁8。

85　閻明復，《閻明復回憶錄》，頁881-882。

五、積極推行首都外交

（一）開展城市外交，輔助正式外交

因應彭真主持首都外交活動日增和擴大的趨勢，北京市的外事部門曾專程發文外交部，請示首都對外交往之應注意事項和有關準則問題，後者也詳予回覆和指示。[86]中共首都外交之交往對象約可分為兩類：一是與中共有正式邦交的國家（主要是共黨執政國家）首都或重要城市；另一是尚未有正式外交關係國家的首都或都市。

北京市與邦交國城市發展關係時，因為雙方政府已建交，兩國關係修好，其主要目的在側翼輔助或豐富雙邊正式外交的進展，而且因為政治受限較少，交往形式和內容也甚為多樣。從人員訪問接待、施政經驗交流，到參觀市容建設，以至於珍稀動物、植物交換，都包括在內。現今中共仍慣常使用的「熊貓外交」，彭真應用於北京和莫斯科的雙城外交，[87]如果不是開創首例，也是開風氣之先。

隨著彭真在中共上層政治、中央對外關係工作愈加吃重，北京市首都外交的一般往來和事務性工作，彭真多交予副市長萬里處理和應對。然而，彭真對於同東亞共黨國家進行首都外交，特別是當交流事項關乎對中共社會主義改造、建設經驗的詢問和介紹時，仍經常親自出馬。

對北越和北韓而言，中共的社會主義實驗推行在它們之前，希冀經由首都外交，直接借鏡中共先行或先進經驗。彭真在這方面也確實很有政治資格和資本出面，因為中共中央推行重大社會主義政策和運動時，彭真在北京市不但積極貫徹，更有心總結經驗、積極向中央獻策，爭取成為全國仿效的表率和樣板。易言之，彭真一手操辦產生的「北京經驗」，既具有中國代表性，而且經由他娓娓道來、如數家珍，也有細節操作的參考價值。

例如：1959年10月中旬，北越河內市行政委員會主席陳維興率團訪問北

---

86 〈關於北京市外辦對外交際活動中的問題及我部的答覆〉（1955年12月31日），中華人民共和國外交部檔案館，檔號117-00485-03(1)，頁23-28、32-35。

87 北京市檔案局館、莫斯科市檔案管理總局編，《北京與莫斯科的傳統友誼——檔案中的記憶》（北京：中國檔案出版社，2005），頁44-45、49-50、53-54。

京，其尤為關切中共「反右派」鬥爭和對資本主義工商業的社會主義改造經驗。1956年中共對工商業的社會主義改造運動，北京市正是全國「領頭羊」，彭真當時更高調宣布北京首先步入社會主義階段；1957年「反右派」運動，彭真在北京市也志爭第一。針對陳維興需求，河內訪問團抵達第二天（10月17日），彭真即設夜宴招待，並在席間向賓客扳指介紹中共政策和做法。彭真和北京市委對越方人員所做的努力沒有白費，因為後者就表示：河內的「反右派」，「有些地方可以按中國的辦法來做」。[88]北越河內、北韓平壤各方面考察和學習團「文革」前絡繹不絕地造訪北京，應與彭真這種熱情相待、傾囊相授有關。

彭真高度重視此一首都外交工作，自有現實政治算計：彭真知曉河內、平壤在各自國家具有牽一髮而動全身的關鍵地位，透過經驗傳授，可以不動聲色地將中共一些自我標榜的治國方針和經驗寧靜輸出，從而間接履行中共在國際共產主義運動欲與蘇聯爭做「革命導師」的戰略企圖。彭真為避免讓人有「好為人師」之感，有時還會做出虛懷若谷、虛心學習的外交姿態，1963年北京市派出一個「赴朝鮮城市建設考察團」。北韓副首相李周淵倒是實話實說：「朝鮮沒什麼可學的，我們向中國學習的還多一些。」[89]

彭真領導北京市與非邦交國城市進行交往時，因為雙方中央政府沒有正式邦交，政治禁忌較多，發展也多受局限並進展緩慢。其目的主要是以較不敏感的政治身分嘗試進行外交接觸，日積月累耕耘下，為將來兩國正式建交預作準備和鋪墊。彭真在這方面推行首都外交，著力最深的對象就是日本。

1970年代初期以前，日本承認中華民國為中國的唯一合法代表，對中共不予承認，因此雙方沒有正式官方往來。中共對日本採行「以民促官」、「以商促政」政策，希冀與日本朝野多方廣泛交往，按先易後難、先經後政的步驟，逐漸造成水到渠成、不可扭轉之勢。[90]1955年日本6個城市表達希望與中國大陸交往和作生意的意願，彭真和王稼祥討論後，向中央提出以其北京市長名義

88　北京市人民委員會外事辦公室，〈接待河內市行政委員會代表團情況報告〉（1959年11月30日），北京市檔案館，檔號002-010-00072，頁21-23。

89　北京市人民委員會外事辦公室，〈赴朝鮮城市建設考察團材料之二：李周淵副首相接見時談話紀要〉（1963年11月28日），北京市檔案館，檔號001-006-02171，頁32。

90　曲星，《中國外交五十年》（南京：江蘇人民出版社，2000），頁327-328。

出面接待這一日本地方組成的訪問團。彭真向北京市傳達、布置此一外交任務，不諱言「對日本我們要做工作，爭取它以孤立美帝」。[91]自此以後直到「文革」以前，彭真、北京市正式接待至少7次日本地方組成的各種代表團，[92]並幾度舉行日本工商品展覽會，參觀人數每每超出預期，成為中日兩國沒有正式外交下，雙方關係仍有實質發展的重要亮點。

1964年中共中央決定由彭真率領黨的代表團，赴日本出席日本共產黨第九次黨代表大會。這除了因為彭真經常代表中共中央參與中、日共兩黨的政治協商和交往活動，他推行首都外交而與日本各方廣泛接觸、人脈累積，以及所達的政經績效，應也是重要考量。彭真預定的日本行最後因為日本佐藤榮作政府反對，而未能付諸實現。

（二）安排外賓參訪，塑造正面形象

中共首都北京市是重要外賓訪問中國大陸必定駐足參訪之地，北京市外賓接待工作非常繁重，任務負重遠遠超過國內其他城市。如何讓外賓對北京市以至對中共政權留下良好印象，乃是彭真在北京市竭思竭力完成的外交任務。

彭真對北京市外賓接待工作要求極高，強調令到行止、不打折扣。曾任北京市政府秘書長兼管外事工作的柴澤民（後來出任中共首任駐美國大使），即對彭真「事必躬親、一竿子插到底」、「高效率快節奏」印象深刻。北京市接待外賓工作如果出現差錯或混亂，特別是惹得毛澤東不快的情況下，彭真事後必定追查涉及事故人員責任。

彭真在北京市成功接待外賓、讓人感到賓至如歸的例子甚多。1957年春，蘇聯最高蘇維埃主席團主席伏羅希洛夫（Kliment Yefremovich Voroshilov）訪問中國大陸，中共甚為重視，對之加以款待以博取好感。伏氏停留北京期間，彭真賣力張羅接待，配合中央外交部署。他在北京市組織群眾歡迎大會，場面浩大、熱絡，讓俄賓受寵若驚、大為感動；與會群眾充滿熱情但又表現得井然有序，也教他們吃驚、佩服。伏氏對毛澤東、彭真表示：「我太感謝你們了，

91　《彭真年譜》，第3卷，頁45-46、59。

92　北京市人民委員會外事辦公室，〈北京市歷年邀請日本代表團〉（1965年），北京市檔案館，檔號102-001-00406，頁1。

這個大會實在是出色的，太好了。」[93]彭真除了在北京市厚待伏羅希洛夫為國賓，伏氏後來轉赴華南、華中訪問，彭真又專程前去陪同，令之極其愉快和滿意。[94]赫魯雪夫1959年訪問中國大陸，沒有受到如此禮遇，冷暖自知，覺得中共厚此薄彼，牢騷不平。[95]

北京市具體籌辦中共每年重要節日的國家典禮活動。由於相關活動攸關黨國顏面，彭真親自掌握。彭真推行首都外交、邀請外賓來訪，有時也安排對方在北京共度節日，一同觀禮。彭真籌備國家重大慶典，不惜巨資和人力，因此場面盛大、流程順暢，常常讓與會外籍人士驚呼連連、叫好不已，進而心生中共治國有成、飽受民眾愛戴的印象。1955年日本6大城市訪問團參觀國慶閱兵和遊行後，就對中共統治效果和民心所向大為改觀，甚而表示：「蔣介石再想回到大陸來，那簡直是夢想！」[96]

為協助中央宣揚重要國策「大躍進」和人民公社，彭真就近安排外賓參訪北京市，配合政府宣傳。他有心地引導外賓如北越中央部長和地方首長，參觀北京市「十大建築」和新興工業，讓其眼見為實，承認、信服中共相關政策的英明和優越。[97]

中共1958年建立人民公社並高調聲稱此乃通往共產主義的橋梁，引起蘇聯疑慮，連帶地也造成其他社會主義國家或共黨對中共公社制度的觀望和狐疑。為增進社會主義陣營對人民公社制度「優越性」的認識，彭真在北京市郊區特地設置多個友好人民公社，要之與其他共黨國家使館一一建立聯繫，並以兩國之名加以命名。然而，北京市各友好人民公社成立不久，中國大陸即陷入嚴重的經濟困局和供給困難。即便如此，1960、1961年北京市仍堅持安排這些友好人民公社主動邀請對口連繫的外國使館人員到社歡度春節，並贈送蔬菜食品。

93　北京市檔案局館、莫斯科市檔案管理總局編，《北京與莫斯科的傳統友誼——檔案中的記憶》，頁15-16。
94　李越然，《中蘇外交親歷記》，頁143。
95　劉曉，《出使蘇聯八年》，頁48。
96　北京市接待日本六城市訪華團委員會辦公室編，〈接待日本六城市訪華團情況簡報（第十五號）〉（1955年10月1日），北京市檔案館，檔號002-007-00033，頁1-3。
97　越南政府代表團接待辦公室，〈越南政府代表團活動簡報〉（1963年3月18日），北京市檔案館，檔號102-001-00298，頁31-35。

其目的明言是：「通過這次活動，以公社具體事例，進一步說明我黨總路線、大躍進、人民公社三面紅旗的偉大勝利。」[98]饑饉籠罩下的北京市，仍積極扮起對外宣傳「三面紅旗」的窗口角色，不免讓人有「打腫臉充胖子」之感。

（三）主持對外表態的群眾集會

中共對外關係上，彭真在北京市還負有一項經常性工作，也就是配合中央對國際問題表態的需要，迅速組織大型群眾集會和示威遊行，展現中共對外立場具有強大民意基礎和強烈民氣支持。

彭真在代表中央對外宣示的首都群眾大會上，通常扮演主角，名列大會主席團第一名。會議主要流程是：宣布大會開始後，彭真代表中央講話；再由其他中共高官、各黨各派各界人士一一上台講話；接著大會通過決議；最後，全場齊呼口號，宣布大會結束。會後發布新聞、刊登照片（主要登載在中共中央、北京市委機關報），甚而在電視撥放或製成電影。

仔細觀察這種外交表態群眾大會的決策和籌辦過程，可注意其由中央策動、北京市具體承辦而成；彭真同時參與兩端運作並負責銜接兩者。針對1960年5月中旬美國間諜飛機闖入蘇聯領空、引發兩國外交緊張的事件，毛澤東認為此事正好突顯蘇聯嘗試與美國和緩的得不償失，中共立即表態支持蘇聯，可讓之辨別敵友，不再執迷不悟。5月19日下午，毛澤東指示全國各地舉行支持蘇聯的群眾集會，並指定首都隔日帶頭舉辦。彭真20日即在北京舉行一場百萬人出席的群眾大會，高聲表達擁護蘇聯、反對美國的立場。[99]四個月後彭真和鄧小平在莫斯科談判，還專門提到此一群眾集會，並不滿蘇方對之不予領情和態度冷淡。[100]

另一例可見1965年2月「首都各界支援越南人民反對美帝國主義武裝侵略大會」。針對美國介入越南戰事筆直升高的態勢，1965年2月8日，國務院外事辦公室建議10日在北京舉行群眾大會和遊行，由彭真和劉寧一在會上講話，表明中共支持北越、反對美國的態度。周恩來9日批示：「擬同意，即送主席、

98 北京市人民委員會外事辦公室，〈北京市各友好公社春節對外活動請示〉（1961年2月3日），中華人民共和國外交部，檔號117-01292-06，頁14-16。
99 楊尚昆，《楊尚昆日記》（北京：中央文獻出版社，2001），上冊，頁503-504。
100 閻明復，《閻明復回憶錄》，頁639。

劉（少奇）、鄧（小平）、彭（真）、陳（毅）核閱」。[101]彭真在當晚午夜12
點將講稿送給周恩來，「請總理核閱」。10日凌晨1點半，周恩來稍作修改後
批示同意。[102]周恩來在1點也將自己審改過的劉寧一講稿，送交毛澤東和彭真
核閱。[103]在北京市委緊鑼密鼓張羅下，大會在10日10點正式登場，彭真旋即上
台演講，嚴正表達中方立場。

　　為顯示中國民眾對美國干預越南問題的怒不可遏、難以坐視，彭真的北京
市委配合首都群眾大會舉行，從2月8日起一連三天組織民眾示威遊行，高效動
員134萬人次參加，製造援越反美的浩大聲勢。遊行隊伍刻意安排行經北越大
使館，在該館前搖旗吶喊一番，以表對南方「同志加兄弟」的聲援。

六、涉外表現的政治影響

（一）政治加分

　　彭真戮力貫徹中共中央對外方針和政策，引起國際各方和中國國內對之的
關注和重視。

　　一、彭真在中共對外關係重要而活躍的角色，海外頗為注意，視之為中共
要員。蘇聯駐中共大使契爾沃年科（Stepan V. Chervonenko），到職履新未滿
週年即注意到：毛澤東不太管黨國例行事務，而由劉少奇作主決定，周恩來在
決策上已被邊緣化；彭真、鄧小平站在劉少奇這一側（意指他倆支持並協助劉
氏主持工作）。契氏認為劉氏狡猾，對蘇聯不善；契氏與彭真頻仍交涉的過程
中，也見識到彭真發脾氣、歪曲事實和虛偽的行徑。[104]波蘭工人黨第一書記哥

101 北京市人民委員會外事辦公室，〈首都各界人民支援越南人民反對美帝國主義武裝侵略大會
　　計畫〉（1965年2月8-12日），北京市檔案館，檔號102-001-00398，頁23-26。

102 〈中共中央政治局委員、北京市市長彭真同志在首都各界人民支援越南人民反對美帝國主義
　　武裝侵略大會上的講話〉（1965年2月9-10日），中華人民共和國外交部檔案館，檔號117-
　　01785-01，頁1-3。

103 〈中共中央委員、中華全國總工會主席劉寧一同志在首都各界人民支援越南人民反對美帝國
　　主義武裝侵略大會上的講話（草稿）〉（1965年2月10日），中華人民共和國外交部檔案
　　館，檔號117-01785-01，頁4-9。

104 "Memorandum of Conversation between Albanian Ambassador to the PRC Mihal Prifti and Soviet

穆爾卡（Wladyslaw Gomulka）自認與彭真相識熟悉，表示每當一起開會就見彭真「唾沫四濺地申斥『修正主義』者」。[105]

　　如緒論所提，美國國務院情報單位和日本駐港單位關注、看重彭真的實權地位。中情局也以彭真頻仍接見外賓，作為研判他政治安全無虞的重要根據之一。[106]在台灣的國民政府外交部，也緊密掌握彭真的重要外交動態，包括：彭真在北京接見外賓、赴印尼訪問情形，以及最後沒成行的1964年訪問日本計畫。[107]國民黨的「匪情研究」，亦詳載彭真對外出訪或談判的活動紀錄。[108]

　　二、增加彭真在國內輿情的政治聲望。彭真「文革」前代表中共進行各項對外活動，經過內部傳達和公開報導，讓人印象深刻。彭真參加1960年布加勒斯特會議經歷，就成為普遍為人所知的重要事蹟。彭真在「文革」初突然倒台，北京市幹部多表不解，認為彭真向來忠於革命，具體例證即是「彭真在布加勒斯特表現很好」。北京市共青團在「文革」中也被揭發過去對彭真「大肆吹捧」，稱之為國際「反修的堅強戰士」。

　　中共官方媒體針對彭真接見外賓、率眾對外宣示和表態，以及代表黨國出訪，報導連篇累牘，大大增加其見報率和曝光度。「文革」前一、兩年，彭真因外事活動見諸中共重要報刊的次數和頻率，與其他中共「一線」領導人不分軒輊。1965年彭真訪問印尼期間的演講，在他訪問結束之前，即由人民出版社出版、新華書局發行，1965年6月4日的《人民日報》還予報導。這種少有前例的做法也引人政治聯想和側目。

　　值得一提的是，彭真對於自身對外工作表現引以自豪，經常向身邊工作人

　　　Ambassador to the PRC Stepan V. Chervonenko (June 27, 1960）," Woodrow Wilson Center: http://digitalarchive.wilsoncenter.org/document/112863（2016年3月5日登入）。

105 "The Polish-Soviet Talks in Moscow (October 10-15, 1966），" Woodrow Wilson Center: http://digitalarchive.wilsoncenter.org/document/113556（2016年3月5日登入）。

106 沈志華、楊奎松主編，《美國對華情報解密檔案（1948-1976）》（上海：東方出版中心，2009），第貳卷，頁102。

107〈最近日匪關係動態報告〉（1964年11月16日），中華民國外交部檔案，檔號005.21/0014。〈日本對中國代表權之態度〉（1964年12月11日），中華民國外交部檔案，檔號014.28/0003。〈印尼政情月報（報告）〉（1965年9月15日），中華民國外交部檔案，檔號001.2/0006。

108 中國國民黨中央委員會第六組編，《彭真反毛集團》（台北，1968），頁22-26。

員提起他與蘇共領導人正面衝撞的細節，言談中對自己堅不退縮、對方無可奈何頗為得意。[109]根據「文革」揭發資料，彭真也曾跟護理人員透露他參與制定中共對蘇鬥爭的重要文件。[110]

彭真對於自身重要對外活動，希望不要「船過水無痕」，注意相關官方宣傳。他對《人民日報》、新華社如何報導自身涉外活動，甚為關注；如有不滿意之處，就會囑咐秘書向對方反映意見。

彭真為加強全國人大常委會的國際宣傳，實質上強化宣傳其主持的議會外交，特地安排原在中央宣傳部負責國際宣傳工作的姚溱，在1964年底第三屆全國人民代表大會出任常委會秘書長，主管相關工作。彭真「點將」姚溱，其來有自：1962年彭真率「人大」代表團訪問北韓和北越時，姚溱都以秘書長身分隨行。在姚氏張羅下，彭真1962年「人大」外交出訪，中共官媒皆大幅報導，成功為之起到造勢作用。《人民日報》成天密集報導彭真1965年印尼行，讓其大出鋒頭，也應與姚溱努力有關。

三、彭真的對外活動對其自身最重要的政治影響，是使之獲得其他中共高層菁英的好評和信任。毛澤東曾在來自共產國家陣營的外賓面前，當面稱許鄧小平和彭真：「你們兩個是一小一大。」[111]毛澤東此言一方面針對鄧小平、彭真各自矮高身材開玩笑；另一方面，也是意指鄧小平、彭真兩人搭擋，對內、對外工作皆配合得宜。彭真和鄧小平在國際共產主義運動、特別是中蘇關係上，經常一同出訪，聯手出擊。毛澤東就數次表揚鄧小平、彭真率領訪蘇代表團的堅定立場和工作表現。[112]鄧小平也給予彭真好評：「在布加勒斯特，彭真同志很不錯，經受住了。他有八十多公斤，我只有五十多公斤，而且腿不好。如果是我的話就要被打倒了！」[113]1960年代中期，鄧小平政治上顯露疲態，中央書記處工作，包含管理黨的外事工作和監管政府外交，他更多地交給彭真應對。

---

109 李海文、王燕玲，〈秘書張道一談彭真與毛澤東1963年後的關係〉。

110 鶴桂林，〈我要說！我要講！我要揭露〉，鬥爭彭羅陸楊反革命修正主義集團籌備處主辦，《戰報》，第4期，1967年1月30日，版3。

111 李向前、王桂華，〈電視文獻片：彭真〉，《百年潮》，2002年第11期，頁79。

112 吳冷西，《十年論戰》，頁364-365、623-624。

113 閻明復，《閻明復回憶錄》，頁633。

　　中共高層對彭真對外表現的正面觀感和評價，讓其在對外事務地位進一地上揚和增強。主管政府外交工作的周恩來，就表露出對彭真在相關領域扮演更大角色的支持。1966年初外交部召開第四次駐外使節會議，1月14日，彭真到會講話。他雖然主要代表中央介紹國內情勢和重大政策，針對外交工作也提出「要樹立一個新的外交風格」。周恩來沒有抗拒彭真對外交工作指手劃腳，而是充分肯定。3月12日，即將赴河北調查的周恩來致信中央，提出在劉少奇、陳毅出訪期間，中央掌管的外交、國防工作交由彭真負責。這反映周恩來在外交工作上對彭真的信任和放手。24日，周恩來和彭真一起與北越領導人會談，周恩來還對外賓表示自己與彭真工作配合、彼此照應。[114]

　　周恩來麾下的國務院外交系統高幹，眼見或親身感受彭真對政府外交實質介入的增長態勢，對之益表尊重、甚至靠攏。國務院外事辦公室副主任張彥在「文革」初被揭發曾偕妻登門向彭真拜年。陳毅官拜國務院副總理兼外交部長，與彭真一樣位居政治局委員，或正基於自己的外交部業務有時受到彭真督導，也不得不承認「我這個官比彭真小一點」。[115]

（二）蘇共「二十三大」問題表現特異

　　彭真在「文革」前夕中共對外事務上具有一定程度的自信和自主，表現在1966年初春中共中央討論是否要派團出席蘇共第二十三次代表大會時，他的力排眾議、直陳己見。

　　1966年3月5日，劉少奇奉毛澤東之命，召集周恩來、鄧小平、彭真和外交部、中聯部高幹，討論中共應否參加蘇共「二十三大」問題。鑑於1961年蘇共「二十二大」負面經驗：其利用主場優勢藉機批判阿爾巴尼亞，讓中共代表團頗為被動、尷尬，團長周恩來先行返國以示不滿，改由彭真代理團長接續未完的會議。此次討論一致的意見是不去為好，其書面結果經由彭真、劉少奇審閱後，發送給在武昌的毛澤東參考，讓之做最後決定。

　　數日過後，眼見毛澤東仍沒有回覆，彭真提請劉少奇重新開會研議。3月

---

114 中共中央文獻研究室編，《周恩來傳》（北京：中央文獻出版社，1998），下冊，頁1835。

115〈陳毅在鬥爭張彥的大會上的講話〉（1966年8月20日），宋永毅等編，《中國文化大革命文庫》。

10日，彭真在會上表示：「毛主席對重大問題決策時經常反覆考慮。上次請示已經四天，主席還沒有覆電。可以考慮從另一角度再提出一個方案，供主席參考。」彭真進而一改上次會議的態度，申明中共宜參加蘇共「二十三大」的各種理由。與會的多數人士並不認同彭真主張，仍傾向維持原有不與會的意見。劉少奇對彭真的突然之舉也有所保留，表示上次開會已有定論並呈報毛澤東，雖可「反向思考」一番，但因周恩來、鄧小平有事未出席，彭真力推的新主張不能作為常委會、政治局的集體意見。彭真雖碰軟釘子，但鍥而不捨，會後再找劉少奇商談，也不顧中央「秀才」反對意見，逕自起草文字，傳送給毛澤東。[116]

此事鮮明地反映：中央「一線」領導人討論重大對外問題，彭真並非只是一個次要跟隨者。因為彭真竟想單方面地提出一個不同於「一線」集體商議後形成的共識方案，供毛澤東參考、定奪。只不過彭真這次「另類思考」並沒有得到毛澤東青睞。毛澤東先後藉著寫信和開會討論，清楚表露反對中共派員出席蘇共「二十三大」的態度。[117]彭真頗為尷尬，急忙解釋自身本意只是欲讓毛澤東參考另一種外交設想。[118]

無論彭真出於耿耿忠心欲讓層峰思考更為全面，或是心想標新立異甚至意圖政治窺測和投機，其後果恐是適得其反。毛澤東對彭真的不滿約在此時逐漸形成、加劇，彭真此舉或讓毛澤東對之的不悅又另添一筆。[119]

小結

彭真在「文革」前中共對外關係和工作中甚為活躍，從黨到政的對外交往、從中央到地方的涉外活動，都可見其繁忙蹤影。彭真因受到層峰格外器

---

116 吳冷西，《十年論戰》，頁935-937。

117 中共中央文獻研究室編，《毛澤東年譜（1949-1976）》（北京：中央文獻出版社，2013），第5卷，頁565-567。

118 吳冷西，《十年論戰》，頁938-939。

119 Roderick MacFarquhar and Michael Schoenhals, *Mao's Last Revolution*（Cambridge: The Belknap Press of Harvard University Press, 2006），p.491.

重，以及中央書記處第二號書記的職位，既與聞最高外交決策形成，也參與管理中央黨政對外部門工作。他同時身兼全國人大副委員長和首都負責人，讓之在中共議會外交和城市外交也有長袖善舞的機會和舞台。

冷戰時期中共對外的核心議題──中蘇兩黨、兩國關係，彭真親歷雙方從交好到交惡的全部歷程。他在雙邊高層會晤和國際共黨會議經常擔負「出面和蘇方對罵」（毛澤東語）的角色。赫魯雪夫晚年回憶也未忘懷曾與自己多次交手、力爭的彭真，並且不吝稱讚其聰穎。赫氏寫回憶錄時，彭真已在「文革」倒台，或因同遭罷黜、同病相憐，赫氏宣稱即便彭真站在毛澤東的立場，但他仍喜歡之。[120]

彭真精力過人，「文革」前頻仍出面接見外國賓客和使節。彭真因參與中央機要、熟悉政策，再加上辯才無礙，他在會客時努力為中共施政作為辯誣和美化，也道盡蘇聯內政外交的弊病、陳疾，以彰顯中共與之「道不同，不相為謀」的正當性。彭真也多次率團出國訪問，足跡遍及社會主義多國，包括：蘇聯、北韓、北越、羅馬尼亞、南斯拉夫、捷克、匈牙利等；也曾代表國家對一度與中共關係良好的印尼進行正式國事訪問。彭真在風塵僕僕中除了充當友好信使，更負責傳遞中共政治主張、爭取海外認同，進而促成國際統一戰線的合作關係。此外，彭真還肩挑首都外交工作，輔助官方正式外交，或彌補其之不足或不便；彭真也致力將首都作為宣傳「紅色中國」成就的對外櫥窗和樣板，並配合中央經常舉行群眾大會和遊行，向國際發聲和宣示。

影響彭真在中共對外關係上積極奮進的原因為何？首先是對毛澤東的崇拜和敬畏，以及對其國際戰略和外交方針政策的信服。這在中共第一代領導人是尋常易見的政治傾向。彭真和其他要人咸感毛澤東對內對外都高瞻遠矚、洞燭機先。彭真經常受到毛澤東召喚，與之一同商議對外問題和政策，感到與有榮焉；彭真為了能言之有物、發言有據，以讓毛澤東留有好感，重視取得和掌握國際資訊。俟中央對外方針和政策決定以後，彭真在其崗位上堅決執行，有過之而無不及。

彭真在對外關係上表現得與毛澤東亦步亦趨、深有同感，除了出於對之跟

---

120 Nikita Khrushchev, *Memoirs of Nikita Khrushchev: Volume 3: Statesman, 1953-1964*（Pennsylvania: The Pennsylvania State University Press, 2007）, pp.488-489.

從、迎合或感激，意識形態的一致性應也是一個重要因素。彭真對「帝國主義者」亡華之心不死、「修正主義者」背棄先祖遺訓置信不疑，也堅信反對殖民主義、奧援世界革命乃天經地義，使得他推行對外政策不但未有遲疑，更樂此不疲、加乘加碼。

　　彭真對外思想立場的堅定不移，有時反過來限縮他在國內政策的彈性，甚而加固其對特定問題立場。「大躍進」期間彭真對人民公社本是興趣盎然、篤信不已；針對蘇聯對之的非議，1961年彭真憤而主張：「無論如何要把人民公社的旗子樹起來。越是在困難的時候，越要這樣，我們一定要考慮這個影響。」[121]1962年中共「一線」領導人多考慮包產到戶是紓解農村困難的應急策略，彭真仍堅定高擎公社旗幟，不願在「蘇修」面前跌股，或是其一考量。

　　「文革」前彭真在中共對外關係多方面的汲汲經營和不倦投入，強力推動中共在國際共產主義運動和「第三世界」的政治理念和外交構想，並且在拓展中共的國際空間、塑造國家對外的整體形象、分擔大量外交事務性工作上有所貢獻。然而，彭真對毛澤東激進外交思想主張的信從力行、不遺餘力，促使中共不顧國力地對外走向偏鋒、極端，造成社會主義陣營的分崩離析、國際社會的不甚安寧，也陷中共自身於孤立、邊緣。

　　時近1960年代中期，彭真的對外「反修」征戰和涉外經營功勞，令之聲聞遐邇、遠近馳名的同時，彭真經年累月緊跟毛澤東，為之立功無數，也獲得碩大的政治回報：既風風光光地在《人民日報》上與劉少奇、周恩來、鄧小平並列為毛澤東「最親密的戰友」，更八面威風地享有重權，號令四方。但彭真又何以在短時之內盛極而衰、跌落雲端？這將是下一章討論的內容。

---

121 張素華，《變局—七千人大會始末》（北京：中國青年出版社，2006），頁295。

第十五章

從毛澤東的「親密戰友」到「大黨閥」
（1964-1966）

　　綜合前面各章所述，可以清楚看到：從1940年代中期至1960年代中期，彭真皆是毛澤東為首的中共「領導集體」要員。彭真因有早年「白區」、戰時根據地的搶眼成績，以及在延安整風、審幹運動中立下推進「黨的建設」、確立毛氏最高領導地位的重大功績，使之在1945年中共「七大」獲選中央委員、七屆一中全會進入最高決策機構中央政治局（林彪與鄧小平要到10年之後的七屆五中全會才成為政治局委員），不久他與陳雲被毛氏推薦為中央書記處候補書記，地位僅在「五大書記」之後，還進而獲命主持黨在東北的全局工作。

　　彭真熬過戰後「關外」失利的挫折（主要是其領導不力，也有部分代毛氏受過），終而在其黨內宿敵高崗垮台身亡後，逐步重權在握，政治益加得勢。1956年中共「八大」，陳雲和鄧小平被選入中央政治局常務委員會，彭真雖然失之交臂，但他都能固定出席、共商黨國大計，並在新設的中央書記處內，擔任鄧小平副手，負責執行中央決策並處理其日常工作。隨著中央書記處在「大躍進」擴權，彭真也可具體參預政府和經濟事務，分攤、分蝕周恩來的國務院總理之權，向來操持經濟的陳雲則被冷落一邊。

　　彭真在中央也負責分管政法（含法制建設）和統戰工作，中央統戰部、全國人大、政協「兩會」和公安、檢察、法院等「刀把子」政法機關，都在其管轄範圍之內。中共的外事工作和政府外交，彭真也極為活躍。他還長時擔任「京兆尹」職位，負責領導首都北京市，使之在中央和地方關係上，享有特殊地位和影響。

　　從延安「七大」後長達20年的時間，特別是中共「坐江山」以後，彭真的政治立場和政策主張，經常與毛澤東貼近、契合而深得後者的信任、欣賞和重用。這具體表現在：兩人對建政初年的「鎮反」、法制初創和搖擺（中插「肅反」）毫無二致；共促整風、「反右派」運動肆行，以及政法系統思想批判（不言明地以董必武為靶）和人事整肅（整治各界倡議法制的人士），並任此中斷國家法制發展，讓位予群眾運動治理；齊教「大躍進」和「反右傾」接踵橫流、壓倒一切；大饑荒下的經濟調整及政策爭論（反「三風」），立場又最為近同；針對統戰政策趨緊、緊攻李維漢不休，對外關係變激、對蘇戀戰不竭，彼此都認識、行動無間；首都政經管理上，也齊心將之從消費城市轉變為生產城市，並重手改造京畿所在的教育和教會。

　　彭真前述多年的努力和表現，在1964年獲得中共中央一次重要的政治認證，即其機關報《人民日報》將彭真公開納入「毛主席的親密戰友」之列，此乃名副其實，絕非枉稱。在同一報導中，中央常委劉少奇、周恩來、鄧小平位在其前；至於朱德、陳雲此時基本皆已政治賦閒，而林彪獲此政治榮稱，還要待至兩年後「文革」爆發。

　　本章關注「文革」將臨以前的政策焦點和人事互動，欲處理的問題有：中共步入1960年代中期的政策探索過程，長期身為毛澤東政治親信的彭真何以從政治行情大好（對比於劉少奇、鄧小平的挨批），短時之內又深陷政治漩渦以至沒頂？其間有哪些是操之於其自身作為和行徑的結果，又有多少是受到毛澤東和其他人士操控甚至操弄所致？

　　本章的主要論點為：毛澤東之所以決定對彭真削職問罪，並非彭真對之不願再跟，而是跟之不上。1960年代中期，當毛澤東的政治意圖已暗中有變，欲別闢蹊徑以聲討他想定的黨內上層「變修」、「變質」人物，以及其所掌控並附著的現行體制，彭真仍援例因應與辦事（集中表現在對文化革命的領導上）；再加上，彭真自恃正確、獲享榮寵，在這一階段的使用權力和對人理事上，皆有失謹慎與策略。因而反被毛澤東視做壓制變革的「大學閥」、「大黨閥」，既「坐實」他擔憂出現「黨內走資本主義道路的當權派」預言，更成為促其一舉發動「文化大革命」的重要事由和口實。

　　本章的章節安排，除此前言外，有十個部分：首先介紹《人民日報》將彭真列入「毛主席的親密戰友」的具體報導情形，以及他初期領導文化革命、處

理吳晗問題的情況；接下來探討劉少奇、鄧小平被毛澤東批評後，彭真如何政治因應和其相對前程看漲；再來是他如何應對批判吳晗議程再提、姚文元對之發文突襲，以及羅瑞卿突然遭批和林彪崛起之勢；緊接著論析彭真被最高領袖革職的原由和過程、黨內同僚的反應和反撲，以及他在「文革」中的不幸境遇和尚存一息。

一、《人民日報》新增的「毛主席的親密戰友」

關於中共黨內誰曾享有毛澤東「親密戰友」的政治榮冠，較為人知的是1969年「九大」黨章明載：「林彪同志是毛澤東同志的親密戰友和接班人」。事實上，從中共建政到「文革」爆發以前，《人民日報》曾多次使用毛澤東的「親密戰友」一詞，形容若干高級領導人，以表述他們與毛澤東之間政治關係緊密。

首先在《人民日報》獲得毛澤東「親密戰友」的殊榮者，是「七大」「五大書記」末座、於1950年去世後的任弼時。同樣在「見馬克思」後才在報上獲享毛澤東「親密戰友」之稱者，還有耆老林伯渠、元帥羅榮桓，以及被毛澤東暱稱為「柯老」的柯慶施。

活著的毛澤東「親密戰友」，也就是人尚健在即在報上榮獲此一名號者，有「七大」「五大書記」中的朱德、劉少奇和周恩來（1951年起），後來增加陳雲（1954年開始），再來是鄧小平（1958年首次見諸報端）。林彪1958年被補選為中共中央副主席和中央常委，在「文革」前卻一直沒有受此政治「厚待」。下一個見報的毛澤東「親密戰友」，反倒是在中央常委會沒有席位的彭真。

1964年9月13日，《人民日報》頭版新聞〈毛澤東劉少奇周恩來鄧小平彭真同志當選為第三屆全國人民代表大會代表 北京市五屆人代會首次會議選出全國人大代表一百零一人〉，彭真列在劉少奇、周恩來、鄧小平之後，同樣被標明是毛澤東「最親密的戰友」、「毛主席的親密戰友」：

　　我國各族人民偉大的領袖毛澤東主席和他最親密的戰友劉少奇、周恩

來、鄧小平、彭真等同志，今天由北京市第五屆人民代表大會第一次會議選舉為第三屆全國人民代表大會代表……。

　　代表們在討論時一致認為，選舉自己最敬愛的偉大領袖毛主席和他最親密的戰友劉主席、周總理、鄧小平、彭真等同志當全國人民代表大會代表，是北京市和全國人民的光榮和幸福……。

　　下午五時四十五分，宣布選舉結果，毛澤東主席以百分之百的選票當選為第三屆全國人民代表大會代表。毛主席的親密戰友劉少奇、周恩來、鄧小平、彭真，同樣以百分之百的選票當選為全國人民代表大會代表。這時，全場立刻爆發了經久不息的熱烈掌聲。

　　次版的〈選咱們最好的引路人〉亦兩次提到彭真和劉少奇、周恩來、鄧小平同是毛澤東的「最親密的戰友」和「親密戰友」。

　　如前文各章所揭示：彭真從延安整風運動以來到中共建政將屆15年之際，乃名實相符地勝任這一稱號。彭真參與領導整風運動，戮力對毛澤東造神；依毛氏之意擇選治國路徑，整風整得群眾運動全面勝出、法制無路；強力推行毛氏發起的群眾運動和內外政策，中央「一線」內與之最為合拍。

圖15-1：1964年3月彭真（左5）與劉少奇（左3）、周恩來（左4）、鄧小平（左1）、楊尚昆會見日本共產黨代表團。半年後的9月13日，彭真陪同日共中央總書記宮本顯治到杭州與毛澤東會面。當天《人民日報》的報導中將彭真與劉少奇、周恩來、鄧小平同列為毛澤東「最親密的戰友」。資料來源：Wikimedia Commons。

　　1964年9月中旬，彭真在《人民日報》榮獲「毛主席的親密戰友」之稱的同時，中共政治正步入多事之秋，數項重大政策摸索齊頭並進。毛澤東愈加表露對文藝現狀的不滿、關心文化革命的推動，並將此項工作交由彭真負責（同月的《人民畫報》正好刊出一幀照片，即7月17日，彭真與周恩來分坐毛澤東兩側，陪同接見參加京劇現代戲觀摩演出大會的相關人員等）。[1]毛澤東倡議推行並思考探索的社會主義教育運動（簡稱社教運動，後來改稱「四清」），在劉少奇受命主持後猛然鋪開，強力動員全黨幹部下去基層蹲點，遍及城鄉；毛澤東自感戰雲蔽日，提出備戰要求和建設「三線」，鄧小平領導主管國家計委的李富春書記，負責將此一戰略構想納入國家經濟發展計畫並擬定具體安排。

　　然而，不消幾個月的時間，毛澤東就發怒批評劉少奇在社教運動有錯、鄧小平對「三線」建設不振。針對彭真具體領導的文化革命，毛澤東的相關認識與做法也在氣惱、責問劉少奇的背景下，出現一個前後有別的質的變化。

二、領導文化革命和吳晗問題提出（1964年）

　　1963年起，毛澤東對中國大陸的文化界走向、文藝產出內容，以及中共黨國的文化管理部門及工作傾向，屢予批評，愈加嚴厲。經毛澤東提議，1964年7月，中央書記處決定設立中央文化革命五人小組，由彭真、陸定一、康生、周揚、吳冷西組成。毛澤東原本想要陸定一牽頭，陸氏以「見事遲」為由婉拒，並建議由彭真擔任；彭真雖已身兼多職，但沒有推託。從毛澤東對文藝問題的相關批示可以看出：他認為彭真領導的北京市在文藝工作上，尚不如柯慶施領導的上海市。彭真或想藉由出面領導文化革命的機會，熟悉並抓起相關工作，補足自己的政治「短板」和弱項，並讓麾下的北京市重振旗鼓、後來居上，不再為此灰頭土臉。

　　1964年夏秋之交，毛澤東曾與彭真等人討論文藝批判和文化革命事宜，而且批判吳晗問題一度被納入考慮。

1　呂厚民攝影，〈毛主席接見京劇現代戲演出觀摩人員〉，《人民畫報》編輯部編，《人民畫報》，1964年第9期（總第195期），頁12。

　　吳晗是歷史學家，在中共治下頗受重用，身兼多職：全國人大代表、北京市副市長、北京市政協副主席。吳晗身任中國民主同盟的中央副主席兼北京市委員會主任委員，他雖以黨外面貌示人和參政，但其實是一名中共秘密黨員，北京市委書記處以上的官員才知曉。更重要的是，吳晗申請入黨的過程，彭真、劉仁都知道、與聞，而且乃經毛澤東首肯方事成。吳晗心向中共，也成功受到毛澤東關注並有一定私人往來，可說是羨煞多少欲攀龍附鳳而不得者。

　　然而，這對吳晗個人是一種福氣，恐怕更是一個禍根。吳晗可能自認三生有幸地進入毛澤東眼簾，卻可能因為過於正經、較真地指正江青的歷史見解，而將之招惹。

　　1959年毛澤東號召黨員向明代官員海瑞學習，本身是明史專家的吳晗在胡喬木建議下，也研究、書寫起海瑞，實是「奉命文學」。吳晗之後從歷史跨行戲劇創作《海瑞罷官》，頗受好評、挺為叫座，名聲更是大噪。吳晗開始享受其新編歷史劇《海瑞罷官》帶來的名利不久，即被江青盯上。

　　1962年江青認為吳晗此一劇作具有政治問題，向中央宣傳部官員反映，卻未獲迴響。周恩來可能耳聞相關情事，便向吳晗提醒有人懷疑其作有政治影射問題，要之撰寫說明資料澄清。[2]毛澤東此時沒有接受江青對吳晗劇作的批判意見，但恐對之留下印象。

　　1964年夏，稟承毛澤東的旨意，中共中央啟動文化革命，吳晗的《海瑞罷官》被列入需要批判的作品名單之內。北京市委聞風而動（勢必彭真知情，甚至由其指示），已經找人撰文，旨在批判吳晗的「道德繼承論」。北京市委批判吳晗的「檄文」已經備妥，署名「金世偉」，即取自北京市委的諧音，卻又臨時接獲彭真指示而按住不發。

　　這種批判吳晗的醞釀準備和轉折煞車，取決於毛澤東心意。毛澤東覺得吳晗應予批判，彭真絕無怠慢，只待一聲令下。惟時至9月，毛澤東尚未將問題看得過於嚴重，故當面向彭真裁示：學術批判須設界限，並將吳晗、翦伯贊、郭沫若等劃入界內，使之免受點名批判處理。此即北京市委批判吳晗計畫突然

2　蘇雙碧、王宏志，《文革第一冤案——「三家村」文字獄始末》（香港：天地圖書有限公司，2000），頁112。

收手的關鍵原因。[3]另外，毛澤東也向彭真表示：在傳統戲和「鬼劇」問題，江青是「有點『左』」。[4]

1964年康生也曾向毛澤東提出：吳晗的《海瑞罷官》乃與1959年廬山會議、彭德懷有關，甚至直指其影射彭德懷的「罷官」問題。但未獲毛澤東認同。[5]由上可見，毛澤東到1964年中，確實對文化文藝、意識形態的現狀和問題，嘖有怨言、大有不滿，但是未及要將之徹底打翻、連根拔除的地步，對於特定學界名人如吳晗，也仍持以批而不倒、打而不死的方針，即施以學術批判而未達政治討伐。直到後來政治情勢變化與毛氏政治認知激化，他才改而念及並接受江青、康生對文藝問題、吳晗劇作更加負面的政治論斷。

彭真自1964年夏負責領導文化革命以來，不能說不緊跟、不認真，他悉心同意毛澤東對文藝工作、意識形態的批評和指正，就像在其他工作和領域上一樣，並也自命「革命的促進派」而用心努力和自我要求。

彭真同意並主持對中央高級黨校楊獻珍的思想批判，以及針對文化部工作疏失進行批判和究責，並經手改組領導人事。可以注意的是，彭真主持文化革命、文藝批判，基本沿用中共向來的整風思維和方式——在黨的領導和部署下，鎖定標靶、豎立標兵，在指定範圍內發動群眾參與批判、自我批評，懲治少數的同時，讓多數受教，明辨黨以為的誰是誰非。另外，彭真也可能自認位屬冷靜、實事求是、奮發有為的正宗「左派」，而不同於脫序、激進、冒失的特「左」如江青、康生。

毛澤東對1964年後半年劉少奇領導的社教運動大表不滿，進而心生追查、討伐「黨內走資本主義道路的當權派」的認知，彭真繼續對文化革命持以進展有度的穩健領導，由毛澤東看來，就相對顯得不知進取、保守滯後，以至礙手礙腳。

3　卜偉華，《「砸爛舊世界」——文化大革命的動亂與浩劫（1966-1968）》（以下簡稱《「砸爛舊世界」》）（香港：香港中文大學出版社，2009），頁11。

4　王力，《王力反思錄》（香港：北星出版社，2001），下冊，頁598-599。

5　鄭謙，〈從〈評新編歷史劇《海瑞罷官》〉到〈二月提綱〉〉，李海文主編，《彭真市長》（太原：山西人民出版社，2003），頁135。

三、劉少奇遭批後的政治因應（1964、65年之交）

毛澤東主動提出辭去國家主席一事，醞釀時間頗長，彭真在內的中央領導人最後都表示支持毛氏的決定。彭真在1957年中央開會時就此表示：他主要考慮之處是「主席的精力用在什麼地方」，並舉其橫跨1956、1957年的蘇聯、東歐行的見聞為例，他「感覺到兄弟黨的理論水平不高」，毛氏主導而成的兩篇論無產階級專政歷史經驗的文章「影響很大」，所提出的要正確處理人民內部矛盾，也「有重大意義」。故其認為：「理論的工作非常重要。主席的精力要集中力量花在這些大的問題上」。[6]

1958年底劉少奇開始主持中央政治局會議，1959年也接替毛澤東出任國家主席。彭真和其中央書記處同僚在《人民日報》安排「兩位主席」照片並置（1959年中共「十一」國慶）。1961年毛澤東會見英國陸軍元帥蒙哥馬利（Bernard Law Montgomery），公開宣稱劉氏為其接班人。1962年劉氏主持恢復國民經濟工作，頗有成效；毛澤東對劉氏在「黑暗風」、「單幹風」問題有些不滿意，但畢竟沒有在黨內公開。1964年炎夏毛澤東推舉劉氏領導社教、號令全黨，並要鄧小平、彭真協助之。[7]彭真對前述情況都甚為清楚，也因而視劉氏為毛澤東的政治繼承人。

1964年7月25日，彭真在北京市委工作會議表示：「接班人問題」「是一個具有偉大歷史意義的問題，是百年大計的問題」；列寧、史達林對此都沒有解決。「毛主席在延安時，他不在就指定少奇代理。蒙哥馬利問他，誰是他的代理人，他說，少奇同志。這次主席提出，從中央到支部，到車間工段，到連隊，都要解決繼承人問題」。[8]

此前不久的6月18日，彭真對劉瀾濤、安子文論及劉少奇在1937年蘇區黨代表會議期間，因為堅持「白區」「正確路線」而遭到高文華「宗派活動」反

6　吳冷西，《新的探索和整風反右：吳冷西回憶錄之一》（北京：中央文獻出版社，2016），頁98。

7　叢進，《曲折發展的歲月》（北京：人民出版社，2009），頁402。

8　彭真，〈在市委工作會議上的講話〉，北京市檔案館、中共北京市委黨史研究室編，《北京市重要文獻選編（1964年）》（北京：中國檔案出版社，2006），頁690。

對。劉瀾濤聞後有感「增加了新的黨史知識」。[9]這起歷史事件中，彭真是少數表態支持劉少奇的人（縱有部分不同意見）。彭真此時憶往是否傳遞一個政治訊息——劉少奇當年作為「正確路線」代表遭到孤立和圍攻時，是他與之並肩作戰，現在回想起來感到與有榮焉？然而，彭真對劉少奇的尊崇態度，隨後者領導社教的地位、威勢起伏，而出現微妙變化。

劉少奇在1964年夏「掛帥」主持社教運動，一反其自我要求、自謙避嫌態度，大力推銷妻子王光美的「桃園經驗」。劉少奇的社教指導方針和「桃園經驗」對農村基層情勢的基本設想和具體做法，多是批評和改正彭真有所參與的「前十條」、「後十條」。彭真無論內心有何感想，按照組織原則也公開附和劉氏的運動新主張，並表示王氏的「桃園經驗」得來不易，乃是她「從頭蹲到尾」而來的。[10]

由王光美總結、劉少奇認證的「桃園經驗」（毛澤東也一度表示認可），對基層幹部普遍抱持狐疑態度，對之開展批鬥、加以撤職的做法，經大力推廣後，使得彭真轄下北京市郊的基層幹部陷入四面烽火處境。但是要直到毛澤東明確表達不滿劉少奇以後，彭真才開始表露對劉氏社教政策、乃至其政治言行有所看法。

自毛澤東看來，劉少奇在1964年後半年大張旗鼓推行「桃園經驗」，有將社教引入歧途、讓農村基層幹部大遭打擊之虞；毛澤東在乎、憂慮黨內上層出現修正主義，而運動整治重點應是緊追「黨內走資本主義道路的當權派」。劉少奇指揮社教時的強烈自信和強勢領導，更教毛澤東感到不是滋味和心生威脅。

1964年底、1965年初，毛澤東在黨內高層開會討論社教時，眾目睽睽之下嚴厲斥責劉少奇，彭真親歷整個過程。1964年12月20日，毛澤東、劉少奇對運動主要打擊對象和主要矛盾性質問題，出現看法不一的尷尬情況：劉少奇認為矛盾交織複雜，主在鎖定「四不清」幹部，毛澤東則認為就是社資之間的矛盾，應「擒賊先擒王」，主抓「當權派」。彭真見況曾發言試圖圓場、綜合兩人看法，但未能對愈加激烈的討論煞車，更止不住毛澤東愈益升高的怒氣。

9　思濤，《劉瀾濤生平紀事》（北京：中國文史出版社，2010），頁178-179。

10　劉少奇，〈關於社會主義教育問題和兩種勞動制度、兩種教育制度問題的報告〉（1964年8月1日），人民出版社資料室編，《批判資料：中國赫魯曉夫劉少奇反革命修正主義言論集》（北京，1967），頁442。

[11]28日，毛澤東認為劉少奇不讓他講話、鄧小平有意不讓之出席開會，特地攜帶黨章、憲法到會，當眾唸讀相關條文，憤怒表達其享有言論、集會等自由。在座的彭真恐怕也沒想到毛澤東竟會在這種情況之下提出遵守而不違犯法規的問題，因為彭真在1962年春聽聞毛澤東表示「刑法需要制定，民法也需要制定，沒有法律不行，現在是無法無天」，便催促趕工擬出刑法草案，並於1963年4月提請黨中央審閱，但毛澤東對法制建設卻又已興致索然、不再提起。

圖15-2：1964、1965年之交的第三屆全國人大第一次會議。主席台上為彭真（左起）、周恩來、宋慶齡、毛澤東、劉少奇（站立者）、朱德和鄧小平。約此之時，毛澤東在黨內高層嚴厲批評劉少奇、鄧小平，對彭真仍信任有加，甚至曾考慮在中央書記處之外成立一個小書記處，並由彭真負責。周恩來也提議讓彭真接任其政協主席職務。
資料來源：Wikimedia Commons。

　　眼見毛澤東對劉少奇怒氣沖天，中共高幹圈大為震動、憂心不已。前去規勸劉少奇顧全大局、言行謹慎、要尊重毛澤東的高級領導人，除了周恩來、朱德、賀龍等人，[12]彭真也在其列。

　　根據陳伯達、王力回憶：陳、王兩人討論後，認為毛澤東對劉少奇大發雷霆、甚有意見之時，仍然信任彭真和陶鑄；最後便由陳伯達出面約找彭真、陶鑄一道與劉氏相談，請之向毛澤東檢討以緩和兩人關係。[13]彭真在「文革」後

11　毛澤東，〈在中央工作會議小型座談會上的講話〉，宋永毅等編，《中國文化大革命文庫》（香港：香港中文大學中國研究服務中心，2002）。

12　中共中央文獻研究室編，《劉少奇傳》（北京：中央文獻出版社，1998），下冊，頁973。

13　陳曉農編纂，《陳伯達最後口述回憶》（香港：陽光環球出版香港有限公司，2005），頁253。王力，《王力反思錄》，下冊，頁574-575。

曾向下屬回憶：其找劉氏表達「你和毛主席常常意見不一致，我們下面難以辦事」之意。[14]

在彭真等黨國要人勸說之下，1965年1月13日下午，劉少奇在住處召開政治局常委會生活會，其進行自我批評的同時，也接受他人批評。劉本人以外，有包括彭真的16人與會。彭真在此一生活會上有何表現，目前只有些許可能有關的旁證。

批劉生活會舉行的前一週，1月6日，彭真曾以電話專門同劉瀾濤回顧1950年代初期華北局對農業合作化問題抱以暫緩態度的「錯誤」，認為此乃對社會主義革命缺乏思想準備。[15]劉少奇當時也涉入此事，其支持華北局的立場還遭毛澤東批評。彭真這時回顧、談論此一歷史，恐不僅是發「懷古之幽情」，而應與準備向劉少奇提批評意見有關。若再連想到僅在半年之前，彭真才以當事人身分，跟劉瀾濤、安子文話說劉少奇1937年「舌戰群儒」之勇，真是此一時、彼一時。

根據當時在「中南海」工作的戚本禹所言：毛澤東、劉少奇因社教問題言語交鋒以後，「彭真批評劉少奇批得很厲害」。內容包括：一、劉氏跟毛澤東搶話以至頂撞，乃是「對毛主席不尊重」；二、批評劉氏「在農村問題上老想單幹」；三、當毛、劉談到社教的矛盾性質和運動重點，毛指出是「走資本主義道路的當權派」，劉表示不解其意，毛進而點名煤炭部部長張霖之。彭真認為劉氏如此追問，反倒害了張霖之。[16]

戚本禹並沒有說明前述彭真批劉言論從何聽來。這是否為彭真在劉少奇生活會上的發言，還有待將來相關史料面世佐證才能確認。如果戚本禹所言屬實，究其內容可略分為針對劉氏1962年農業「單幹風」錯誤，以及其在1964年指導社教引發的爭議。這實無異於毛澤東在1966年8月5日發表〈炮打司令部──我的一張大字報〉，批評劉氏的兩個嚴重「錯誤傾向」──「1962年的右傾」和「1964年的形『左』而實右」。

彭真出面勸說劉氏向毛澤東道歉並自我檢討，他還與周恩來一道晉見毛澤

14　中國大陸中共黨史研究者（N君）提供的資訊（北京，2015年8月）。

15　思濤，《劉瀾濤生平紀事》，頁200。

16　戚本禹，《戚本禹回憶錄》（香港：中國文革歷史出版社，2016），下冊，頁379。

東，為劉氏稍事緩頰。[17]毛澤東對劉氏大為光火、正在氣頭上，甚至起心動念撤換其接班人地位。[18]彭真在言語表達上不若周恩來高超和技巧，是否可能讓毛澤東留下一種異樣之感：彭真為劉氏說話，甚至偏向於他（彭真約此之時也告訴李井泉「少奇同志是偉大的政治家，他有錯誤是會作自我批評的」）？[19]這在毛澤東對彭真尤為信任之時無甚大礙，但當信任不再，或可能又重新浮出心頭？

劉少奇遭到毛澤東在高層當眾責罵、威望大失；經過社教爭論後，毛澤東已不太搭理他。劉氏因長期辛勤工作、積勞成疾，再加上遭毛澤東辱罵，心緒和生理難免受到連動影響，身體頻出狀況、進而病倒臥床，他曾祈求馬克思再給他十年為國家富強奮鬥。在「文革」前夜的1965年底，彭真對劉氏的態度也出現微妙變化：彭真公開表示崇敬的對象，從劉氏變為林彪。

圖15-3：1965年5月彭真（右起）與劉少奇、朱德參加群眾聯歡活動。
資料來源：Wikimedia Commons。

17　中國大陸中共黨史研究者（N君）提供的資訊（北京，2015年8月）。

18　中共中央文獻研究室編，《毛澤東傳（1949-1976）》（北京：中央文獻出版社，2003），下卷，頁1383。

19　〈李井泉關於與彭真、賀龍、陶鑄、鄧小平關係的檢查〉（1967年1月31日），頁4。

四、鄧小平被批後的政治消長（1965年）

　　「文革」前一、兩年，美國中央情報局經常將鄧小平、彭真並置討論和比較。相關報告表示：鄧小平與彭真「在公開場合中給人以非常健康與精力充沛的印象」（1964年10月27日）；如果劉少奇沒有活得比毛澤東久，「黨的總書記鄧小平與政治局委員彭真似乎是最高職位的最有力候選人」，條件還高於周恩來和林彪（1965年8月5日）；彭真在「毛之後，他將是黨領導權的主要競爭者；可能和鄧小平之間展開權力爭奪」（1966年1月1日）。[20]事實上，從1964年底至1966年初這段期間，鄧小平和彭真受到毛澤東重視的程度，以及各自與後者之間的關係距離，出現微妙的消長變化。

　　毛澤東對鄧小平在1962年包產到戶等問題上立場「右傾」有所不快；毛澤東在1964年又覺得鄧氏和李富春司掌的國家計委對其「三線」建設倡議不積極跟上。同年底，毛澤東飆罵劉少奇，也批評鄧氏「搞獨立王國」，更欲在組織上進行調整。毛澤東首先提出成立「小計委」，由開發大慶油田立功的余秋里負責，實際架空李富春以至鄧氏制定重大經濟規劃的權力。毛澤東的怒火還繼續往上延燒，進而提出：在鄧氏領導的中央書記處之外，「另外搞個書記處」。鄧氏知道毛澤東此舉顯然是衝他而來，自然「不好講話」，不便發表意見。[21]

　　毛澤東對「小書記處」的具體構想為何？毛澤東想從中央書記處內抽調兩、三人出來組建「小書記處」，直接歸其所管，而且就此徵詢彭真意見。如此反映毛澤東對鄧小平不復往日信任之時，仍對彭真區別以待、看重有加（毛澤東這時批評北京有「獨立王國」，還強調「我說的不是北京市委」）。彭真如何回應毛澤東的「小書記處」倡議？據聞彭真表示：計委是工作部門，對另外成立「小計委」沒有意見；然而，中央書記處乃按黨章成立，另外成立「小書記處」，則不符合相關規定。[22]

　　如果以上資訊確實無誤，除了簡單解讀彭真個性剛直、守規外，也有其他

20　沈志華、楊奎松主編，《美國對華情報解密檔案（1948-1976）》（上海：東方出版中心，2009），第貳卷，頁92、95；第參卷，頁538。

21　張培森整理，〈楊尚昆1986年談張聞天與毛澤東〉，《炎黃春秋》，2009年第3期，頁36。

22　中國大陸中共黨史研究者（Q君）提供的資訊（北京，2014年11月）。

可能的政治解釋。例如：彭真不欲讓鄧小平過分難堪；彭真在現有書記處已是充分獲得授權並行使重權的「二當家」，在總書記少問事、不太管事的情況下，又經常可代行其事。另行成立「小書記處」，疊床架屋，既有違體制、又顯多餘；彭真在其中任事，或還可能身手受限。

　　毛澤東倡建「小書記處」一事，可能因為周恩來有所異議地表示「這個恐怕不好吧」，以及彭真也未予積極響應，最後只好打消此意。但是自此到彭真倒台之前約有超過一年的時間，毛澤東召集彭真、與之見面的次數，遠超過鄧小平。根據鄧小平的官方年譜，1965年鄧氏與毛澤東一起開會，以及共同參加對外接見和公開儀式活動的次數，總計還未及20次；但在同一年之內，毛澤東單獨找彭真就達58次。[23]毛澤東主持召開中央政治局常委會議結束後，有時也會單獨留下彭真繼續談話。[24]如此反映毛澤東這段時期對彭真熱絡和信任的程度，恐都在對鄧小平之上。究其原因，不僅是鄧氏單方面有意對毛澤東進行政治閃躲，而是同時含有毛澤東主動選擇拉近彭真、推遠鄧氏的因素。

　　「文革」爆發前約一年半載的時間，彭真受到毛澤東政治關愛，雖似超過鄧小平，但兩人在政治上的合作還是大於競爭。鄧氏家人在「改革開放」時期曾言：「文革」前只有這個「大個子」（彭真身形高大，毛澤東和他人常以此稱之）敢講話。[25]此說可以反映從鄧家看來，彭真具有大膽、坦率、直言的個性；另外，也含有一種旁觀下的認識和體會：在「文革」前夕，相較其家之主鄧小平，彭真仍享有毛澤東的信重，使之膽大敢言、能言鄧氏所欲言。事實上，「文革」前夕複雜詭譎、變化無常的政治情勢中，彭真經常衝在前頭、據理力爭，反倒成為鄧小平得以降低衝撞力道的一道政治安全閥，使之不必直接捲入愈加急轉的政治漩渦、愈漸分明的政見分歧。

　　例如：1963年社教運動開展階段，鄧小平和彭真皆留心避免運動打擊面過大，以及其對生產的可能影響。劉少奇在1964年中主導後運動大為激化，直到毛澤東嚴厲批評，1965年初社教走向才較為緩和，並具體表現在所謂「二十三條」（〈農村社會主義教育運動中目前提出的一些問題〉）。在中央也改由彭

23　劉政、張春生，〈從歷史的幾個重大關節看彭真和毛澤東的關係〉，《領導者》，2013年總第51期，頁156。
24　中國大陸中共黨史研究者（N君）提供的資訊（北京，2015年8月）。
25　中國大陸中共黨史研究者（I君）提供的資訊（北京，2016年7月）。

真負責主持社教的政策調整。

　　彭真在北京郊區通縣的運動做法——重審並「解放」先前被批鬥、羈押的基層幹部，以及強調生產的重要，獲得鄧小平肯定和推薦。[26]另外，作為高等教育學校社教試點的北京大學，1964年下半年也因受劉少奇運動主張的影響，而出現中央宣傳部為主的工作組猛批現任校領導的激進局面。由於北大黨委在政治上向來歸北京市委領導，所以彭真一時尷尬也不好表態。1965年初運動轉向後，彭真要先前否定北大校領導的工作組轉變立場，鄧氏也同意和支持。[27]彭真進而向前一階段校內的運動「積極分子」施壓，要之檢討。

　　這種鄧小平、彭真兩人觀點主張相近、但由彭真出面處理而容易得罪人的情況，也可見於整肅羅瑞卿事件和因吳晗劇作引發的文藝批判爭論。彭真在相關政治過程中，是否因自感聖眷垂顧，在毛澤東面前較不忌表達己意，甚至意圖從中對之引導和影響，不料反而令毛澤東狐疑和生厭？彭真是否過於自認大權和真理在握而矯枉過正、行事過急，但卻落人話柄，甚至讓有心人得以藉機向毛澤東進讒？

五、循例回應批判吳晗（1965年春至11月上旬）

　　1964、1965年之交，毛澤東對劉少奇龍顏大怒，而劉氏不得不低首檢討之後，毛氏表面上要黨內高幹繼續聽命於劉氏，甚至還表示：劉氏過去、當下和未來仍是自己的接班人。[28]但是在先後歷經1962年「單幹風」、「黑暗風」問題，以及這次社教風波，毛氏已有撤換劉氏黨國「二把手」、未來接班人位置的念頭，並開始秘密著手。劉氏從延安以來一直作為毛氏的首要副手，地位穩固（中間經過高崗問題的「亂流」），根深葉茂、深孚眾望，政治實力雄厚。毛氏欲對之動手，必須極其謹慎，同時也要縝密考察和檢驗黨內其他的重要人物，辨識、揀選何者能同向前行，何人又得要拋進歷史灰燼。其中，當然包括

26　《彭真傳》編寫組（下略），《彭真傳》（北京：中央文獻出版社，2012），第3卷，頁1126-1127。

27　同上註，頁1141。

28　李銳，《李銳日記》，第16冊，1985年1月15日，頁5。

位高權重、多項要職在身的彭真。

　　1965年春，毛澤東心生一計：在江青的協助下，藉助上海市委的力量，特別是「筆桿子」張春橋、姚文元，以政治上綱上線的方式，嚴厲批判吳晗的《海瑞罷官》是意在鼓吹「單幹風」、「翻案風」的「大毒草」。最後的成果就是：1965年11月10日，上海《文匯報》刊出作者署名姚文元的〈評新編歷史劇《海瑞罷官》〉。

　　毛澤東想藉由拋棄、犧牲吳晗（就算罔顧事實也無妨），推進、達致「一石三鳥」之效：一、大力推進其近來尤為關心的文化革命，並震撼相關學術「權威」和文藝官僚；二、拋出「單幹風」問題，試以勾連曾涉入其中的劉少奇及其他高層人士；三、利用「翻案風」議題，將已是「死老虎」的彭德懷再狠踩一腳。毛澤東慎防彭德懷翻身，既因擔憂他曾掌軍符，也心知肚明其在1959年廬山會議的建言，在付出數以千萬計的生命損失後，確實握有「真理」。

　　1965年8月11日，毛澤東在政治局常委會議談及1962年中國內外出現「修正主義」和1959年彭德懷在廬山會議寫信。毛氏表面上對1962年「颳歪風」表示所幸有他和其他中央常委「頂住」，否則「就會變顏色」，另外也形似不念舊惡地指示要讓彭德懷前去「三線」擔任副職，並當場指派彭真找其談話。[29] 實際上，他敘及前述之事，甚有可能與其當下心繫上海正在緊鑼密鼓籌措的批判文章有關。

　　毛澤東欲以批判吳晗在高層滋事的政治圖謀，對包括彭真在內的中央「一線」「親密戰友」加以欺瞞，但對於批判吳晗一事，毛澤東則在1965年秋的中央會議上對彭真加以招呼。

　　1962年夏毛澤東高舉階級鬥爭，強調意識形態領域鬥爭，敵我相爭、絕不相讓；敵人會利用文藝作品製造反革命輿論，必須嚴加警戒、努力識破隱匿其中的政治陰謀。習仲勳被控藉由小說進行反黨、為高崗翻案，就被當做現行重案嚴處。彭真深信此一鬥爭理論，也連同其他高幹齊力鑄成習氏冤案。

　　1964年夏彭真受毛澤東委託，開始負責領導文化革命。毛澤東、彭真咸認

29　叢進，《曲折發展的歲月》，頁434。中共中央文獻研究室編，《毛澤東年譜（1949-1976）》（北京：中央文獻出版社，2013），第5卷，頁521。

為文藝領域和相關的官僚管理，問題叢生，需要整飭；但也認為要依問題性質而區別對待，不能敵我不分。亦即針對敵我矛盾，絕不寬貸；面對內部矛盾，嚴批促其改過自新後，也仍給予出路。只不過，在現實上是敵人抑或是人民、誰是誰非，欠缺較為客觀恆定的標準，往往唯上而定、以權代法。

　　吳晗批判的問題就已提出，彭真及北京市委也備文待發，只是臨時踩了煞車。毛澤東的考慮是：吳晗在內的知名學者，的確需要被批評指正，但相關批判須有所節度。彭真對此認同、支持的態度，到1965年仍持續不變。

　　1965年3月，彭真領導的中央文化革命五人小組決定，並經中央書記處同意，對文藝批判做出規定：學術批判不冒然扣戴政治帽子，欲點名批判必須事先請示中央宣傳部，而且要以中央報刊的報導為準。針對吳晗在內等若干知名人士，乃受前述規定處理。[30]

圖15-4：1965年9月彭真(主席台上左1)與毛澤東等人參加第二屆全國運動會開幕式。
資料來源：Wikimedia Commons。

　　9月、10月中旬，中共在北京舉行為期近一個月的中央工作會議，毛澤東穿插召集少數人參與的各種高層會議。毛澤東向黨內高幹提出：「如果中央出了修正主義，應該造反」；「中央如果出了軍閥也好，修正主義也好，總而言之不是馬克思主義，不造反就犯錯誤，要準備造反」。毛澤東這時提出「如果

30　《彭真傳》編寫組編（下略），《彭真年譜》（北京：中央文獻出版社，2012），第4卷，頁403。李筠，〈我和「三家村」──紀念吳晗同志誕辰100週年、逝世40週年〉，王宏志、聞立樹主編，《懷念吳晗：百年誕辰紀念》（北京：中國社會科學出版社，2009），頁709。

中央出了修正主義」的話題，自非一時心血來潮的突發奇想，而甚有可能與同年初他對劉少奇火冒三丈有所關聯。其他中央同僚和地方高幹，卻更多地視毛氏相關警語為「高瞻遠矚」、「深謀遠慮」下的預防性提醒，而非當下正在上演、近在咫尺的政治現實。

　　彭真對於有毛澤東在黨中央掌舵，自己也死心塌地對之緊隨，並獲之賞識，因此在防堵「出了修正主義」上，既有滿滿信心，也具昂揚鬥志。[31]根據李井泉在「文革」所言，彭真還對他表示：「毛主席說的中央出了修正主義，地方可以起來造反，這句話還是指過去那些反黨反毛主席的人」。彭真長年一貫在中央捍衛毛澤東，壓根兒沒將「如果中央出了修正主義」與自己連在一起想。然而，毛澤東、彭真兩人恐怕都始料未及的是：接下來半年的政治發展，特別是彭真在文化革命、文藝批判中的政治角色與作為，竟被毛澤東看成是「中央出了修正主義」、「中央搞得不對」的「現行犯」，更是一名「活生生」的「走資本主義道路的當權派」！

　　此次中央工作會議期間，文藝批判和文化革命並非主要討論事項；上海秘密撰文批判吳晗的行動，更是鮮有人知。與會出席者中知曉此事者，恐怕僅有毛澤東，以及陳丕顯（鄧小平、彭真就在這次會議中告知其將出任上海市委第一書記的決定）、魏文伯（華東局書記處書記）而已，因為陳、魏兩人擔負將批判吳晗稿件交予江青的任務。

　　10月1日，中共1965年國慶大典上，毛澤東在天安門觀禮台看到舞著條條長龍的文藝界遊行隊伍魚貫而進，表情特為嚴肅（崔月犁回憶）。他會否因此懷疑、怪罪具體承辦慶典活動的彭真、北京市委，在文藝問題上仍是安於一隅、長進不多，而須做進一步政治考核？

　　10月8日，毛澤東在一次高層會議上問到彭真：「吳晗是不是可以批評一下？」彭真回應：「可以批評」。毛澤東接著表示：「讓下面批評嘛」。[32]陳丕顯的回憶是：毛澤東在一次政治局常委會擴大會議上突然話鋒一轉，正色嚴肅提到「必須批判資產階級反動思想」，並面問道彭真：「吳晗的問題可不可以批判呀？」彭真回覆：「吳晗有些問題當然可以批判。他最近參加訪問朝鮮

31　《彭真年譜》，第4卷，頁443。
32　中共中央文獻研究室編，《毛澤東年譜（1949-1976）》，第5卷，頁533。

代表團在朝時的一些講話就有錯誤」。陳氏認為：「主席問彭真同志『吳晗可不可以批判』，有兩層意思，一是徵求一下意見，二是打個招呼」。[33]

　　毛澤東雖然繼續透過江青在上海秘密準備批判吳晗文章，但至少還是露了一個口風給彭真，而沒有讓他完全被蒙在鼓裡，即便彭真未能真正理解毛澤東說要批判吳晗的批判力道和真正用意。這也算是毛澤東給予彭真一個低限度的政治情面。彭真當面聽聞毛澤東提出要批評吳晗，會下即交代鄭天翔：「毛主席要批吳晗，還讓批《海瑞罷官》，你要準備準備」。[34]如果此說準確無誤，彭真不但已知毛澤東要批判吳晗，還曉得要批判其《海瑞罷官》。

　　10月下旬，吳晗的歷史劇要被批判的消息已不脛而走，在北京部分上層人士和高級知識分子間流傳，甚至還具體傳出上海有人著手此事。[35]

　　1965年入秋之時，彭真已知吳晗將被中央拋出批判，也予同意和交代布置（去年夏即有過準備）。然而，彭真未察覺毛澤東對文藝批判的看法已悄然有變，更不知後者深藏隱密的政治意圖，他仍以毛氏先前主張的整風方法和政治設限，看待和處理文藝批評以至文化革命。

　　鄧力群表示：「彭真說過，毛主席曾經想用整風的辦法，解決黨內存在的意識形態、思想領域、政治領域中的分歧，但是後來採取了『文化大革命』的辦法」。[36]亦即彭真事後回顧：當年毛澤東引領全黨步向「文革」的過程，即是毛氏改變心意、棄用整風、改弦易轍的發展軌跡。

六、「冷處理」姚文元文章（1965年11-12月）

　　1965年11月10日，上海《文匯報》突然刊出姚文元的〈評新編歷史劇《海瑞罷官》〉，彭真自不樂見。姚文將吳晗劇作《海瑞罷官》內的「退田」和

---

33 陳丕顯，《陳丕顯回憶錄——在「一月風暴」的中心》（以下簡稱《陳丕顯回憶錄》）（香港：三聯書店（香港）有限公司，2005），頁26-27。

34 蘇雙碧、王宏志，《文革第一冤案——「三家村」文字獄始末》，頁132。

35 梁承鄴，〈梁方仲與摯友吳晗最後的交往——百年誕辰之際深切懷念吳晗〉，王宏志、聞立樹主編，《懷念吳晗：百年誕辰紀念》，頁694-696。

36 《中華人民共和國史稿》編委會編，《鄧力群國史講談錄》（北京，2002），第6冊，頁383。

「平冤獄」，同前幾年經濟調整時期出現的所謂「單幹風」和「翻案風」加以聯繫，並直言：吳晗是「要拆掉人民公社的台，恢復地主富農的罪惡統治」；要代表國內外敵人的利益，「同無產階級專政對抗，為他們抱不平，為他們『翻案』，使他們再上台執政」。

姚文元文章未遵守彭真領導文化革命的主要思路和程序要求（毛澤東至少在1964年也對此認同），另外也不利彭真同時負責領導的北京市工作和統一戰線工作。對於彭真而言，姚文元對吳晗及其劇作點名批評、政治上綱，確實有違既有的中央規定和程序。如果任之發展，文化革命的中央主管人士、機關的領導權威將受衝擊，文化革命本身也勢難控制。

北京市工作方面，吳晗是北京市副市長，上海對之突襲公開批判，自是對北京市委不夠尊重；對北京市委而言，吳晗不是不能批評，事實上在1964年已找人撰文準備批吳，只是在中央示意下臨時叫停；毛澤東在不久之前提出批評吳晗，彭真也迅速交代鄭天翔準備。想不到時過不久，上海就搶先「開跑」、「開砲」。以吳晗同北京市委、市政府的密切關係，以及彭真向來要求北京市爭居「前線」的工作要求，如何將吳晗批得「有理、有利、有節」，事關北京市工作成績和顏面。因為彭真了解並與聞1964年吳晗險被公開批判又臨時告止一事，或許他這時還可能心想：上海姚文元批判吳晗的文章，是不知天高地厚而積極過頭。

另外，可能還有統一戰線考量，吳晗的中共祕密黨員身分並未公開，他向來以知名學者、社會賢達和「民盟」人士的面貌示人。彭真在不久以前才曾指示中央統戰部要「鬆一鬆」，不要讓黨外人士過於緊張。吳晗被姚文元公開嚴厲批判，其連鎖效應自然會震動整體的統戰工作。

彭真以為姚文元文章的突然冒出，主要是上海市委黨性不夠、其宣傳部門管教不周所致。彭真在乎的既有文化革命的方向和有序，也有對他個人領導權威的尊重問題。

前一、兩年，柯慶施領導下的上海，在文藝問題上屢次贏得毛澤東好評，彭真的北京市委相對處於落後、被壓抑的處境。這一次上海《文匯報》又在無預警情況下，登載點名批判北京市副市長的姚文元文章，彭真如果有氣，真的是不打從一處來！更何況，陳丕顯、曹荻秋（上海市市長）、魏文伯的黨內資歷、地位還遠不及柯慶施，柯氏生前若有事赴京，尚且會拜訪彭真、登門作

客。姚文元文章突然面世，現任的上海、華東局領導人沒有事先招呼，彭真會服氣嗎？

　　陳丕顯晚年回憶表示：姚文元文章刊出以後，北京市委曾就此事對上海市提出抗議。他沒有說明其上海市委是據實以告還是敷衍了事？顯然，彭真、北京市委沒有成功「摸底」。

　　彭真以其政治力量和影響，促使首都各大報對姚文元文章一時冷眼以對、漠然置之。彭真指示北京市委的《前線》和《北京日報》不予轉載。[37]《人民日報》社長兼總編輯吳冷西徵詢彭真後，也決定置之不理。[38]彭真另行告知中央理論刊物《紅旗》對之不要理睬。

　　中共中央和北京市委的所在地北京市，在不知情毛澤東對姚文元文章的深度與聞，甚至欲借之「投石問路」的情況下，因而對姚文元文章置若罔聞。相對之下，陳丕顯透過魏文伯先行向華東各省交代姚氏文章的政治背景，促使相關各省相繼轉載。如何處理、是否轉載姚氏文章的問題，一時呈現「南熱北冷」狀態。

　　彭真及其北京市委雖決定裝作不見姚氏文章，但對其政治指控吳晗，也不敢完全掉以輕心。彭真、北京市委可以好整以暇、從容面對「單幹風」問題，因為北京市在經濟調整時期「頂住」包產到戶的「歪風」，而可免受此點質疑，彭真在這方面較諸劉少奇、鄧小平還「超脫」而較無「嫌疑」。彭真及北京市委同「翻案風」也關係不大。彭真在1959年登廬山「勤王」，直接參與批鬥彭德懷，下廬山大「反右傾」；1962年反「翻案風」時，彭真也批鬥習仲勳不遺餘力，協助黨中央將彭德懷、高崗和習仲勳串成一個「集團」。

　　但是彭真擔心吳晗及其作品存在致命的政治問題——吳晗與彭德懷有組織關聯和人際往來，便親自交代崔月犁調查，並確認兩者之間並無任何可資爭議的聯繫。[39]由此可見，彭真也不是簡單、無原則、不論「政治是非」地要「保」吳晗，他要首先確認吳晗確實沒有嚴重政治問題，以免自己「惹得一身

37　李筠，〈我和「三家村」—紀念吳晗同志誕辰100週年、逝世40週年〉，王宏志，聞立樹主編，《懷念吳晗：百年誕辰紀念》，頁709。

38　錢江，〈「文革」前夕的《人民日報》〉，《湘潮》，2008年第4期，頁37。

39　鄭天翔，〈被顛倒的事實終被顛倒過來〉，劉光人主編，《永遠難忘劉仁同志》（北京：群眾出版社，2002），頁3。

腥」，也無須承擔「識人不明」的政治責任。值得注意的是，約11月20日左右，吳晗住處警衛遭到調換，其工作從原先的保衛安全，另外增加監視吳晗活動與管制人員進出的任務。[40]這是何人決定，用意又為何？

彭真在首都對姚文元文章的不予理睬和轉載，由毛澤東看來，直接有礙於他以批判吳晗同時推促文化革命、劍指劉少奇和彭德懷的政治用計。吳晗的激烈反應，恐怕也增加毛澤東對彭真的懷疑。

姚文元文章見報後，吳晗甚為生氣。根據《光明日報》內部刊物《情況簡編》11月15日的報導：吳晗在14日表示願意與姚文元進行學術辯論，也自信論理不會輸之；他氣憤姚文元論證的粗暴不講理，特別是嚴重的時間錯置：竟然指控吳晗1960年的劇作，是為了發生在之後的「單幹風」、「翻案風」辯護發聲。吳晗還表示：自己受此不平遭遇雖然氣憤難解，但是只要上級對之了解就好，並說要向彭真呈送報告說明。11月中旬，毛澤東看閱此一關於吳晗的內部情況反映，批道「我都已看過，一夜無眠」，並將相關資料傳送給江青。[41]何以毛澤東閱後會「一夜無眠」？

彭真的官方傳記認為：由於吳晗點出姚文元時間錯置的「硬傷」，「這一反駁從根本上動搖了姚文元文章的根基，有使批判《海瑞罷官》的政治意圖落空的危險」。[42]另外使得毛澤東「一夜無眠」的原因，還可能在於：毛澤東從吳晗的反應中，注意到吳晗自認獲有黨內上級了解、視彭真為知己，甚至倚恃有彭真當靠山。換言之，吳晗這些在政治上不無犯忌的話，是否讓毛澤東感到彭真成為「學術權威」文人的「防空洞」？彭真在此前後的意向和行徑，在毛澤東「越疑越像」下，恐怕愈是加深其在這方面的感覺。

姚文元文章刊登超出半個月之後，毛澤東不悅於首都完全「紋風不動」；彭真可能經由周恩來轉告和羅瑞卿建議，11月底方安排在京報刊媒體轉載姚氏文章，但是他仍試圖對姚氏這篇「不速之客」及其代表的批判方向加以限制。

11月30日，《人民日報》第5版轉載姚氏文章。在旁所附的「編者按」，乃經周恩來、彭真共同修改審定，其強調「雙百方針」並指出：「我們希望，

40　蘇雙碧，〈我在文化大革命初期〉（2013年6月18日），愛思想：https://www.aisixiang.com/data/64894.html（2022年5月10日登入）。

41　中共中央文獻研究室編，《毛澤東年譜（1949-1976）》，第5卷，頁541-542。

42　《彭真傳》，第3卷，頁1196。

通過這次辯論，能夠進一步發展各種意見之間的相互爭論和相互批評。我們的方針是：既容許批評的自由，也容許反對批評的自由；對於錯誤的意見，我們也採取說理的方法，實事求是，以理服人」。亦即周恩來、彭真兩人希冀將相關問題帶向學術討論的範圍內，而不使之只流於政治大批判的方向發展。[43]

彭真的具體做法是：更多地對吳晗著作進行學術批判，並由市委鄧拓組織批判吳晗的「道德繼承論」（1964年夏北京市委即曾準備就此批吳），而不讓姚氏的政治大批判蔚然成風，進而將之沖淡。另外，也要吳晗從學術討論角度論辯並作自我批評。

彭真對吳晗問題所做的「批評」和「自我批評」安排，並非意對毛澤東「頂牛」，而是對毛氏既有文藝批判、文化革命主張的認真實踐。彭真這時可能更多地將姚氏文章理解是江青的幕後操刀。彭真實際上在中央高層內已屬「偏左」，但他看不慣江青更為激進的政治面貌和文藝主張，也就是特「左」、「極左」。這可見於兩人在京劇改革問題上不甚愉快的互動。

在毛澤東示意首都轉載姚文元文章以後，彭真如何理解毛澤東對該文的涉入和意向？他可能認為：毛澤東一年多前對文藝批判的主張（含批評吳晗問題），乃與充滿政治殺氣的姚氏文章之間有明顯差異。毛澤東下令轉載姚氏文章，不見得等同認可其觀點與做法，而可能是欲以之刺激、推促文藝整風的鳴放。再不濟的狀況是，毛澤東雖已有向之趨近的傾向，但仍屬尚在思慮、斟酌階段，還未形成最終定見。

---

43 姚氏文章在上海問世後，當初建議吳晗研究寫作海瑞的胡喬木正在杭州休養，為此感到緊張，擔心遭到殃及。吳冷西見況告訴彭真後，在1965年12月1日寫信並託人轉交給胡喬木。吳冷西在信中提到彭真欲轉告胡氏之事，可具體反映：《文匯報》刊登姚文3週以來，彭真對相關事態發展的看法和解讀。吳冷西寫道：「前天彭真同志要我轉告您，關於吳晗同志的《海瑞罷官》，《人民日報》已轉載姚文元的文章，並決定展開討論，主要是引導大家討論如何評價歷史人物等學術問題。關於姚文中的政治性問題，也可以討論，但不是著重點。姚文中點了《人民日報》〈論海瑞〉。彭真同志說，此文政治上沒有問題，但對海瑞評價過高了。《人民日報》本來不準備公開批評吳晗，因書記處曾決定吳晗同郭老、范老、茅盾、剪伯贊等人可不在報上批評，而在內部批評。但《文匯報》批評開了，《人民日報》也要討論。此事我們是不知道的。因等候中央決定，拖了20天，有些被動。昨天發表了，按語是經過彭真同志和總理修改過的。準備還組織一些文章，展開討論。彭真同志囑我告訴您安心休養，不要為此事分心。」《胡喬木傳》編寫組，《胡喬木傳》（北京：當代中國出版社、人民出版社，2015），上冊，頁417。

以彭真榮享毛澤東的信任程度，在政法和統戰方面也先後得到毛澤東支持的成功經驗，以及其具體負責領導文化革命的職權，他因而具有向毛澤東建言、與之討論的空間和機會。此外，他業已調查掌握吳晗沒有致命的政治問題，即與彭德懷之間無甚關係，使其在事理的是非曲直上站得住腳。

12月上、中旬，突如其來的「羅瑞卿事件」，一時壓過文藝批判問題，吸走中央高層的注意力（下一節對此專論）。12月下旬，毛澤東為繼續推進姚文元文章及暗藏其中的政治計謀，改而指稱：吳晗劇作的「要害」，是其意圖為彭德懷在廬山會議被「罷官」鳴冤叫屈。康生在1964年曾向毛澤東表示吳晗有此影射之嫌，但未被接受；毛澤東這時為了自身政治需要而將之採納。[44]

彭真聽聞毛澤東針對吳晗提出的「要害」說之後，將北京市委先前的調查結果——吳晗與彭德懷之間沒有交集與關係，據實向毛澤東報告。毛澤東不便直接否定彭真所做的事實調查結果，而將此事暫置一旁。

七、面對羅瑞卿倒台和林彪崛起（1965、66年之交）

1965年12月上、中旬，在毛澤東和林彪同意下，中共中央在上海舉行政治局擴大會議，對羅瑞卿展開批鬥。毛澤東突然決定批鬥羅瑞卿，意在進一步確保林彪、軍隊高層對之全心效忠而無任何貳念。毛澤東果斷拔除羅氏軍權，實際也為當下密謀著手的政治大變局計畫，提供「槍桿子」依託。由於事出突然，高級領導人聞知情況後多感錯愕、震驚。彭真因留守北京而無與會，也甚感驚訝，在比較被動的情況下接受羅瑞卿倒台的事實。

彭真與羅瑞卿一向互動友好、關係密切。延安時期羅瑞卿曾在彭真主管的中央黨校參加整風和學習，因而同彭真有「師生之誼」。「進城」以後，彭真、羅瑞卿同在政務院政法委員會，羅瑞卿擔任公安部部長，也兼任首都公安局局長一段時間，彭真代表中央負責聯繫公安部、又是北京市負責人，兩人工作關係緊密，在「鎮反」、「肅反」配合默契。1957、1958年他倆也齊心協力地在政法領域大反「右派」，並在政法機關厲行整風，將黨外、黨內相對注重

---

44 鄭謙，〈從〈評新編歷史劇《海瑞罷官》〉到〈二月提綱〉〉，李海文主編，《彭真市長》，頁135。

發展法制的力量整得七葷八素、一乾二淨，董必武更被迫離場、轉崗。

　　1959年廬山會議後，羅瑞卿轉任中央軍委，仍顯現出對彭真的尊重。彭真身兼首都首長，負責準備每年重要國家慶典活動，彭真事先到現場檢閱，羅瑞卿經常陪同，表現恭謹。閱兵受檢部隊登場演練結束後，軍隊工作繁重忙碌的羅瑞卿理當可以離去辦公，但是他仍會繼續陪同彭真檢閱群眾遊行隊伍，直到整個預演結束。[45]

　　根據彭真親信揭發，彭真在「文革」前曾感嘆欠缺領軍帶兵的政治資歷。[46]彭真在中央書記處略為接觸軍隊事務，主要經由與賀龍、羅瑞卿之間密切的公私互動和多年形成的熟稔信任，以及部分軍隊將領對彭真的靠攏、攀附，例如：主動向彭真報告軍隊工作問題，甚至在「十一」國慶日邀宴共饗狗肉！[47]彭真和賀龍、羅瑞卿的熟悉和交好（彭真在接見外賓談話時，不顧忌諱地將賀龍和林彪並舉讚揚），[48]在政治上可補強他軍事經歷闕無的「短板」；卻又可能使之陷入1960年代前半期中共軍中逐漸隱然成形的對抗格局──以林彪為一方，賀龍與羅瑞卿為另一方。[49]如此恐怕只會益形加重林彪對彭真的惡感。

　　林彪和彭真在東北深結政治樑子。彭真在1954年七屆四中全會按照毛澤東要求檢討其東北問題；根據彭真說法，林彪聞知後感到滿意，來信表示「我們之間的誤會從此消除了」。彭真據以為兩人因東北爭論造成的矛盾終得解決。[50]從後來事態發展觀察，彭真當時若真作此想，恐過於天真。

　　「八大」人事安排問題上，林彪和陳雲一樣強力反對彭真進入中央政治局常委會，東北積怨必在其中產生負面作用。林彪在1955年七屆五中全會被增補

45　中國大陸中共黨史研究者（J君）提供的資訊（北京，2014年11月）。

46　原北京市委機關毛澤東思想紅旗兵團，《大野心家、大陰謀家彭真罪惡史（1925-1966）》（北京，1967），頁19。

47　章慕榮，〈開國上將張愛萍鮮為人知二三事〉，《黨史博采》，2009年第3期，頁32。

48　〈彭真市長會見剛果駐華大使迪亞卡・貝納頓談話記錄──剛果大使到任拜會並就剛果的反帝鬥爭問題交換意見〉（1961年5月3日），中華人民共和國外交部檔案館，檔號108-01227-04，頁37。

49　邱會作，《邱會作回憶錄》（香港：新世紀出版及傳媒有限公司，2011），上冊，頁368-371。

50　《彭真年譜》，第4卷，頁483-484。

為政治局委員，1958年八屆五中全會被增選為中央副主席和中央常委，1959年接替彭德懷出掌中央軍委日常工作並擔任國防部長。林彪在黨中央冉冉直升的態勢，以及相應而來愈加重要的發言地位，彭真見之也有些不安和不祥之感。[51]林彪確實化作一種不利彭真的政治阻力。針對彭真在中央書記處稱職的工作表現，中央曾考慮給予彭真副總書記的正式頭銜，但因林彪反對而作罷。彭真下屬如李琪也知曉林彪是他的主要「對頭」。

彭真只會被動地任由林彪欺凌而不做任何政治反制？一個重要的思考線索是：1972年高崗遺孀李力群向中共中央供稱：彭真在習仲勳問題被揭發後，曾以調查高崗問題為名，向她探問高崗、林彪關係。

彭真、林彪因東北爭論本已長年緊繃的政治關係，時至1960年代中期，又因摻入軍隊派系競爭而益加複雜。彭真和「賀鬍子」、「羅長子」以至於北京軍區政治委員廖漢生的關係熱絡和親暱，頗引人注目，李雪峰就曾為此提醒彭真。彭真「文革」前的秘書後來也說：彭真和羅瑞卿、賀龍的密切關係，政治上不無犯忌。

1965年12月，羅瑞卿突然遭到批鬥，讓林彪在軍內的領導地位，以至在黨中央的突出位置（尤其是獲享毛澤東特別信任），再次得到確認。「文革」批判資料揭發：彭真一直存有重議東北問題的想法，並且自我評估與林彪之間仍因此事而有芥蒂。[52]眼見羅大將去職已成事實，可以看到彭真識時務地試圖改善他與林彪的關係。1965年12月14日，彭真前所未見地在北京市委會議上高度讚揚林彪，稱其「把主席思想高度地概括了」，「不僅是個卓越的軍事家，他同時還是一個有很高馬列主義修養的政治家」。[53]

想想在不及一年半以前的市委工作會議上（1964年7月25日），彭真提到「要解決繼承人問題」時，還舉列「少奇同志」是毛澤東「代理人」為正面案例。經過社教問題引發毛澤東對劉少奇震怒事件，以及羅瑞卿頓失軍權後，彭

51 李海文、王燕玲編著，《世紀對話——憶新中國法制奠基人彭真》（北京：群眾出版社，2002），頁312-313。

52 公安部批判劉、鄧聯絡站，《徹底清算反革命修正主義分子彭真在公安戰線上的反革命罪行》（北京，1967），頁7-8。

53 彭真，〈在市委工作會議上的講話〉，北京市檔案館、中共北京市委黨史研究室編，《北京市重要文獻選編（1965年）》（北京：中國檔案出版社，2007年），頁626。

真在北京市委開會改口頌揚林彪，直截反映彭真對毛澤東政治選擇改向的敏銳和迎合。

　　無獨有偶地，1966年1月18日，彭真出席全軍政治工作會議並發表講話。[54]根據邱會作回憶，彭真乃受總政治部主任蕭華之邀；彭真講話的突出之處，是對林彪的高度讚揚：

　　　林總打仗有大功勞，國防建設也是大功勞，主持軍委工作以來，軍隊的建設取得了很大的成績，現在，我們真正有安全感了！你們會議材料，對軍隊的成績很喜歡同彭德懷時期相比，我提議不要這樣。彭德懷是什麼東西，他怎麼能與林總相比？林總是軍事家，又是思想家、政治家。林總對軍隊建設抓住了學習毛主席著作，突出政治，就抓住了根本。

　　邱會作還表示，彭真甚至在會上提出：「我們現在還把毛主席的思想叫毛澤東思想，但是總有一天要叫毛澤東主義！」[55]

　　彭真對林彪的政治吹捧，除了是對林彪靠攏示好，同時也是有意識地配合毛澤東欲進一步重用林彪的人事新布局。

　　毛澤東對「羅瑞卿問題」快刀處理以後，彭真並未因先前與羅瑞卿關係不錯而受到波及。一個顯示彭真地位上揚的重要政治動向是，毛澤東讓彭真聞問軍隊事務。約莫在羅瑞卿出事以後的1965年末或1966年初，彭真住所裝設軍隊專用電話，亦即其開始直接與聞軍隊問題，而這勢必出自毛澤東旨意。[56]彭真甚至還以備戰之需為名，搭機視察地形。[57]

　　彭真得以過問軍隊事務的同時，也承獲一項政治任務：毛澤東指定鄧小平、彭真和葉劍英進一步調查羅瑞卿「錯誤」。然而，彭真在這項政治考試上的表現，恐怕林彪以至毛澤東都未見得認可過關。

54　《彭真年譜》，第4卷，頁461。

55　程光，《心靈的對話：邱會作與兒子談文化大革命》（香港：北星出版社，2011），上冊，頁21。

56　中國大陸中共黨史研究者（N君）提供的資訊（北京，2015年8月）。

57　原北京市委機關毛澤東思想紅旗兵團，《大野心家、大陰謀家彭真罪惡史（1925-1966）》，頁93。中國大陸中共黨史研究者（R君）提供的資訊（香港，2007年1月）。

八、不才霸主棄（1966年春）

（一）「文化革命」思路差距和「權大人膽大」

時至1966年初，彭真面對偏激「左派」寫手意欲挑起的「文攻」之勢（除了繼續針對吳晗，也開始指向鄧拓，因為其代表北京市委發文向吳晗討教學術，而非對之政治批判，被視為蓄意誤導、帶偏批判方向），以及中共中央宣傳部相應的頻頻請示，還有文藝界對此的惶惶不安。更重要的是，彭真可能有意在文藝批判、文化革命問題上，同江青、康生以至上海方面，進行不言明的競爭，以免毛澤東對他們偏聽偏信，而改變毛自身原有對意識形態整風的主張。

彭真因此有心導引文藝批判和文化革命回歸、步上整風軌道：針對吳晗等黨籍著名專家文人的批判，不應集中攻其政治問題（主張吳晗不存在影射廬山會議、為彭德懷鳴冤叫屈的問題），而宜要擴及學術討論；「左派」樂於揭人所短、嚴以律人的同時，也必須面對整風洗禮，不得寬以待己。另外，彭真同時懷有重施1957年謀劃，即對更大範圍的知識分子先行「釣魚」，再對之「反右派」。[58]

彭真在2月上旬積極行動，擅用中央文化革命五人小組組長地位，2月3日，他主持開會討論，當晚即向劉少奇電話扼要報告情況，進而在4日主導速成體現其上述文藝整風思想的〈關於當前學術討論的匯報提綱〉（簡稱〈匯報提綱〉，也常通稱為〈二月提綱〉）。2月5日，彭真按規劃就此向在京的中央常委劉少奇、周恩來、鄧小平報告，獲得他們認可（或本也有類似意見），也被指派率領五人小組成員前赴武昌向毛澤東面報。劉少奇還表示：到會常委雖皆同意，但其未到全員總數的一半，而且對相關問題也不熟稔，「毛主席熟悉學術問題，一切由之定奪」。[59]

2月8日，毛澤東聽取彭真匯報，再次問及吳晗是否為反黨、反社會主義問題，彭真重複先前對吳晗的調查結果，也提及劉少奇主持的中央常委會亦做如

---

58 李遜，《革命造反時代：上海文革運動史稿》（香港：牛津大學出版社，2015），第I卷，頁58。

59 吳冷西，《回憶領袖與戰友》（北京：新華出版社，2006），頁294-296。

是觀。[60]毛澤東針對彭真提議「左派」也必須進行整風的問題，語帶保留地表示：「三年以後再說」。他對於彭真一心促成且迅速成文的〈匯報提綱〉，不是全無想法，只是礙於在京的中央常委會對之已予以同意，沒有當場表示異議，而是貌似應允。[61]彭真自認順利「通天」成事，鄧小平聞知後也在12日將〈匯報提綱〉作為中央文件簽發下傳。

〈匯報提綱〉內容要點是：針對吳晗《海瑞罷官》的批判及由此展開的討論和大辯論，「要有領導地、認真地、積極地和謹慎地搞好這場鬥爭」。在方針上，「要堅持實事求是，在真理面前人人平等的原則，要以理服人，不要像學閥一樣武斷和以勢壓人」，「要准許和歡迎犯錯誤的人和學術觀點反動的人自己改正錯誤」；「對於吳晗這樣用資產階級世界觀對待歷史和犯有政治錯誤的人，在報刊上的討論不要局限於政治問題，要把涉及到各種學術理論的問題，充分地展開討論」；「報刊上公開點名作重點批判要慎重，有的人要經過有關領導機構批准」。

在「左派要相互幫助」方面，「警惕左派學術工作者走上資產階級專家、學閥的道路。要重視在鬥爭中出現的優秀的青年作者，加以培養和幫助」；「堅定的左派」也難免失言、犯錯，「要在適當的時機，用內部少數人學習整風的辦法，清理一下，弄清是非，增加免疫性、抵抗力」。

須予強調的是，彭真從1964年7月擔任文化革命五人小組組長到1966年2月〈匯報提綱〉通過下發，他主張並經常掛在嘴邊的所謂「學術」討論、辯論、批評和批判，究其實質，仍是同樣受制於共黨所控的政治框架，只不過其政策立場這時在黨內相對屬於沒有那麼殺氣、放縱和氾濫。

毛澤東對彭真主導促成的〈匯報提綱〉，就算口頭同意，看來也是勉強應付、言不由衷，甚至或有欺騙使詐的可能，而讓人未解其「話中有話」（劉仁在4月後半對此嘆道「聽主席的話要會聽」）。[62]這從毛澤東幾乎同步支持、積極指導林彪為江青協助開設的軍隊文藝工作座談會上看出。經過毛氏在3月三番審閱修改而定稿的〈部隊文藝工作座談會紀要〉，其對文化工作過往、現

60　錢江，〈「文革」前夕的《人民日報》〉，《湘潮》，頁40。

61　中共中央文獻研究室編，《毛澤東傳（1949-1976）》，下卷，頁1402。

62　鄭天翔，〈被顛倒的事實終被顛倒過來〉，劉光人主編，《永遠難忘劉仁同志》，頁7。

況的嚴重估計，以及對當前要務的規定是：「文藝界」、「文化戰線」，「被一條與毛主席思想相對立的反黨反社會主義的黑線專了我們的政」，「我們一定要根據黨中央的指示，堅決進行一場文化戰線上的社會主義大革命，徹底搞掉這條黑線。搞掉這條黑線之後，還會有將來的黑線，還得再鬥爭」。[63]這實迥異於彭真努力而成的〈匯報提綱〉，其中頗為警惕「左派」步入「學閥」歧路。

　　從毛澤東看來，從1965年底如何看待姚文元文章、定位吳晗問題性質，再到1966年2月〈匯報提綱〉的急速生成，可見彭真對文藝批判、文化革命的主張和傾向，乃與毛自身逐漸愈加激化的意向和觀點，拉開距離、形成分野。

　　簡言之，在目標對象與處置方法上，彭真認為以吳晗問題為例，文化陣線確存不少問題，而需要整頓、整風，但不應簡單地在政治上一桿子打死；毛澤東在1965年春改變如上想法，反而想透過張春橋、姚文元之筆，以吳晗為「突破口」、「犧牲品」，對文化戰線大轟大整，同時意圖藉由姚文元文章拐彎抹角地敲打劉少奇、再擊彭德懷。

　　在文化革命的倚靠對象上，毛澤東想藉由一些激進、敢言的文字工作者如姚文元、關鋒、戚本禹，作為批判開路的小尖兵；彭真卻想將之納入整風批改範圍。在文化革命的期程安排上，彭真希望在中央領導下穩步、有序進行；毛澤東則意欲奇兵出擊，打開缺口後，即猛攻快上、擴大戰線。彭真期以用〈匯報提綱〉匡正文化革命，毛澤東則視其要對文化革命大加框限。

　　仔細析之，與其說彭真是別有用心、甚至明目張膽抵制毛澤東，不如說是彭真對毛澤東較早主張（至少1964年夏仍是如此）的一再「抱殘守缺」，而無「與時俱進」。再加上，彭真與江青、康生和上海官員之間在此一政治過程的頻仍過招、暗中較勁，爭相向毛澤東「求榮固寵」，益使彭真自以為擇善而固執。

　　除了對文化革命有政見出入，毛澤東可能對彭真更不滿的是：彭真對黨國機器、政治運作的嫻熟操控，對手上大權的擅行運用，在權大志得之際不時展露的強勢與官威，以及言談不忌、口無遮攔（如與人話及毛澤東時較不諱忌，

63 中共中央文獻研究室編，《毛澤東傳（1949-1976）》，下卷，頁1403。中共中央文獻研究室編，《毛澤東年譜（1949-1976）》，第5卷，頁563。

為勉勵人改正錯誤，稱毛氏也曾犯錯）。較諸1953年的高崗，實有過之而無不及。

這密集表現於：在彭真影響下，首都媒體一度對姚文元文章不甩不理，他在受命轉載後又蓄意引導，使之無法引領潮流；同樣在彭真使力下，〈匯報提綱〉飛速成稿並獲取中央「一線」認證，狀似促推毛澤東表態，而且其中主張對文壇「左派」整風，一副對其不願見容的樣子。彭真在不久之後還整理鄧拓、關鋒、戚本禹的資料，寄送給毛澤東參閱。彭真報送對關鋒、戚本禹不見得有利的資料，可能益增毛澤東對彭真的特定反感，即彭真不但不知疼惜其偏愛的文字小「闖將」，竟然還想給他們製造麻煩！[64]

約在〈匯報提綱〉形成之時和其後，彭真不顧忌地運用權位和影響，進行不無敏感的政治動作，從而可能再形增添毛澤東對他的不快，另外還見於羅瑞卿問題調查和中共是否出席蘇共「二十三大」等問題。

「羅瑞卿事件」爆發後，周恩來、鄧小平、彭真受中央委託負責後續對羅瑞卿問題的調查和揭發，看之是否吐實認罪或還有尚未暴露的重大罪錯。具體工作由鄧小平（以視察「三線」為名走避）、彭真和葉劍英負責領導。羅瑞卿倒台乃由毛澤東欽定、林彪參與，無人膽敢為之翻案，彭真必然不敢，也無意為之「捋虎鬚」。但是較諸許多倒羅幹將，彭真在接續批鬥羅瑞卿的積極性上，確實略有程度差異，並且還出言勸說、試圖降溫，主張問題揭發要符合實際，也不要強迫認罪。他可能基於過去與羅氏在政法、中央書記處工作的默契配合和其間養成的公私情誼，同情羅氏盡忠職守卻落得如此下場，或還惋惜失去一名友己的軍方實力派。

彭真讓追打「落水狗」鬥志盎然且餘興未盡的批羅積極分子葉劍英和楊成武（解放軍代總參謀長）等，甚是掃興、嘖有牢騷。一手將羅瑞卿打翻在地、定罪成案的毛澤東和林彪，聞知彭真有此狀況，恐怕也會皺眉蹙眼。[65]

中共是否派員出席蘇共「二十三大」，是中蘇兩造發生激烈論戰後的重要議題。毛澤東交代中央「一線」就此討論、提出方案。劉少奇領導在京的中央

---

64 王力，《王力反思錄》，下冊，頁581。

65 中國大陸中共黨史研究者（C君）提供的資訊（北京，2015年8月）；中國大陸中共黨史研究者（H君）提供的資訊（北京，2019年8月）。

常委和彭真等人開會討論，最後議定中共不出席為好（彭真也同意），並呈送毛澤東參考。由於毛澤東一時沒有回覆和表態，彭真竟改變原先立場（其向來也以對蘇「悍將」形象著稱），要求劉少奇開會重議，並主張另外提交一份主張中共出席的方案，以讓毛澤東作更周全的思考。劉少奇經不過彭真的磨纏，只好讓彭真為之。毛澤東最後決定中共不派人赴會，積極另擬赴會方案的彭真，略顯尷尬。毛澤東就此事又會如何看待彭真呢？

（二）「誤壞大事」和「有欠人和」

　　1965年初到1966年春，彭真在政壇極其活躍和身肩重任。事實上，毛澤東同時也在對之考察和檢驗。對毛澤東秘密籌劃的政治和人事布局而言，彭真猶如半途殺出的程咬金，使之不能順其所意開展。毛澤東對彭真的信任短時之內快速流失，進而決心將之打倒。

　　毛澤東在「文」的一手是：以姚文元批判吳晗文章「一石激起千層浪」，三面推進——激化文化革命、對彭德懷再踏上一腳，以及翻劉少奇「單幹風」的政治帳，縱火延燒，繼而造成燎原之勢。彭真既無領悟、行動也沒配合，反而被毛澤東視做我行我素、急於制限，因而顯得誤事、礙事。

　　另外，是否存有一種可能性：毛澤東對彭真內心動氣但不便道破的是，即便彭真主觀上並非有意，但在一定程度的客觀上，他執著促成的〈匯報提綱〉，乃挾著中央「一線」「集體民意」，或為之代言和以壯聲勢，同時實讓毛澤東隱藏最深的敲打目標——劉少奇，得以順勢逃脫此一圈套。毛澤東性好多疑，又會恨時遷昔，又有無可能將1965年初彭真曾找他為劉少奇稍事緩頰一事，連繫在一起多想呢？[66]

　　毛澤東在「武」的一手是：拿羅瑞卿開刀，以讓林彪、解放軍更加緊密相隨，但是彭真在與「羅長子」割袍斷義、劃清界線上，其態度不夠堅決、鬥爭也不夠狠勁，看來又非全無可指摘之處。這些在在都讓毛澤東有所失望和不快。

　　同時，毛澤東應也會估量彭真「有欠人和」的問題。毛澤東無論在「文」、「武」方面所欲選擇任用的心腹人物，都與彭真難以對盤，甚至已發

<hr />

66　中國大陸中共黨史研究者（C君）提供的資訊（北京，2015年8月）。

展到勢如水火的地步。

在「文」的人事方面，從前述文藝批判、文化革命事態發展的過程中，江青、康生利用近身於毛澤東的優勢，經常對彭真相關行徑說長道短、加油添醋，不但減損毛澤東對彭真的好感，更直接觸發毛澤東的震怒。

1966年2月中，〈匯報提綱〉成為中共中央對文化革命的正式文件後，彭真認為勝負已定，無須再與江青、張春橋糾纏，對於較激的「左派」寫手求刊的文稿，更是置之不理。彭真緊接著銜毛澤東之命，前去蘇州看望林彪，提醒他對「毛澤東思想」的提法——「馬克思列寧主義的頂峰」、「最高最活的馬克思主義」，並不妥切；[67]另外，彭真也向林彪報告〈匯報提綱〉已先後獲得在京中央常委和毛澤東同意的情況。彭真與林彪相見的氣氛不錯，還拍照合影。同月下旬，彭真飛赴西南視察「三線」，李井泉率西南局眾官，待之如「上國欽差」。彭真意氣風發，可以想見，甚至不免志驕意滿。

有資料指稱：彭真在四川此行中主動約見彭德懷，要之：一、辭去「三線」職務，埋首研究工作，不露面曝光，以減小目標、不招人注意；二、收回申訴信，服從黨的決議，是非留待後人評說；三、撰寫報告呈報中央，說明澄清他與吳晗之間無有關係。彭德懷只答應第三項。[68]此事若為真，恐犯政治大忌。因為毛澤東對彭德懷猜忌、防範如此之深，姚文元文章批判吳晗創作涉足「翻案風」，或許確有再掀彭德懷問題的算計，毛澤東後來甚至向彭真提出其「要害」恐在於同情彭德懷被罷官。彭真假使自行找上彭德懷，要其作證與吳晗無關，豈不讓彭德懷、吳晗都因而更上不了「套」，毛澤東又怎會樂見？

〈匯報提綱〉作為中央文件傳達後，上海方面（尤其是張春橋）對於〈匯報提綱〉內容（如「學閥」所指為何）和接下來的政治動向（重要批判文章是否需要送呈中宣部審查）感到不明，3月初派出上海市委宣傳部部長楊永直到北京向中宣部副部長許立群了解情況。

3月11日，針對上海來人對政策摸底，彭真透過許立群電話回覆：「學閥沒有具體所指，誰頭上長癩痢，是阿Q，就指的是誰！」彭真進而反過來質問上海市委：「過去上海發姚文元的文章、點吳晗的名，他們請示誰了？那麼大

67　中共中央文獻研究室編，《毛澤東年譜（1949-1976）》，第5卷，頁558。

68　滕敘兖，《風雨彭門：彭德懷家風‧家事》（北京：文化藝術出版社，2006），頁302-304。

的事，他們連個招呼都不打，他們眼睛裡還有中央嗎？上海市委的黨性都到哪裏去了？」[69]許立群將彭真的意見如實電話轉告楊永直以後，也不禁擔心是否太過尖銳。[70]

彭真在此一電話事件中，雖然或有些幽默成分，但從彭真質問上海市委為何不先跟中宣部和他領銜的中央文革五人小組招呼、通氣，其黨性何在、目中有無中央，可確見他對姚文元文章刊出數月以來，人暗我明、自我頗感壓抑的一次情緒宣洩，同時流露其位居權臣高位、不容他人輕視的威勢。張春橋後來就表示：「許立群的這個電話，是彭真這個黨閥的本質的暴露」（1966年5月6日）。[71]

3月中、下旬，毛澤東逐漸表露對彭真催製〈匯報提綱〉的不滿。這可見於：3月17日至20日，中央政治局常委擴大會議在杭州舉行（第一次杭州會議），江青在會上介紹部隊文藝工作座談會的情況；[72]由毛澤東本人審閱而定的〈部隊文藝工作座談會紀要〉，開始在中央高層內徵求意見而流傳。[73]會議期間，因羅瑞卿跳樓自殺而加劇對之批鬥，楊尚昆、陸定一也被點名清算。[74]毛澤東在高層開會時開始直接點名吳晗、翦伯贊「是共產黨員，也反共，實際上是國民黨」，也稱「《前線》也是吳晗、廖沫沙、鄧拓的，是反黨反社會主義的」。[75]

彭真已探得毛澤東有些不滿意的風聲，但尚未知曉其嚴重程度；[76]他在3月杭州會議期間也意識到毛澤東在高層所做批評，也含括針對自己。[77]根據李

---

69 陳丕顯，《陳丕顯回憶錄》，頁45。彭真講話的另一個大同小異的版本，可見：卜偉華，《「砸爛舊世界」》，頁61-62。

70 《龔育之訪談錄》編輯組，《龔育之訪談錄》（北京：中央文獻出版社，2009），頁314。

71 卜偉華，《「砸爛舊世界」》，頁79。

72 李雪峰，〈我所知道的「文革」發動內情〉，張化、蘇采青主編，《回首「文革」》（北京：中共黨史出版社，2003），下冊，頁599。

73 中共中央文獻研究室編，《毛澤東年譜（1949-1976）》，第5卷，頁562。

74 李雪峰，〈我所知道的「文革」發動內情〉，張化、蘇采青主編，《回首「文革」》，下冊，頁599。

75 〈在政治局常委擴大會議上的講話〉（1966年3月17日），毛澤東，《毛澤東思想萬歲》（北京，1969），頁640。

76 王力，《王力反思錄》，下冊，頁583-584。

77 吳冷西，〈從學術討論到「文化大革命」〉，張化、蘇采青主編，《回首「文革」》，上

雪峰觀察，此時「彭真的地位還可以」，[78]但其實已經危如累卵。

　　3月底，毛澤東聽取康生報告外事問題，毛澤東對中共、日共聯合公報草稿大表不滿，認為中央「一線」過於遷就日方立場，也聯想並惱怒於先前中央「一線」內曾出現主張派員出席蘇共「二十三大」的意見。彭真是這兩件涉外事務的重要關係人：他既是中日兩黨聯合公報談判的中方主要參與者之一，也是中央「一線」當初討論決定不出席蘇共「二十三大」後，仍單獨極力主張將派人與會方案提交毛澤東一併思量的人。

　　康生可能在3月下旬已看出毛澤東對彭真及其促成的〈匯報提綱〉抱有不滿，這時彙報時又見毛澤東因為外事問題生氣（皆事涉彭真），繼而向他稟報彭真將「左派」稿件扣住不發，以及3月11日彭真電話質問上海市委事件，並稱「這是整到主席頭上了」。[79]毛澤東聞後，其近期對彭真急速交疊堆積的種種不滿，猶如被加上「壓倒駱駝的最後一根稻草」（或是用之當做藉機發作的理由），從而大發針對彭真的雷霆之怒。[80]

　　彭真與康生之間的歷史往來與互動關係其實不差。延安時期，兩人都是直屬毛澤東指揮之下的整風審幹大「積極分子」；國共內戰期間，又曾共事於劉少奇領導的中央工作委員會。後來康生在華東不願屈就於饒漱石的領導而告病休養一段時日，彭真還曾前往探視慰問。

　　康生在1959年盧山會議上，還插話為彭真辯護，稱其「在延安審幹是正確的」。此後，在中蘇兩黨衝突與論戰、中共對國際共產主義運動的參與上，彭真與康生有更多的工作互動與配合。彭真私下在身邊工作人員前談到康生，也敬稱「康老」。[81]直到文化革命、文藝批判問題，彭真和康生的政見歧異才逐漸浮現，而且康生快、狠、準地出招，對毛澤東不滿彭真的意向起到火上加油作用。

　　彭真被康生暗算而吃大虧，1979年6月8日，剛復出工作的他表示：「康生

冊，頁275。

78　李雪峰，〈我所知道的「文革」發動內情〉，張化、蘇采青主編，《回首「文革」》，下冊，頁599。

79　卜偉華，《「砸爛舊世界」》，頁66。

80　陳丕顯，《陳丕顯回憶錄》，頁45。卜偉華，《「砸爛舊世界」》，頁66-68。

81　中國大陸中共黨史研究者（J君）提供的資訊（北京，2014年11月）。

這個人最壞，是個兩面派，隨風倒。林彪是個武將，仗打得很好，他對黨內的情況不熟悉，康生起了很壞的作用」。[82]

除了康生成功上告彭真「御狀」，江青針對彭真向毛澤東告的「枕頭狀」，也甚是奏效。

彭真與江青在京劇改革、文藝批判、文化革命等問題存在歧異、對立和較勁，毛澤東自然瞭然於胸，最後也形成對江青的偏斜。毛澤東初始將江青當做「文藝哨兵」，對她的政治判斷如對吳晗《海瑞罷官》有敵意、惡感，而未予重視，甚至曾對彭真表示她有點兒「左」。毛澤東後來逐漸重視江青的角色，1965年讓她在上海秘密起草批判吳晗劇作的文章，就是一個重要表徵。1966年江青找林彪談論文化革命，不可能只是江青自作主張，她在軍隊文藝座談的結論文件，毛澤東詳加審閱修改，更以此直接向彭真主持的〈匯報提綱〉攤牌。

就「文革」醞釀和發動過程，毛澤東和江青的政治互動與關係，無疑是前者利用後者，後者為前者所用。然而，江青在毛澤東面前對彭真的種種耳語、非議和批評，以及有時候彭真同江青也過於較真，[83]日積月累下，難免攪擾毛澤東對彭真的認知與態度。彭真亦過於自信，以為他與江青的文藝政策之爭，毛澤東會就事論事並如同既往地對他信任和看重。

根據康生所言，其目睹江青向毛澤東抱怨彭真對她打壓，毛澤東當場不屑地表示：「彭真算什麼，我一個小指頭就可以把他打倒」。[84]江青向毛澤東提出首都安排京劇演出的期程問題，更成為1966年4月毛澤東當眾批評彭真在北京「搞獨立王國」的重要事由。[85]

另外，江青還向毛澤東揭發彭真的「三大毒草」，除了1966年〈匯報提綱〉問題，還有彭真1958年為北京市委理論刊物《前線》所寫的〈發刊詞〉，以及1965年領導「四清」運動的講話。[86]

對毛澤東更關鍵的「武」的人事方面，他想借重林彪的軍威、戰功，以為

82 李莉，《憶李琪》（北京，2001），頁328。

83 蘇雙碧、王宏志，《吳晗傳》（上海：上海人民出版社，1998），頁346。

84 林默涵，〈「文革」前的幾場文藝風波〉，張化、蘇采青主編，《回首「文革」》，上冊，頁265。

85 《彭真傳》，第3卷，頁1222-1223。

86 中國大陸中共黨史研究者（F君）提供的資訊（北京，2011年7月）。

之遂行深謀大略，鳴鑼開道、保駕護航。

　　林彪與彭真之間源自東北爭論的個人嫌隙、政治過節極深，縱使彭真後來
有意示好，林彪也未必領情。更何況，從林彪來看，1966年2、3月，彭真代表
中央出面處理羅瑞卿問題，較不那麼斬釘截鐵、疾言厲色，調查陸定一問題
時，更不能令之滿意、消氣。因為彭真認為陸定一妻子嚴慰冰匿名寫信汙辱林
彪妻子葉群，係其個人所為，與陸氏無關。如此只會在林彪、彭真兩人舊怨之
外另加新仇。鑑此，毛澤東難以冀望林彪、彭真之間出現「將相合」、同時為
己效勞的局面。兩者相權之下，他只能擇用林彪而棄置彭真，甚至以清算彭真
的方式，讓林彪對自己更加輸誠。

　　彭真可能較早即意識到導致其政治垮台原因，內含林彪因素。1966年8月
中共八屆十一中全會（其改組中央領導機構，撤銷彭真等人的中央書記處職
務）之後，彭真交代女兒：「永遠不許找毛主席」、「不許自殺」，「我的事
情，你們不要管」。彭真面對女兒繼續追問他自身問題倒底何在，即指稱是林
彪。

　　彭真晚年回顧自己在「文革」倒台的原因，也認為林彪是關鍵因素。彭真
表示：「這個問題，我也考慮很長時間。毛主席要重用林彪，就不會容忍我在
身邊」。他在另一個場合也說：「『文化大革命』很複雜，我心中有數不好
講」。「發動『文革』，有個接班人的鬥爭問題，把彭、羅、陸、楊搞下來，
不一定是毛主席的本意」。[87]亦即彭真認為其自身之所以在「文革」初倒台，
主要肇因於林彪為搶佔接班位置，施計排除以彭真為主的競爭對手。

　　原任中央警衛局副局長的張文健，曾為彭真服務並與之熟悉，常有交談。
他也表示：「有人說，『文化大革命』毛主席整彭真是為了整劉少奇，這有點
邪乎。毛主席和劉少奇的矛盾在前，和彭真的矛盾在後。毛主席和彭真的矛盾
主要是受了林彪、康生的蠱惑」。[88]

---

87 劉政、張春生，〈從歷史的幾個重大關節看彭真和毛澤東的關係〉，《領導者》，頁158。
88 李海文、王燕玲編著，《世紀對話——憶新中國法制奠基人彭真》，頁371。

九、多病故人疏（1966年4-5月）

（一）毛澤東上海發怒、北京回應，以及4月杭州會議

　　彭真本來政治前程似錦，出現山崩地裂式的變化。1966年3月底以來，彭真遭逢自1945年進入中央政治局以後最大的政治危機——長年對彭真欣賞、提攜、重用的毛澤東，表露對之不滿並公諸高層。

　　3月底，毛澤東在上海大發對彭真及其領導的中央文化革命五人小組、陸定一為首的中宣部和吳晗、鄧拓等人的憤怒。針對康生告狀的3月11日彭真電話質問上海市委事件，毛澤東叱責道：「再不發動文化大革命，老的、中的、小的，都要挨整了」；[89]「彭真、北京市委、中宣部要是再包庇壞人，中宣部要解散，北京市委要解散，五人小組要解散」；[90]「中宣部、北京市委如果再不作公開的自我批評，我就要公開批評，發動各地的黨公開批評」，「姚文元的文章發表時，不敢告訴中宣部。中宣部是個閻王殿，告訴他就壓下來了」，「告訴彭真，再不准包庇壞人了。許立群打電話向上海楊永直，講了兩條是很錯誤的，要向上海道歉，彭真要打電話向上海道歉」。[91]

　　毛澤東還表示：

> 為什麼姚文元的文章一定要告訴中宣部？一定要向彭真打招呼？中央十中全會不是有決定嗎？吳晗寫了那麼多海瑞文章，許多鬼戲文章，宣傳部為什麼不要請示呢？而偏偏姚文元的文章必須打招呼呢？難道階級鬥爭還要告訴中宣部和北京市，中央決議不算數？[92]

　　毛澤東進而說：「那些包庇反共知識分子的人就是學閥，包庇吳晗、翦伯贊這些『中學閥』的人是『大學閥』，中宣部是『閻王殿』，要打倒閻王，解放小鬼」。毛澤東強調：「我歷來主張，凡中央機關做壞事，我就號召地方造

89　卜偉華，《「砸爛舊世界」》，頁66。

90　〈打倒閻王解放小鬼——與康生等同志的談話〉（1966年3月28日），毛澤東，《毛澤東思想萬歲》，頁641。

91　卜偉華，《「砸爛舊世界」》，頁66-67。

92　同上註，頁68。

反，向中央進攻，各地要多出些『孫悟空』，大鬧天宮。去年9月會議，我就問各地同志，中央出了『修正主義』，你們怎麼辦？很可能出，這是最危險的。要支持左派，建立隊伍，走群眾路線」。[93]

針對彭真傾注心力的〈匯報提綱〉，毛澤東也沒好話：「混淆階級界線、不分是非，是錯誤的」；[94]「當時我沒有明顯指出，因為我以為是常委討論過的。只說了對關鋒、戚本禹的批評三年之後再說，還說過何明（關鋒）的文章很好，寫點雜文有什麼關係」。[95]

從上所述，可見：毛澤東政治掛心、欲加征伐的對象，已不僅僅是吳晗之類的「中學閥」，而是蔓延到彭真般的「大學閥」、「活閻王」。因為在毛澤東眼中，彭真在1965年底至1966年春一連串的政治舉動和作為，疑有自以為是、顛倒是非、權令智昏、急躁粗暴、欺下瞞上的多項重嫌，即屬於他之前一再示警的「中央機關做壞事」、「中央出了修正主義」的最新例證。

毛澤東是否可能會想：連他向來信任重用、經常貼身教導的彭真，居然短時都會退化變質，甚或根本是暴露本質，更可見中央上層問題的迫切、嚴重？這是否會使毛澤東更固著、固執於本有想法——黨國高層誤入歧途、積重難返，不採取非常之方法不得挽救，甚至覺得自身看法遭到忽視、受到壓制而被大大激怒，從而更猛力地反撲，一股怒氣之下，將欲興革的範圍從文化、文藝的意識形態領域，擴至政治領域、全黨組織，將文化革命擴大為前所未有的文化大革命？

毛澤東拿與自己甚為親密的彭真祭旗，也等同昭告黨人：不要模仿！不要擋路！有了彭真的「人贓俱獲」，警戒並革除「黨內走資本主義道路的當權派」，不再是危言聳聽、盛世危言，而是最新的全黨行動綱領！[96]

康生電話告知鄧小平其將返回北京傳達毛澤東批評彭真的「聖旨」後，本在外地視察「三線」的鄧小平即乘專機從延安返抵北京，偕同周恩來開始啟動

93　薄一波，《若干重大決策與事件的回顧》（修訂本）（北京：人民出版社，1997），下卷，頁1278。

94　中共中央文獻研究室編，《毛澤東傳（1949-1976）》，下卷，頁1406。

95　卜偉華，《「砸爛舊世界」》，頁66。

96　鄭謙，〈從〈評新編歷史劇《海瑞罷官》〉到〈二月提綱〉〉，李海文主編，《彭真市長》，頁151。

批判彭真進程。鄧小平晚年對此回憶：「彭真的問題本來不大。我沒有附和，送了半筐橘子給彭真，表明態度。」鄧小平贈橘彭真致意一事，或是為真；但其自稱「沒有附和」處理彭真，則需事實查核。鄧小平在1966年4月9日、11日、12日主持召開中央書記處會議，討論如何落實毛澤東的政治決定。[97]鄧小平在會上「表態擁護毛批彭的指示」，並且與周恩來一道批評彭真執行「錯誤路線」，乃「同毛主席思想對立的，是反對毛主席的」。鄧、周也自我批評，檢討身為中央常委有所「失職」問題。[98]彭真也檢討自己錯誤，並稍做自我辯護：

擁護毛主席對我的批評。我需要認真地反省自己，直到思想上完全接受了同志們的意見。但是我要申明，我在過去、現在和將來都不會反對毛主席，也沒有反對過毛主席。至於〈二月提綱〉的問題，應該由我來承擔責任。上面下面都沒有責任。我只是想突出一下毛主席多年來強調的「放」的方針，讓大家多了解各方面的意見，不存在反黨的問題。[99]

鄧小平主持的書記處會議決定：以中央名義正式通知撤銷彭真主持的「二月提綱」；成立陳伯達為首的起草小組，為中央起草文化革命的文件。亦即拔除彭真負責領導文化革命職務。最後，鄧小平執筆撰寫周恩來、鄧小平、彭真三人聯名給毛澤東的信。[100]其中表示：彭真和到會的中央領導人「對這次重大錯誤都作了初步檢查」，「一致同意主席的批評和指示」。[101]有論者指出：「周恩來和鄧小平的附和屈從」，令毛澤東可以無所顧忌，繼續恣意妄為。[102]

彭真突遭重挫，內心憋悶。4月3日，他表示：「我各方面都不落後，在工業、農業、國防、反修、階級鬥爭都不落後，困難時期北京堅持了三面紅旗，

97 中共中央文獻研究室編，《鄧小平年譜（1904-1974）》（北京：中央文獻出版社，2009），下冊，頁1907-1908。
98 高文謙，《晚年周恩來》（紐約：明鏡出版社，2003），頁108。
99 穆欣，《劫後長憶——十年動亂紀事》（香港：新天出版社，1997），頁75-76。
100《彭真年譜》，第4卷，頁480。
101 中共中央文獻研究室編，《周恩來傳》（北京：中央文獻出版社，1998），下冊，頁1839。
102 高文謙，《晚年周恩來》，頁109。

頂住了單幹風，教育上半落後，只是文化上我是外行落後了，原因是我不懂」。[103]4月上旬，彭真赴順義李遂村視察，他在車上一直嚴肅無語，突如其然說道：「任何人都不能壟斷真理」、「真理要靠實踐來檢驗」。[104]抱怨歸抱怨，彭真絕無抵抗毛澤東的念頭和意志。

彭真為挽回毛澤東的政治好感與信任，除了在中央書記處會議檢討，也多管齊下，表達自我改正之意：彭真一改先前對上海市委居高臨下的態度，電話聯繫曹荻秋致歉（此乃應毛澤東要求，不得不打；但上海市委也不買帳）。彭真速將中央同意轉發〈部隊文藝工作座談會紀要〉的批語稿，報送毛澤東，以示樂觀其成、沒有遲疑，棄暗（〈匯報提綱〉）投明。彭真還寫信向毛澤東檢討認錯，表示自己思想跟不上、〈匯報提綱〉有嚴重缺點錯誤，並提到「我腦子很亂，還有些問題沒弄清楚，現在只能先寫這些」。[105]

另外，彭真也加強批鬥羅瑞卿、吳晗力度。在針對羅瑞卿問題的高層內部會議上，彭真表示：「我看不冤枉他」，「說他是資產階級軍事路線、反對毛主席、反對四個第一，說他是資產階級個人野心家、品質惡劣、逼林總讓位、篡軍反黨，是不是事實？」「恐怕是準確的」。彭真也直稱：「吳晗這個人是反黨的，我和老虎在一塊睡覺，也未察覺」。[106]彭真、北京市委也施行「棄軍保帥」——批判鄧拓的雜文集《燕山夜話》，以及他與吳晗、廖沫沙寫的《三家村札記》，以保自我的政治前程。[107]彭真縱有各種努力，但為時已晚。

針對彭真的政治批判，接續移師到4月16日至24日在杭州舉行的中共中央政治局常委擴大會議（第二次杭州會議）。彭真自知在劫難逃，他飛赴杭州時對葉劍英表示：「現在又出事了」，而這回他是事主。[108]彭真在杭州椎心刺骨地感受「不才明主棄，多病故人疏」的苦楚。後面將可看到，彭真在杭州又與

---

103 原北京市委機關毛澤東思想紅旗兵團，《大野心家、大陰謀家彭真罪惡史（1925-1966）》，頁97。

104 閻明復，《閻明復回憶錄》（北京：人民出版社，2015），頁928。

105 《彭真年譜》，第4卷，頁477-479。

106 唐炎明、唐亞明，《〈毛主席語錄〉的誕生及其他：唐平鑄文革實錄》（香港：香港中文大學出版社，2019），頁115-116。

107 蘇雙碧、王宏志，《文革第一冤案——「三家村」文字獄始末》，頁202。

108 李雪峰，〈我所知道的「文革」發動內情〉，張化、蘇采青主編，《回首「文革」》，下冊，頁600。

葉劍英見面談話時，後者就已換了一張政治臉譜。

　　4月杭州會議期間，毛澤東批判彭真，也展露其欲將批鬥全面擴大的心念。22日，毛澤東表示：

> 　　我不相信只是吳晗的問題。這是觸及靈魂的鬥爭，意識形態的，觸及的很廣泛。朝裏有人，各大區、各省市都有，比如文化局、宣傳部等等。鬥爭要逐步地展開，真正有代表性的，省、市都要批評一二個。軍隊也有。所謂朝裏，不光中央，部門，包括各大區、各省市。朝裏那樣清，我不相信。[109]

　　毛澤東針對彭真力主速成的〈匯報提綱〉也批道：「2月3、4、5、6、7——五天嘛，不忙那麼不忙，一忙那麼忙。2月3日急於搞一個五人小組文件，迫不及待。在武漢談整左派，我不同意」。[110]毛澤東還強調就是要翻倒〈匯報提綱〉：「這些材料無非是對、基本對、不對三種。這個通知也是三種，三個月中央翻中央的案，無非是翻、不翻，對、基本對或不對」。[111]

　　彭真現場直接聆聽毛澤東講話，內心肯定波濤洶湧，有很多話想同之解釋和傾吐，以證明一向懂得聽、聽得懂最高領袖並不吝向北京市委人員分享相關心得的自己，[112]在這一回仍是真心實意地「聽毛主席的話」。

　　過去毛澤東舉凡主持僅限少數人參加的核心會議，彭真幾乎都在座，有時會終人散後還會被單獨留下繼續談話；1965年彭真與毛澤東見面的次數，還高居中央「一線」之冠。但是在4月杭州會議期間，彭真透過毛澤東秘書聯絡求見毛澤東20分鐘，都未獲准。彭真只好在會議中間休息時段，趁毛澤東在院子散步之際，奔去其跟前當面懇求接見，毛氏仍沒答應而僅表示：「彭真你不要這樣緊張，先休息休息嘛！」就這一句話就已讓彭真反覆咀嚼、細心思量其中

109 中共中央文獻研究室編，《毛澤東年譜（1949-1976）》，第5卷，頁580。
110 薄一波，《若干重大決策與事件的回顧》（修訂本），下卷，頁1278。
111 中共中央文獻研究室編，《毛澤東年譜（1949-1976）》，第5卷，頁580。
112 周游，〈黨報要做市委的耳目喉舌〉，中共北京市委黨史研究室編，《彭真在北京》（北京：中央文獻出版社，2002），頁48。

可能隱藏任何一絲的「聖恩浩蕩」。[113]

　　彭真猶如熱鍋上的螞蟻，除了屢找毛澤東不成，也急於找尋其他可能的政治奧援。1964年底，劉少奇因為社教運動惹得毛澤東大怒，彭真在1965年初參加劉少奇的生活會並可能直率提出意見，也當面建議劉氏向毛澤東道歉並與之配合。僅一年耳，改由彭真求見剛結束國事訪問、抵達杭州開會的劉少奇，望之在毛澤東面前緩頰幾句。

　　劉少奇離京出訪期間，根本不曉黨內已發生毛澤東批判彭真的政治劇變。他帶回外國熱帶水果分送每位中央常委品嚐，還特別囑咐王光美也同樣為彭真準備一份，反映彭真當時的政治分量。然而，劉少奇在杭州一旦聽聞周恩來、謝富治代表中央介紹毛澤東批判彭真的政治近情後，立即知所當何為，沒有回電答覆彭真欲單獨同之面談的請求。[114]劉少奇避不見面而讓彭真吃閉門羹，最主要的可能考慮是：毛澤東對彭真問題心意已決，為保全自我，何必自找麻煩；彭真一年以前的指正批評，他恐也記憶猶新，未見得全然釋懷。劉少奇警衛將劉氏夫婦特地為彭真準備的異國水果送至彭真住處時，驚覺其住所異常冷清，也不知彭真最後是否有福消受。

　　李井泉回憶：「在文化革命中，1966年4月份第一次中央會議中」（如果此說無誤，應該就是4月杭州會議），劉少奇批評彭真、關向應在延安有「宗派情緒」（彭真素來自豪與關氏最早喊出「毛澤東同志萬歲」口號）；劉少奇也指稱李井泉亦有「宗派情緒」，迫之承認「那時對彭真有迷信」。先前對彭真可能有送橘暖舉的鄧小平，這時則表示：「對彭真，我看錯了人，過去以為他是『陽性子』」。鄧小平也談到毛澤東對他本人的批評，大意是：「你把彭真當好人，彭真在我面前說你的怪話」。[115]

　　杭州會議期間，彭真與林彪有會面談話，林彪不但沒有向彭真送暖，反而擴大對之批判，重提彭真在國共內戰初期的東北問題。既然毛澤東已決定拋棄彭真，林彪也無須再遵照毛澤東對彭真東北問題所做的「路線性錯誤」定性，而重新控之犯有「路線錯誤」。彭真當年在「關外」與林彪、高崗、陳雲結怨

---

113 馬句，〈憶彭真——寫在紀念彭真誕辰100週年之際〉，《前線》，2012年第10期，頁59。

114 黃崢執筆，《王光美訪談錄》（北京：中央文獻出版社，2006），頁391。

115〈李井泉關於與彭真、賀龍、陶鑄、鄧小平關係的檢查〉，頁21-22。

甚深。高崗在1954年自殺而亡、陳雲在1962年以後被打入政治冷宮，彭真鬆了一口氣，但是他最終還是躲不過林彪這關。

　　彭真另外也分別跟葉劍英、李井泉談話，應該也是話無好話、會無好會。葉劍英與彭真談話的隔天，也是杭州會議最後一天（4月24日），葉劍英、蕭華、楊成武和劉志堅聯名向毛澤東、黨中央狀告彭真「在批判羅瑞卿會議過程中的惡劣表現」，並指出林彪對彭真「錯誤意見」的堅決抵制和處置方式。[116]

　　1963年5月，彭真受命於毛澤東在杭州領導各大區中央局領導人討論制定社教運動指導文件。彭真那時率領方面大員研議問題，好不風光，開會聚餐皆以之為尊、簇擁而行，好不熱鬧。三年之後的杭州會議，舊地重遊，各大區書記多不敢與之並行、說話。早在1930年代中後期彭真即是李雪峰上級，李雪峰硬與彭真乾扯幾句，也僅止於天氣話題。彭真在杭州感受的不是「暖風薰得遊人醉」，而是嚴酷政治下的人情冷暖。

　　彭真急找政治救生圈的主意，也打到陳伯達身上。陳伯達過去有要事找彭真，總會畢恭畢敬地先致電彭真秘書，請之轉報請示方便與否。[117]從杭州會議期間到會後回到北京以後，反而是彭真頻頻指示秘書致電陳伯達要求見面。陳伯達眼見中央倒彭的政治勢頭愈見明顯，軟磨硬泡、拒不見面。逼得彭真自行驅車直闖陳伯達住處，終得見上一面。驅使彭真「不恥下問」、「三顧茅廬」地頻找陳伯達的原因，很可能是一年以前當毛澤東為社教問題怒斥劉少奇，陳伯達在平息「聖上」盛怒上發揮一些作用，一同行事的彭真知之甚詳，望其如法炮製，在黨主席面前進行斡旋，扭轉彭真身陷的政治僵局。陳伯達覺得彭真大勢已去而自己無力回天，兩人簡短相談後，彭真即悻然離去。[118]

　　第二次杭州會議結束後，4月28日，仍在杭州逗留的毛澤東，繼續追擊、批判彭真，揚言「對他的錯誤要徹底攻」。[119]毛氏表示：

　　　　北京一根針也插不進去，一滴水也滴不進去。彭真要按他的世界觀改造

116 余汝信主編，《羅瑞卿案》（香港：新世紀出版社，2014），頁114。
117 中國大陸中共黨史研究者（F君）提供的資訊（北京，2014年8月）。
118 王文耀、王保春，《「文革」前後時期的陳伯達──秘書的證言》（香港：天地圖書有限公司，2014），頁258-259。
119 中共中央文獻研究室編，《毛澤東年譜（1949-1976）》，第5卷，頁581。

黨。事物是向他的反面發展的，他自己為自己準備了垮台的條件。這是必然的事，是從偶然中暴露出來的，一步一步深入的。歷史教訓並不是人人都引以為戒的。這是階級鬥爭的規律，是不以人們的意志為轉移的。凡是在中央有人搞鬼，我就號召地方起來攻他們，叫孫悟空大鬧天宮，並要搞那些保「玉皇大帝」的人。彭真是混到黨內的渺小人物，沒有什麼了不起，一個指頭就捅倒他。「西風落葉下長安」，告訴同志們不要無窮地憂慮。「灰塵不掃不走，階級敵人不鬥不倒」。

　　現象是看得見的，本質是隱藏的。本質也會通過現象表現出來。彭真的本質隱藏了30年。[120]

　　第二次杭州會議期間，周恩來對彭真的態度尚屬友善。例如：當毛澤東以《蘆蕩火種》在北京演出場數被刻意遭限為由，當面批評彭真及其市委「針插不進、水潑不進」，並就此詢問鄧小平、周恩來對此的感受。鄧小平帶有撇清之意地答覆：「我和彭真同志的工作關係是正常的」；周恩來則略微緩頰地回道：「我還沒有什麼感覺」，「我找北京市的人，要找什麼人就找什麼人」。這次杭州開會期間，周恩來共與彭真談話三次。

　　當周恩來明瞭毛澤東打倒彭真的主意已定，彭真若仍不願俯首就擒，恐會影響到毛澤東對行將展開之「文化大革命」的戰略布署。4月底，周恩來直接到彭真的寓所與之深談。周恩來對彭真表示：「黨不能分裂，你有意見，可以保留」。[121]周恩來的意思是：彭真對於自身政治遭逢如此大難、跌落雲端，一定感到不解、不服和不滿，但是此乃毛澤東意旨，如果繼續抗命，就可能引發黨內震盪，甚至有造成黨分裂之虞；彭真基於「黨性」，特別是出於對毛澤東的崇敬和對之意見的遵循，就應該服從政治處置，而不再設法力挽自身「既倒」的命運。兩人講到激動處都潸然淚下。[122]周恩來的出馬勸說，看來促使彭真放棄最後抵抗。

120〈批判彭真〉（1966年4月28日），毛澤東，《毛澤東思想萬歲》，頁641-642。
121馬句，〈憶彭真——寫在紀念彭真誕辰100週年之際〉，《前線》，頁59。
122中國大陸中共黨史研究者（F君）提供的資訊（北京，2013年7月）。

（二）5月政治局擴大會議批鬥

　　回到本書開頭所說的5月中央政治局擴大會議，在會議開始首日（5月4日），彭真主動向劉少奇、鄧小平表示不再管北京市的工作。此乃勢之必然，事實上，毛澤東已擇定李雪峰接替彭真出任「京官」，劉少奇、鄧小平自然同意彭真的請求。鄧小平「為了不致使北京市工作停頓」，旋即安排李雪峰走馬上任。[123]這即是5月11日的第一次全體會議上，彭真向李雪峰交代首都工作的由來。另外，約此前後，彭真也透過電話告知鄧小平辭去中央書記處的工作。鄧小平表示：「該怎麼做就怎麼做」。[124]

　　5月16日，劉少奇主持中央政治局擴大會議第二次全體會議，一字不動地同意通過毛澤東多次修改、親自審定的〈中國共產黨中央委員會通知〉（即「五一六通知」），內容多處直接點名批判彭真，及其主導而成的〈匯報提綱〉。

　　值得一提的是，毛澤東針對「學閥」所指為誰的問題，在其中加寫如下文字：「其實，那些支持資產階級學閥的黨內走資本主義道路的當權派，那些鑽進黨內保護資產階級學閥的資產階級代表人物，才是不讀書、不看報、不接觸群眾、什麼學問也沒有、專靠『武斷和以勢壓人』、竊取黨的名義的大黨閥」。[125]

　　1964年9月13日的《人民日報》報導，才將彭真列為毛澤東「最親密的戰友」、「毛主席的親密戰友」，時間僅隔1年8個月，彭真已成毛澤東「御筆」下的「大黨閥」。

　　彭真過往一心一意唯毛澤東是從而開罪的黨內實力人物，見彭真聖眷不再，肆意對之清算，宣洩長期蓄積的怨恨。5月18日，林彪在中央政治局擴大會議的大會上大講「防止反革命政變」，指控彭真、羅瑞卿、陸定一、楊尚昆是「野心家」，並有大段內容專門撻伐彭真，其東北錯誤更是批判焦點。毛澤東打倒彭真的直接說詞——「針插不進、水潑不進」問題，反倒只是點綴。[126]

123 中共中央文獻研究室編，《鄧小平年譜（1904-1974）》，下冊，頁1912。
124 中國大陸中共黨史研究者（D君）提供的資訊（北京，2015年8月）。
125 中共中央文獻研究室編，《毛澤東年譜（1949-1976）》，第5卷，頁578。
126 林彪，〈在中央政治局擴大會議上的講話〉，宋永毅等編，《中國文化大革命文庫》（香

劉少奇、周恩來和鄧小平皆對林彪講話稱好，並主張印發。[127]

林彪大會講話的次日（即5月19日），彭真被要求在大會上自我檢查。他承認自身有錯、認識不夠，但強調：「至於搞政變、顛覆中央、裡通外國等罪惡活動，我連作夢也沒有想到。至於我同羅瑞卿、同陸定一有沒有反黨的聯繫，請中央審查」。彭真的自我批評只花5分鐘，引起全場眾怒，多人先後發言批判。

林彪、康生、陳伯達這些後來被中共官方定為「絕非善類」者，對彭真惡言惡語，尚不教人有多大意外。例如：林彪對彭真說的「我連作夢也沒有想到」，反唇相譏是「其實是做夢也沒有忘掉」，並表示「你到處封官許願，包庇壞人，實際上是招兵買馬，招降納叛，擴大隊伍，組織政變的力量」。康生直稱「彭真的檢查就是反對『五一六通知』」，「你尖銳地同黨、同主席、同林總對立」。陳伯達再次祭出當年以蔣、宋、孔、陳「四大家族」之說詆毀國府統治的招數，指控黨內有地下的「彭、羅、陸、楊四大家族」。

與彭真過去多有工作關係、甚至發展私人情誼者，也對他政治切割、形同陌路。彭真最要好的「老帥」賀龍表示：「主席批評赫魯曉夫出在我們身邊，那還不是批評你呀？你就沒有承認赫魯曉夫，你是一個大黨閥也不講」。張鼎丞在延安就同彭真共事於中央黨校，8、9年前還竭力與之配合在檢察系統大「反右派」、整風，這時已換一副面孔直斥彭真「做幾十年壞事」，是「偽君子、野心家」，「要篡黨、篡軍、篡政」。

楊成武繼4月24日聯合葉劍英、蕭華、劉志堅，就羅瑞卿處理問題向毛澤東告彭真的「御狀」，又想再立一功，在會上批判彭真：「五人小組的提綱就是搞政變，如果不成，就用槍桿子搞政變。林總昨天講的，一個筆桿子，一個槍桿子，兩種形式都可以搞政變，也可以聯合起來搞政變。沒有冤枉他」。[128]8天以前的第一次全體會議上（5月11日），當彭真向李雪峰交代北京市工作時，在後面高聲叫囂，從而惹得彭真轉身怒吼「誰是第一個喊叫萬歲的」以自證忠心於毛澤東的晉察冀有關軍隊人士，有無可能就是這名楊上將？

港：香港中文大學中國研究服務中心，2002）。

127 王力，《王力反思錄》，下冊，頁592。

128 卜偉華，《「砸爛舊世界」》，頁87-88。

　　5月19日，在會上發言批判彭真，或提出問題要他考慮、交代者，還有：李先念、陳毅、薄一波、劉少奇、廖漢生、聶榮臻、蔡暢、余秋里、錢瑛、周榮鑫、楊勇。這對彭真肯定是漫長難熬的一日。

　　5月21日，周恩來在大會上講話，主要批判彭真、羅瑞卿和陸定一，因為三人「都是得到中央信任，各把一方」，楊尚昆「自己成不了氣候，只是抱了腿」。針對彭真問題，周恩來擺出一副完全不同於上個月底與之對談時的臉孔，他指出彭真是林彪「發現的最早」，並認同分享林彪對彭真的負面評價：「林總在東北講的三句話最生動，最形象；見什麼人說什麼話，兩面三刀沒有章法，本質是政治掮客，投機分子」。周恩來在隱忍超過20來年後，開始清算彭真在延安整風運動的舊帳：

> 　　整風是整別人不整自己，個人主義極端嚴重。彭、羅、陸擺出一副一貫正確的姿態（彭說他既非教條主義，又非經驗主義），驕傲自滿，自高自大，從無自我批評，同主席和林彪同志從不談東北的問題，個人主義勝過黨性，對他提過意見的人，他恨之入骨，永遠不忘。[129]

　　周恩來在政治上對彭真已是恩斷義絕、徹底「分手」，但是彭真仍對之寄以厚望。彭真不久被立案調查，其早年被捕坐牢、有否變節的問題，特別是1929年那次下獄經歷，更成為徹查重點。彭真在交代自傳（11月18日）中對此表示：「當時中央的領導人，特別是管過順直省委工作的中央同志會知道我們的大概情況。這些情況，當時中央的領導人周恩來同志大體會記得。」[130]但是後面將可看到：周恩來在這一問題上不但未如彭真所期待地為之證明清白，反而以此為由，在1973年底對可能有助改善彭真政治處境的難得機會，設置絆阻關卡。

　　鄧小平在5月25日發言表示：「我們書記處好多書記出了事呀」，「有的知道，有的沒有察覺，失察的責任主要是我的」；他也呼應林彪、周恩來講

129 〈周恩來在中央政治局擴大會議上的講話〉，宋永毅等編，《中國文化大革命文庫》。
130 《彭真傳》，第3卷，頁1241。

話，強調必須「不搞個人野心，不搞個人主義，不打自己的旗幟」。[131]有「文革」揭發資料指稱：鄧小平這一講話中直接點名批判彭真是「極端的個人主義」。[132]葉劍英在會議期間也曾發言批判「彭、羅、陸、楊」，會後仍意猶未盡，在離去車上談及彭真時持以極其鄙視的態度，一路說得不停。[133]

中央政治局擴大會議最後做出正式罷黜「彭、羅、陸、楊」的決定。從延安時期起，在中共政壇叱吒風雲超過1/4世紀的彭真，進入他參加中共革命以來的第二次「黑暗期」。彭真上一回是被打入敵人監牢，這次則是成為共產黨自己的專政對象，而且想不到其失去自由的時間更長得多。

5月18日，劉少奇、周恩來和鄧小平會見北越領導人胡志明時，咸認為「五一六通知」所提的「中國黨內的赫魯曉夫、修正主義者」，「已經挖出來了」。[134]亦即劉少奇等人認為其指的就是彭真，也覺得可以稍事喘一口氣。然而，彭真私下針對「五一六通知」表示：「赫魯曉夫式人物不是指我，我不夠格」。[135]

以彭真長期身處中共核心高層的經歷，以及同毛澤東近身相處的經驗（劉少奇政治失寵後，彭真仍在一段時間內保有毛澤東的器重），他知曉毛澤東對劉少奇、以至更大既有體制的深切不滿。因此，彭真認為毛澤東所指的「現正睡在我們的身旁」的「赫魯曉夫那樣的人物」，地位還在彭真本人之上、而且在他垮台時仍在其位。彭真的政治預感，到後來劉少奇被冠以「中國的赫魯曉夫」的政治大帽後，得到證實。

根據1930年代中期在華北與劉少奇有政治過節的高文華揭發，1966年6月初，劉少奇曾主動找之問道：「林楓是你交給我的，現在聽說他是自首分子，你知道嗎？彭真也是你交給我的，他過去的歷史到底怎樣？」[136]高氏所言若非

---

131 中共中央文獻研究室編，《鄧小平傳（1904-1974）》（北京：中央文獻出版社，2014），下卷，頁1331。

132 中央組織部《只爭朝夕》戰鬥隊，〈鄧小平與安子文的黑關係一百條〉，北京地質學院革命委員會、紅代會北京地質學院〈東方紅〉公社資料組編印，《把鄧小平批倒鬥臭》（北京，1967），頁29。

133 邱會作，《邱會作回憶錄》，上冊，頁439-440。

134 中共中央文獻研究室編，《周恩來傳》，下冊，頁1841。

135 《彭真傳》，第3卷，頁1234。

136 高文華，〈痛斥劉少奇嫁禍柯慶施同志的無恥爛言〉，紅代會北京建築工業學院新八一戰鬥

不實，或顯示劉少奇擔心：彭真在與自己共事之前有歷史變節問題。彭真在1935年出獄後，乃先與高氏「接上了關係」，劉少奇之後再任用之。為了釐清政治責任、甚至預做政治切割，劉少奇要高氏對此予以說明。

彭真聞知劉少奇政治地位也不保後，也開始表露過去曾與劉少奇抱持不同的政策觀點。1967年7月20日，彭真在遭受批鬥時表示：「四清時我也不同意劉少奇的，沒有破壞四清」。[137]但是彭真遇到有人欲對劉少奇羅織通敵罪名之時，則堅持原則地為之澄清和證明。[138]

在台灣海峽另一側的蔣中正，見到中共「文革」內部大亂鬥，1966年10月9日，隔海向中共黨人心戰喊話：與毛澤東關係親近而成為其「親密戰友」者，許多都沒有落得好下場。蔣氏不但將彭真列舉在內，還表示：

> 劉少奇對於北方的工運，及其助手彭真，對於北方的學運，都是毛澤東的大力支持者；毛澤東之有今日，對你們的黨政來說，劉、彭兩人，乃是數一數二最有「功」的幹部。但是毛澤東第三次權力鬥爭的目標——所謂資本主義的當權派，指的究竟是誰！還不是劉少奇和彭真麼？[139]

十、「文革」中「倒而未絕」：毛澤東、周恩來的同中有異

彭真在1966年突然政治崩盤，並非完全從毛澤東心目中徹底消失。毛澤東明瞭：彭真對自己一貫緊跟不已，只是到後來已跟不上自己密謀之「史無前例」的「文革」戰略意圖和人事部署，彭真顯得礙手礙腳之餘，又有些恃寵而驕。毛澤東為推促其自認偉大的歷史進程，寧負天下之人，彭真縱使向來對毛本人忠心耿耿，為滿足其心意而不惜手段、不計代價，也直可拋棄。1966年6

團《新八一》編輯部，《新八一》，第18期，1967年8月25日，版3。

137〈看！落水狗還沒死〉，北京工業大學革命委員會、紅代會北京工業大學東方紅公社，《東方紅》，第20號，1967年8月23日，版4。

138《彭真傳》，第3卷，頁1261。

139蔣中正，〈中華民國五十五年國慶日前夕告中共黨人書〉，財團法人中正文教基金會：http://www.ccfd.org.tw/ccef001/index.php?option=com_content&view=article&id=795:0003-94&catid=246&Itemid=256&limitstart=0（2022年5月10日登入）。

月10日，毛澤東與胡志明會面時表示：「彭真犯過一系列的錯誤，早幾年我已經要撤他」，「北京市是個獨立王國，誰也不能過問」；「彭真被國民黨抓過，怎麼出來的，我們不清楚」；「彭真在延安辦黨校就犯過錯誤」；「彭真到晉察冀不到兩年時間，執行王明路線」。他還指控彭真等人「裏通外國」。[140]

　　彭真倒台後寫申訴信，透過汪東興轉給毛澤東，都石沉大海，從無回音；[141]甚至有資料指出：毛澤東看到彭真被批鬥的錄影——頭戴高帽、脖掛黑牌，身體遭到「噴氣式」的體罰，還說道：「看你還搞不搞修正主義！」[142]1969年4月中共「九大」期間，針對康生提到蘇聯報紙刊登彭真戴高帽子的照片，毛澤東表示：「土豪劣紳能戴高帽子，彭真為什麼不能戴高帽子？」

圖15-5：彭真在「文革」中遭受批鬥。
資料來源：Wikimedia Commons。

---

140 余汝信編，《康生年譜（1898-1975）——一個中國共產黨人的一生》（香港：新世紀出版及傳媒有限公司，2023），頁398。

141 傅彥，〈銘記永遠〉（2020年8月20日），太行英雄：http://taihangsummit.com/0cf1b944e2/（2022年4月10日登入）。

142 程光，《心靈的對話：邱會作與兒子談文化大革命》，上冊，頁65。

　　毛澤東在政治上鐵石心腸、心狠手辣，但可能基於政治計算以至主僕舊情，他對彭真也非趕盡殺絕，不留任何餘地和活口。

　　根據王力回憶，毛澤東在「文革」初期提到彭真時，還略帶惋惜地指出：彭真和鄧小平、陶鑄的問題是「性子都太急」。[143]1967年7月18日，毛澤東在武漢和周恩來等人談話時表示：「明年春天『文化大革命』結束後，接著召開『九大』把老同志都解脫出來，許多老同志都要當代表、當中央委員」。毛澤東並列舉鄧小平、彭真、賀龍等人姓名。[144]作為「彭、羅、陸、楊反黨集團」之首的彭真，不像劉少奇，始終沒有被開除黨籍。[145]毛澤東在其中的關鍵作用不言可喻。王力就指稱，毛澤東曾針對彭真問題表示「至少要保留黨籍，分配工作」。[146]

　　1966年12月4日零時，彭真被葉劍英女兒葉向真帶頭的「紅衛兵」突襲綁架擄走，周恩來接到張潔清求助電話，[147]要求北京衛戍區迅速尋找彭真下落，也親自和涉案的「革命小將」周旋談判，並要求與他們有聯繫的戚本禹出面，促之放人轉交衛戍區監護，終而化解彭真這場人身安全危機。[148]彭真、張潔清經歷此事後被迫分隔。繼續留在住所的張潔清，十分掛念、擔憂彭真的安危，只能對家中的毛澤東像喃喃自道：「（毛）主席，你應該了解（彭真）這個人」。

　　此次政治相救和化險為夷，讓彭真心生不少信心，認為毛澤東對之沒有完全放棄，自己總有撥雲散霧見青天的一日。[149]彭真躲過綁架冤死劫數，仍難逃批鬥大會活罪，1968年7月15日，更被關進他當初參與建造的秦城監獄。[150]張

143 王力，《王力反思錄》，下冊，頁668。

144 中共中央文獻研究室編，《鄧小平年譜（1904-1974）》，下冊，頁1938。

145 孟紅、任遠、王燕萍，〈彭真：一生實事求是與堅持真理——黨史專家田酉如訪談錄〉，《黨史文匯》，2012年第11期，頁22。

146 王力，《王力反思錄》，下冊，頁944。

147 《彭真年譜》，第4卷，頁492。

148 傅崇碧，《傅崇碧回憶錄》（北京：中共黨史出版社，1999），頁187-188。

149 馬句，〈憶彭真——寫在紀念彭真誕辰100週年之際〉，《前線》，頁59。

150 7月10日，康生同意彭真、劉仁專案組上報之〈關於逮捕大叛徒、大特務彭真的請示報告〉，並呈送毛澤東、林彪、周恩來、陳伯達、黃永勝、謝富治、葉群審批，江青則因「請假而暫不送」，毛澤東等人也一一圈閱同意。余汝信編，《康生年譜（1898-1975）——一個中國共產黨人的一生》，頁575。

潔清也遭到同樣待遇，兩人失去所有的對外連繫長達數年之久。

毛澤東的這齣「文革」大戲，因有需要林彪效勞之處，不光是彭真因此而被政治交易、犧牲，甚至鄧小平都必須為之靠邊站。林彪在朝「得寵」，其過去的黨內競爭者絕無出頭之日。1970年初，國民黨駐香港工作人員經由內線，輾轉獲自英國駐北京代辦處所得情報，即中共「九大」後將召開全國「人代會議」，大部分的「文革」倒台高幹得以「獲得解放」，惟可以肯定的是「劉少奇、鄧小平、彭真等並不包括在內」。[151]

此時世人多不曉的是，劉少奇已於前一年的11月12日在河南開封飲恨而終。彭真和鄧小平皆不約而同地深信並耐心等待：蒙受毛澤東「寵召」的一日終究可以到來。彭真晚年表示：他始終相信「文革」開始後需時不用太久，毛澤東必定會識破林彪的真正為人而與之分道揚鑣，並且回心轉意重新找他歸隊。只是彭真沒想到毛、林政治決裂的時間，較其本來預估還來得漫長許多。彭真恐怕也沒意料到：好不容易等到林彪總算走了、徹底完了，毛澤東亦問起他情況，竟還有周恩來跳出來狀似擋道。

1971年秋林彪墜機身亡，毛澤東重新回頭眷顧那些過去跟林彪關係緊張的人士，起用鄧小平就是一例。在東北問題上與林彪意見不合、而與之長期心存芥蒂的彭真，毛澤東或也曾有所考慮。1973年12月21日，毛澤東接見中央軍委會議的與會高幹，周恩來、鄧小平也參加。當談話提及1960年布加勒斯特會議，毛澤東問到鄧小平：「那次你去了吧？」鄧氏回答：「沒有。那次我沒去，彭真、康老去了」。毛澤東進而表示「彭真對於整『蘇修』還是有功的」，並詢問彭真近況。[152]

毛澤東主導中共對蘇關係的所有重大決策，布加勒斯特會議始末，他自是一清二楚，彭真代表中共率團與會，也是由之親自點將成行。毛澤東在13年後就此詢問鄧小平，不禁令人猜想他是否為明知故問？毛澤東若故意言之，又含有什麼政治盤算？

1972年8月14日，毛澤東在黨內醞釀擬讓鄧小平政治「出山」的氛圍時，

151〈台（59）中秘字第028號張寶樹呈〉（1970年2月18日），中國國民黨文化傳播委員會黨史館，檔號：總裁批簽59/0013。

152《彭真傳》，第3卷，頁1267。

批示強調鄧氏早年在江西被當做「毛派的頭子」挨整、未嘗降敵、立有戰功，以及在反「蘇修」問題上「沒有屈服」。這次毛澤東引導鄧氏回顧彭真出席布加勒斯特會議的歷史，並強調「彭真對於整『蘇修』還是有功的」，是否意在提醒鄧氏：反「蘇修」立功者並非僅其一人而已？另外，毛澤東緊接問到彭真情況，或還懷有更深層的意思：鄧氏此番政治東山再起，必須如履薄冰、盡力為之，不然難保沒有被人取而代之的一日，而彭真或是一可能的具體人選。毛澤東城府極深，經常以微言大義方式，令聽者費心猜想、難以捉摸。毛澤東突然重提彭真，鄧氏作如何想？又如何影響其對彭真可能政治復出的看法？

毛澤東在1973年12月的講話中指出：賀龍、「楊余傅」（楊成武、余立金、傅崇碧），以及羅瑞卿問題的錯誤處理，林彪皆有重要關係和責任。毛澤東提到中蘇關係時，思及彭真，也是在這個批判林彪的思路背景下。如此是否或也反映：毛澤東在1966年決心罷黜彭真時，其意念中確實存在的林彪因素和考慮？既然林彪現已不作數，當初為了林彪而被犧牲的彭真，毛澤東是否也想要將之解放出來？

針對毛澤東詢問彭真「現在他怎樣」，周恩來當場表示：「他還有個歷史問題要查清」。[153]即彭真是否曾當叛徒之事。周恩來提到彭真的歷史問題，不是全無跡象可尋。如前所述，1966年11月，彭真舉出周恩來可為他在1929年的那次牢獄經歷和表現，擔任關鍵人證。但是周恩來充耳不聞，使其希望落空。1969年「九大」期間，毛澤東表示：歷史上「薄一波、安子文、彭真都與國民黨有聯繫」，而「在這樣一種傾向中，有的跟著跑犯了錯誤，但是不一定是叛徒、特務」。周恩來隨即插話：彭德懷、賀龍、彭（真）、羅（瑞卿）、陸（定一）、楊（尚昆），以及薄一波、安子文，業已證明即是。毛澤東據此接續說道：「他們是叛徒、內奸、異己分子，但跟他們跑的並不一定是叛徒、特務，也要區別對待」。

周恩來在1973年底這次又提彭真的歷史問題尚待查明，其做何權衡考量？可能原因如下：

一、毛澤東雖然問及彭真情況，但主要在試探而無表達更明確的態度（針對鄧小平問題，他親筆批示並批轉黨內傳閱）。周恩來對此小心翼翼，是比較

---

153 劉政、張春生，〈從歷史的幾個重大關節看彭真和毛澤東的關係〉，《領導者》，頁157。

保險的做法。

二、鄧小平剛剛復出視事，還沒有開始施展拳腳，周恩來或認為彭真復出一事可以暫緩，之後再說。

三、對於權力現狀可能產生的波動影響，應也是周恩來考慮的問題。關於鄧氏重回政治舞台一事，毛澤東開了金口後，周恩來也是頗費一番唇舌下，才在高層菁英中形成共識。彭真倒台一事，康生、江青、張春橋及姚文元涉入極深，他們也視成功扳倒彭真是自身主要事功。貿然主張彭真復出，必然遭這些人質疑、反對，吃力不討好。

四、彭真是一位慣行大權、要幹實事的政治人物，周恩來在「文革」前國務院和中央書記處的往來過程中，對此甚為了解。如何在中央安置事業心和權力欲皆強的彭真，也將是一個大費周章的問題。

五、彭真在歷史上與周恩來多有糾結和不敬之處，包括：延安高層整風和黨校審幹、批判「反冒進」和中央書記處職權擴及國務院原轄事務，以及「大躍進」後經濟調整問題。可能也負面影響周恩來對彭真的個人觀感和評價。彭真在政法領域「反右派」和政法機關整風，迫害其舊屬王翰、為其欣賞的法律工作者賈潛，更傷及董必武並損毀自己有共鳴的法制建國夢，周恩來恐也不會完全無感。

然而，周恩來見到毛澤東長年重用彭真，因而對之一直客氣以對，甚至紆尊降貴；周恩來直到確信彭真已失卻毛澤東信任，便先以「黨不能分裂」為由，私下勸說彭真放棄最後抵抗，再以細算歷史老帳方式，在中央政治局會議上對其嚴厲撻伐。

1972年，彭真子女飽經顛沛流離之苦後，求助周恩來，雖只能見到其秘書趙煒，終能以探監形式，先後見到母親張潔清和父親彭真。這無疑經過周恩來幕後安排。但是要周恩來明言支持彭真重出「江湖」，則是一高風險的政治舉措，周恩來怎知彭真哪天會否對自身「反攻倒算」？

從目前可得資料看來，毛澤東後來沒有再提起彭真的問題。可能因為他覺得當時身邊包含周恩來在內的政治要人，對此都興趣缺缺。然而，針對彭真歷史問題的專案調查結論，毛澤東和周恩來之間卻似有不同看法。

1975年3月，周恩來作為僅在毛澤東一人之下、黨中央對專案審查事務的最高把關者（另一名向來對此「極盡所能」、特有「建樹」的康生已病入膏

肓），他按照毛澤東最新的最高指示——盡快結束專案審查和將審查對象加以
釋放，便要求：針對包括彭真在內的670人，絕大多數予以釋放並安置，「凡
是專案組能夠作出結論的，應作出結論」，若一時不能予以定論者，則先把人
放出，以後再由中組部會同其他單位為之（此即〈關於專案審查對象處理意見
的請示報告〉，毛澤東審閱同意，「還要看全部名單」）。[154]

　　5月21日，中共中央專案審查小組辦公室根據「能夠作出結論的，應作出
結論」的方針，基於「內部定性為敵我矛盾」的原則，寫成〈關於叛徒、反黨
分子彭真的審查結論〉，斷定「彭真是一個叛徒、反黨分子」（特別鎖定、指
控他1929年被捕而坐6年牢的那段經歷），並提出要將之「清除出黨」。同
日，彭真被押送流放陝西商洛、在家賦閒。6月上旬，彭真被告知〈審查結
論〉後，自是不予接受，憤而在6月19日致信毛澤東、中共中央為己辯誣，強
調〈審查結論〉與「事實有重大出入」，特別說明其1929年至1935年坐牢期間
的政治表現問題，並提出「誠摯地請求黨把我留在黨內」。[155]

　　以周恩來「辦事細」的政治特點，以及其對這批「要犯」（包含彭真）政
治審查情況的一一過目，以至在這段時間主動過問其中個案的處理，[156]更重要
的是，他對彭真「歷史問題」應已有定見（如見1969年「九大」他對毛澤東講
話的插話、1973年他對毛澤東詢問彭真情況的回覆），這一指控彭真是「叛
徒、反黨分子」的〈審查結論〉，中央專案審查小組豈敢逕自決定。雖無資料
證明此乃周恩來示意專案組為之，但他至少不予反對、同意認可這樣針對彭真
的政治定性和結論意見。然而，關於彭真的〈審查結論〉上報中共中央後，毛
澤東閱後沒有批可，直到其「見馬克思」以前都是如此。[157]1976年5月27日，
江青又向毛澤東轉呈不利彭真的近況報告，他閱後也未作聲。[158]以上顯示他對

154 中共中央文獻研究室編，《周恩來年譜（1949-1976）》（北京：中央文獻出版社，1997），
　　下卷，頁698-699。中共中央文獻研究室編，《毛澤東年譜（1949-1976）》，第6卷，頁575-
　　576。

155 《彭真傳》，第3卷，頁1270-1271。《彭真年譜》，第4卷，頁510-511。

156 中共中央文獻研究室編，《周恩來傳》，下冊，頁2125-2126。

157 〈中共中央關於為彭真同志平反的通知〉（1979年2月17日），宋永毅等編，《中國文化大
　　革命文庫》。

158 《彭真傳》，第3卷，頁1272。

彭真仍留有一絲政治餘地。

最後，從彭真在「文革」中「倒而未絕」的遭遇，也另增一項例證，助於辨明毛澤東如何看待彭真和劉少奇之間的政治關係。在時序上，毛澤東先後打倒彭真、劉少奇，讓他們從政治舞台消失。然而，經過仔細對比，可以發現毛澤東對此二人並非簡單地一併徹底革除。針對劉少奇，毛澤東批可「叛徒、內奸、工賊」的政治結論，並同意開除黨籍。劉少奇本已得不到充分醫療照顧，1969年在悲憤交加下離世。彭真狠遭批鬥、苦蹲牢房，嘗盡不人道的待遇，但畢竟倖免一死。

林彪葬身大漠後，毛澤東一度念及彭真並詢問其情況，也沒有批可將之定為叛徒的專案調查結論。1975年5月彭真離開大牢被流放安置在陝西商洛，終究得以保留黨籍。這也是一個側面反映出毛澤東並未將劉少奇、彭真等同看待和處置。如果真如馬若德等人以為的劉少奇、彭真同屬一「派」，甚至結黨對付毛澤東，皆睚必較、有仇必報的毛氏，豈會在虐待劉少奇致死後，不去徹底政治追殺彭真、免得留下後患？

事過境遷後的1980年，彭真表示：

> 捫心自問，我不是一個盲目迷信的人，但我就是崇拜毛主席。打個比方，一件事情來了，如果主席與少奇或者總理有不同意見，我很自然地就贊成主席的意見；如果是少奇與總理有不同意見，那就不一定了，在這件事情上，我可能贊成少奇的意見，在那件事情上，我可能贊成總理的意見。為什麼會有這樣一種心態？這是因為，在黨的歷史上，幾次重大關頭，毛主席的意見開頭多數人不贊成，他是孤立的，但最終的事實證明還是他正確，他高明，他站得高、看得遠。這樣一來，對他的個人崇拜就逐漸形成了，我也不例外。但是，人非聖賢啊！聖賢也會犯錯誤。搞「文化大革命」，毛主席就犯了大錯誤。不過，也有好處，壞事可以變好事，是毛主席自己用他犯的錯誤打破了對他的個人崇拜，這對全黨全國人民解放思想一定會產生深遠的影響。[159]

---

159 《彭真傳》，第4卷，頁1290-1291。

　　彭真上述言論除了想要表明忠於毛澤東的政治心跡，並以示絕無與劉少奇結黨，或還有藉以說明他當年享有獨立政治地位的用意。

　　彭真對毛澤東主政的中共政治，親身參與、瞭若指掌。他晚年卻曾反問劉源：「毛主席為什麼要搞『文化大革命』？為什麼要打倒你父親？」[160]彭真是明知故問嗎？如果是，他又為何有此一問？令人感到好奇，也留下一個歷史疑竇。

---

160 劉源、何家棟，〈可貴的嘗試〉，王光美、劉源等著，郭家寬編，《歷史應由人民書寫——你所不知道的劉少奇》（香港：天地圖書有限公司，1999），頁46。

結論

一、整風幫手、探路助手與運動推手：
促成以毛獨尊、「以言代法」

毛澤東主政下的中共歷史與中華人民共和國政治，毫無疑問地，整風和群眾運動是其主要特色。整風成形、成熟於中共延安時期，從高層政治而言，這是毛澤東進一步確立自身政治、思想、組織的領導威信，批判和貶抑對立思想和人物，以及經由學習對照、批評和自我批評、交心坦白而重塑高層共識的重要方法和運作。群眾運動則是在中共中央設定政策目標和政治議程後，各級黨委領導和動員群眾參與和投入（含括整風方式），在集思廣益、刺激觀摩、各獻智能之下，共同完成政策的方法與機制。

毛澤東藉由延安整風運動，在中共全黨取得無人得以企及、與之並肩的領導地位，其他高幹與毛澤東的相對位置與關係，猶如眾星拱月。毛澤東藉由推行群眾運動，成功驅動其欲動員的社會力量，既改造重組社會底層的權力結構，也成功補充組織新血。如此讓中共得以向下扎根到史無前例的地步，也對敵人統治造成連根拔除、徹底顛覆的效果。

中共入主中原、毛澤東「進京趕考」後，打造什麼樣貌的國家、如何具體為之，成為須待摸索的重大議題，實際情況也是難以一步到位，不免猶疑和游移。毛澤東為首的中共領導群體即面臨難以決定的抉擇：中共革命賴以成功的群眾運動，在建設「新中國」時應有多大的用途？其如何與「一邊倒」學習移植的蘇聯體制，以及擬議建立的正規法律與制度，共處、結合、共治或者進行擇選、揚棄？中共高層菁英對此出現分歧時又如何解決，以重新達到向毛澤東

看齊為準，以及思想和行動上的整齊劃一？

　　毛澤東麾下將相如雲，彭真不但名列其中，更位屬股肱之臣。從中共蝸居延安到「文革」爆發以前約1/4世紀的時間長度，彭真對毛澤東的個人統治和中共黨國治理而言，扮演三個重要的政治角色：整風幫手、探路助手和運動／政策推手。彭真盡職出色地擔負上述角色與工作，有力促成毛澤東唯我獨尊的領導權威與主宰地位，以及「以言代法」的政治局面——將毛澤東的政治意旨和偏好（如群眾運動和激進政策），視如聖旨王法般遵循和力行，而有意識地漠視對法律制度的經營耕耘，並且強力壓制主張朝此一路徑發展的黨內外人士。彭真在黨內會議上鼓勵民主作風，以求「在高度民主基礎上，達到高度集中」，並表示：「毛主席常說，黨不是『毛氏宗祠』。這話很有道理」（1964年6月17日）。[1]實際上，毛澤東的內心所想、彭真的作為影響，就是將中共中央營造為一種形式的「毛氏宗祠」！

　　如上事實和結論，有力顛覆中共政治、歷史研究長期流行的觀點和敘述（這又以馬若德的「文革起源說」為代表）——劉少奇、彭真之間乃屬庇護與扈從的派系關係，兩人猶如「鐵板一塊」的政治共同體，或明或暗地一致抗拒毛澤東及其政策，最終也同遭「文革」滅頂之災。另外，也突顯中共官方對彭真褒獎的「新中國法制建設的主要奠基人」評價，恐無法簡單概括彭真早期在相關領域的實際行為和影響。

（一）整風幫手

　　毛澤東在陝北高原狀如冉冉而升的「紅太陽」，乃是中共延安整風、審幹運動強力推行毛澤東個人崇拜的重要結果。彭真在中央高層和中央黨校處處強調、彰顯毛澤東作為政治偉大、正確路線的具體化身；彭真也不顧情面、不怕得罪地對毛澤東鎖定的整風標靶、審查對象加以批鬥施壓，使之在自願和強制的結合下，對毛澤東的領導與英明及早乞降和輸誠。

　　毛澤東之後在中央黨內一再沿用整風方法，解決其認為高層出現的觀點歧異、政策分歧。毛澤東領導延安整風期間，彭真即經常隨侍在側、有功勞也有

1　《彭真傳》編寫組（下略），《彭真年譜》（北京：中央文獻出版社，2012），第4卷，頁338-339。

苦勞；他在中共建政後經常受毛氏指派（也不排除本人請纓求戰），在高層整風中掄拳上陣，以助之成功達到思想上正本清源、政治上洗心革面的目標。在毛澤東批判周恩來「反冒進」問題、1959年廬山會議批鬥彭德懷「右傾」錯誤，以及1962年批判經濟調整期間高層出現的三股「歪風」──「黑暗風」、「單幹風」、「翻案風」等，皆可見到彭真活躍其中，對高層有錯在身者批評指正。

　　按毛澤東的整風「規則」，參與者無法置身事外，不許對自己的錯誤麻木不仁，也不可對他人的錯誤視若無睹。彭真在毛澤東一手操控的高層整風中，不僅僅是一名認份、認真參與的普通「群眾」而已，他更常是挺身而出、義正詞嚴的「積極分子」。彭真之所以往往理直氣壯，乃與其自認在政治上沒站錯隊、政策上較少涉入錯誤有關。

　　彭真在延安整風中自言是「既非教條主義，又非經驗主義」，而為當時處於被整地位的周恩來牢記在心；在毛澤東批判周恩來、陳雲主導的「反冒進」時，彭真自我標榜其治下的北京市未沾染此一錯誤，而且在「大躍進」形成之際，自薦在黨內率先使用「大躍進」詞句，開風氣之先；毛澤東在廬山批鬥彭德懷「右傾機會主義」以前，彭真就提出要警惕「右傾洩氣」，廬山會議後也自豪有先見之明。1962年毛澤東表態大反「黑暗風」和「單幹風」以前，彭真在中央「一線」內猶如是孤單的「光榮少數」，等毛澤東表態以後，彭真一枝獨秀，劉少奇、周恩來、鄧小平相形見絀，紛紛急忙轉換立場，陳雲更是自此稱病，無得參與決策。1964、1965年之交，劉少奇因為社會主義教育運動的指導問題而引發毛澤東震怒，中共中央召開政治生活會，針對劉少奇進行整風式的檢討，彭真恐非壁上觀，可能也連繫劉少奇兩年前涉入的「單幹」錯誤（彭真沒有這方面的嫌疑）。

　　從中共建政到1960年代前半期，相較之下，毛澤東以下的中央領導人中，彭真應該是在政治、政策上，較少涉足毛澤東認定的嚴重「錯誤」或「失誤」（彭真領導東北局9個月的相關爭論問題，他在1954年中共七屆四中全會上按照毛澤東所定的「階級性錯誤」調子，加以自我批評和檢討，算是政治過關，其實質也為毛澤東承擔部分領導責任，維護其崇高威信）。毛澤東欲訴諸整風以重整高層思想並使之重新歸順於己，彭真就是他的重要幫手人選之一。劉少奇、周恩來、鄧小平等犯「錯」時，當然也會迅速幡然悔悟，以緊跟的面貌參

與整風。但他們的「戴罪立功」，總是不如彭真的「正確少錯」來得灑脫和不彆扭。

彭真在「文革」前協助毛澤東高層整風時，經常會嚴以律人而流於嚴苛（彭真在延安高層整風過兇、黨校審幹過狠，也是其七屆四中全會的檢討內容）。但是彭真樂於參加高層整風、充任毛澤東批判打手的熱勁程度，還是取決於毛澤東的態度意圖：當毛澤東決心要與整風對象割袍斷義，彭真和其他要人即不把對方整到「燒焦」就不止步，例如：處置彭德懷（1959年）和習仲勳（1962年）。當毛澤東旨在給整風對象嚴加教訓，但又要對之留有活路、以觀後效（「燒而不焦」），以體現「懲前毖後、治病救人」的整風方針，彭真即便意想「宜將勝勇追窮寇」，也不得不住手，例如：陳雲，以及一定程度上的周恩來和李先念（1962年）。

彭真在高層整風時加諸當事人身上的不愉快，也教後者耿耿於懷，待到彭真政治倒台或居於弱勢時，就脫口而出、反攻倒算（可見於「文革」時的周恩來、「改革開放」初期的陳雲）。

彭真除了勝任毛澤東中央高層整風的得力幫手，毛澤東在1957年發動全黨整風、進而向全國開展並加入「反右派」的議程，彭真和鄧小平都是為其信託的主要執行者。由彭真直接分管的領域和工作，他也先後代表毛澤東、黨中央督率整風。政法方面，彭真整風整垮司法部整個黨組，也隔山震虎地致使董必武處境尷尬，知難而退地辭去最高人民法院院長。統戰方面，彭真策動、加壓中央統戰部整風，也整掉部長李維漢的烏紗帽。

（二）探路助手

探路指的是：從1949年至1958年，毛澤東為首的中共領導人在中國大陸全面執政之後，考慮、探察使用什麼方式建設國家。毛澤東率領中共在革命過程中，發明並已經使用得爐火純青的群眾運動，在革命勝利以後，自然不會簡單地束諸高閣、完全拋諸腦後。然而，中共在高聲廢棄國府憲法和法律以後，制定頒布符合其所屬階級利益的「革命的法律」，也自然而然地納入其政治議程。兩者孰輕孰重，可否並行不悖，或是彼此之間存有不可調和的張力和矛盾？中共領導人邊試、邊做、邊看，一時未有定數，甚至出現反覆。

彭真早年在獄中抗爭和為求自保，積極自學法律，無師自通；在他治理抗

日根據地、經營地方政權時,對律法運用也有一定的實踐經驗。彭真雖然無法與接受正規教育、系統學習法律並曾執業的董必武相比,但在黨內也算是對法律較不陌生者。中共建政初期,彭真一開始作為董必武的副手,在黨內和政府裏參與領導政法／法制工作。不久之後,毛澤東在敬老尊賢、分擔工作的表面名義下,將政法、立法領導工作更多地轉移、交付給彭真。這反映毛澤東對彭真較為信任,認為彼此心意易通,可以如臂使指。

彭真在繼續援用群眾運動、政治運動以推動工作和施行治理上,相較黨內其他要人,不惶多讓、即知即行。另外,在研議、制定和推行法律和制度方面,彭真經手的實質角色較諸其他高級幹部,也明顯來得更加具體與直接。

事實上,彭真全方位地參與中共建政初年的政法領導和法制經營,包括:立法制憲、執法(如領導「鎮壓反革命」運動、「肅清反革命」運動)、釋法工作;建造立法機關與政法部門;改造司法「留用人員」,培養、教育和整頓政法幹部隊伍。另外,彭真也費力摸索、試圖處理和確認若干重要問題,譬如:堅持黨的領導和實行法律之間的關係;在推動運動式執法辦案和遵循法律之間如何適切結合;政法體系在組織設計上如何落實黨的領導;蘇聯相關經驗和模式如何學習、借鑑以及運用於中國實地情況;如何因應與看待社會政法界的非黨人士及其專業和政治傾向。

彭真協助毛澤東探尋法制在中共治國理政上的政治位階、工具地位的過程中,基本上就是依照毛澤東的政治意向著手行事、張羅辦理,也就是緊隨之而擺動位移。

中共甫「坐天下」,毛澤東即發動群眾運動推進政經目標,也以群眾運動方式處理政法問題,即「鎮反」,彭真配合運動需要和進程,組織制定〈懲治反革命條例〉,讓各地黨委和幹部於法有據地大開殺戒。之後,可能外有蘇聯的建議、內有輿情的企望,中共決定制定憲法和若干重要組織法,也對應地設置部門、配置幹部。彭真認真積極加以落實,做了大量重要細節工作。可以注意到彭真並非全是簡單的聽命行事而已,他在具體研議和細節規劃時,不吝表達和試以摻入自我意見,例如:他偏好「雙重領導」(內含強調黨的領導)甚於「垂直領導」,對於蘇聯檢察的「一般監督」設計也興趣不高。只是他的以上意見,未被毛澤東為首的黨中央接受,而無寫入憲法和相關組織法。彭真對於政法官員在法律見解、政策設計上與之不同者,牢記在心、伺機清算。

　　1954年憲法和檢察、法院組織法正式頒布實行，法制建設初有勢頭不久，1955年毛澤東就發起「肅反」運動，在黨的領導下發動群眾參與。彭真對此響應，執行得不亦樂乎。群眾被鼓動起革命義憤、爭先恐後參加鬥爭的過程中，出現許多違反憲法明文規定保障的個人權利情況（這是群眾運動的必然現象）；公安、檢察、法院先是為了配合運動攻勢、之後又須消化群眾「肅反」成果，便採行聯合辦案而不管法定分工與程序。俟運動達到高峰轉為趨緩收場後，彭真要求政法部門補辦手續，以讓「肅反」形式上合乎法律要求（這也反映其對遵行法律的認識標準和程度）。彭真也代表中共中央做出決議肯定「肅反」運動的必要、重要和成績，並以為靖亂已成而無須再如此行之。

　　1956年蘇共「二十大」對史達林恐怖統治的揭露與曝光，使得同年舉行的中共「八大」特別提及健全民主和完備法制，這見於劉少奇代表黨中央所作的政治報告，董必武的大會講話更是集中呈現、尤為強調，並直指群眾運動對法制發展的負面影響，因而須讓位於之。毛澤東、彭真與董必武之間有關法制認識和運動偏好的可能差距，這時看似並不存在，但很快地就有變化。中共「八大」以後的國家法制建設原本看來不錯的前景，霎時也風雲變色。

　　1957年毛澤東發起「整風」運動，中間插入的「反右派」鬥爭讓毛澤東猛然繃緊階級鬥爭的政治神經，將之作為主要矛盾的內容（更改不久之前的「八大」判斷），並以之觀察與解讀現勢。「反右派」號召下，運動對任何欲自主於黨的領導以外的政策主張和政治傾向窮追猛打。彭真對毛澤東亦步亦趨，沒有任何滯後的情況。在彭真的親自指揮與一手操辦下，黨內、黨外認為法律應有更大的獨立角色和運行空間的相關人士，就被視作大逆不道，而大批被扣上「右派」大帽。

　　隨著毛澤東在1957年底、1958年初迅速形成欲有別蘇聯、甚至與之一爭高下的中國建設社會主義道路的雄心和規劃—以黨委領導下的群眾運動，作為治理國家和發展經濟的主要模式與途徑。彭真見此即飭令政法各部「整風」鳴放，「脫褲子割尾巴」，卸下各種包袱，盡快跟上躍進形勢，更有發明創造。

　　彭真明令政法官員和幹部集會檢查、批判建政以來政法工作的錯誤思想和政治路線，其中又以妄圖以法擺脫黨的領導，以及錯置專政方向與對象為主攻重點。按彭真設定的整風標的和鎖定的整風對象，與會的「積極分子」和「革命群眾」上綱上線地自曝其短（自我批評）和揭人陰私（批評）。

在彭真的監軍和催促之下，政法系統整風的有的放矢和人人喊打，如期地把被彭真認定是敵對、錯誤的政法思想徹底批鬥、批臭，相關代表人士也插翅難飛而遭到組織清洗和撤職查辦。司法部黨組就被彭真定性為「反黨集團」，無一人可倖免；董必武幸有創黨元老之功護身，免了現場圍攻、當頭棒喝的活罪，但也深感形隻影單而萌生退意，識相地餘生不再奢談法制。

中共「八大」完備法制的政治號召，不及兩年的時間，在「大躍進」鑼鼓喧天、群眾運動輾壓一切之下已悄然無蹤，取而代之的政治新共識是：法不濟事，唯黨是從。事實上，這即是彭真協助毛澤東探尋法制在黨國治理中應佔位置、應扮角色的政治試驗，所做出的結論。彭真沒有逆勢而行，而是趁勢而為：他致信中央，主動喊停重要基本法的起草工作；既然立法已非要務，也大幅裁減全國人大常委會人力，致使機關弱化。

歷經「大躍進」的混亂和失序之後，毛澤東認為完全沒有法律也不行，彭真聞聲即重啟先前自己主動提議停擺的立法工程。但這也只像是「迴光返照」：因為彭真坐鎮屬行的1957年政法領域「反右派」、1958年政法部門「整風」，已重挫國家法制的初步經營和累積，使之元氣大傷到難以重現1950年代中期的短暫陽春小「榮景」。政治上尤為致命的是，毛澤東先是覺得十多年後再制定頒行重要的基本法也不遲，已凌駕集體之上的他，不久乾脆發動「文革」，完全視法如無物。

（三）運動／政策推手

針對毛澤東主導的各項內外政策與重大群眾運動，彭真也毫無折扣地襄助施行，更不乏加碼演出。在這一方面，對比中央「一線」的其他領導人，彭真有兩點突出之處：

首先，彭真在毛澤東主政的中共政治中，身兼中央和地方領導人（首都北京市黨政負責人）的雙重角色。彭真當初獲任「京兆尹」職位，乃出於毛澤東的個人決定，其政治用意包括：彭真治管國都若有成，既能確保黨中央和中央政府所在地的安全，並將之作為新生共和國對外展示成功的政治櫥窗；毛澤東也相信彭真有能力為之。另外，毛澤東也希望經由彭真直接管理北京市，能協助其領導的中央同時收有「一葉知秋」（了解基層、輿情和趨勢）和「躬先表率」（以首都推動各地工作）之效。

　　彭真往往能適度結合其橫跨中央與地方的特殊角色，起到相互加乘的作用：彭真直接參與中央重要政令的決策，隨即將之積極在北京市貫徹執行，既證成中央的原初設想，也為之創造和提供具體經驗；經過彭真的用心把關和認真總結，內舉不避親地再上報中央審閱（這既是彭真身任中央領導人必須協尋、篩選有效之地方經驗的職責，也是他必須同其他地方領導人橫向競爭的政治賽局）。彭真包裝的北京市方案獲得中央認證後，乃一躍成為中央屬意的樣板和模範，要各地仿照執行、推而廣之。

　　中共建政初年，針對新政權威脅的「鎮反」、針對貪污舞弊幹部的「三反」、針對耍弄「糖衣砲彈」之資本家的「五反」、針對知識分子的思想改造、關於地方政權和民主建設事項、旨在挖掘隱藏敵對分子的「肅反」，以及社會主義改造等。彭真在北京市的運動經驗和政策做法，都榮獲中央認可並批轉其他省、市、自治區，好不風光。

　　1956年，新科的中央總書記鄧小平，著眼於彭真的工作重心要放在新成立的中共中央書記處（職司執行黨中央的重要決策和處理中央日常工作），提出彭真不再兼管北京市工作。也就是鄧小平希望彭真心無旁騖地作為中央一級的政策執行者（同時分擔其工作）。彭真最後繼續留任北京市黨政「一把手」，想必是毛澤東的決定（彭真的話是「毛主席讓當的」），而且應是其大為滿意彭真此前在北京市的工作表現。彭真也果然不負毛澤東的期待，有力協助鄧小平挑起中央書記處的中央政策執行工作的同時，再接再厲地在北京市締造許多可供中央參酌、推定全局工作的有效具體經驗和做法。

　　其次，彭真在毛澤東主政的中共政治中，特別是1956年、1958年以後，成為中央負責督管政策執行的主要人士之一。其政治角色介於鄧小平和周恩來之間，到後來甚至有代行鄧小平的中央總書記職權、分攤／分蝕周恩來的總理職權之勢。

　　1957年毛澤東發起的整風、「反右派」運動，乃是鄧小平、彭真擔任正副領導人的中央書記處，首次負責執行的中央重大政治運動。鄧小平、彭真對毛澤東運動指示的劍及履及、雷厲風行，讓毛澤東大為讚賞。彭真在同一過程中，在北京市先後製造出整風的標竿經驗，以及在高校黨幹和學生中大抓「右派」的典型經驗，受到中央褒揚和傳播。彭真的中央書記處書記和北京市委書記二職相輔相成，猛力推進運動發展。

　　1958年，毛澤東形成以黨領導的群眾運動作為建設社會主義的重要內容與主要方法。毛澤東為「社會主義建設總路線」提供的組織安排和保證是：毛澤東主掌的中央政治局及其常委會決定「大政方針」。鄧小平、彭真為首的中央書記處大大擴權：一、按毛澤東領導黨中央所定的「大政方針」，負責「具體部署」；二、將國務院及其工作「管起來」，監督其根據書記處「具體部署」所做的「細節決策與執行」；三、承上啟下，連結和指揮各地和各級黨委強力推行工業、農業「大躍進」運動和人民公社化運動。鄧小平在中央書記處內「抓大放小」，對彭真放手、放權，使得彭真實際上在這波權力重組後坐享黨政大權。

　　彭真協助毛澤東結束並否決對法制建設的探尋、試行，並重擊黨內和非黨的法制主張者；他隨即投入、擁抱並負責執行以群眾運動為主體的「社會主義建設總路線」。在「以鋼為綱」之下，攸關全局的大煉鋼鐵運動，彭真儼如「總督導」（或有被人戲謔之意），不管他人耳語地直接召集政府有關部門首長到家共商煉鋼事務。另外，他也通宵達旦地召開電話會議，催逼各地黨委傾全區之力，準時甚至提前放出鋼鐵衛星，只為達到毛澤東要鋼鐵產量年翻一番的豪情壯志。陳雲後來批評、抱怨彭真：「奪了（周恩來）總理的權！」

　　廬山會議從「糾左」逆轉為「反右傾」，甚而發展成一場浩浩蕩蕩的全黨政治運動。彭真代替腿傷請假的鄧小平，經由中央書記處指揮、貫徹中央各部和地方各地的「反右傾」運動，大力掃除對「三面紅旗」質疑者，並為另一波的「大躍進」加油、添薪。

　　彭真忠心執行毛澤東的運動和政策主張，有時也會顯得比毛澤東更狂熱。例如：人民公社何時過渡到更高級的階段，毛澤東提出要降溫、放緩，彭真、劉少奇反而表示要打鐵趁熱、事不宜遲。廬山會議大「反右傾」之後，彭真更與譚震林在北京市郊人民公社進行全民所有制實驗，欲做出實績說服毛澤東。彭真也要北京市在城市人民公社運動上盡快交出業績、領先群倫。

　　「三面紅旗」運動步入泥沼、經濟陷入危局以後，在相關政策的調整上，不同於中央「一線」的多數領導人，彭真較不悲觀，認為經濟恢復所需時間不會太長，而且他還以北京市工業「大躍進」投資設廠的順利投產，以及首都市郊農業的恢復產量為具體例證，提供毛澤東參考，強化其對總體經濟情勢偏於樂觀的看法，以及使之進一步堅信：包產到戶、分田單幹是過度悲觀下的動搖

和倒退。

　　彭真除了在國內重大運動和政策推動上，讓毛澤東感到滿意和放心，在毛澤東激進的對外政策上（又以中蘇兩黨、兩國關係和相關的意識形態論戰及對外競爭為主軸），彭真也恪遵使命，讓毛澤東存有好感，甚至在後來彭真已被打倒數年，毛澤東仍憶起不忘。

　　1964年底，毛澤東不滿鄧小平為首的中央書記處、李富春領頭的國家計畫委員會沒有即時、積極地布置其「三線」建設構想，而斥之為兩個「獨立王國」，憤而決定成立余秋里為首的「小計委」，架空國家計委經濟規劃的權力（彭真在半年後表示：「我們」誤將此一戰略問題當做是戰術問題執行，「沒有真正體會主席的思想」，並強調「要像林彪同志在軍委系統貫徹主席思想那樣，在自己部門、地區創造性地扎扎實實地去執行」）。[2]另外，毛澤東也一度認真考慮在中央書記處之外另外成一個「小書記處」，並由彭真負責。此議雖然後來沒有下文，但其直接顯示：毛澤東認為彭真在領略其意並付諸實行上，是比鄧小平還用得順手。

　　在1964年9月13日《人民日報》的報導中，同樣被指稱為「毛澤東同志的親密戰友」的有：劉少奇、周恩來、鄧小平和彭真（較為人知的是林彪單獨獲享此稱，但時間發生在之後的「文革」）。綜合來看，從1940年代的延安時期到1960年代中期「文革」爆發以前，在協助毛澤東整風促共識、探路棄法制，以及貫徹力行其運動和政策等三方面，彭真在中央「一線」內，恐怕是與毛澤東最貼近和合拍者。

　　彭真一向在政治上緊跟毛澤東，較諸其他中央領導人，可能是跟得最緊的人；至於柯慶施、李井泉等著名「左王」，他們對毛澤東也是死心塌地、緊跟不已，但他們的政治影響與彭真相比，較限於局部，不像彭真屬於中央、全局的層次。

　　根據台灣「匪情研究」資料所載，毛澤東曾表示：「我們多幾個彭真就更好了」！[3]此一資訊的出處及其具體時間、地點不明，也不知其真假。但是彭

2　〈彭真、李先念和羅瑞卿同志講話〉（1965年6月23日），頁3。

3　司馬摩，《共匪在海外的陰謀活動——一個中共海外工作幹部的自述》（台北，1978），頁15。

真對毛澤東的大有用處，實是再清楚也不過。

二、政治性格、突然出局和其後復出

（一）政治性格的形成、表現和特點

　　政治人物的政治性格（political personality），通常是其對政治事務、權力、關係的主要認知、信念、較諸他人的特點，以及驅動其重要政治言行傾向的內在心理潛質。政治性格的初塑和原型，主要源於天生本性和成長家庭環境，但並非全然恆定固化，會隨當事人後來生平各個階段的政治經歷、遭遇、經驗、體會感受的影響，而有程度不一的變化，也會擇時看勢而收放隱顯。

　　彭真政治性格的初步形成，自然應與其原生家庭生活和青少時期社會經驗有關。彭真成長於從山東逃荒、落腳山西的農民家庭，雖家中經濟不甚寬裕，但是成員完整、關係和睦，家境在其青少時有所改善。祖母為支持長孫彭真上學接受正式教育，而不是在田間充當重要勞動力，不惜同意兩個兒子分家，讓對此有異議的次子（彭真叔父）無話可說。祖母、雙親之後也咬緊牙關支持彭真離家赴省會太原報考和就讀省立中學。

　　就彭真早年的生命歷程，其從家裏得到頗為足夠的支持和安定感。或使之在走出家門、步入社會以後，亟思尋找一個自身認為值得付託，可供追求抱負、志業的一個「大家庭」，或甚至是一位可為之排除困難、當家作主的「大家長」。加入中國共產黨、長期為之獻身奮鬥，就是一個彭真自以為覓得政治棲身所在的重要抉擇。

　　彭真在兒時經常聽聞貧窮農民訴說富人的不是，受到鋤強扶弱為要旨的歷史、讀物鼓舞，在學時經常參加風起雲湧的愛國運動和衝擊保守勢力的抗爭運動、擔任學生運動領袖、用心於工人教育和運動，都反映其年紀尚輕之時即有改造社會、志在崢嶸的強烈欲望。事實上，彭真毅然走上中共革命之路，投身反抗現行制度和政權，意求顛覆現有政治、經濟、社會秩序，本身就代表其帶有強硬、好鬥、好戰、不滿現狀的個性特質。

　　二十年華的彭真在華北地下工作的歷程，使其快速積累內外政治生存和鬥爭的經驗、磨練和能力。一方面對外與敵人不分日夜地鬥智和周旋，另一方面

對內要辨識正確道路、探尋適宜政策和可靠的政治引路人，與上下左右同志共事並不乏競爭，同時還須慎防從同一壕溝內冒出的叛徒。

彭真擴展、達致政治業績的能耐，很快為黨內上級以至中央留意和重視，這表現在1928年彭真迅速在順直黨內地位爬升，從省委常委、組織部長到代理省委書記。但是他為求得政治生存和發展，很快地在順直黨內泛起不滿和批評之聲。例如：怪之虛浮，在省委常委內部與人有矛盾，蒙蔽中央巡視指導員（話出原省委書記王藻文）；批他憑藉手中權力，率性決定他人黨籍（樂亭縣委）；控其利用軟硬手段對付同志和工作，而與同志之間關係甚壞（順直軍委）。

1928年底，周恩來赴天津代表中央，對彭真所作的政治批評和指正，包括：責之有違組織紀律（主要針對彭真沒有在唐山落實發動工人暴動），另外也稱他有「狹隘的農民意識」、「幫派思想」和「個人英雄主義」。再加上黨中央決定將之調離順直、另外分配工作的指令，在在都是對彭真在弱冠之年又未及而立之時，已顯露的若干政治性格面向的一次嚴肅訓育。

1928年秋冬，彭真在短時間內先後遭遇劉少奇斷然停止省委職權因而黯然回任天津黨的地方工作，以及中央乾脆要之離開順直、另行安排工作和周恩來對他的嚴正批評。這些遭遇有無可能教他更加篤信——掌握權力的「上位者」就有發言權，以及在中央若有支持者就較好辦事——的政治認識？

周恩來「理順」順直問題後沒多久，彭真因叛徒指認而陷入牢獄，時間長達6年。彭真在牢中並未政治屈服和轉向，更敢於向獄方抗爭，激烈程度幾至瀕臨死亡。彭真久禁囹圄，不但沒有消磨反而有助洗鍊革命心志，可見其性格中剛硬、堅定，以及對信仰堅持、執著並不畏險阻的一面。他在牢房閱讀自習、讀法自救，可能也形塑其對法律較採權宜、變通的心理意念。

彭真在1935年走出班房以後，趕上中共革命中心北移、統戰政策趨活的時機，他在北方局認真積極地配合劉少奇開展華北「白區」工作，成效頗著。中共接續的發展走向政策和黨內領導權應由誰掌舵問題，在1930年代中期以後愈加凸顯。彭真經過接觸和比較，認為毛澤東比黨名義上的最高領導人張聞天更有視野、能力帶領中共革命，王明縱然與共產國際關係密切，但政治本事也大不及毛澤東，他對1937年底王明主導而成的統一戰線新方針就不以為然，甚至在向下傳達執行時陽奉陰違。

　　1938年夏，毛澤東在中共「為首」地位受到共產國際認證，彭真益加認定毛澤東為黨內領袖的最適人選，行動更是積極。1939年初，彭真和關向應首先喊出「毛澤東同志萬歲」。中日戰爭前半期，彭真在晉察冀的經營治績常受到中共中央、毛澤東的矚目和表揚；彭真也精心將之包裝並與毛澤東的政策主張連結，並囑咐下屬幹部到延安務必要緊跟、支持毛澤東。

　　於公，彭真深信毛澤東是「正確路線」的具體代表和化身，有其領導，如為黨的事業以至國家發展步上正途，提供關鍵的組織保證；於己，他慎思擇選毛澤東為全黨領袖並尋思獲其眷顧、青睞，擇主而事、攀附而升，實也是關乎其個人政治後續生存、學習、成長與發展的重大計算和投資。這有無可能也同時符合、滿足其早年成長家庭和從政經驗所形成的內心潛在所需：尋覓一位可對他重視並不吝惠予呵護的「大家長」，以及其當年在順直未可遇著的、能為之主持正義的「上位者」？

　　1923年入黨、參加中共革命（含牢獄歲月）十餘年的彭真，精諳政治並富有實作、操作（也不無操弄）的能力和經驗，成功榮獲毛澤東政治關愛的眼神。1941年，彭真抵達延安後，在政治上即大受毛澤東提攜扶持，同時也直接受教於毛。事實上，彭真獲得毛澤東直接培育薰陶的難得機會，也得承受後者從不間斷的近身政治檢視和考驗。彭真政治性格和個人特質中「有稜有角」，甚至易讓人非議、訾病的部分，自然不可能、也不敢在毛澤東跟前任性表露，而會有所收斂、隱藏；當然彭真有時也可能會受毛澤東指使，或是自己心領神會下不無率性地「配合演出」。

　　彭真忠心追隨毛澤東（集黨內「大家長」和「最上位者」於一身），自評對之始終不渝。彭真堅信服從毛澤東等同於黨的最高利益，這既成為其中心思想，也是其步入「不惑之年」以後政治性格、行事特性的重要構成和驅力根源。

　　彭真有堅定的革命信念和信仰（苦蹲6年牢不改其志就是一例），他對於政策和意識形態的解讀，往往以最高領袖的認知為準，以與之契合、近似為榮，並以此臧否人物。彭真懂得體察上意並知如何遂行其意，為了完成上級交辦任務、保持上級對之政治信任與好評，可以不顧他人眼光、漠視他人意見，不計個人毀譽、也願付各種成本，即便是關乎他人權益和生命。從1940年代前半期的延安整風審幹和1940年代中期中共經略東北二事上，都可以清楚展現彭

真上述的政治性格特質。1943年延安中央黨校「臨時支部」的鄒風平和1959年北京大學副校長鄒魯風，被逼著走上絕路，也都與彭真「唯毛至上」有關。

彭真亦對毛澤東的政治思考以至心緒高低，留心附和、特予侍候。例如：1957年整風之初，速呈北京市的情況報告，既證整風急需，也示自身追從，如此獲得中央稱許並登於黨刊；1959年廬山上面對有人質疑群眾運動，便提交被毛氏讚如「機關槍」、「迫擊炮」的資料，促之理論「創新」，將黨內鬥爭、社會階級鬥爭打成一片；眼見「大躍進」造成大批死亡，呈送清朝山西災難史料，寬慰毛氏史有前例，並慶幸有公社抗災；經濟調整之時，報送首都市郊恢復生產的資訊，讓毛氏有例引證以強調經濟已漸復甦；套用毛氏階級鬥爭「真經」，掃射李維漢的統戰主張，徐冰再以其論述為本撰呈報告，毛氏讀後不但閱可，還延長階級鬥爭將存續數百年的判斷，另也加深其對黨內重要部門出現「修正主義」的理論認知和現實感受；與蘇共吵架時，配合翻沙俄侵華舊帳的政治攻勢，提供歷史上中國領土被俄方侵占示意圖。

彭真在「文革」中被揭發曾表示：「我不是不能搞理論，我也是能搞理論的人，我要搞理論，也不會比別人差，但是黨和國家有許多具體事務總得有人做」。他為此被訕笑是恬不知恥，因為其乃是遭毛氏惡評為不讀書、不看報的「大黨閥」！[4]事實上，彭真在「文革」前確實為黨國各項工作纏身、忙不堪言，無暇專研理論工作，但卻深度參與最重要而爭議的「理論建設工程」，即毛氏政治理論、指導思想的愈形激進、陷入嚴重誤區，特別是階級鬥爭由社會及黨內、由下及上，「修正主義」由國外及國內、由底端及頂層。彭真對此不僅僅是一名被動聽命、唯唯諾諾者，而是（同劉少奇、鄧小平、周恩來一道）細心從旁澆灌、認真付諸實踐，致力證之於現實，再反饋於其細節建構，讓其內在論述更形周密，並且有感近在咫尺、當務之急。當毛氏將這套反「修正主義」理論選定套在彭真身上（後者言行本有貽人口實之處、激化事態效應），並藉勢將文化革命擴大為「文化大革命」，彭真縱有千萬個不願、感到無比冤枉，相關中央決議表決時，雖仍未想通，但自感必有錯在身而且可充做「反面教材」，也舉手支持。

4　原北京市委機關毛澤東思想紅旗兵團，《大野心家、大陰謀家彭真罪惡史（1925-1966）》（北京，1967），頁39。

　　彭真之所以對毛氏如此鞠躬盡瘁，其中自然也有感戴後者對他的知遇之恩，而力求圖報之心。彭真也甚為關切毛氏的身體健康。

　　毛澤東看重彭真的赤忱忠心，也有其出眾才幹。彭真的工作能力極強、具行政長才、精於細節管理，在第一代「領導集體」中，可能僅次於周恩來，可言是一政治「多面手」，涉及領域包括：黨的組織與建設、群眾運動、政府治理、法制建設、治安政法、統戰、外事、情報……等。彭真的責任感強，工作勤奮、忠於職守、負責認真、一抓到底，他經常工作滿檔和超時，白日忙於中央工作，晚間聽取、處理北京市事務，午夜赴毛澤東處開會，這方面勝於鄧小平。根據彭真所言，毛澤東曾評之為「陽性子」。[5]在中共的革命隊伍中，以此一詞彙形容人，通常是基本肯定對方的政治「品性」，總體上予之較為正面的評價。

　　彭真對毛澤東極其盡忠、敬重，對受之器重者，如對毛澤東的「代理人」劉少奇和「副帥」鄧小平，較為看重與客氣。彭真對於毛澤東的另一政治「愛徒」、「愛將」林彪，則是敬中懷有戒心（彭真晚年曾評論林彪「有能力」，但「不能在人之下」）。

　　若反向來看林彪眼中的彭真，則可能折射出毛澤東不易看到的彭真部分政治「面目」。彭真、林彪在東北處得極僵，周恩來在1966年表示：林彪在東北曾以三句話對彭真進行極為生動、形象的概括：「見什麼人說什麼話，兩面三刀沒有章法，本質是政治掮客、投機分子」。從林彪的評論可見他除了奚落彭真能力不足，最主要是不滿、不屑彭真善於言詞應付、虛與委蛇、見風鑽營的政治「品質」問題。林彪乃是彭真的「對頭」，他的話當然不能盡信。然而，若將此與十多年前（1928年）彭真在順直省委遭致的批評意見一併來看，可能彭真的政治性格中多少確有一些「本性難移」的「投機政客」本色。

　　彭真對於黨國大老朱德、董必武有禮數，但照樣公事公辦，因為他知曉毛澤東與他們之間存有距離，甚至在毛澤東不好直接出面的情況下，受之指派對他們進行指正。這種「吃力不討好」的工作，彭真在延安高層整風時就積極攬起，例如：彭真批評陳毅在歷史上曾反對過毛澤東，惹得陳毅反嗆他當時在哪

<hr>

5　《彭真傳》編寫組（下略），《彭真傳》（北京：中央文獻出版社，2012），第3卷，頁1224。

裏，根本未聞其事。

　　彭真對其他的高層同僚，較不隱藏、修飾其個性中的強勢，甚至不免恃寵而驕、恃才傲物（如對處於政治弱勢時的周恩來）。彭真好惡明顯，與之有政治過節者，有仇會報，如對陳雲，甚至可能曾欲為難與陳雲工作關係密切的李先念；高崗雖死，但彭真的餘恨及其戰友習仲勳、劉景範，以至於故舊僚屬馬洪。

　　彭真也有個人交好、關係密切的對象，如賀龍、羅瑞卿，他也與一些軍隊將領表現得過於親暱、熱絡（李雪峰就有些看不過去，甚至曾向彭真提意見）。這除了可能因為當事人之間談得來、意氣相投，夫妻間也有往來，另外是否有一種政治可能和考慮：彭真缺乏領兵打仗的軍事資歷和經驗，乃其政治「短板」。對彭真而言，與部分軍方將領維持一定的公私友好，是不失聰明、方便的補強辦法。然而，其政治「雙面刃」的效果是：讓本已與自己關係不佳的林彪，益加側目以對；更重要的是，如此是否可能讓嗜「槍桿子」如命的毛澤東，也引發不好的聯想和狐疑？

　　彭真對其管轄領域和分工如政法和統戰，主導性、排他性甚強，有政治手腕和手段，懂得爭取毛澤東開「金口」支持，從而將自身的政策主張、偏好「鍍金」成為「御批」，藉此壓垮與之有歧見者。

　　針對黨對政法部門、工作的領導，彭真著重強調程度和偏愛制度設計（「雙重領導」），在1954年立憲立法中並未為黨中央採納，相對地，董必武的「垂直領導」主張則居於上風。三年之後的1957年，毛澤東明令要求地方政法各部受命於當地黨委，同時也批評政法工作專政狠勁不足。這有多少是受到彭真的影響？

　　彭真之後將董必武從政法系統中「禮送出境」，實質讓之思想破產、僅以身免。董必武自此被迫「歇業」、「轉業」，不再聞問法制。彭真對董必武的法制助手和思想跟隨者，更是沒有輕饒，大刀重斧齊下。黨內政法官員與彭真有政策歧異者，也多難逃一劫，差別僅在遭難於1957年彭真一手捲起的政法領域「反右派」風暴，或是緊接在後的1958年政法機關整風。輕則當眾檢討，唾面自乾，重則被扣上「反黨集團」、「極右分子」罪名，撤職降級、發配勞改。彭真在上述過程的做法，直是以毛澤東之言代替既存法律規定，他也憑仗手上政法大權壓制他看不順眼的政法主張和見解。

　　彭真在黨內分管統戰，他對李維漢的統戰主張有些看法，強詞奪理地指稱李維漢欲將民主黨派變為「社會主義領導核心」，並拒不接受李維漢的解釋。毛澤東在1962年夏又高舉階級鬥爭，彭真擎此大旗，檢查李維漢領導下的統戰部工作。彭真醉心於批鬥李維漢，可能不是簡單地奉毛澤東之命對之開整，而是彭真成功影響毛澤東的相關政治認知而使之開口認證，再循此發動對李維漢的批鬥。

　　彭真在政法領域和統戰系統的獨霸一方，是否顯露其具有一定的地盤意識？彭真在領導文化革命和北京市工作上，亦有類似不喜他人比手畫腳、插足涉事的情況。

　　彭真先後在政法、統戰工作上同毛澤東無縫配合（這甚至可能部分是彭真成功從中拉引、私下影響毛澤東的結果），再加上，彭真在上述二事中間，與毛澤東在經濟調整政策上的「心心相印」，即不認同中央「一線」多數持有經濟情勢還在惡化的判斷，也堅決反對包產到戶，是否可能也會讓彭真後來在主持領導文化革命和北京市工作時，更有自信和決斷，以至於自覺可以表達看法，並試圖影響毛澤東、爭取其認同和支持？

　　彭真如同常人，應也有「人往高處爬」、出人頭地、揚眉吐氣的個人想法。特別是在1960年代中期，他確實處於「聖眷正隆」、位高權重的政治上升狀態。「文革」前一、兩年，毛澤東單獨找彭真見面談事的次數，勝過於鄧小平、周恩來。鄧小平家人後來曾表示：「文革」前，就只有那個「大個子」（彭真）可以在毛主席面前說得上話。在在都反映彭真在「文革」前以毛澤東為運轉核心的中共政治中的優勢地位。

　　除了政治、工作之外，毛澤東看來也欣賞彭真在家庭領域的經營。毛澤東覺得彭真、張潔清夫妻關係互動良好，希望江青向張潔清學習。彭真夫婦教子有方、有子長成，江青一度認真考慮、試探要與彭真結成「兒女親家」。[6]這或也是一個側面可以反映毛澤東、彭真在政治上的親近，否則江青又怎麼可能曾有此議？

6　中國大陸中共黨史研究者（D君）提供的資訊（北京，2015年8月）。張潔清認為兩家孩子之間並不適合婚嫁（這應也是彭真的意思），最後給江青吃個「軟釘子」。此事有無可能負面影響江青、甚至毛澤東對彭真的個人觀感、政治態度？

　　彭真對於自己在政治上「紅得發紫」，縱使不會飄飄然（「文革」中彭真被揭發曾以「黨國要人」、「核心中的核心」自居），也不會不思考其代表的政治意涵和可能。彭真不可能不注意「革命接班人」的敏感問題，也不會不考慮自己在其中的可能位置和機會。彭真自評身體狀況較諸延安時期的諸老還來得好，健康無虞，意指其身心可擔當重任。[7]他對未來誰要在政治上接毛澤東的班，可能也有一定的樂觀想法：自己可能排不上唯一、首位的接班人選，但也應當在未來毛澤東「見馬克思」後的中共新「領導集體」中有一席之地，而且位居前端。

　　1965年初，毛澤東因社教運動問題痛批劉少奇，中央高層為此大受震動。彭真參與批評劉少奇，也試圖和緩兩位主席之間的關係；但彭真機敏地注意到林彪冉冉升起之勢，他在黨內頌揚的對象便從劉少奇轉變為林彪。約此同時，相對於鄧小平被毛澤東批評後有意躲事、玩樂以避險，彭真則來者不推、積極攬事，並越加受到毛澤東信託而重權在握。周恩來擅於探察高層政治風向，想必注意到彭真有「更上一層樓」的潛能，主動建議讓出自身擔任的政協主席給彭真，並在自己請假時向中央提議委之以重任，暫時代管中央負責的外交和國防工作。

　　彭真不至於不智到意圖挑戰並取代林彪在毛澤東心中的特殊地位和關鍵作用。但是他是否得志就難免自我膨脹、張揚不知節制？事實上，彭真的政治性格中的驕橫氣性，到了1960年代前中期已是掩藏不住，益顯盛氣凌人。黨內的林楓稱之：「老虎屁股摸不得，像個刺蝟」；黨外的梁漱溟對其也評道：「是能力高強的，卻不免專橫跋扈」。彭真對黨內其他的政策競爭者，是否因而沒太放在眼裡，小看了他們同毛澤東之間的特殊關係？包括：彭真也跟著毛澤東叫「康老」的康生，從毛澤東的文藝「哨兵」到「突襲奇兵」的江青，以及在晉察冀算小輩、但在上海灘執掌宣傳筆鋒的張春橋。

（二）政治出局與性格因素

　　最後，彭真何以惹怒毛澤東而在短時之內跌落雲端、遭之罷黜？可能的解釋是：

7　中國大陸中共黨史研究者（I君）提供的資訊（北京，2013年8月）。

毛澤東在經濟上闖出大禍後，轉回其熟悉的意識形態、文化領域。在文化革命問題上，彭真與毛澤東之間後來確實逐漸出現差距。然而，這並非是彭真另起爐灶，有意對毛澤東進行抵制，而是毛澤東的思想和做法出現重大變化，令彭真欲緊跟也跟不上。

彭真自以為是忠於且沿用毛澤東向來的整風做法，但殊不知毛澤東已逐漸心生拋棄過往政治章法而欲另闢新徑、另覓幫手的意念。毛澤東因社教運動在高層對劉少奇大發雷霆後，他對現行體制已不滿足於局部、枝節修補，而思索以非常之法掃除障礙，大刀闊斧進行體制變革。

彭真領導文化革命執著於原有整風之法，較真地調查確認吳晗與彭德懷之間沒有政治關係，也自以為擇善而固執，與康生、江青之間競相向上「爭榮固寵」。彭真後來遭到批判後，曾苦惱地對劉仁、鄭天翔表示：「我們這些人太老實，吳晗和廬山會議的聯繫，不一定要有材料」。[8]他在「文革」前夕步向垮台的過程中，所在意、甚至「拘泥」的政治之事和理，顯然不是毛澤東深埋在心所想。自毛澤東看來，彭真的節節推進，反倒成為礙其政治手腳施展之人，甚至有可能不意間破壞他隱藏極深的戰略意圖，即大幅革除用得「不順手」之人、看得不順眼之事。

彭真長期政治當道，可能自以為獲得毛澤東的充分信任和特別重用，對文化革命、文藝整風的設定問題，得以直抒己見（部分還是毛澤東的原本主張如對吳晗要批也要保，另外則堅持提出為毛澤東不樂見的「左派」也要整風），甚至敦促毛澤東對他一手促成的〈二月提綱〉表態。彭真在同一政治過程中對其他人士，如毛澤東開始重用的大小「筆桿子」，更是態度強勢、不客氣，徒留讓人得以大做文章、大告「御狀」的話柄。

毛澤東密謀非常之事，當然深知沒有「槍桿子」壓陣，事也難成。毛澤東在這方面最為倚重的林彪，自東北爭論以來對彭真少有好感。毛澤東實在難以期望他倆相安無事、和衷共濟，最後決意犧牲彭真、取信林彪，使林彪對自己更是效忠。

如前所述地，毛澤東的個人心意決定彭真的政治命運，而且其所做的政治和政策思慮，應是多重而複雜。然而，值得推敲的是，在毛澤東起心動念罷黜

8　《彭真傳》，第3卷，頁1196。

彭真的心智運轉過程中，是否可能部分肇因於他對彭真若干政治性格特質和其外顯行徑的惱火？

毛澤東忿忿不平地說彭真「混到」、「鑽進黨內」，更稱「彭真的本質隱藏了30年」。此一說法肯定有過頭、誇張之處，因為彭真在黨內地位快速攀升，正出於毛澤東的鼎力支持。毛澤東對彭真的政治「性子」和優缺長短，也有了解和掌握，因而能對其知人善任；彭真也果真不辜所望，稱職扮演毛澤東的整風幫手、探路助手和運動／政策推手角色。

但是可能有些超乎毛澤東意料的是，彭真操弄權力、好鬥欺人、專橫跋扈的性格特質，毛澤東未必渾然不知，之前可能對之睜一隻眼，閉一隻眼，甚或蓄意操縱、利用來為己服務；但是竟隨著彭真在政治上愈益稱心、掌權在手，而在短時之內集中暴露、「霸氣外露」，還直接影響毛澤東的政治布局和幕後「大戲」。毛澤東嚴斥彭真是「專靠『武斷和以勢壓人』」的「大黨閥」，多少就有此般意味和怒氣。

此外，毛澤東或會心想：彭真與自己有幾分相似，同是農家出身，土生土長的本土共黨，未曾遭受「洋教條」沾染，也皆受過中央來人的「不善」對待（都有周恩來的身影）。兩人互動認識後，也知其有一定的政績和資質，因而當初即有心對之網羅並迭次栽培。可能毛澤東有感「恨鐵不成鋼」，也就是「亦生亦徒」的彭真隨侍在側多年，卻未受到毛本人的「德化感召」，其政治「劣根性」不但未除，反而隱匿深藏、伺機而發，這次自不量力地在他眼皮子底下搞鬼搞怪，就被逮個正著（毛自己長於此道，不難「識破」自家門徒彭真的伎倆）！

毛澤東或進而認為他長期培養、觀察的彭真，都這樣政治「沒出息」、「不長進」，其他的高級幹部和各級官員，不就更沒看頭，而須要通過「文化大革命」的試煉，好好整治一番！

彭真對於毛澤東將之罷黜，自是難以接受，強調自己一向忠心於他，未曾反對，並申稱毛澤東曾給予自己「陽性子」的評價，以示自身並非陰謀詭計之徒。然而，環顧中央高層，無人出手相援。直接原因無非是毛澤東心意已決，沒人敢逆反其意，但是彭真平素凡事唯上、氣驕志滿的政治個性，得罪人不自知，就算知道也不在乎，黨內樹敵自不在少，他們見到彭真有失勢一日，心生機不可失之感，便紛紛落井下石。

　　林彪作為彭真的黨內夙敵，對之猛攻，情理之中。周恩來則猶如絕地大反攻，大批彭真的「個人主義」極端嚴重、勝過黨性（意指野心不軌、自私自利，到無可不裝的「政治籮筐」）。周恩來也對彭真做人身批判，包括：「擺出一副一貫正確的姿態」、「驕傲自滿，自高自大，從無自我批評」，以及「對他提過意見的人，他恨之入骨，永遠不忘」。這些乃基於他在延安整風所見，以及與彭真長期中央共事經驗，還有自己過去因之政治「吃鱉」的親身體會。周恩來的指控實質上也都指向彭真政治性格中較易被人貶責的陰暗素質。

　　彭真從延安到北京一路積極協助毛澤東建造和營運一個唯上甚於求實，欠缺制度依循及法律保障的政治環境；彭真當然不是唯一之人，但其個別確實「功不可沒」。這為毛澤東一再地為所欲為，以至「文革」的醞釀和形成，實質起到鋪路和鋪墊的作用。在前述的政治過程和場域中，彭真多是政治得勢、深受器重而且得心應手。只有當毛澤東對現存體制欲大動刀、對現有走向想大轉向，彭真此時才顯得未能與之合得上，也不能與毛澤東欲借重使用的人士合得來。這不僅是彭真個人咎由自取的問題，更是國家、民族不幸的重要源由。毛澤東賜給這名長期「親密戰友」的最後禮物是：讓其飽受群眾專政、牢獄之災和流放之苦，但也使之不被定性為叛徒並得以保留黨籍。

　　據聞彭真晚年在北戴河休憩時曾表示：對毛澤東「過去跟的太緊」。[9]這是他陳述歷史事實抑或是不無感慨？另外，彭真與一親屬談話時曾表示：如果「文革」他在（意指未被打倒而繼續在台上），他也會執行之。[10]此乃他忠於毛澤東的政治心跡的真實流露？

（三）復出政壇後的政治職位和任務

　　1976年9月，毛澤東去世後，華國鋒接掌大位，鄧小平不久也尋機成功復出，從1970年代末起更實質成為中共最有權力的領導人。彭真苦熬13年後，終於在1979年獲准回到北京。鄧小平支持彭真政治平反和重返政壇，但是他對彭真並非全然無所保留，這具體表現在是否應該讓後者進入中共中央政治局常委會一事上。

9　李銳，《李銳日記》，第20冊，1988年8月8日，頁52。
10　中國大陸中共黨史研究者（D君）提供的資訊（北京，2016年7月）。

　　彭真在黨內的資深經歷不在鄧小平和陳雲之下，基於中共論資排輩的政治文化，以及他作為「文革」首當其衝又長年迫害的受害者形象，黨內存在一股聲音主張應讓之進入中央常委會。華國鋒、葉劍英主張彭真「入常」，也可能存有藉之制衡愈加權大的鄧小平、陳雲的政治用意。鄧小平、陳雲熟知彭真政治能力高強、政治個性難纏，自不會坐視任之發展而無作為。

　　陳雲與彭真在延安時期的整風審幹、內戰時期的東北戰場，結怨甚深，「大躍進」階段又有經濟奪權之恨，其後的經濟調整時期兩人也有明顯的政策歧異。陳雲在中共十一屆三中全會重返中央常委會，自是強烈反對政治「老對頭」彭真也獲享常委一席，甚至還不贊同後者進入中央政治局。鄧小平則表示由於彭真年齡較長，其「入常」將不利於中央頂層的幹部年輕化。[11]如同「文革」前的「八大」，彭真因此再次與中央常委一職失之交臂。

　　若進一步查探、細究鄧小平不讓彭真「入常」的深層政治考量和原因，可能不無受到「文革」前他與彭真之間工作互動和相處經驗的影響。鄧小平和彭真結識以來，大致相安無事、客客氣氣，而無嚴重紛爭和對立。但是在兩人政治關係平和的表面下，卻隱約存有一種不明言的競爭氛圍。彭真在1945年代中期即進入中央高層核心，政治上比鄧小平還早發跡；但是鄧小平在1950年代中期後來居上，成為彭真在中共中央書記處的直屬上級。鄧小平主持書記處工作期間甚為倚重彭真，後者也確實為之分憂解勞。然而，鄧小平親身體驗彭真的精實幹練之際，多少也有感受後者政治性格中偶爾流露的權力欲望、心機手段和強悍氣勢。鄧小平亦近身觀察到彭真有自我的政治看法和思考盤算，對於毛澤東心意的體察、領悟和緊跟，有時自己還不如他。

　　另外，毛澤東也不無刻意製造、一再操弄鄧小平對彭真的競爭意識：1965年到「文革」爆發前夕，毛澤東對彭真青睞的程度，一度高過鄧小平，更似有取代之勢；毛澤東在打倒彭真時，也向鄧小平透露：彭真曾在其面前說他的不是；鄧小平在「文革」中剛復出，毛澤東又使計提及彭真以對其示警。

　　歷經如上的共事經驗和政治過程後，鄧小平就算沒有對彭真心生政治芥蒂，難免也會有些疑慮。鄧小平在「文革」前見識過彭真可與自己平起平坐的厲害架勢，以及不相上下的管控能力，他是否會想：倘若彭真在毛後時代的中

11　《彭真年譜》，第5卷，頁52。

央常委會享有一席，以其資歷威望、能力手腕和過往言行的自主傾向，不但有可能自成一個政治重心，對主政的鄧自身有所威脅或是至少造成牽制、掣肘的作用，其恐也會對年輕一輩的中央「一線」領導人造成重大干擾和不便。[12]另外，華國鋒曾建議由彭真擔任恢復設置的中共中央總書記一職，也沒有被鄧小平採納，最後由胡耀邦出任。[13]

彭真被安排到全國人民代表大會協助年事已高的葉劍英，進而接替葉氏擔任全國人大常委會委員長。全國人大名義上是中共國家的最高權力機關，但長期功能不彰而被譏為虛有其表的「橡皮圖章」；彭真膺任其委員長一職，位高崇隆，實際上接掌一個有名無權的「冷衙門」，如此較諸「文革」前彭真擁有實權、多方涉足的職務和地位，實是大為縮減。這也反映出鄧小平對彭真心懷戒慎。

鄧小平在「改革開放」時期對彭真雖有政治防備的一面，但是也正基於對彭真政治過往的了解，他希望借重彭真在兩方面的專才：一、彭真在「文革」前長年分管全國人大工作並有一定的立法經驗，鄧小平希望彭真「重操舊業」，助之部分提振全國人大作用和加強法制建設，以防「文革」災難重演和形塑國家可據以正常運作的法律框架；二、彭真「文革」前在中央一直分工聯繫政法工作，對相關業務和人事都甚為熟悉，無人能出其左，鄧小平期望彭真扮演「識途老馬」，重建政法部門和隊伍，並引導政法官員幹部確保「改革開放」初期的社會秩序和穩定。

彭真在「改革開放」時期，如何憑其革命資歷和地位、政治經驗及手腕、長期構建的人際網絡，經由資深政治局委員、全國人大常委會委員長，以及「政法口」「大家長」身分，繼續對中共政壇走向和政治發展扮演角色、施加影響？他如何與同屬革命第一代、早有交往或交手紀錄的政治要人，包括葉劍英、鄧小平、陳雲、李先念、鄧穎超、楊尚昆、薄一波、習仲勳等進行互動？他又如何與黨內職位在其之上的政治後輩如華國鋒、胡耀邦、趙紫陽、萬里等進行往來？相較「文革」之前，針對黨內政治運作、社會主義理念和體制、重

12　中國大陸中共黨史研究者（I君）提供的資訊（北京，2016年7月）。

13　施濱海，《歷史轉折中的華國鋒（1973-1981）》（北京：北京傳世家書文化發展有限公司，2020），頁311。

大內外政策，彭真的政策主張和政治言行有何殊異和堅持，對現實政治又有何作用？這是重思、重建鄧小平主政時期的「老人政治」，以至「改革開放史」的一塊重要拼圖。

法制建設和政法管理上，彭真曾指出：「文革」前法制建設時緊時鬆、甚而丟棄，乃一大失誤；坦言自身與其他政法負責人負有責任，而自己身陷牢獄多年就是黨未抓法制的報應。他在另一場合亦表示：「我們要總結過去極左路線造成的嚴重教訓，那時無法可依，簡直是和尚打傘——無法無天！你們想想看，領導一句話，就把一個國家主席打倒了！什麼事，只憑領導人一句話，以言代法到了這麼嚴重的程度，這個教訓一定要好好總結」。「我們相當長的一段時間是忙於搞政治運動，搞人治，忽視法制建設，忽視法治。所以『文化大革命』那樣的大亂就搞得起來。這在外國人心目中是不可想像的」。[14]

彭真在「文革」前法制輕忽、政法誤偏中的角色和責任，也非全遭忘卻。陳雲出言反對、阻擋彭真進入中央政治局常委會列舉的主要事由，除了指稱彭真在延安整風審幹和戰後東北問題具有嚴重錯誤，還有一項是言之在1950年代政法工作上犯有「左」的錯誤。[15]

不經一事，不長一智。彭真確實洗心革面，專注並致力立法，亡羊補牢，故而有人評論：「他一出來，就狠抓法制。他的民主意識、法制意識應當說比其他領導幹部強，也比他自己在文革前的思想和行事要強」。[16]彭真的法律觀念、看法，包括：法律的階級性（排他性）、工具性、專政性、從屬性、漸進性。承上而來，他認為黨國對社會法律界、法學界，立法工作及其主管部門，以及政法部門，應如何領導與管理的問題。較諸「文革」以前，他在「新時期」到底有何破立和創新？

又有哪些是賡續堅持己見、承襲固守？例如：持以「法律工具主義」立場，強調黨必須掌握和善用「法律武器」（可策略性地調整與解釋）；認為政法部門和隊伍是黨絕不可丟的「刀把子」，必須促之忠順地聽從黨的領導，而黨也要善於對之施以統御（既不重蹈「絕對領導」的極端，程度上也仍比董必

---

14 王芳，《王芳回憶錄》（杭州：浙江人民出版社，2007），頁305-306。

15 中國大陸中共黨史研究者（A君）提供的資訊（北京，2011年8月）。

16 郭道暉口述、邢小群、魯利玲採訪，〈從人治到法治的歷程〉，《炎黃春秋》，2016年第6期，頁11。

武所好者較為剛性、堅韌），以及立法、政法工作必須為黨國「中心工作」服務；對於「三權分立」、「司法獨立」，高度反感、保持警戒。偏重法律和政法部門的專政職能（職司懲治壞人與罪犯、維繫政權、維護社會安定）；偏好運動式執法（全黨動員、黨委視需要過問案件並調度政法機關聯合辦案、發動群眾共同參與，以及法律為之彈性調節、配合）。是否在彭真於1966年以前、1979年以後各自的法制經營、政法實踐中，都可覓得蹤跡而顯得前後連貫？

以上的「變」和「常」，對當前中國法制、中共政法的主要樣貌、重要實質和別具特色，又可能有何連繫？也將留待另外專門的研究探討。

後記

這本書的出版，代表我總算交出較完整的博士後研究成果。

我撰寫博士論文、查閱鄧小平資料時，經常注意到有關彭真的記述，不免覺得他的政治重要性非同一般。詢問一些相關歷史經歷者和專家學者如高華老師，也多表示彭真確實值得研究。博士論文指導教授陳永發院士則提醒我：一定要寫得跟博論鄧小平不一樣！我便心想藉由研究彭真，既繼續探察中共上層政治，研究視角也隨他擴及其分管領域和首都治理，研究時段向前延伸到中共在野之時，歷史連結梳理至「改革開放」之後。

我以彭真為題，先後申請到中央研究院、國家科學委員會「千里馬」計畫的博士後研究，但實際上主要在修改博論成書（即《文革前的鄧小平：毛澤東的「副帥」（1956-1966）》），同時投稿英文期刊以找工作。2013年在國立政治大學東亞研究所謀得教職以後，才真正地鑽入研究彭真。這時為了發表升等以保工作，寫得也挺來勁，研究的時間、議題還涉及1980年代。

隨著一篇篇彭真相關期刊論文的發表，有人建議乾脆集結出一本論文集，但我還是想對「文革」前的彭真做更深入、完整的研究，除了重建彭真的個人政治歷程，同時追溯、關照更大的歷史問題和政治軌跡，而這時已全然無關工作升等、評量。然而，人生浮現的各種課題，不免影響、干擾此一研究和寫書規劃，有時鑽進書堆、「爬格子」反倒成為自己尋得內心平靜的一個重要方式。

在新冠肺炎大疫期間，我在台北市松山區光復北路的住所總算寫成一本書稿，並於2022年投稿出版社，心想暫且完成「階段性任務」，就應該回饋母所，承擔單位行政領導責任。接下來的兩年就變成一邊擔任所長、一邊修改書稿的情況：白天辦所務，舉辦時事學術活動；夜間翻故紙，考察歷史學術議題。其間的拉扯和時間的擠壓，只有自己的身心最清楚。所長任期結束，又繼

續在松山、文山做第四、第五回的修改和補充，形成本書現在的樣貌。書中存有的不足與錯誤，皆因我個人的認識、能力所限之故，而與以下我致謝的各方人士全然無關。

　　首先感謝陳永發老師這些年來對我從不間斷的指導和鼓勵。每當我電話聯繫或登門造訪，雖常常是各談各的研究而話題穿插，但我都能及時獲之教導而大有所獲，進而繼續邁進。今年中，他仔細看過本書書稿後，還打了五次電話給我，依章地提出他的讀後評論和具體建議。博士班畢業15年以後，我還能獲得指導老師如此悉心指教，我真是一名幸福的學生！不久以前，我向他報告書稿後來的修改情形，以及請他寫序之事，兩人從其研究室一直聊到公車上，直至到站為止。此時我居然不覺地哼起Beatles的歌，並突然想到這不正是2005年我首次去中研院向他請教黨史後，在回家路上高興唱歌的樣子！

　　在澳大利亞指導我做博士後研究的孫萬國（Warren Sun）老師，多年來在學術上對我也甚是提攜和鼓勵，他自身孜孜不倦地研究與寫作，也讓我敬佩並思效尤，藉此機會向他表示感謝之意。另外，經其引介，哈佛大學的傅高義（Ezra F. Vogel）教授邀請我前去該校費正清中國研究中心（Fairbank Center for Chinese Studies）訪問一年。傅氏在2016年的推薦信寫道："I have no doubt that Chung Yen-lin will publish the outstanding work on Peng Zhen. Peng Zhen is one of the handful of influential leaders in Communist China in the decades after 1949 and is particularly important for studying the development of the political-legal system in Communist China." 我不知道本書有無達到傅氏在八年前對我的期望？

　　我此次訪美有幸認識本書的主要對話對象馬若德（Roderick MacFarquhar）教授。由於彭真在其《文化大革命的起源》中的重要地位，在我首次拜會時，他就追問我一連串彭真的問題。針對我不同其觀點的答覆，他不以為忤地頻說"You're probably right"，最後從書架取出拙作《文革前的鄧小平》，要我推薦優先閱讀的章節，還簽名贈送一套其著作的中文譯本，並囑咐我助之確認翻譯是否準確。我則有通過一場重要的口試答辯之感！馬氏、傅氏兩位先生已在2019、2020年去世，在此表達對他們的追思和紀念。

　　中國大陸諸多老師對本人的不吝指導、關愛和支持，我要對他們表示由衷的感謝。包括：敬為父輩的林蘊暉老師、待我如親的李海文老師、韓鋼老師、

楊奎松老師、沈志華老師、熊景明老師，還有許多不便具名的當代中國史的親歷者和研究者。我想特予致謝的台灣師長、學術先進和友人，包括：關向光教授、克思明教授、齊茂吉教授、余敏玲研究員、黃自進研究員、吳啟訥研究員、寇健文教授、王信賢教授，蔡文軒研究員、張廖年仲研究員，以及張惠梅助教。海外方面，我要對宋永毅、唐志學（Joseph Torigian）、吳一慶和福田圓等諸位學者表達謝意。

我衷心感謝聯經出版事業股份有限公司願意出版本書，並給予「余英時人文著作出版獎助基金」的支持，以及其編輯委員會和兩位匿名審查人對書稿所提的寶貴意見。我也非常感謝國科會人文社會科學研究中心補助本書的出版，還有其所邀的兩位匿名審查人對書稿的惠予支持。國科會對本人相關專題研究計畫的慷慨支持和補助，我也甚為感激。

我敬愛的父親鍾瑞光先生，乃是最期待我完成這本書的人。每次我回家，他都很關心地問我寫得如何，要我不要掛念家裡，而是志在四方、專心工作，顧好他最掛念的孫子。很遺憾未能讓他在生前看見本書的完成。父親少小離家，從軍報國，參與保衛與建設台灣，同時胸懷中華。他教導兒女做人正派、處事從容、日新又新，並且自我身體力行，細心養育、用心培育我們長大成人。謹將此書敬獻給我最愛的老爸！

我要深深地感謝母親鄒秋五女士、岳父母、姐姐們和哥哥以及所有的家人，對我投入學術工作的支持和鼓勵。很感謝妻子陳雅琪女士對枝穎的用心照顧，她的付出和支持，讓我得以有時間既寫書、又擔負在校的行政服務。最後，我也想對兒子說，如果這本書的完成對他有什麼示範意義的話，就是找到自己的所好，專心一意地堅持做下去！

鍾延麟
2024年10月10日
於國立政治大學東亞研究所

徵引文獻

檔案文獻

（一）中國大陸

1、北京市檔案館典藏檔案

〈1959年彭真同志宴請班禪及其隨員晚會〉（1959年10月24日）。

〈1955年歡迎胡志明同志遊園晚會（中山公園）七一遊園晚會參加人員名單〉（1955年6月30日），檔號001-006-01054。

中共北京市委辦公廳整理，〈關於修建居民住宅的幾點意見〉（1960年4月15日），檔號131-001-00105。

〈少奇同志7月4日在石景山鋼鐵廠的情況〉（1958年7月4日），檔號001-015-00164。

〈少奇同志在石景山發電廠的談話〉（1958年7月5日），檔號001-015-00164。

中國共產黨北京市委員會宣傳部，〈向農村黨、團員傳達四中全會提綱〉，檔號001-012-00160。

北京市人民委員會外事辦公室，〈北京市歷年邀請日本代表團〉（1965年），檔號102-001-00406。

北京市人民委員會外事辦公室，〈赴朝鮮城市建設考察團材料之二：李周淵副首相接見時談話紀要〉（1963年11月28日），檔號001-006-02171。

北京市人民委員會外事辦公室，〈首都各界人民支援越南人民反對美帝國主義武裝侵略大會計畫〉（1965年2月8-12日），檔號102-001-00398。

北京市人民委員會外事辦公室，〈接待河內市行政委員會代表團情況報告〉
　　　（1959年11月30日），檔號002-010-00072。

北京市接待日本六城市訪華團委員會辦公室編，〈接待日本六城市訪華團情況
　　　簡報（第十五號）〉（1955年10月1日），檔號002-007-00033。

〈北京市第四屆人民代表大會第二次會議關於郊區農村形勢和任務的報告（彭
　　　真同志修改本）〉（1963年3月16日），檔號002-015-00425。

〈市委、市人委為通縣、大興、房山、良鄉、順義縣、通州市劃歸北京市領導
　　　與五縣一市領導同志座談交接工作問題的記錄，彭真同志講話和有關文
　　　件〉（1958年3月20日），檔號001-006-01327。

〈市委有關北京市工業發展規劃向主席、中央的報告〉（1958年5月3-7日），
　　　檔號00255-05-001。

〈市委負責同志招待「八大」外賓和國慶觀禮外賓遊園晚會計畫、參加人名
　　　單〉（1956年9月21日），檔號001-006-01157。

〈市負責同志及市級其他單位在我建國十週年與各國來往賀電、賀信〉（1959
　　　年10月6日），檔號102-001-00050。

〈市農機局關於降低機耕費收標準的請示及彭真同志的批示、財政局對降低機
　　　耕費收費標準要求財政彌補虧損意見的報告及有關材料〉（1962年8月
　　　11-12日），檔號002-014-00160。

〈全國人大代表王維舟等九人在京視察工作的報告〉（1960年7月1日），檔號
　　　002-012-00197。

〈各個黨委書記發言稿〉（1958年8月23日），檔號001-015-00167。

〈各高等學校十五級以上黨員幹部討論高饒事件傳達報告的情況〉（1954年4
　　　月11日），檔號001-022-00088。

〈在7月13日全市工業系統黨員幹部會議上彭真、賈庭三同志的講話提綱和記
　　　錄〉（1959年7月13日），檔號001-015-00209。

宋碩，〈高等學校討論高饒事件傳達報告的情況〉（1954年4月10），檔號
　　　001-022-00088。

〈李先念同志在全國大、中城市副食品和手工業品生產會議上的講話要點〉
　　　（1959年6月23日），檔號002-011-00103。

〈林彪同志講詞〉（1949年2月4日），檔號001-006-00059。

〈彭真同志及夫人接見捷克駐華大使布希尼亞克及夫人談話記錄〉（1960年5月30日），檔號2-20-11853。

〈彭真同志在北京市工業躍進大會（天壇大會）上的講話及賈庭三同志的報告〉（1958年8月21日），檔號001-015-00167。

〈彭真同志在市第四屆一次人民代表大會上的講話記錄〉（1962年6月19日），檔號001-006-02077。

〈彭真同志在討論北京日報工作會議上的講話紀要〉（1952年10月16日），檔號001-006-00655。

〈彭真同志修改過的關於北京市1960年國民經濟計畫和1959年財政收支決算、1960年財政收支預算草案的報告〉（1960年6月10日），檔號001-006-01658。

〈彭真同志報告〉（1949年11月18日），檔號001-006-00059。

〈彭真同志對人造肉問題的批示文件〉（1960年12月15日）。

〈彭真針對北大學生要求聆聽演講對宋碩的指示〉（1955年6月29日），檔號001-022-00146。

〈彭真、劉仁同志在市委工業交通五級幹部會議上的講話提綱及修改稿〉（1960年5月9日），檔號001-015-00432。

〈彭真、劉仁、萬里、鄭天翔、陳可寒、鄧拓、李琪、趙凡等市委領導同志對本報稿件的審改樣〉（1965年12月31日），檔號114-001-00225。

彭真，〈關於政法工作的情況和目前任務〉（1951年5月11日），檔號2-3-51。

越南政府代表團接待辦公室，〈越南政府代表團活動簡報〉（1963年3月18日），檔號102-001-00298。

〈萬里同志關於1958年北京市拆遷工作的檢查報告〉（1959年1月31日），檔號002-011-00125。

〈萬里同志關於人大會堂屋架鋼材質量不合要求嚴重影響施工進度的報告〉（1959年2月2日），檔號002-011-00128。

〈賈星五同志關於限制在城區內開設動力在三馬力以上工廠問題的處理經過向彭真同志的報告及彭真同志的批示〉（1958年3月11日），檔號002-010-00114。

〈劉仁同志在市委工業交通系統五級幹部會議上的講話提綱〉（1960年5月4
　　日），檔號001-015-00432。

〈蔣南翔同志傳達四中全會報告〉，檔號001-022-00089。

〈蔣南翔同志在清華大學四中全會學習幹部會上的發言〉（1954年6月10
　　日），檔號001-022-00089。

〈懷柔縣農村典型調查及彭真同志的批示〉（1961年4月12日）。

〈譚震林同志在紅星、石景山、沙河、永豐、良鄉公社彙報會議上的插話記
　　錄〉（1959年12月18-19日），檔號001-014-00513。

〈譚震林同志在郊區11個轉全民所有制公社黨委書記會上的講話〉（1959年12
　　月23日），檔號001-014-00513。

〈黨代表會議分組討論彭真同志關於統一戰線問題報告的綜合彙報〉（1949年
　　11月27日），檔號001-006-00059。

2、廣東省檔案館典藏檔案

〈9月25日中央電話會議紀錄彭真同志的總結發言〉（1958年9月25日），檔號
　　219-1-27。

〈9月25日中央電話會議紀錄彭真同志的講話〉（1958年9月25日），檔號219-
　　1-27。

〈9月25日中央電話會議記錄薄一波同志的講話〉（1958年9月25日），檔號
　　219-1-27。

〈9月26日省委電話會議上陶鑄同志的講話〉（1958年9月26日），檔號219-1-
　　27。

〈王鶴壽同志在10月9日中央電話會議上的講話〉（1958年10月9日），檔號
　　227-4-1。

〈周恩來同志在各民主黨派、無黨派民主人士負責人座談會的談話紀錄〉
　　（1957年7月7日），檔號216-1-116。

〈彭真同志在10月9日中央電話會議上的講話〉（1958年10月9日），檔號227-
　　4-1。

〈彭真同志在中央統戰工作會議上報告紀錄〉（1958年7月16日），檔號216-
　　1-122。

〈彭真同志在市人民委員會、市政協常委聯席會議上的講話〉（1961年7月21
　　日），檔號216-1-286。

〈彭真同志在省市委工業書記會議上的講話〉（1958年2月12日），檔號219-
　　1-27。

〈彭真同志在黨員大會上談政協會議工作的總結〉（1957年3月21日），檔號
　　216-1-116。

3、中華人民共和國外交部檔案館典藏檔案

〈中共中央委員、中華全國總工會主席劉寧一同志在首都各界人民支援越南人
　　民反對美帝國主義武裝侵略大會上的講話（草稿）〉（1965年2月10
　　日），檔號117-01785-01。

〈中共中央政治局委員、北京市市長彭真同志在首都各界人民支援越南人民反
　　對美帝國主義武裝侵略大會上的講話〉（1965年2月9-10日），檔號117-
　　01785-01。

中華人民共和國駐印尼大使館，〈印尼政府邀請彭真同志為國賓〉（1965年5
　　月19日），檔號117-01427-01。

〈中聯部、外交部關於接待途經我國參加越勞「三大」和越南國慶的兄弟黨代
　　表團向中央的請示報告〉（1960年8月23-24日），檔號117-00606-01(1)。

北京市人民委員會外事辦公室，〈北京市各友好公社春節對外活動請示〉
　　（1961年2月3日），檔號117-01292-06。

〈北京市長彭真接受阿爾巴尼亞駐華大使巴利里辭行拜會談話紀要〉（1959年
　　8月28日），檔號109-00906-06(1)。

〈朴金喆同志拜會彭真同志的談話記錄〉（1965年5月22日），檔號106-
　　01479-10。

〈周總理在國慶招待會上的講話（二稿）〉（1963年9月29日），檔號117-
　　01665-01。

〈阿爾巴尼亞駐華大使帕里夫蒂向彭真同志辭行時談到國內情況和同蘇聯的關
　　係等問題〉（1961年6月9日），檔號109-03747-05。

彭真，〈訪蘇情況彙報〉（1956年12月6日），檔號109-01101-01。

〈彭真市長接見羅馬尼亞大使巴爾步‧查哈勒斯庫談話記錄〉（1959年2月25

日），檔號109-00911-10(1)。

〈彭真市長接見羅馬尼亞駐華大使魯登科談話記錄〉（1958年12月19日），檔號109-00866-01(1)。

〈彭真市長會見剛果駐華大使迪亞卡・貝納頓談話記錄——剛果大使到任拜會並就剛果的反帝鬥爭問題交換意見〉（1961年5月3日），檔號108-01227-04。

〈彭真同志和朱德委員長接見蒙古駐華大使沙拉布談話記錄〉（1959年7月6日），檔號106-00133-04(1)。

〈彭真同志接見阿爾巴尼亞駐華大使馬利列談話記錄：關於阿蘇關係問題〉（1961年8月18日），檔號109-03747-04。

〈彭真同志接見第二批日本工業展覽會友好訪華團談話記錄〉（1963年10月24日），檔號105-01216-07。

〈彭真同志接見羅馬尼亞大使喬烏治談話記錄〉（1963年4月21日），檔號109-03897-04。

〈彭真同志接受民主德國駐華大使汪德爾到任拜會談話記錄〉（1958年5月27日），檔號109-00841-12(1)。

〈彭真同志會見德國新任駐華大使黑根的談話〉（1961年6月9日），檔號109-03762-07。

〈彭真同志關於朝方接待、接見情況〉（1962年4月24日），檔號203-00563-01。

〈彭真副委員長拜會印尼臨時人民協商會議副議長阿里・沙斯特羅阿米佐約談話要點〉（1965年5月25日），檔號105-01915-09。

〈彭真副委員長接見並宴請肯尼亞非洲民族聯盟代表團談話記錄〉（1963年9月6日），檔號108-01279-01。

〈彭真副委員長、薄一波副總理和剛果（布）、馬里、加納駐華大使，及幾內亞駐華大使館臨時代辦在機場歡送我人大代表團時的談話〉（1965年3月8日），檔號117-01468-05。

〈鄧小平同志會見艾地同志的談話記錄〉（1965年7月24日），檔號109-02838-02。

〈關於北京市外辦對外交際活動中的問題及我部的答覆〉（1955年12月31日），檔號117-00485-03(1)。

〈關於各兄弟國家黨政代表團自越南返國途經我國時的接待方案〉（1960年9
　　月6-7日），檔號117-00606-01(1)。

〈關於法國國慶招待會的請示〉（1965年7月12日），檔號117-01770-01。

〈關於迎送蘇聯黨政代表團人員的請示〉（1960年8月27-28日），檔號117-
　　00606-01(1)，頁9-10。

〈關於陳毅副總理在法國國慶招待會上講話稿的請示〉（1965年7月11日），
　　檔號117-01770-01。

〈關於彭真同志宴請非洲國家駐華使節和招待觀看「赤道戰鼓」的請示〉
　　（1965年3月23日），檔號117-01468-05。

〈關於彭真同志應邀為印尼國賓事〉（1965年5月20日），檔號117-01427-01。

〈關於朝鮮大使為紀念中朝友好合作互助條約簽訂三週年舉行宴會的請示〉
　　（1964年7月9-10日），檔號117-01157-01。

〈關於駐外使館今年國慶活動的注意事項〉（1963年9月19日），檔號117-
　　01665-01。

（二）海外收藏檔案

〈中央政法小組關於司法部反黨集團問題的報告〉（1958年11月29日）。

〈中共中央法律委員會第一次會議紀要〉（1956年7月15日）。

〈井泉同志傳達八屆八中全會關於彭德懷反黨集團決議的報告〉（1959年8月
　　30日）。

〈主席在核心小組會上的插話和羅瑞卿、彭真等同志的講話〉（1962年8月13
　　日）。

〈甘肅省級單位十九級以上黨員幹部學習討論擴大的中央工作會議文件中對中
　　央、中央有關負責同志和中央有關部門提出的意見〉。

〈李力群同志揭發林彪罪行的材料〉（1971年11月1日）。

〈李井泉關於與彭真、賀龍、陶鑄、鄧小平關係的檢查〉（1967年1月31日）。

姚依林，〈關於我和彭真的關係〉（1967年1月31日）。

〈彭真同志在司法座談會上的講話紀錄〉（1957年9月19日）。

〈彭真同志在八屆三中全會上的發言〉（1957年10月8日）。

〈彭真同志在三中全會上的發言稿（草稿）〉（1957年10月8日）。

〈彭真同志在中央元月三日召開的電話會議上的講話〉（1959年1月3日）。

〈彭真同志談山西黨史〉（王建富1961年12月訪問記錄，1985年4月18日重新
　　整理）。

〈彭真、李先念和羅瑞卿同志講話〉（1965年6月23日）。

〈彭真副委員長在第三屆全國司法工作會議上的報告〉（1956年3月3日）。

〈羅瑞卿部長在全國公安廳局長座談會上的總結報告〉（1957年9月3日）。

〈關於彭真錯誤的一批材料〉，中發（66）267號。

（三）台灣

1、中華民國外交部典藏檔案

〈日本對中國代表權之態度〉（1964年12月11日），中華民國外交部檔案，檔
　　號014.28/0003。

〈印尼政情月報（報告）〉（1965年9月15日），中華民國外交部檔案，檔號
　　001.2/0006。

〈最近日匪關係動態報告〉（1964年11月16日），中華民國外交部檔案，檔號
　　005.21/0014。

2、中華民國法務部調查局典藏檔案

中央調查局統計局編，〈中共七全大會所選中共中委名單之分析研究〉（1945
　　年）。

內政部調查局編，《奸偽七全大會內幕》（1945年8月）。

西北局印發，《關於陝甘寧邊區黨高幹會經過及其經驗的總結》（1943年6
　　月）。

3、中國國民黨文化傳播委員會黨史館典藏檔案

〈台（59）中秘字第028號張寶樹呈〉（1970年2月18日），檔號：總裁批簽
　　59/0013。

〈附件五、匪黨第八屆中央委員會人事分析〉（1956年10月8日），檔號：大
　　黨065/001。

〈俞濟時唐縱呈「共匪中央政治局組織沿革」〉（1950年10月30日），檔號：大黨062/006。

鄭延卓，〈與毛澤東談話要點及共黨內部要聞報告〉（1943年），檔號：特9/19。

（四）美國

沈志華、楊奎松主編，《美國對華情報解密檔案（1948-1976）》，第貳、參卷。上海：東方出版中心，2009。

威爾遜中心國際冷戰史研究室（Woodrow Wilson Center, The Cold War International History Project），《電子檔案選集》（Digital Archives, Collections），http://digitalarchive.wilsoncenter.org/collections。

（五）日本

〈某記者の語る中共彭真一行訪日の背景に付報告〉（1964年12月2日），日本外務省外交史料館，檔號2013-3285-SA122。

（六）英國

"Notes on Leading Personalities in China (1955)," The National Archives, United Kingdom, FO371/114984.

"Notes on Leading Personalities in China (1957)," The National Archives, United Kingdom, FO371/127263.

（七）俄羅斯

沈志華主編，《俄羅斯解密檔案選編：中蘇關係》，第5、6、7、10、11卷。上海：東方出版中心，2015。

"Zapis besedy s chlenom Politbiuro TsK KPK Pyn Chzhenem i sekretarem TsK KPK Van Tszia-sianom" [Record of Conversation with a Member of the CC CCP Politburo Peng Zhen and CC CCP Secretary Wang Jiaxiang], August 23, 1959, in Rossiiskii gosudarstvennyi arkhiv noveishei istorii (RGANI), fond 5, opis 49, delo 233, listy 237-49.

檔案彙編

中央檔案館編，《中共中央文件選集》，第14、15、16冊。北京：中共中央黨
　　校出版社，1991-1992。

中央檔案館、中共中央文獻研究室編，《中共中央文件選集（1949年10
　　月-1966年5月）》，第4、20、24、29、45冊。北京：人民出版社，
　　2013。

中央檔案館、河北省檔案館編，《河北革命歷史文件匯集》（甲種本），第
　　2、3、17、23冊。出版地不詳：河北省政府印刷廠，1991-1992、1998-
　　1999。

北京市檔案館、中共北京市委黨史研究室編，《北京市重要文獻選編（1950-
　　1951、1955、1957-1960、1964-1965年）》。北京：中國檔案出版社，
　　2001、2003-2004、2006-2007。

北京市檔案局館、莫斯科市檔案管理總局編，《北京與莫斯科的傳統友誼——
　　檔案中的記憶》。北京：中國檔案出版社，2005。

宋永毅主編，《千名中國右派處理結論和個人檔案》，第3、4、5冊。紐約：
　　國史出版社，2015。

其他原始文獻

（一）中國大陸

《人民畫報》編輯部編，《人民畫報》，1964年第9期（總第195期）。

中共中央宣傳部黨史資料室編，《黨史資料》，1953年。

中國人民大學刑法教研室編，《中華人民共和國刑法參考資料》，第6輯。北
　　京：中國人民大學，1958。

中國政治法律學會資料室編，《政法界右派分子謬論彙集》。北京：法律出版
　　社，1957。

第九次全國公安會議秘書處，《公安會議文件選編（1949.10-1957.9）》。北
　　京，1958。

新華通訊社編，《內部參考》，1958-1961年。

（二）台灣

中國國民黨中央委員會第六組編，《彭真反毛集團》。台北，1968。

「文革」資料

（一）批判輯錄

人民出版社資料室編，《批判資料：中國赫魯曉夫劉少奇反革命修正主義言論
　　集》。北京，1967。

中共中央統一戰線工作部東方紅公社、中央統戰、民委系統聯合委員會材料組
　　編，《彭真在統一戰線，民族、宗教工作方面的反革命修正主義言論彙
　　編》。北京，1967。

中共北京市委機關革命造反派徹底摧毀舊北京市委戰鬥兵團，《舊北京市委反
　　革命修正主義集團頭目罪行錄》。北京，1967。

公安部批判劉、鄧聯絡站，《徹底清算反革命修正主義分子彭真在公安戰線上
　　的反革命罪行》。北京，1967。

北京地質學院革命委員會、紅代會北京地質學院〈東方紅〉公社資料組編印，
　　《把鄧小平批倒鬥臭》。北京，1967。

李正中輯編，《文革史料叢刊第一輯》，第4冊。台北：蘭臺出版社，2015。

原北京市委毛澤東思想紅旗兵團編，《舊北京市委彭真反革命修正主義集團罪
　　惡活動大事記（1949-1966）》。北京，1967。

原北京市委、市人委機關摧舊兵團，《彭真罪行錄：彭真反革命修正主義集團
　　頭目罪行錄1》。北京，1967。

原北京市委、市人委機關摧舊兵團編印、北京市革命委員會政治組宣傳小組翻
　　印，《砸爛彭真的反革命黑綱領：揭發批判彭真精心炮製和全面推行〈前
　　線〉發刊詞的滔天罪行》。北京，1967。

原北京市委機關毛澤東思想紅旗兵團，《大野心家、大陰謀家彭真罪惡史
　　（1925-1966）》。北京，1967。

原北京市委機關毛澤東思想紅旗戰鬥兵團，《彭真反革命修正主義集團二號頭
　　目劉仁罪惡史（1927-1966）》。北京，1967。

清華大學井岡山兵團宣傳組，《打倒反革命修正主義分子賀龍》。北京，
　　1967。

最高人民檢察院無產階級革命派聯絡總站編，《彭真、羅瑞卿在政法（檢察）
　　方面的反革命修正主義言行》。北京，1967。

徹底摧毀舊北京市委戰鬥兵團，《劉少奇、鄧小平、彭真狼狽為奸一百四十
　　例——反革命修正主義分子彭真罪行錄之一》。北京，1967。

（二）革命小報

中國人民大學三紅，《人大三紅》，第19期，1967年5月6日。

北京工業大學革命委員會、紅代會北京工業大學東方紅公社，《東方紅》，第
　　20號，1967年8月23日。

北京醫藥衛生界大聯合革命委員會、首都醫務界紅色造反派聯合總部、首都醫
　　工革命造反團總部、北京中醫藥革命造反聯合總部、衛生部井岡山聯合戰
　　鬥兵團、健康報社紅色造反聯隊，《紅醫戰報、衛生戰報》，第45期，
　　1967年9月9日。

冶金部機關「無產階級革命派大聯合委員會」主辦，《冶金戰報》，第3期，
　　1967年11月10日。

東方紅農業大學革命委員會政治部主辦，《東方紅戰報》，第86號，1967年9
　　月15日。

紅代會北京建築工業學院新八一戰鬥團《新八一》編輯部，《新八一》，第18
　　期，1967年8月25日。

紅代會北京鋼鐵學院革命造反公社《新鋼院》編輯部，《新鋼院》，第41期，
　　1967年8月28日。

紅代會北京鋼鐵學院革命造反公社《新鋼院》編輯部，《新鋼院》，第42-43
　　期，1967年9月4日。

首都紅代會中國人民大學新人大公社、西安統指軍事電訊工程學院文革臨委
　　會，《新人大、新軍電》（聯合版），1967年第61期。

首都紅代會北京農業大學《東方紅公社》主辦，《新農大》，第21期，1967年
　　6月10日。

鬥爭彭羅陸楊反革命修正主義集團籌備處主辦，《戰報》，第4期，1967年1月

30口。

鬥爭彭羅陸楊反革命修正主義集團籌備處主辦，《戰報》，第5期，1967年2月15日。

國家體委系統革命造反聯絡總部，《體育前哨》，第8期，1967年6月22日。

資料庫

宋永毅等編，《中國文化大革命文庫》。香港：香港中文大學中國研究服務中心，2002。

宋永毅主編，《中國反右運動數據庫》。香港：香港中文大學中國研究服務中心，2010。

宋永毅主編，《中國大躍進——大饑荒數據庫（1958-1962）》。香港：美國哈佛大學費正清中國研究中心、香港中文大學中國研究中心，2014。

年譜、日記、人物志

（一）年譜

中共山西省委黨史研究室，《彭真生平大事年表》。北京：中共黨史出版社，1992。

中共中央文獻研究室編，《毛澤東年譜（1893-1949）》，下卷。北京：人民出版社、中央文獻出版社，1993。

中共中央文獻研究室編，《毛澤東年譜（1949-1976）》。北京：中央文獻出版社，2013。

中共中央文獻研究室編，《朱德年譜》（新編本），下冊。北京：中央文獻出版社，2006。

中共中央文獻研究室編，《周恩來年譜（1898-1949）》）（修訂本）。北京：中央文獻出版社，1998。

中共中央文獻研究室編，《周恩來年譜（1949-1976）》，中、下卷。北京：中央文獻出版社，1997。

中共中央文獻研究室編，《陳雲年譜（1905-1995）》，上卷。北京：中央文
　　獻出版社，2000。

中共中央文獻研究室編，《劉少奇年譜》。北京：中央文獻出版社，1996。

中共中央文獻研究室編，《鄧小平年譜（1904-1974）》，中、下冊。北京：
　　中央文獻出版社，2009。

中共中央黨史和文獻研究院、中共陝西省委員會編，《習仲勳年譜（1913-
　　2002）》，第2卷。北京：中央文獻出版社，2024。

中共中央黨史研究室張聞天選集傳記組編，《張聞天年譜》。北京：中共黨史
　　出版社，2000。

王焰主編，《彭德懷年譜》。北京：人民出版社，1998。

《李先念傳》編寫組、鄂豫邊區革命史編輯部編寫，《李先念年譜》，第3
　　卷。北京：中央文獻出版社，2011。

余汝信編，《康生年譜（1898-1975）——一個中國共產黨人的一生》。香
　　港：新世紀出版及傳媒有限公司，2023。

周均倫主編，《聶榮臻年譜》，上卷。北京：人民出版社，1999。

思濤，《劉瀾濤生平紀事》。北京：中國文史出版社，2010。

徐則浩，《王稼祥年譜（1906-1974）》。北京：中央文獻出版社，2001。

郭德宏編，《王明年譜》。北京：社會科學文獻出版社，2014。

《彭真傳》編寫組編，《彭真年譜》。北京：中央文獻出版社，2012。

《董必武年譜》編纂組，《董必武年譜》。北京：中央文獻出版社，1991。

（二）日記

《李銳日記》，Hoover Institution, Stanford University, California.

彼得・弗拉基米洛夫著，呂文鏡等譯，《延安日記》。北京：東方出版社，
　　2004。

楊尚昆，《楊尚昆日記》。北京：中央文獻出版社，2001。

謝覺哉，《謝覺哉日記》，下卷。北京：人民出版社，1984。

Hoxha, Enver. *Reflections on China I: 1962-1972: Extracts from the Political Diary.*
　　Tirana: The 8 Nëntori Publishing House, 1979.

Hoxha, Enver. *Reflections on China II: 1973-1977: Extracts from the Political*

Diary. Tirana: The 8 Nëntori Publishing House, 1979.

Vladimirov, Peter. *The Vladimirov Diaries, Yenan, China: 1942-1945*. New York: Doubleday & Company, Inc., 1975.

（三）人物志

張克江主編，《鐵嶺市志‧人物志》。北京：科學普及出版社，1999。

文集

中共中央文獻研究室編，《毛澤東文集》，第7卷。北京：人民出版社，1999。

中共中央文獻研究室編，《建國以來毛澤東文稿》，第1、2、6、8冊。北京：中央文獻出版社，1997、1998。

中共中央文獻研究室、中央檔案館編，《建國以來劉少奇文稿》，第3、4、6冊。北京：中央文獻出版社，2005、2008。

中共中央黨史和文獻研究室、中央檔案館編，《建國以來劉少奇文稿》，第11冊。北京：中央文獻出版社，2018。

中共中央文獻研究室、中央檔案館編，《建國以來周恩來文稿》，第3冊。北京：中央文獻出版社，2008。

中共中央黨史研究室編，《習仲勳文集》。北京：中共黨史出版社，2013。

中共中央文獻研究室編，《鄧小平文集（1949-1974）》，下卷。北京：人民出版社，2014。

《中華人民共和國史稿》編委會編，《鄧力群國史講談錄》，第6、7冊。北京，2002。

毛澤東，《毛澤東思想萬歲》。北京，1969。

毛澤東，《毛澤東選集》（第二版），第1、4卷。北京：人民出版社，1991。

陳雲，《陳雲文選（一卷本）》。香港：人民出版社、三聯書店（香港）有限公司，1996。

彭真，《在印度尼西亞阿里亞哈姆社會科學學院的講話》。北京：人民出版

社，1965。

彭真，《彭真文選（1941-1990年）》。北京：人民出版社，1991。

彭真，《論新中國的政法工作》。北京：中央文獻出版社，1992。

彭真著、中共北京市委編，《站在革命和建設的最前線——彭真同志關於北京
　　工作的言論選編》。北京：北京出版社，1992。

董必武文集編輯組，《董必武政治法律文集》。北京：法律出版社，1986。

熊先覺，《熊先覺法學文集》。北京：燕山出版社，2004。

鄧小平，《鄧小平文選》，第1卷。北京：人民出版社，1994。

回憶資料

人民日報史編輯組編，《人民日報回憶錄（1948-1988）》。北京：人民日報
　　出版社，1988。

丁東、李南央，《李銳口述往事》。香港：大山文化出版社有限公司，2013。

于光遠，〈憶彭真二三事〉，《百年潮》，1997年第5期，頁29-35。

中央文獻研究室第二編研部編，《話說劉少奇——知情者訪談錄》。北京：中
　　央文獻出版社，2000。

中央統戰部《李維漢紀念集》編寫組，《李維漢紀念集》。北京：華文出版
　　社，1998。

中共中央黨史研究室第一研究部編，《七大代表憶七大》。上海：上海人民出
　　版社，2006。

中共北京市委黨史研究室編，《並不遙遠的記憶》。北京：中央文獻出版社，
　　2013。

中共北京市委黨史研究室編，《研究與憶往：北京市紀念彭真誕辰110週年文
　　集》。北京：北京出版集團公司、北京出版社，2013。

中共北京市委黨史研究室編，《風雨征程》。北京：中央文獻出版社，2013。

中共北京市委黨史研究室編，《彭真在北京》。北京：中央文獻出版社，2002。

中國人民銀行編，《李葆華紀念文集》。北京：中國金融出版社，2011。

中國法學會董必武法學思想研究會編，《緬懷陶希晉》。北京：中央文獻出版

社，2011。

牛漢、鄧九平主編，《荊棘路：記憶中的反右派運動》。北京：經濟日報出版
　　社，1998。

王力，《王力反思錄》。香港：北星出版社，2001。

王文耀、王保春，《「文革」前後時期的陳伯達——秘書的證言》。香港：天
　　地圖書有限公司，2014。

王民三，〈1959-1960年貴州糧政日記〉，《炎黃春秋》，2010年第8期，頁
　　44-52。

王光美、劉源等著，郭家寬編，《歷史應由人民書寫——你所不知道的劉少
　　奇》。香港：天地圖書有限公司，1999。

王宇光，〈我對南方局正確領導的切身體會〉，《紅岩春秋》，2006年第6
　　期，頁6-7。

王宏志、聞立樹主編，《懷念吳晗：百年誕辰紀念》。北京：中國社會科學出
　　版社，2009。

王迅，〈我們這一屆——幸運地躲過了階級鬥爭大漩渦的一九五二級學生〉
　　（2012年6月13日），復旦大學校友網：http://www.fudan.org.cn/
　　archives/13198。

王明，《王明回憶錄》。香港：哈耶出版社，2009。

王芳，《王芳回憶錄》。杭州：浙江人民出版社，2007。

王漁，《回憶中央黨校》。北京：中共中央黨校出版社，2013。

王漢斌，《王漢斌訪談錄——親歷新時期社會主義民主法制建設》。北京：中
　　國民主法制出版社，2012。

王漢斌口述、韓勤英訪問，〈在彭真身邊工作二十五年的片段回憶〉，《中共
　　黨史研究》，2012年第10期，頁68-73。

司馬摩，《共匪在海外的陰謀活動——一個中共海外工作幹部的自述》。台
　　北，1978。

司馬璐，《中共歷史的見證：司馬璐回憶錄》。紐約：明鏡出版社，2004。

平杰三，《我的一生：平杰三回憶錄》。北京：華文出版社，1999。

伍洪祥，〈經歷「搶救運動」與出席黨的七大〉，《福建黨史月刊》，1999年
　　第10期，頁5-8。

伍修權，《回憶與懷念》。北京：中共中央黨校出版社，1991。

朱仲麗，《王稼祥夫人朱仲麗自傳三部曲》。長春：北方婦女兒童出版社，
　　1995。

江渭清，《七十年征程——江渭清回憶錄》，下卷。南京：江蘇人民出版社，
　　1996。

《光輝的印記：紀念郭洪濤百年誕辰》編委會編著，《光輝的印記：紀念郭洪
　　濤百年誕辰》。北京：中共黨史出版社，2009。

何勤華主編，《中國法學家訪談錄》，第1卷。北京：北京大學出版社，
　　2010。

何載，《懷念與回憶》。北京：中共中央黨校出版社，2003。

吳冷西，《十年論戰——1956-1966中蘇關係回憶錄》。北京：中央文獻出版
　　社，1999。

吳冷西，《回憶領袖與戰友》。北京：新華出版社，2006。

吳冷西，〈回憶1962年與周恩來的一次談話——吳冷西訪談錄〉，《黨的文
　　獻》，2006年第4期，頁24-25。

吳冷西，《新的探索和整風反右：吳冷西回憶錄之一》。北京：中央文獻出版
　　社，2016。

吳冷西，〈周恩來在四年調整時期的重大貢獻〉，中國共產黨新聞：http://
　　cpc.people.com.cn/BIG5/69112/75843/75873/5167246.html。

呂正操，《呂正操回憶錄》。北京：解放軍出版社，2007。

李志綏，《毛澤東私人醫生回憶錄》。台北：時報文化出版企業有限公司，
　　1994。

李建彤，《反黨小說《劉志丹》案實錄》。香港：星克爾出版有限公司，
　　2007。

李海文主編，《中共重大歷史事件親歷記（1921-1949）》。成都：四川人民
　　出版社，2010。

李海文，〈專訪李雪峰：我所知道的文革發動內情〉，共識網：http://
　　www.21ccom.net/plus/wapview.php?aid=99640。

李海文、王燕玲編著，《世紀對話——憶新中國法制奠基人彭真》。北京：群
　　眾出版社，2002。

李海文、王燕玲，〈秘書張道一談彭真與毛澤東1963年後的關係〉（2002年9月29日），人民網：http://www.people.com.cn/GB/shizheng/252/9114/9116/20020929/834027.html。

李莉等主編，《憶李琪》。北京，2001。

李雪峰，《李雪峰回憶錄（上）——太行十年》。北京：中共黨史出版社，1998。

《李雪峰紀念文集》編輯組，《李雪峰紀念文集》。北京，2007。

李越然，《中蘇外交親歷記》。北京：世界知識出版社，2001。

李新，《流逝的歲月：李新回憶錄》。太原：山西人民出版社，2008。

李維漢，《回憶與研究》，下冊。北京：中共黨史資料出版社，1986。

李輝，〈與溫濟澤談周揚〉，語文資源網：http://www.eywedu.com/wenxueyuedu/ssffszy/015.htm。

李銳，《大躍進親歷記》，下卷。海口：南方出版社，1999。

李銳，《廬山會議實錄》（第3版）。鄭州：河南人民出版社，2000。

李震中，〈鄒魯風調查人民公社之禍〉，《炎黃春秋》，2009年第7期，頁12-16。

汪子嵩，〈1959年「反右傾」運動中的一件個案——憶人大、北大兩校「人民公社」調查組〉，《縱橫》，2005年第11期，頁11-17。

沈漓，〈回憶父親與父親的回憶——一個青年奔赴延安的生死經歷（三）〉，文學城博客：http://messsdia.chinagate.com/myblog/14602/200701/7429.html。

阮銘，《尋找自由：第一部上冊：自由的追求與毀滅1937-1966》。台北：玉山社，2010。

周恩惠，〈白髮寧吟老 悠然愛晚晴——訪全國政協常委、法制組副組長、民盟中央領導人、著名法學家林亨元〉，《法學雜志》，1987年第3期，頁26-27。

周祖德，〈「南京牢房巡禮21日——回憶與思索」第III篇：父親的牢頭彭真〉（2012年8月17日），博訊新聞網：https://news.boxun.com/news/gb/lianzai/2012/08/201208172231.shtml。

周鯨文，《風暴十年：中國紅色政權的真面貌》。香港：時代批評社，1959。

岳祥口述，熊根琪、楊洋整理，〈在彭真同志身邊工作的歲月〉，《百年潮》，2012年第9期，頁46-52。

延安中央黨校整風運動編寫組編，《延安中央黨校的整風學習》，第1集。北京：中共中央黨校出版社，1988。

房文齋，《昨夜西風凋碧樹：中國人民大學反右運動親歷記》。台北：新銳文創，2012。

林牧，《林牧自傳：燭爐夢猶虛》，文革與當代史研究網：https://difangwenge.org/forum.php?mod=viewthread&tid=19005。

邱會作，《邱會作回憶錄》，上冊。香港：新世紀出版及傳媒有限公司，2011。

邵燕祥，《別了，毛澤東：回憶與思考（1945-1958）》。香港：牛津大學出版社，2007。

金冲及，《一本書的歷史：胡喬木、胡繩談《中國共產黨的七十年》》。北京：中央文獻出版社，2014。

姚錦，《姚依林百夕談》。北京：中國商業出版社，1998。

帥孟奇主編，《憶錢瑛》。北京：解放軍出版社，1986。

柯六六，〈延安審幹運動中的柯慶施──來自親歷者的回憶〉，《江淮文史》，2012年第2期，頁78-84。

洪學智，《洪學智回憶錄》。北京：解放軍出版社，2007。

《紀念陳養山文集》編輯組，《紀念陳養山文集》。北京：中國檢察出版社，1993。

胡喬木，《胡喬木回憶毛澤東》（第二版）。北京：人民出版社，2003。

《胡喬木傳》編寫組編，《胡喬木談中共黨史》。北京：人民出版社，1999。

范明，《范明回憶錄》，第3冊。香港：新世紀出版及傳媒有限公司，2021。

韋君宜，《思痛錄》。香港：天地圖書有限公司，2000。

孫琦，〈王懷安先生訪談錄〉，《環球法律評論》，2003年第2期，頁173-179。

孫曉蘭等，《孫敬文百年紀念（1916-2016）》。北京，2016。

徐書麟主編，《月犁：崔月犁自述及紀念文章》。北京：中國中醫藥出版社，2002。

徐彬如，〈周恩來用六大精神武裝順直省委〉（2006年1月4日），新浪新聞：

https://news. sina.cn/sa/2006-01-04/detail-ikkntiam6291966.d.html?from= wap。

浦公百年誕辰紀念活動組委會，《在歷史的棋局中──胡春浦百年誕辰紀念文集》。運城，2013。

袁向東、郭金海訪問整理，〈我在北京大學的前期經歷：丁石孫訪談錄〉，《科學文化評論》，第9卷第2期（2012年4月），頁85-109。

袁學之，《難忘的回憶》。長沙：湖南文藝出版社，2000。

袁寶華，〈回憶陳雲同志對我的教誨〉，《百年潮》，2005年第5期，頁4-10。

馬句，〈憶彭真──寫在紀念彭真誕辰100週年之際〉，《前線》，2012年第10期，頁57-59。

康克清，《康克清回憶錄》。北京：解放軍出版社，1993。

張大中，《我經歷的北平地下黨》。北京：中共黨史出版社，2009。

張化、蘇采青主編，《回首「文革」》。北京：中共黨史出版社，2003。

張志功，《難忘的二十年──在習仲勳身邊工作的日子裡》。北京：解放軍出版社，2014。

張秀山，《我的八十五年──從西北到東北》。北京：中共黨史出版社，2007。

張明遠，《我的回憶》。北京：中共黨史出版社，2004。

張宣，〈我經歷的延安整風運動〉，《紅岩春秋》，2000年第3期，頁3-10。

張宣，〈為澄清一個史實致廖志高同志〉，《紅岩春秋》，2001年第6期，頁58-60。

張宣，〈鳳凰驚夢──延安「搶救運動」親歷記〉，《紅岩春秋》，2000年第4期，頁3-25。

張思之口述、孫國棟整理，《行者思之》。香港：牛津大學出版社，2014。

張培森整理，〈楊尚昆1986年談張聞天與毛澤東〉，《炎黃春秋》，2009年第3期，頁29-36。

張愷帆口述，宋霖記錄整理，《張愷帆回憶錄》。合肥：安徽人民出版社，2004。

張懋，〈老而彌堅，探索不已──我所敬重的王懷安同志〉，《中國審判》，2006年第10期，頁20-21。

戚本禹，《戚本禹回憶錄》。香港：中國文革歷史出版社，2016。

曹瑛，《叔世忠藎——曹瑛自傳、詩文選》。長沙：湖南出版社，1997。

曹慧聰，〈我經歷的三年困難時期〉，《北京支部生活》，2012年17期，頁
　　54-55。

梁漱溟，〈周恩來總理——如我所知者〉，《文史參考》，2010年第1期，頁
　　58-59。

章詒和，《最後的貴族》。香港：牛津大學出版社，2004。

章詒和，《往事並不如煙（續篇）》。台北：時報文化出版企業股份有限公
　　司，2022。

《習仲勳革命生涯》編輯組編，《習仲勳革命生涯》。北京：中共黨史出版
　　社、中國文史出版社，2002。

莫文驊，《莫文驊回憶錄》。北京：解放軍出版社，1996。

郭洪濤，《郭洪濤回憶錄》。北京：中共黨史出版社，2004。

郭道暉，〈從我的經歷看反右〉，《炎黃春秋》，2009年第5期，頁52-59。

郭道暉口述、邢小群、魯利玲採訪，〈從人治到法治的歷程〉，《炎黃春
　　秋》，2016年第6期，頁11-17。

郭道暉、李步雲、郝鐵川主編，《中國當代法學爭鳴實錄》。長沙：湖南人民
　　出版社，1998。

郭影秋口述、王俊義整理，《往事漫憶：郭影秋回憶錄》。北京：中國人民大
　　學出版社，2009。

郭曉棠，〈郭曉棠遺作選：文革交代材料（五）——1941-1950年我在根據地
　　的情況〉，至人無為博客的博客：http://blog.sina.com.cn/s/
　　blog_51f9bd930100pf3i.html。

陳丕顯，《陳丕顯回憶錄——在「一月風暴」的中心》。香港：三聯書店（香
　　港）有限公司，2005。

陳夏紅編，《法意闌珊處：20世紀中國法律人自述》。北京：清華大學出版
　　社，2009。

陳荷夫編，《張友漁回憶錄》。北京：北京大學出版社，1990。

陳模，〈我所知道的延安中央黨校〉，《中共黨史資料》，2008年第2期，頁
　　52-69。

陳曉農編纂，《陳伯達最後口述回憶》。香港：陽光環球出版香港有限公司，

2005。

《陸平紀念文集》編委會編，《陸平紀念文集》。北京：北京大學出版社，
　　2007。

傅彥，〈銘記永遠〉（2020年8月20日），太行英雄：http://taihangsummit.
　　com/0cf1b944e2/。

傅崇碧，《傅崇碧回憶錄》。北京：中共黨史出版社，1999。

《彭真生平思想研究》編輯組編，《彭真生平思想研究》。北京：中央文獻出
　　版社，2008。

彭德懷，《彭德懷自述》。北京：人民出版社。1981。

曾志，《一個革命的幸存者——曾志回憶實錄》，下冊。廣州：廣東人民出版
　　社，1998。

程光，《心靈的對話：邱會作與兒子談文化大革命》，上冊。香港：北星出版
　　社，2011。

程光，《歷史的回顧—邱會作與兒子談革命經歷和若干歷史問題》。香港：北
　　星出版社，2011。

童小鵬，《風雨四十年》，第二部。北京：中央文獻出版社，1996。

童小鵬，《回憶與思念：童小鵬文集》。福州：福建人民出版社，2002。

黃火青，《一個平凡共產黨員的經歷》。北京：人民出版社，1995。

黃克誠，《黃克誠自述》。北京：人民出版社，1994。

黃河清，〈巾幗更勝丈夫——我同章伯鈞夫人李健生先生的一段緣〉（2004
　　年3月17日），新語絲網：http://www.xys.org/xys/ebooks/others/history/
　　contemporary/lijiansheng.txt。

黃崢執筆，《王光美訪談錄》。北京：中央文獻出版社，2006。

楊尚昆，《楊尚昆回憶錄》。北京：中央文獻出版社，2001。

楊第甫著、唐伯固整理，《吹盡狂沙——楊第甫自述》。長沙：湖南人民出版
　　社，1999。

楊繼繩，《楊繼繩：中國當代名人政要訪談評述集》。香港：天地圖書有限公
　　司，2013。

廖漢生，《廖漢生回憶錄》，續卷。北京：解放軍出版社，2003。

趙凡，《憶征程》。北京：中國農業出版社，2003。

趙文隆，《檢察官的生涯》。鄭州：海燕出版社，1997。

趙鵬飛，《雪泥鴻爪話當年》（增補本）。北京，2006。

葉子龍，《葉子龍回憶錄》。北京：中央文獻出版社，2000。

劉光人主編，《永遠難忘劉仁同志》。北京：群眾出版社，2002。

劉武生，〈一樁不堪回首的往事——參加人大、北大兩校人民公社調查組的回憶〉，《縱橫》，2006年第3期，頁56-62。

劉春，《關於民族工作的回顧》（修改稿）。2001。

劉英，《我和張聞天命運與共的歷程》。北京：中共黨史出版社，1997。

劉涌，《政法春秋——政法戰線一老兵回憶》。北京，2003。

劉復之，《劉復之回憶錄》。北京：中央文獻出版社，2010。

劉源，《夢回萬里衛黃保華——漫憶父親劉少奇與國防、軍事、軍隊》。北京：人民出版社，2018。

劉曉，《出使蘇聯八年》。北京：中共黨史出版社，1998。

鄧力群，《鄧力群自述（1915-1974）》。北京：人民出版社，2015。

鄧力群，〈關於西樓會議的回憶〉，《百年潮》，2012年第3期，頁11-17。

鄭天翔，《回憶北京十七年》。北京：北京出版社，1989。

《鄭天翔紀念文集》編寫組編，《鄭天翔紀念文集》。北京：人民法院出版社，2014。

鄭笑楓，〈一條內參帶來的厄運——兼記1957年《光明日報》反右鬥爭前前後後〉（2007年4月1日），《光明日報》網上報史館：http://www.gmw.cn/content/2007-11/29/content_935589.htm。

魯森，〈巍巍的寶塔山——延安中央黨校生活紀聞〉，《黨史縱橫》，1990年第5期，頁10-12。

《緬懷彭真》編輯組編，《緬懷彭真》。北京：中央文獻出版社，1998。

燕岳安主編，《忠魂鑄劍：譚政文誕辰百年紀念》。北京：中國青年出版社，2011。

穆欣，《劫後長憶——十年動亂紀事》。香港：新天出版社，1997。

蕭一平，《延安整風運動：回憶與研究》。北京：中央文獻出版社，2012。

閻明復，《閻明復回憶錄》。北京：人民出版社，2015。

薄一波，《七十年奮鬥與思考》，上卷。北京：中共黨史出版社，1996。

薄一波，《若干重大決策與事件的回顧》，下卷。北京：中共中央黨校出版社，1993。

薄一波，《若干重大決策與事件的回顧》（修訂本），下卷。北京：人民出版社，1997。

薄一波，《領袖、元帥、戰友》。北京：中共中央黨校出版社，1991。

薄一波，《領袖元帥與戰友》。北京：人民出版社，2002。

聶力，《山高水長——回憶父親聶榮臻》。上海：上海文藝出版社，2006。

聶元梓，《聶元梓回憶錄》。香港：時代國際出版有限公司，2005。

聶洪鈞，《聶洪鈞回憶與文稿》。北京：中共黨史出版社，2005。

藍天，〈丹可磨而不可奪杰——訪原司法部顧問、著名法學家賈潛同志〉，《法學雜誌》，1984年第1期，頁29-31。

《懷念宋碩同志》編寫組，《懷念宋碩同志》。北京：北京工業大學出版社，1991。

關山復，《風雲瞬息》。瀋陽：遼寧大學出版社，1994。

嚴佑民，《公安戰線五十年——一位副部長的自述》。北京：群眾出版社，2005。

蘇維民，《楊尚昆談新中國若干歷史問題》。成都：四川人民出版社，2010。

蘇維民，〈楊尚昆談廬山會議〉，《百年潮》，2008年第1期，頁10-17。

蘇雙碧，〈我在文化大革命初期〉（2013年6月18日），愛思想：https://www.aisixiang.com/data/64894.html。

顧昂然，《回望：我經歷的立法工作》。北京：法律出版社，2008。

《龔育之訪談錄》編輯組，《龔育之訪談錄》。北京：中央文獻出版社，2009。

Khrushchev, Nikita. *Memoirs of Nikita Khrushchev: Volume 3: Statesman, 1953-1964*. Pennsylvania: The Pennsylvania State University Press, 2007.

中文專著

丁抒，《陽謀：「反右」前後》（修訂本）。香港：九十年代雜誌社、臻善有限公司，1995。

丁抒，《陽謀：反右派運動始末》（修訂本）。香港：開放雜誌社，2006。

卜偉華，《「砸爛舊世界」——文化大革命的動亂與浩劫（1966-1968）》。香港：香港中文大學出版社，2009。

中共中央文獻研究室編，《毛澤東傳（1949-1976）》。北京：中央文獻出版社，2003。

中共中央文獻研究室編，《毛澤東傳》，第2卷。北京：中央文獻出版社，2007。

中共中央文獻研究室編，《周恩來傳》，下冊。北京：中央文獻出版社，1998。

中共中央文獻研究室編，《陳雲傳》。北京：中央文獻出版社，2005。

中共中央文獻研究室編，《劉少奇傳》。北京：中央文獻出版社，1998。

中共中央文獻研究室編，《鄧小平傳（1904-1974）》，上、下卷。北京：中央文獻出版社，2014。

中共中央黨校教育史研究組，《延安中央黨校的審幹工作》。北京：中央文獻出版社，2003。

中共北京市委《劉仁傳》編寫組編，《劉仁傳》。北京：北京出版社，2000。

中共北京市委黨史研究室，《中國共產黨北京歷史》，第2卷。北京：北京出版社，2011。

中共北京市委黨史研究室編，《中國共產黨北京市重要會議概要》。北京：中央文獻出版社，2006。

中共北京市委黨史研究室編，《社會主義時期中共北京黨史紀事》，第3、4、5輯。北京：人民出版社，1997、1998、2000。

中共湖北省委黨史研究室，《「大躍進」運動（湖北卷）》。北京：中共黨史出版社，2004。

中國中共黨史人物研究會編，《中共黨史人物傳》，第89卷。北京：中共黨史出版社，2015。

文輝抗、葉健君主編，《新中國第一代：省（市、區）委書記、省（市、區）長卷》，上冊。長沙：湖南人民出版社，1999。

王松苗主編，《檢察生涯：高檢院二十七位卸任副檢察長訪談錄》，上冊。北京：中國檢察出版社，2011。

《王翰傳》編寫組，《王翰傳》。北京：新華出版社，1999。

司馬清揚，《周恩來與林彪》。紐約：明鏡出版社，2012。

曲星，《中國外交五十年》。南京：江蘇人民出版社，2000。

朱正，《反右派鬥爭全史》，下冊。台北：秀威資訊科技股份有限公司，2013。

朱鴻召，《延安日常生活中的歷史（1937-1947）》。桂林：廣西師範大學出版社，2007。

江平主編，《當代中國的統一戰線》，下卷。北京：當代中國出版社，1996。

老鬼，《胡開明──大饑荒中為民請命的河北省副省長》。香港：新世紀出版及傳媒有限公司，2013。

何方，《從延安一路走來的反思──何方自述》，上冊。香港：明報出版社，2007。

何方，《黨史筆記：從遵義會議到延安整風》，下冊。香港：利文出版社，2005。

何方，《黨史筆記：從遵義會議到延安整風》（增訂版）。香港：香港城市大學出版社，2019。

何方，《黨史筆記附冊：劉英與何方談中共歷史》。香港：香港城市大學出版社，2020。

余汝信主編，《羅瑞卿案》。香港：新世紀出版社，2014。

宋連生，《總路線、大躍進、人民公社化運動的始末》。昆明：雲南人民出版社，2002。

李向東、王增如，《丁陳反黨集團冤案始末》。武漢：湖北人民出版社，2006。

李昌遠編著，《彭真與土改》。北京：人民出版社，2002。

李思慎、劉之昆，《李立三之謎──一個忠誠革命者的曲折人生》。北京：人民出版社，2005。

李原，《只唯實：閻紅彥上將往事追蹤》。昆明：雲南人民出版社，2003。

李海文主編，《彭真市長》。太原：山西人民出版社，2003。

李遜，《革命造反時代：上海文革運動史稿》，第1卷。香港：牛津大學出版社，2015。

沈志華主編，《中蘇關係史綱》。北京：新華出版社，2007。

沈志華，《思考與選擇——從知識分子會議到反右派運動（1956-1957）》。香港：香港中文大學出版社，2008。

沈志華，《蘇聯專家在中國》。北京：新華出版社，2009。

邢小群，《沒有告別的歷史》。台北：秀威資訊科技股份有限公司，2008。

周天度、孫彩霞，《史良》。北京：群言出版社，2011。

周天度主編，《七君子傳》。北京：中國社會科學出版社，1989。

周而復，《松花江上的風雲》。香港：中國出版社，1947。

周維仁，《賈拓夫傳》。北京：中共黨史出版社，1993。

林蘊暉，《烏托邦運動——從大躍進到大饑荒（1958-1961）》。香港：香港中文大學出版社，2008。

林蘊暉，《國史札記——事件篇》。上海：東方出版中心，2008。

林蘊暉，《向社會主義過渡——中國經濟與社會的轉型（1953-1955）》。香港：香港中文大學出版社，2009。

林蘊暉，《重考高崗、饒漱石「反黨」事件》。香港：香港中文大學出版社，2017。

金鳳，《鄧穎超傳》，上冊。北京：人民出版社，1993。

阿沐，《新中國第一代法官——鮑廷干傳》（2001年4月），鮑氏網：http://www.10000xing.cn/x062/2018/0807114927.html。

姚華飛，《秘戰英雄陳養山》。北京：中共黨史出版社，2018。

施濱海，《歷史轉折中的華國鋒（1973-1981）》。北京：北京傳世家書文化發展有限公司，2020。

洪長泰，《地標：北京的空間政治》。香港：牛津大學出版社，2011。

《胡喬木傳》編寫組，《胡喬木傳》，上冊。北京：當代中國出版社、人民出版社，2015。

胡繩主編、中共中央黨史研究室著，《中國共產黨的七十年》。北京：中共黨史出版社，1991。

降邊嘉措，《十世班禪喇嘛傳記》。香港：開放出版社，2008。

唐炎明、唐亞明，《〈毛主席語錄〉的誕生及其他：唐平鑄文革實錄》。香港：香港中文大學出版社，2019。

夏成綺，《胡風與舒蕪：中共五〇年代文藝界的批判運動》。台北：獨立作家，2015。

孫琬鍾、李玉臻主編，《董必武法學思想研究文集》，第4輯。北京：人民法院出版社，2005。

孫琬鍾、應勇主編，《董必武法學思想研究文集》，第7輯。北京：人民法院出版社，2008。

孫謙主編，《人民檢察制度的歷史變遷》。北京：中國檢察出版社，2009。

秦福銓，《博古和毛澤東——及中華蘇維埃共和國的領袖們》。香港：大風出版社，2009。

郝在今，《「文革」前史——延安「搶救運動」紀實》。香港：利文出版社，2006。

馬句，《懷念彭真》。北京，2002。

馬雅，《大風起兮：馬洪傳——中共高層政爭內幕》。紐約：明鏡出版社，2014。

馬齊彬、陳文斌等編寫，《中國共產黨執政四十年》（增訂本）。北京：中共黨史出版社，1991。

高文謙，《晚年周恩來》。紐約：明鏡出版社，2003。

高華，《紅太陽是怎樣升起的——延安整風運動的來龍去脈》。香港：香港中文大學出版社，2000。

張晉藩、海威、初尊賢主編，《中華人民共和國國史大辭典》。哈爾濱：黑龍江人民出版社，1992。

張素華，《變局——七千人大會始末》。北京：中國青年出版社，2006。

《張鼎丞傳》編寫組，《張鼎丞傳》。北京：中央文獻出版社，1996。

《習仲勳傳》編委會，《習仲勳傳》，下卷。北京：中央文獻出版社，2013。

許崇德，《中華人民共和國憲法史》，上卷。福州：福建人民出版社，2005。

陳夏紅，《百年中國法律人剪影》。北京：中國法制出版社，2006。

陳徒手，《人有病天知否：1949年後中國文壇紀實》（修訂版）。北京：生活・讀書・新知三聯書店，2013。

陳野蘋、韓勁草主編，《安子文傳略》。太原：山西人民出版社，1985。

陳耀煌，《統合與分化：河北地區的共產革命，1921-1949》。台北：中央研

究院近代史研究所，2012。

《彭真與公安工作》編輯委員會編寫，《彭真與公安工作》。北京：群眾出版
　　社，2010。

《彭真傳》編寫組、田酉如，《彭真主持東北局》。北京：人民出版社，
　　2007。

《彭真傳》編寫組、田酉如，《彭真傳略》。北京：人民出版社，2007。

《彭真傳》編寫組編，《彭真傳》。北京：中央文獻出版社，2012。

彭德懷傳記組，《彭德懷全傳》，第3冊。北京：中國大百科全書出版社，
　　2009。

《彭德懷傳》編寫組，《彭德懷傳》（第2版）。北京：當代中國出版社，
　　2006。

景玉川，《饒漱石》。香港：時代國際出版有限公司，2010。

湯樹屏主編，《武競天傳》。北京：中國鐵路史編輯研究中心，1994。

舒雲，《林彪傳》，下冊。紐約：明鏡出版社，2016。

閔鈃、薛偉宏編，《共和國檢察歷史片斷》。北京：中國檢察出版社，2009。

黃子琴，《大右派林希翎——她的政治命運和情感世界》。香港：天地圖書有
　　限公司，2012。

楊奎松，《走向破裂——毛澤東與莫斯科的恩恩怨怨》。香港：三聯書店（香
　　港）有限公司，1999。

楊奎松，《國民黨的「聯共」與「反共」》。北京：社會科學文獻出版社，
　　2008。

楊奎松，《談往閱今》。北京：九州出版社，2012。

楊繼繩，《墓碑——中國六十年代大饑荒紀實》。香港：天地圖書有限公司，
　　2012。

溫相，《高層恩怨與習仲勳——從西北到北京》。紐約：明鏡出版社，2008。

《董必武傳》撰寫組，《董必武傳（1886-1975）》，下卷。北京：中央文獻
　　出版社，2006。

董邊、鐔德山、曾自編，《毛澤東和他的秘書田家英》。北京：中央文獻出版
　　社，1990。

廖蓋隆主編，《中共黨史文摘年刊（1985年）》。北京：中共黨史資料出版

社，1987。

滿運來主編，《北京日報社大事紀要（1949-2002）》。北京：北京日報社，2002。

趙士剛編，《陳雲與中共黨史重大事件》。北京：中央文獻出版社，2001。

趙有福，《北京通縣地區的「四清」運動》。北京：中共黨史出版社，2009。

趙家梁、張曉霽，《半截墓碑下的往事——高崗在北京》。香港：大風出版社，2008。

劉正，《民國名人張璧將軍別傳》。台北：元華文創股份有限公司，2020。

劉玉奎、袁鏡身等編著，《劉秀峰風雨春秋》。北京：中國建築工業出版社，2002。

劉光人、趙益民、于行前主編，《京都公安局長：馮基平傳》。北京：群眾出版社，1997。

劉富道，《1957年中國大冤案：漢陽事件》。台北：新銳文創，2012。

墨誕，《統戰風雲（1949-1983）》。香港：藍月出版社，2019。

滕敘兗，《風雨彭門：彭德懷家風‧家事》。北京：文化藝術出版社，2006。

蔡定劍，《歷史與變革：新中國法制建設的歷程》。北京：中國政法大學出版社，1999。

鄭笑楓、舒玲，《陶鑄傳》。北京：中共黨史出版社，2008。

鄭謙、龐松等著，《當代中國政治體制發展概要》。北京：中共黨史資料出版社，1988。

穆欣，《關向應傳》。北京：中共黨史出版社，2002。

穆欣，《林楓傳略》。北京：中共黨史出版社，2006。

錢庠理，《歷史的變局——從挽救危機到反修防修（1962-1965）》。香港：香港中文大學出版社，2008。

錢理群，《拒絕遺忘：「1957年學」研究筆記》。香港：牛津大學出版社，2007。

戴茂林、趙曉光，《高崗傳》。西安：陝西人民出版社，2011。

戴晴，《在如來佛掌中：張東蓀和他的時代》。香港：香港中文大學出版社，2009。

叢進，《曲折發展的歲月》。北京：人民出版社，2009。

《聶榮臻傳》編寫組編，《聶榮臻傳》。北京：當代中國出版社，2006。

魏昂德（Andrew G. Walder），閆宇譯，《脫軌的革命：毛澤東時代的中國》。香港：香港中文大學出版社，2019。

《羅瑞卿傳》編寫組編，《羅瑞卿傳》（第2版）。北京：當代中國出版社，2007。

《羅榮桓傳》編寫組，《羅榮桓傳》（第2版）。北京：當代中國出版社，2006。

蘇雙碧、王宏志，《文革第一冤案——「三家村」文字獄始末》。香港：天地圖書有限公司，2000。

蘇雙碧、王宏志，《吳晗傳》。上海：上海人民出版社，1998。

顧行、成美，《鄧拓傳》。太原：山西教育出版社，1991。

中文論文

于一夫，〈「以黨治國」面面觀〉，《炎黃春秋》，2010年第7期，頁1-6。

尹曙生，〈讀曾希聖給中央的檢查〉，《炎黃春秋》，2013年第1期，頁22-27。

尹曙生，〈毛澤東與第三次全國公安會議〉，《炎黃春秋》，2014年第5期，頁1-5。

王玉強，〈劉少奇與新中國成立初期的鎮壓反革命運動〉（2014年11月27日），中共中央黨史和文獻研究院：https://www.dswxyjy.org.cn/BIG5/n1/2019/0228/c423727-30922173.html。

王玉強，〈毛澤東與新中國初期的鎮反運動〉，《史學月刊》，2016年第3期，頁67-75。

王盛澤，〈「左」禍下共和國檢察長的命運〉，《黨史博覽》，1999年第8期，頁10-15。

王棟，〈中蘇關係研究的理論與歷史〉，《國際政治科學》，2009年第4期，頁63-91。

平乃彬，〈南口北京高校勞改營紀實〉，《炎黃春秋》，2011年第6期，頁61-

66。

田夫，〈中國獨立行使審判權制度的歷史考察〉，《環球法律評論》，2016年
　　第2期，頁36-47。

皮學軍，〈光明日報社的「反右」運動〉，《炎黃春秋》，2012年第6期，頁
　　47-53。

石碧波，〈法治：建國路上的兩難選擇〉，《炎黃春秋》，2004年第2期，頁
　　74-76。

何承華、萬良才、阮迪民，〈甘肅黨內鬥爭為什麼如此頻繁、尖銳〉，《紅
　　星》，1959年第11期（總第17期），1959年11月1日，頁1-7。

李子奈，〈調查日記談點大煉鋼鐵〉（2017年11月16日），地方文革史交流
　　網：http://difangwenge.org/read.php?tid=17140&fpage=14。

李丹慧，〈也談以「躍進」一詞代替「冒進」一詞從何開始〉，《當代中國史
　　研究》，1999年第2期，頁89-92。

李向東，〈涉及吳奚如平反的幾封信〉，《炎黃春秋》，2007年第9期，頁74-
　　76。

李向前、王桂華，〈電視文獻片：彭真〉，《百年潮》，2002年第11期，頁
　　75-80。

李東方，〈蔡和森化解順直省委危機〉，《湘潮》，2016年第6期，頁26-28。

李桂花，〈胡開明「上書」毛澤東保薦「三包到組」責任制始末〉，《黨史博
　　采》，2009年第1期，頁39-42。

李肅，〈1949之後：高崗遺孀喊冤〉（2007年12月28日），美國之音：https://
　　www.voachinese.com/a/a-21-w2007-12-28-voa61-58265657/1073623.html。

李菁，〈「科技元帥」聶榮臻的非常之路〉，三聯生活周刊：http://www.
　　lifeweek.com.cn/2009/0811/25850.shtml。

李端祥，〈對北京城市人民公社歷史的考察〉，《北京黨史》，2005年第1
　　期，頁13-17。

李曙新，〈鄧小平的幾個大學同學〉，《福建黨史月刊》，1997年第11期，頁
　　12-13。

杜光，〈中央高級黨校反右派內幕〉，《炎黃春秋》，2005年第9期，頁1-8。

沈河，〈白日點燈案〉，藍盾：http://www.fox2008.cn/ebook/landong/ladu2006/

ladu20061112-1.html。

邢福增，〈革命時代的反革命：基督教「王明道反革命集團」案始末考〉，
　　《中央研究院近代史研究所集刊》，第67期（2010年3月），頁97-147。

周葉中、葉正國，〈我國憲法檢察制度若干關鍵問題辨析〉，中華人民共和國
　　最高人民檢察院：https://www.spp.gov.cn/llyj/201510/t20151015_105862.
　　shtml。

孟紅、任遠、王燕萍，〈彭真：一生實事求是與堅持真理——黨史專家田酉如
　　訪談錄〉，《黨史文匯》，2012年第11期，頁15-22。

孟醒，〈彭真、林彪在東北局〉，《文史精華》，2013年總第273期，頁9-14。

林木，〈反右運動五十五年祭，反右索賠帖〉（2012年3月5日），阿波羅評論
　　網：http://tw.aboluowang.com/comment/2012/0305/238126.html。

金冲及，〈劉少奇與白區工作會議〉，《黨的文獻》，1999年第2期，頁29-39。

金冲及，〈較量：東北解放戰爭的最初階段〉，《近代史研究》，2006年第4
　　期，頁1-28。

俞梅蓀，〈半世紀沉思一朝吶喊——北京反右派鬥爭五十週年聚會紀實〉
　　（2007年6月11日），民主中國網：http://www.minzhuzhongguo.org/
　　ArtShow.aspx?AID=1736。

俞梅蓀，〈北京大學校友聯誼會成反右維權請願會——北京大學反右倖存者校
　　友維權紀實〉（2011年3月7日），北京之春網：http://beijingspring.com/
　　pic/20110307.htm。

紀彭，〈程潛：在新中國過得明明白白〉，《領導文萃》，2012年第13期，頁
　　53-58。

胡長水，〈對「大躍進」的深刻批評與總結——記薄一波廬山會議前關於「大
　　躍進」問題的數次講話〉，《黨的文獻》，2001年第1期，頁70-80。

郝建國，〈彭真餐廳講「大事」〉，《百年潮》，2011年第4期，頁25-29。

郝鐵川，〈法治與人治理念的對抗與衝突——新中國成立初期法制建設若干重
　　大爭議問題述評〉，《東方法學》，2015年第1期，頁2-20。

高瑜，〈方勵之永遠是八九一代的良師〉（2012年4月9日），中國茉莉花革命
　　網：http://www.molihua.org/2012/04/blog-post_6126.html。

崔敏，〈64號文件：官大還是法大〉，《炎黃春秋》，2009年第12期，頁15-20。

崔敏，〈司法部黨組何以被打成「反黨集團」——半個世紀前一起冤案的回顧
　　與反思〉，「中國法學會董必武法學思想研究會2010年年會」，西安：中
　　國法學會董必武法學思想研究會、陝西省高級人民法院，2010年10月
　　11-13日。

崔敏，〈董必武民主法治思想及其歷史命運〉，《甘肅政法學院學報》，2012
　　年第5期，頁7-11、28。

崔敏，〈對法治建設有重大影響的兩件事〉，《炎黃春秋》，2015年第2期，
　　頁25-29。

張鳴，〈華北地區土地改革運動的運作（1946–1949）〉，《二十一世紀》，
　　2003年4月號（總第76期），頁32-41。

張鐮釜、陳度、冬春，〈彭真同志關懷航空航太事業〉（2009年12月24日），
　　中國人民政治協商會議北京市豐台區委員會：http://zhengxie.bjft.gov.cn/
　　fengtai/html/zx/col188/2009-12/31/20091231165925826548452_1.html。

畢健忠，〈對四平保衛戰的沉思〉，《軍事歷史》，1996年第3期，頁23-28。

章慕榮，〈開國上將張愛萍鮮為人知二三事〉，《黨史博采》，2009年第3
　　期，頁30-32。

郭青苔，〈六十三年前在中央黨校發生的一場政治論爭〉，愛思想：http://
　　www.aisixiang.com/data/65743.html。

郭道暉，〈從人治走向法治——五十年來我國法制建設的曲折經歷〉，《百年
　　潮》，1999年第7期，頁17-25。

陳永發，〈「延安模式」的再檢討〉，《新史學》，第8卷第3期（1997年9
　　月），頁95-159。

傅平，〈審幹運動和周恩來〉，《紅岩春秋》，2000年第4期，頁27-31。

傅頤，〈重尋「暢觀樓事件」的真實〉，《中共黨史研究》，2008年第5期，
　　頁42-50。

彭真，〈在北京市、區人民擴大聯席會議上關於鎮壓反革命的講話〉（1951年
　　3月15日），勞改研究基金會：https://laogairesearch.org/archives/%e5%bd
　　%ad%e7%9c%9f%e5%9c%a8%e5%8c%97%e4%ba%ac%e5%b8%82%e3%8
　　0%81%e5%8c%ba%e4%ba%ba%e6%b0%91%e6%89%a9%e5%a4%a7%e8%
　　81%94%e5%b8%ad%e4%bc%9a%e8%ae%ae%e4%b8%8a%e5%85%b3%e4

%ba%8e%e9%95%87%e5%8e%8b%e5%8f%8d/?lang=zh-hant。

散木，〈吳奚如的風雨人生〉，《文史精華》，2008年總217期，頁22-27。

湯壽根，〈建築大師的悲喜人生〉，《民主與科學》，2012年第5期，頁70-73。

舒雲，〈林彪與東北解放戰爭（上）〉，《黨史博覽》，2009年第4期，頁19-24。

黃鐘，〈第一次鎮反運動考察〉，《炎黃春秋》，2014年第12期，頁34-42。

楊奎松，〈新中國「鎮壓反革命」運動研究〉，《史學月刊》，2006年第1
　　期，頁45-61。

楊奎松，〈一九四六年國共四平之戰及其幕後〉，《歷史研究》，2004年第4
　　期，頁132-152、191-192。

楊榮甲，〈楊士杰人生的兩件大事〉，《炎黃春秋》，2011年第3期，頁53-57。

董必武，〈當前司法工作的幾個問題〉（1958年4月），《黨的文獻》，1996
　　年第2期，頁67-71。

董克讓，〈又是一座恐怖的人間地獄──《命運的祭壇》（魏光鄴編著）讀
　　後〉（2009年9月5日），博訊新聞網：http://www.boxun.com/news/gb/z_
　　special/2009/09/200909052112.shtml。

賈巨川，〈習仲勳冤案始末〉，愛思想：https://www.aisixiang.com/data/38363-
　　2.html。

廖永武、李嘉陵，〈永不消逝的長虹──記郭宗鑒烈士英勇鬥爭的事蹟〉，
　　《歷史教學》，1980年第5期，頁8-13。

熊先覺，〈1959年司法部被撤銷真相〉，《炎黃春秋》，2003年12期，頁30-32。

趙晉，〈走近彭真〉，《百年潮》，2002年第11期，頁31-34。

趙晉，〈彭真的特殊課堂〉，《北京黨史》，2006年第6期，頁54-56。

劉少奇，〈關於新民主主義的建設問題〉（1948年9月13日），《黨的文
　　獻》，1989年第5期，頁7-11、22。

劉忠，〈「黨管政法」思想的組織史生成（1949-1958）〉，香港中文大學中
　　國研究服務中心：http://ww2.usc.cuhk.edu.hk/PaperCollection/Details.
　　aspx?id=9457。

劉政、張春生，〈從歷史的幾個重大關節看彭真和毛澤東的關係〉，《領導
　　者》，總第51期（2013年4月），頁136-159。

劉勤學，〈毛澤東指令賈潛審日本戰犯〉，《黨史博覽》，2005年第5期，頁

39-42。

滕彪，〈「司法獨立」話語在當代中國的變遷〉，愛思想：http://www.
aisixiang.com/data/5032-2.html。

蔣中正，〈中華民國五十五年國慶日前夕告中共黨人書〉（1966年10月9
日），財團法人中正文教基金會：http://www.ccfd.org.tw/ccef001/index.
php?option=com_content&view=article&id=795:0003-94&catid=246&Itemid=
256&limitstart=0。

錢大都，〈晚年錢端升〉（2009年8月10日），中國法學創新網：http://www.
fxcxw.org.cn/dyna/content.php?id=9269。

錢江，〈「文革」前夕的《人民日報》〉，《湘潮》，2008年第4期，頁37-40。

鍾兆雲，〈江一真風雨雷電中的一根筋〉，《同舟共進》，2013年第7期，頁
30-35。

鍾延麟，〈鄧小平在「高饒事件」中之角色與作為〉，《人文及社會科學集
刊》，第22卷第4期，2010年12月，頁521-562。

魏紫丹，〈建立《1957年學》方法談〉，《北京之春》，2007年第10期，頁
78-83。

〈精神血脈共傳承（中）〉（2016年8月31日），康達律師事務所：https://
www.kangdalawyers.com/library/891.html。

英文專著

Dikotter, Frank. *Mao's Great Famine: The History of China's Most Devastating
Catastrophe*. London: Bloomsbury Publishing, 2010.

Huang, Jing. *Factionalism in Chinese Communist Politics*. Cambridge: Cambridge
University Press, 2000.

MacFarquhar, Roderick. *The Origins of the Cultural Revolution: Contradictions
Among the People, 1956-1957*. New York: Columbia University Press, 1974.

MacFarquhar, Roderick. *The Origins of the Cultural Revolution: The Great Leap
Forward, 1958-1960*. New York: Columbia University Press, 1983.

MacFarquhar, Roderick. *The Origins of the Cultural Revolution: The Coming of the Cataclysm, 1961-1966.* New York: Columbia University Press, 1997.

MacFarquhar, Roderick, and Michael Schoenhals. *Mao's Last Revolution.* Cambridge: The Belknap Press of Harvard University Press, 2006.

Potter, Pitman B. *From Leninist Discipline to Socialist Legalism: Peng Zhen on Law and Political Authority in the P.R.C.* Palo Alto, CA: Stanford University Press, 2003.

Shih, Victor C. *Coalitions of the Weak: Elite Politics in China from Mao's Stratagem to the Rise of Xi.* New York: Cambridge University Press, 2022.

Szalontai, Balázs. *Kim Il Sung in the Khrushchev Era: Soviet-DPRK Relations and the Roots of North Korean Despotism, 1953-1964.* Stanford: Stanford University Press, 2006.

Teiwes, Frederick C. *Politics at Mao's Court: Gao Gang and Party Factionalism in the Early 1950s.* New York: M. E. Sharpe, 1990.

Vogel, Ezra F. *Deng Xiaoping and the Transformation of China.* Cambridge MA: The Belknap Press, 2011.

英文論文

Teiwes, Frederick C., and Warren Sun. "From a Leninist to a Charismatic Party: The CCP's Changing Leadership, 1937-1945." In *New Perspectives on the Chinese Communist Revolution*, edited by Tony Saich and Hans J. van de Ven, pp. 339-387. New York: M. E. Sharpe, 1995.

報紙、公報

《人民日報》，1950-1951、1954、1957-1960、1962-1966、1979、1997年。

《北京日報》，1958年。

《國民政府公報》，1928、1931-1932年。

人名索引

彭真：毛澤東的「親密戰友」（1941-1966）

2024年11月初版　　　　　　　　　　　　　　　定價：新臺幣950元
有著作權·翻印必究
Printed in Taiwan.

著　　者　鍾　延　麟
叢書主編　沙　淑　芬
校　　對　李　國　維
內文排版　菩　薩　蠻
封面設計　沈　佳　德

出　版　者　聯經出版事業股份有限公司　　編務總監　陳　逸　華
地　　　址　新北市汐止區大同路一段369號1樓　總編輯　涂　豐　恩
叢書主編電話　（02）86925588轉5310　　總經理　陳　芝　宇
台北聯經書房　台北市新生南路三段94號　　社　長　羅　國　俊
電　　　話　（02）23620308　　　　　發行人　林　載　爵
郵政劃撥帳戶第0100559-3號
郵撥電話　（02）23620308
印　刷　者　世和印製企業有限公司
總　經　銷　聯合發行股份有限公司
發　行　所　新北市新店區寶橋路235巷6弄6號2樓
電　　　話　（02）29178022

行政院新聞局出版事業登記證局版臺業字第0130號

聯經網址：www.linkingbooks.com.tw
電子信箱：linking@udngroup.com

本書出版獲「余英時人文著作出版獎助基金」支持

國家圖書館出版品預行編目資料

彭真：毛澤東的「親密戰友」（1941-1966）/鍾延麟著．
初版．新北市．聯經．2024年11月．808面．17×23公分
ISBN　978-957-08-7544-7（精裝）

1.CST：彭真　2.CST：傳記

782.887　　　　　　　　　　　　　　　　113017243